CIVILIZAÇÃO E CULTURA

LUÍS DA CÂMARA CASCUDO

Civilização
e
Cultura

*Pesquisas e Notas de
Etnografia Geral*

© Anna Maria Cascudo Barreto e
Fernando Luís da Câmara Cascudo, 2001

1ª Edição Global Editora, 2004
1ª Reimpressão, 2011

Diretor Editorial
Jefferson L. Alves

Gerente de Produção
Flávio Samuel

Assistente Editorial
Ana Cristina Teixeira

Revisão
Cláudia Eliana Aguena
Rinaldo Milesi

Capa
Eduardo Okuno

Foto de Capa
Pulsar Imagens
Ricardo Azoury (Pintura Rupestre-Serra Capivara)

Editoração Eletrônica
Antonio Silvio Lopes

Dados Internacionais de Catalogação na Publicação (CIP)
(Câmara Brasileira do Livro, SP, Brasil)

Cascudo, Luís da Câmara, 1898-1986.
  Civilização e cultura : pesquisas e notas de etnografia geral / Luís da Câmara Cascudo. – São Paulo : Global, 2004.

  Bibliografia.
  ISBN 978-85-260-0873-1

  1. Civilização 2. Cultura 3. Etnologia 4. Folclore 5. Usos e costumes I. Título.

04-6352   CDD–305.8001

Índices para catálogo sistemático:

  1. Civilização e cultura : Etnografia : Sociologia   305.8001

Direitos Reservados

Global Editora e Distribuidora Ltda.

Rua Pirapitingüi, 111 – Liberdade
CEP 01508-020 – São Paulo – SP
Tel.: (11) 3277-7999 – Fax: (11) 3277-8141
e-mail: global@globaleditora.com.br
www.globaleditora.com.br

Colabore com a produção científica e cultural.
Proibida a reprodução total ou parcial desta obra sem a autorização do editor.

Nº de catálogo: **2265**

SOBRE A REEDIÇÃO DE CIVILIZAÇÃO E CULTURA

A reedição da obra de Câmara Cascudo tem sido um privilégio e um grande desafio para a equipe da Global Editora. A começar pelo nome do autor. Com a concordância da família, foram acrescidos os acentos em Luís e em Câmara, por razões de normatização bibliográfica, permanecendo sem acento no corpo do texto quando o autor cita publicações de sua obra.

O autor usava forma peculiar de registrar fontes. Como não seria adequado utilizar critérios mais recentes de referenciação, optamos por respeitar a forma da última edição em vida do autor. Nas notas foram corrigidos apenas erros de digitação, já que não existem originais da obra.

Mas, acima de detalhes de edição, nossa alegria é compartilhar essas "conversas" cheias de erudição e sabor.

Os editores

Sumário

Preliminar 15
Nove anos depois 23

Capítulo 1

Conceito 25
Evolução 27
Doutrinas 30
    A. Difusionismo 34
    B. Paralelismo ou convergência 35
    C. Funcionalismo 36
Notas 38

Capítulo 2

Cultura 39
Civilização 44
Morfologia social 51
Notas 64

Capítulo 3

Origem das culturas 65
Paleolítico 69
Epipaleolítico 83
Neolítico 86
Ouro, prata, cobre, bronze, ferro 99
Pré-história e proto-história 110

Notas 113

Capítulo 4

Culturologia 116
Aculturação 120
Miscigenação 125
Notas 131

Capítulo 5

Escola clássica e histórico-cultural 132
Processos 136
Conclusões sucessivas 141
Notas 147

Capítulo 6

Elementos da estabilidade humana 148
Ecologia 152
Instinto aquisitivo 157
Conduta e norma 160
Notas 167

Capítulo 7

O fogo 168
Abrigo 173
Agasalho 187
Ornamentação 203
Jóias 210
Cabelo 220
Barba e bigode 228
O corpo humano mede o mundo 239
Funções físicas e simbolismo 245
O senso de orientação 273

O primeiro lar 277

Notas 278

Capítulo 8

Propriedade 287

Problemas e interpretações 294

Notas 299

Capítulo 9

Caça 300

Pesca 317

Domesticação de animais 332

Agricultura 355

Alimentação 393

Notas 445

Capítulo 10

Comércio 461

Transportes 481

Solidarismo 490

Notas 498

Capítulo 11

Economia 501

Indústrias milenárias 509

Notas 524

Capítulo 12

Religião 527

Antropofagia 556

Arte 569

Lúdica 580

Dança 583

Instrumentos sonoros 591

Canto 599

Poesia 609

Teatro 616

Esportes 619

Medicina 624

Notas 635

Capítulo 13

Homem falando! Homem escrevendo............... 647

O nome tem poder 658

Notas 666

Capítulo 14

Família 668

Notas 680

Capítulo 15

Governo, Lei, Delegação 682

Direito 691

Cultura popular 710

Notas 724

Chegará o dia de podermos apresentar o seguinte quadro: que toda a cultura espiritual da humanidade se assemelha a uma única e gigantesca árvore, com seus galhos cobrindo todos os quadrantes do mundo, e que desta árvore nasceu um renovo após outro, um sistema depois de outro, um estilo aqui, outro acolá —, porém nenhum fortuitamente ou por mero acaso. Reconhecer-se-á que os documentos destinados a fundamentar a história humana não se acham na cultura material, mas na espiritual.

....

Em oposição à vida instintiva dos animais irracionais que se desenrola baseada na modulação gradativa de um treinamento de certas qualidades influenciadas organicamente pelas faculdades sensitivas, é o homem a única criatura — ao que sabemos — dotada de uma nostalgia nascida do íntimo mais profundo da alma, a fim de participar dos fenômenos do universo e da sua essência; e esta necessidade de participação lhe faculta os meios de penetrar na vida da planta, do animal e do cosmos.

LEO FROBENIUS
("Das Archiv Für Folkloristik",
Paidemu, 6-7, Heft 1, Juni, 1938.)

Dust thou art, to dust returnest,
Was not spoken of the soul.
LONGFELLOW

Nada se pierde completamente en el mundo, y todos los siglos se sueldan y se continuan en su ciencia y en su espíritu por los lazos más o menos invisibles o inextricables.

MENÉNDEZ Y PELAYO

En el estudio del hombre no podemos limitarnos a estudiar unicamente su vida psíquica, sí queremos darnos cuenta de lo que es y de lo que piensa. Debemos estudiar todo el hombre. La psicología nuesta es, por excelencia, una ciencia antropológica.

AGOSTINO GEMELLI

(Abertura do VIII Congresso de Psicotécnica e Psicologia, Madri, setembro de 1957.)

Un libro de ciencia tiene que ser de ciencia; pero también tiene que ser un libro.

ORTEGA Y GASSET

Il n'est rien si souple et erratique que noste entendement; c'est le soulier de Theramenes, bon à touts pieds.

MONTAIGNE, ESSAIS, III, XL

PRELIMINAR

> Não podemos, pois, deixar de falar
> das coisas que temos visto e ouvido.
> *Atos dos Apóstolos, IV*, 20.

Já as fogueiras de São João seis vezes foram acesas desde que comecei este livro. E seis vezes ouvi a missa-do-galo na noite de Natal. Trabalho em dezembro, quando os cursos estão encerrados e eu posso viajar na quarta dimensão das simpatias bibliográficas, além das limitações dos currículos.

Naturalmente não compendiei a matéria de etnografia geral tal e qual exponho aos meus alunos da Faculdade de Filosofia, e sim reuni documentário sobre os vários ângulos de possível curiosidade, finalizando o programa total. Em nenhum outro volume encontrar-se-á o registro de constantes etnográficas agenciadas para esse livro. Vive um ementário em que se fixou o depoimento cultural de toda uma existência de professor provinciano. Provinciano com os exageros do autodidatismo e a independência na conceituação específica. Não me alistando sob qualquer bandeira doutrinária, e tendo para os mestres uma admiração fervorosa que não implica submissão deslumbrada nem preito de obediência, tive nessa etnografia geral a mesma curiosidade de percurso com que viajei pelo mundo, sem guias letrados e sem itinerários marcados pelo asterisco do Baedeker. Fui procurando com a simples alegria da identificação e a todos ouvindo sem a obrigatoriedade devocional.

Não me arrependo da ausência de método e menos ainda de ter recorrido aos elementos que julgo úteis para um esclarecimento. Evitei a intenção polemística, ao sabor de McLennan e Malinowski, pelo fato de não concordar e menos expor, para vaidosa correção, enganos notórios em textos majestosos. Como o Brasil é o ignoto Deo da etnografia geral, vagamente percebido nos volumes sonoros, não tive cerimônia em lembrar etnografia brasileira quando eram dispensáveis as ilhas polinésias, as infalíveis gentes da Tasmânia, Austrália e pigmeus africanos. Não fiquei acampado pela Ásia mas lembrei as correlações.

Sei, por experiência velha e natural, que não há mestre ilustre sem preferências e simpatias, afastando contrárias bibliografias ao seu ponto de vista e candidamente ignorando evidências cotidianas. Tenho lido explicações desmontáveis pela lógica formal e sei também que muitas vezes o doente é sepultado vivo porque o médico garantiu que ele estava morto.

O problema didático da etnografia geral é um ciúme gramatical de cada scholar. *Consiste na dificuldade fixadora da área jurisdicional, intransferível no terreno da competência. As ciências do Homem e do Social, origem e função das culturas, separam seus devotos como aos "verdes" e "azuis" no hipódromo de Constantinopla, nos mesmos carros para o mesmo público. Diferença de cocheiro e da cor do traje. Qualquer fato é material de estudo na Geografia Humana, Economia, Biologia Social, Antropologia Cultural, Sociologia, Etnografia, e seus proprietários reivindicam estridentemente o direito da prioridade analítica e interpretativa. O dono da nascente do rio quer fazer prova de domínio nas águas que se espalham na foz, derramadas no oceano do interesse científico.*

Para não lembrar as indeterminações de Veneau, Hamy, Boas, Kroeber, Lang, van Gennep quanto às fronteiras dos assuntos estudados, recordo que uma antropologista da Columbia University, Ruth Fulton Benedict (1887-1948), escreveu no seu clássico Pattern of Culture: *"anthropology is the study of human beings as creatures of society". Todos os estudiosos do social e de sua circulação em convívio, do sociólogo ao inspector de veículos, passando pelo folclorista, terão por sua a frase.*

Creio que essa distinção denunciada na nomenclatura é uma sobrevivência, demonstrando cada dia a inoperante exclusividade. Resistência no sonho mantenedor de ciências-metrópoles e ciências-colônias.

Ninguém deterá pesquisa sentindo a proibição dogmática de invadir campo alheio. Não há mais campo alheio à utilização cultural. Uma flauta de tíbia oferece cem perspectivas: legitimamente lúdica, ritual, sagrada, anatômica, peça antropológica ou folclórica, indispensável para fixar uma modificação óssea ou timbre musical, uma idade humana ou nível de cultura, sem que constitua essencialmente propriedade única à especialização. Quem é que vai impedir o estudo e arrancar o osso da mão inquiridora sob pretexto de violação às ciências incomunicáveis e recolher a tíbia aos gavetões privativos?

Fritz Graebner e Wilhelm Schmidt decidiram que a etnografia é a história da Cultura, desenvolvimento e atividade do espírito humano no plano de sua acomodação na terra. Essa pesquisa dará o ambiente em que o Homem viveu, como viveu e vive. Para que vive, é assunto de adivinhação ou preferência intuitiva.

Não desprezar o pormenor algumas vezes essencial. Sainte-Beuve ironizava, literariamente: l'imagination de détail nous suffit. *Certo estava Menéndez y Pelayo:* Hay ciertos nadas que son todo.

Outro diabo-azul atrapalhador, respeitável e difícil, é a nomenclatura. Não a nomenclatura classificadora natural mas a convencional, etiquetando com placas de granito os fenômenos sociais de conjunto. Assim como a clara e linda filosofia dissolve-se num vocabulário sibilino, filtrada nos chumbos do pedantismo nominativo, a etnografia, ciência viva, acessível, imediata, encheu-se de guizos e asperezas rotulantes que a distanciam dos homens de pouca memória. É o que o Sr. Melville J. Herskovits diz ser precious and esoteric terminology. *É a "ciência" que denomina o chocalho instrumento idiofone e pedirá um copo com protóxido de hidrogênio e sacarose.*

A finalidade única, basilar e suprema da ciência é fazê-la útil ao Homem. A utilidade pedagógica é o entendimento. O resto é silêncio.

A quoi faire la science, se l'entendement n'y est? — *perguntava Montaigne há mais de quatrocentos anos. Há mestres com maravilhoso equipamento erudito que, como dizia Fontenelle,* travaillent à se rendre inutiles.

A vida de um conhecimento é a sua comunicação.

Também não posso confundir civilização com a cultura nem esquecer-me da existência daquele vocábulo. Compreendo civilização como o conjunto das culturas, dando-lhes caráter, coloração, a peculiaridade do nacional. Civilização é todo e cultura é parte; a parte sem o espírito-do-todo no tempo e no espaço. Cultura Geral de um país é a sua civilização. É um órgão indispensável no corpo mas não é o corpo e menos o espírito unificador orgânico. Civilização não se exporta, arrenda, empresta, compra, imita. Essa é a característica das culturas.

A cultura emigra e a civilização é sedendária, estática quanto à permanência no âmbito sociogeográfico. Unidades culturais egípcias alcançam as ilhas mais distantes do Mediterrâneo e pelo impulso comercial espalham-se pela África Setentrional, Núbia, Sudão, litoral atlântico até o Senegal e curva do Níger. Hieróglifos, tambores, aparelhos de pesca, sistemas de plantio, irrigação, represas, carros de guerra, trajes, partem do Egito atingindo paragens imprevisíveis. Mas a civilização egípcia no Egito ficou inarredá-

vel. Hatusas, a metrópole hitita, desapareceu no incêndio total em 1200 a.C. Cinco séculos depois os seus traços culturais resistiam ao norte da Síria (Carchemish, Zinjirli), na Sicília (Karatepe), mesmo entre os gregos e troianos, velhos aliados. Semelhantemente a Grécia, tornada província romana, dominada pelos "bárbaros do Norte". Ocorreu idêntico na civilização do planalto andino, como entre os astecas, dominados e submissos. Viajam os elementos mas não o corpo da civilização determinante. Para o capítulo 2, 1-2-3, envio mí desocupado lector — *como dizia Cervantes.*

Não há culturas inferiores e nem culturas superiores. Naturvölker e Kulturvölker. *Há sempre culturas, reuniões de técnicas suficientes para a vivência grupal. Não se sentem inferiores e nem subalternos. Têm quanto precisam. A diferença é pura confrontação de padrões estrangeiros. Comparações de outros tipos de utilidades com os existentes. Como Adão no Paraíso, o homem só tem a noção da nudez depois de ouvir a serpente da ciência ocidental.*

O critério de conforto, riqueza, alimentação, higiene, glória, felicidade não pode ser idêntico entre os homens. O problema é que vamos perdendo os conceitos do suficiente, do necessário, do real-útil e do próprio.

O Homem é universal fisiologicamente. Psicologicamente é regional.

A etnografia é realmente o estudo da origem, desenvolvimento e permanência social das culturas. Para compreender o fenômeno total da civilização local é preciso entender que o todo civilizador é maior que a soma das partes culturais. Valorizam a civilização, não apenas aceitação e prolongamentos funcionais naqueles que a vivem como também a força psicológica da opinião que é de consistência básica. Já Montaigne dissera que a opinião do homem sobre as coisas apaixona-o muito mais do que a existência material das coisas. Renan, pensando no mesmo rumo, achava que a exposição do fato era mais importante que le fait en lui-même.

Quando um maori quer mudar de conversa diz: kati ena, *ou seja, é bastante sobre o assunto.* Assez sur ce sujet — *ensinou-me Marcel Mauss.*

Assim sendo, kati ena...

Naturalmente, como todos os demais professores deste mundo, não me libertei do que Pierre Gaxotte diz ser l'autorité irresistible des préférences personnelles. *Martin Heidegger é de parecer que "a História não se inicia a partir do presente ou do real de hoje, mas, sim, a partir do futuro do próprio historiador e da sua preocupação essencial e fundamental". Essa preocupação essencial e fundamental é a mesma preferência pessoal na escolha e simpatia dos motivos estudados. Wölfflin diz que a beleza está no olho do observador. Em nós, e não no objeto observado. A importância dos assuntos é sempre relativa à preferência do pesquisador.*

Essa preferência explicará a importância de alguns capítulos deste livro. Um crítico uruguaio, comentando Anúbis e Outros Ensaios (1951), *disse-me hiperdifusionista. Um confrade da França, recordado com saudade, fazia-me exaltado paralelista. Mendes Correia estava convencido do meu funcionismo. A verdade é que não posso explicar ou compreender todos os elementos culturais pelo mesmo processo formador e comunicante. Como escreve Louis-René Nougier:* jamais l'explication "unique" n'est valable, pour les complexes manifestations humaines prehistoriques. Chacune exige ou peut exiger son explication particulière. *Uns foram recebidos e outros autônomos, naturais, instintivos como tossir e falar da vida alheia. Transmite-se uma técnica produtora do fogo e nunca o uso do fogo. Fosse semelhança tipológica argumento e toda a América conhecera a cultura lítica do solutrense, deduzindo-se pelo material coletado, algum de surpreendente identidade, Folson, Yuma, Sandia. O mesmo objeto "inventado" aqui foi "transmitido" ali para outras paragens. E nessas paragens pode haver o mesmo material utilizável mas não determinante da invenção.*

Velho leitor da Bíblia, bem antes das sedutoras divulgações de Keller e de Marston, permito-me citá-la no plano etnográfico porque a tenho por tão prestante e séria quanto Heródoto, Plínio o Antigo, ou Pausânias. É uma informação de usos e costumes e, quando da presença do elemento cronologicamente discutível, deverá passar pelo mesmo processo de verificação que fazemos em Tito Lívio, Tácito ou Plutarco. O alheamento professoral às fontes bíblicas é inexplicável quando a arqueologia ressuscita e comprova as sinalações de acontecimentos que deixaram vestígios materiais. E uma espantosa bibliografia pesquisa e expõe os resultados evidenciados da pré-história, proto-história e história antiga nas terras mencionados na Bíblia.

Comumente a citação bíblica, em livros de natureza expositiva como este, é recebida como confissão ortodoxa e marca-se o autor com a nota de suspeição cultural e heresia científica, porque o fundamento clássico da sábia independência imparcial é a incredulidade religiosa. Dispensa-se acreditar em Deus. Basta acreditar no hidrato de carbono. Devemos ser devotos e crédulos para os "evangelhos" convencionais incomprovados mas tidos por indispensáveis e básicos. É preciso naturalmente ter fé, firme e sólida, na religião da ciência, revelada por uns tantos messias cíclicos.

Acontece que sou professor de Direito Internacional Público numa Faculdade de Direito e permito-me ao atrevimento ou luxo de citar tam-

bém o *Alcorão porque é registro histórico, norteador de atos políticos geradores de obrigatoriedades jurídicas, originando estatutos contratuais entre grupos com território e governo responsável.*[1]

Não é novidade encontrarem-se em Terêncio, Virgílio, Horácio, Cícero, Aristófanes, Hesíodo, o infinito Homero, nos trágicos, epigramistas gregos, eróticos, votivos, funerários e descritivos, elementos elucidadores da vida cotidiana da Grécia e Roma não registrados noutras paragens. Um pormenor que não está em Estrabão vive numa comédia de Plauto. Ausente em Diodoro da Sicília mas presente no Satyricon *de Petrônio. Não consta em Dénis de Helicarnasso mas Luciano de Samosata anotou. Para certos momentos da história social, da normalidade romana, são indispensáveis Juvenal, Ovídio, Marcial, Tíbulo, Propércio, Catulo, Lucrécio, Sêneca, Lucano. Por que não aproveitá-los mesmo retirando-os do mostruário alheio? Aparecem comumente com notícias que eles viram e viveram.*

Um objeto prova sua existência surgindo num rol da lineal-B de Cnossos ou numa sátira de Pérsio.

Anatole France, no Lys Rouge, *fala da magoada suscetibilidade do sábio quando se pergunta por coisa que não consta da vitrina de sua especialidade. A etnografia está através de certos mentores sofrendo dessa neurose coacta. Traz assunto incompleto porque alguns apêndices estavam na prateleira da outra disciplina. Entra aí, dada a reverência, um critério excelente do funcionismo, admitindo uma indeterminação teórica para o motivo pesquisado mas tentando conhecê-lo na plenitude da extensão. Fica o bicho inteiro embora carregando nas patas e pêlos do focinho elementos estranhos ao conteúdo lógico. O labor está em separar o acessório superveniente do essencial legítimo. Lavar o caranguejo de tudo quanto arrastou do mangue.*

Wilhelm Dörpfeld (1855-1940) tinha uma divisão metodológica para biologia que pouca gente recorda ter saído da cabeça do velho auxiliar do homérico Schliemann, adivinhador de Tróia, e para Sir Artur Evans que ressuscitara Cnossos, sua maior descoberta. Consta unicamente de um esquema sob os modos de ver, pensar, aplicar. Sob o primeiro, ligando-se as perguntas: Quê? Como? Quando? No segundo: Quê? Para quê? No último,

---

1 Mohamed Abdalah Drazz, professor da Universidade El Azhar: "El Derecho Internacional Público y el Islam", *Boletim Cultural*, agosto de 1950, Cairo; Bernard Lewis, da Universidade de Londres: *Los Árabes en la Historia*, Madri, 1956; Wilfred Cantwell Smith, da McGill University, Montreal: *Islam in Modern History*, Nova Iorque, 1959; Maomé, *Le Coran*, trad. de Édouard Montet, Paris, 1949.

completar, articular os resultados, determinar a preceituação. Nada mais. Não creio possível que Dörpfeld tivesse lido o espanhol Quintiliano, do primeiro século após Cristo. Um hexâmetro por ele divulgado indica os elementos das circunstâncias: quis, quid, ubi, quibus auxiliis, cur, quomodo, quando? *Seria a velocidade inicial da tríade?*

Pela sua simplicidade podia orientar qualquer indagação no rumo da utilidade pedagógica racional, libertando-a do aranhol erudito ou da aridez monocroma da "instrução" maquinal e seca como língua de papagaio. Mas por isso mesmo, por ser primária, sabida, intuitiva, elementar, não merece estar dentro do conjunto resultante das buscas, pesquisas e levantamentos.

Procurei expor motivos e argumentos sem o sentido da decisão doutrinária, sempre provisória. O caminho aparece como uma conseqüência natural da própria percepção do conjunto. Saliento a documentária velha sem a crítica dos nossos dias. Não possuo a superstição da novidade. Lembro-me de Spengler na versão espanhola de Morente: pero lo que realmente sucede es que esas épocas pretéritas no quisieron lo mismo que queremos nosotros. *E bem antes o aviso de João Evangelista: "o espírito sopra onde quer!" Muita gente somente compreende Éolo, soprando numa única direção.*

No raciocínio sou o responsável total. Parva sed Mihi. *Realizo um jabuti brasileiro que não se esconde no bojo da viola de nenhum urubu voador para ir à festa do céu "científico".*

O especialista valoriza a Especialidade como a coruja gaba o toco em que mora. L'Impartialité est impossible à qui écrit ce qu'il a vu et manié — escrevia o duque de Saint-Simon. *A velha Condessa de Boigne dizia ser* une qualité dont tout le monde se vante et qu'au fond personne ne possède. *Mas não pratico a deformação mutiladora sob pretexto de atualização nem sonego provas contrárias para a mentira psicológica da unanimidade. Como realização didática será* um réarrangement du préexistant — como dizia Bergson.

Se olharmos a Anthropology *de Tylor, em 1881, e a* Cultural Anthropology *de Félix M. Keesing, em 1958, veremos como o mundo cresceu misturando-se, confundindo-se, numa cadeira ininterrupta de interdependências, intercomunidades e reincidências. Muitas conclusões do raciocínio, apresentadas outrora numa imagem única e maciça, são presentemente conglomerados, aglutinações, fórmulas de sorose, como as bananas e os ananases.*

Do registro descritivo para o configuracionismo de Sapir e Ruth Benedict é a mesma distância do Brasil produtor industrial de 1880 para 1962. A força das águas estabeleceu intercomunicações, determinando uma rede potamológica onde antigamente corriam dois ou três rios solitários e autárquicos. Hoje, cada rio deseja dar seu nome ao sistema inteiro. Todo afluente é soberano.

Perguntam-me por que teimo em não batizar Antropologia Cultural essa excursão na etnografia geral. Um alfaiate de Palmares — contava-me José Lagreca, que era de lá — ciumento das próprias conclusões, costumava afirmar: "Minhas idéias, como as concebo!"

De minha parte, convenci-me que todas as culturas nasceram do ethnos, grupo de gente, e não do anthropos, unidade aproveitadora do labor comum. Explicam ser uma mentalidade retardatária e obsoleta, fingindo ignorar quanto fora decidido pelas sábias universidades norte-americanas, obedecidas jubilosamente quase no resto do universo, desatendidas por um ínfimo autodidata a seis graus ao sul da equinocial. Lembro-me do alfaiate de Palmares e prossigo obstinado e tranqüilo.

Evidentemente não destino Civilização e Cultura *aos professores mas jamais pedirei que não leiam o resultado do meu esforço em assunto de que somos companheiros. Um depoimento de um colega de província, marca de deriva na divulgação intelectual. Um aviso-aos-navegantes, dando-lhes oportunidade de aproximação ou desvio da rota que naveguei.*

Para findar, o versinho de Goethe:

> Mas enfim sou o que sou,
> Se assim te sirvo, aqui estou!

Cidade de Natal, Avenida Junqueira Aires, 377.
Março de 1962.

Luís da Câmara Cascudo

NOVE ANOS DEPOIS...

*S*ecretário *do Instituto Histórico do Rio Grande do Norte, cumpria-me autenticar e subscrever as cópias das sesmarias requeridas pelos advogados em questões de terras. Fiquei conhecido no sertão demandista. Em maio de 1935, acompanhando o interventor Mário Câmara numa jornada inauguradora de edifícios escolares, conheci em São Miguel de Paudos-Ferros um rábula desembaraçado e loquaz. Ouvindo meu nome, festejou o encontro:* "Conheço-o muito, pelo preâmbulo final das sesmarias!"

Eis por que também faço o meu preâmbulo final nesse livro.

Entregue à Imprensa Estadual de Pernambuco, por convite de amigo afetuoso, começou a composição sem que eu deixasse cópias em Natal. O já falecido embaixador Assis Chateaubriand telegrafou ao então governador Cid Sampaio solicitando a transferência do Civilização e Cultura *para a sua Sociedade de Estudos Brasileiros Dom Pedro II, onde publicara* Jangada *(1957) e* Rede de Dormir *(1959). Preferi Recife. Mudara a administração local mas asseguravam a continuação (embora lentíssima) do meu livro. Em 1º de dezembro de 1964, o reitor Zeferino Vaz, da Universidade de Brasília, e os professores Onofre Lopes (reitor da nossa Universidade Federal) e José Tavares da Silva (diretor da Faculdade de Medicina) baixaram no meu terreiro. O reitor Zeferino Vaz vinha pedir-me o trabalho para uma coleção brasileira de divulgação científica, pretendida inaugurar em Brasília. Lisonjeado, dado o retardamento, telegrafei reclamando os originais.*

Tinham desaparecido!

Publiquei em junho de 1966, no Instituto de Antropologia, injustamente com meu nome, um folheto breve e cauteloso, História de um Livro Perdido, *sem lamentação publicitária, registrando o índice geral e a resenha dos assuntos fixados. Desejava unicamente informar o temário estudado. O texto pessoal consta apenas de 35 linhas. Os jornais falaram no episódio e não faltaram cartas cheias de carinho. Não desejo que outro professor viva as minhas decepcionadas amarguras.*

Quatro anos depois os originais reapareceram, sendo reenviados. Amarrotados como papel de embrulho, sujos, riscados, alguns capítulos incompletos, páginas e páginas inutilizadas por um delírio neurótico de riscos e interrogações! O Livro Perdido passara a Livro Morto. Guardei-o numa gaveta para todo o sempre.

O diretor da Livraria José Olympio Editora, Daniel Pereira, escreveume pretendendo reviver o defunto. Eu não tinha coragem de rever o meu pobre trabalho de tantos anos, esperanças e sonhos sexagenários...

Entra em cena o reitor Onofre Lopes, antes de tudo velho amigo, meu médico-assistente. Inconformado, com a cara severa do juiz Radamanto, insistia em publicar o cartapácio na Imprensa Universitária. Resisti às tentações.

Maio de 1971. Onofre vai libertar-se do fogareiro reitorial onde estivera sentado dez anos, dando ilusão de encontrar-se em cômoda poltrona. Procura-me para um apelo irresistível e derradeiro. Ao deixar a reitoria quer prestar essa homenagem, não a mim tantas vezes distinguido pela sua bondade, mas aos professores provincianos do Brasil Universitário. Quer a publicação do livro como ele estivesse no meu arquivo, documentando o labor desinteressado e tenaz, na limitação das consultas estaduais, sem prever recompensa ou prêmio. Tanto assim que a etnografia geral fora suprimida na ex-Faculdade de Filosofia, onde eu ensinara de agosto de 1955 a junho de 1963. Decisão federal de ensinar álgebra sem aritmética. Semeara no mar, como suspirara Bolívar. Não podia recusar obedecer a esse apelo.

O cerimonial da transmissão na reitoria ao professor Genário Alves da Fonseca incluía a presença do Ministro de Educação e Cultura, Jarbas Passarinho. Onofre fez a intriga do Bem — como dizia o ex-embaixador Vasco Leitão da Cunha. Contaminou o ministro com a atribulada odisséia da minha tarefa. Levou-me à presença do titular. O Ministro Passarinho quase ressarciu as melancolias de onze anos angustiados. Tinha interesse, "todo interesse" na edição do que fora feito e jazia num gavetão de aço.

Essa é a história do Civilização e Cultura.

All's well that ends well...

Natal, outubro de 1971.

Luís da Câmara Cascudo

CONCEITO

*H*á uns setenta anos passados o injustamente esquecido Jules Theodore Ernest Hamy (1842-1908) dizia ser a etnografia *l'étude de toutes les manifestations matérielles de l'activité humaine*. Incluía religiões porque não é possível uma função religiosa sem liturgia e uma cerimônia litúrgica é uma sucessão de atos materiais, de gestos simbólicos, fixando significações sagradas. Robert Lowie (1883-1957) ainda em 1937 definia: "A etnografia é a ciência que trata das culturas dos grupos humanos".

A tendência contemporânea é agrupar na antropologia os métodos atinentes ao estudo do Homem, estrutura física, acomodação humana, interdependência social, formação e desenvolvimento da cultura. Na chamada antropologia social, processos e resultados pesquisadores e normativos confundem-se com a sociologia, hoje viva, palpitante de interesse geral, aliada à psicologia social que prolonga na análise humana a veracidade das conclusões. Etnologia passa a ser sinônimo de antropologia cultural e a etnografia um simples aspecto inerente a qualquer estudo da antropologia cultural (Emílio Willems) ou apenas a colheita e descrição do material (Mühlman).

Etimologicamente está tudo certo, mas nem sempre a gramática tem razão no plano das simpatias eruditas. Como simplificação útil, a antropologia seria a ciência do Homem, com o cortejo das especializações reverentes e fiéis como formigas cegas e infatigáveis no fundo do formigueiro; antropometria, arqueologia, etnografia, lingüística, paleontologia — e o mais que dos autos constem.

Enquanto essa aglutinação não se verifica, como ocorre nas universidades norte-americanas em geral, no Brasil a etnografia é disciplina independente e soberana, pedindo e obtendo a colaboração de colegas que ainda não se tornaram monopolizadoras do título único.

A Etnografia estuda a origem e estabelecimento, modificações e vitalidade das culturas humanas. O conteúdo, diga-se a verdade, pertence ao programa das demais companheiras. Como não há e nunca houve homem sem uma cultura no tempo e no espaço, o motivo do estudo coincide na indagação de todas as ciências do social, diversificando-se nos ângulos da apreciação e amplitude. Iavé, nos primeiro e segundo capítulos do Gênesis, criou uma cultura com suas limitações, hierarquias e ordem; e Adão deu nome a cada alma vivente. Sem o Éden não existiria Adão e Iavé fez o jardim em primeiro lugar, dispondo ambiente para que vivesse o ente criado, dominador de todas as coisas.[1] A etnografia, até deliberação em contrário, estuda essas culturas, que são perpetuamente as explicações da passagem humana na face da Terra.

Decorrentemente tudo que interessa ao homem no plano do Tempo tem raiz etnográfica. Os vestígios humanos são marcas possessórias da etnografia. Os limites são estabelecidos pelas especializações subseqüentes. O aparato científico fornecerá a cada um resultados mais nítidos que a pesquisa de conjunto, bem intencionada e feita pelo faro vocacional primitivo. A etnografia não estuda ou não tem o direito de perguntar os segredos da família humana, raças, diferenciações anatômicas, os tipos antropológicos, grupos sangüíneos, mas examina todos esses resultados, aproveitando-os no plano harmônico do conjunto. Interessa saber como o homem viveu e vive em qualquer ponto da Terra e quais os elementos que dispôs para dominar o tempo e sobreviver. Como foi que ele derramou um sentido de magia em todas as coisas e, de caçador paleolítico, fundou os grandes impérios resplandecentes. Ao arqueólogo, ao biologista, ao químico, ao sociólogo, ao folclorista, ao antropologista competem elucidações e rumos, dados que a etnografia utiliza na unidade de sua missão.

A simpatia natural pela etnografia é que ela evoca documentadamente a história da nossa grande família humana, evidenciando continuidades e seqüências que orgulham ou decepcionam a vaidade dos netos presentes. Tem-se uma impressão emocional e confusa de ver um velho álbum doméstico, recordando façanhas e vitórias de homens cujo sangue talvez esteja nas nossas veias contemporâneas.

E nota-se que o passado imemorial não desapareceu de todo, e deparamos as sombras milenárias nos gestos diários e às vezes no mecanismo do raciocínio, para a soma surpreendente de soluções psicológicas.

Um ato comum e banal pode ter cinqüenta séculos e um pavor que julgávamos personalíssimo já sacudira o corpanzil assombrado de um nosso pré-avô na noite dos tempos antigos.

E tudo vive em nós, herdeiros de gerações incontáveis e de culturas sucessivas.

Por isso a etnografia é sedutora. É a nossa memória, no Tempo!...

EVOLUÇÃO

Naturalmente a etnografia atravessou estágios parando, detendo-se em exames que não eram de sua conta; largando o certo pelo duvidoso, orientando-se pelo aceno superior de um sábio ou de uma escola que encantara a todos, num feitiço envolvente de solidariedade. Voltando às encruzilhadas difíceis, deixou rumos, queimou ídolos, arrependeu-se, pecou de novo, fazendo penitências e regressando ao pecado. Filtrando as opiniões que tivera emitido abundantemente, recolhendo muito papelmoeda inconversível, espalhado num delírio de inflação doutrinária avassalante, graças ao fastígio de uma moda irresistível, foi vivendo e vive modesta e natural, ciência do homem cotidiano, de qualquer homem. A sistemática não lhe nasceu armada e pronta da cabeça, e o autodidatismo esbarrou muita gente no enebriamento das predileções pessoais, defendidas como pontos de honra, tendo as restrições por ofensas graves.

A curiosidade crescente pelo mundo antigo e o encontro de esqueletos e objetos da vida doméstica dos homens primitivos deram valorização às buscas. A nascente arqueologia revelava a etnografia de outrora. As missivas e relatórios de viajantes, naturalistas, exploradores e missionários na Ásia, na África, na Oceania e depois na América alargaram infinitamente o documentário dessas regiões. Tudo se registrava de acordo com a mentalidade do observador. E a mentalidade tomava as cores do interesse, prático e econômico, moral e teológico.

Essas informações, especialmente as de captação religiosa, traziam um elemento negativo atordoador, escurecendo a compreensão positiva. A parte material, ergológica, era descrita com relativa precisão mas a notícia da cultura espiritual aparecia desvirtuada pelo desdém incontido do cristão em face do pagão. Os deuses sinistros ou generosos do panteão surgiam hediondos ou ridículos e a teologia aborígine constava de fábulas tecidas de presunção e imbecilidade ostensiva. O ideal — ideal de engano manifesto — não era apenas catequizar, tornando cristão ao homem exótico, mas também e essencialmente mudar-lhe a alma, pintá-la com as tintas da Europa, fazê-lo intrinsecamente um europeu, desraizado e marginal no próprio mundo nativo. A mata indígena foi derrubada para o pomar europeu nem sempre frutífero. Não se adivinhava o pensamento claro do papa Pio XII na doutrina etnográfica da carta-encíclica *Evangelii Praecones* (Roma, 26-6-1951). A vida indígena natural era bem fortuita e rapidamente motivo de estudo e muito mais curiosidade ou relação de erros a corrigir e desfazer. A percepção geral e lógica do nativo, pela observação interessada unicamente na verdade funcional das culturas, é um nobre esforço final do século XIX. Os antecessores reuniram o material, parcialmente destruído pelo orgulho do "civilizado" e pelo horror à heresia. A expansão colonial nos términos dos séculos XVIII e XIX ampliara o conhecimento do homem que vivia nos rincões mais recuados do globo. As lutas pelo domínio territorial puseram em contato os europeus com os povos desconhecidos em sua íntima organização social. Ao lado das forças militares, fechado o período dos morticínios, apareceram os estudiosos, professores, missionários, médicos, funcionários administrativos, relacionando e anotando pacientemente o mundo novo daquela estranha gente. Todo esse acervo sacudiu de entusiasmo a vitalidade da disciplina etnográfica que ia tomando corpo e feição legítimas. Toda esta cordilheira de informações despertou o instinto da generalização doutrinária, o sonho da explicação racional para a paisagem humana e cultural revelada aos olhos analíticos.

Era tempo em que Herbert Spencer derramava o evolucionismo como uma mensagem luminosa de compreensão natural, no imediatismo da lógica formal. O *First Principles* (1862) era o quinto evangelho.

Os livros de Tylor e de Lübbock, quase sempre fiéis a Spencer e ortodoxos da linha geral, do imutável *master plan,* foram os pontos cardeais anos e anos para orientar deduções e acima de tudo ensinar a ver como viveram os homens no passado e suas sobrevivências contemporâneas. Era ao mesmo tempo um apelo aos estudos em série, coordenados os materiais e postas as informações em disposição seqüencial, facilitando os processos comparativos e de totalização sintética.

Nas últimas décadas do século XIX é que a etnografia possuiu o seu quadro mural, abrangendo culturas distanciadas e remotas. Antes podia mostrar aspectos parciais, objetos curiosos nas coleções dos museus, dos soberanos e dos fidalgos ricos. O museu tinha o critério do exótico, do raro, do pouco visto, das coisas diversas das normais, e não a exposição dos meios naturais da existência de um povo e de sua cultura, tão legítima quanto a dos visitadores displicentes. Os mostruários exibiam partes desirmanadas, membros amputados, pedaços orgânicos de uma civilização saqueada.

Vem daí a valorização humana dos indígenas, a visão ampla e próxima de sua vida e o respeito pela sua inteligência. O europeu verificou que o selvagem era uma criatura humana como os pontífices haviam proclamado insistentemente. Começou o olhar dos "brancos" fixando o nativo como essência humana e organismo biológico e normal, e não somente material típico que só se enriquece pela difusão científica. Esse ângulo de observação elevou a etnografia, fazendo-a fixar a civilização estranha na exatidão de uma atitude humana e legítima. Não era viver entre, mas com os "naturais". *Ich nicht nur unter, sondern auch mit den Indianern lebte* ("não vivi entre, mas com os indígenas") — dizia orgulhoso Th. Koch-Grünberg (1872-1924).

DOUTRINAS

Antes do evolucionismo não havia doutrina que os etnógrafos aplicassem aos seus estudos. Limitavam-se a descrever o material, objetos, povos, religiões, danças, cantos, mitos, etc. Uma explicação geral não aparecera para o conjunto cultural e antes de tudo uma justificativa de sua presença e transformações. A seleção natural veio dar esta fórmula e por muito tempo foi a doutrina oficial divulgada pelos mestres supremos — Spencer, Tylor, Morgan, Lübbock, Lang.

O dogma definia uma cultura como provinda de uma outra inferior, que por sua vez seria relativamente superior à que lhe fora antecessora. Os objetos denunciavam os estágios evolutivos pela rusticidade do aspecto e crescente aperfeiçoamento sucessivo. Tanto mais primitiva a cultura menos polidos e mal-acabados os utensílios. As melhorias surgiam nos estados mais altos e, caminhando para o passado, ia-se ao encontro da barbaria, da confusão e do caos. Os objetos simples, toscos, rudes, eram resumos fiéis das fases recuadas. Não se atinava que a simplicidade podia ser uma degradação do material, velhíssimo, que perdera sua arte e regredira, como pensava Georg Thilenius. Nem mesmo havia um exame lógico no estado real da cultura, examinando-se a situação positiva do homem, armas, instrumentos de caça e pesca, uso de alimentos assados, organização social, família, modo de abrigar-se, ornamentação, ação religiosa. Seriam elementos ponderáveis de adiantamento e cada um deles revelava conquistas apreciáveis para uma acomodação material e intelectual no ambiente. O evolucionismo negava as inevitáveis "culturas iniciais" porque "no princípio" o homem nada possuíra no plano civilizador. O homem era obrigado — como ainda hoje — a defender-se do frio e do calor, alimentar-se, abrigar-se, enfrentar a concorrência, dormir agasalhado. Para conseguir a eficácia de um desses atos era indispensável o uso de uma técnica, de um conhecimento, de uma vontade dirigida. Podia-se verificar que um grau mais adiantado de cultura não constituísse ascensão social e sim retrogradação, abandono de técnica suficiente por sugestão de inimigo vitorioso, mando de chefia irresistível ou esquecimento parcial do costume.

Adolf Bastian, viajando, lendo, observando, lançou a doutrina das "idéias elementares", idéias elementares no povo, o *Völkergedanke*. Havia o mesmo nível de espírito em qualquer agrupamento humano, em qualquer raça ou latitude da Terra. As reações seriam quase as mesmas diante da identidade excitatória. Com o mesmo material e a mesma necessidade, o mesmo objeto seria feito na obrigatoriedade de uma utilização comum. Bastian, com Vogt e Virchow, sumidades na época, fundou a Sociedade de Antropologia e foi diretor do Museu Etnológico de Berlim. Sua autoridade e sedução de inteligência fizeram divulgação imensa das chamadas idéias elementares.

Friedrich Ratzel, criador da antropogeografia, atenuou o prestígio da *Elementargedanken* de Bastian, comparando-a com a geração espontânea. Sugeria pesquisas locais e longas antes do pronunciamento de ordem psicológica. Nunca tentar substituir o nativo na interpretação da sua cultura, falando por ele, e sim descrevê-lo o mais fielmente possível com a multidão de dados obtidos paciente e teimosamente.

Explicou Ratzel a semelhança dos elementos deparados em paragens afastadíssimas pela conexão genética cultural, se as concordâncias não fossem derivadas da identidade ou similaridade do material e finalidade usual do objeto produzido, e ainda relações étnicas. Era a teoria sucessora, a difusão pela dispersão dos elementos etnográficos irradiados pelo processo migratório. Negava-se a origem independente. Frobenius, discípulo de Ratzel, concebeu a teoria "dos círculos culturais", fonte da doutrina histórico-cultural. O *Kulturkreise* popularizou o método, sedutor pela sucessão de analogias e igualdades de elementos, com uso idêntico, fixando áreas imensas de utilização similar. Ankermann e Graebner, o padre Schmidt, fundador da Escola Etnológica de Viena, e o padre Koppers foram os orientadores do método que conquistou a mais intensa aplicação científica. A importância das migrações e dos contatos culturais foi valorizada pela verificação e mais ainda pelo comunicante entusiasmo dos mestres de fala germânica. E também Elliot Smith, William Halse Rivers, Franz Boas, Alfred Cort Haddon, ingleses e norte-americanos, com interpretações pessoais, aceitaram a doutrina que se universalizou, com uma esplêndida folha de serviços de pesquisadores de campo e biblioteca.

As culturas mais antigas, pigmeus d'África equatorial, ainos, indígenas da Califórnia, homens da Terra do Fogo e região ártica, além da península de Málaca, foram estudados e a evolução clássica sofreu uma prova de fogo com resultado desastroso. O conceito do selvagem praticamente desapareceu ante a identidade das culturas suficientes a todos os povos. Os estágios superiores não garantiam melhoria e menos perfeição relativa às fases anteriores. A marcha ascensional no tempo não é uma prova de desenvolvimento no plano cultural. Houve a valorização do normal.

Franz Boas reconhece a unidade específica humana e, em decorrência, a disposição semelhante para a criação e modificação do material empregado na vida normal, mas atende e valoriza a liberdade da inteligência individual, com imprevistas conseqüências, nítidas ou menos perceptíveis, determinadas pelos homens de talento ou de gênio excepcional, insusceptíveis de acomodar-se numa lei geral anterior, prevendo-lhes existência e projeção modificadora do âmbito social. Essa influência pessoal é inegável e positiva no domínio da magia, medicina, arte, organização tribal, métodos de caça, pesca, guerra, indumentária, alimentação, etc.

Não é sempre prudente admitir um estado permanente de receptividade obediente e assimiladora para quanto seja sugerido pelos povos vizinhos ou difundido através de emigrações e famas viajantes.[2]

Qualquer povo possuirá uma capacidade criadora e modificadora que não deve ser subestimada pelo observador. Deve-se demorar o exame no local, no conjunto das utilidades, comparando-as e procurando identificar as mais antigas, no processo de similitude, antes de tentar explicar a presença pela projeção ou imitação da gente vizinha.

Erland Nordenskiöld (1877-1932), de Gotemburgo, na Suécia, criou uma verdadeira escola técnica com a divulgação dos quadros comparativos de elementos constantes de várias civilizações distantes, evidenciando as aproximações e semelhanças no plano usual, decorativo ou de produção. Devemos ao grande etnógrafo uma técnica facilitadora do exame de conjunto, ensinando pela visão imediata das sínteses claras e típicas, e raro será o estudioso no mundo que não deva a Nordenskiöld uma informação decisiva no exame realizado. Jamais será contado o número dos seus discípulos. Alfred Métraux (1902-1963), pelo modelar *Civilization Matérielle des Tribus Tupi-Guarani* (Paris, 1928) e demais estudos de pesquisa indígena, é o mais conhecido e famoso continuador.

Uma limitação melancólica da etnografia clássica, à qual não tenho coragem de jurar preito e menagem, é uma aplicação particular e geral às culturas de pouca ou nenhuma influência européia. E evitar receosamente a contemporaneidade, como se o homem dos nossos dias não fosse digníssimo de pesquisa obstinada e análise minuciosa, tanto quanto um camarada das ilhas polinésias ou melanésias. Creio que ainda é um resquício embriagador do exótico, encaminhando o etnógrafo para essas regiões preferencialmente, abandonando o seu país e povos circunjacentes.

A predileção pelo primitivo de ontem e de hoje podia presentemente adotar o critério da continuidade e sobrevivência no contemporâneo e no conterrâneo. Tanto Frazer investigou as permanentes ritualísticas nos povos de outros níveis culturais quanto Paul Sébillot constatou em *Le Paganisme Contemporain chez les Peuples Celto-Latins* (Paris, 1908) e Richard Weiss evidencia no *Volkskunde der Schweiz* (Erlenbach, Zurique, 1946) a presença dos milênios etnográficos na Suíça acolhedora e moderna dos nossos dias. Esses registros devem ter o mesmo interesse científico das indagações de um naturalista no estreito de Torres.

O *omne ignotum pro magnífico* não exige a distância e os inquéritos das comissões de assistência social, ou simples reportagens-relâmpagos dos jornais diários revelam ângulos obscuros e um mundo misterioso e antiquíssimo ao redor das avenidas e dos arranha-céus.

O encontro de um elemento espiritual clássico ou fórmula de organização tribal sugestiva e arcaica num grupo indígena da Polinésia, ou da região da bacia do Amazonas, não devia ser superior e mais precioso que uma sobrevivência, um hábito, um gesto, um costume, de origens inapreciáveis no tempo, que registramos nos arredores de Paris, de Londres, de Roma, de Berlim, de Madri, de Lisboa. Nos arredores e mesmo no interior. O homem da desintegração atômica é o mesmo da época em que os amuletos são os mais procurados e ostensivamente exibidos. A explicação psicanalítica ou mórbida das grandes cidades defenderem seus feiticeiros, centros mágicos, terapêutica de encanto, é uma demonstração irresponsável de que se mantém no espírito humano as permanentes eternas do amor-e-pavor e a sedução do mistério sobrenatural, e as tentativas de sua disciplina em favor individual não são incompatíveis com altas pesquisas astronômicas, maravilhas químicas e surpresas da eletricidade tributária a serviço do conforto pessoal.

A etnografia não será apenas a contemporaneidade do milênio mas a universalidade do interesse pelo homem, de qualquer paragem e tempo, o simples *uomo qualumque...*

A. DIFUSIONISMO

As doutrinas da etnografia? Melhor seria falar nos critérios metodológicos. Critérios que explicam a origem das coisas e não a maneira técnica de empregá-los.

A doutrina etnográfica está reduzida a duas escolas, ambas pouco rigorosas na intercomunicação dos adeptos bem educados. Por esse meio há os três tipos ilustres de orientadores: ortodoxos, céticos e tolerantes ou resignados. O fundamento conceitual é comum, tal qual identidade geológica nas bases de montanhas autônomas.

Todo objeto etnográfico implicará — no exame somático e na apreciação qualitativa — dois aspectos essenciais: a) o objeto em-si, sua fabricação, inalterabilidade ou modificação tipológica na unidade e no gênero das utilidades a que pertence; b) participação funcional no complexo da cultura grupal, tribal, popular, sagrada.

Nada mais. E é uma exigência que acarreta infinitos de análise, debate, entusiasmo, discordância erudita.

As escolas são as duas que sabemos. A maior, mais prestigiada pelo colégio de sábios que a ilumina — riqueza bibliográfica, amplidão de pesquisas, extensão dos quadros e relações sistemáticas —, é a difusionista. Defende uma espécie de "jus sanguinis" no domínio etnográfico. A outra, com fiéis teimosos, é a do paralelismo, da convergência localista, será devota do "jus soli".

E também um método que se está tornando escola, o funcionismo.[3] Para os difusionistas existem grupos humanos que irradiam tudo quanto usamos e conhecemos. Fixados em determinadas coordenadas geográficas e pioneiros nas soluções simplificadoras do ajustamento humano ao mundo, constituem o sangue nobre que, através do tempo e do espaço, circula nas veias da Humanidade. O problema das origens culturais é uma simples autenticação dos percursos infra-históricos percorridos por esses elementos até os centros em que fizeram nascer e desenvolver todo o sistema material do aparelhamento indispensável à conservação da vida organizada, individual e coletiva. Por um miraculoso conjunto circunstancial, essa minoria reagiu e resolveu as fórmulas iniciais, positivas e suficientes para a continuidade da raça humana. O difusionismo poderá identificar a descendência da remotíssima influência, indicando os presentes traços essenciais e característicos denunciadores da longínqua filiação material. O sangue, isto é, as constantes tipológicas, garantem a paternidade insofismável. As culturas são integrações sucessivas de modelos emprestados.

B. PARALELISMO OU CONVERGÊNCIA

A paralelista, *non adversa sed diversa,* decidiu que as técnicas devam surgir, em boa maioria, nas áreas da utilização consecutiva. Os povos tiveram as mesmas reações em face dos provocamentos semelhantes. Cada cultura é o resultado de uma necessidade local, resolvida com o material-ambiente e dentro da capacidade realizadora do grupo. Não é possível admitir-se um grupo humano tendo sido autor do descobrimento do fogo, abrigo, caça, pesca, chefia, idéia religiosa, cerâmica, primeiras armas, primeira embarcação, primeira intuição medicamentosa, primeiro penso hemostático. Todas essas unidades primárias e suficientes para a vida humana são como atos fisiológicos. Independem do ensino. Não esperam o exemplo alheio para sua efetivação.

Há provadamente uma disponibilidade inventiva que é o patrimônio básico da inteligência. Os homens reagem na gradação diferenciadora das potências intelectuais. Diante do mar, da floresta, das planícies, da montanha, enfrentam diversamente o problema supremo da subsistência. A unidade da chefia multiplica-se em face das especializações posteriores. Os climas condicionam os agasalhos, abrigos, trajes, moradas. Certos grupos tiveram na manhã do convívio social recursos estimuladores para ampliações e melhorias nos rendimentos da produção. A imaginação criadora, podendo aproveitar esse material, tornou-os capazes de uma influência, independente das conquistas guerreiras, pela sedução natural do aparelhamento mais vantajoso. Mas essa superioridade quando transmitida depende do critério utilitário que possa ter o povo imitador ou vassalo mental.

Como ainda contemporaneamente os hotentotes amam o gado e não apreciam o cavalo, os pigmeus africanos preferem o arco às armas de fogo, a habitação do bosquímano de Angola é uma fidelidade aos modelos pré-históricos, os lacandones mexicanos não usam de moeda, os soberbos guerreiros Masai do planalto central de Quênia abatem o leão com lanças, tendo um profundo desprezo pela carabina (facilmente adquirível em Nairóbi), não devemos afirmar a imposição categórica da aculturação e sim compreender a faculdade de escolha e de aceitação entre povos de níveis desiguais no plano físico do comportamento cultural. Escolhas e aceitamentos que escapam às vezes ao entendimento comum do homem moderno, correspondendo ao mistério da aderência.

Os processos de adoção cultural tiveram formas múltiplas. Todos os homens são realidades criadoras e sempre o foram. Todos possuíram as unidades culturais inerentes à própria condição humana. A superestimativa de um elemento por um povo não determina sua assimilação por outro. O indispensável é local. Os aperfeiçoamentos, precisões, modificações e recriações técnicas, o famoso "progresso", outras formas utilitárias do rendimento econômico, podem e devem ter sido transmitidas pelos grupos mais elevados àqueles que não conseguiram obter, dentro do quadro normal da organização, esses adiantamentos e vantagens. Assim, difusionistas e paralelistas têm razão, *ciascuno a suo modo,* como dizia Pirandello, nos limites lógicos da criação e da influência, sob um critério de necessidades, adoção e repulsa, que não podemos medir em sua exata intensidade.

C. Funcionismo

O Funcionismo, *the functional theory,* é mais uma interpretação que uma doutrina de antropologia ou etnografia. Participa do clássico raciocínio mágico do *pars ex toto,* em que todos os elementos compõem indissoluvelmente o conjunto, conservando cada um deles um sentido de colaboração indivídua. Cada elemento tem sua função no todo e deverá ser avaliado na relação objetiva e subjetiva dessa integração. Um cachimbo obrigará o estudioso a examiná-lo como veículo de devaneio e passatempo, agente de inspiração nas assembléias consultivas e deliberadoras, instrumento provocador de força mágica com efeitos terapêuticos ou de preparação belicosa. Olhar-se-á elementarmente sua técnica de fatura, barro, madeira, pedra, ornamentação, modelos; e quem o pode utilizar e quando. Liga-se ao cerimonial de iniciação, ensaio guerreiro, cinegético, haliêutico, ritos agrários ou medicamentosos. A pessoa que usa o cachimbo será o chefe ou o pajé e decorrentemente o cachimbo figurará como indispensável da efetivação ritualista. Terá ou não lendas etiológicas, momentos de uso e exigência de vestido próprio para empregá-lo. O traje *smoking,* de meia-cerimônia, principiou vestimenta para as horas de fumar, livrando a roupa da impregnação do odor penetrante e ainda julgado bárbaro para as narinas britânicas. Assim não é possível compreender o cachimbo sem articulá-lo à plenitude de suas funções. De outra maneira, visto isoladamente, o cachimbo é peça banal de coleção comum, uma curiosidade artística ou exótica e nunca expressão legítima de uma cultura viva. É base autêntica para a recomposição total do complexo como é possível medir-se a estatura pelo avaliamento de um osso no plano da correlação somática.

Os mestres essenciais são Radcliffe-Brown (Alfred Reginald, 1881-1955), Bronislaw Malinowski e Richard Thurnwald. São mestres sem unidade doutrinária e semelhança especulativa. Coincide-os o indicativo da função específica como fundamento compreensivo de toda a cultura pela análise de suas partes, *pars ex toto*. As maneiras dialéticas da argumentação, exposições aliciantes das razões teóricas e conclusões finais, são diversas e distanciadas em boa percentagem. São evidentemente da mesma família mas fisionomicamente diferenciados. Sensível ou claramente são antidifusionistas, aceitando o surgimento e desenvolvimento independentes de centros irradiantes. Estão mais interessados na identificação e harmonia dos materiais etnográficos no todo cultural que na investigação deduziva de suas origens. O funcionismo ressalta a inter-relação dos elementos formadores de uma cultura. Inter-relação que significa todo um sistema de interdependências e de recíprocas influências. A função, se não chega a criar a forma, modifica-a no tempo e pode pressionar alterações noutros objetos dentro da mesma área de ação.

Cada elemento dentro de uma cultura funciona intrínseca e extrinsecamente, ou seja, centrípeta e centrifugamente. Vale como um fio consciente no mesmo tecido ou elo numa corrente de múltiplas diversões. Não é possível determinar com precisão o limite espacial da influência real e a sugerida. Se para alguns elementos a função característica possibilita uma apreciação mais nítida e a medição mais racional de sua expressão, noutros haverá uma indecisão verificadora porque a função lógica é visível e a possível confunde-se no meandro de outras funções, convergentes ou semelhantes. Lowie argumentava não ser crível provar-se uma associação real entre todos os elementos de uma mesma cultura e o funcionismo, em técnica exigentemente ortodoxa, terminaria pela limitação arbitrária da própria pesquisa, pela impossibilidade de constatar todo seu alcance influencial. Reivindica Lowie maior independência indagadora, não importando a inclusão ou exclusão do objeto no âmbito cultural para que merecesse análise. Radcliffe-Brown, como prevendo o reparo, já explicara que todos os elementos têm ou podem ter uma função numa cultura. O funcionismo valorizou o conjunto cultural, reassociando nas séries estudadas tudo quanto poderia ser examinado desarticuladamente de um todo social. As autonomias fictícias foram diminuídas e religadas ao mecanismo grupal, como fez Malinowski no arquipélago de Trobriand, na Nova Guiné. As coisas criadas para o serviço do homem terão possivelmente a mesma interdependência funcional dos órgãos no corpo humano.

Não é possível às excitações dos exaltados, dos messias da prope-
dêutica etnográfica, a recomendável e natural prudência para conclusões
e, acima de tudo, orientações para os continuadores, teóricos ou práticos,
em pesquisa de campo ou bibliográfica. Nem todos os elementos estarão
ligados uns aos outros e às mesmas raízes funcionais como engaços de
passas ou corda de caranguejos.

NOTAS

1. "... o mundo existe em função do homem, do homem socioculturalmente considerado." Paulo Dourado de Gusmão. *Introdução à Ciência do Direito*, p. 99, Rio, 1956.
2. Franz Boas, "The Methods of Ethnology", *American Anthropologist*, vol. 22, 1920; "Evo-
lution or Difusion?", idem, vol. 26, 1924; "Review of Graebner, Methode der Ethnologie",
Science, vol. 34, 1911, data da publicação do ensaio de Graebnar. Foram reunidos no
volume *Race, Language and Culture*, Nova Iorque, 1940.
3. É a minha tradução da *Functional Theory, Functionalism*, do latim *functio*, dando fun-
ciologia, funcionismo...

CULTURA

Cultura, de *cultum,* supino de *colere,* trabalho da terra, conjunto de operações próprias para obter do solo os vegetais cultivados. Cultura de batatas. Cultura de milho. Sinônimo de agricultura, lavoura, trabalho rural, *cultura agri.* Fundar cultura era plantar uma determinada espécie ou aproveitar o terreno com um plantio apropriado. Figuradamente, analogicamente, cultura das letras, das ciências, das belas-artes. Sempre numa aplicação parcial, específica, localizada. Era ainda o critério francês que o Larousse servia de porta-voz: *culture, étude, application de l'esprit à une chose. La culture des beaux-arts, des sciences. Développement que l'on donne, par des soins assidus, à des facultés naturelles.* Entende-se que a cultura era um exercício da inteligência aplicado a um esforço para finalidade determinada e única. Nunca o geral, o conjunto, a totalidade. É um músculo, um órgão, um nervo. Jamais o organismo inteiro. Um rio, uma árvore, uma montanha. Não a paisagem completa.

É um germanismo, de *Kultur,* quando no sentido intelectual.

No Brasil não tivemos o vocábulo na acepção presente vindo de nenhum país latino. Recebemo-lo dos norte-americanos, etnólogos, antropologistas e especialmente pedagogistas, forma inicial e poderosa da influência intelectual americana na América do Sul. Os norte-americanos tiveram *culture* do alemão *Kultur,* que orgulha a todo germânico pronunciá-la, batendo os calcanhares. *Civilização, civitas-civitatis,* ligava-se totalmente à idéia de Estado, conjunto de cidadãos reunidos em sociedade, realizando os fins da vida organizada nesse âmbito (M. Block).

Para fins primários de impressão poder-se-ia dizer que a cultura é o conjunto de técnicas de produção, doutrinas e atos, transmissível pela convivência e ensino, de geração em geração. Compreende-se que exista processo lento ou rápido de modificações, supressões, mutilações parciais no terreno material ou espiritual do coletivo sem que determine uma transformação anuladora das permanências características.

Define Ralph Linton (1893-1953): "Como termo geral, cultura significa a herança social e total da Humanidade; como termo específico, uma cultura significa determinada variante da herança social. Assim, cultura, como um todo, compõe-se de grande número de culturas, cada uma das quais é característica de um certo grupo de indivíduos" (*O Homem, uma Introdução à Antropologia*, São Paulo, 1943).

Visível o cuidado de evitar a palavra "civilização", autenticamente valendo aquela "herança social e total da Humanidade".

É bem possível que uma cultura modifique uma cerimônia, um aspecto da organização administrativa, uma técnica de produção agrícola ou industrial, a maneira de preparar um alimento tradicional, um ritmo de dança individual, bailado coletivo, equipamento ou forma de caçar, pescar, guerrear, tecer, fiar, modelar, pintar cerâmica, ornamentar-se, tatuar-se, abandonar certos vocábulos por outros ou fazê-los ter significação diferente, sem que a civilização perca no conjunto de sua apresentação habitual e sensível vitalidade e fisionomia normais.

José Ferrater Mora explica: "sí la vida humana es continuamente una formación y transformación de bienes culturales según su espontaneidad, es también, al mismo tiempo, un vivir dentro de los bienes transmitidos o reconocidos, un existir dentro de la continuidad historica y de la tradición" (*Diccionario de Filosofia*). Esse *vivir dentro de los bienes transmitidos o reconocidos* não será apenas o uso material das utilidades que uma cultura fornece em sua especialidade mas a plenitude do espírito que emana, indispensavelmente, do seu conjunto organizado, com suas orientações, distinções, restrições, exigências e finalidades educativas, religiosas, políticas. Ratzel traduzia *Kultur* como um conjunto de disponibilidades mentais de um povo para uma época. Pode verificar-se que, num dado momento social, as disponibilidades aludidas não sejam as suficientes para o grupo, diminuído o potencial pelas epidemias, calamidades meteorológicas, dizimação guerreira, dissensões, divisão emigratória, depressão coletiva traduzida em indiferença e descaso pela manutenção dos padrões habituais de produção e vigilância defensiva. A cultura é sempre funcional, vigorosa e mantenedora do estado normal do seu povo quando sentida, viva na acepção de Ortega y Gasset, exercida por todos os membros e objeto de orgulho e confiança. O problema que seduz e está em observação, pesquisa e debate, é o mecanismo íntimo, invisível e radicular, determinando os índices de assimilação que surgem como corolários aos índices de procura. Mesmo sem carência, necessidade lógica, sentido útil, um certo padrão decresce, começa a murchar na predileção popular e estabelece-se uma procura, uma solicitação imperiosa, exigindo substituição por um novo padrão. Outras vezes um velho padrão provadamente inútil é mantido ciumentamente sem que o grupo atenda às seduções aliciantes de padrões vizinhos. Certos grupos africanos equatoriais e austrais continuam caçando e cercados por outros grupos pastoris e plantadores. E vice-versa. Os arundas australianos do centro e os semang da península malaia preferem instrumentos de pedra e osso aos de ferro e aço. A arma de confiança para corsos, nordestinos do Brasil, catalões e bascos espanhóis é o punhal e nunca o revólver. Para o masai era a lança e não a carabina. O orgulho de um sertanejo do Norte e de um gaúcho do Sul do Brasil não está no seu automóvel mas no seu cavalo. Nunca um desses homens contará uma estória da máquina e sim do animal. Semelhantemente no mundo árabe.

As condições ecológicas, favoráveis ou adversas, ampliam ou restringem a capacidade produtora, modificando ou fazendo desaparecer padrões gerais ou parciais que podem reaparecer, obrigados pela premência do emprego que se tornou imperativa ou atração de um modelo estranho, sugerido pela imitação. Mas a ecologia não explica tudo e menos ainda a interação.

A cultura compreende o patrimônio tradicional de normas, doutrinas, hábitos, acúmulo do material herdado e acrescido pelas aportações inventivas de cada geração. Mas esse patrimônio não abrange a totalidade das outras culturas possuidoras dos mesmos elementos constitutivos. Frobenius disse-a um "ser vivente",[4] não apenas a soma das técnicas num dado setor, mas uma energia envolvente e ajustadora para aptidões e condutas nos moldes do trabalho genérico. Compreenderá o mecânico-tradicional, o orgânico-continuador e o espiritual-criativo.

Malinowski interpretava uma cultura como de ação funcional exclusiva; conjunto material de equipamentos destinados a satisfazer a necessidade humana. Era uma soma de realidades instrumentais.

A mais espantosa conquista intelectual do século XX; no plano positivo e generalizador da mentalidade científica, foi a valorização das culturas, defendendo-as dos desníveis da apreciação unitária, mostrando que as mais rudimentares e obscuras talvez fossem portadoras de soluções de muito maior coerência funcional que as outras, de esplendor e notoriedade. Talvez, ou bem possivelmente, o selvagem vivesse mais tranqüilo, acomodado e normal no seu mundo, obtendo os recursos de uma economia racional e compatível com as energias aquisitivas e necessidades imediatas que o cidadão da imensa cidade, com a estalante aparelhagem que a eletricidade lhe fornece para diminuir-lhe a colaboração pessoal. Parece, às vezes, certa e lógica a cantiguinha de Bob Hilliard e Carl Sigman

> *I don't want to leave the Congo,*
> *Ob, no, no, no, no*
>
> *Bingo, bango, bongo.*
> *I'm so happy in the jungle. I refuse to go!*

Esse fidelismo, ajustamento, compreensão, essa saudade instintiva, não nasce da cultura. É presença envolvente de uma civilização.

O encanto heróico da etnografia é ter feito findar a imagem rutilante da civilização única que deve ser a mesma em todo o mundo e quem não lhe pertencer está condenado à selvageria. A lição, nem por todos percebida, é que cada povo organizará a sua civilização e que as culturas constituintes devem ser livremente escolhidas, mantidas ou criadas na mentalidade nacional reajustadora. Padronização! *Voilà l'ennemi...*

Somos ainda um tanto século-XVIII quando classificamos as culturas pela maior ou menor aproximação com as nossas. Nós mesmos consagramos os tipos padronais da nossa civilização e os declaramos superiores e altos dentro do processo deduzivo inteiramente grupal e doutrinário. Era bem a ironia de Montesquieu em Paris de 1712: *Ah! ah! Monsieur est Persan?! C'est une chose bien extraordinaire! Comment peut-on être Persan?*

O que caracteriza essencialmente uma cultura não é a existência de padrões equivalentes aos nossos no espaço e no tempo. Uma cultura vive pela sua suficiência. Karl von den Steinen dizia dos indígenas do Xingu, em 1887, que eram caçadores sem cães, pescadores sem anzóis e plantadores sem enxada. Mas eram caçadores, pescadores e plantadores. O cão, o anzol e a enxada não são determinantes. A diferenciação dos níveis não devia estabelecer o critério de inferioridade, e sim da valorização local de cada complexo no plano de sua utilidade relativa aos possuidores e não aos observadores estranhos, portadores e defensores de outras culturas.

Assim a cultura não pode ser equacionada nas regras comparativas, e sim medida e avaliada pela sua substância interior e real. Pela sua suficiência e aceitação natural. A legitimidade decorre desse conceito. A cultura de um ceramista no palácio de Minus, em Cnossos, e a de um norte-americano no Empire State Building, de Nova Iorque, não são superiores ou inferiores senão aos olhos de cada um dos participantes. São ambas, positivamente, culturas. *No es que fuera mejor ni peor — es otra cosa!*

Eça de Queirós, voltando de Paris, trazia um vidro de tinta para sapatos. O encarregado do vagão-leito, supondo encontrar vinho novo, bebeu-a. O escritor dizia que até certo ponto o homem ficara com algum lustro interior. Os indígenas Padauari e Paquidari — que os professores Bastos de Ávila e Sousa Campos estudaram no Rio Negro – saboreavam o sabonete oferecido. O mesmo faziam os pigmeus da floresta de Ituri, no ex-Congo Belga. Higiene interna...

Numa estação ferroviária, na então África Oriental Inglesa, a nudez de uma formosa negra cavirondo estava perturbando a pudicícia de uma Mrs. de Sua Majestade Britânica, passageira do comboio. Presenteou-a com o grande xale de seda amarela, sugerindo pelo gesto que fizesse uma tanga. Sorridente, a negra dobrou-o, tornando-o lindo turbante. E continuou nua (Emil Ludwig, *Memórias*).

William Howells, professor de antropologia e estudos liberais na Universidade de Harvard, acha que a cultura é como o carrossel, importando mais a sensação dos giros vertiginosos que a potência da máquina que os produz.

A cultura é sempre uma fórmula de produção. De continuidade objetiva. Disponibilidade dinâmica de realização específica. Órgão da civilização, viva no seu conjunto e agente por seu intermédio. As técnicas dão as culturas componentes mas não totais continentes da civilização. Oh, técnica! Quantos crimes cometidos em teu nome!

CIVILIZAÇÃO

Cultura é civilização? *Civis,* cidadão, deu civilidade, civilização, civismo, cidade. Está sempre ligado ao homem portador de direitos, expoente de força disciplinadora, detentor das garantias ideais de um patrimônio político (*polis,* cidade, polícia, polidez), como ainda de *urbs,* cidade, urbanismo, urbanidade, urbano. São vocábulos decorrentes de ação espiritual e doutrinária do próprio indivíduo, conquistas do convívio, da aproximação, relações humanas associadas ao plano do espírito, da projeção imanente da dignidade, soberania e domínio da espécie. Foi nessa acepção que Dante Alighieri (*Il Convivio,* IV, 4) empregou a *necessità de la umana civilitade.* Cortês, cortesia, de *Corte.*

Deu instintivamente a imagem de conjunto, de união de esforços para uma realização permanente e comum. Ainda o *Webster* registra: *civilization: the total culture of a people,* A *culture* não se afasta muito do *to till, to cultivate.* Civilização foi vocábulo que se usou desde que a imagem do conjunto moral e doutrinária dos valores humanos impressionou à inteligência especulativa dos filósofos. Assim em 1766 vale a *civilization* como o resumo da presença do homem haloada pela sua prioridade no *mundo* e possuidor de um direito, direito natural, decorrente da própria presença no mundo, componente nova, real e de incomparável valimento ético, centro, figura, razão de todas as coisas criadas e existentes.

Cultura estava indiscutivelmente sujeita ao trabalho da terra, *cultura agri,* valendo em todo correr dos séculos XVII e XVIII o exercício, o esforço para a produção e melhoria rural. Unicamente no sentido figurativo é que se aplicou às coisas do espírito mas sempre no plano da energia produtora, específica, determinada. Podemos ainda aplicar o inculto a um terreno ou a um espírito. Cultura estética e cultura de micróbios. Cultura de Mommsen e cultura de cogumelos. Cultura técnica e caldo de cultura.

A noção da cultura é mais do esforço humano imediato e assíduo que o decorrente da civilização, mais ampla, luminosa e vaga, quase repetindo o moto do Estado de São Paulo — *non ducor, duco!* Foi o vocábulo preferido pela intelectualidade européia do século XIX, sonoro e constante nos historiadores, viajantes, naturalistas. Domínio nos países latino-americanos. Cultura do açúcar. Civilização do açúcar. Cultura da farinha. Civilização da farinha. Cultura do couro. Civilização do couro. Estabelecem diferenças imediatas entre o elemento onde se trabalha para sua posse e a constelação irradiante de sua totalidade motora.

Na Alemanha o euforismo depois da proclamação unitária do império (no palácio de Luís XIV a 18 de janeiro de 1871) consagrou *Kultur*. Espelhava personalismo, integração humana visível, uma vitalidade impetuosa, comunicante, envolvedora, com um timbre arrogante e sensível de predomínio deliberado. Tornou-se a palavra-chave, derramada das cátedras universitárias. Göttingen, Bonn, Königsberg, Berlim, sob as auras de Bismarck e o vendaval do ministro Adalbert von Falk (1872-79). Foi a fase de propaganda, de repercussão, de prestigiosa ressonância. Os fundamentos germânicos autonomistas, nacionalistas, de Armínio a Lutero, recuperaram seu momento de popularidade, recriação de um centro de interesse popular histórico contra o catolicismo, e a bandeira sedutora seria a soberania do espírito cultivado, senhor das técnicas, a *Kultur*. A divulgação do vocábulo foi inicialmente uma arma política de aliciamento intelectual, *kulturkampf,* luta pela cultura. A rádio oficial de Berlim de 1942 a 1945 irradiava insistentemente o slogan: "Alemanha! Defensora da Cultura"! Corrigia-se o velho imperador Carlos Magno, a catequese dos saxões, a derrubada do carvalho sagrado. Voltava Hermann a enfrentar Varus não em Teutoburger Wald mas no *Reichstag*. Depois, com o passar do tempo e oportunidades, perdeu o sentido de reação e de batalha antilatina e anticatólica. Mas ficou reivindicando, teimosa e discretamente, o trono de civilização, fantasma de Roma. Durante anos e anos a Inglaterra resistiu à *Kultur* nos seus dois redutos famosos, Oxford e Cambridge, fiéis à *civilization, the total culture of a people.* O Dr. Johnson, Gibbons, Grote velavam com espada de fogo na mão. A França nunca se rendeu totalmente. Os grandes professores alemães levaram aos Estados Unidos a palavra mágica que ultimamente se derrama pelas Américas Central e do Sul. Excluem "civilização" de alguns dicionários universitários ou lhe dão registro rápido, reservando para "cultura" a extensão jubilosa do verbete consagrador. Quando Splenger escreve "alta cultura", Arnold J. Toynbee diz "civilização". Cultura naturalmente não é sinônimo de civilização. Cultura religiosa, cultura artística, cultura filosófica, cultura jurídica, não é religião, arte, filosofia, direito. É o exercício de sua produção, amplitude do equipamento, melhoria, aperfeiçoamento, profundeza de sua aparelhagem. Herança de técnicas conquistadas pelas gerações anteriores, acresce-se na incessante colaboração contemporânea em todos os ângulos da massa. Valerá métodos, formas normativas, realizações, processos de modificação, multiplicação, possibilitando o conhecimento através dos meios físicos de elaboração continuada e do uso persistente.

Para compreender o fenômeno total da civilização é preciso atender que o todo civilizador é maior que a soma das partes culturais.

A transmissibilidade dos elementos culturais não é sinônimo de transferência de civilização. Pode um povo receber de outro parte vultosa de técnicas, organização social, linguagem, possíveis permanentes ou constantes antropológicas, sem que fique possuindo características reais da civilização comunicada. Canadá, Austrália, África do Sul — têm fisionomia própria que não se confunde com a intensa aculturação inglesa. A Suíça não parece com nenhum dos países formadores. Os padrões culturais em todos os povos, vividos por criaturas humanas, têm aquela vaga semelhança de parentesco causal que surpreendia há cem anos o velho Guizot. Jamais se apagam e se uniformizam as permanentes e as constantes psicológicas e materiais que dão consistência e forma inconfundíveis a cada território possuído por uma etnia. Todos os povos são parecidos e dessemelhantes. Mesmo na coexistência milenar. Um bávaro para um prussiano. O homem da Silésia e o do Hanover. O andaluz para o catalão. O basco para o galego. O português para o espanhol. O alemão para o francês. O irlandês e o inglês. Quantos milênios de vizinhança, miscigenação, contato se escoaram sem possibilidade de fusão, semelhança, irmanismo mental? Mantêm todos distinções essenciais, intransponíveis, insuscetíveis de exportação. Há muito de comum e muito de peculiar. Esse índice diferencial, marca de individualização no coletivo, indisfarçável, visível através das idades, denunciando o nacional e fixando a paisagem psicológica do país, é a sua civilização. Não há comunicação, interesse, imposição administrativa, sedução ideológica que anulem essa fatalidade biológica. Babilônia não é Harapa. Mênfis não é Nínive. Susa não é Mohenjodaro. Nem Cuzco se parece com Teotihuacán. Ou Chichen Itzá com Tiahuanaco.

O que se transmite é a cultura. Difunde-se pela migração, imitação, irradiação. Uma técnica agrária, um sistema administrativo, um maquinário de trabalho, uma cerimônia oficial, ritmo de dança, linha melódica, estilo escultório ou arquitetônico, pode comunicar-se de país a país, próximo ou longínquo, sem que nele se inclua a civilização originária que o produziu.

Uma anedota bem antiga recorda que um xá da Pérsia visitando Paris deslumbrou-se com uma exibição musical da Banda Republicana. Comprou todo o instrumental e mandou para Teerã. Não obteve o mesmo resultado.

Os caraíbas, aruacos, tupi-guaranis sul-americanos, os indígenas do leste, centro e oeste norte-americano tinham incontáveis padrões culturais comuns e eram civilizações perfeitamente legítimas e distintas. Mesmo depois da vinda dos espanhóis e portugueses receberam material europeu que profundamente lhes alterou a organização tribal e a cultura básica (cavalos, armas de fogo, ferro, cães, álcool, gado, aumento de ornamentação pessoal etc.) mas a civilização se manteve e quase se mantém em nossos dias, no geral, especificamente diferenciada, identificável e típica uma das outras.

Vende-se, dá-se, permuta-se um objeto ou uma doutrina, norma ou técnica, mas nunca o espírito criador que é a medula da civilização. No próprio processo imitativo, ao repetir-se o modelo estranho, o espírito da inventiva local incide em pequeninas diferenças que são inconscientemente a presença da força criadora nacional. A imitação quase sempre é uma humilde mas sensível recriação, uma acomodação instintiva ao sabor, ao gosto, à visão regional. A mesma estória desloca-se e viaja através de variantes que são outras tantas fórmulas de adaptação, de fixação nacionalizante. Sem Mussolini não haveria Hitler, mas nada menos parecidos que fascistas italianos e nazistas alemães. O mesmo para os comunistas soviéticos e chineses. O negro do Haiti e o da Libéria.

A cultura bizantina foi uma das mais divulgadas e influenciadoras e a sua civilização a mais enquistada e hermética.

A essência da civilização é intransferível. Sua conservação no tempo é surpreendente. O Egito perdeu o idioma, a religião milenar, administração, dinamismo cultural típico. Manteve superstições e métodos primários rurais. O clima mental é egípcio em suas soluções psicológicas populares. Na mentalidade. Na literatura oral. Na defesa legítima do seu invisível e eterno patrimônio. Não é o egípcio turco, árabe, romano, ptolomaico, mas o egresso das trinta dinastias faraônicas o que sentimos ainda. Pode uma civilização esgotar-se mantendo população e continuidade morfológica. A Pérsia, por exemplo, no plano clássico. Mas muitos elementos resistem, sobrevivendo imutáveis.

O mestre J. Leite de Vasconcelos (1858-1941) escreveu: "Qualquer pessoa, ao entrar numa nação estranha, apesar de vizinha ou afim ou da mesma linguagem, logo reconhece que passou a um ambiente que diverge do seu próprio: outra aparência arquitetônica, outro trajar do vulgo, outra maneira de entabular contatos sociais: está, sem dúvida, fora de casa!"

A existência de incontáveis padrões que se universalizam podia dar-lhe a ilusão da continuidade. Mas tal não se verifica. Sente-se estrangeiro. Cinema, esportes, modas femininas e masculinas, gesticulação protocolar estereotipada, ambiente de hotéis, os eternos cardápios que são encontrados em qualquer paragem do mundo, diversões sociais, recepções diplomáticas, desfiles, nada disfarça a fisionomia emocional e nova de uma outra paisagem humana.

O agente provocador, mantenedor, explicador desse estado mental, não é Cultura e sim Civilização.

A fisionomia de cada civilização dificilmente dependerá de uma determinada cultura componencial. Pode a mesma atividade repetir-se noutras entidades independentes sem impor a coincidência morfológica. Todos têm coração mas o ritmo cardíaco não é o mesmo. Cada pianista tem o seu Bach, o seu Beethoven, o seu Mozart. A técnica determina o esplendor da execução. A interpretação, presença do artista na obra do mestre, é soma de sensibilidade, inteligência, intuição genial, fatores eminentes da civilização que nele vive.

Certo é que cada cultura possui uma missão orgânica no complexo da civilização. Toynbee, selecionando as suas civilizações, atendeu aos elementos de permanência, fixando o panorama de cada conjunto. São compostos culturais em que um espírito comum unifica e lhes dá caráter diferencial.

A vocação, a simpatia assimiladora, as zonas adaptativas de Georges G. Simpson, a predisposição que Lord Beaconsfield dizia ser um mistério são irradiações psicológicas da civilização no espírito do seu nacional. São maiores ou menores disponibilidades de entendimento em face dos motivos tradicionais ligados à sua ecologia e interação incessantes. Howells lembra que a cultura é feita de todas as coisas não biologicamente herdadas. Adquiridas, aprendidas, decoradas, exercidas. Civilização é também a faculdade de simplificar, integrar com maior facilidade os elementos habituais do complexo. E sobre todas as coisas reunidas no plano da utilidade e da influência, velhas e novas, estender o matiz característico da unidade mental.

As culturas produzem ofícios, especialidades, castas, classes, técnicas, métodos, processos, formulários, mas não aproximações generalizadoras, compreensivas, ampliadoras do entendimento. Dão um espírito-de-corpo mas não um espírito-da-espécie. As culturas são conteúdos e a civilização continente. O espírito social determina a cultura e não esta àquele. Universalidade dos direitos humanos e não das tradições etnográficas.

Como Dawson disse o habitat, diremos: a cultura condiciona a civilização; não a cria. O Japão industrial mudou de mentalidade?

Ao domínio da sociologia pertence o debate sedutor da origem, desenvolvimento, esplendor, desintegração e fim das civilizações. Cabe-lhe o exame expositivo e crítico de Spengler, Toynbee, Berdiaeff, Schweitzer, Jaspers, Sorokin, Kroeber, dos semi-esquecidos Danilevski, Schubart, Northrop, Keyserling.

Creio a civilização como uma força de gravidade unificando sem fundir as unidades socioculturais. Não uma placa de chumbo, indeformável, integrando os elementos culturais como partículas de sua substância constitutiva. Civilização é força como um princípio de gravidade e semelhará ao que preside o sistema solar, mantendo a unidade orientada e em movimento no espaço sideral sem influência mutiladora nas elipses descritas pelos corpos submetidos à sua atração.

Sente-se a insistência do vocábulo "sistema", mesmo em Pitirim A. Sorokin, *sistemas sociais (grupos organizados), sistemas culturais,* mesmo pensando diversamente mas cedendo à magia da palavra, sistema, grupo, reunião, conjunto. As culturas na civilização são autônomas e harmônicas. Como os homens que, na mesma cidade, têm a multiplicidade das obrigações e a unidade do horário.

Spengler anuncia a morte, desintegração anuladora, de toda cultura que atinge à forma da civilização. Petrifica-se, fossiliza-se, imobiliza-se no feitio definitivo e decresce infalível, como se o cômoro de areia alteado pela mecânica eólia fosse dissolvido por encontrar o alto nível das mortais ventanias irresistíveis. A única justificativa da vida estaria no desenvolvimento. Nunca no estado de maturidade, indispensável à propagação.

As unidades culturais sobrevivem ao desaparecimento da civilização como partículas que se libertaram de uma gravidade e giram ao redor de outro núcleo. Assim as civilizações do Egito, Suméria, Babilônia, Grécia, Roma, a inca do planalto dos Andes e tantas outras prolongam contemporaneamente sua existência nos elementos culturais vivos, identificados em alheios e distantes complexos civilizadores. Razão tem Sorokin quando afirma que nenhuma grande civilização morreu inteiramente, como Spengler decretara. O reparo compreende Toynbee, incidente no mesmo engano julgador. O ciclo histórico não é serpente mordendo a cauda.

Outro aspecto arrebatador — mais sociológico que etnográfico mas indispensável ao critério metodológico de ambas as disciplinas — é o conceito de civilização.

A fórmula clássica, dogma ainda nas primeiras décadas do século XX e constante em centenas de livros prestigiosos, é a evolução esquemática pelos estágios ou períodos culturais. O domínio da biologia sobre o social o incluíra na mesma imagem organicista. A civilização, como um organismo natural, atravessava as fases ascensionais, metabólicas e catabólicas, para a curva de decesso e aniquilamento. Presentemente há o repúdio ao critério da marcha ou sucessão linear como expressão lógica da dinâmica social no tempo. Os fatores externos, como as estrelas na velha astrologia judiciária, predispõem mas não obrigam. Já não é mais crível determinar-se uma forma de cultura no particular ou de civilização no geral (local, regional, generalizada, no plano dos supersistemas sorokianos) pela ação provocadora e modeladora de um implemento geográfico ou isoladamente cultural. Montanha e planície, clima e regime fluvial, floresta e deserto, alimentação e idioma condicionam mas não determinam grupos organizados. Na química social existem reações inesperadas e misteriosas que escapam ao fatalismo de uma equação algébrica. Mutações. Nenhuma doutrina merece considerar-se normal e válida se tentar estabelecer itinerários inflexíveis e rígidos para o percurso dos homens na história do mundo.

Claudite jam rivos, pueri; sat prata biberunt...

MORFOLOGIA SOCIAL

Copérnico, Linneu, Lavoisier, todos morreram ignorando a palavra "morfologia", que Goethe inventou no último décimo setecentista. *Morphé, forma, logos,* estudo. Estudo das formas exteriores dos corpos. Nove anos depois da morte de Goethe o vocábulo chegou a Paris pela mão de Augusto de Saint-Hilaire. A fisiologia apossou-se dele e a subseqüente biologia teve condomínio.

A embriologia, histologia, anatomia comparada — pesquisando a formação e disposição dos órgãos — acompanham o desenvolvimento e limitação dimensional que lhes dão a forma característica. Aplicou-se o método às ciências do social. Oswald Spengler (1880-1936) afirmava que todos os métodos para compreender-se o universo podem em última análise chamar-se morfologia. Não é bem um exagero mas é muito parecido. O estudo da conformação dos seres organizados e, decorrentemente, das etnias e instituições em que essas entidades vivem e agem na continuidade da ação interativa, se não constitui (como queria Spengler) o resumo dos métodos, é um dos mais legítimos na aproximação realística do conhecimento.

Se um organismo biológico ou social fixou-se em constante e determinado aspecto, conhecemos de sua presença unicamente pela constatação dessa forma que nos parece definitiva e regular. Compete à biologia social evidenciar-lhe a estrutura íntima, digamos celular, explicando por que seu crescimento se deteve quando alcançada aquela dimensão e como a excitação funcional orientou-se para produzir a fixação do tipo, origem da família e da espécie. Naturalmente quando se trata de criaturas humanas as respostas (como diria Toynbee) nem sempre obedecem ao ritmo das reações químicas ou das leis de física geral. Há de permeio um diabo azul atrapalhante. Pode advir uma mutação no organismo ou no grupo e o caminho que devia ser para uma direção corre para outra bem diversa.

Em etnografia, numa lógica primária, todos os objetos terão a forma de maior rendimento útil. Reduzem a superfície dispensável e tendem a

manter uma disponibilidade prática. Haverá um processo de desgasta-
mento, de apuração seletiva, evitando o supérfluo no campo ergológico.
Os grupos humanos iniciais tomariam a conformação instintiva que maior
defesa produzisse e menor atrito provocasse. Para os caçadores do alto
paleolítico, pescadores do epipaleolítico, pastores do neolítico, industriais
das Idades dos Metais, a tendência é simplificar o trabalho aumentando a
produção pela eficácia instrumental.

Entende-se que o diabo azul, que pode bailar nesse meio, é a legítima defesa contra o esforço desmedido, o cansaço, a fadiga acumulada que
explica a estafa. Já não mais sendo possível enxergar-se no homem pré-
histórico o gigante inesgotável, é uma razão óbvia esperar que ele se res-
guardasse do esfalfamento como um ser normal em nossos dias normais.
Os instrumentos de trabalho estariam evoluindo para esse aperfeiçoamento: menos esforço e mais resultado. Comparar a pedra do chelense com o
arpão do madaleniano é convencer-se desse instintivo resguardo. A evitação da fadiga é co-responsável direto do progresso material e mesmo as
consagrações de fórmulas religiosas, filosóficas e literárias são soluções
prévias para a continuidade da inércia saborosa. "A preguiça amamenta
muita virtude" — pensava Machado de Assis.

Interessa precipuamente à etnografia uma apresentação dos tipos
sociais iniciadores da vida organizada em conjunto. Os homens formam
sucessiva ou distintamente determinadas categorias. Essas categorias estabeleceram funções na subsistência e estabilidade grupais.

Começa-se pela determinação desses grupos. *Deux moyens existent pour
déterminer le groupement: l'habitat, la langue* – ensinava Marcel Mauss.
Apesar das restrições que ele próprio apresentou, estava convencido da
suficiência. *L'emploi de ces deux moyens peut fournir des déterminations
suffisantes*. Pois sim. Os critérios geográfico e lingüístico não respondem
pela identificação morfológica. Foi a grande argumentação de Sorokin aos
sistemas de Danilevski, Spengler e Toynbee.[5] O grupo lingüístico não é o
social e não explica funcionalmente um complexo cultural e menos uma
civilização. Não coincidem. Os que falavam latim e grego, os que falam
árabe, alemão, inglês, espanhol jamais possuíram unidades específicas
coincidentes nas áreas do uso lingüístico. Os povos não tomam a forma
com que vencem a quarta dimensão como uma conseqüência do habitat
ou da língua. A região amazônica, o Sudão, a ourela do Mediterrâneo
europeu e africano, o cadinho insular, a savana, a planície, a montanha, a
estepe, o próprio deserto de areia ou de gelo não constituem moldes ajus-

tadores dos grupos humanos em aspectos rígidos, indeformáveis e característicos. Sob a pressão dos mesmos fatores mesológicos a massa humana diversifica-se e, do governo à alimentação, das atividades econômicas às concepções religiosas, apresenta modalidades inconfundíveis e desnorteantes. Semelhantemente deduz-se na línguagem expondo formações e decorrências diferenciadas entre árabes, ingleses, portugueses e espanhóis, sem que a unidade idiomática tenha agido como aproximadora e unificadora sensível, permanente, insofismável.

Os ossetas, irons do Cáucaso Central, cercados pelos povos de fala kartwélica, conservam firmemente o idioma e perderam o tipo físico e os costumes. As tribos nômades no Elam falam árabe e mantêm orgulhosamente o tipo susiano e as velhíssimas tradições. Ambos são contemporâneos. Os limites da penetração aculturativa e da modificação antropológica são ainda ignorados totalmente. A presença modeladora de um grande espírito organizador, criando impérios e estendendo o domínio sobre largas extensões territoriais povoadas, mesmo desaparecendo, por algum tempo, a força catalítica do nome, é um liame mas não uma permanente.

A verdade é que, ante a multidão de estudos, sugestões, esquemas e teorias apaixonantes fixando fisionomias coletivas, não podemos precisar quais os elementos decisivos para sua coesão perdurável e manutenção de uma expressão morfológica mais resistente. Não existe uma teoria, doutrina, sistema prestigiado por autoridade magistral que não possua margem de exceções e essas poderiam anteriormente ter constituído a regra geral formadora.

Parece que não nos dirigimos obstinadamente para a verificação normal de uma incapacidade generalizadora no estudo do conjunto, grupo por grupo, e sim para o atento e modesto exame de peculiaridades emergentes e distintas pela aceitação da entidade estudada, nunca de antemão previstas e escolhidas pela argúcia do pesquisador. É possível conduzir povos mas não explicá-los.

Se nasce uma civilização, culturas exercidas pelos grupos organizados, houve uma força, um núcleo inicial, uma convergência de elementos que determinou a coordenada criadora, lançada no plano do desenvolvimento. Quais seriam esses fatores de criatividade, como diz Sorokin?

a) O gênio supra-sensorial e supra-racional, gênio criador, "herança afortunada". b) Necessidade social. c) Fecundação cruzada das correntes culturais. d) Liberdade cultural. e) O azar, acaso, "fator residual de uma situação acidental favorável ou conjunto de circunstâncias que sugiram uma idéia."

Sorokin conclui:

Cada um desses fatores tomados separadamente é insufidente para determinar um ato criador; tomados em conjunto podem explicar uma grande parte da criatividade dos indivíduos ou dos grupos e justificar por que alguns grupos foram capazes de criar grandes sistemas culturais (civilizações), quando muitos outros permanecem no nível do material etnográfico.

Certamente com o auxílio total da arqueologia, surgem dados concretos para o levantamento das organizações humanas no passado mais remoto. Não serão dados definitivos, mas suficientes para uma visão que novas descobertas modificarão no plano da evidência. Os restos materiais que resistiram aos milênios e vieram até nós como testemunhas de eras distantes, não significam a totalidade e nem mesmo percentagem vultosa dos vestígios reais de como o homem vivia e dos processos indispensáveis para afastar-se do aniquilamento. Os salvados arqueológicos possibilitam uma idéia da vida mas não a imagem total dessa vida. Discutimos finalidades tipológicas partindo de material de pedra. Como chegaríamos às deduções do social, dos liames e obrigatoriedades do convívio humano no alto paleolítico? É impossível a ausência desses elementos mas não sabemos realmente como eram.

A crítica mais severa de Sorokin a Danilevski, Spengler e Toynbee, o que denominou *erro básico, erro fatal,* foi a confusão dos sistemas sociais (grupos organizados) com os sistemas culturais, na acepção extensiva e específica que dá a essas entidades:[6] Possível é deduzir da apreciação epistemológica exposta que as civilizações, reconhecíveis pela insistência de determinadas unidades, assinaladas pelo estilo ou feição funcional, não compreendem obrigatoriamente povos vizinhos ou do mesmo grupo lingüístico, e não é possível explicar a predominância de um elemento na caracterização morfológica porque essa unidade pode ser mutável, recomposta ou substituída pela necessidade social ou liberdade cultural, leis poderosas da criatividade. Essa indeterminação impossibilitaria qualquer sistemática na história das culturas que não podem independer do tempo e do espaço para sua realização útil essencial. Mas a implacável análise de Sorokin, notadamente a Spengler e a Toynbee, evidencia para o etnógrafo a dificuldade de fixar as constantes típicas para uma formulação morfológica.

A divisão dos homens primitivos em "caçadores errantes", "pastores nômades", "agricultores sedentários" é uma convenção como tantíssimas tentando amanhecer a noite do mistério. Satisfará a simples curiosidade mas não corresponde à veracidade positiva pela ausência de caracterização expressiva e contínua. Não nos restam elementos probantes das diferenciações entre essas três categorias. V. Gordon Childe salienta que presentemente a arqueologia pode isolar, incomunicar *temporary phases in what was really a continuous process.* O conjunto funcional dessas fases quando ininterruptas daria outro aspecto à interpretação contemporânea.

Caçadores, pastores, agricultores teriam vários padrões comuns, insofismavelmente pertencentes às três classes e não privativos de uma única. Mas *las cosas hay que hacerlas, mal, pero hacerlas* — como dizia Sarmiento. O essencial é riscar o fósforo no escuro. Um dia virá luz maior.

Do aurinhacense ao século XX muitas espécies animais desapareceram pelo desajustamento ecológico. Umas seiscentas — informa Nougier. Outras mudaram o feitio para que pudessem resistir às transformações do ambiente. Cada pedra lascada era um documento de elaboração mental, de reação humana ao habitat, tornando-o à imagem e semelhança do ente dominador. Pela correlação da energia e do raciocínio, a cada melhoria tipológica devia corresponder um outro acesso na aptidão criadora, uma promoção no plano da prova experimental vitoriosa. A inteligência nasceu da mão, ensinava Anaxágoras, e a mão já se exercitara surpreendentemente. A inteligência é uma articulação de elementos íntimos, instinto de ligação, *interligare,* ligar interiormente, reunir, unir, unificar para uma ação. Mas nem sempre a interação humana responde ao formalismo lógico.

Possuímos comprovantes da inteligência do homem no campo material, lítico, ergológico. Devia ter outras atividades e outras realizações que seriam decorrências da mentalidade em fase ascensional. Se os povos tornam a forma compatível com as necessidades da resistência ao tempo, como os objetos às finalidades do uso, nem todos os elementos componentes das várias culturas essenciais mantêm a relativa harmonia eqüidistante. Essa disparidade no conjunto explicar-se-ia pelo exercício irregular, pela predileção genérica a determinadas atividades com o subseqüente abandono a outras, prática maquinal ou profissionalismo desinteressado de aperfeiçoamento pelo rendimento julgado suficiente, ignorância de modelos mais altos. E no setor religioso as interdições vedam a colaboração renovadora, apenas sensível no movimento hermenêutico, ortodoxo e regular.

Não há evidentemente correlação harmônica no adiantamento ou modificação morfológica, entre partes e todo cultural, sob o clima da civilização mais ou menos constante. Em 1776 o capitão James Cook admirava na Nova Zelândia o *i-pah,* uma aldeia fortificada com um sistema de fossos, parapeitos, trincheiras, plataformas realmente inexpugnável. Cook observava: "é muito surpreendente que a indústria e o cuidado que empregaram em construir, quase sem instrumentos, praças tão próprias para a defesa não lhes fizessem inventar, pela mesma razão, uma só arma de tiro, a não ser a lança, arrojada com a mão. Não conhecem um arco para ajudá-los a vibrar o dardo, nem a funda para atirar pedras, o que é tanto mais espantoso quanto a invenção das fundas, dos arcos e das flechas é muito mais simples do que a das obras que esses povos constroem e que se encontra de mais a mais essas duas armas em quase todos os países do mundo, nas nações mais selvagens".

Será de fácil constatação indicar as saliências e deficiências na mesma civilização. Grécia, Roma, Mesopotâmia, Egito, Polinésia, Índia, o complexo mexicano, incas, chineses, árabes, turcos, a "paz romana" e o *Siglo de Oro* espanhol coincidindo com as curvas decrescentes do poderio econômico, a força e fraqueza de Bizâncio são documentários tantas vezes analisados.

A mão, o mais útil dos instrumentos conhecidos, é a soma de cinco dedos com tamanhos diferentes. Cada um tem sua missão condicionada ao conjunto, região palmar e colaboração fraternal dos outros companheiros. Nivelando os dedos na mesma dimensão anularíamos sua produção normal. Para que ela atingisse a forma possuída — ensina a anatomia comparada no confronto desse órgão em todos os mamíferos, extintos e vivos — passou por vários estágios experimentais, todos suficientes em cada espécie. E quando Deus criou o homem e lhe deu a mão, morfologicamente contemporânea, decidiu da indispensável desigualdade parcial em favor da unidade produtiva global. *E Deus viu todas as coisas que tinha feito, e eram muito boas* (Gênesis, I, 31).

Ambição do homem tem sido compreender a criação do coletivo de que ele é componente. Qualquer ausência no seu mecanismo logístico deprime-o como uma deposição do *sapiens.* Tem, como dizia Sorokin, o *horror of emptiness.* E quanto mais vai subindo no conhecimento percebe o afastamento dos horizontes, a multiplicação dos motivos sedutores, o mistério imóvel das origens.

Dentro da civilização, com formas que nem sempre atinamos em sua exata expressão, as culturas explicam a presença dominadora do homem na terra e mesmo sua curiosidade sideral. Em cada momento funcional uma delas poderá responder a quem lhe pergunte porque não teria outra maneira de ação: *Sint ut sunt, aut non sint.* Essa frase do padre Lourenço

Ricci, o geral dos jesuítas, quando lhe sugeriram reforma para a Companhia, dirá do elemento imutável que existe no âmago das entidades que resistem ao tempo e às tentações da interpretação padronizante...

Os grupos humanos podiam ter uma forma diversa da que conhecemos se tivéssemos 80% dos seus vestígios reais. Não podemos calcular o que se perdeu. Reconstruímos o edifício pré-histórico com as ruínas incompletas que restaram no desgaste do tempo.

O homem, com a modificação parcial de fauna e flora, continuou imutável e não sabemos de mudanças em sua estrutura óssea e aparelhamento fisiológico. Tem as mesmas necessidades e volições essenciais e o Tempo, os possíveis trinta mil ou quarenta mil anos, não lhe deu defesa congênita para conservar a coroa entre todas as espécies. Age materialmente como os seus avós de Cro-Magnon, de Combe-Capelle e de Chancelade, tendo as mesmas disposições para armar-se e viver. Mãos, dentes, pés. E também observação, dedução, aplicação raciocinante.

As experiências anteriores não se transmitiram na herança biológica e assim cada menino ou menina faz o seu *curriculum* de aprendizagem na Universidade do Cotidiano. A astronáutica não modificará a mentalidade dos astronautas.

Mas nós conhecemos o grupo e não o tipo, a família e não o indivíduo quando se trata do estudo etnográfico. Vimos o grupo confuso e natural vencendo os monstros, o frio, a noite, o pavor; e marchando obstinadamente para nós, seus descendentes. Para que pudesse atravessar essa quarta dimensão de quatrocentos séculos reuniram-se em grupos, com técnicas possivelmente coletivas, organizados em face da necessidade imediata. Essas organizações, grupos, estados, formas instintivas, onde a coesão afronta o atrito dos tempos, é a tendência legítima para tomar os modos permanentes, suscetíveis de autodefesa e de potencialidade. Assim, sob a fórmula de uma solução morfológica, o homem veio até os contemporâneos. Escolheu a forma capaz de salvá-lo da morte, quando outras espécies, quantitativamente mais fortes, foram desaparecendo pela estrada do tempo. A voz obscura e poderosa do instinto alertava-o dos perigos anuladores da solidão. Ainda vivemos unidos para não perecer. Unidos no grupo inicial da família, dos amigos, dos sócios, dos companheiros, dos conterrâneos, dos nacionais, dos aliados. *Vae soli!* — proclamava o rei Salomão, que tinha autoridade prática para repelir a visão do solitário.

Houve uma seqüência social porque o homem agrupou-se. Criou a linguagem que é o mais alto índice da indispensabilidade do convívio. Se o dividissem no aurinhacense o rei da criação seria o tigre-dos-dentes-de-sabre, o leão-das-cavernas ou o potente bisonte ornamental.

Nas regiões do ciclo regular das estações a natureza expõe seus recursos para defender o prolongamento vital. Na primavera (março-junho), verão (junho-setembro), outono (setembro-dezembro), inverno (dezembro-março) a paisagem muda inteiramente e cada espécie animal ou vegetal tem sua solução vitoriosa. Aquela é a forma de vencer e manter a existência. Os homens, semelhantemente, fizeram. Nos trópicos a solução é diversa, inevitável, lógica. Wilhelm Schmidt (1868-1954) emprega uma classificação morfológica por função econômica.

Os homens foram inicialmente consumidores, colhedores de frutos, recolhendo raízes, brotos tenros, palmitos, e caçadores, vestidos de peles de animais, despojos de caça, cascas de árvore, folhas, vivendo em cavernas e tendo essas cavidades por abrigos contra as intempéries, armados de pedras trabalhadas. Depois desse ciclo rudimentar de economia ocasional e fortuita, segue-se o período dos produtores, subdividido em a) semicultos inferiores, com cultivo da terra, braçal e pastoreio; b) médio-cultos, com metalurgia, com ou sem cerâmica e, finalmente, c) superiores, com o uso da linguagem escrita e tendo o espírito crítico reflexivo.

Esses colhedores, coletores de raízes e frutos, constituem figura muito suspeita para mim. Já não é admissível a vida dependendo dessa atividade precaríssima e acidental. Nenhum povo viveria com esse regime dietético. Os mais primários e rudes, pigmeus, tasmanianos, *semangs da* península malaia, australianos centrais não dispensam o exercício preliminar da caça, sendo a coleta elemento suplementar. A identificação alimentar das raízes e frutos ocorre posteriormente ao conhecimento cinegético. Mais intuitivo e fácil é abater um animal com uma pedrada que adivinhar o raizame escondido debaixo da terra e atinar com o teor nutritivo possuído.

Os homens seriam no começo das eras caçadores errantes, matando a caça com armas de arremesso. Primeiro a pedra arrojada violentamente, arma ainda popular e que séculos depois de Cristo foi recurso bélico eficiente. Depois, armas de madeira, galhos arrancados, tornados bastões, aguçadas as pontas para jogá-los na caça. Bastões que foram aperfeiçoados para dardos e lanças. Vieram as pedras, saliências agudas retiradas nas serras e lajedos, postas às lanças, abertas as extremidades em forquilha para a necessária articulação. Antes a pedra ajeitada convenientemente era arma para o corpo-a-corpo. Como certos himenópteros aprenderam a injetar nas aranhas o fluido que as entontece e prepara para guardar o ovo e alimentar a larva, o homem localizou os centros sensíveis dos animais e fê-los vítimas mais fáceis no embate da caçada. Nos desenhos do solutrense os animais são representados com esses pontos vitais evidenciados. Para as peças de menor vulto, atordoadas ou feridas com os dardos, lanças, pedradas, a morte vinha com os golpes repetidos de maças, pesadas, nas ambas mãos possantes do nosso ancestral caçador. E armadilhas para capturar a peça, viva e ferida.

Comia carne assada porque o cozinhar depende da ciência oleira e o trançado de juncos que permite cocção devia aparecer muito depois. Conheceria o fogo que arderia dia e noite, pois não é crível a existência de um processo cômodo de obtê-lo repetidamente. Essa imagem vai de encontro à figura do errante, mas convenhamos que o errante seria num determinado círculo riscado pela presença da caça, água para beber e lugar para dormir. A dormida nas árvores, empoleirado em posição vizinha ao macacão, é outra convenção. Há — e até pouco tempo havia — residências arbóreas mas eram ninhos rústicos onde o homem se metia para dormir e seu acabamento não permitiria esforço de uma tarde, refazendo-o em cada crepúsculo. Se havia o ninho não havia errância ou esta estaria condicionada a um âmbito limitado em que a dormida suspensa era o centro. Nem essa fórmula exige o nomadismo. O caçador bosquimano usa vez por outra desse refúgio. Mas como harmonizar deduções com a idéia do sinantropo dormindo em caverna, usando lume, armas de pedra, há meio milhão de anos?

O pastor nômade já amansara rebanho, domesticara o cão e o cavalo, alimentava-se do seu gado, carne, leite, sangue, sabendo conduzir a riqueza quadrupedante para os vários pastos e reservá-la do frio no inverno ou das estiagens prolongadas, praticando a transumância. Podia obter fogo mais facilmente, atrito continuado de varinhas, choque de sílex. Tinha melhores armas defensivas e também ofensivas porque ninguém me tira da cabeça que os pastores gostariam de aumentar seus rebanhos com parte dos rebanhos que eram de outras criaturas e estas reagiam, sempre que possível. Deduz-se haver propriedade privada, não individual mas grupal.

A posse de um rebanho induz a pensar num sistema de autoridade porque o grupo, de conjunto, não podia deliberar sobre a escolha das pastagens e sítios de abrigo e demora conforme a estação. Nem defesa contra os amigos da gadaria alheia. Deliberação de chefia que um conselho homologaria. E o ato de alguém encarregar-se do pastoreio não constituiria delegação expressa de domínio evidente?

Os agricultores sedentários possuem um lindo nome porque seria estranho uma lavoura entre errantes e nômades. Não há nada mais fixador e estável que o plantio, agricultura, que tem dado tantos poemas em grego e latim, o *rus quando ego te aspirem*, horaciano. Já se comia cozido, bebia-se caldo, e a vida mais serena que sob o signo da inquietação cinegética ou nomadismo pastoril, com tendas, pavores e luares.

Não se verificaria naturalmente, por essa altura do tempo, a circulação de trabalhadores rurais que se alugam para ajudar nas colheitas sem que tivessem participado dos plantios. Mesmo com o aumento demográfico do neolítico o agricultor estaria limitado a dispor dos braços da própria família ou do seu grupo. Ponhamos também o vizindário que, em assunto de solidarismo rural velho, valia tanto quanto um clã.

A outra divisão superior separava os homens em "selvagens", "bárbaros" e "incultos" ou "semi-incultos". Três jaulas onde as feras coletivas ficavam fechadas para o exame classificador do olho europeu.

Bem dizia Telésforo de Aranzadi que essas divisões sábias eram feitas *violentando muchas veces la interpretación para hacer encajar los hechos en casillas determinadas.*

O selvagem, de *selva,* era o ser errante, bravio, guiado pelo instinto puramente animalesco, sem família ou tendo uma fêmea traumatizada pela rudeza sexual do macho bruto; sem abrigo, sem contato e convivência, isolado e feroz como um escorpião, perpetuamente faminto, espreitando a caça como bicho de preia, arrebatado e nu. Não conhecia ascendência, autoridade, mando. Não havia o bando mas a horda, em que Durkheim acreditava e antes dele o grande Darwin, provas das horas infantis dos sábios, devotos das hipóteses abstratas como o repasto totêmico e outros dogmas de fé, dispensados de comprovação.

Curioso é que esse selvagem merecera as honras de ser o Homem da Natureza, mais próximo à verdade natural, casto, puro, romântico, inocente, inenarravelmente feliz. Cantou-o Montaigne, em página inicial e clássica,[7] deslumbrando a Rousseau, que exaltou o Homem Natural *(Émile,* 1762), de incalculável sedução mental na Europa, chocando o ovo da recuperação paradisíaca pelo regresso ao estado de simplicidade inicial. Um contemporâneo de Montaigne, Pierre de Ronsard, pedia que o almirante Villegagnon deixasse em paz:

> *ton Amérique où le peuple inconnu,*
> *erre innocemment tout farouche et tout nu*

e aconselhava:

Pour ce, laissez-les là, ne romps plus, je te prie
Le tranquille repos de leur première vie.

Esse Homem da Natureza transformou-se num gorila insaciável e hostil e seria obra de caridade dominá-lo; sacrificando-o para salvar-lhe a alma. O selvagem conhecia o fogo, comia alimentos assados, pescava, caçava, colhia frutos, dormia agasalhado nas grutas (que enchia de desenhos incomparáveis), possuía mulher e filhos para os quais fabricava colares, pulseiras, diademas; sepultava os mortos, deixando dádivas nos túmulos, crendo na viagem do defunto para regiões sobrenaturais; enfeitava-se, enfrentava animais cinqüenta vezes mais possantes; fazia suas armas, dançava em roda, acreditava nas égides da caça e nos chefes condutores; tinha os pavores da noite e ninguém pode provar que não cantasse ou brincasse com seus meninos, já proprietários de bonecas e bolas de barro. Onde está a selvageria indomável e atroz nesse caçador atilado, desenhista digno de abstração e possível poeta concretista? O selvagem fora obrigado a uma lenta e cuidadosa elaboração para conquistar qualquer um desses elementos de que se servia para viver. Um desses elementos, isoladamente, representaria uma técnica, isto é, um complexo de formas anteriores que se especializaram até obtenção do produto eminentemente próprio para a ação econômica. Ninguém poderá deduzir como foi possível, no tempo, a invenção do dardo, curta lança projetada, ponta de pedra, madeira ou osso, enfim armas que ampliavam o âmbito da agressividade útil do homem. Quanto tempo durou a série experimental das peças que se sucederam na luta — na verificação de uma melhoria eficiente, até um tipo que resistiu séculos porque positivava a excelência para abater os animais de porte agigantado ou carreira veloz defensiva — é que jamais poderemos avaliar.

Era materialmente uma demonstração de inteligência, deduzindo, comparando, elegendo, elevando o conforto e a superioridade vital ante todos os entes vizinhos. Batiza-se selvagem a um vencedor da natureza, anulador inicial dos obstáculos ao acomodamento humano.

A segunda entrância pertence ao bárbaro, grosseiro, rústico, rude, cruel, destruidor espontâneo, inevitavelmente violento, sem arte, sem gosto, sem inteligência, espécie de antediluviano desvairado nos séculos disciplinados e luminosos. É uma condenação gramatical sobrevivente. Bárbaro para o grego era quem não falava sua língua. Seria legitimamente o estrangeiro de outra religião, costume, fala, o estranho. Quem não fosse grego era bárbaro. Os romanos o eram para os gregos. Quando Pirro, rei do Épiro, veio à Itália e viu pela primeira vez um acampamento dos legionários de Roma exclamou: "Não sei que bárbaros são estes aqui, mas a disposição deste exército que vejo não é absolutamente bárbara". Os romanos pensavam identicamente. Exilado em Tomos, no Mar Negro, Ovídio, na segunda década d.C., sentia-se bárbaro por não compreender a língua local: *Barbarus hic ego sum, quia non intelligor illist* (*Tristes,* V, elegia X).

Estranho ao liame lingüístico, que era uma cidadania, só podia ser inferior quem não falava a língua universal da raça dominadora. Era intimamente um ignorante do latim na Idade Média e Renascimento. A impressão material de barbaridade, bruteza, crueldade, apareceu no fim do império e cresceu na maré-montante do século V quando as lindas vilas romanas, povoadas de mármores, serviram de albergue para as vanguardas suarentas e loucas de vândalos e hunos.

O romano da decadência transmitiu aos séculos imediatos a visão sangrenta do bárbaro que pulverizara sua civilização de agonia lenta e bonita, num entardecer do mundo clássico.

Esses bárbaros possuíam os fundamentos da organização essencial, reis, exércitos, família, comércio, estrada, navegação fluvial; construíam pontes; fortalezas, cidades; defendiam-se de frio e da fome. Havia uma norma jurídica regulando a sucessão, a herança, os bens do exilado, do estrangeiro, do soldado, da viúva com ou sem filhos capazes. Tinham uma tática, uma estratégia, acampamentos de inverno, sistema de aprovisionamento, irrigação, moinhos d'água, bebidas fermentadas, trabalho em bronze, ferro, ouro e prata. E ornamentos femininos, ostentosa indumentária guerreira, cantos de guerra, de núpcias, de excitamento, bailados, danças de homens brandindo espadas, corridas de cavalos com obstáculos, prêmios. E religião, sepulturas, homenagens póstumas, exílios, castigos, tormentos, exaltações. Assim foram os bárbaros que galoparam nas ruas de Roma e estavam com ou contra o Flagelo de Deus, onda de fogo que recuou nos campos catalâmicos.

Mas haverá alguma expressão negativa por existir a crueldade e viver a violência nos povos que ganham terras e coroas, butim e mulheres, com a lança na mão e a boca com gosto de sangue? Rudeza, arrogância, ferocidade vitoriosa são apanágios de homens decididos que fundaram os impérios em qualquer parte e qualquer hora do mundo. São os elogios explicadores da fortaleza íntima, impassibidade heróica, obstinação belicasa, teimando em voltar à carga e bater-se sempre até que o inimigo seja abatido ou peça uma argola para o nariz escravo. A valentia é sempre brutal para quem lhe sofreu o embate. Como foram construídos os grandes domínios coloniais nos séculos XVIII e XIX? E como foram, até poucos anos, defendidos? Como será contada a história resplandescente dos povos civilizadores pelos povos civilizados? Já Machado de Assis perguntava que diriam os gaviões dos homens se Buffon tivesse nascido gavião... Sir James George Frazer lembra que teríamos outra idéia de Sansão se os filisteus tivessem deixado a história de suas façanhas. Era a figura do bandido sem escrúpulos, roubando e matando camponeses, inocentes e inofensivos. Dalila seria a vítima resignada de sua brutalidade sexual e, por sua inteligência e coragem, conseguira vingar-se e libertar seu povo. Fora (ajunto eu) o papel de Judite na tenda do confiado Holofernes.

Os povos incultos têm insuperáveis dificuldades de caracterização. Possuem uma meia cultura, meia aparelhagem, enxergando por um só olho o mundo das técnicas, recordando os Nisnas fabulosos que eram unicamente uma fração, uma face, uma mão, uma perna, metade do corpo, metade do coração. Tudo neles era inacabado, incerto, imperfeito. Moravam no subterrâneo da civilização, subsolo de onde se erguia o edifício da cultura européia. Estavam lá embaixo, como abelhas sem rainha e saúvas sem asas para a fecundação. Eram uma franja sem relatividade para nenhum foco. Não eram selvagens. Não eram bárbaros e ainda não haviam atingido o primeiro degrau superior da civilização, o degrau de onde se avista o sol da reflexão criadora. Eram povos para a visita, para a curiosidade, para o anedotário. *L'estrangeté mesme donne crédit* — ensinava Montaigne.

Malinowski criou a *Theory of Needs*, teoria das necessidades, provocando cada uma a *cultural response* respectiva. Noutro ângulo de raciocínio, Toynbee fundamenta a doutrina sobre as civilizações na eficácia, na prontidão das respostas úteis dadas pela minoria dirigente e responsável à maioria carecente e requerente. O desequilíbrio dessas correlações explica a falência, diminuição, enfraquecimento e morte de uma civilização. Para Malinowski cada uma das necessidades determinaria uma ação defensiva e protetora correspondente, completa e vital. Quando Spengler construiu sua doutrina, sobre o ciclo ascensional e decrescente das civilizações, fixou justamente no misterioso potencial criador a força vitoriosa. Como os livros para Terenciano Mauro, os povos tinham destinos, *habent sua fata,* ou seja, um trajeto que esgotado no tempo levaria à inutilização funcional.

Bem modestamente, e olhando a documentação material, a etnografia supõe que o homem, indeformável em sua essência anímica, vence o tempo na forma assumida coletivamente, respondendo o grupo à necessidade emergente no espaço social.

NOTAS

4. Leo Frobenius: *Umrisse einer Kultur und Seelenlehe*, München, 1921. Tradução espanhola: *La Cultura Como Ser Vivente*, Madri, 1934.
5. Pitirim A. Sorokin: *Las Filosofías Sociales de Nuestra Época de Crisis*, trad. de Eloy Terrón, 1956; Oswald Spengler: *La Decadencia de Occidente, Bosquejo de una Morfologia de la Historia Universal*, trad. de Manuel G. Morente, 10ª ed., Madri, 1958; Arnold Toynbee, *Um Estudo de História*, condensação dos volumes 1/2 de D. C. Sommervell, trad. de J. Sarmento de Beires, Editora Jackson, Rio, 1953.
6. Pitirim A. Sorokin: *Society, Culture and Personality: Their Structure and Dynamics*, Nova Iorque, 1947; idem, *Social and Cultural Dynamics*, IV, Nova Iorque, 1941.
7. Luis da Camara Cascudo: "Montaigne e o Índio Brasileiro", tradução de *Les Cannibales*, e notas. "Cadernos da Hora Presente", nº 6, janeiro de 1940, São Paulo. É a primeira interpretação etnográfica da comunicação de Montaigne. No assunto: Afonso Arinos de Melo Franco, *O Índio Brasileiro e a Revolução Francesa*, Rio de Janeiro, 1937; Sérgio Buarque de Holanda, *Visão do Paraíso* — Os Motivos Edênicos no Descobrimento e Colonização do Brasil, Rio, 1959.

ORIGEM DAS CULTURAS

O soldado e o marinheiro permutaram bofetadas, mais ou menos teóricas, numa esquins de minha rua por causa da namorada comum, que devia chamar-se Marlene. O duelo durou vinte minutos e cinqüenta pessoas assistiram. A dificuldade total foi reconstituir o delito, porque tanto no inquérito policial quanto na formação da culpa perante o juiz as espontâneas e numerosas testemunhas prestaram depoimentos inteiramente contraditórios. Como começara e como findara a luta foi impossível apurar. E todos tinham assistido...

Esse processo transfigurador da memória, desajustando e confundindo os elementos formadores do episódio, antecipando ou postergando a sucessão temática, interfere como autodefesa inconsciente e instintiva, perturbando a seqüência lógica da narrativa. Imagine-se há milênios...

A visão do homem pré-histórico padece dessas dificuldades. Reerguer as cidades em ruínas sem a orientação do plano anterior. Paisagens de intermitências que antes eram continuidades lógicas.

Possuímos documentos da atividade humana desde o pleistoceno, ou seja, do paleolítico inferior, período chelense. A velha divisão de Thomsen (Christian Jungensen Thomsen, 1788-1865) data de 1835, estudando o Homem pelas suas indústrias iniciais; Idade da Pedra Lascada, Idade da Pedra Polida, Idade dos Metais, fixa a origem insofismável das culturas.

Creio que do ponto de vista didático o nascimento da cultura humana iniciou-se com os vestígios materiais da indústria lítica, enfrentando pela inteligência o complexo atordoador da natureza hostil e virgem. Articulá-la com o esforço animal, na plenitude do instinto defensivo, é apenas um exercício intelectual em favor da ditadura biológica. Essa exaltação do orgânico em detrimento do social reduz a tenacidade do esforço humano, em centenas e centenas de séculos, ao humilhante plano da casualidade ou do fatalismo, inaceitáveis ambos. Não sendo conhecida de doutrina alguma contemporânea a explicação, mesmo primária, do processo diferenciador dos primatas superiores ao *Homo sapiens*, porque justamente o tipo menos biologicamente resistente foi o escolhido para a vitória fisiológica de todas as forças brutas, bestiais e telúricas, ensinar-nos da aprendizagem pela observação zoológica jamais provará por que o Rei da Criação, senhor das técnicas, não conseguiu a perfeição maquinal das formigas, das abelhas e dos castores. E continua tendo problemas de organização e de acomodação no meio dos semelhantes, inquietos e desconfiados.

Creio que a cultura nasce do útil-necessário, no ambiente do real-imediato. Diante da premência da fome, frio e desabrigo, o primeiro material foi o mais próximo e a primeira técnica improvisada pela urgência vital.

O Homem precisou alimentar-se, abrigar-se, manter-se no tempo e no espaço pela aquisição de utilidades e pela procriação. Reúno ainda outro elemento poderoso e que os etnógrafos desestimam: precisava dormir. Tenho a precaução para dormir como um processo cultural de alta influência. Muita coisa foi criada por motivo do sono. Malinowski foi o primeiro a incluir, entre as *Permanent Vital Sequences Incorporated in all Cultures,* o sono. *Impulse: somnolence. Act: sleep. Satisfaction: awakening with restored energy.* É bem mais ampla a presença da necessidade de dormir e mais desdobradas as conseqüências do sono. Determinou o abrigo e neste todas as conseqüências etnográficas.

Pode ser que o *Pithecanthropus erectus,* cujo crânio e um fêmur o Dr. Dubois encontrou em 1891 perto do Trinil, em Java, tivesse uma cultura que não era mais a dos monos antropóides. Andava direito sem apoiar-se nas mãos e era terrestre e não arborícola. Comia alimentos crus e independia do aquecimento. Mas o *Sinanthropus Pekinensis* usava de utensílios e fazia fogo constante. Não descendemos dele, mas o implemento denuncia a indispensabilidade de uma cultura, por mais rudimentar que seja, como mantenedora da continuidade vital.

O *Sinanthropus pekinensis* foi encontrado em Chucutien, ao sudoeste de Pequim, em 1921, e em 1939 as coleções constavam de 38 indivíduos, sendo 15 adolescentes. Há longa e minuciosa bibliografia sobre esse homínida que muitos antropologistas situam como um pitecantropo entre o *erectus* e o Homem de Neandertal. A ausência do esqueleto completo e a ocorrência de ossos partidos e alguns calcinados, deparados nas escavações, têm inspirado críticas e conclusões desencontradas. Para W. C. Pei, padre Teilhard de Chardin, padre H. Breuil, Davidson Black, Weidenreich, o *sinanthropus* é autor dos instrumentos líticos, fazendo fogo e caçando, um legítimo *faber.* Weidenreich afirma que é possuidor de uma linguagem articulada, perfeição ainda discutível para o Homem de Neandertal. Para

Marcellin Boule e Henri V. Vallois trata-se de simples peça de caça, abatida e devorada pelos legítimos "homens" existentes em Chucutien. O *sinanthropus* seria *un vulgaire gibier, au même titre que tant d'animaux qui l'y accompagnent.*[8]

Um apaixonado divulgador foi o padre Pierre Teilhard de Chardin (1883-1955), para quem, indiscutivelmente, o *sinanthropus* possuía indústria lítica, embora *l'industrie lithique de Choukoutien est monotone et atypique, presque uniquement représentée par des grattoirs, racloirs* ou *éclats appointés de forme banale, tels qu'il s'en rencontre partout dans le Paléolithique ancien.*[9] Põe uma interrogação depois de citar o sinantropo e sua indústria lítica *contemporains du vieux Chelléen d'Europe.*

M. Pei encontra nesse depósito uma agulha de osso, caninos perfurados de raposa e de veado, seixos furados, duas conchas marinhas (arca) com orifícios para suspensão, grandes porções de nacre e de ocre, *ça et là quelques traces charbonneuses de foyers, mais peu étendus.* Trabalho do sinantropo ou de um homem "sapiens"? Um "sapiens" no chelense? Teilhard de Chardin resume: *les vestiges du Passé que nous découvre la Science ne sont qu'UNE OMBRE de ce qui a réellement existé.*

O problema é sempre do volume que lhe damos. Nossa apreciação é uma força deformadora e propulsora do que concebemos e julgamos. Assim o homem – na manhã da história do mundo – fixou as normas que simplificariam sua existência material e subordinou a técnicas, que a sucessão experimental foi tornando eficientes, uma conduta dentro das possibilidades da sua energia criadora. Perdemos, naturalmente, a visão da continuidade, da seqüência. Como nota Gordon Childe, a arqueologia isola fases que eram *really a continuous process.*

Naturalmente não sei contar como a primeira cultura começou e de que constava. O remotíssimo homem caçador do chelense, *chiefly a hunter,* como ensina Ales Hrdlicka, não teria sido o criador das formas normativas de sua caçada e sim herdeiro hábil de maneiras mais ou menos felizes dos antepassados e que (pode ser) acrescentara um pormenor astuto à técnica de ferir suficientemente um grande animal, bem cheio de carnes, de sangue e de ossos, com as medulas fortificantes. Como os primeiros homens aprenderam a caça e por que escolheram, e a maneira de obter alimentos de substância viva, difícil de morrer, é que ninguém sabe dizer.

As origens da cultura só têm uma imensa dificuldade. A dificuldade de escolher entre as hipóteses explicadoras. No terreno do como-começou, entra a imaginação, fervilhante e sedutora, iniciando a fase das metamorfoses, como não sonharia Ovídio. Junto de cada explicação-doutrina-escola há um nome resplandecente ou vários nomes, resplandecentes todos. Mas, examinando o problema em casa, e não à vista do mestre, depara-se com uma hipótese que outra substituirá porque o essencial é que não falte à curiosidade dos homens a ilusão do conhecimento suficiente.

PALEOLÍTICO

No plioceno, último dos períodos terciários, aparecera o cavalo, o elefante, o cão, o camelo, a camurça, os roedores, porcos, baleias, não tal e qual vemos mas os avós fecundos. Nascera a vinha silvestre e havia a ostra. O abaixamento da temperatura secara as palmeiras. Java ainda não era uma ilha e por aí passeava, ereto, o pitecantropo. Preparava-se o cenário para o próximo período triunfal em que chegaria o homem. Vamos dar um compasso de espera de mais de um milhão de anos antes que o palco se ilumine e o personagem essencial comece sua movimentada representação.

O pleistoceno — ou plistoceno, como aconselham dicionários simpáticos — é o momento dos mamíferos e a hora do Homem. O clima, pelo terceiro período interglacial, era quente, tolerável, temperado, com intercorrências frias. Dizíamos, paleolítico.

Um tanto antes (milhares de anos, se faz favor) estendera-se o eolítico, discutido como eleição política. Seria deste tempo o Homem de Piltdown, *Eoanthropus dawsoni,* que nunca existiu, falsificação consciente de Charles Dawson e Artur Smith Woodward, o primeiro inglês, que a reação C-14, o carbono radioativo, desmanchou em 1953.

Neste eoceno, o geólogo belga Rutot (1907) encontrou pedras que lhe pareceram usadas pela mão humana. Dizia ser espécies de facas, raspadores, punções, os mais primitivos então deparados. Pierre Marcellin Boule, também geólogo e mestre antropologista, reproduziu as pedras, já denominadas eólitos, de maneira artificial, numa batedeira de greda de Guerville, Nantes, mostrando ausência de indústria racional e simples resultados de entrechoques erosivos. Mas Rutot não se convenceu, e nem podia, e o problema seguiu seduzindo até nossos dias. O debate reaparece vez por outra, arrastando mestres aos jornais e congressos, elucidando, complicando, combatendo, defendendo a indústria humana no eólito. Há quem negue, rilhando os dentes. Os eólitos — declaram agora — não têm vestígios de aperfeiçoamento, embora rudimentar, de mão humana mas podem ter sido utilizados intencionalmente. O problema é que os eólitos são também vistos no plioceno, no oligoceno, fases terciárias em que a espécie humana ainda não dera a honra de sua presença. E vão até o plistoceno médio. O que realmente interessa é este plistoceno, o paleolítico onde nascem as culturas, diferenciações, atividades defensivas do homem contra a natureza, acomodando-se, adaptando-se, dominando. Sir John Lübbock (1834-1913) é o autor da divisão da Idade da Pedra em paleolítico e neolítico.

O paleolítico divide-se, naturalmente, em "inferior" e "superior", cada um compreendendo três períodos. Todos têm denominações de localidades francesas onde foram encontrados depósitos arqueológicos e os nomes batizam os espécimes semelhantes deparados noutras regiões. São elementos de confronto para identificação e referências de maior ou menor adiantamento técnico.

Sabem relativamente, bem entendido, o tempo de cada período pela geologia local; pela coexistência faunística e botânica; pelos vestígios das glaciações, capas de lodo (varvas) que ficam depositadas no solo anualmente; pelos anéis lígnios nas plantas dicotiledôneas; pelo estado de mineralização óssea; pelas camadas residuais de poeiras e pólens; pelos processos de fabricação lítica em comparação com outros anteriores; pelo C-14, carbono radioativo que determinou prestigioso método cronológico.[10]

Os três períodos do paleolítico inferior são: chelense, de Chelles, arredores de Paris, perto da desembocadura do Marne no Sena; achelense, de Saint-Acheul, bairro de Amiens; musteriano, de Le Moustier, Dordogne.

Do paleolítico superior: aurinhacense, de Aurignac, Haute Garonne; solutrense, de Solutré, perto de Macon, Saône-et-Loire; madaleniano, de La Madaleine, na Dordogne. Há uma subdivisão desses períodos, tentando precisar as épocas. Mais úteis ao arqueólogo que so etnógrafo. Para o alto paleolítico os franceses dizem "leptolítico".

Os nomes de *chelléen, moustérien, solutréen, magdalénien* foram dados por Gabriel de Mortillet (1821-1898).

Hugo Obermaier (1877-1947) defendia a necessidade de um pré-chelense, abrangendo o Somme perto de Saint-Acheul, Amiens, Abbeville, vale do Sena, atendendo características líticas que não se justificavam expressamente no chelense. O pré-chelense não está tipologicamente definido. Tem defensores e opositores teimosos.

Uma massa de gelo cobria grandes extensões da Terra durante tempo que ainda não foi determinado pelos geólogos. O manto gelado não ficava imóvel mas se deslocava, com avanços, culminações e recuos, períodos interglaciais, elevando e baixando a temperatura, limitando as atividades ou permitindo formas de vida condicionadas ao clima. Havia, pois, épocas de temperatura elevada, semitropical, temperada; de frio intenso, todas as gradações meteorológicas.

Os europeus deram às glaciações nomes alpinos e os norte-americanos denominações locais:

Período preparatório.
Günz (Primeira glaciação).
Günz-Mindel (Primeiro período interglacial).
Mindel (Segunda glaciação).
Mindel-Riss (Segundo período interglacial).
Riss (Terceira glaciação).
Riss-Würm (Terceiro período interglacial).
Würm (Quarta glaciação).
Recente.

Os norte-americanos contam as glaciações desta forma:

Nebrasca (Primeira glaciação).
Afton (Primeiro período interglacial).
Kansas (Segunda glaciação).
Yarmouth (Segundo período interglacial).
Sangamon (Terceira glaciação).
Illinois (Terceiro período interglacial).
Wisconsin (Quarta glaciação).
Recente.

No terceiro período interglacial Riss-Würm, correspondendo ao norte-americano Illinois, decorrem o eolítico, o pré-chelense, chelense e achelense. A glaciação de Würm (Wisconsin americano) é o clima para o musteriense, quando viveu o Homem de Neandertal ou, como ensinava Ales Hrdlicka, *the Neanderthal Phase of Man*. No aurinhacense, solutrense e madalense (raças de Grimaldi, Cro-Magnon, Brünn) verifica-se um retrocesso glacial, dando clima temperado, mais ou menos tépido, com vida menos rigorosa e menor exigência de abrigo e calor artificial.

Do Riss-Würm ao Würm estiram-se uns prováveis 150.000 sem história. Há cronologia muitíssimo superior porque ainda não se concluiu um pacto de concordância.

O epipaleolítico e o neolítico ocorrem no período "Recente".

Do abstrato e discutido pré-chelense em diante nascem as culturas e vicejam as sementes de tudo quanto possuímos, desde o apito de osso até a desintegração atômica. A relação das Idades, e nestas os Períodos, destina-se a fixar o aparecimento tipológico das utilidades que vieram aos nossos dias e fazem parte, com as modificações lógicas, de nossas exigências habituais ou conhecimentos comuns, dentro da civilização em que vivemos.

Os três períodos da Idade da Pedra Lascada, paleolítico inferior, são sabidamente: chelense, achelense e musteriano.

CHELENSE: abundância de pedra lascada em forma de amêndoa, com extremidade aguda, variável na projeção e saliência dorsal para ser empolgada. Excelente instrumento de trabalho, valendo acha, trinchete, formão, serra, furador, faca e cutelo, pesando até meio quilo, podendo tornar-se arma de arremesso, contundindo o adversário num corpo-a-corpo. Lembra vagamente a mão fechada. Mortillet denominou-a *coup-de-poing,* punhada, murro. Contemporâneos, elefantes, mamutes, rinocerontes peludos, hipopótamos, leões, corso montês, tigre-de-dentes-de-sabre (machaerodus), cavalos, hiena, bisontes, rangífer e muitos ursos (*ursus spelaeus*), morando nas cavernas e grutas e travando batalha desesperada com o homem que o expulsava da morada. Eduardo Lartet (1801-1871) propôs denominar-se o chelense época do urso. A temperatura acolhedora não seria exigente para a indumentária. Possível nudez. Florestas de pinheiros, carvalhos, bétulas, álamos, abetos. Figos, sorvas, maçã azeda, framboesa, avelãs, as bolotas ou glandes dos carvalhos que deviam ser grandes auxiliares na alimentação. Afirmam que dormiam ao ar livre sob o arvoredo e sobre as areias marginais dos rios. Estaria tudo certo se as feras estivessem de acordo com a não-agressão contratual. É mais provável a existência de abrigos, choças de folhagens, reforçadas com as peles dos animais abatidos, defendendo-se dos amigos do alheio viver. O homem era principalmente caçador e devia aproveitar as peles. O *coup-de-poing* é visivelmente um raspador. MacCurdy evidencia que a maioria dos depósitos chelenses se encontra ao ar livre, numa proporção de quase 100%, mas continuo pensando que a jazida chelense (ou quelense) não determina pela sua localização residencial mas pouso de trabalho. Usava de fogo. Preparava as carnes assando ou tostando nas brasas. Ausência de vasilhas. Nenhum animal doméstico. Nenhuma cultura agrária. Amontoava os restos das refeições dentro ou ao derredor das cavernas. Não guardava víveres. Nenhuma idéia de conservar alimentos pelo aquecimento ou tostação parcial. Não havia desenhos. Não conhecia a pesca. Compreende áreas na França, Espanha, Portugal. Achas de sílex foram encontradas no Egito, nas terras aluvionais de Tebas, Tuj e Ábidos. Será do chelense o Homo Heidelbergensis, o mais antigo europeu, cujo vestígio único é a mandíbula simiesca de dentes humanos deparada em Mauer, perto de Heidelberg.

ACHELENSE: especialização notória na indústria lítica. Aperfeiçoamento sem invenção. Vida idêntica ao chelense. Diferenciações instrumentais, punções, iaspadoies, facas, perfuradores, machados de gume lateral. O clima esfria. Brumas. Para o final do período, lâminas com duas faces afiadas. Depósitos líticos ao ar livre e também nas cavernas. Machado de forma bem mais cuidada, gume pronunciado. Lascas com extremidades em bico de lança. Nem um sinal de encabadura ou engache para amarrá-la a um bastão resistente. Fartura de caça. Uso de peles para abrigo individual. França, Bélgica, Alsácia, Alemanha (Baviera, Saxônia), Suíça, Inglaterra, Espanha, Portugal. Fósseis do pré-homem de Ehringsdorf na Alemanha, Saccopastore em Roma, Steinheim no Wurtemberg. Dos pré-"sapiens", Swanscombe em Kant e Fontechevade na França.

MUSTERIANO: machados de mão tipo *coup-de-poing,* variados mas de feição inferior, técnica irregular e descuidada mas naturalmente eficaz para a finalidade cinegética. Achas retocadas apenas de um lado. Perfuradores. Possível trabalho em madeira. Frio rigoroso nos finais. O osso utilizado pela primeira vez. Lindos punções de ossos nas cavernas de Espanha. Objetos mais leves e afiados. Material lítico obtido pela pressão e não pelo choque na pedra. Vida nas cavernas. Caça intensiva. Cavalos, bovídeos, cervídeos, javalis, ursos, hiena, hipopótamo, elefantes, rinocerontes, corso montês, boi almiscarado, rena, auroque ou bisonte, lobo, raposa, fuinha, marmota, castor, lebre, coelho. Trinta e duas espécies de mamíferos. Salgueiros, olmeiros, tílias, faias, além da flora anterior. Típicos a raspadeira e o formão, sem cabo. Alimentos assados ou tostados. Vestimenta de peles, enroladas no corpo como os onas da Terra do Fogo. Ossos partidos para aproveitamento da medula e crânios para miolos, uso já habitual nos períodos iniciais. Aparição do *Homo mousteriensis.* Época do Homem de Neandertal, baixo, curvado, musculatura possante, arcadas supra-orbitais salientes como uma viseira óssea, andando e dominando pelo sul europeu, Inglaterra, Bélgica, Alemanha, Polônia, Espanha, Criméia, Cáucaso, norte e sul africanos, Ásia Menor, Ásia. Famosos os tipos de Spy, La Chapelle-aux-Saints, La Quina, Gibraltar, os depósitos na Dordogne e

Corrèze. Sepultava seus mortos com armas próximas e pintando de vermelho os ossos. Extinguiu-se sem descendência. Nenhuma ligação com a espécie humana. É um ramo que se desenvolveu e secou, paralelo e misterioso. Empregava lume para preparar o alimento e caçava com instrumetal de pedra. As oferendas no túmulo eram indícios de auxílio para a jornada extraterrena, primeira manifestação positiva de crença no sobrenatural. Todas as espécies anteriores desaparecem ante o Homem de Neandertal. Parece que reinou sozinho e feroz. Temperatura fria, coincidindo com a culminação da glaciação de Würm ou de Wisconsin, 150.000 anos a.C. na cota mais modesta e recatada. Elefantes e rinocerontes fugiram para o sul atravessando os Pireneus. Ursos, tigres, hienas ficaram para matar e morrer. Multidões de cervídeos tornaram-se inseparáveis do cardápio musteriano. Discute-se com decididos apoios se o Homem de Neandertal possuía uma linguagem rudimentar mas suficiente. Como nunca se provará o sim ou o não, a polêmica continua com argumentos importantes ou dispensáveis entre os proprietários do assunto. De sua primária inteligência há *some very good words of appreciation of the abilities of Mousterian man* em Sir Artur Keith, segundo Hrdlicka. Na Rodésia encontram o "homem" (ossos dispersos) de Broken Hill Cave Bone, que permite parentesco com o neandertalóide e também afastamento. Na Croácia, Krapina, estão os crânios e ossos denunciando refeição antropofágica. É o mais velho documento canibalesco. Com o musteriano termina o paleolítico inferior. Nenhuma criatura humana descende do Homem de Neandertal.

AURINHACENSE: técnica lítica musteriana. Extremidades pedunculadas como para futuras flechas. Eram punhais. Alguns aperfeiçoamentos. Armas com o dorso curvo e mais afiadas. Rudimento de lanças, pontas amarradas a um bastão alongado, tipo lança curta, dardo, javalina. Indústria de ossos e de chifres. Caça de cervos, auroques e renas. Vestidos de peles. Depósitos de material corante, tubo de osso de rena contendo ocre. Residência normal em cavernas. Trogloditismo. Utilização de cornos de rena. Alfinetes de ossos. Polidores. Pontas de sílex afiadas com cabos de madeira. Domínio de caça. Bastões de comando, misteriosos, com desenhos de animais, possíveis amuletos. Homem de Cro-Magnon, alto, média de 1,87, forte, ágil, resistente. Início de culturas novas: ornamentação pessoal, colares de búzios, ossos polidos, pulseiras e brincos, pequeninos seixos; primeiro pescador; primeiros desenhos rupestres. *The beginning of sculpture, engraving, and fresco are traceable to the Aurignacian epoch,* MacCurdy, "Human Origins", I. A ornamentação individual denuncia intenção mágica e é possível a existência de certa organização grupal. Decorrentemente, danças coletivas, plano religioso. Sepultura com utensílios, armas, alimentos, e o esqueleto pintava-se de vermelho, símbolo do sangue vital e do sol vivificador. Na costa mediterrânea da Europa vivem os homens de Menton e de Grimaldi, estes negróides, com elementos antropológicos dos bosquimanos e hotentotes mas identificáveis noutros espécimens europeus. Não é raça homogênea mas conserva caracteres somaticamente típicos, estendendo-se pela África do Norte, Ásia e quase toda Europa. É o homem inteligente, astuto, criador do gênero dominador, humano. Determina o reino do *Homo sapiens*. Discutível e matéria de controvérsia a existência de tipos de transição anterior. Ignorada sua origem e pontos de irradiação fora da Europa. Ásia Central, África Setentrional, alguma região vizinha ao Mediterrâneo? Outros documentos osteológicos surgem, Combe-Capelle, Obercassel, Bem-Seguoul na Argélia; no madaleniano, o Homem de Chancelade. É a fonte da humanidade contemporânea. O Homem de Neandertal desaparece. Por toda a parte os ossos do musteriano antecedem os do aurinhacense na regularidade dos depósitos arqueológicos, num ritmo normal de sucessão. Porque o neandertalóide deixou seu reino e o processo da renúncia não sabemos. Daí em diante o Homem de Cro-Magnon governa e afirma a perpetuidade dinástica. Conclui Marcellin Boule:

> Chegamos a um momento em que a evolução física da Humanidade pode considerar-se como terminada; o problema das origens humanas perde seu caráter zoológico para tornar-se puramente antropológico e etnográfico.

O Homem do Aurinhacense eleva os padrões do aparelhamento cultural em ritmo de aceleração. Sabe e pode abstrair-se, reproduz artisticamente a sugestão do ambiente; inicia o comércio pelo sistema das permutas; evidencia o interesse religioso, inventa o anzol e o arpão. O tipo humano, mantendo as constantes, atravessa os milênios e ainda é visto, presentemente, na Dordogne francesa, na Dalecárdia, Suécia Meridional, no País de Gales, na Vestfália, baixo Hesse. Pela habilidade manual, pela mobilidade, tem área de expansão e de influência como nenhum outro "ser".

SOLUTRENSE: aperfeiçoamento da indústria lítica. Retoque cuidadoso em ambos os lados da peça como não se havia anteriormente feito. Toda a superfície é trabalhada atentamente, como se desejassem provocar admiração e louvor. Obtêm placas de pedras por percussão, resultando material mais leve (leptolítico), de efeito artístico inconfundível, lembrando jóias. Armas terminam em pontas imitando folhas de louro. Com entalhes.

Punhal. Javalina. Raspadeiras, rascadores, alisadores. Serras. Trabalha-se em sílex, ágata, jaspe marmorizado. Primeiras esculturas em ossos de rena, representando-as fielmente. Impressão desenhada da mão humana, faltando às vezes o polegar. O buril, na última fase, é o instrumento de uso comum. Clima menos úmido. As geleiras recuavam lentamente. Céu puro, cheio de sol. Inverno frio. Trabalho doméstico nas peles para vestimenta e agasalho no sono. Abundância de cavalos de menor estatura e corpo que os atuais mas robustos e rápidos, iguaria favorita.[11] Aparece a agulha de osso, com orifício para a linha, finos tendões animais ou fios de crina de cavalo, denunciando uma atividade nova: a costura. Decoração individual. Sepulturas com oferendas, armas, alimentos, objetos de uso. O morto fica em alguns túmulos de forma flexionada, lembrando o feto primitivo. Pintavam os ossos com vermelho. Bastões de comando, decorados ou não, com um a quatro orifícios ou sem eles. Há exemplos de extremidades aguçadas que são interpretadas como instrumentos cirúrgicos. O caçador teria naturalmente seus ferimentos em luta, choques traumáticos, resultando fraturas, osteomielites, e a alimentação pouco cuidada determinava abscessos alveolares, desgastes na superfície mastigadora. Os dentes também seriam armas. A dentada é ainda grande recurso bélico da improvisação ofensiva e defensiva popular. Os dentes seriam ferramentas, destruindo pelo atrito o esmalte protetor.[12] O solutrense estende-se pela Hungria, Polônia, França. Para o oeste parece ter vindo pela Áustria e para a Alemanha pelo Danúbio; Inglaterra, Espanha. Poucos vestígios na Bélgica e na Inglaterra Central. Os modelos de flechas reproduzem-se nas distâncias impressionantes e sem possibilidade de contato maior. Na Ásia. E também nas flechas dos Estados Unidos? É o esplendor do trabalho em sílex. Dir-se-ia que destinavam certas peças aos museus. *L'Art prend déjà naissance à la fin du Solutréen* — conclui Mortillet. Cinqüenta e cinco espécies mamíferas. Verifica-se que a estação, depósito lítico, pode não ser a residência habitual, como demonstra a jazida de instrumentos de pedra e material de sua fabricação num planalto desabrigado de Gargas, Vaucluse.

MADALENENSE: expansão da indústria lítica pela Europa, toda África do Norte. Último período pós-glacial. Temperatura baixa e, nos finais, alta. Vivem cervídeos. As renas (*Cervus tarandus*) caracterizam as primeiras fases. Eduardo Lartet denominava a Idade da Rena a esta época. Foi o primeiro animal que o homem desenhou e gravou. Aproveitava-o inteiro, carne, pele, osso, chifres. Vestia-se, reforçava o conforto do leito, armava-se, alimentava-se, inspirava-se na rena. No final, quando emigrou para o sul e norte (não passou os Pireneus, estando ausente nos desenhos das cavernas espanholas), seguiram-na os caçadores. Diferenciação nos instrumentos líticos, destinados às várias finalidades. Uso de cornos, marfim (dentes), ossos. Buril. Empregam-se medulas e miolos animais para amaciar as peles. Almofarizes. Pontas de javalinas com chifres de cervos. Formas delicadas, obtidas com precisão notável. Furadores de agulhas. Agulhas mais finas que as gregas e romanas. Azagaias. Arpões, dentados de um ou ambos os lados, com ranhuras julgadas para receber veneno. Arpões inteiriços ou desmontáveis, ficando uma parte fincada na caça. Bastões de comando, decorados. Agulhas consideradas cirúrgicas. Caça intensiva. Pesca. Sepultura com oferendas, alimentos, armas. Ossos pintados de vermelho. Propulsor para dardos (usado depois pelos esquimós, astecas e cariris). Cunhas. Primeiras maças d'armas. Cavernas. Peles. Abrigos naturais. Mais trabalho de osso que de pedra. Desprendimento lítico em placa, para armas. Facas magníficas. Afiamento. Amolamento. Apitos, silvos para caça, flautas. Vestidos costurados, mantos e túnicas. Agulhas de osso finíssimas com polimento esmerado. Ornamento pessoal. Pinturas abundantes nas cavernas de França e Espanha. Muito mais enfeitado o homem que a mulher. Escultura de conchas e dentes artificiais de marfim para ornamentos. Esculturas em marfim, osso, corno. Gravação e pintura esplêndidas, figurando animais (três quartas partes dos desenhos são de animais) copiados do natural, parados, bebendo, andando, correndo, caçadas, animais feridos, evocados com justeza, movimentação e elegância incomparáveis. Figuras femininas em maioria gordíssimas, informes, exagerada projeção dos glúteos, imensos seios como a Vênus Adiposa (período aurinhacense) encontrada em Willendorf, Áustria. Imagem da fecundidade ou exaltação plástica do tipo favorito? Uso de tintas de três a quatro cores, com tons de gradação (caverna de Altamira, Santander, Espanha). Lâmpadas de pedra ou argila, alimentadas com sebo. Tochas. Casas redondas de folhagem com postes de madeira. Trepanação. Crânio-troféu. Uso de extrair-se a medula dos ossos para saboreá-la ou misturá-la com óxido de ferro para tintas, empregadas na pintura das paredes das cavernas e no próprio corpo. Os desenhos rupestres espanhóis (Alpera, Morella-la-Vella, gruta dos Cavalos, Valltorta, Castellón) e Laussel, Dordogne, na França, documentam a existência do arco, considerado como do neolítico. Escudos. Lanças decoradas para chefes ou votivas. Moía-se hematite para colorantes. Colares de dentes animais. Amuletos (falange perfurada de um abutre em La Paloma, Espanha). Aparece o laço para prender animais (gruta de Niaux), Haute-Garonne;

Les Combarelles, Dordogne. Ornamentos de conchas eram usadíssimos. Um esqueleto encontrado em Laugerie-Basse tinha vinte; quatro na testa, dois em cada número, quatro em cada joelho e dois em cada pé. Popularíssimos os dentes como colares e pendentes; dentes de urso, leão, lince, lobo, raposa, cervídeos, cavalos, bovídeos, corso montês, javalis, que seriam tão típicos em Babilônia. Os caninos atrofiados dos cervídeos eram tão procurados que os habitantes da caverna do Mamute, na Polônia, fabricavam artificialmente de marfim. Ainda presentemente os dentes são amuletos e enfeites usados pelo povo na Península Ibérica, Américas Central e do Sul, Itália, França, abundantemente na África, Ásia, Melanésia, Polinésia, Austrália. Nos finais do madaleniano surgem as vértebras de grandes peixes preparadas como ornamentos, assim como cristais transparentes, calhaus redondos etc. As conchas e búzios permanecem servindo para pulseiras, braceletes, colares, brincos, decorações para penteados (África e Oceania). O verão era ardente e o inverno gelado. Os animais (69 espécies de mamíferos) mais comuns eram o leão das cavernas, *Felis spelaeus*, corpanzil avantajado, o maior e mais volumoso que os atuais, tigres, tigre pardo, lince, gato montês, *Felis catus,* lobos, hienas, lontra, topeira, rato cinzento, *mulot,* castor, lebre, mamute, o asno (*Equus asinus),* javalis. Morcegos voavam tal e qual hoje. O madaleniense foi uma fase artística (Espanha, França) e a documentária gráfica testemunha os dotes de observação, equilíbrio e fidelidade dos eternamente anônimos decoradores das cavernas quaternárias. O período estende-se de oeste para leste, Pireneus franceses, Espanha, Inglaterra, Suíça, Europa Central, Hungria, Polônia, URSS. Seriam dessa época a Moça de Minnesota, *Minnesota Girl*; o bisonte ferido por uma ponta Folson em Novo México e o Homem de Tepexpan, no México, em cálculo atrevido. Brancos, negros, amarelos, existiam caracterizados antropologicamente. O Homem de Chancelade (França) em quem alguns vêem o primeiro mongolóide.

*

Para o sul da França e norte d'África o paleolítico superior teve aspecto característico e diverso. Denominou-se capsiense, de Gafsa, perto de Túnis, onde há estação rica em material arqueológico. Havia n'África, estendendo-se à região saariana, uma arte rupestre com elementos análogos aos de Espanha. Jacques de Morgan e Hugo Obermaier deram grande relevo e amplitude ao capsiense, seus depósitos de ostras ("caracoleras", "escargotières", sambaquis no Brasil). A notória esteatopigia das figuras femininas do aurinhacense e os negróides da gruta de Grimaldi pareciam provar a influência africana em espaços consideráveis. Presentemente esta exagerada valorização desapareceu especialmente devido aos trabalhos críticos de Vaufrey, e seus limites estão reduzidos às fronteiras meridionais da Argélia e Túnis, cultura do interior que não alcançou a costa marítima e com raio difusivo relativamente pobre. Apresenta lâminas retocadas nos bordos e também com o dorso abaixado, grandes raspadores, punções afiados, agulhas de osso, adornos de conchas e placas de cascas de ovo de avestruz. Evoluíram as peças líticas para as dimensões pequeníssimas, os microlitos, redondos, hemilunares, trapezoidais e triangulares.

As mais altas e legítimas documentações artísticas são o ciclo franco-cantábrico (sul da França, Pireneus, norte d'Espanha) e o ciclo levantino espanhol, leste e sudeste, este em 36 localidades e constantes de uns setenta abrigos onde existem as provas da inteligência fixadora do homem pré-histórico. Do primeiro, as grutas de Altamira (Santander), Cueva del Castillo (também em Santander), assim como La Pasiega, a de Santimamiñe, em Viscaia, e as asturianas. Na França as em Dordogne, Lot, Ariège, Alto Garona. Do ciclo levantino, Teruel, Castellón, Cuenca, Murcia, Lérida, Tarragona, Valência, Albacete, Jaén, Almería são as essenciais. A escola franco-cantábrica é mais animalista. Há desenhos tectiformes. Teria vindo desde o aurinhacense ao madaleniano. Quase não aparece a figura humana mas surgem debuxos antropomórficos, homens vestidos de animais, em atitudes de dança ritual de invocação. A característica é que as pinturas foram feitas no interior de cavernas nos lugares difíceis, de acesso áspero, ambiente escuro, misterioso. É um desenho (há também gravura, riscada a buril na pedra) de equilíbrio, precisão, majestade, nitidez.

Os animais — bisontes, cervo, touro, mamute, cavalo, discutivelmente a rena — têm naturalidade, lentidão, tranqüilidade. Pascem, repousam ou se enfrentam com ademanes clássicos na composição cuidada, com intenção decorativa e serena de fixação técnica. Indiscutível a vocação secreta daqueles animais que realmente apresentam votos ou propiciações cinegéticas. Mas o artista, eternamente anônimo, desenhando, esculpindo ou pintando, não abandonou a exigência da proporção e do pormenor, como se fizesse mural religioso sob a encomenda de um prelado exigente. Os touros, bisontes, cervos são inimitáveis e nenhum povo contemporâneo na classe indígena pode ser comparado ao nível artístico destes fixadores milenários da vida animal que os cercava.

A arte levantina d'Espanha aparece em lugares abertos, em paredões quase ao ar livre, parcamente abrigados. As representações humanas são numerosas e constituem permanentes documentais para a etnografia. Os homens foram desenhados com a liberdade dos movimentos livres, o ímpeto da carreira perseguidora dos touros ou dos cervos, no combate desesperado entre flecheiros, no cerco de caça fugitiva, ágeis, arrojados esgalgos, numa naturalidade inexcedível. Os adornos, indumentária, armas, foram pintados para que tivéssemos consciência de sua ação e forma. Usam de jarreteiras, diademas com plumas de avestruzes, calções, bonetes pontudos e chatos com pendentes que flutuam, arco, flecha, lança, laços, escudos. As mulheres são esguias, com saias longas e justas e os bustos nus, tal e qual vemos nos desenhos cretenses de Cnossos. Obermaier acreditava que muitos desses adornos já constituíam insígnias de chefia, de posições de comando *y que probablemente no todos los individuos estaban autorizados a usarlos libremente según su capricho.* A técnica é ultramoderna, atrevida, registrando o corpo humano em simples linhas, bastantes para dar a impressão fiel do ato típico. É apenas o real-imediato, o essencial, mas a visão do conjunto é um elogio indiscutível pela veracidade, justiça, força expressiva das figuras desenhadas.

Depois do paleolítico e antes do neolítico há o epipaleolítico, espécie de preparação para a grande idade civilizadora. Obermaier (1877-1947) foi o profeta desta denominação e emprego didático, mas Marcelino Boule (1861-1942), prestigioso na época, não aceitou. O epipaleolítico tem sua divisão: aziliense, tardenoisiano e maglemoisiano. Há, conforme predileção pessoal, uma poeira de períodos locais, escolhidos arbitrariamente, para complicar a simplicidade indispensável na classificação lógica.

Sempre mais simpáticos e emocionais para o homem foram os períodos do paleolítico, a fase longa da imensa noite da Pedra Lascada, quando o *sapiens* atravessou seu aprendizado atordoador, sagrando-se digno da posse da terra.

No final do paleolítico o homem veste-se com peles costuradas, toca instrumentos já possivelmente musicais; atrai aves com silvos e apitos; desenha, colore, esculpe figuras naturais. Tem sacerdotes que representam o intermediário para as forças obscuras e poderosas, executando bailados com máscaras e personalizações zoomórficas. Ornamenta-se com plumas na cabeça, jarreteiras, colares e pulseiras; pinta-se, dança, adorna-se com várias tintas (preferencialmente o vermelho, que vale o sangue vital, signo da vida e do fogo solar incomparável). Não creio muito na tatuagem pré-histórica. Tem variedades de armas que lhe aumentam o raio da ação agressiva, lanças, escudos, arpões que deixam parte penetrante no dorso e flanco da caça, enfraquecendo-a pela hemorragia; objetos delicados como alfinetes, agulhas de osso, fios de tendões resistentes e crinas de cavalo. Usa de bastões de comando, muito semelhante aos que seriam encontrados por Schliemann nas ruínas de Tróia. Ostenta amuletos protetores. Talvez possua divisso tribal, com suas cores, ritos e saudações peculiares. Indiscutivelmente um chefe os comanda e orienta nas caçadas contra animais ou contra outros homens. Maneja clavas que esmagam facilmente cabeças. Dardos projetados por um impulsor de osso de rena. Machados possantes. Javalinas curtas e de pontas afiadas, atravessando um cervo correndo. Amolam as armas. Possivelmente exista quem faça cirurgia de urgência.

Há um conforto na caverna tépida, defendida da fúria bestial de ursos, leões e tigres famintos. Não existe senão a trempe, três pedras que guardam o lume aquecedor e fiel mas aparecem as primeiras vasilhas para líquidos, alimentos, cucurbitáceas, cilindros de vegetais ocos, pequenos troncos vazios e talvez trançados de juncos, as primeiras cestas conduzindo peças úteis e — quem sabe — crianças adormecidas. Bolsas, surrões de couro, possíveis.

A pintura individual seria refrescante para o calor, imunizadora e propiciante para seduzir magicamente a caça de vulto, afastando os seres malfazejos, inimigos dos homens desde a eternidade. E também troféus cinegéticos. As figuras adiposas de mulheres vastas, deparadas em Willendorf no abrigo de Laussel, na Predmost morávia; as francesas de Brassempouy, de ancas enormes, seios derramados, coxas gigantescas, talvez sejam informes deusas das colheitas de frutos e raízes, animadoras da fecundidade, da abastança, da fartura alimentar e procriadora, e não expressão realística e normal das companheiras normais.

Se o relevo da caverna de Laussel é do período aurinhacense, então existia o arco bem anterior, milênios, ao neolítico, arma que dominaria, a distância e com precisão relativa, o bestiário. Seu uso devia ter sido a valorização da pólvora quando se tornou eficiente pelo adestramento dos artilheiros no século XV. Os desenhos das cavernas espanholas mostram o arco em ação no madaleniense.

Bebia água, entretanto. Ou sangue da caça vencida. Não há documento informador. Não havia rebanho domesticado e nem animal acompanhante.

Enterrava seus mortos e nos últimos tempos exumava-os para pintar de vermelho o crânio e os ossos longos, simbolizando a vida renascida pela associação da cor solar. Arrumava junto ao túmulo armas, utensílios usuais, alimentos, indispensáveis para a longa e difícil jornada sobrenatural. O sepultamento é o passo inicial para a consagração da vida extraterrena.

Assava e comia todos os seres vivos, do mamute ao rato cinzento, passando pelo cavalo e o leão, o leão das cavernas, *Felis spelaeus* (um terço maior que os atuais), ou o fulvo e fulminante tigre, ágil e magnético.

Era o caçador errante, imagem estranha e que vem de livros graves. Errante e com morada fixa ou lugar sabido de permanência. Uma errância que parte e volta ao mesmo ponto, finda a expedição caçadora. Todos sabem onde vivia mas continuam dizendo-o errante. Singular nomadismo que não ocorreu aos esquimós. O Marquês de Nadaillac (1818-1904), há oitenta anos passados, já não achava sabor no título. *On a pu constater ainsi que les Troglodytes n'étaient pas nomades* — escreveu ele. Mortillet dizia o contrário: *il faut donc en conclure que l'homme magdalénien était éminemment nomade.*

Há tanta gente para dizer que o sol nasce no leste que o astro acaba obedecendo.

EPIPALEOLÍTICO

Os arqueólogos e etnógrafos das últimas décadas do século XIX encontraram um mistério entre o paleolítico e o neolítico. Havia um hiato, uma clareira silenciosa, uma espécie de deserto documental entre as atividades intensas e tumultuosas de uma e a solidão da outra Idade. Ainda em 1877, Virchow afirmava que entre as cavernas quaternárias e as palafitas neolíticas, num intervalo de vários milhares de anos, a Europa cessara de ser habitada. As pesquisas arqueológicas foram lentamente povoando de informação o desconhecido e as regiões pronunciaram-se com elementos mais ou menos essenciais, determinando um epipaleolítico, um préneolítico, mesolítico, com suas culturas típicas e o aparecimento de padrões normais, alguns ainda viventes em nossos dias.

Os instrumentos de pedra do paleolítico vão em pleno serviço até a Idade do Ferro e polida, muito além. As modificações são lentas e não há um padrão sem raízes velhas, mergulhadas no escuro desconhecido de eras anteriores. Todas as coisas são seqüências, somas, continuações.

Os períodos do epipaleolítico são:

AZILIENSE: de Mas d'Azil, Ariège, França. Compreende a região cantábrica, França, Inglaterra, Escócia, Alpes Ocidentais, zona do Reno. Arpões de cornos de veados em vez de chifres da ausente rena, inferiores aos madalenianos, de secção plana quando aqueles eram de secção cilíndrica. Raspadores. Achas. Pontas de sílex em tipos variados. Microlitos, pedras de formatos incontáveis, trapezóides, quadrados, piramidais, com dimensões reduzidas, servindo para incrustar-se em madeira para serras, arpões e outras aplicações inidentificáveis. Pedras desenhadas em vermelho, *galets coloriés,* com sinais e signos geométricos, de utilização controvertida. Edouard Piette indicou-as como a primeira manifestação intencional alfabetiforme, dedução de uma inteligência excepcional para os azilienses, prematuramente preocupados num alfabeto. Obermaier e Wienet viram estilizações humanas, representando culto aos antepassados. Era uma antecipação da reverência aos deuses larários. Primeiras amostras da pedra polida. Na Gruta de Ofnet, Baviera, depósito de crânios dolicocéfalos e braquicéfalos, homens, mulheres, crianças, decapitados, ornados de tinta rubra, denunciando massacre e festim antropofágico. Execução de prisioneiros de guerra, suplício penal ou sacrifício religioso? Grande inferioridade artística. Pintura mural nas cavernas da França e Espanha, de fácil ou difícil acesso, suspeitando-se ambientes sagrados ou lugares de guardas de imagens votivas de caça, garantindo abundância dos tipos preferidos para a alimentação. Representação de animais com evidência de pontos mortais, marcados por flechas e lanças.

TARDENOISIANO: de Fère-en-Tardenois, Picardia, França. Abundância característica de microlitos. Ausência de trabalho em osso. Estende-se pela França, Inglaterra, Espanha, Portugal, Itália, Polônia, URSS, toda a África, Síria, Índia, Ceilão, Austrália. Aparecimentos dos restos-de-cozinha, "Kjökkenmoddinger", no Báltico. Cascas de moluscos que também serviam para o fabrico de microlitos. Primeiros fragmentos cerâmicos. Mesmo instrumental dos períodos anteriores. Umidade e frio. Objetos ornamentais de conchas, perfuradas, colar, diademas, pulseiras. Caça. Intensificação da pesca e da caça, inclusive de aves. Domesticação do cão. Mendes Correia (1888-1960) crê que os restos-de-cozinha da Jutlândia são mais recentes que os concheiros portugueses no Ribatejo, Muge e Paul de Magos, bacia do Sado. Em Portugal predomina o *Homo afer taganus*, estudado pelo saudoso Antônio Augusto Esteves Mendes Correia, de baixa estatura, dolicocéfalo, mesorrínico, cabeça pequena, face de largura média com tendência ao alargamento, mesoprognata e com proporções dos membros afins aos verificados no homem fóssil e nos negros. Aproximam-no dos tipos de Combe-Capelle. Breuil, Obermaier, Bosch Gimpera consideram o tardenoisiano de Muge (Ribatejo) como prolongamento do capsiense norte-africano no período epipaleolítico. É o único documento em Portugal com material osteológico nessa época. Seria o período do início povoador do continente americano, contra a tese clássica dos intransponíveis quinze a vinte mil anos.[14] Arte rupestre nula.[15]

Maglemosiano: de Maglemose, Mullerup, Seeland, Dinamarca. Arpões de ossos de veados. Microlitos do tipo aziliense. Desenhos madalenianos lentamente deformados para estilizações, geometrismo, silhuetas animais. Material lítico idêntico ao anterior. Caça e pesca. Restos-de-cozinha. Possivelmente o cavalo utilizado vivo.

Os três períodos do epipaleolítico têm muito do paleolítico, conservando-lhe a tradição mesmo na produção de armas e utensílios de pedra. Arte rupestre decadente. O aziliense e o maglemosiano penetram a França do sul e norte da África mesclando-se ao capsiense que seria o clima local. Nesse epipaleolítico o homem domesticou o cão. Primeira conquista sobre a irracionalidade animal tornada prestante, indispensável e preciosa. Virchow tentou demonstrar que a rena fora anteriormente domesticada. O cão foi o primeiro animal a separar-se de sua comunidade para acompanhar o homem. Ajudá-lo na caça de outras espécies afins e especialmente no pastoreio. Sem o cão o homem teria sido pastor? Substituía-o, reforçava a vigilância; era sentinela, fiador, guardião do rebanho. Uma vez por outra regressava ao passado devorando uma peça confiada à sua gratuita benemerência.

Também o cavalo, *Equus caballus,* recebeu cabresto por esse tempo? Numa parede rochosa em Villar del Humo, Cuenca, na Espanha, está um desenho de um homem conduzindo um cavalo por uma corda, e outro na gruta de Niaux, Haute-Garonne, França. O professor Herbert Kühn, da Universidade de Mainz, informa semelhantemente: *then, for instance, at Las Canforras and the Gasulla Ravine there are pictures of men leading animals by halters* — incluindo-as no epipaleolítico; *On the Track of Prehistoric Man*. Começava para cão e o cavalo a servidão jubilosa. Antes, cavalos e cães eram iguarias saboreadas até os ossos. Desde o musteriano surgem ossadas esparsas no barro interior das cavernas. Como essas ossadas estavam dispersas e jamais o esqueleto completo, deduziam que os dois animais tinham sido ali pertencentes ao cardápio do jantar e não convidados para assistência amistosa.

Entre o epipaleolítico e o neolítico os elementos essenciais foram os microlitos — "cultura microlítica" que me parece exaltação — as pedras pintadas, misteriosas e sedutoras, a insistência nos instrumentos córneos (veados, renas), os arpões chatos. O homem entra no neolítico montando o cavalo e seguido pelo cão. Nos restos-de-cozinha, chamados no Brasil sambaquis, ostreiras, casqueiros, surgem cacos de louça grosseira, tosca, queimada pelo sol (Mortillet não acreditava na louça crua e menos ainda no futuro adobe que faria Babilônia), com vestígios de unhas, alisada pelos polegares, conservando impressões digitais, os mais antigos ornamentos cerâmicos.

O neolítico é uma Idade relativamente rápida mas doadora de padrões, de elementos de acomodação humana, de feição definitiva. Há naturalmente muita divisão e subdivisão esclarecedora que servem para tumultuar e atordoar estudantes aplicados e professores de pouca memória e boa-fé, as fases ainda não poderem ser divididas cronologicamente como fichas num classificador automático. Menos ainda foi possível indicar o milênio em que nasceu determinado padrão cultural. Quase tudo vinha de longe, com interdependência complexa e longínqua.

NEOLÍTICO

O neolítico é mais conhecido como a Idade da Pedra Polida como se realmente constituísse a característica essencial. A pedra polida é um elemento de importância ínfima como processo cultural. O polimento teria feição estética, se é que a estética estava nos cálculos do homem neolítico, eminentemente prático e pragmático como muita gente contemporânea. Durante o neolítico, entretanto, o homem adquiriu estados de significação eterna, formas de atividades que o empurraram para o futuro.

A domesticação de animais, a agricultura, a cerâmica, o intercâmbio comercial, a casa feita para morar, o adiantamento religioso, foram ângulos muitíssimo mais valiosos e permanentes que o polimento numa pedra. Mesmo a pedra polida só apareceu nos finais do neolítico. Mortillet informa peremptório: *les instruments en pierre polie sont toujours l'exception.* Déchélette não muda: *la pierre polie a toujours été en minorité.* Há certos nomes injustificados e felizes. Pedra Polida é um deles. Mas, diga-se de passagem, que a faca de pedra polida resistiu milênios através das culturas e civilizações. Os egípcios, tão cedo senhores de ferro, circuncisavam-se e faziam os cortes no processo do embalsamento com lâminas de pedra, assim como os judeus incisavam o prepúcio e os guanches de Tenerife praticavam a mumificação. Com facas de pedra castravam-se os sacerdotes frígios de Cibele e com obsidianas agiam os sacrificadores astecas. A representação de Xangô, o orixá gege-nagô do trovão, é um machado de pedra polida. E assim figuram o trovejante Teshub dos hititas.

Uma imagem fugitiva do neolítico dariam os três subperíodos. No primeiro: cultura de Campigny, França, com agricultura regular, Astúrias. Restos-de-cozinha. Acha ovalada (picareta) e trapezoidal (trinchete). No segundo: palafitas, construções lacustres na Suíça, Alemanha, Itália, França, Inglaterra, Áustria etc. Cultura ainda espeleológica, cavernas naturais e ampliadas pelo esforço humano. Hipogeus. Primeiras povoações na França, Alemanha, Itália, Península Ibérica. Exploração industrial e exportação do sílex no Grand Pressigny e noutros pontos da França e da Itália. No terceiro: civilização megalítica européia, espalhada pelo mundo. Cidades lacustres. Cerâmica divulgada e usual (Áustria, Mondsee, Laibach, Bósnia, Butmir, Polônia, Galícia, Tessália, Espanha, Malta, Romênia, Cucutena, nórdica, grega etc.).

Os elementos típicos do neolítico podem ser resumidos. A rena fugiu para o norte quando o clima subiu. Abundância de cervos, *Cervus elaphus*. Restos-de-cozinha com ossos de animais, esqueletos humanos, madeira calcinada, instrumentos de pedra, montões de conchas, fragmentos de cerâmica. Bosques. Turfeiras. Habitações terrestres em maior número que lacustres. Fabricação de armas e instrumentos líticos na França, Bélgica, Inglaterra, Itália, Escandinávia, Prússia, Hungria, Tunísia. Âmbar do Báltico divulgado no Mediterrâneo. Inícios do comércio naturalmente por trocas de matérias-primas ou manufaturadas. Aberturas de poços d'água. Achas com cabo. Serras. Cinzéis. Clavas. Trabalhos em osso e madeira. Braceletes de pedra. Anéis de concha com engaste. Achas polidas em meia-lua. O triângulo-amuleto nos pendentes de xisto e lignito e desenhado nos vasos cerâmicos. Botões de osso, pedra, marfim. Pérolas de calcário. Cão. Cavalo. Boi (*Bos primigenius*). Cabra. Carneiro. Porco. Arboricultura. Avelãs, castanha d'água (*Trapa natans*), ameixas, abrunhos, morangos e cerejas de várias espécies, amêndoa dos pinheiros, pêras (*Pyrus communis*), fruto da faia, bolota dos carvalhos, maçã (*Pyrus malus*). Bebidas fermentadas de framboesas, amoras e cerejas silvestres. Trigo (*Triticum vulgare*) vários. Cevada (*Herdeum*). Centeio (*Secale cereale*) mais abundante na Idade do Bronze. Farinha destes cereais, moída nas mós. Possível pão. Linho (*Linum angustifolium*), espontâneo na bacia do Mediterrâneo, batido, fiado, tecido. Tecidos da fibra da tília. Tecidos com franjas. Os primeiros bordados. Não se usava a lã na Europa que, no ano 3000 a.C. conheciam na Mesopotâmia. Arte nula. Cirurgia, tratamento de feridas de caça e guerra; úlceras, fraturas reduzidas com aparelho contendor. Existência de uma mentalidade solidarista, tratando, alimentando os feridos. *L'assistance était déjà organisé à l'époque robenhausienne* — afirmava Mortillet. A Época Robenhausiana para Mortillet era o neolítico. Trepanação, terapêutica e mágica, para libertar o mau espírito causador da epilepsia ou fortes dores de cabeça. Com as mesmas justificativas havia a técnica trepanatória no continente americano na época pré-colombiana. Habitações de ramagens, barro, arcabouço de varas e sustentação de vigas de madeira forte. Pedra seca, nos finais, construindo paredes. Residências cobertas de barro socado e reforço de placas de pedra. Cobertura em duas águas. Alpendre ou terraços diante das casas. Defesas exteriores, muros, paliçadas, cercas. Residência feita intencionalmente para morar e não mais aproveitamento e alargamento de abrigos naturais. Variedade de sepulturas; circulares, ovaladas, hemi-esferoidais, elevadas em plataformas de barro batido, pedras ou madeiramento travejado. Casas e ainda cavernas com as primeiras portas, placas de pedra ou chapas de madeiras, caindo de cima para baixo. Povoações. Desenvolvimento do ritmo funerário. Cerâmica, seca ao sol e depois ao fogo. Vasos de pedra para líquidos e vasilhas largas contemporâneos à cerâmica cozida. Inicialmente cerâmica sem torno, modelada à mão. Misturavam grãos de areia, quartzita e mica para endurecer. Nenhuma ornamentação. Vasos sem asas ou com asas diminutíssimas, alguns bem grandes, para uso com as duas mãos. Jarrões de barro guardando grãos semitostados. Reservas, provisões de alimentos. Pilões. Prateleiras, assentos, bancos escavados nas paredes de greda (giz). Gancho de osso para suspender roupa ou armas. Serras com microlitos. Colares de giz ou bivalves. Cestos de vime e de palha trançados, alguns com vestígios de reforço de barro. Pescarias auxiliadas pelas redes de malhas vegetais e anzóis de dentes de javalis, de ursos e de cornos de cervídeos. Primeiras embarcações que foram balsas, correspondendo às jangadas. Pastoreio. Currais. Agricultura. Sedentarismo embora continuem as caçadas. Construção de monumentos sepulcrais de pedra, os megalitos. Nos fins do neolítico uma invenção modificadora: o tear para tecer trajes e peças decorativas corporais. Inicialmente sem enfeites de outra cor e depois com aplicações de outras tonalidades, mais claras ou escuras. Franjas e bordados. Na Idade do Cobre, antecedendo por pouco o fabrico do Bronze, tecidos ornamentados artisticamente e cerâmica decorada. Na gruta francesa de Courjonnet havia estatueta de mulher com a cabeça de coruja, lembrando os espécimes recolhidos em Tróia, Minerva com a cabeça de mocho. Desapareceram na Europa os leões, mamutes, grandes ursos. Grutas funerárias, hipogeus. Cemitérios, com inumação regular mas com casos de incineração que se tornou mais vulgar na Idade do Bronze. Os depósitos de Palli Aike, no estreito de Magalhães, tinham 6.639 anos, comprovados pelo C-14. Tudo isto se passou há uns prováveis setenta séculos, mas há quem pule para cem. É a data de muito sambaqui brasileiro e sul-americano. Nos fins já se trabalhava em metais preciosos — ouro, prata, cobre. As construções monumentais do Peru e do México são posteriores ao nascimento de Jesus Cristo. A passagem do neolítico para a Idade do Cobre, o eneolítico (*aeneus*, cobre, *litos*, pedra), é quase imperceptível. Os objetos de cobre aparecem quase por toda a parte sem que diminuam usos dos instrumentos de pedra, comuns e universais.

*

Do neolítico até o século XII d.C. é a cidade lacustre, palafita, *lake dwellings, Pfahlbauter,* Estearias. As águas do lago de Zurique, baixando em 1853-1854, revelaram a floresta negra dos postes fincados no lodo e a massa confusa dos detritos cerâmicos, armas, casas, ossos, com vestígios de uma população desaparecida. Em Robenhausen resistiam cem mil estacas. Uma multidão humana espalhara-se por aquelas casas de barro, cobertas de colmo, erguidas em plataformas de madeira na superfície líquida que os milhares de troncos de carvalho, faia, bétula, pinheiro sustentavam. Estendiam-se pelos lagos da Suíça, Alemanha, França, Itália, Áustria, Polônia, Inglaterra os suportes mantendo o casario na superfície d'água, ambientando famílias com seus animais domésticos, alegrias e terrores. Muitas vilas foram incendiadas e reconstruídas.

É ainda problema a solução residencial lacustre. Foram resoluções de inúmeras dificuldades técnicas, inteiramente novas para a tradição da gruta e da cabana. Antes de haver metais, as machadas de pedra derrubaram árvores que foram carreadas, aplainadas, levadas para o local e enterradas, pesando centenas e centenas de quilos. A morada lacustre determinaria horário de trabalho em terra, com espaços certos de ida e regresso, construção de pontes, passarelas, balsas. Aí nasceria a balsa impelida a varejão, a primeira barca, mãe da jangada malaia que ainda pesca nas praias do Nordeste brasileiro. Também surgem aperfeiçoamentos nos anzóis e as primeiras redes de pesca, com pesos de barro cozido, mantendo-as em posições escolhidas. O contato d'água, em permanente esforço pela alimentação, traria vários outros empreendimentos e normas. Podia datar-se daí uma valorização mais natural para a aprendizagem infantil da natação, talvez iniciada quando a pesca se popularizou. Mas a pesca primitiva não obrigava o nado e era uma caçada de dardo e arpão, como os indígenas ainda pescam, com flechas e azagaias, água pelas pernas ou tórax. Na cidade palafita a moldura movente e sedutora atrairia as crianças infalivelmente mais do que na passagem dos rios e passeios vagarosos e calados ao longo das praias, apanhando moluscos e crustáceos e matando peixes sem deixar de pisar a terra.

O imenso material reunido, o serviço de fixação dos suportes, a previsão de cidade com rio ou lago de permeio que não a possua mesmo contemporaneamente. É preciso uma ativa vigilância administrativa para evitar que os moradores pobres aproveitem as margens e ergam as cabanas de madeira no alto de estacas. Uma decorrência desse tipo de habitação é a residência nos barcos, juncos na China Popular e barcaças na Holanda, Manaus, no Amazonas (Rio Negro).

Charles Tauber indica as palafitas como um verdadeiro fio condutor, marcando o itinerário migratório dos oceânidas para a Europa, partindo da Nova Guiné a Crannoges, na Irlanda: *L'introduction des palafites (très étrange pour le climat en Europe) marque également, tel un fil conducteur, la voie des migrations de l'Océanie: Nouvelle-Guinée, Philippines, Carolines, Chine, Kamtschatka, Orinoco, Argentina, Célebes, Bornéo; Madagascar, Sambési, Congo, Dahomey, Ganges, Indus, Mésopotamie, Phasis (Argonautes) Thrase (Herodote), Ravenna (Strabon), Venise, Terramare, Crannoges (en Irland). Commencement du néolithique (lacustres) 5000 ans a.Chr.; "Les Migrations des Océaniens"*, Congresso Internacional de Antropologia e de Arqueologia, Paris, 1931. Lembrei os modelos do Brasil setentrional. Frobenius assinala a construção sobre estacas do Senegal à Somália, compreendendo 50% da África, talhando na parte austral, carta número 32.

A data menos discutida das primeiras cidades lacustres na Suíça é de quatro mil anos a.C. Charles Tauber acrescenta mais um milênio, cinco mil a.C. As demais seriam, naturalmente, posteriores à data de quatro mil a.C. Improvável que melanésias sejam anteriores às suíças.

Quando nasceu a palafita o rei Menes não reunira o Egito sob a unidade do seu governo, fundando a primeira dinastia. Nem tinham surgido inícios da centralização administrativa em Babilônia e demais zonas da Mesopotâmia. A civilização minoana primitiva é quase vinte séculos mais moça. A fase de Micenas, ainda mais recente. A Grécia antiga é três vezes mais jovem. Assim a palafita foi o primeiro ensaio de organização coletiva no plano social.

M. Troyon calculava em 1.244 habitantes a palafita de Morges, quatro moradores em cada cabana, e cinco mil a população lacustre do lago de Neufchâtel. Número a mais ou menos, importa pensar-se que a massa humana estava reunida e vivendo numa contigüidade jamais conhecida. Desde a franja do pré-neolítico a pastorícia dispersara o homem na própria exigência do pastoreio e o trabalho rural determinaria a residência bem afastada uma da outra, entre os campos semeados. Desta forma, com duas culturas centrífugas, o homem viveu nas palafitas numa proximidade absoluta, Lüdi, Speck, Tauber, Troels-Smith, Vogt, Welten, que pesquisaram detidamente os lagos helvéticos servindo-se de aparelhagem moderna e métodos que o velho professor Ferdinand Keller, o primeiro a estudar as palafitas de Zurique, não imaginara existir.

As conclusões decidem que as cidades lacustres da Suíça e da maioria das regiões tradicionais nunca foram construídas sobre os lagos e sim no terreno das margens para evitar umidade e inundações. O avanço dos bosques limitava os plantios e a praia, sítio improdutivo, foi aproveitada para residência. Os postes eram os fundamentos e as casas mais próximas dos lagos foram erguidas sobre estacas debaixo das quais se podia viver no tempo de verão. A estiagem prolongada valorizou o sistema daquele tipo de galpão aberto e apenas defendido no alto ou na secção dos ventos reinantes. Era bem a estearia. Não ocorreu invasão guerreira nem assalto de feras. A pesca não era decisiva e sim a caça, com os cães que se haviam multiplicado em raça e tipos. E também a agricultura, já fixadora da população. Quando os lagos aumentaram de volume, insulando as habitações, muitas já não eram ocupadas comumente. Voltando as estiagens as palafitas recebiam os mesmos moradores que as haviam abandonado. Não houve cidade lacustre e sim ribeirinha, aldeia da margem, *Uferdörfer*, ensinam Oskar Paret e o sábio grupo de Basiléia. Era a fórmula dos indígenas Paumari, do Purus, a construção dos *jura-jura* dos Omáguas, Cambebas, do Alto Amazonas, entre o Napo e o Japurá, as residências dos seringueiros do Pará e Amazonas, prevendo a enchente, alagação. Assim as construções lacustres do lago Cajari, no Maranhão.[16] A palafita seria uma "cidade de verão".

A palafita continua, entretanto, contemporânea, nos dois tipos incontestáveis. As construções sobre plataforma e estas sobre estacas no meio de um lago, como medida defensiva, utilizando também ilhotas de areia ou pedra, como Veneza, Ravena, as da Nova Guiné, dos Tongas em Gaza, sul do Save, em Moçambique, as clássicas de Thrase de que fala Heródoto. São guardadas pela água viva e é obrigatório o transporte para alcançá-las. Este é o tipo negado pelos suíços do *Pfahlbauproblem* como naturalmente constituindo a espécie dos lagos helvécios. Os segundos são exatamente os estudados e defendidos por Oskar Paret e Charles Tauber, construções com fundamento elevado nas margens e que a inundação ou maré transformam em palafitas, ou cercadas pela água. É o tipo mais conhecido e rara será a da horizontalidade da plataforma, base das choças de barro e palha, com duas águas, porta que fechava; o aprovisionamento de víveres, o serviço de vigilância noturna revelam organização sistemática numa ordem invejável e numa seqüência notável. As habitações sobre água, ainda existentes nas ilhas Célebes, Nova Guiné, Java, Ceram, Mindanao, Solo, Carolinas, lago de Maracaibo, na Venezuela, permanências através de tempo imemorial, dizem que os seus antigos engenheiros conheciam, por experiência ou intuição, soluções resolutivas de problemas de resistência, equilíbrio, reparo e conservação que espantam seus colegas contemporâneos.

Viviam nas estearias o cão, vigia, companheiro, guarda; o cavalo, o porco, o cervo, o carneiro, bois, cabras. Não havia de início o gato, o rato, o camundongo. Cultivavam e comiam o trigo candial e o escandea, *Triticum spelta*; o milho miúdo, milho-trigo, *millet* (*Panicum miliaceum*), cevada na Idade do Bronze e depois o centeio. Avermelhavam as maçãs e douravam as pêras, ameixas, verdes ervilhas, avelãs, framboesas. Usam frutas secas. Carne de gato é devorada porque a do cavalo, preferida, rareia. Fia-se e tece-se o linho. Existe um nascente conforto. As primeiras colheres de osso, madeira, barro cozido. As lâmpadas de pedra ou de argila O combustível era sebo, gordura animal. As estearias não foram construídas e povoadas ao mesmo tempo e assim o material doméstico, cerâmico e lítico, não é idêntico e sim diverso. No lago Bourget há vasos com a assinatura do oleiro romano. Tanto em Robenhausen como em Wangan depararam tecidos com indecisa pretensão ornamental. A decoração ultrapassava o limite do útil.

Mistério debatido é a origem da palafita, a escolha daquela forma de morada, a decisão coletiva de defender-se no meio dos lagos. Defender-se de quem? Não é crível a unidade do motivo para todos os povos lacustres mas é lógico que a expulsão de suas antigas residências só se verificaria ante o impulso irresistível de inimigo invasor. Assim, milhares de anos depois nasceriam Veneza quase boiando na laguna espelhante, e Ravena, nas ilhas de areia do lago Comacchio.

Mas não há notícia desses avanços guerreiros. As sepulturas e depósitos osteológicos não denunciam acréscimo extemporâneo na massa humana nem raça diversa aventureira. Fugiam das feras? Não há documento material para a afirmativa. As feras que restavam eram conhecidas e sabidamente abatíveis. E não se tinham multiplicado ao ponto de constituir ameaça e pressão para deslocar os moradores de suas velhas casas.

A cidade lacustre, como a vemos classicamente, em cima do lume d'água, é negada formalmente pelo professor Oskar Paret e o grupo suíço do *Pfahlbauproblem,* Guyan, Levi, exercitando uma sociabilidade que seria a mais alta experiência quantitativa do processo de convivência quando o mundo amanhecia.

*

Um dos aspectos característicos do neolítico é a construção de monumentos de pedra, de variadas formas, encontrados nos recantos distanciados do mundo, cuja destinação real ainda se discute assim como a origem do homem que os ergueu. São os Megalitos, *mega-lito*, grande pedra.

Menéndez y Pelayo (1856-1912), que sabia excelentemente todas as causas sabíveis, resumiu a Idade Neolítica em síntese feliz:

> Con el periodo neolítico ou de la piedra pulimentada entramos, aunque sin transición brusca, en un mundo nuevo, en que el hombre cazador se convierte en pastor y agricultor; en que sin extinguirse la vida troglodítica, van quedando deshabitadas las cavernas, y las chozas se agrupan en poblados, y se fortifican las colinas naturales o artificiales, y aparecen los *palafitos* o ciudades lacustres, y las grandes construcciones megalíticas. A la escultura y la pintura del periodo magdaleniano ou altamirense sucede una vasta e imponente arquitectura; al arte de los cazadores de renos y bisontes, el de los constructores de *dólmenes*, de *menhires*, de *alineamientos*, de *cromlechs*. Si el culto del hombre de las cavernas parece haber sido un naturalismo zoomórfico, en la religión del hombre de los dólmenes impera, como en Egipto, la idea de la muerte y la devoción a los manes de los antepasados. Todos los monumentos religiosos de la época neolítica son cámaras sepulcrales.

Os menhires são obeliscos verticais. Cromlechs, círculos de menhires. "Alinhamentos", menhires em linha reta; fileira de menhires. Dólmenes, galerias dolmênicas, grupos de pedras, recobertos de areia e barro, contendo galerias cobertas onde estão os túmulos. Trilitos, duas pedras verticais sustentando uma horizontal, comumente conhecida como dólmen. Cistas, túmulos quadrados, "Antas" em Portugal, "Mámoa" em Espanha; Motilla, Madorra, Modorra são os montículos que cobrem as construções megalíticas, especialmente os dólmenes. Muitas destas denominações, tornadas oficiais, vieram do baixo bretão mas não são populares nem mesmo antigas. Criou-as Alexandre Albert Lenoir (1801-1891), divulgando-as no seu *Des Monuments Antérieurs à l'Établissement du Christianisme dans les Gaules,* Paris, 1840.[17]

Aparecem na França (Bretanha, Finisterre, Morbihan), Inglaterra, Escandinávia, Espanha, Portugal, África do Norte, Índia, Japão, Cáucaso, Criméia, costa setentrional do Mar Negro, Holanda, Alemanha do Norte, Américas do Norte e do Sul etc. Com formas e aparências dentro dos modelos tradicionais, sugerem que único fosse o processo de sua construção, parecendo obra de um só povo que amasse chantar os marcos de sua jornada universal, como assombrosos padrões, sempre os mesmos, evidenciando a força e inteligência do esforço racial. Foram tidos como santuários e locais da sangrenta liturgia dos druidas, sacerdotes dos celtas, mas o encontro de megalitos bem fora do mundo celta apagou de vez a explicação.

São na quase totalidade sepulturas, desde o neolítico até a época merovíngia, conservando, ao lado dos esqueletos, armas votivas (achas d'armas), instrumentos de trabalho e de ornamentação, cerâmica, enfeites, colares, pérolas de vidro, pedra, calcário, pedras vindas de longe, nefrites, jadeítes, de mistura de períodos e culturas, significando uma aglomeração de ofertas através de idades e ritos diferentes. Durante séculos os megalitos foram, no entendimento popular, sepulturas de gigantes ou dos hunos, tesouro das fadas ou dos mouros, na Península Ibérica, atraindo o vandalismo dos caçadores de riquezas que destruíram, como nas cidades tumulárias do Egito, preciosidades inapreciáveis. Ao redor destes monumentos voam as lendas, tradições, fantasmas e crendices teimosas em não morrer, vivendo nas memórias populares, na perpetuidade dos folclores.

Os megalitos não foram obra de um povo único. A finalidade sepulcral parece provada na quase totalidade dos monumentos espalhados na Europa, Ásia, África e América (Peru, Ohio, Wisconsin etc.). Já em 1862 o Dr. Fouquet afirmava: *chaque fois qu'un dolmen non violé a été ouvert, on y a toujours recueilli des cendres ou des ossements; comment ne pas conclure que tous les dolmens sont des sépultures?* Não são todos, evidentemente. Os de Silbury Hall, intatos, nada traziam relativamente aos túmulos. Os da Índia fixam lugares referentes à vida de Buda. Há dólmenes que são homenagens a sucessos de guerras que nunca saberemos. Nadaillac conclui: *mais ce sont des exceptions, et la conclusion que les mégalithes sont des tombeaux reste presque partout exacte.* Mortillet, precisando imperiosamente demonstrar a irreligiosidade primitiva, dizia o contrário: *ce n'était pas de tombeaux. Il est plus probable que ce sont des monuments comémoratifs.*

Alguns megalitos têm ornamentação e esta indica o nível artístico da época. Os franceses do Morbihan e Bretanha, Escócia e Irlanda, têm decoração múltipla, geométrica, ideográfica. Um deles, o de Gavr'innis, lembrava a Merimée a tatuagem de um maori. Na Escócia há desenhos de elefantes e peixes. Os de Locmariaker são em relevo. Muitos ostentam inscrições. Em 1865 Samuel Fergusson leu num dólmen em Rathcrogan um epitáfio no alfabeto ogam, anterior a Cristo, marcando a sepultura de Fergus, filho de Misgan Meahb, rainha de Connaught, segundo a terceiro séculos da era cristã. Esta rainha é a rainha Mab, heroína de Ossiã, a quem Shelley dedicou um poema em 1810 e Shakespeare descreve-lhe o cortejo miraculoso (*Romeu e Julieta*). Os túmulos guardam documentos de idades sucessivas. Moreau, em Caranda, Aisne, pesquisou dois mil e em um deles deparou objetos de pedra polida do neolítico, torques e colares de bronze dos gauleses, escudelas de terra samiana dos galo-romanos e cerâmica com ornamentos em ziguezague, a scramasax (faca de guerra) e a francisca (machadinha de combate) dos merovíngios. Noutros há pedra, vidro, ouro, cobre, bronze, ferro, moedas gaulesas, moedas dos imperadores de Roma, bizantinas, árabes. As repetidas inumações, cada uma com suas oferendas ao morto, documentam a passagem dos tempos, revelando as intimidades do uso doméstico, armas, utensílios, jóias.

Data mais intensamente da época megalítica a presença das achas de pedra, polidas ou não, postas nas sepulturas. São milhares e milhares e em qualquer parte do mundo. Mesmo na época dos metais, bronze e ferro, as achas continuam nos megalitos reconstruídos ou reformados. Trata-se evidentemente de uma arma de significação religiosa, de alto e indispensável destino junto do defunto a quem parece defender em sua viagem sobrenatural. As achas são também gravadas nos dólmenes bretões, ingleses e alemães, e na Índia, China, América, África. É um signo inevitável. Layard viu-as no palácio de Nemrod. Longperier num cilindro caldaico onde um sacerdote reverenciava uma acha posta no altar, como Artur Evans encontrou em Cnossos (Creta), no palácio do rei Minos, achas bipenes em lugares sagrados. A acha de Odin está gravada nos rochedos de Kivrik. Toda a antigüidade considerou-as caídas com o raio, "pedras do raio", "pedras do trovão", ainda hoje assim explicadas em Portugal, Espanha, França, Inglaterra, Alemanha e América Latina. Em 1081 o imperador bizantino Aleixo Comneno enviava ao rei Henrique IV, da Alemanha, uma acha neolítica engastada em ouro, com elogios às suas virtudes terapêuticas. Em Bizâncio a acha de pedra era uma relíquia, posta ao lado da Cruz. Elemento santo, pedra caída do céu, *astropelekeion,* ainda é motivo de veneração em Marrocos e de curiosidade pelo mundo. Liga-se ao culto solar, representação das forças fecundantes e luminosas contra a esterilidade da morte e os pavores da treva. Pôr a acha no túmulo era guardá-lo com uma sentinela invencível, guardião seguro da inviolabilidade sepulcral. Valia o escaravelho egípcio. Muitos orixás do rito gege-nagô, aculturados no Brasil, têm formas líticas. Xangô, orixá do trovão, é uma acha de pedra polida como o deus Teshub dos hititas, e Tor ou Donar, nume escandinavo das trovoadas. Do megalítico organiza-se o culto da acha, espalhado pelo Mediterrâneo e Ásia Menor, com sobrevivências sensíveis no folclore europeu, africano, americano. P. Saintyves estudou excelentemente o assunto.

A acha, arma de caça e depois de guerra, foi instrumento típico da cultura rural, derrubadora de árvores. Nougier lembra o aspecto: *la hache est le symbole de ces "civilisations forestières".* Valia o machado, machadinha, do lenhador contemporâneo.

Os megalitos são grandes repositórios documentais da etnografia, evidenciando origens e modificações de objetos usuais, conservados através dos tempos como oferendas aos mortos.

Vezes, nas escavações há surpresas pelo encontro de objetos de uso atual e vulgar e que não julgávamos tão antigos. Muitos etnógrafos recomendam afastar a ligação, no tempo, dos atos milenários com os costumes modernos. Parecem dizer: cuidado com o milênio! Melhor didática seria o conselho: *Procure o milênio!* O milênio mostrará a raiz de muita "novidade". *Nihil sub sole novum* — dizia o rei Salomão mais de nove séculos antes de Cristo.

O arqueólogo Brun retirou do dólmen de Bretou (Tarn-et-Garonne, França) 832 contas de um colar em osso, marfim, calcário e ardósia.

Muitas contas eram trabalhadas em forma de coração. Semelhantemente ocorreu no dólmen de Mane er H'roeck, em esmalte. E também na Espanha. Não deduzia que o enfeite cordiforme tivesse cinco mil anos de existência provada.

As feições dos dólmenes suscitaram discussão demorada e Alexandre Bertrand, que se especializara no estudo deles, opinou ser *une habitation à l'usage des morts faite à l'imitation de l'habitation des vivants,* uso que se prolongou entre etruscos e romanos. Havia pois a função religiosa da homenagem aos antepassados e Mortillet demonstrou suficientemente não ser o megalito *le mouvement d'émigration d'un peuple ou d'une race, mais bien la diffusion d'une idée religieuse, d'un culte organisé.* Será prudente advertir da impossibilidade deste *culte organisé,* idêntico na morfose, existir em paragens afastadas e entre povos de culturas diferenciadas, Egito, Japão, Inglaterra, África do Norte, América, Índia, em níveis intelectuais absolutamente diversos. Apenas o sábio Broca exaltava *la similitude des facultés et des aspirations de l'homme qui les a produit.* Os megalitos foram construídos por muitas raças e em vários momentos da história. Alguns hindustânicos têm cruzes cristãs, trabalho possível dos nestorianos, anteriores ao avanço árabe. Os monumentos megalíticos não determinam nem impulsionam uma cultura. São depósitos, tal e qual as ostreiras, restos-de-cozinha, sambaquis. Nenhum elemento, nem um padrão de cultura lhes deveu a velocidade inicial. Mas realizam no campo etnográfico alta missão divulgadora, demonstrando fielmente os ambientes sociais através do tempo. Guardando o cadáver e depois o vaso contendo as cinzas (a cremação tornou-se mais usual da Idade do Bronze em diante), o dólmen atesta o respeito pelos mortos e a certeza da vida sobrenatural, extraterrena, auxiliada pelos objetos depositados no sepulcro e, rara mas historicamente verídico, o massacre oblacional de servidores que, tornados espíritos, participariam da companhia do chefe, prestando serviços eternos. Já existe um culto notório e universal, atestado pela documentária recolhida para uso do defunto, inclusive o luxo das jóias, a precaução das armas, o reforço de soldados, escravos, animais e a custódia de amuletos, incontáveis, sobressaindo a acha de pedra. Desde o musteriano o pré-homem de Neandertal enterra e cerca de auxílios votivos o corpo dos seus iguais. Não apenas cumpre uma vontade irreprimível de venerar o homem morto como acredita que ele viverá noutra paragem, armado de sílex, pintado de vermelho, caçando monstros fantásticos pelos campos do céu.

Os megalitos apareceram na Europa em época posterior às primeiras culturas lacustres. O debate cronológico não conseguiu concordância apreciável. As datas oscilam entre três mil e mil anos a.C. e resistem até a Idade dos Metais, do Bronze, notadamente, como construção, continuando locais de sepultamento, visita e cerimonial até a Idade do Ferro.

O sentido ainda mais comum é dar a Península Ibérica como centro irradiante porque aí se encontram os mais simples e mesmo os que atingem a solução da cúpula sepulcral. A reação de outros pesquisadores inclina-se para o Oriente, dando essas regiões como sede do túmulo cupulado, de que o dólmen será um derivativo ou mesmo uma forma inferior mas legítima.

Josef Röder[18] crê que o menir, europeu e asiático, evolucionaria do Poste de Sacrifício, constituindo um centro de interesse para onde convergiram usos religiosos e sociais, fazendo-o perder a acepção anterior, fixando outras várias. Os menires, para Röder, provieram dos monumentos erigidos durante as festas correspondentes ao *potlatch,* entrega de presentes, ofertas entre tribos, doações voluntárias, com caráter religioso, de profunda significação como índice do poderio e abastança do grupo através do seu chefe, na base da reciprocidade e que Marcel Mauss estudou num ensaio clássico; recordações de sacrifícios e solenidades aos mortos; local de culto. Não foi possível afastar o menir de sua função mortuária porque mesmo no *potlatch* pode ocorrer o sacrifício humano. É inegável a identidade funcional do megalito.

Mas o problema cronológico é pela confusão dos depósitos acumulados ao correr do tempo. Pedra lascada e polida, objetos de metal, utensílios reveladores de épocas diversas, armas, tecidos, alimentos, cerâmica, *souvent finement travaillée* — como nota o Marquês de Nadaillac — são elementos desconformes para uma determinação.

A cerâmica, mesmo para os mais prudentes como Kroeber, data de 8000 a.C., quando seus fragmentos foram deparados nos restos-de-cozinha bálticos. Não pude convencer-me da cerâmica paleolítica na Bélgica (Mosa). A pedra polida é de neolítico adiantado. A cerâmica decorada, mesmo geometricamente, não teria presença rigorosa antes de uns mínimos 3000 a.C., como dentro das melhores possibilidades etnográficas e mesmo arqueológicas. Mais plausível e lógico que o ano 1.000 a.C., expressão legítima de uma cronologia asfixiante.[19] Partindo desta base os primeiros megalitos europeus são quatro ou cinco séculos anteriores aos faraós construtores de pirâmides. O megalito, início legítimo da arquitetura monumental nascente, não é uma repercussão egípcia. Roma não fora fundada. Reinava em Jerusalém o rei Salomão.

Como as construções ciclópicas no planalto andino e dos maias no Iucatão, o megalito é um índice irrecusável de alto nível associativo. O peso das lajes (noventa toneladas a do dólmen de La Ferté-Bernard; oitenta e cinco a de Bagneux, Saumur), alisadas e arrastadas, de grandes distâncias, para o local escolhido, denuncia uma organização humana disciplinada, consciente, dedicada a um esforço coletivo para as recompensas religiosas ideais. Seria um trabalho escravo como no Egito? Nenhum elemento afirmativo possuímos. Também indicará conhecimento prático de alavancas, planos inclinados, níveis de auxílios, sucessão de calços, plataformas. Tração humana ou já o boi?

Nesse tempo caçava, usando pedra lascada e vivendo no interior da futura Minas Gerais brasileira, a raça da Lagoa Santa, os homens do Sumidouro e de Confins, cujos crânios foram encontrados em 1841 por Peter Wilhelm Lund (1801-1880) e em 1935 pelos Drs. Aníbal Matos, Arnaldo Cathout e Harold Walter.[20]

OURO, PRATA, COBRE, BRONZE, FERRO

O ouro foi ou deve ter sido o primeiro metal trabalhado e sempre para uso decorativo. Brilhavam suas pepitas nos terrenos aluvionais do Pó, do Reno, Douro, Tejo, dos rios franceses do Limousin e Oisans, abundantes na Espanha (Astúrias, Bética) como em Tróia, Frígia, Lídia, Trácia, Macedônia, Sifnos, Egito, Líbia. Os cartagineses e sidônios recolhiam ouro em pó da Líbia e mercadejavam por toda África do Norte, nas alturas do segundo milênio a.C. O ídolo de Marduc, com os pertences rituais em Babilônia, pesava 23.700 quilos de ouro puro ainda no século VI a.C. Dócil e plástico, cedendo às marteladas, o ouro prestava-se ao desejo artístico incipiente. Com a melhoria técnica da fundição do bronze é que o ouro tornou-se o metal ornamental por excelência, no punho das espadas, dos punhais triangulares, rebordo e placa dos escudos, elmos, peitorais e perneiras das armaduras, orla das lanças, máscaras, coroas, como antes fizera diademas, pulseiras de placas retangulares, lisas e depois desenhadas, colares imitando folhas, brincos, argolas, anéis. Conseguiram dar-lhe certa dureza e há espadas, adagas, fíbulas (fivelas, ganchos) de variadas formas mas bem possivelmente armas simbólicas de chefes. Na América pré-colombiana ornava-se a zarabatana do inca com chapas de ouro, sua espada, anzóis, pontas de lança. Com o bronze, o ouro decorou mil objetos. Conhecemos vasos, copos de pé, escudelas, vasos de boca larga, bandejas, espirais e muitos elementos para indumentária, de ouro fino. Para incas e astecas o ouro foi utilizado na vida diária como material de uso comum, de valor inferior à turquesa e jade. A própria abundância desvalorizava-o. O inca Huaína Capac (conta Prescott), festejando o nascimento do filho Huáscar, mandou forjar uma cadeia de ouro de 700 pés de comprimento e, agarrados a elas, os nobres dançaram. Havia vestidos unicamente feitos de contas de ouro. O revestimento dos templos ao Sol era de ouro em placas. O dilúvio de ouro desvairou os espanhóis. O soldado de cavalaria — Leguizano — registra Garcilaso de la Vega — jogou num só lanço de dados a lâmina de ouro com a imagem do Sol nascente que lhe havia tocado por sorte depois do saque de Cuzco. Jogou e perdeu. Tantos metais nobres estavam ao alcance das mãos conquistadoras que Prescott conclui: *El oro y la plata parecían ser en el Cuzco las únicas cosas que no eran riqueza*. O mesmo no México. Em nome de Montezuma, o chefe Tentalitl ofereceu a Hernán Cortez uma roda maciça de ouro e outra de prata, simbolizando o Sol e a Lua. Na multidão dos amuletos, surgidos na transição do neolítico para o eneolítico, são conhecidas as figurinhas humanas e de animais, em ouro, assim como esferas, triângulos, cilindros, machadas minúsculas, corações, palmas, placas com figuras de cavalo, rena, auroque, urso, com orifícios denunciando uso como pendentes do pescoço. Nos finais do século VII a.C. é que o ouro foi elevado à moeda, lugar primitivamente tomado pelas ligas de prata. Já Homero, narrando as façanhas de Aquiles e a viagem de Ulisses, colocava o ouro em lugar primacial, dedicado aos deuses, empregada nos cultos e assim passou à Roma, depois de consagrado pela função glorificadora nas civilizações mediterrâneas, Chipre, Creta, Micenas, Tirinto, recebido do Egito e da Líbia através da navegação de Cnossos e depois cartaginesa e fenícia. Nas velhas culturas da Mesopotâmia o ouro esteve na Corte, nos guerreiros e no povo. Ali na forma de jóias, pormenor artístico de armas e mobiliário. Em nenhum dos grandes palácios de Babilônia, Nínive, Ecbatana, Nimrod, Ur, o ouro deixou de aparecer, tal e qual nas várias Tróias, especialmente a partir da cidade queimada; também na ilha de Santorim e nas escavações hititas. Vezes não há um só espécime de bronze, apenas cobre e ouro, o ouro em plano de respeito no seu emprego e origem. Tê-lo nas vestes, armas, cajados ou cetros, diademas, outiaras, tronos ou sandálias, era anunciar a legitimidade do mundo, do poder social. É "o rei dos metais e o metal dos reis". Na Idade do Ferro o ouro passa a constituir parte da famulagem fidalga. É escova, cabo de navalha, pente, espelho, vaso de ungüentos, *auriscalpium*, ao mesmo tempo palito de dentes, limpador de unhas e coçador de ouvidos.

A moeda de ouro é dos fins do século VII a.C. e ficou sendo sempre a suprema ambição e o tesouro real guardava, como as reservas metálicas do nosso tempo, a reserva-ouro, as barras de ouro como garantias da prosperidade e abastanças nacionais. Sua efígie era o sol ou a chama. *Ubi est ignis est aurum*. Era esta a lição milenar da Ásia, África e Europa clássicas. Na América é que o ouro só encontrou ascensão valorizadora depois da conquista espanhola, na primeira metade do século XVI. Valia anteriormente pela sua beleza ornamental e não pelo símbolo intrínseco no plano das permutas. A partir do eneolítico, onde foi organizada a vida humana com o uso de metais, o ouro assume o reinado através dos tempos. Em qualquer idioma o valor-ouro significa o mais alto preço. De um cálculo geral, há sete mil anos dura o domínio de ouro. Os outros metais e pedras preciosas sofrem oscilações ou são relativamente ignorados pelo povo. O ouro, universal na simpatia, domina imperturbavelmente. Um ditado velho afirma: *Não sou moeda de ouro para agradar a toda a gente.* Não há mais claro índice de prestígio. Vale onde aparece. É o metal político.

Mais ou menos há uns 2.700 anos que ouro e prata andam juntos na cunhagem das moedas. Em Egina e Lídia dizia-se *electrum* a liga de ouro-e-prata, material das peças divisionárias de Mileto, Focea-Mitilene, Cícica, Lampsaco, Quios, Samos "Argento", *argos* pela linda cor inconfundível, é metal nobre, dedicado à Artemis, Diana lunar, pela semelhança com a luz serena do astro e por isso ainda existe no Brasil, vinda de Portugal, a superstição de mostrar moeda de prata à Lua (Dindinha Lua), pedindo a multiplicação. As minas de prata, de chumbo argênteo, espalhavam-se pela Península Ibérica, Toscana, Inglaterra (Cumberland, Northumberland), França, Sardenha, Panônia, Macedônia, Armênia, as minas famosas de Laurion na Grécia, as do Adriático, Damastium. Eram motivos da intensa navegação fenícia e as talassocracias mediterrâneas, Rodes, Creta, Frígia, levaram prata da Europa Ocidental para Ásia Menor. A utilização é evidentemente do fim do eneolítico, como elemento decorativo, e na época do bronze tornou-se mais comum a baixela de prata e mesmo armas, utensílios de elegância e vida diária.

As moedas mais populares apareceram em prata, e prata seria o nome natural para significar riqueza, bens, prosperidade. Do século XI d.C. a França denomina *l'argent* não apenas a moeda mas ao conjunto da circulação metálica. *Avoir l'argent* é ser rico, como *tener plata* vale identicamente para Espanha e América espanhola, do México até Argentina. *Hacer plata con la política,* aconselhava a Oliveira Lima o seu criado de Caracas. Em Portugal e Brasil a *plata* foi preferida pelo *danarius,* moeda de prata valendo dez asses, cunhada na Campanha romana em 340 e na cidade de Roma em 268 a.C. Veio daí o "dinheiro", que foi uma das unidades monetárias portuguesas, os "dinheiros alfonsis", trocando-se um soldo por doze dinheiros no tempo do rei Dom João I (1357-1433) e em 1513 um dinheiro valia um ceitil (Viterbo).

A prata era tradicional na Europa mas não abundante. Roma centralizou o comércio e o Império defendeu quanto pôde a conservação das reservas que se escoavam para a Ásia, moeda favorita dos soberanos aliados, comércio e pagamento de tropas. A venda clandestina da prata alarmava os economistas romanos. Sua popularidade na economia coletiva ainda é viva e notória. No século XVI, com a exploração das minas de prata ameríndias, especialmente a boliviana de Potosí, houve um preamar de prata para a Europa. De 1545 a 1847 toda a Europa produzira 10.485 quilos de prata para 122 milhões que a América Espanhola exportou:[21] "Dinheiro" na Espanha é também sinônimo de fortuna. *Dineros son calidad* — dizia Lope de Vega.

A prata peruana pareceu ao espanhol inesgotável. No saque de Cuzco encontraram dez barras de prata maciça, com vinte pés de comprimento, um de largo e três polegadas de altura, cada uma. Destinavam-se apenas a revestir uma habitação nova de um nobre inca. Nos séculos XVII e XVIII as minas de ouro e colheitas de diamante levaram a Portugal uma visão deslumbrante de prosperidade. As mulheres e moças ibéricas fixaram, num hábito ainda mantido, parte desse cabedal que corria nos dois reinos, usando em trancelins, colares, corações, placas, anéis, todas as formas de jóias pessoais, alguns quilos de ouro. Essa pequena fortuna ambulante constituía quase o dote da menina casadoura e a reserva da mulher casada, com a graça de figurar nas romarias e festadas religiosas e fazer frente diante a um golpe imprevisto da vida, um ocasional desequilíbrio financeiro. Os lares enfeitavam-se com objetos de prata, variados, úteis ou simplesmente ornamentais. Era a prataria, os ouros, forma de economia prudente do cuidado feminino ante a sorte desigual. A prata-de-casa significava o recurso íntimo, bastante para solver a crise sem auxílios exteriores.

O cobre foi o primeiro metal útil. O ouro era enfeite, beleza, vistosidade. O cobre era uso em coisas práticas, indispensáveis ao cotidiano. Acha, punhal, anéis, espirais, vasos, diademas, adornos, colares em placas, discos, losangos. A machada trapezoidal espalhou-se rapidamente e existia por toda a Europa. E nos litorais asiáticos. Era índice do emprego do cobre num utensílio de trabalho de maior rendimento que a congênere feita de pedra. O cobre não determinava modelos novos mas obedecia aos figurinos líticos. E a pedra continuou soberana e persistindo durante milênios no plano da indispensabilidade humana. Mesmo em plena Idade do Ferro os objetos de pedra rivalizavam e seguiam sendo fabricados, como hoje ainda usamos carvão vegetal ao lado da eletricidade onipotente e o navio de vela perdura contemporâneo ao transatlântico com turbinas possantes.

Da origem e distribuição do cobre discutem profissionais e amadores. Nasceria no norte da Ásia Menor indo para Caldéia e Elam e destas para o Egito, que durante muitos anos gozou da fama de inventor. Escorrega pela costa africana setentrional, litoral fenício. Outro impulso e alcança as ilhas do Mediterrâneo, a civilização egéia, cujos navios vão à Ibéria, Itália, França, Inglaterra, carregar matéria-prima e mesmo trabalhar localmente no cobre. China, Japão, Indonésia, Índia (Altai, Pamir) tinham jazidas mas a utilização é posterior à expansão da Caldéia e Susa. O Egito explorava as faladas minas do Sinai (Ouadi Magara, Sarabit el-Kadim) no mínimo desde o faraó Snéfrou, da terceira dinastia, a quem o deus Tot havia indicado a riqueza. Discutem se os egípcios exploravam nas minas do Sinai cobre ou manganês. Lepsius diz ser cobre. Jacques de Morgan nega formalmente, dizendo uma lenda oriunda de erro. Há turquesas e manganês e Lepsius, não sendo mineralogista, tomou pela escória do bronze os bancos naturais de outro minério.

O cobre tornou-se vulgar no Egito trinta séculos a.C. mas era conhecido desde o quarto milênio. No terceiro milênio a.C. a civilização egéia manejava-o. Delos, Egina, Siracusa, especialmente Chipre, *cuprum,* cobre, faziam exportação habitual. Havia-os vermelho, azul, verde, amarelo. O pentateuco cita-o 42 vezes e apenas duas vezes ao ferro. Em Micenas encontraram de ferro unicamente as chaves e algumas facas. O mais era de cobre. Em Hissarlick apenas havia duas bolas de ferro. Cobre e bronze dominavam nas achas, broches, facas, vasos, armas. Em Santorim, cobre e ouro. Nem bronze e nem ferro. É o nome que o latim, o sânscrito, o zend, guardavam, *aes, aias, aianh.* — Ohnefalsch-Ritter depõe: *Chipre é fonte do cobre, inclusive para a Europa do Norte e do Sul.* Montelius: *uma descoberta oriental, da Ásia do suleste, nos domínios da civilização babilônica.* Os sidônios vinham comumente à Espanha abastecer-se de ouro, prata, estanho, chumbo e especialmente cobre — informa Déchelette. Luís Siret resume a era do cobre espanhola: 1700-1200 a.C. Cobre e belo corte de cílice. Invasão fenícia. Supremacia sidônia no interior. Exportação dos metais do Ocidente, prata, estanho, ouro, cobre, âmbar do norte e outros produtos. Extensão dos monumentos fúnebres. Cúpulas e megalitos.

É o tempo da construção dos palácios em Cnossos e dos *zigurats* caldeus.

Astecas, maias, incas martelavam o cobre. Era ornamento e mesmo pequenos objetos de uso comum apareciam graças à maleabilidade cúprica. Não parece que o tenham fundido antes do século XVI. Para a América do Norte algumas tribos obtinham o cobre pela martelagem com sílex. Havia um rio Copper no Alasca. Birket-Smith crê que a Idade do Cobre na

América do Sul originou-se de forma independente e desenvolveu-se durante o primeiro milênio depois de Cristo. Mas um século antes seria mais ou menos conhecido. No continente americano a quase totalidade das jazidas de cobre e estanho ficava na orla do Pacífico.

O Brasil não conheceu metal antes de 1500, ano do seu descobrimento. No eneolítico português aparecem os misteriosos "ídolos-placa" em osso ou pedra, e também em forma cilíndrica. E os belos vasos campaniformes, vindos de Espanha (Andaluzia) para Portugal, tendo em Giempozuelos (Madri) uma estação típica. Resistente (um fio com o diâmetro de 0m,002 só se partia com um peso de 137 quilos), o cobre foi empregado nas vasilhas domésticas, com a liga de estanho (10%) e sua popularidade ainda perdura nos Balcãs, Alemanha, Tchecoslováquia. As moedas divisionárias de caráter mais vulgar em Portugal, Espanha, Itália, América inteira, foram de cobre, e daí "cobres" (sempre no plural) ser o sinônimo mais divulgado de dinheiro, posses financeiras: ter os cobres, queimar (gastar) os cobres, ganhar os cobres, cobres escassos, fartos, difíceis etc. Dom Francisco Manuel de Melo (1608-1666) fala nos *escudeiros de cobre, e de latão; que em lhes faltando o lustre eylos perdidos, e feytos caldeiras velhas.*

A Idade do Bronze dura aproximadamente trinta séculos e o ferro prolonga, numa amplidão transbordante, a técnica da transformação das utilidades familiares, guerreiras, industriais. A velha doutrina cifrava-se a procurar um ponto único de irradiação e a interpretação moderna atende a uma possível ologênese, pluridade de focos criadores. Em vários lugares o bronze foi fundido. Há uma marcada predileção para apontar-se Armênia e o Curdistão como núcleos primitivos dessa metalúrgica. Conhecido pelas civilizações entre o Tigre e o Eufrates (3500, 3000 a.C.), Egito, Ásia Menor (2500 a.C.), Índia (terceiro milênio a.C. em Mohenjodaro e Harapa), Europa Setentrional em 1700 a.C. Desconhecido na maior parte da África Central, interior asiático, Oceania. Muito raro (apenas o ferro meteórico) no continerite americano antes do século XVI. Obtinha o indispensável estanho em muitos pontos. Na Europa havia a negaceante Cassitérides, confusamente localizada na Galícia, país bretão, Cornualha na Inglaterra e mais precisamente nas ilhas Sorlingas, Scilly inglesas. O bronze tornou-se material artístico, rivalizando mas não superando o mármore resplandecente na estatuária. Os bronzes de Samos (quarto e quinto períodos a.C.) e de Corinto (terceiro a.C.) ficaram clássicos. O templo de Minerva Chalcioecos, em Esparta, era revestido de lâminas de bronze. Anéis, colares, braceletes, diademas, punhais, escudos, grampos, pendentes, grande variedade de vasilhame doméstico foram feitos de bronze assim como os decorados peitorais e elmos dos guerreiros. Como sucedera com o cobre, o bronze trouxe um processo de fabricação mas não determinou a novidade nos modelos usuais. Morgan lembra que se difundiu o conhecimento dos processos metalúrgicos sem alteração nos objetos em seus moldes comuns. Mesmo assim há três elementos decisivos, dádivas do bronze — a couraça individual, a espada e a roda, de persistente impulso transformador nas culturas guerreiras e comerciais.

Siret resume a Idade do Bronze na Espanha (1100-800 a.C.): invasão céltica. Fundação de Gadir pelos tírios. Comércio fenício reduzido à África e litoral oceânico europeu. Concorrência grega no Mediterrâneo e através da Gália celtizada. Decadência e abandono da arquitetura megalítica. Sepultura em grandes jarras. Numerosas acrópoles. As sepulturas em jarras, os camucins tupis do Brasil, ocorriam na Itália, Queroneso (Trácia), Tróia, entre os cananeus, ao Egito pré-dinástico; toda América do Sul. Luís Siret diz a urna funerária ser invenção ária, indo-européia, jafética. Os elementos essenciais da Idade do Bronze são a incineração do cadáver e quando inumado o faziam vestido e armado, com oferendas e não a simples deposição dos ossos, como antigamente. Abundância de ídolos antropomórficos, e estrelas hexagonais, cruzes incluindo a vulgarização da suástica, cruz gamada, símbolo solar, touros ou apenas a cornadura (o touro seria animal sagrado no Egito, Caldéia, Fenícia, Creta, Cartago) e sua presença nas representações européias denuncia culto notório. Vasos com pé. Pentes. Espelhos (lâminas polidas que refletiam a imagem). Contas de vidro. Variedades de asas nos vasos cerâmicos, cobre, bronze. Desaparecimento gradual das matérias colorantes nos túmulos. Freios e bridas para cavalos. Sovelas losangulares que Déchelette crê instrumentos para tatuagem. Pérolas de ouro, bronze, calaíte. Crescentes ornamentais. Facas de lâminas curvas. Vasos caliciformes. Mesas, bancos, tamboretes, cadeiras. Alabardas. Espetos e garfos para assar carne. Caçarolas.

Déchelette divide a Idade do Bronze em quatro períodos. No primeiro (2500 a 1900 a.C.), compreende o eneolítico: machados, punhais, machados chatos, alfinetes com anel terminal. Ainda inumano. Muita pedra trabalhada. No segundo (1900-1600 a.C.), domínio do bronze, punhais triangulares, machados com o gume em meia-lua, alfinetes de cabeça esférica, vasos com quatro asas (armoricanos). Os punhais alongando-se transformam-se, no final do período, nas primeiras espadas.[22] No terceiro

(1600-1300 a.C.): machados com anéis no cabo, punhais finos e alongados, espadas com dois gumes, braceletes abertos na extremidade romba (pontudos no segundo período). Inumano. Túmulos altos e sepulturas rasas. Quarto período (1300 a 900 a.C.): machado de aurículas, espadas de espigão chato, de punho oval, de punho de antenas, algumas de alto acabamento artístico, punhais, facas, bainhas de madeira e metal. Capacetes. Braceletes ocos, torcidos, simples e duplos. Alfinetes de cabeça oca. Fibulas (fivelas) para cintos. Navalhas. Trinchetes. Incineração vulgarizada. Grampos duplos para prender a roupa. Anéis variados. Pulseiras. O ouro enfeita o bronze. Couraças.

Os arados, feitos de madeira e documentadamente existentes desde 1500 a.C. e na Suméria 4000, tiveram largo impulso especial na Europa, mas sem que metal algum colaborasse. Tratava-se de expansão rural mais intensa. As cidades cresciam ou nasciam pujantes, exigindo abastecimento em vitualhas que não podiam ser obtidas senão nos campos ao derredor. As machadas de bronze derrubaram matas para plantio e espontavam as árvores para construções de residências de madeira, fazendo as primeiras tábuas, bem rudes mas correspondendo às necessidades imediatas.

O cobre e o estanho mereceram o direito primordial de procura e exportação. O Mediterrâneo conheceu a navegação numerosa, impulsionada à força de remos porque mastros e velas eram desconhecidos. As rotas marítimas começaram a tornar-se históricas assim como as estradas de penetração comercial. Não é possível deixar de pensar que muitas cidades surgiram nas encruzilhadas das caravanas, nos pontos de permuta dos produtos manufaturados ou das matérias-primas. Cavalos, asnos, camelos, bois são animais de tração, puxando carros de duas e depois de quatro rodas maciças, transportando carga vendável. Na Europa não chegou ainda o torno de oleiro mas a cerâmica é objeto de fabricação e venda, vasos bojudos para cereais e esguios, com a extremidade em ponta para líquidos, facilitando equilibrar-se no solo enterrando-se o lado pontudo. O gado, minérios, produção rural fixam e ampliam os acampamentos que vão ficando cidades ao longo dos rios, numa elevação preferencial para vigiar aproximação inimiga e gozar dos ares limpos. Com a criação das riquezas o homem organiza sua defesa, a guarda da cidade, muros, fossos, sentinelas, patrulhas, casas no cimo das colinas ou elevações artificiais, fiscalizando a vinda dos estrangeiros. Já rondavam armados de lança, espada, escudo, o tórax coberto pela couraça e a cabeça resguardada pelo elmo com cobre-nuca. Uma pluma, crinas de cavalo, fios vegetais coloridos, pendiam do elmo, anunciando posições, autoridade, mandos. Deviam possuir sinais de reconhecimento, vozes privativas da casta militar recém-nascida, saudações, veniais, continências. Soavam as primeiras trombetas de bronze.

Na Idade do Bronze afirma-se coincidir o florescimento de Babilônia, Egito, China, as culturas egéia e troiana, hitita e cretense. Na evocação de Homero (*A Ilíada, A Odisséia*), gregos e troianos lutam com armas de bronze e utensílios de bronze são servidos nas suas tendas e palácios. Com sua lança de freixo, pontada de bronze, Aquiles abateu o divino Heitor (*A Ilíada,* XXII) e Ulisses matou os pretendentes a Penélope com flechas de bronze (*A Odisséia,* XXII). De bronze os carros sonoros que combatiam em defesa e ataque da sacra Ílion. Havia o ferro mas sua presença era quase restrita aos instrumentos agrários, ferro do arado, cavadores, a folha da enxada fecunda e teimosa. Nas exéquias de Pátroclo (*A Ilíada,* XXIII). Aquiles oferece um bloco de ferro bruto para ser disputado, avisando o uso que o vencedor faria: "Mesmo que o vencedor possua um grande terreno de plantio, durante cinco anos não precisará mandar à vila para comprar ferro; este bloco fornecerá o bastante ao pastor e ao lavrador". Ao bronze ligava-se a imagem do imperecível, *Aes Triplex* horaciano (*Odes,* 1.3.9). Nada haveria mais duradouro que o bronze. *Exegi monumentum aere perennius* — foi a mais atrevida promessa de Horácio.

Os etruscos levaram o bronze a Roma, onde ele foi estátua, moeda, decoração, utensílio. Sob o imperador Constantino espalhou-se artisticamente pela Europa como (via Bizâncio) ganhara os Bálcãs. Teve esplendor vulgar e as portas das igrejas basilicais eram de bronze na Itália e Sicília, sob moldes bizantinos. O imperador Carlos Magno foi grande protetor da divulgação do bronze em obras de arte e uso comum. A Renascença valorizou-o. Ainda é o metal das estátuas, das consagrações definitivas, "o bronze imorredouro" do verso de Olavo Bilac.

É o primeiro metal criado pelo homem.

O ferro tem história breve e prodigiosa. Déchelette divide a Idade em dois períodos. Hallstatt, 900-500 a.C., e La Tène, 500 a.C. ao começo da Era Cristã. Os períodos de Hallstatt (Salzburgo, Áustria) e La Tène (Neuenburgo, Suíça) têm foco na Europa de oeste e central, nas regiões ocupadas pelos iberos, celtas, liguros, ilírios, germanos. Espalham-se, pelo intercâmbio comercial, pela Europa e sofrem influências mediterrâneas e orientais pela permuta de mercadorias e ativa presença dos mercadores. A cultura halstática atinge o sul da Alemanha, França central e meridional e mesmo a Península Ibérica, assim como o norte dos Bálcãs e da Itália. La Tène reflete motivos vindos do Oriente e por intermédio dos escitas derramou-se pelas estepes asiáticas e sul da Rússia. É dominadora de uma área muitíssimo maior que a halstática. Austrália, parte vultosa da África Central, Oceania, todo continente americano, não conheceram o ferro. Povos do noroeste e sul da Ásia igualmente o ignoraram. A maioria das tribos africanas recebia o ferro manufaturado, pronto para servir, adquirindo-o pela permuta dos produtos locais. Alguns, como os balubas da África Central, passaram na segunda metade do século XIX, do instrumental lítico para a fabricação do ferro.

O ferro, inicialmente difícil de obter-se, era raro e natural sua valorização no processo das trocas. Substituiu lentamente o bronze mas não o venceu em dez séculos de rivalidade funcional. Depressa o ferro foi dedicado aos instrumentos da lavoura e com a necessidade maior era a arma sólida e de confiança. Espadas, lanças, punhais foram de ferro, armas que não deixavam a mão do guerreiro. Os dardos, javelinas, pontas de flechas continuaram de bronze. Quando houve abundância é que o ferro respondeu amplamente a todas as perguntas. As armas fizeram as guerras de expansão, ajudadas pelo cavalo e pelo carro de guerra de duas e quatro rodas. Sem eles outra seria a história do Egito e da Assíria e noutro caminho a marcha do mundo.

A vida doméstica teve exigências bem maiores para o conforto humano. As vasilhas multiplicaram-se em formato, capacidade e destino. Para guardar cereais e frutas que seriam vinho fermentado, para líquidos, para colher água, para misturar bebidas, assadores, espetos, garfos, pratos, caçarolas, panelas, travessas, vasos sagrados, votivos, reservados aos reis, aos deuses ou aos mortos, elas foram feitas de ferro. O ferro ia multiplicando o valimento e tornando-se indispensável. Exportavam-no em barras, placas, lingotes. Muitos objetos permutados eram fundidos pelos compradores e transformados nas utilidades desejadas. Nos finais do Hallstatt não havia uma única espada de bronze. O ferro era sinônimo de guerra, das espadas longas ou dos sabres curtos que fizeram a glória dos gauleses. De ferro era a espada que Breno lançou à balança em que Roma pesava as mil libras de ouro do resgate: *Vae victis!* Ai dos vencidos! — disse muito humanamente o chefe gaulês.

Impossível fixar a época em que o ferro apareceu ou dominou. Sabe-se que durante La Tène é que pôde reinar sobre a milenar indústria da pedra e fazer diminuir a fabricação do bronze. Diminuir mas não vencer. O bronze continuou. O reino indisputável do ferro data de uns quatro séculos a.C. Surgiu em vários pontos e em vários tempos. Ninguém mais ousa apontar a coordenada geográfica onde o ferro nasceu e como os homens foram aprendendo sua fundição.

A própria melhoria na técnica do ferro elevou para nível artístico o bronze e o ouro. A mulher possuiu mil instrumentos para embelezar-se, instrumentos que julgamos dos nossos dias, pinças, removedores da cutícula, tesouras, dez outros apresentados comumente num molho e fiéis acompanhadores de sua dona. Os adornos femininos e as insígnias de chefia foram magníficos. Os peitorais de ouro, em placa, argolas, grãos, espirais, em malha miúda, solta ou cerrada, em correntes satisfariam o sonho de uma elegante contemporânea. Alguns modelos são inimitáveis. A realeza comprovase em signos exteriores de ouro, prata e bronze. É desta época a maior convenção dos ornatos demonstrativos da autoridade. Vejam em Homero (*A Ilíada,* XVIII) o escudo de Aquiles e em Hesíodo o pavês de Hércules. Como vestiam os chefes diante de Tróia ou de Tebas. Bastava olhar para sentir a presença visível do rei, do chefe, do condutor de homens. Os metais trabalhados denunciavam a majestade do poder individual incontrastável.

Nunca o ferro, o *negro ferro* (como diz Hesíodo), mereceu o prestígio místico do bronze. O mais útil dos metais, o libertador do homem físico, é considerado subalternamente numa perene e natural sensação de vassalagem natural. Quando Hesíodo (século IX a.C.) evoca as raças povoadoras da Terra, a última, triste e condenada aos trabalhos da amargura, da batalha e da insatisfação, nasceu do ferro, da Idade do Ferro, conhecendo e manejando o ferro. A terceira raça, anterior, da Idade do Bronze, era arrojada e brutal mas grandiosa de ousadia e coragem. Tivera armas de bronze, casas de bronze, servindo-se apenas do bronze porque o ferro, o *negro ferro,* era então ignorado.

Ele foi uma libertação humana dos limites locais. Com ele a guerra ficou mais rápida e as conquistas maiores. Nasceu e ampliou-se a casa e nesta a noção da utilidade. O cavalo, a roda e o ferro deram ao homem o domínio espacial da Terra. Anteciparam a História pela imposição dos atos atrevidos.

É na Idade do Ferro que o torno do oleiro atinge a Europa, Itália, seis séculos a.C. A Mesopotâmia conhecia-o desde o quinto milênio a.C. O continente americano ignorou-o, apesar da beleza de sua obra ceramista.

Também outra maravilha acusa sua presença miraculosa: a vela dos navios. O Argos — que foi buscar na Colchida o velocino de ouro — já tinha mastro e vela. A jangada em que Ulisses se afasta dos encantos de Calipso era empurrada pelo vento na vela quadrada, manobrada por uma caranguejo.

Na terra — a roda, e no mar — a vela, foram asas incessantes, de Clio, a História, e de Cronos, o Tempo...

PRÉ-HISTÓRIA E PROTO-HISTÓRIA

A Pré-História é a exposição da atividade humana sem a precisão cronológica. Resumo das pesquisas geológicas, antropológicas, arqueológicas, tentando reconstituir e recompor o ambiente em que viveu o homem primitivo e ele próprio, normal e fiel.

A documentação pré-histórica é material. Falta-lhe a tradição verbal, herança mnemônica dos episódios vividos. Um Tempo sem História. Cronos sem Clio. É o período da grande noite, parcialmente clareada pela inteligência interpretativa.

Dentro do nevoeiro vemos o tumultuoso perpassar de figuras confusas e reais. Conhecemos elementos destas existências; cavernas, ossuários, utensílios, desenhos, pegadas, indecisões, hipóteses, mistérios.

Tentam fixar o mapa desta geografia oscilante e furtiva. Muita paisagem já está delineada. Vultos tornam proporções lógicas. Ainda nos falta a visão do contorno, conhecimento do panorama total.

Até que o homem grafe o pensamento em formas comunicantes estende-se o domínio da pré-História. Só poderá alcançar o futuro quando imobilizar a impressão presente num conjunto de sinais transmissores. Virá aos nossos dias quando tiver a linguagem escrita. Daí em diante será entendido, compreendido, acompanhado pela nossa emoção. Antes, constitui um motivo, um assunto, um tema, falando exclusivamente pela convenção alheia. Não sabe e não pode dizer quem é. Não tem personalidade. É unicamente um animal mais hábil, resistente e curioso que o leão das cavernas, o boi primigenius, o lento milodonte, o arrastado megatério.

Quando ele começa a escrever, e esta escrita é traduzida pelos contemporâneos, define-se. Nenhuma outra autoridade o substitui no depoimento de sua própria ação. Assume o direito de voto, de participação sentencial no conclave dos doutores. Diz seu nome, sua vida, sua mentalidade. Concordem ou não, ele reivindica as fronteiras da individualidade. É pessoa e não coisa, às mãos classificadoras dos sábios.

Até que o homem se torne inteligível pelo aparato de sua própria vontade, comunicando-se diretamente, a pré-História o guarda nos limites ciumentos de sua jurisdição.

Entre a pré-História e a História está uma faixa de terreno baldio e difícil de arrotear. É a proto-História, a História sem Tempo, como a pré-História era o Tempo sem História. Aqui é Clio sem Cronos.

É História sem cronologia escrita, tendo entretanto tradições, lendas, documentos gráficos, mesmo narrativas locais que não suprem o desconhecimento geral do conjunto. Seria o que Vico chamava "o tempo heróico", cheio de deslumbramentos, de inverossimilhanças, de milagres sedutores e mentirosos. Ainda exige interpretações, traduções, escolas selecionadoras do material inexpressivo em sua forma exterior. É o mais complexo e raro para ser fixado, definido, identificado.

A proto-História termina no Oriente no quarto milênio a.C. Na Grécia, nos séculos XII ou XIII. Na Itália, no VIII. Espanha e Portugal, quando os romanos intervêm. Na França, Gálias enfim, na aparição de Júlio César que também inaugura a fase histórica na Grã-Bretanha. Todos os países escandinavos tiveram História coincidente com os movimentos conquistadores dos normandos. Todo o centro da Europa é revelação de Roma. Por onde batia a calígula do legionário romano ia a História, atenta, recolhendo os sucessos. Antes é rumor de lenda fantástica, gigantes, gênios, fábulas.

Na América a pré-História termina em 1492, com Cristóvão Colombo, e no Brasil em 1500, com Pedro Álvares Cabral. A proto-História é a fase de pré-organização colonial? Sabemos de uns fatos mas não podemos compreender como a Terra inteira estava sendo dominada ou conhecida pelo europeu. Havia muito documento mas todos vagos e exigindo duas leituras e três aulas explicativas. Muita controvérsia. Muita versão deliciosa e esperneando no astral. Notícia de certos lugares e silêncio de outros. É um mapa com manchas claras, indicando desertos de ignorância, *hic sunt leones...* Não conheço proto-História americana.

O historiador e todos os demais companheiros de curiosidade humana reuniam lenta e custosamente o material para construir.

Outrora, aí pelos séculos XVI e XVII, quando um viajante não via bem a terra, e a sabia pouco, querendo descrevê-la e falar honestamente, dava título de aparência ao seu livro. Aparência, aparecer eram antigamente o mesmo que semelhar, ter visos, dar parecenças. Neste ponto, proto-História é aparência da História. Já não é a pré-História e ainda não subiu para o trono da musa Clio.

III

Um problema na proto-História é justamente caracterizar, no tempo, os elementos formadores duma época. Na História Geral é possível englobar-se os períodos coletivos e apresentá-los com o rótulo único. Se aparecer necessidade de uma História artística, filosófica, científica, militar etc., então cada uma destas disciplinas independe da outra e se prolonga em períodos diversos. Finda uma hoje e outra há um mês. Uma depois de amanhã e outra daqui a um ano.

Bogumil Jasinowski (citado em José Ferrater Mora) escreve: "Pela lei de correspondência discrônica ou diacrônica, há uma ordem determinada de sucessão entre os vários ramos da cultura. O esplendor da arte grega é no século V a.C.; a filosofia clássica no quarto e a ciência no terceiro. Poder-se-ia dizer que, para um período histórico ser homogêneo em sua essência, teria de desdobrar-se heterogenicamente no curso do tempo, sendo o 'tempo do período histórico' algo distinto do 'tempo', extrinsecamente cronológico".

Estabeleceu-se que o homem, em qualquer lugar da terra, tenha atravessado as idades e períodos pré-históricos e proto-históricos. Onde quer que o homem haja vivido, teria que enfrentar as dificuldades idênticas e aparelhar-se mais ou menos semelhantemente aos seus irmãos da Europa, Ásia, África. A documentação oceânica, das ilhas melanésias, polinésias, australianas etc., da imensa terra d'América, vai aos poucos revelando as similitudes e aproximações com os ciclos etnográficos que vimos desenrolar-se na Europa e nela tornaram os nomes distintivos.

Não é apenas uma comprovação da unidade humana, mas a convergência do esforço realizador sempre que haja o mesmo problema necessitando a solução indispensável para o prolongamento da existência.

A observação contemporânea comprova diversamente a seqüência clássica. Os povos ficam caçadores, pastores, agricultores indiferentemente, sem que passem pelos estágios forçados ou demoras indispensáveis. Não apenas, como outrora se julgava, clima e situação geográfica (ecológica) os predispõem a tais e quais atividades, mas o espírito, o instinto, a vocação misteriosa do grupo os impelem, escolhendo qual a ocupação ou permanecendo no serviço tradicional. Os povos não têm a obediência infalível das combinações químicas. Não atingem a História pelo mesmo caminho.

NOTAS

8. M. Boule et H. V. Vallois, *Les Hommes Foss siles;*4ª ed., Paris, 1952.

9. Pierre Teilhard de Chardin, *l'Apparition de l'Homme*, Ed. du Seuil. Paris, 1956.

10. O C-14 — catorze partículas do núcleo, seis protônios e oito neutrônios — resulta da ação de um componente de raios cósmicos sobre o nitrogênio atmosférico (azoto) e que também se encontra nos animais e plantas devido à permuta respiratória entre estes e o ar. Os organismos conservam uma determinada quantidade de C-14 que diminui com a morte da entidade, quando os átomos radioativos desintegram-se. O processo indica, pela quantidade de C-14 existente no material estudado, o tempo decorrido entre o seu achamento e a morte. Pode-se obter datas até uns vinte mil anos mas há uma boa margem de erros e dificuldades de interpretação. O aparelho é uma espécie de contador de eletrônios Geiger-Müller, adaptado por Williard F. Libby, do Instituto de Estudos Nucleares de Chicago, em 1946.

11. "É geralmente admitido também que a modificação das dimensões (dos dentes), principalmente do M3, acha-se em correlação com a invenção da cozinha, de modo que desde o começo da era paleolítica já havia regressão dentária, tal fato se originando da contínua ingestão de alimentos moles e diminuição de alimentos duros, como demonstrou Beltrami"; Arnaldo Cathoud, "Crânio Humano Fóssil Lagoa Santa", *Scientia*, 1º vol., Belo Horizonte, 1947.

12. A carne do cavalo continua sendo alimento regular, vendido nos mercados europeus e asiáticos. O Brasil, que não consome a carne eqüina, exporta o produto. Em janeiro e março de 1961, pelo porto de Santos, seguiram quinze toneladas para o Japão e 150 para a Inglaterra: *Tribuna da Justiça*, 1961, São Paulo.

13. "Al complejo del mito africano perteneció el famoso capsiense, pura invención, según ha demostrado la investigación de los últimos años", Julio Martínez-Santa Olalla, "Esquema Paletnológico de la Península Hispánica", em *Corona de Estudios*, Madri, 1941.

14. Quinze mil anos era o máximo que Hrdlicka consentia para o tempo da chegada premongolóide às terras americanas. Paul Rivet ganhou para vinte mil. O C-14 vai, lentamente, revelando datas ampliadoras. Em *"Algunas Fechas Recientes de C-14 y su Trascendencia para la Etnohistoria de América"*, separata do tomo XVI, nº 2, de *Memorias de la Academia Mexicana de la Historia*, México, 1957, o professor Pablo Martínez del Rio adianta notícias sugestivas para o problema cronológico do homem na América: *"Empero, posteriormente se han logrado muchas fechas de C-14 que pueden considerarse no menos sensacionales ya que retrotraen, aún más todavia, la presencia del hombre en América. Entre ellas debemos señalar especialmente las correspondientes a la Cueva de la Sandía, Nuevo México. En dicha cueva se han encontrado aislados bajo antiguas capas estalagmíticas que son patente de autenticidad, algunos útiles de la afamada "cultura Folsom", pero no sólo ellas, sino a mayor profundidad, separados de los anteriores por una capa estéril e asociados a una fauna que incluía al mastodonte, al mamut, a un équido, a un camélido y a un bóvido extinguido, otros artefactos típicos, las ílamadas "puntas Sandía", reputadas desde su descubrimiento las más antiguas*

qúe habian aparecido. El C-14 ha dado toda la razón a esta suposición, pues son tan antiguas que los restos faunísticos asociados a ellas excedieron a los medios de medición de que se disponía hasta hace poco en los laboratorios, resultando casi seguramente mayres a los 20.000 años de edad. Deben citarse también las fechas proporcionadas por unas muestras de carbón obtenidas por el doctor Harrington en Tule Spring, Nevada (más de 23.8000) y, aunque muy sorprendentes otras muestras de carbón halladas cerca de Lewisville, Texas, que resultaron de mas años de 37.500 de edad; empero, el hecho que se encontraran asociadas a una punta "Clóvis", o sea de un tipo al cual hasta ahora hubiese sido ade muy difícil concederle semejante antigüedad, comprueba que se necesitan hacerse más estudios antes de pronunciarse en definitivo sobre este assunto, por más que el descubrimiento parece impecable. Posteriormente, el señor Orr ha informado de unas fechas, también de los más sensacionales (29.650 años) para una especie de "horno para barbacoa", como él lo describe, y utilizado por el hombre para un mamut de especie enana y descubierto en la isla de Santa Rosa, frente a las costas de California".

15. Essa decadência já seria marcada no aziliense. O Homem dos Sambaquis não é herdeiro do artista do madaleniano. *L'escargot azilien a tué l'art magdalénien* — deduz Louis-René Nougier, *Géographie Humaine Préhistorique,* Paris. 1959.

16. As palafitas do lago Cajari, no Maranhão, foram descobertas e estudadas pelo Dr. Raimundo Lopes (1894-1941) em *A Civilizado Lacustre do Brasil,* Rio, 1924.

17. Ver Luis da Camara Cascudo, *Dicionário do Folclore Brasileiro.* [Pedra, pedras de letreiro, pedras de raio, culto das pedras], Instituto Nacional do Livro, Rio, 1954.

18. Jasef Röder, *Pfahl und Menhir.* Eine vergleichend-vorgeschichtliche volksunn völkerkundliche Studie, Neuwied, 1949. Conheço apenas pela resenha crítica de O.F.A. Menghín, *Runa,* III, Buenos Aires, 1950.

19. W. F. Albright, *The Archaelogy of Palestina,* Londres, 1949, informa que os megalitos da Síria são certamente de 6.000 a 4.000 anos a.C.; *lo que me parece sumamente atrevido,* opina Menghín.

20. Sobre o assunto: Aníbal Matos, *O Sábio Dr. Lund e Estudos Sobre a Pré-História Brasileira,* Belo Horizonte, 1935; *Coletânea Peter W. Lund,* Belo Horizonte, 193...; Peter W. Lund, *Memórias Científicas,* trad. de Leônidas Damásio, 1935; Arnaldo Cathout, *A Raça da Lagoa Santa e o Pleistoceno Brasileiro,* Belo Horizonte, 19...; 'H. V. Walter, *A Pré-História da Região de Lagoa Santa,* Belo Horizonte, 1948. Ver ainda a revista *Scientia,* nº 1, 1947, da Academia de Ciências de Minas Gerais, com o estudo de Arnaldo Cathout sobre o crânio de Confins; o relatório de Padberg-Drenkpol e a resposta de A. Cathout, H. V. Walter e A. Matos; o parecer de Bastos de Ávila versando sobre a craniometria de Confins; José Bastos de Ávila, *Antropologia Física,* introdução, p. 265, Rio, 1958; H. V. Walter, *Arqueologia da Região de Lagoa Santa,* Belo Horizonte; *Índios Pré-Colombianos dos Abrigos Rochedos,* Rio, 1958.

21. O professor Earl J. Hamilton *(El Florecimiento del Capitalismo (1500-1700) y Otros Ensayos de Historia Económica,* Madri, 1948) afirma o nascimento real do capitalismo na Europa pela abundância dos metais preciosos americanos, determinando inflação, concentração, valorização de preços, elevação de lucros e o conseqüente pauperismo.

22. A espada tornou-se arma típica do guerreiro, inseparável do batalhador. Foi a mais prestigiosa das armas, característica e famosa. "Valente como a espada." *Pharamond! Pharamond! nous avons combattu avec l'épée!* — cantavam os francos do século V na

evocação de Chateaubriand. As espadas tinham nome e entregá-las era a rendição. Com ela armava-se o cavaleiro. *Ou para o homem, ou para o cão leva a tua espada na mão!* — rezava um conselho de Portugal no século XVI. Veio até o XVIII sua indispensabilidade, que as armas de fogo, curtas, fizeram desaparecer. Ainda assim a espada é peça ritual no uniforme militar em qualquer país do mundo e, reduzida a espadim, figura dos fardões das academias de letras. *Spathé, spatha, spada*, espada, *épée, sword, schwert*. Arma nobre, determinando regras de combate, lealdade, coragem. O punhal, mais antigo e útil, jamais conquistou a aristocracia da espada.

CULTUROLOGIA

Culturologia é a ciência que estuda a vida das culturas como produtos da atividade humana, entidades vitais autônomas (J. Imbelloni, *Epitome de Culturologia,* Buenos Aires, 1953). Corresponde ao "Kulturhistorische Methode" de Fritz Graebner e de Wilhelm Schmidt. Também à "Kulturmorphologie" de Leo Frobenius. Como simplificação metódica reúne as técnicas do método histórico-cultural e dá uma exposição sistemática do complexo.

É óbvio ser o implemento basilar a inteligência do homem. A função de qualquer cultura é sempre o resultado da participação humana e em seu serviço. Estuda-se, evidentemente, a criação, desenvolvimento e transformação do esforço humano para adaptar-se e conquistar o ambiente em que vive. O interesse absoluto é acompanhar o nascimento e a ampliação dos processos de acomodação, a interdependência ecológica, a marcha do homem através do tempo na infindável série de suas soluções vitais. Como em todas as paragens do mundo, com a estonteante diversidade geográfica, o homem conseguiu resistir e dominar a natureza, é o motivo fundamental da etnografia e, no plano do método histórico-cultural, da culturologia. Daí ser uma ciência indutiva e não dedutiva. Em vez de partir da observação do geral para concluir sobre o particular ou parcial, a culturologia analisa a base dos casos específicos para obter a ilação, a conseqüência global, a generalidade concludente.

A culturologia, estudando a vida das culturas, analisa o mesmo complexo etnográfico, participando da etnografia, como a semântica se inclui na filologia. Apenas estende sua curiosidade às organizações humanas que são, logicamente, fórmulas existenciais da permanência social.

O professor José Imbelloni, mestre da culturologia e seu doutrinador como Graebner do método histórico-cultural, explica:

> *La palabra "vida" comprende ya claramente, tanto el concepto de formación y desarrollo, como el de difusión, predominio y sucesión; en una palabra, todas las etapas de su proceso histórico. Por otra parte, en la idea de cultura están contenidos en su totalidad, los elementos patrimoniales del hombre. Luego, son partes analíticas de la Culturología la historia de la economía, de la técnica, de la religión, del arte, del Estado, etc.*

A minha doutrina etnográfica, onde sou ministro e sacristão, não concede à culturologia senão os mesmos limites pesquisadores e elucidativos do "Kulturhistorische Methode", com as mesmas restrições que faço ao difusionismo. Defendo a discriminação essencial entre cultura contida e civilização continente. Entre a imagem da família e as entidades que a compõem, inseparáveis, orgânicas e distintas. A família não é o pai nem a mãe, os filhos ou descendentes, tomados individualmente. É o conjunto no tempo e no espaço, fixando pela tradição um patrimônio sentimental de usos e costumes domésticos.

A cultura compreende as unidades suficientes de Ortega y Gasset, os elementos essenciais, inseparáveis e responsáveis pela permanência humana na superfície da Terra. Esses elementos analisados são os padrões gerais mas não são determinantes e essenciais em todas as culturas. Pode haver — e houve — civilização sem navegação, sem cerâmica, sem comércio, sem artes plásticas. Culturas altas ignorando o veículo, a roda, bebidas fermentadas, metais. Contemporâneos que não usam moedas, armas de fogo, transporte eqüino, carros, compram e não fazem cerâmica. A influência moderna não atua com a mesma intensidade ou com a mesma aceitação aos mesmos objetos. Os índices de procura e de assimilação diferem na mesma região (hotentotes e bosquimanos, pigmeus africanos, patagões e foguinos). Um grupo conhece moeda, armas, veículos, trajes; viu luz elétrica, música radiofônica, avião, hospital, cinema, e sua organização tribat não sofreu solução de continuidade desde o século XVI ou inícios do imediato. É o estado normal das populações indígenas no mundo. O preto quioco da África Oriental anda de automóvel e tatua-se. Por toda Zambézia, Congo e Guiné ocidentais. O homem tem na inteligência a possibilidade permanente para a modificação. O instinto, memória da espécie, é que conserva esta dentro da relativa imutabilidade funcional. Funciona como a lei de gravidade mantendo, mesmo no movimento e mudança, a unidade do sistema.

O âmbito da culturologia? Todas as culturas. Van Bulck decidiu já não mais ser possível conceber-se diferença alguma entre a culturologia dos "povos naturais" (como se os houvesse "artificiais") e os civilizados, *Natur-völker* e *Kulturvölker*.[23] Verifica-se que esse critério avança muito lentamente. E ainda o interesse vivo é pelo primitivo geograficamente longínquo e não pelo elemento que existe, também primitivo, no habitante de uma grande cidade. Entre um tapirapé do Araguaia e o candango (trabalhador) de Brasília, aquele é o preferido, indubitavelmente, quando este é motivo que daria surpreendentes resultados de informação, persistências, constâncias, sobrevivências psicológicas.

A batalha de um etnógrafo é identificar o que é essencial numa cultura. Identificar os elementos indispensáveis de cada cultura no complexo da civilização condicionadora.

Mas o indispensável aos nossos olhos pode ser mero instrumento intermediário no simbolismo ou num costume sem que intrinsecamente participe de sua substância vital. A parafernália litúrgica não é a religião. A coroa não é o rei. A essência democrática não é a eleição presidencial do chefe do executivo. Uma grande exibição folclórica pode ser trabalho articulado de festas diversas, fundidas sem nexo e vistosas na superfície, sem a legitimidade popular natural. Os indígenas brasileiros que viram o rei de França em Rouen não podiam compreender que fosse o chefe justamente o que se vestia mais modestamente. O mesmo ocorreu com os árabes, comparando Napoleão aos generais rutilantes do seu séquito.

A culturologia, no plano didático, estabelece e indica a seleção cuidadosa da escolha dos elementos distintivos para a característica de uma cultura. E na escolha a valorização, nem sempre positiva, da expressão etnográfica *no tempo,* atentando-se para suas transformações morfológicas e na significação ritualística tribal. A miniatura de um machado lunar de pedra tem uma extensão simbólica muitíssimo maior, em expansão geográfica utilitária, que o verdadeiro instrumento lítico. Que realmente valia a bipene na Europa, Mediterrâneo, Ásia Menor, nunca se saberá. Aquela machadinha de dois gumes, cultuada e reproduzida em dezenas de povos com as mais diversas civilizações, teria o mesmo conteúdo mágico para a imensidão dos devotos? Existe a interpretação moderna e jamais o segredo que se perdeu. Tudo quanto sabemos sobre o mistério de Eleusis ou a forma da Torre de Babel são deduções partindo de documentária fragmentária que fundamentará qualquer outra lição magistral. Certas dimensões de penas, postas em certos pontos de diademas guerreiros, têm valores normais bem maiores que todo traje plumário. Uma bebida pode ter uso limitado e não popular e constituir alta expressão de líquido sagrado em libação especial em determinadas circunstâncias e essa cerimônia ter projeção superior às festas onde as demais bebidas são consumidas habitualmente. A geografia do carro é uma permanente mais decisiva que a geografia das guerras. Um depósito etnográfico é documento mais essencial, em certas circunstâncias, que um depósito osteológico, no plano da informação. O esqueleto completo explica como era o homem mas não como ele vivia.

O essencial em culturologia é o estudo do ambiente realizado pelo homem, valendo quase sua presença total. Quase, porque falta a parte espiritual que sempre houve dentro da cabeça humana. Sepultar um morto no musteriano e fazer o sinal-da-cruz no século XX, decorrem da mesma intenção defensiva e sagrada: guardar o corpo.

Aceitar que todas as coisas trabalhadas pelo homem reflitam sua inteligência e tenham destino útil para sobreviver, dominando a natureza. Não fazer a exaltação de uma forma única da atividade humana mas compreender que todas elas valem o esforço consciente e tenaz de viver. Sentir que a indecisiva e primária decoração nas armas e primeiros vasos oleiros é o mais surpreendente e maravilhoso testemunho da evasão do homem do mundo zoológico. É o *divortium aquarum,* divisor das águas da História Natural para as elaborações artísticas, independentes do imediatismo utilitário.

Assim a culturologia, ciência indutiva, fixa a base ampla da pirâmide etnográfica que o homem deixou e ainda eleva na face da terra, valorizando em todas as manifestações, máximas e mínimas, o *totum ex parte* humano.

E também acompanhar o agrupamento humano contemporâneo no campo e na cidade, insular e continental, morando nas cabanas de colmo ou cimento armado, Nova Guiné, Nova Iorque, povoado da Polinésia ou cidade de verão européia, como atitudes tão curiosas e necessárias quanto as milenárias e estudadas pela confrontação.

Pensar que a cultura é uma soma de influências reunidas pela mão utilitária do tempo e que o homem é um complexo étnico, fundido nos segredos incessantes da miscigenação. Ação mais decisiva sobre *ethnos* e este sobre *anthropos.*

A civilização desenvolve-se na dinâmica das aculturações sobre a base estática das permanentes.

ACULTURAÇÃO

*A*culturação é o resultado da influência de padrões estrangeiros na cultura orgânica de um povo.

Todas as civilizações do mundo são processos aculturativos. Não há um povo sem elementos culturais de um outro. Na fase do paleolítico inferior, entre grupos de equipamento rudimentar e primário, seriam possíveis padrões isentos da presença alienígena. No neolítico, ao iniciar-se a Idade dos Metais, a irradiação das técnicas determinara uma aculturação que se poderia afirmar universal, nas áreas conhecidas pela arqueologia.

O elemento aculturado pode assimilar-se, dispersando-se no espírito coletivo, tomando modalidades locais que o nacionalizam, como a indumentária, arquitetura popular, culinária, danças, ritmos, doutrinas literárias, ou manter-se relativamente original, lembrando a forma primitiva no meio do complexo em que age, como a roda, a janela, a etiqueta social e protocolar mesmo no âmbito regional, as técnicas agrícolas, mecânicas e de organização administrativa, militar, judiciária, hierarquia religiosa. Outros ainda conservam um núcleo indeformável e uma vasta franja modificada continuamente, como os idiomas espanhol e português nos países colonizados por estes dois povos. Para uma imagem da marcha aculturativa, no Brasil, por exemplo, bastará ler nos cronistas coloniais de como vivia o indígena nas primeiras décadas do século XVI e como a população nascente foi instalando suas moradas e povoados com aparelhagem vinda da Europa ou feita na terra, sob modelo de longe. Assim a rede de dormir resiste ao lado do leito e o pão de farinha de trigo aparece sem vitória ao par da farinha de mandioca, ou de milho.

Creio ser de imanência lógica que só se verifica a aculturação pela necessidade do elemento aculturado, decorrendo naturalmente sua aceitação, em zonas maiores ou menores de população, conforme a precisão anterior. E um elemento pode ser imposto, adquirido, importado, trazido pela ocupação militar, tropa de domínio, colônias estrangeiras, missionários, projeção individual, força de um movimento revolucionário, influência da onipotente moda ou aprovação tácita pela obediência a um momento de prestigiosa propaganda (goma de mascar, bebidas, refrigerantes, dispensáveis, fazendas de padronagens espalhafatosas e cômicas etc.).

Uma grande população vivia ao redor do Mediterrâneo, iberos, liguros, pelasgos, líbios. Todos amavam o mar. Eram agricultores, cultivando diversas espécies vegetais, milho miúdo, vinhas, oliveira, figo, trigo (frumento). Tinham jumentos, cavalos e asnos empregados na labuta dos campos. Construíam vilas, *vici,* como fizeram depois os sabinos, sabélios, marsi, pelignos, sanitas, liguros e gregos da época minóica. Cabanas retangulares. Organizavam-se em famílias matriarcais, deixando essa influência aos etruscos, líbios, bárberes e outros povos, a ponto de dizer-se que o matriarcado *è la caratteristica istituzione del Mediterraneo.* Enterravam os mortos com armas e alimentos na mesma residência comum, abrigo de vivos e de finados. Rapavam a barba. Vestiam túnica costurada, de linho, traje nacional. Culto da terra e das forças subterrâneas.

Os ários, posteriormente vindos à mesma região, eram pastores nômades. Pavor do mar. Ricos de animais de pasto, principalmente carneiros (*montone*). Viviam nos *pagi,* como os úmbrios e os albanos. Território do clã. Cabanas redondas, paredes tecidas de ramos como as celtas, de juncos. Organizavam-se em famílias patriarcais. Incineravam o cadáver com as oferendas rituais, imaginando-o espírito voante para o alto. Conservavam a barba e o cabelo, solto e ondulado como o dos aqueus, getos e úmbrios. Envergavam manto de lã com fivelas, como os germanos e celtas. Praticavam o culto do céu e do fogo.[24]

Este estágio aculturativo justificou Menghín estabelecer no neolítico os três ciclos principais: o do oeste europeu, o nórdico e o danubiano, *Ias tres grandes culturas agrícolas del Neolítico europeo.*[25]

Assim, antes de proto-História, o processo da aculturação, n'Ásia Menor, Egito, Mesopotâmia, Egeu, Penínsulas Ibérica, Itálica, Balcânica, França, ilhas da futura Grã-Bretanha, determinara feição nova e maiores possibilidades de sobrevivência pela aparelhagem técnica ambiental.

O professor Giuseppe Sergi (1841-1936) defende a civilização mediterrânea primitiva, como possuindo elementos de vitalidade mais poderosos que o ário, que, afirma, *portò la rovina con la distruzione di molte città illustri nel continente e nell'Egeo: donde la decadenza e quel periodo oscuro delia storia greca.* Quando a estirpe mediterrânea, influente na miscigenação, voltou a prevalecer na orientação coletiva, houve um renascimento que se inicia pela civilização de Creta e das ilhas egéias. *Così si può affermare che la civiltà greca è la continuazione della preellenica, o minoica e micenea, sotto nuovi impulsi e opera della stessa razza mediterranea, che aveva creato la prima e più antica.* O ário recém-vindo não conhecia metal algum e alcançara populações já veteranas no uso do cobre e do bronze.

No neolítico a expansão comercial mediterrânea atinge nos finais uma fase "de atividade intensa. A procura do estanho, cobre, ferro, ouro, prata sacudiu naus para todas as partes, criando a navegação dos portulanos, que já poderíamos chamar cabotagem, de cabo a cabo, farejando produtos para a permuta, matéria-prima por matéria-prima ou troca de objetos manufaturados pela incipiente indústria local. Cada viagem era uma irradiação de conhecimento numa intercomunicação viva. O âmbar do Báltico foi fazer um colar troiano e a concha do Índico ficou no pescoço de uma mulher na França do norte. Naturalmente o comércio, pacífico e acidentalmente aventureiro e assaltador, foi o fator mais decisivo da aculturação européia. N'Ásia, além do comércio de caravanas, houve uma ação guerreira mais pronunciada. As federações hititas, caldéia, egípcia, os trabalhos políticos de unificação administrativa, foram à ponta de espada e de lança. O cavalo era o animal de batalha, na onda da cavalaria ou puxando o carro leve de duas rodas de onde o guerreiro seteava o inimigo, ajudado pelo cocheiro que guiava o animal ou a parelha. As guerras criavam os impérios mesopotâmicos que foram laboratórios de aculturação. As povoações tornadas metrópoles surgiram no cruzamento das grandes estradas comerciais e eram as sedes cobiçadas para visita e pouso, com a existência do conforto que a riqueza propiciava. Para aí, como para um vértice de ângulo ou foz de rio imenso, vieram os produtos estranhos e os homens distantes, atraídos pela fama e sedução do lucro e posse da fartura para o estômago e o sexo.

Nessa Idade dos Metais os dois processos humaníssimos de caldeamento coexistiram na mesma continuidade fecunda — a miscigenação e o aculturamento. Clyde Kluckhohn não separa os dois fatores decisivos da difusão humana e cultural:

> *La historia muestra también analogamente que los pueblos mestizos son más creadores que los pueblos más dados al cruzamiento interno. Casi todas las civilizaciones respecto a las cuales está conforme la humanidad en que fueron más importantes (Egipto, Mesopotamia. Grecia, India, China), surgieron en sitios donde se encontraron pueblos divergentes. No sólo existió en ellos la fertilización procedente del cruce de diferentes modos de vida, sino que existió también un intercambio de genes entre estirpes físicas diferentes. No parece improbable que esto desempeñara también su papel en esos grandes brotes de energía creadora.*

Certos elementos de cultura indispensáveis divulgaram-se por quase todos os recantos sem que se pudesse fixar a origem racional de qualquer um deles. O uso do fogo e sua obtenção, domesticação de animais, agricultura, cerâmica, roda do oleiro, tijolo cozido ou o adobe, o tear, o arado, a roda e o carro, trabalho em metais, a cúpula, natação, construção do povoado lacustre, agulha de coser, calçado, jangada, vela de barco, a caravana para garantir autodefesa e atravessar os descampados hostis, o arco e a flecha, decoração rupestre, pintura, adorno, técnicas de caça e pesca, armadilhas, barragens, irrigação variam de região em região, aculturando-se, determinando níveis de elevação útil.

Todos os sociólogos e etnógrafos sabem e ensinam que nem sempre um elemento aculturado representa utilidade ou consegue melhoria no ambiente de cultura ou de qualquer técnica. Muita coisa vinda de fora e comumente usada não constitui adiantamento algum e nem mesmo responde a uma carência real. Explica sua presença a Lei da Imitação, de Gabriel Tarde, imitar para auto-suficiência no julgamento ou considerar-se superior ao que não imita. Os povos de índice cultural "inferior" têm uma personalidade defensiva muito mais eficiente que os povos medianos, de cultura agenciada, em detrimento dos padrões nacionais lógicos. Os "naturais" são mais impermeáveis, relativamente, que os "culturais", absorventes de qualquer substância recomendada. Daí a existência de civilizações antiquíssimas contemporâneas, defendidas justamente por esta infra-assimilação que lhes garante ou retarda o desaparecimento da fisionomia coletiva legítima.

A mecânica da aculturação tem sido estudada por Robert E. Park, Melville J. Herskovits, Robert Redfield, Ralph Linton, Emilio Willems, Julian H. Steward, F. M. Keesing, William F. Ogburn, Gillin e mais uma dezena de professores ilustres, examinando minúcias, sugerindo interpretações, tentando esclarecer os processos de assimilação, reação, transformação, absorção, eliminação de elementos novos, num complexo humano definido. Estas fontes matarão qualquer sede.

Quando ao redor do ano 1700 a.C., o espanhol divulga pela Europa, nos vales dos grandes rios que se tornariam históricos, Danúbio, Vístula, Reno, Tâmisa, a cultura do vaso campaniforme, realiza um dos mais decisivos processos aculturativos. A forma do vaso espanhol fica conhecida e também vai influir na modificação tipológica da cerâmica local.

Os percursos povoadores no Mediterrâneo e África Setentrional, estudados por Osvaldo Menghín e von Eickstadt (miscigenação), foram igualmente elementos poderosos de aculturação. Completá-los-á o exame de

Julio Martínez-Santa Olalla, para Europa de oeste e leste, na dupla proteção da cultura e da raça.

No ano de 1400 a.C. dominava na Alemanha Oriental e Westfália a cultura de Lusácia, incineração dos mortos, agricultura, metalurgia, intercâmbio comercial. Em 1200 estendia-se até o Danúbio. A raça era a dos ilírios. Pusera-se em marcha para oeste por dois caminhos: um por Constança e Basiléia, penetrando o norte da Suíça; outro através do vale do Meno, campos da Wetarávia e Hesse renano, desembocando no vale do Reno. Este grupo suíço-renano é o centro de expansão para o oeste europeu e pode situar-se entre 1200 e 850 a.C.

Quando estes homens que vinham do Danúbio chegaram à Alemanha Ocidental e Suíça encontraram-se com um outro povo, de estirpe oriental, portador das culturas lacustres e dos túmulos. Houve uma miscigenação intensa e desta assimilação, de pastores orientais com agricultores ilírios, surgiu a imagem típica da cultura dos campos de urnas do Reno e da Suíça, as urnas contendo a cinza dos mortos. Partindo do Reno a penetração tornou-se mais lenta, pela possível resistência dos povos de raça oriental aos indo-europeus (ilírios), bem ao contrário da rapidez invasora dos vales danubianos ao Reno. Compreende, entretanto, Holanda, Bélgica, França, Inglaterra. Com outros centros de irradiação secundária alcançou a região pirenaica. A resistência só desapareceu, possivelmente, no período Hallstatt, na época do ferro. Esta expansão, resumida por Martínez-Santa Olalla, impõe a aculturação conseqüente como fórmula de difusão permanente.

A aculturação é processo normal e vivo na aquisição de novos padrões de cultura pelo excitamento dos recentes elementos influentes.

MISCIGENAÇÃO

Miscigenação é o processo de cruzamento inter-racial. Os dois vocábulos mais difíceis de explicação são raça e liberdade. Difíceis pelo seu moderno conteúdo político e pela gritante utilização doutrinária. Seja qual for sua interpretação, deixo a definição como bem nítida: miscigenação é processo de cruzamento inter-racial.

Um homem e uma mulher, vindos das mais longínquas paragens do mundo, um esquimó e uma brasileira, um sueco e uma pigméia, um zulu e uma norte-americana, de qualquer pigmento, estatura, padrão social, podem ser os pais de uma criança normal. Nada os impede, geneticamente, de procriar. A função fecundante do homem e gestativa da mulher justificam biologicamente a universalidade da criação humana.

Como nenhuma raça contemporânea está isenta da miscigenação e todas representam um tabuleiro de sangues diversos na história do mundo, para o entendimento desta ação natural e normal, seria conveniente afirmar que o Homem de Neandertal não tinha o direito de bater no largo peito e proclamar-se "raça pura" nas alturas do musteriano, finais do paleolítico inferior. Seria mestiço mais do que provável do Homem de Heidelberg de quem possuímos apenas a mandíbula de Mauer, dentes de homem em queixo macacal. E abraçou mulheres de outras raças porque reaparecem seus traços no Homem de Brno, em Predmost, no madaleniano distante.

Os fidalgos de Cro-Magnon não tinham tipo idêntico. Os esqueletos de Côte d'Azur desassemelham-se dos de Vezère, os de Placard distam dos dordonheses, os do Solutré não seguem as medidas exatas de Cro-Magnon, os de Combe-Capelle têm, para Moschi, caracteres australóides. Giuffrida Rugieri deu-os com afinidades etiópicas, aceites por Mendes Correia. Os ossos alemães de Obercassel parecem com os de Chancelade e se aproximam de Cro-Magnon *par des croisements* — explicam Boule e Vallois. Os de Brno, tão discutidos pela presença neandertalóide, ficam aparentados com o modelo Cro-Magnon também pela via miscigênica. Boule e Vallois, estudando o grupo Predmost — Combe-Capelle — Obercassel como variedade de Cro-Magnon, incluindo o paralelo africano de Mechta, alto, robusto, decidiram que as variações são *dues probablement à l'influence de divers milieux géographiques et peut-être à des croisements.* O Homem de Chancelade, pequeno e rude caçador de renas, fora apontado pelo anatomista Testut (decorado pelos primeiranistas de Medicina do meu tempo), Hamy, Pruner Bey, Sollas, da Oxford University, Morand, Paul Rivet, como arquétipo do esquimó, vivendo nas solidões glaciais do Labrador e da Groenlândia, com fidelidade etnográfica e antropológica que outros mestres (Keith, H. Vallois, Laguna) recusam. Uma tendência é explicar o Homem de Chancelade como miscigenação de um Cro-Magnon de estatura reduzida. O esquimó viera do Cáspio (Rivet). Do lago Caical há quarenta séculos (Collins). Originário do interior do Canadá (Boas, Chamberlain, Steensby, Birket-Smith) e não da Ásia do Norte, ampliando as áreas de caça e pesca quando possuiu o calçado de raquetes, o esqui vencedor das superfícies geladas e escorregadiças. Knud Rasmussen constatara que o esquimó era de origem pele-vermelha.

O apaixonante e hoje esfriado motivo dos árias ou indo-europeus fixara-se ao redor do Mediterrâneo como imenso cadinho forjador de raças, *vagina gentium.* Para uns especialistas teriam emigrado das regiões bálticas para a Europa Meridional, idênticos aos escandinavos e germanos do norte, dolicocéfalos e louros. Para outros era um povo indo da Europa de leste ou da Ásia do setentrião e meio-dia. Longe de ser um ramo nórdico que o ambiente aquecido da região despigmentara, atenuando a coloração da íris e da epiderme, teria nascido da mesma fonte e dispersara-se no final do quaternário pelas terras circundantes do Mediterrâneo, Ásia Menor para a Síria, do Egito para a Líbia, da Grécia para a Itália e Ibéria, difundindo-se posteriormente para além desses territórios. Os ramos principais dessa família foram os iberos, denominadores da península pirenaica; os lígures, ocupantes, com diversos nomes, de várias partes da Itália, reunindo-se aos iberos e atravessando a França pelo sul; aos pelasgos invasores da península balcânica, derramando-se pelas ilhas do Egeu, Ásia Menor e Síria, e os líbios, ocupantes da África Setentrional, com muitas denominações, inclusive a de egípcios. Durante milênios sofreram transformações e desigualdades mas conservaram tenazmente as terras que lhe guardam nome e tradição. É uma lição de Raffaele Corso e Giuseppe Sergi, notando esse último na indagação craniométrica dos iberos, lígures, pelasgos e líbios características claramente distintas das famílias do centro, norte e leste da Europa, celtas, germanos, fínios.

Nos finais da Idade do Bronze ocorreu mutação completa nessa família mediterrânea. Foi a vinda de um povo distante e forte, espalhando-se pela Europa até o Ocidente, surgindo depois nas terras do sul. Eram os "cavaleiros pré-históricos", os ários ou indo-europeus. Com a miscigenação com a população já existente deram vida e forma a outra civilização que, longe de ser importada e sobreposta pelo invasor à gente local representaria a expressão de uma convivência. Esta civilização possibilitou a expansão cultural mediterrânea não apenas na irradiação do círculo demográfico mas numa série de projeções alcançando a África negra pelo interior e ultrapassou na Europa as colunas de Hércules. Foi possível um vasto e profundo processo de aculturação porque a miscigenação fundira, em grandes zonas insulares e continentais, as raças povoadoras.

É a doutrina de Giuseppe Sergi que Raffaelo Corso expôs. O professor Menghín reconstrói a colonização dos povos d'Ásia anterior na região do Mediterrâneo, durante os quarto e terceiro milênios a.C. Acompanha o percurso das migrações elâmica e lélega. O povo elâmico fixara-se em Susa, centro de sua etnia e 3000 a.C. em Tepe Sialk; ambos no oeste da Pérsia. Os lélegos estavam estabelecidos no sudoeste da Ásia Menor, nos arredores de Helicarnassos e, já nos tempos históricos, ficam sob o domínio dos cários.

Os elâmicos tiveram três ondas migratórias. A primeira metade do quarto milênio a.C. partiu dos planaltos do Irã, ocupando o oeste da Mesopotâmia, norte da Síria, chegando ao Mediterrâneo, encontrando-se com povos semitas e catianos. A segunda, últimos séculos do quarto milênio, atinge Chipre e Grécia. A terceira, ao redor de 2500 a.C., sai do norte da Grécia, indo ao Danúbio. Outros grupos vão à Itália do sul, Sicília, Ligúria, Hispânia e provavelmente Aquitânia. O *substratum* de toda a região européia ocidental era de procedência africano-hamita. Conseqüentemente, para Menghín, as línguas prato-ligúria, hispana e aquitânica foram mistas, com predominância de elementos asiáticos decididamente influenciadores. A documentação do professor Menghín é lingüística, cerâmica, arqueológica. Não houve projeção sensível n'África do Norte que continuou lingüística e culturalmente hamita-ocidental.

A migração lélega, reunida aos catianos, estende-se pelo mundo insular Egeu e Chipre e em 2500 a.C. a Creta. Os catianos sobem a parte setentrional dos Balcãs e com os lélegos subseqüentes formam base pré-tirrena e pré-indo-europeus dos ilírios e trácios. Não chegaram à Itália.

Egon von Eickstedt, estudando o "Los hamitas y el paralelismo indio-africano", fixa a penetração de povos que determinam povoamento e cultura da África do noroeste.

O Mediteriâneo era todo hamita. Nas regiões montanhosas da Europa existiam as línguas caucásicas jaféticas, afins do hamítico. O etrusco, o pelasgo ou vasco moderno, enfim os idiomas caucásicos, representam vestígios notórios. A antiga zona jafética dos grupos dinaro-armênides fundiu-se à zona hamita dos povos mediterrâneos na época pós-glacial, resultando forte miscinegação. Depois ambos os povos foram vencidos pelo invasor que penetrara pelas planuras da Europa Central para o sul, atravessando as montanhas, impondo o patriarcado ao matriarcado existente e a cultura das estepes à cultura das cidades. Era o indogermano — como diz von Eickstedt, procedente dos planaltos da Ásia.

A invasão modificou o antigo Mediterrâneo étnico em sua parte setentrional mas, nesses promontórios da Eurásia como no bordo meridional das Índias, encontra-se a zona das raças morenas mediterrâneas; África igual à Índia — são, finalmente, penínsulas da grande Eurásia. No Mediterrâneo as culturas de gado dos nórdicos destroem as velhas culturas das cidades e da agricultura. A destruição fora entretanto parcial, porque no Ocidente as massas de mediterrâneos e na Índia a grande meseta do Decán impediram o desaparecimento total da população e língua mais antigas. Indogermanizou apenas a parte norte, salvando-se em ambos os casos o idioma e a cultura mais fortes e vivas no sul, pertencentes às raças escuras. O domínio mais extenso era da raça etíope, do sul do Atlas, de Marrocos à Argélia. No século IV avançam para o sul tribos barberiscas mouras, dirigidas pela princesa Tin-Hinan, rumo ao Saara, no justo momento em que a introdução do camelo revolucionava o deserto como meio de transporte comercial e guerreiro. No século X é a vez dos árabes, empurrando o berbere. Os antigos saarianos são etíopes que foram levados para o sul pelos berberes mediterrâneos, ao encontro da população nigrita, na medida em que sua situação geográfica e econômica periclitava pela dissecação das terras de pastagem e pequeno plantio.

Longamente von Eickstedt fundamenta o paralelo entre África Oriental e Índia evidenciando o contato das duas culturas e sempre o avanço no Mediterrâneo de cor clara, matrilinear, contra homens de pele escura que recuam para o sul, mesclando-se com a massa que habitava, dispersamente, o interior africano. De qualquer forma é uma exposição minuciosa da miscigenação povoadora no continente negro, *unser Afrika*, nossa África — como dizia Frobenius.

Não pertence à etnografia a valorização biológica da miscigenação mas unicamente análise do processo social como ampliação de culturas, desdobramentos, adaptações, modificações, eliminações, sobrevivências e criações de novos padrões pela contigüidade da aproximação grupal.

A helenização do Oriente — iniciada por Alexandre Magno — teve maior fundamento e continuidade incessante quando o conquistador recebeu a filha de Dario por esposa e animou os matrimônios de seus generais e soldados com mulheres persas. O Oriente veio para o Mediterrâneo nos costumes, cerimônias, indumentária, armas e concepções rituais do rei e da divindade, com as teorias de anjos e animais alados. Nunca o Oriente fora desconhecido pelos gregos e mundo mediterrâneo e nem devemos ao vencedor dos persas sua iniciação mas unicamente uma oficialização que determinava o avanço em massa, a voga, o prestígio dos usos e dos costumes persas. Mesmo durante as invasões persas na Grécia o inimigo deixou amizades e relações que não se interromperam, sofrendo apenas as soluções de continuidade da prudência política e do interesse militar.

No dia 3 de julho de 480 a.C. o rei Leônidas e trezentos espartanos e mais alguns auxiliares bateram-se até à morte contra os persas no desfiladeiro das Termópilas. A 3 de julho de 1955 o rei da Grécia e o xá da Pérsia, com as duas rainhas, assistiram à inauguração do monumento que sinalava o encontro das duas culturas em seu sangrento embate. Gregos e persas, distanciados especificamente dos soldados de Leônidas e de Xerxes, tinham caminhado várias vezes juntos nas soluções psicológicas que uma fusão miscigênica determina.

Clyde Kluckhohn chega a afirmar que

não existe nenhuma prova, no ponto de vista biológico, de que seja prejudicial a mescla das raças.

Quando, em 1894, Franz Boas estudou os indígenas meio-sangue (*The Half-Blood Indian*), encontrou-os mais fecundos que os formadores;

show that the mixed race is more fertile than the pare stock,

inclinando-se para sua aceitação incontestada:

It seems to follow that the intermixture has a favorable effect upon the race.

Gilberto Freyre (*Casa-Grande & Senzala,* 1946) proclamou a vantagem da miscigenação que, no Brasil, fora solução nacional para a imensidão da terra sem dono. Kroeber apenas fez reparo que a mestiçagem inutiliza as linhas demarcadoras das raças. As vantagens, não digo biológicas, mas no terreno de antropologia social, destas delimitações estanques, ainda não foram suficientemente provadas, exceto no âmbito da declamação política ou do lirismo partidário.

Um índice vivo é o promédio da estatura humana. Kroeber ensina que não há raça cujo promédio de estatura seja menor de 1,52, e não existe promédio mais alto que o de 1,77. Vale dizer que a variabilidade total da estatura humana, no ponto de vista racial, apresenta uma amplitude de 25 centímetros, mais ou menos. A maioria dos promédios das populações não difere mais de cinco centímetros do promédio geral humano que é de 1,64. Só o cruzamento inter-racial explicaria a margem dos 25 centímetros gerais de diferença e a constante dos cinco centímetros entre o promédio geral e o das populações estudadas pelos antropologistas.

As raças antigas, os núcleos étnicos primários, irredutíveis em suas permanentes morfológicas, tendem a constituir-se minoria, ao passo que as secundárias, metamórficas, produtos miscigênicos, ampliam-se incessantemente. São, evidentemente, essas raças metamórficas as colonizadoras, povoadoras, sustentações das culturas, dominadoras da geografia física, senhoras do mundo.[26]

Aculturamento e miscigenação ainda não possuem leis fixas e rígidas, revelando-lhes o mecanismo funcional aglutinante na limpidez insofismável da reação química e da equação algébrica. Há muita surpresa e as exceções apresentam o imprevisto, a brusca solução de continuidade nessas fórmulas de interdependência e de entendimento de cultura e sangue.

No Cáucaso central estão os ossetas, esses, irons, falando há mais de dois mil anos o seu dialeto irânio, apesar de aculturados e miscigenados intensamente com os povos vizinhos. Estão moral e fisicamente iguais aos grupos humanos mais próximos, comunicados, indispensáveis no convívio. O idioma é que defendem heroicamente como a derradeira bandeira legitimadora de uma fisionomia interior e autêntica. As tribos nômades do Elam, no Tigre inferior, são muçulmanas; falam árabe, perderam língua, costumes, tradições, mentalidade própria. Antropologicamente são os mesmos elamitas de dez séculos a.C., as mesmas figuras airosas, senhoriais, belicosas, afoitas e vivas nos relevos de Susa, há quatro mil anos.

Os índices de assimilação, os coeficientes de recebimento, os planos de aceitação nem sempre consentem em dar um depoimento explicador às curiosidades indagadoras...

NOTAS

23. Mesma distância alemã entre *Kultursprache* e *Profansprache* ou *Volkersprache,* esta sendo primária, básica na informação da semântica inicial.

24. Raffaele Corso, *Il Problema dei Mediterranei.* Teorie e Fatti. Sep. "Rivista di Etnografia", n° 2, Nápoles, 1947, Corso e Sergi são fontes parciais dessa exposição.

25. Osvaldo F. A. Menghín, "Migraciones Mediterraneas: Orígen de los Lígures, Iberos, Aquitanos y Vascos", *Runa,* n° 1, Buenos Aires, 1948.

26. Ver A. da Silva Mello, *A Superioridade do Homem Tropical,* Rio de Janeiro, 1965.

ESCOLA CLÁSSICA E HISTÓRICO-CULTURAL

As coleções etnográficas recolhidas e expostas nos museus da Europa sugeriram o estudo comparativo em extensão.

As centenas de peças, vindas de todos os recantos do mundo e arrumadas quase sempre por funções, machados, lanças, escudos, máscaras, ou pela procedência do envio, Nova Guiné, Camarão, Nigéria, Filipinas, Tanganica, Madagascar, despertavam a curiosidade visitante e, para os estudiosos de livros sem possibilidades de viagens, o material facilitava o confronto. Começou uma divulgação narrativa, uma espécie de Baedeker para museus, notas apaixonadas e descritivas daqueles utensílios vindos de tão longe. Não diminuímos o valor dessas achegas porque os grandes estudos de cotejo, iniciando a visão dos ciclos culturais, foram realizados em museu, o Museu de Etnologia de Berlim, fundado por Adolfo Bastian (1826-1905). E os estudos tiveram por égides as autoridades que se tornaram prestigiosas e altas de Fritz Graebner (1877-1934), Bernhard Ankermann (1859-1939), Wilhelm Schmidt (1868-1954). Ironizavam denominando aquela pesquisa "etnologia de museu".

A escola existente podia chamar-se clássica mas realmente não havia outra e não era bem uma escola mas uma aplicação sociológica à etnográfica. A etnografia tinha em cada mestre um processo de análise e interpretação. Dizia-se vagamente Escola de Londres, de Berlim, de Paris, mas era escola cujos professores diferiam substancialmente nos ângulos de visão e mais ainda na compreensão do material estudado. Uma doutrina não existia ainda, e sim uma série de conclusões sociofilosóficas, aposta aos dados etnográficos pelos sociólogos evolucionistas, notadamente ingleses, Herbert Spencer (1820-1903), John Lübbock (1834-1913), Lewis Henry Morgan (1818-1881), Edward Burnett Tylor (1832-1917), Andrew Lang (1844-1912).

Eram dogmas os estágios iniciais e finais da Evolução, partindo do homogêneo para o heterogêneo, do simples para o composto, pelo processo de diferenciação e integração sucessiva. A cultura inicial é a inferior e a cadeia evoluía no ritmo do aperfeiçoamento. Assim as classificações indicavam que os objetos grosseiros e rudimentares eram os mais antigos e todo estado era melhoria da fase anterior. Procurava-se a comprovação material para as premissas doutrinárias e não a informação real que os depósitos revelavam. O diagnóstico valia muito mais do que a realidade mórbida.

Naturalmente os documentos começaram a desmentir o dogmatismo evolucionista. Culturas evoluídas com aspectos mais atrasados que as formas iniciantes. Não se podia decidir se uma cultura estava estacionária, degradada ou de evolução lenta. Os elementos constituintes de uma cultura tinham marcha diversa de aperfeiçoamento e diferenciações específicas mesmo de culturas afins. Havia desenvolvimento desigual no mesmo plano ambiente, desarmonia no conjunto, desproporção de valor funcional, adiantamentos, retrocessos no mesmo complexo etnográfico. O evolucionismo não podia explicar essa discordância desajustadora da unidade ascensional.

Mas devemos a esse grupo sábio e enamorado pela ciência do homem a valorização da normalidade, cotidianidade, afirmando o interesse pela etnografia e tornando-a sedutora e presente nas pesquisas e planos de interpretação. Transformaram o exótico, o curioso, o estranho, em motivos de indagação, evidenciando sua integração na cultura humana, legítima em todos os níveis.

Um desses divulgadores essenciais foi Sir James George Frazer (1854-1940), "animista" de Tylor, ampliador e criador da escola simbolista, encontrando na formação mágica a justificação do culto religioso às forças naturais. No *The Golden Bough* (1890, desdobrado em edições sucessivas) dispusera de espantoso aparato bibliográfico, buscando nas fontes mais diversas as provas da tese. Retirava argumentos desarticulando elementos de culturas longínquas e que teriam outra significação dentro de seus quadros integrais. Para basear o assunto estranho ao próprio conteúdo finalístico do material agenciado, Frazer desintegrava os complexos etnográficos, citando a convergência e esquecendo a divergência. Ruth Fulton Benedict (1887-1948), da Columbia University, comparou o sistema de Frazer "a uma espécie de monstruoso Frankenstein mecânico", feito de órgãos vindos de todos os quadrantes do mundo. Mas Frazer interessou, como raros, a uma verdadeira multidão de leitores e sua documentação ainda é patrimônio de citações para dezenas de estudos diversos.

A escola clássica da etnografia, aquela que a revelou e lançou como uma disciplina realística, foi o evolucionismo, sonhando ter deparado a base lógica de toda a doutrina no tempo. E o debate continua...

Adolfo Bastian, viajante pelo mundo, fundador do Museu de Etnologia de Berlim e da Sociedade de Etnologia (com Vogt e Virchow), foi a velocidade inicial para os estudos etnográficos contemporâneos. Sacudiu o assunto, revirando-o, sugerindo. Muita coisa desapareceu mas sente-se o velho Bastian mesmo na discordância e crítica adversa, argumentos irrespondíveis de sua inarredável presença. Concebeu a unidade das idéias elementares, *Elementargedanke,* circunstâncias análogas produzindo fatos semelhantes embora independentes, e a *Völkergedanke,* unidade do caráter mental na comunidade. Defendia a igualdade essencial do espírito humano em todas as raças e latitudes. Ninguém conseguiu até hoje apagar o foguinho que Bastian acendeu.

Friedrich Ratzel (1844-1904), o fundador da Geografia Humana ("anthropogeographie"), deu a primeira forma a uma doutrina classificadora. Negava a origem independente do fato etnográfico, afirmando que sua existência se verificava da conexão genética, transmissão direta, difusão direta por contato. Não podia haver coincidências analógicas nas criações. Ninguém agia ou pensava tal e qual outro pensara e agira. A origem, ou melhor, o veículo, era a migração, e decorrentemente um ponto único como irradiação das culturas. Estava adivinhando Elliot Smith.

Um seu discípulo, Leo Frobenius (1873-1938), atenuou o dogmatismo ratzeliano, formulando os "círculos culturais", *Kulturkreisen,* onde os padrões de cultura conservariam uma homogeneidade característica, fisionomia harmônica na unidade material. A convergência cultural explicaria a difusão para outras regiões. O "círculo cultural" se distinguiria pela coincidência reiterativa e pela continuidade morfológica. A relação fundamental era comprovada pelo método estatístico, baseando a convergência.

Fritz Graebner (1877-1934) foi o sistematizador da doutrina e do método (*Methode der Ethnologie,* 1911), estabelecendo o grau de parentesco temático, a busca para o conhecimento dos antecedentes de um objeto ou ato etnográfico nos modelos arcaicos e primitivos, verificando-se os elementos aderentes e as variantes. Graebner fora, em 1905, o primeiro a expor o panorama cultural da Oceania no critério dos *Kulturkreisen.* Mais de meio século depois o edifício resiste, em linhas gerais, denunciando a prodigiosa penetração mental do mestre. Outro *scholar,* Franz Boas (1858-1942), sempre combateu mas nunca conseguiu afastar-se de Graebner, apesar do *if, however, Mr. Graebner call his method THE method of ethnology, we cannot agree with him.*

Um material etnográfico será autônomo quando deparado em condições especiais de isolamento. O método de Ratzel, origem espontânea, conexão cultural, relações étnicas, teve desta forma as modificações de Frobenius. Antes, W. J. Perry e Elliot Smith, aluno e mestre, levaram a tese ratzeliana ao extremo de fixar no Egito do quinto milênio a.C. a terra de onde se originara toda a cultura, ou quase toda. A humanidade se dividiria em dois grupos — coletores naturais e inventores por modificação e criação, fonte de toda a sabedoria. O Egito, antes das revelações da Mesopotâmia e do Indus, era uma tentação simplificadora no plano das origens. Estava em toda a parte e ia deixando pegadas visíveis. Como dizia Victor Hugo para a imagem obstinada de Napoleão, dir-se-ia do Egito o *lui, toujours lui!* de que estamos um tanto liberados.

George A. Montandon (1879-1944) respondeu sugerindo a Ologênese, pluralidade de origens mas nos limites clássicos da difusão.

Graebner, Willi Foy (1873-1929), Schmidt, Ankermann (que fizera na África o método dos círculos culturais como Graebner para Oceania) aplicaram a "escola" nas regiões com padrões permanentes, estratos, capas, formações duráveis e características, com afinidades demonstráveis entre si. Nasceu o método histórico-cultural, *Kulturhistorischen Ethnologie*. É o que reúne maior número de admiradores e adeptos, com as inevitáveis e pessoais modificações funcionais, como para William Halse Rivers (1864-1922), Alfred Cort Haddon (1855-1940), o próprio Franz Boas e em boa percentagem o seu discípulo Robert H. Lowie (1883-1957), um dos mais ágeis e brilhantes debatedores que a Universidade de Califórnia possuiu e honraram a antropologia cultural.

Toda essa constelação eminente, em maioria sensível, procura provar a persistência das aproximações ou fusões e nunca a diferenciação autônoma e semelhante, rebelde à convergência.

PROCESSOS
•••••••••••••

Um antropologista brasileiro, Artur Ramos (1903-1949), resumiu excelentemente a síntese de J. Imbelloni sobre o método histórico-cultural.

"Este método consistia em anotar em áreas geográficas os elementos culturais *homólogos,* isto é, que representam os vários modos com que os povos satisfazem as suas necessidades fundamentais; e os elementos culturais *análogos,* isto é, os que apresentam entre si relações de semelhança, paralelos etnológicos, correlações, não só na sua cultura material como na espiritual. Vários são os critérios adotados para estabelecer estas homologias e analogias: critério de forma, isto é, verificação objetiva da concordância de elementos culturais; o critério de quantidade, que corrige o anterior, investigando a soma de todas as categorias de elementos culturais; o critério de aderência, que investiga o grau de congruência de dois ou mais elementos culturais; o critério de continuidade, que se atém ao fenômeno de atrofia ou decadência; o critério de contigüidade, que investiga o grau de conexão ou parentesco entre as culturas; e outros critérios pelos quais se avaliam os graus de parentesco e distância entre as culturas e que alguns autores reúnem sob o nome de critério de variações orgânicas."

Uma aplicação do método consiste em marcar, sob o critério previamente escolhido, padrões existentes em áreas limitadas e procurar as semelhanças, as aproximações noutras áreas. O *kulturkreise,* círculo cultural, deve ser uma constante no espaço, como a *kulturschichten,* estrato cultural, é no tempo. Mas o "histórico" do método é menos história do que simples cronologia local e relativa ao objeto estudado. Didaticamente o interesse máximo é a visão imediata e sugestiva que se obtém da expansão dos padrões em regiões distantes, provocando naturalmente o desejo de encontrar explicação para esta viagem sem vestígios intermediários, na maioria dos casos.

O objeto constante e de uso similar nas várias áreas confrontadas denomina o ciclo.

Graebner divide os ciclos em seis, tal e qual Ankermann e Foy.

GRAEBNER	ANKERMANN	FOY
Tasmaniano	Primitivo	Primitivo
Bumerangue	Nigrito	Bumerangue
Papua ocidental	Africano oriental	Totêmico
Papua ocidental	Africano ocidental	De duas classes
Melanésio	Africano ocidental	Do Arco
Polinésio	Sudanês	Polinésio-Sudanês

Para W. Schmidt os quatro estágios de cultura são o primitivo, o primário, o secundário e terciário, correspondendo aos povos de cultura histórica. São característicos os dois primeiros estágios.

Igualdade de direitos em ambos os sexos. Exogamia local: I; II, III Predomínio de um ou outro sexo: IV, V, VI e VII.

I: Monogamia. Pigmeus, sem pedra; arco, choça em forma de colmeia. Monoteísmo. Enterramento.

II: Totemismo sexual. Tasmanianos e australianos do suleste. Pedra talhada. Lança. Maça de arrojar. Cesta em hélice com asas. Cicatrizes ornamentais. Enfeite atravessando o septo nasal. Dualismo ou Deus patriarcal. Ausência de culto dos mortos. Cremação ou depósito de defunto no oco das árvores.

III: Trânsito à Poligamia. Australianos com bumerangue e negros com facas de arrojar. Bastões de luta. Arrancamento de dentes. Marimbas. Babas. Zumbidor. Lua como primeiro Pai. Sepultura em nichos.

IV: Patriarcado com exogamia tribal. Papuas ocidentais, drávidas africanos orientais e *fangs* (Mpongwe, d'África Ocidental). Totemismo. Caciques-feiticeiros. Iniciação de rapazes. Punhal. Dardo. Lanças com rebarbas. Couraça-cinturão. Acha encaibada. Bainha do pênis. Peitoral discoidal de conchas. Choça cônica. Pinturas no corpo. Suporte nucal. Vasilhas com figuras animais. Canoa de cortiça ou de tronco. Ornamentação retilínea. Frauta. Circuncisão. Culto do sol. Magia. Ataúde-plataforma.

V: Matriarcado com exogamia de classes. Papuas orientais, africanos ocidentais (com o VI). Sonda, várias tribos da Índia, etc. Sociedade dividida em duas classes exogâmicas, convivendo no mesmo local (às vezes mesclada de totemismo nas fratrias e com quatro ou oito classes). Festa da primeira menstruação. Sociedades masculinas secretas. Cabana quadrangular e com cavalete. Cultivo de hortas pelas mulheres, antes colhedoras de raízes e frutos. Bote de tábuas. Maças. Escudo. Acha amarrada. Cesta em hélice com asas. Frauta múltiple. Arco musical e possivelmente tambor. Ornamentação com desenhos redondos, meandros e concêntricos. Máscaras e pantomimas. Culto de crânios. Deusa lua. Peitoral de forma de cogumelo ou de tridente.

VI: Matriarcado com liberdade de escolha. Melanésios, africanos do Congo, etc. (com o V). Tendência a famílias numerosas. Criação de porcos e cultivo do sagu (cicadádeas) e talvez do plátano. Mastigatórios e tabaco. Pontes. Remo com gancho e mais largo para o extremo da palheta. Palafitas. Redes de dormir. Colheres ovais. Cerâmica de confecção helicoidal. Cesta reticular. Acha forrada. Tanga-manto. Marrafa. Peitoral de colmilhos. Arco plano exterior, preso a corda por uma bainha ou ponteira. Flechas sem plumas. Escudo de braço ou de ombros. Ornamentação espiral. Tambor entalhado, com uma só membrana. Culto de crânios e caça de cabeças.

VII: Patriarcado com liberdade de escolha. De uma parte o distrito sudanês meridional e de outra protopolinésio. Diferenciação aristocrática neste e castas de ofício naquele. Absolutismo. Escravidão. Tear. Na Polinésia, tatuagem. Navegação. Canoa de balancim. Vela triangular. Remo em forma de lança. Colherão com cabo. No Sudão, fundição, que falta na Polinésia mas há armas contundentes com fio e dorso. Ponta de lança em forma de folha. Adorno anular. Falta cerâmica. Na Polinésia, o arco (de seção circular) é apenas para divertimento. Falta o escudo. Há couraças. Acha amarrada a um cabo curvo. Comuns o trado, broca, pua. Comum a escudela redonda. Raspador de cocos. N'alguns lugares há o tamborete. Artísticas peças de indumentária de cortiça. Marrafas de varetas. O paipai (jangada). Espanta-moscas. Trompa em caracol e tambor. Ornamentação triangular e em ziguezagues, apropriada ao talhe pessoal. No Sudão, braceletes e pulseiras redondas e triedras de latão. Colares quadrangulares de ferro. Arco de bambu. Achas em meia-lua cravadas em cabo. Punhais com asas de ferro. Brincos em forma de cogumelos que também aparecem no Industão. Na Polinésia e Sudão há crença em um Deus-Céu e em uma Deusa-Terra.

Estabelecem-se confrontos com os povos pré-históricos na comparação das respectivas culturas.

I, é relativo aos precursores da cultura da pedra, utilizando a madeira. II, equivalente à era paleolítica, com simultaneidade de diferentes tipos em distintos territórios, principalmente a cultura musteriense. I-II-III, não conhecem o costume de depositar armas e utensílios nos túmulos e embora pratiquem o enterramento sem esta cerimônia não impede nos pré-históricos europeus a falta de sepultamento intencional. IV-V, equivalem ao paleolítico superior. VI-VII, ao neolítico, particularmente à palafítica.

O padre Wilhelm Schmidt estudou a etnologia sul-americana[27] no plano de círculos e estratos culturais (1913) como Ankermann fizera n'África e Graebner na Oceania. Dividiu os povos em três grandes grupos: fase da coleta; fase da lavoura de cavouco, e de cultura superior.

I: os grupos de povos da fase da coleta constam de compacta seção das tribos de Gê (ou Botocudos) e Puri-Coroados no Oriente e sudeste do Brasil, as tribos do Grão-Chaco argentino, dos Pampas e da Terra do Fogo, entre as quais figuravam (de início) as tribos chilenas, araucanas e povos afins que não conheciam agricultura antes da dominação incaica. Acrescenta a estas as tribos isoladas, dispersas ao longo das encostas orientais da cordilheira andina.

Caça. Pesca. Coleta de vegetais. Habitações primárias: guarda-ventos, simples abrigos, choças em forma de colmeia, tendas (Pampas e Patagônia), quadrangulares (Puri-Coroados), cobertura oval (Coroados de São

Paulo). Botes inteiriços, canoas de junco e casca. Remos primitivos e grosseiros. Ausência de cerâmica, salvo no Chaco e Coroados, sempre rudimentar. Clavas-bastões (cacetes, bordunas) e de arremesso. Espadas de madeira. Quase onipresença do arco e da flecha emplumada, cavalete, radial, tangencial, ou sem emplumação. Desfigurações corporais; menor extração de dentes e cicatrizes decorativas e mais perfuração do septo nasal; batoques labiais. Sepultura. Monogamia. Poligamia admitida (Puri-Coroados). Incineração (Iagans, Tauares, Quimbaías). Domínio paterno. Traços matrilineares em certos Puri-Coroados, Chorotis, Iagans e Achluslaís. Ausência de totemismo. Pouca informação religiosa e mitológica, impossibilitando conclusões.

II: grupos de povos da fase da lavoura de Cavouco. Tribos que ocupam as florestas e campos da planície do Amazonas e Orenoco, afluentes, até a costa nordeste. Destacam-se os Aruacos, Caraíbas e Tupi-Guarani. Krickeberg já notara que estas três famílias, onde quer que surjam a oeste da linha Orenoco-Rio Negro-Madeira, aparecem como intrusos, adventícios na planície baixa e regada pelos afluentes ocidentais do Orenoco e do Amazonas. W. Schmidt afirma que ter vivido na região uma população lingüisticamente diversa, subdividida numa série de grupos maiores ou menores, igualmente distintos uns dos outros no ponto de vista idiomático. Graebner denominara a zona "verdadeiro reservatório de analogias com a cultura totêmica da Oceania".

Habitação de cobertura cônica. Canoa inteiriça, de cascas de uma só peça, tábuas. Remo evoluído. Rede de dormir, de palmeira, algodão, cascas, fibras de bromélias. Lanças dentadas. Punhais. Propulsores de lanças. Cinta abdominal. Estojo peniano. Frautas. Circuncisão em algumas tribos aruaco do noroeste. Flagelação de adolescente na iniciação. Cura pelo jejum. Provas com formigas e vespas. Totemismo exogâmico no extremo-norte e nordeste (goajiros, aruaco da Guiana). Traços totêmicos entre tribos isoladas. Exogamia sem totemismo (cobeua, siusi, sobretudo no Rio Negro e afluentes). Cerâmica. Tambor de sinais (trocano). Danças mascaradas. Arco e flecha. Palafitas, Venezuela, Alto Oiapoque, montanha do Siriri. Tabaco, cachimbo. Sucessão em linha materna (goajiros, varaos, aruaco da Guiana, macuxi, vapixana; também nas tribos do Alto Coliseu, formador do Xingu). Mudança de família por parte do homem (carajá, aruaco da Guiana, haressi, caingang-coroados, choroti). Festa da nubilidade. Incisão nos meninos e excisão nas meninas. Casas coletivas. Sepultura em vasos de barro, característico do Tupi-Guarani; ossos em urnas ou cestas, com ou sem separação craniana. Enterro direto nas urnas. Cabeça-troféu. Dos elementos isolados deste círculo cultural há distinção nítida de dois grupos. Primeiro, nordeste da América do Sul, norte do Amazonas e leste do Rio Negro, com forma característica de seção transversão do arco (convexa), flecha (sem emplumação), construções em palafitas, certo tipo de remo (encosto de muleta e pá alargando-se para baixo), bem como a sucessão em linha materna. Segundo, bacia meridional do Amazonas, estendendo-se pelos domínios dos puri-coroados, pelo Grão-Chaco e em muitos casos partindo daqui até a Patagônia e Terra do Fogo, sendo peculiares a cerâmica, rede de dormir, cultura do tabaco, mudança de família do homem pelo casamento, celebração com solenidade do primeiro catamênio, habitação coletiva, sepultura indireta, cabeças-troféus. Pente de uma haste. Banquinhos (tamboretes), de dois, três e quatro suportes, de acabamento artístico, alguns com forma animal.

III: grupos de povos de cultura superior, estendendo-se sobre os planaltos e depressões da cordilheira dos Andes. Distinguem-se ao norte a cultura dos chibxas e povos afins e ao sul a cultura do império dos incas, às quais, por sua vez, já tinham encontrado em parte culturas mais antigas, sobrepondo-se a elas e conquistando mais vastos territórios, principalmente para o sul, Chile adentro, e para oeste, ao longo da costa.

Habitações: choças redondas de cobertura cônica ao lado de choças quadrangulares de coberturas de duas águas, correspondendo a um misto de duas culturas. Balsas de tábuas, junco, bambu. Canoa inteiriça (iuncas, mantas, punas, Equador e chonos do Chile). Canoas de casca. Remos. Lanças. Propulsores. Fundas. Maça. Clava em forma de estrela, exceto na Terra do Fogo. Escudo quadrangular e redondo. Couraças de ripas, sarrafos de madeira, pele, acolchoados no abdômen nos Achluslais. Arnês de ouro, prata ou chumbo no império dos incas. Flautas de Pã e flautas longas. Trombetas de búzios. Sepulturas. Mumificação, incas, chibxas, calcalqui. Sepultura em plataforma, araucanos, guaraunos do Orenoco. Enterro provisório com retirada posterior do crânio. Sepultura em urnas. Culto solar entre incas e chibxas. Iniciação dos adolescentes com flagelação. Veneração lunar. Sucessão paterna. Matrilinear entre chibxas e traços nos Puruais do Equador. Totemismo. Os ailus são clãs. Danças mascaradas, representando mortos ou intenções religiosas. Cerâmica. Pontes pênseis. Pentes duplos de uma haste, singelo de uma haste e duplo de duas hastes.

CONCLUSÕES SUCESSIVAS

A divulgação dos círculos e estratos culturais provocou o debate sobre os processos funcionais de suas movimentações no tempo e no espaço. Para os funcionistas verifica-se uma convergência temática de padrões culturais, diferenciados apesar dos traços semelhantes e depois tornados idênticos pelo emprego, pela exercício da aplicação. Independem de um contato direto porque a evolução tende aos índices de aproximação morfológica, convergindo para o modelo ideal. Os difusionistas explicam a parecença ou identidade pelas transmissões duma à outra área, estabelecendo contigüidade ou aderência cultural. Pode haver a sugestão do motivo pelo seu conhecimento imediato, renome, tradição oral etc. No paralelismo há independência ou autonomia criadora. Na difusão é indispensável ver para repetir o modelo. No paralelismo a necessidade determina a criação.

O panorama dos círculos e estratos culturais, dando a paisagem do conjunto, mutiplicou a curiosidade e valorizou a pesquisa no plano das origens sempre difíceis e misteriosas. Os paralelismos, fazendo coincidir objetos usuais em regiões distanciadíssimas umas das outras, despertavam o incontido desejo de fixar um diagrama de percurso, o gráfico da jornada, traçagem da rota. Dez elementos culturais da Nova Guiné na Melanésia são semelhantes aos caraíbas sul-americanos. Um mestre da antropologia espanhola, Telésforo de Aranzadi (1860-1955), acrescentava: *puede suceder que se diferencien en cien*. Mas a surpresa inesquecível fixa as dez parecenças entre gente tão afastada e não as cem dessemelhanças.

Para o devoto da difusão há sempre um inspirador, foco, inventor comum, centro irradiante, comunicando a técnica que levemente se diferencia na realização de outros povos. Para o funcionista ou paralelista o homem é o mesmo em qualquer região e reage mais ou menos semelhantemente em face da mesma necessidade imperiosa. Podem convergir para ele as inspirações dos processos construtores diante da obra inevitável que deverá ser feita. É preciso — ensinam — admitir a invenção autônoma de sugestão alienígena, a existência do homem-genial, determinando um padrão ou mesmo uma cultura. É aquele gênio supra-sensorial ou supra-racional que Pitirim A. Sorokin incluiu como um fator da criatividade das culturas. Spengler fala numa proto-alma, alma primigênica... E o povo fala que a necessidade é mãe da invenção. Inventar não é criar mas encontrar os meios da criação.

O processo difusionista indica mais de duzentos elementos culturais que teriam sido transportados da Polinésia e Melanésia para o continente americano. O diabo azul seria o *wie* de Dörpfeld. Como? É olhar o mapa até a orla do Pacífico ameríndio. E notar a fixação dos dados "recebidos" na orla do Atlântico. Creio que, sem atenções maiores e mesmo desatendendo o espírito das criações naturais formadoras das culturas básicas em qualquer paragem do mundo, alguns difusionistas ávidos de domínio empurram para a América elementos indiscutivelmente conseguidos no continente pela própria força da carência e da natural invenção, doutrinariamente subestimadas.

A atração das semelhanças não implica a unidade criadora. Ninguém espera professor para aprender os atos naturais da defesa orgânica. Há unidades funcionais congênitas e que se prolongam nos grupos organizados. A prodigiosa linguagem do gesto, o reinado das mãos. Guardar-se do frio, vestir a pele do animal caçado, atirar pedras, arranjar um dardo de galho pontudo, comer assado, suster-se num tronco boiante para atravessar lagoa e rio, defender a entrada da gruta ou da cabana, salvar mulher e filho pequeno, fazer o lume, esconder-se para dormir, ter sonho, medo do trovão, ocultar-se dos relâmpagos independem de ensino e transferência experimental. Em qualquer parte do mundo o fogo queima, a água molha, o tigre mata. O grupo aprendeu onde estava, como tossir e espirrar.

Nem sempre a proximidade material determina atividade conexa. Vivendo à beira d'água os onas da Terra do Fogo e algumas tribos do Rio Negro no Amazonas não sabem nadar. No vocabulário esquimó não há a palavra "gelo" em cujo meio vivem.[28] Na mesma região da Califórnia, com os mesmos elementos, grupos navegavam e outros não. Os umutina do Alto-Paraguai, vivendo à margem do rio, não conhecem embarcação. Os huaves da zona lacustre de Tehuantepec criam gado e comem peixe. A fixação do hábito pode apresentar-se clara ou permanecer obscura para a conclusão axiomática. Diga-se também da facilidade das deduções objetivas sobre compostos formados por eleição subjetiva, critério elucidador de características baseadas na freqüência e sem a contraprova cronológica.

Capistrano de Abreu (1853-1927) lembrava que "as afirmativas mais categóricas só adquirem valor constatadas com o uso cotidiano".

Dessas aproximações, comunicações e presenças polinésio-melanésicas com o continente americano Erland Nordenskiöld mostrava-se, ao final, cético, mesmo quando alinhava o quadro esquemático da exposição comprovadora:

> First of all, however, I wish to make it clear by this time I have become very sceptical of Indian culture having been appreciably influenced from Oceania.[29]

E o mesmo, com cautelosa prudência, admite Pablo Martínez del Rio, possibilitando a vinda polinésia nos primeiros séculos do presente milênio mas advertindo que:

> el hecho es que resulta imposible decir cual pudo ser el monto de su aportación sanguínea o cultural, si la hubo.[30]

Lembro a inegável coragem fiel de Paul Rivet (1876-1958) opondo o documento etnográfico, uso, costume, dado lingüístico, à ditadura imponente da antropologia física, excelentemente manejada em favor da ciumenta tese de Ales Hrdlicka (1869-1943), alta, autorizada e legítima expressão do monogenismo indígena povoador da América, vindo pelo noroeste e conservando representantes típicos nas regiões setentrionais da Ásia Oriental. Essa doutrina, fixando-se no dogma do "Average American Indian", reduz todos os espécimes antropológicos existentes, toda a documentária etnográfica e mesmo filológica ao critério do *American Homotype*. A inegável diferenciação, *unity without uniformity* (Ashley Montagu), ocorre pela evolução subseqüente, miscigenação, ecologia, intercomunicação dentro dos concedidos quinze mil anos e nos limites intransponíveis do mesmo quadro étnico. Era a expressão sentencial de Bancroft:

> The human race in America, like human race throughout the world, is uniform in its variety, and varied in its unity.

O crânio encontrado por Lund em 1841 na Lagoa Santa (Minas Gerais) motivara a surpresa de Quatrefages (1879), dizendo-o aproximado dos papuas e tendo mais semelhança que o promédio dos crânios melanésios. Em 1883 Kate revelou que o crânio dos pericues na baixa Califórnia e ilhas ligava-se com o da Lagoa Santa e com os melanésios. Paul Rivet informou que esses crânios dolicocéfalos e hipsistenocéfalos não existiam apenas na Lagoa Santa e baixa Califórnia, mas do Equador à Terra do Fogo. Analisando os pericues, Rivet estabeleceu parentesco e identidade entre esse tipo e o melanésio e australiano. Em 1925 proclamou, na *Origem do Homem Americano,* a presença de melanésios, polinésios e australianos no continente, com provas antropológicas, lingüísticas e o acervo de aproximações culturais que estava sendo acumulado e seguia marcha em Graebner, Nordenskiöld, Schmidt, Georg Friederici etc. Rivet defende a participação de polinésios, melanésios e australianos vindos por mar, em rotas ainda indecisas para o continente americano em várias ondas e em várias épocas, além dos mongolóides que atravessaram o estreito de Behring e dados como único elemento étnico no povoamento da América. Diz Rivet:

> *Acreditamos que alguns elementos étnicos, distintos dos asiáticos tenham interferido secundariamente, quer dizer, em época tardia, no povoamento do Novo Mundo, e que a mestiçagem consecutiva é o que explica, em grande parte, o polimorfismo extraordinário das populações, das culturas e das línguas americanas, polimorfismo evidente apesar do vínculo que cria entre elas o substrato asiático primitivo sobre o qual se desenvolvem.*[31]

Mas as coordenadas de aproximação ainda não regularam o azimute de marcha para a sistemática no plano de ajustamento dos valores etnográficos australianos, melano-polinésios, aos americanos de base pré-mongolóide. O exagero das identificações suscita a reprovação pela monotonia das origens implacáveis, e explicadas com outros fundamentos lógicos no exame dos elementos culturais existentes.

Nos padrões vivos em regiões distantes procurar as estações intermediárias, as alpondras que falicitaram a jornada. Graebner só admitia a transmissão do complexo, do grupo etnográfico articulado para uma função. A migração parcial, de contos ou lendas, por exemplo, em longas extensões, dizia constituir uma *kulturgeschichtliches nonsense,* provocando resposta de Franz Boas que lembrou a introdução gradual de plantas cultivadas e animais domésticos e, na literatura oral, a distribuição irregular dos contos, das estórias que tinham, irrecusavelmente, ponto de partida sabido ou fonte de sua redação originária. E este material se transmitira de tribo em tribo sem que fosse acompanhado pelo restante do "complexo cultural".

A chamada cultura básica é a reunião do essencial para viver. Viver não é, além de alimentação e procriação, o mesmo fenômeno para todos os povos. Possui modalidades, exigências, formas essenciais que não têm correspondência com os demais "víveres", distanciados ou próximos. Se fixamos um padrão pessoal para modelo, pedra-de-toque para argüição do valor, os nossos padrões no plano comparativo, enfim se estamos medindo o que vemos pelo que somos, então a etnografia não existe. É uma analecta de curiosidades. Crônica do mundo pitoresco. É a colheita de exotices para o gabinete do rei, ilustrar a conversa para os amigos embevecidos, narrando as viagens de Simbad-o-Marítimo ou Gulliver, as aventuras de Alice no País das Maravilhas.

Os mestres do método histórico-cultural não conseguiram — e quem consegue? — libertar-se da cultura pessoal transportada. No comum e normal a *kulturkreise* transportada para um museu é uma série escolhida por uma inteligência ocidental e que não teve um só sequer daqueles instrumentos como utensílios regulares para *sua* vida. Não sabemos se uma *kulturkreise* feita pelo nativo independa do critério de agradar ou deslumbrar o homenageado ou comprador. Difícil e raramente entenderemos nós do valor real das coisas não úteis ou tendo outra escala de valores alheia ao emprego produtivo de utilidades. Mesmo na etnografia de campo não creio na transmissão da intenção, do conteúdo simbólico, sagrado, das peças adquiridas. O machado não será unicamente machado e o diadema possuirá projeções mágicas além da ostentação ornamental. Graebner dizia que a transmissão da cultura se operava como quem leva um objeto de uma para outra vitrina, vitrina de museu naturalmente. Boas estrugia:

This exclusion of the psychological field seems to me to give to the whole Methode a mechanical character, and to be the essencial cause of differences of opinion between the author and myself.

Lowie, entretanto, defendia-a, negando-a.

Como nenhum padrão de cultura funciona independentemente do conjunto humano para o qual vive, o problema do círculo cultural, da culturologia (em última análise), é a transplantação dos elementos essenciais, sua escolha e preferência, ante o perigo de eleger como simpatias, atrações pessoais ou indicações de perfídia e sabedoria nativas[32] o que não seja básico e realmente complexo indispensável. Consegue-se, pois, mesmo com material autêntico, um conjunto artificial pela disposição estética do selecionador. *Souvenirs* de turistas.

Pablo Martínez del Rio resume o debate discursativo entre difusionista e paralelista ou partidário da "convergência". Uma ponte mexicana terá certa semelhança com pontes de lianas na Melanésia. O difusionista apontará a ponte como testemunho irrecusável da presença de melanésios no

México. O antidifusionista explicará que mexicanos e melanésios, sem relações e conhecimentos da existência um do outro, pensando independentemente, tiveram a mesma idéia, chegando a uma solução idêntica, e a realizaram sem influência entre eles. O difusionista replicaria sugerindo que um antepassado comum deixara em herança aos melanésios e mexicanos o processo de construir pontes iguais, embora os dois povos nunca tenham estado em contato. Ou que o melanésio tivera o processo e o transmitira ao polinésio e este ao mexicano. Difícil, para o difusionista, é aceitar a invenção independente, que não tenha havido influência. Dirá o adversário que os homens são os mesmos em qualquer parte do mundo e reagem mais ou menos semelhantemente diante de uma excitação ou necessidade idêntica. O difusionista fica balançando a cabeça e sorrindo. *Così va il mondo.*

Um exemplo positivo de convergência, de paralelismo, registrou o professor Jorge Dias (*Vilarinho da Furna,* Porto, 1948). Em algumas aldeias de população alemã da Romênia há o costume de esfolhar o milho em comum, auxiliado pelos vizinhos, cantando e conversando durante o trabalho. Quando uma espiga de milho vermelho é encontrada há direito do beijo à moça que estiver ao lado. A esfolhada do milho no Minho, em Portugal, é assombrosamente parecida, idêntica. Não tendo havido, historicamente, influência direta entre os dois povos, distanciadíssimos, e a introdução e difusão do milho seja muito posterior à época das migrações, comunicando um mesmo costume, a explicação única é a criação independente dessa tradição agrária em Portugal e Romênia, sem interdependências. O professor Jorge Dias conclui:

> *Compreende-se que a esfolhada do milho dê ensejo a que vizinhos se reúnam, visto ser um trabalho ameno, que convida a descantes e a brincadeiras. Também se compreende que a espiga vermelha dê origem a práticas como a do beijo. A sua raridade, e porventura a sua analogia com o falus, podem explicar que o seu aparecimento desperte o desejo de celebrar o fato de qualquer maneira especial e nada melhor que o beijo ou o abraço. Como se vê, sem influência mútua, repete-se, por convergência, uma série de coincidências interessantes.*

Sou o primeiro a reconhecer não ser digno de gente bem em domínio científico citar o *délaissé* Paul de Kock (1794-1871). Há porém num seu romance de título esquecido um personagem que joga ardorosamente o bilboquê. Elogiando as virtudes indispensáveis ao uso do passatempo, enumera relação superior às exigidas para o *premier* da França. Cada bilboquê terá sua supervalia natural e o pesquisador acaba deslumbrado pela pesquisa e nela situando o princípio do universo. Elliot Smith e Perry apontavam o Egito como a origem de todos os conhecimentos humanos. Leo Frobenius indicava uma única área para a irradiação comum da Oceania para África Ocidental, com suas "civilizações atlânticas". Graebner e Wilhelm Schmidt faleceram acreditando na possibilidade de uma unidade cultural localizada na Ásia, espalhando inicialmente os benefícios da sabedoria. O paleontólogo argentino Florentino Ameghino (1854-1911) convenceu-se que as camadas pampeanas de sua pátria tinham sido o centro da evolução de todos os mamíferos.

A tendência para a unidade cultural, de onde as demais decorrem, é vocacional inarredável em todos os difusionistas. Mesmo *avant la lettre...*

NOTAS

27. *"Ethnologia Sul-Americana* — Círculos Culturais e Extratos Culturais na América do Sul", trad. Sérgio Buarque de Holanda, São Paulo, 1942.
28. *"The Eskimos live among ice all their lives but have no single word for ice",* Ashley Montagu, *Man,* His First Million Years, p. 91, Nova Iorque, 1957.
29. Nordenskiöld, *Origin of lhe Indian Civilization in South America,* Comparative Ethnological Studies, n° 9, Gotemburgo, 1931.
30. Pablo Martínez del Rio, *Los Orígenes Americanos,* México, 1953.
31. Paul Rivet, *As Origens do Homem Americano,* tradução de Paulo Duarte, São Paulo, 1958. Quanto à rota há um curioso artigo de Rivet, *"La Etnografia dice que en las costas colombianas del Pacifico desembarcaron los invasores melanésios", El Tiempo,* 13 de novembro de 1938, Bogotá, Colômbia. Em setembro de 1926 o professor Mendes Correia, da Universidade do Porto, leu numa sessão do Congresso Internacional de Americanistas, reunido em Roma, o seu estudo *Nouvelle hypothèse sur le peuplement primitif de l'Amérique du Sud,* também publicado nos *Anais da Faculdade de Ciências do Porto,* vol. XV, n° 2, 1928. Teve ampla repercussão. Os australianos alcançavam a América do Sul pela extremidade austral, atravessando a Antártida, mar de Wedell, estreito de Drake e desembarcando na Terra do Fogo. Na mais recente edição do *Origens do Homem Americano* (São Paulo, 1958), Rivet não mais se preocupa com os roteiros para a penetração, nem com os meios de transportes.
32. Os pigmeus da floresta de Ituri, no ex-Congo Belga, ofereciam-se ao famoso caçador J. A. Hunter para apanhar e trazer a morsa do Ártico, que eles diziam existir no fundo da mata, sair durante a noite e atacar o homem para devorá-lo.

ELEMENTOS DA ESTABILIDADE HUMANA

*Lo más interesante no es la lucha del hombre con
el mundo con su destino exterior, sino la lucha
del hombre con su vocación.*

JOSÉ ORTEGA Y GASSET (1883-1955)

*O destino do homem depende da maneira pela
qual ele domine as conseqüências da técnica
em sua vida.*

KARL JASPERS

O velho Goethe, vendo um burrico que tomava sol, teve uma exclamação lírica: *wie wahr, wie seind!* Tão verdadeiro! Tão existente, em sua realidade fiel! O burrico era uma forma lógica e natural na plenitude física e todos os seus movimentos denunciavam essa legitimidade funcional. O homem só afirmou posse na terra, com a força de sua existência, quando foi *wie wahr, wie seind,* verdadeiro, autêntico, realmente existente.

Essa posse positiva e larga não decorre (para mim) do sedentarismo, cultivo do solo e pastoreio. Pode o destino, a função de viver, não coincidir com a vocação de realizá-la. Foi preciso que ele tivesse uma consciência de sua própria suficiência, uma intuição de sua permanência inarredável. Além da experiência marginal dos sentidos, o homem compreendeu o destino do seu domínio e viu, na paisagem inteira perlustrada ou intuitiva, uma antevisão natural da futura *Weltans-chauung:* que aquele era o seu reino, a terra da missão para o trabalho, a resistência, a vitória da percepção sobre o tempo. Escrevendo da Bahia em 9 de agosto de 1549, o jesuíta Manuel da Nóbrega afirmava que *essa terra é nossa empresa.* Tivera a antevisão ecumênica de sua vida. Existia, verdadeiramente.

Karl Jaspers fixou entre os séculos VII-II a.C. o tempo-eixo em que o homem teve a consciência de si mesmo, de suas necessidades e de sua capacidade criadora. Os elementos da História mobilizam-se nesse tempo-eixo jaspersiano. Cem anos depois nasceriam os grandes movimentos políticos unificadores dos impérios. A História reservou muito espaço para os depoimentos conquistadores. Um filósofo da História procura sempre a extremidade cronológica para o vôo analítico. Karl Jaspers elegeu os anos 800-200 a.C. Qual seria, para um etnógrafo, o tempo-eixo, a consciência preliminar das possibilidades dominadoras do homem sobre o espaço e sobre as existências animais?

Teria havido um momento na vida humana em que a voz irresistível ofereceu ao bípede implume o domínio do mundo? E este aceitou a oferenda trágica, em vez de entregá-la, delegá-la ou transferi-la ao elefante, ao leão ou ao crocodilo — como sugeria Eça de Queirós?

Essa noção da estabilidade humana teria seu clímax quando a criatura descendente dos caçadores e pescadores de Cro-Magnon teve posse das sementes de quase todos os nossos conhecimentos contemporâneos. O mundo centrípeto de sua observação, dedução, experimentação, curiosidade inquieta atinge ao limite da ruptura, a deflagração do passo para as marchas pelo mundo. Quando nasceu a era centrífuga do espírito humano. Foi esse o tempo-eixo etnográfico.

Começou numa idade ainda indecisa e negaceante para as claridades da identificação. Finais do neolítico. No difícil eneolítico, a nevoenta e confusa Idade do Cobre. Tudo aí entra num ritmo de aceleração, de expansão, de movimento. Ainda há pedra lascada e pedra polida mas o metal é trabalhado. A história das técnicas posteriores é a crônica das modificações que a prática determina. A conquista das matérias-primas imprime avanço à navegação, estradas, caravanas, jornadas longas, devassamento geográfico, fixação de mercados, compromissos, permutas regulares, valorização, fermentos germinando os guerreiros, plantadores de reinos.

Os elementos da estabilidade humana decorreram da conquista de uma economia sucessiva e não mais unicamente provisionadora. Digo elementos da estabilidade humana o uso consciente das primeiras técnicas aquisitivas ou simplificadoras da tarefa diária, indispensável, normal e regular. O homem alcançou a sua média de esforço, sabendo qual o rendimento de sua energia e a percentagem dedicada aos previstos resultados. Quando já não mais havia (quase) improvisação maior que a rotina produtora. A memória guardava fórmulas que se tornavam eficientes no momento necessário da utilização. A estabilidade humana foi fenômeno estático de consciência.

Já não se concebe o caçador solitário e sim ajudado pelos seus pares. A solidão é um índice de temibilidade social, uma legítima defesa da posse contra o assaltante. Já então existia o concorrente depredador e violento. Até certa dedução psicológica a propriedade é a mãe da guerra. No tempo da deusa Belona (296 a.C.) recebiam em Roma os embaixadores estrangeiros e os generais candidatos ao triunfo. As abelhas têm ferrão para custódia do mel possuído.

Para que o homem tivesse a convicção do seu equilíbrio, de possuir os elementos necessários à existência e convívio, sentindo-se participante indispensável pela contribuição do seu esforço na obra grupal, foi preciso que atravessasse épocas, sabidamente convencionais, de experimentação individual e avaliação por parte dos companheiros. Uma espécie de iniciação que constaria da análise verificadora de sua capacidade como caçador, pescador e mais atividades. Assim devem existir em potencial a predisposição colaborante e um período de aplicação direta e irresponsável da função útil. Junte-se naturalmente o ambiente que proporciona a efetividade da técnica, sua realização material. Ocorria o clima indispensável para o trabalho fixador do homem no domínio da terra e não uma série de aptidões intermitentes e superficiais. O homem pré-histórico é sempre um profissional.

O instinto gregário, que W. Trotter chamou *gregariousness,* levou-o a reunir-se com seus iguais na fatal convergência irresistível das atrações semelhantes. *Qui se ressemble, s'assemble.*

Este grupo primitivo, unificado pelo interesse comum, não era a horda hipotética, rebanho sem pastor, de impossível comprovação histórica. Teria o grupo, funcionalmente, um chefe, entidade inaceitável nas massas ligadas pelo fermento excitador da violência incontida e fundidas no mesmo bloco psicológico, tudo dependendo da impulsão coletiva e da perfeita integração da reação individual nas atitudes do conjunto. A igualdade no social é submissão às chefias unitárias. Numa horda — como imaginou Darwin e divulgou Freud — é insuscetível de funcionamento a orientação continuada, a chefia permanente, numa perduração de planos ou sugestões normativas. A direção é uma série de ímpetos, guiados pela efemeridade das predileções e simpatias ocasionais. Horda é manada humana, irracional e louca, nada realizando além do saque, incêndio, massacre e fuga tumultuosa. Em estado de horda o homem é construtor ou lógico quanto uma matilha de lobos ou bando de javalis, famintos, numa noite de inverno. *Ex nihilo, nihil.*

Não podemos adivinhar os elementos psicológicos do homem primitivo mas, antes do neolítico, encontramo-lo com uma consciência de vontade, sinônimo mais vivo de personalidade. Suas pinturas, esculturas, gravações em relevo denunciam uma fisionomia refletiva, capaz da comunicação exteriorizadora e permanente do pensamento artístico interior. Para que ele atingisse esse estado de raciocínio — deliberando, resolvendo, realizando materialmente o ditado da inspiração íntima — é preciso a posse consciente de uma personalidade positiva e real.

Mas nem todos os homens naquela época sabiam gravar, esculpir, desenhar, mas a coletividade já determinara um clima emocional compreensivo, capacitando o nascimento da arte. Não era pastor, agricultor, construtor de casas, domesticando animais, cozendo cerâmica, plantando vigas para as cidades lacustres, erguendo os monumentos megalíticos. Mas possuía todos os elementos da estabilidade humana, o aparelhamento suficiente para a posse da terra, as técnicas sucessivas e com possibilidade de melhoramento, afastando-o de todos os demais seres condenados à imutabilidade relativa do instinto.

A estabilidade humana, no plano etnográfico, não é a realização, num sentido geral imediato, mas a capacidade desta realização. Desta capacidade provém o milagre perpétuo do desenvolvimento, da força aquisitiva nos níveis grupais e individuais, as razões e energias indisfarçáveis e permanentes de sua vida e vitória nos caminhos da terra.

ECOLOGIA
···········

Onde estavas tu, quando Eu fundava a Terra?
Jó, 38, 4

$\acute{E}$ a influência do ambiente sobre o indivíduo o motivo da ecologia. A relação desta interdependência, projeção física, reação humana, explica a existência social, desenvolvimento, enfraquecimento, esplendor ou morte. A presença humana não é passiva e somente receptiva mas modificadora poderosa, transformando a paisagem que, com outro aspecto, determinará influência diversa da situação anterior. Solo, clima, regime d'água, natureza produtiva, revestimento vegetal agem sobre a figura humana que os enfrenta para dominar ou sucumbir, com as formas intermediárias de submissão à fatalidade ecológica, resignação, depauperamento, atonia, vida maquinal.

As culturas nascem das possibilidades equilibradas da ecologia, de sua função harmônica quando o homem disciplina e utiliza, no plano racional, as "forças da Natureza".

Noutros aspectos o domínio ecológico consente, permite, concede uma hospedagem ao homem, nas tundras, nos desertos de areia, de pedra ou de gelo. A quase imutabilidade cultural é explicada por uma ecologia de conservação, de estabilidade, alheia aos impulsos estimuladores e excitadores da invenção, do melhoramento, da ascensão no plano do conforto e produção. A dificuldade ou abundância d'água, o solo fértil em vegetais têxteis ou alimentícios, o campo e o bosque com caça, ausência de fenômenos meteorológicos assoladores, temperatura doce ou estável conforme a estação, regularizando o plantio, trato e colheita, salubridade pela raridade ou ignorância de animais nocivos, metais de fácil extração no subsolo, penetrabilidade assimiladora de outras culturas permutantes, tranqüilidade grupal são elementos axiomáticos de um desenvolvimento coletivo.

Um grupo pode ter todos ou alguns destes elementos e nos domínios da invenção a oportunidade ou mesmo o complexo propiciador de sua eclosão mas este não determina a obrigatoriedade do aparecimento. As razões que justificam uma criação existem noutro lugar sem que hajam promovido a realização. Em vez de um mestre antropologista ou etnógrafo penso que Santa Teresa de Jesus estava no caminho afirmando:

No es para mujeres ni aún para hombres muchas cosas.

A projeção de um fator ecológico pode ser decisiva numa região e ineficiente ou apenas perceptível noutra. Como afirmavam os astrólogos da Idade Média, os astros predispõem mas não obrigam. Em condições perfeitamente adequadas, muitas nações indígenas da Califórnia desconheceram o cultivo do milho e o uso da cerâmica, vivendo próximas aos povos oleiros e plantadores do *zea mays*. Os osmalis que se fixaram nas orlas da Europa mediterrânea e Ásia Menor, substituindo no governo gregos e fenícios navegadores, não ouviram o apelo do mar e jamais foram marinheiros, olhando as ondas. No Cabo Horn, extremidade austral da América, lado a lado na Terra do Fogo, vivem os iámanas e alacalufs pescadores, afrontando o oceano, e os onas, *índios de a pie* que não têm embarcações e não sabem nadar. Os umutina, ribeirinhos do Alto Paraguai, desconhecem barcos. Holandeses, tendo quase todos os elementos contrários à sua unidade e presença civilizadora, construíram uma pátria, e até meados do século XVII eram a primeira potência marítima do mundo. Os brasileiros do nordeste têm regime dietético condenado por todos os nutricionistas e entretanto povoaram e mantiveram o ecúmeno numa região desfavorável e áspera, povoando-a de cidades e fornecendo o braço indispensável às indústrias extrativas da borracha amazônica e constituíram a massa vibrante que conquistou o Acre como território nacional. A criação da Arábia Saudita, começada em 1902 com trinta homens, mostrou que Ibne Seude (1880-1952), fundando um grande reino, determinara implicitamente a ecologia favorável. As outras condições conspiravam contra ele.

Ante o determinismo geográfico há o desmentido demolidor de exceções arrasantes. Vizinhos e com meios idênticos de subsistência os kalundas fazem suas choças circulares e as tupendas quadrangulares. É lição d'África.

Não há povo predestinado senão por auto-intoxicação doutrinária e ainda menos uma região destinadamente indicada a um estado superior inevitável. O fator humano é que é decisivo e determinante e de sua vontade dependem que as montanhas sejam vales, rios mudem de álveos, desertos se tornem pomares e trigais e as utilidades surjam de todos os recantos inesperados e melancólicos. Arnold J. Toynbee afirma que

o estímulo que determina a civilização aumenta progressivamente, na proporção em que aumentam as dificuldades apresentadas pelo ambiente.

Hipócrates (IV a.C.) e o historiador Políbio (II a.C.) defendiam a quase onipotência geográfica que mereceu as correções críticas de Estrabão (falecido em 20 d.C.), evidenciando a ação humana como essencial modificadora da natureza. O século XIX foi a centúria do determinismo geográfico, com Buckle, elevando a preponderância do solo e da produção no condicionamento humano. Taine foi o divulgador e mestre supremo e suas idéias ainda estão fundamentando, confessadas ou não, muita escola contemporânea.

O homem, *animal d'espèce superieure*, é a conseqüência de três elementos modeladores e dependerá da maior ou menor força irradiante desses agentes: raça, momento, ambiente. O homem seria apto ou inepto, coletivamente, conforme a raça que pertencesse, o momento vivido e o ambiente formador. Metchnikoff mostrou que os grandes rios padronizavam as grandes civilizações. Para o conde de Gobineau a raça era decisiva e absoluta e a história do mundo é uma sucessão de feitos das raças nórdicas, fatalmente vencedoras em face da infalível decadência do povo latino. Ellsworth Huntington exaltou *the climate factor,* de onipresente força construtora.[33] Durkheim apontou a sociedade, entidade existencial independente do homem dela participante, formando-o, dando-lhe temperamento, raciocínio, sensibilidade, direção, por uma espécie de endosmose incessante. Para Leo Frobenius é a cultura, ser vivente, agente, atuante. Para Bronislaw Malinowski é a necessidade, *a theory of needs,* onde a cada urgência essencial, *basic needs,* corresponderá uma cultura implementar, *cultural responses.* Toynbee explica a vitalidade das civilizações pela maior ou menor intensidade com que a minoria diretora responda ou reaja aos apelos da maioria solicitante. Ratzel, organizando sua antropogeografia, defendeu algumas razões da influência mesológica, Enfim, a geografia plasma sua criatura. O homem é filho da Terra. Ritter, Kapp, Kohl divulgaram os preceitos aos quais Peschel respondeu, negando a soberania geográfica, a predestinação territorial e ensinando que a História é feita pelo Homem, analisada pelo historiador e não pelo geógrafo. Telésforo de Aranzadi, resumindo a crítica de Peschel, conclui:

> *Hay que precaverse de pensar que el arte, la religión, la moral y la ciencia dependen de la latitud y longitud.*

Em 1882 Renan protestara:

> *L'homme n'est esclave de sa race, ni de sa langue, ni de sa religion, ni du cours des fleuves, ni de la direction des chaînes de montagnes.*

A nação era formada pelos fatores da vontade, da tenacidade, do sacrifício. *Une nation est donc une grande solidarité* — afirmava. Contra a ditadura ecológica insurgira-se, já em 1928, Fidelino de Figueiredo:

É necessário deslocar de novo da mesologia para a alma a força e as capacidades criadoras, e abrir nessa disciplina um capítulo de prudência, o do incognoscível, o do fatal mistério.

Certamente todos esses elementos influem e em certos momentos um deles, alguns ou todos condicionam o fato, ação, nascimento de uma indústria, vitória de campanha, elevação de padrão vital. O problema, na maioria dos exames, é fixar um dado músculo como responsável pelo movimento de sucesso.

O essencial e lógico em doutrina científica é excluir o exclusivo.

A ecologia, como um sistema de vasos comunicantes, provoca, adapta, modifica, anima, mantém o movimento da população, alimentação, indumentária, organização administrativa, danças, literatura escrita e oral, músicas, artes plásticas de classes elevadas e populares, indústrias no nível da padronização mecânica, e produção tradicional do artesanato; a cultura como sinônimo da fisionomia do temperamento coletivo, teatro, comércio, economia, navegação, finanças e — maior mistério — a mentalidade, filtro condensador, selecionador e regulador dos nossos julgamentos, maneiras de observar, expor, resumir, aceitar ou recusar todas as coisas.

A mentalidade é o sistema nervoso da população. Suas reações conquistam simpatias universais ou impopularidades, geradoras de problemas internacionais, de climas odientos, de incompreensões sistemáticas. Todos os estudiosos analisam motivos infinitos exceto a mentalidade de seus países. Pesquisam e criticam os efeitos e não as causas. Quase sempre é um panegírico emocional. Nenhum filho de Noé teve a coragem de pedir que o pai deixasse de beber. O amor filial ocultava a nudez e não o vício paterno.

A ecologia teve suas épocas de esplendor, de grandioso prestígio, como ocorreu à hereditariedade na confusa e fulgurante concepção popular. *Filho de peixe sabe nadar. Quem é de raça, sempre caça.* Depois, sob a pressão implacável das verificações experimentais, o halo restringiu-se à modesta realidade. *Em casa de ferreiro, espeto de pau.* A educação, fórmula simpática da ecologia espiritual, possuiu suas transfigurações e baseou desmarcadas esperanças. Explicaria quase tudo e seu poder modelador era irresistível. O mistério cotidiano e vivo da vocação desarrumou uma boa parte do edifício. Depois, a fenomenologia do desajustamento espalhou o fermento desassociativo da fama. A educação não faz melhores mas sim os aptos. Resiste a disponibilidade para o Bem e para o Mal. As supremas finalidades da presença humana na Terra, caráter, compreensão, tolerância, amor do trabalho, honestidade, moralidade, dignidade, independem do nível da instrução cultural. São os letrados ou semiletrados os responsáveis pela angústia universal. Às vezes o aparato cultural apenas arma de técnicas modernas a prática imperturbável da vaidade, da inveja e do ódio. Da radiosa panacéia educacional restam a lição de prudência e os elementos reais para o entendimento do problema humano, fora da mecânica fisiológica ou padronização monótona da psicologia racional.

Um ovo foi enviado em junho de 1933 de Natal, Rio Grande do Norte, para a Alemanha, para Altenessen, Prússia Renana. Do ovo nasceu um galo, alemão pelo *jus soli* e brasileiro pelo *jus sanguinis*. Durante os cinco ou seis anos de sua existência esse galo cantou unicamente pelo horário dos galos do Brasil que ele jamais ouvira.[34] Não houve meio do galo potiguar assimilar o ritmo pregoeiro dos colegas renanos. Manteve a diferença das quatro horas distantes para as doze locais. Levara, *ab ovo,* não apenas o canto mas também a regra imutável dos momentos em que devia cantar. Ecologia alemã inoperante.

INSTINTO AQUISITIVO

O instinto aquisitivo é o irmão xifópago do instinto de conservação. Nasceram juntos e são inseparáveis. Inconscientemente o instinto aquisitivo supera as necessidades do homem, velando a manutenção, tentando armazenar reservas bastantes para o exercício vital.

Instinto aquisitivo é a vontade de possuir, vontade inata, imediata, absoluta em todos os seres humanos e em qualquer situação da história do mundo. Não depende o movimento de cobiça da possível utilidade do objeto alvejado. Nem sempre desejamos o útil e o necessário. Apenas ter, incorporar ao patrimônio, pequeno ou grande, as coisas consagradas com a nossa vontade aquisitiva, tantas vezes inexplicável. Se fizermos reparo no que mentalmente ambicionamos haverá uma estatística surpreendente. Verificar-se-á que o senso de utilização não está em equilíbrio com o número e espécie das coisas desejadas. É bem menor.

Parece constituir um sentimento que sobrevive de épocas longínquas de carências e procura, avidamente, ressarcir-se. Por esta constante e notória inatualidade e desajustamento psicológico, ambiental, acima ou abaixo mas quase sempre fora da relação normal, prova-se que sua ancianidade é contemporânea à formação dos instintos básicos, atravessando o tempo, inalterado em sua volição substancial. O nosso instinto aquisitivo presente é o mesmo do paleolítico inferior. Queremos, dentro e acima de nossas possibilidades naturais utilizáveis e unicamente a vontade, que o costume dirige para a ambição legal e justa, limita, sofreia e contém o desejo amplo, informe, absorvente, pairando sobre as coisas possíveis e impossíveis. O Decálogo (Êxodo, 20, 17) inclui o desejo da mulher do próximo ou das coisas alheias como entidades vivas de possessão indébita e pecaminosa. Ponhamos na mente que a intenção, nas doutrinas civil e penal, é gesto em potencial, índice legitimador da premeditação, ato antecipado à própria ação material, de imprecisas, amplas e múltiplas raízes formadoras, mergulhadas e confusas no território mental.

O instinto aquisitivo é elemento poderoso para criação do sentimento de propriedade, de estabilidade humana, de auto-suficiência, de confiança, de personalidade agente. E também é o pai dos sete pecados capitais. Estes — soberba, avareza, impureza, ira, gula, inveja, preguiça — podem explicar-se como resultados claros de desequilíbrio endocrínico, tendo base comum e única no instinto aquisitivo insatisfeito, recalcado, envenenando gestos e ações subseqüentes, como a podridão lançada à fonte enodoa todas as águas vivas da corrente.

Com a autonomia dos membros anteriores livres o homem conserva as mãos, em posição normal, com os dedos curvados, com possibilidade preênsil espontânea. Dir-se-á atitude que lhe recorda o colher de frutos, apanha e atiramento de pedras. Uma continuidade milenar sujeitou a mão humana, além de sua disposição anatômica, à forma côncava, exercitada no apanhar e segurar as armas com que se batia e matava. Era o sílex arredondado, bojudo, cuja elevação medial servia de ponto de sustentação, acha, o *coup-de-poing*, e também utensílios de trabalho, raspadores, alisadores, trituradores, mós, conservando os dedos em disponibilidade contrátil, muito mais para a preensão do que para a distensão.

A mão normal é a semifechada. É o símbolo aquisitivo, recolher, reter, prender, agarrar.

A frustração no plano aquisitivo compensa-se pelos atos adquirentes de coisas sucessoras do objeto ambicionado. Não lembro o aparato compensador em sociologia mas no domínio etnográfico. Os enfeites, adornos exagerados, a inspiração modificadora da moda no caso pessoal, improvisação de festas ruidosas, alteração na indumentária dos autos populares são, às vezes, compensações da mágoa oculta, tentando a diluição de recalque pela exibição de atos acima da linha normativa tradicional. A impossibilidade de fardar um grupo folclórico na altura do plano vaidoso obrigou o "mestre" a uma substituição de uniformes e decorações, obtendo aplauso público pela "novidade" e fazendo com que se esquecesse da idéia inicial, irrealizada e agora sem conteúdo excitador.[35]

Em 1924 foi meu colega na Faculdade de Direito do Recife, José Lins do Rego (1901-1957) que, ao falecer, era um dos maiores romancistas do continente. Zé Lins comprou por trezentos ou quatrocentos mil-réis — quase toda sua mesada mensal — um candelabro de sala, espetacular, que o deslumbrara. Não lhe seria útil em espécie alguma e, depois de gozar a idéia de ser proprietário da maravilha dispensabilíssima, desfez-se dela pela terça parte do preço que lhe custara. Não chegara a pendurá-lo no seu pequeno quarto de estudante, mas o instinto aquisitivo dominou-o muito mais fortemente que a lógica formal. Não se trata, evidentemente, de uma simples *cupiditas habendi*. Não sei se a todo-poderosa imitação, que Gabriel Tarde (1890) incluiu como fato social elementar, decisivo sobre normas de comportamento, sendo mesmo influenciadora *toute action à distance d'une esprit sur un autre,* como as repetições provocadas pela fama, seja total e intrinsecamente a pura imitação. Será maquinal, irresistível e dócil nas crianças mas o sentimento pessoal do adulto já se debate no egoísmo, na auto-suficiência, na vaidade congenial, barreiras restritivas a uma forma submissa do mimetismo. Muito comum é a reação indignada dos imitadores notórios quando acusados de flagrante cópia. Na inconsciência da vassalagem não estarão convencidos da posse, e decorrentemente da integração do elemento plagiado no próprio organismo psíquico? E o movimento da imitação, imitar para obter a mesma projeção ou sucesso do imitado, não será o instinto aquisitivo incontido de apropriar-se de uma técnica ou maneira determinante de êxito? Na base radicular da imitação está o desejo insopitável da aquisição.

A mecânica da imitação é um processo aquisitivo.

Mas, nos domínios da etnografia ou da antropologia cultural, as leis foram formuladas para que tivéssemos tantas exceções quantos exemplos na norma geral. O homem nasceu para decepcionar a padronização classificadora, fazendo da pesquisa etnográfica uma reação química.

Na paisagem da aculturação o instinto aquisitivo assume modalidades novas e nunca é possível a previsão real dos elementos dispensáveis ou valorização específica dos desejados. Um esquimó pode amar desesperadamente o álcool civilizador e dispensar o paraíso cristão pela ausência das focas.[36]

Vivemos e agimos dentro do complexo onipresente do costume. As reações da inteligência, soluções psicológicas e atitudes comuns nas relações dos fenômenos sociais e convívio humano, decorrem pela ação da nossa conduta no plano da norma. Não sentimos a pressão insensível e constante como não têm as águas a consciência do próprio deslocamento.

CONDUTA E NORMA

A conduta, *cum-ducere,* é o dinamismo impulsionador, o sistema fisiológico do costume, mas implica requisitos morais e técnicos, fidelidades aos modelos anteriores, aos padrões normativos que se consagraram no espírito do povo. A conduta é o comportamento, o procedimento, restringidos às fronteiras da norma. É a maneira de ser e de realizar-se uma ação nos moldes da forma. A norma é o modelo estabelecido pela repetição do costume no tempo, regulando, guiando, mantendo a direção. É a pauta que para os romanos valia a esquadria, o esquadro, para formar e medir ângulos retos e tirar as perpendiculares. Uma conduta só se integra na continuidade do costume quando é normal, pautada pela norma, tornada ato natural e comum. Norma e conduta caracterizam o conjunto social. A norma na Cultura e a conduta no homem que age.

As diversidades de normas distinguem as culturas como os timbres que, na música, são as fisionomias do som. As normas e condutas regem os contatos recíprocos do grupo humano no plano da interação.

Um costume só existe quando se torna normativo e é vivido pelo hábito, na coerência da conduta.

Conduta e norma relacionam-se indissoluvelmente com outros elementos, costumes, hábitos, usos. A reiteração do costume constitui o hábito que é a prática do costume. A norma afirma a integração do costume na vida coletiva. Decorrem os vocábulos *normal, normalmente, normalidade,* suficientes para a evidência. A norma procede do costume, de sua repetição, e depois, verificada a analogia, autentica-lhe a legitimidade. Toda cultura vive dentro dos limites de uma norma e de sua dinâmica, forma de atuação, é a conduta humana que a cumpre e materializa. Chamamos doutrina a uma conceituação da norma ou conjuntos específicos de preceitos normativos.

Dizemos técnica a execução prática de uma norma, à forma positivadora de um conceito normativo numa conduta.

A conduta não é o ato em si mas a maneira de realizá-lo. Não o conteúdo mas o continente. Não a substância mas forma da execução.

O hábito tem sido comumente confundido com o costume. E ambos com o traje, conjunto de peças características de uma vestimenta, hábito civil, hábito militar, *l'habit noir, l'habit vert, costume de bal, costume d'académicien,* do latim *habitu* e do italiano *costume,* do francês *coutume,* "o hábito não faz o monge"; "costume de cheviote claro".

A seqüência de atos repetidos constitui o hábito em sua forma agente. Costume é o uso do hábito, o exercício do habitual. Uso é a aplicação material, o servir-se de uma coisa ou exercer um ato conforme sua finalidade útil. A continuidade do uso de um hábito, determinando o habitual, torna-o maquinal, quase espontâneo, reflexo, respondendo naturalmente à provocação da necessidade. É então o hábito usual. Direito costumeiro. Direito consuetudinário. *Common Law.* Norma é a direção, indicação, rumo. Costume é o caminho, estrada, via, trilha que a reiteração, assiduidade, repetição do uso mantêm ao serviço comum, na constância do hábito. Costume e hábito, funcionais pelo uso, independem das instâncias doutrinárias, justificativas, justificações da conduta e são apenas cingidos ao automatismo da ação.

Nenhuma civilização desaparece completamente no mundo. Sobrevivem resíduos transmitidos às civilizações circunjacentes ou influenciadas distantemente, aglutinadas pela atração natural das semelhanças e gravitando nos sistemas idênticos e locais. A superstição, *super-stare,* está nessa classe. Destroços de cultos desaparecidos fixam-se na mentalidade popular, distante ou vizinha, com espantosa vitalidade. Naturalmente essa permanência é tanto mais poderosa quanto mais popular e vulgar seja a área devocional.[37] Não ficam valendo apenas superfectações heterodoxas mas condicionam condutas, obrigando respeito, aceitamento ou proibição. Constituem formas reais de ação e de omissão na contingência das relações sociais. A superstição é uma doutrina ilegal e secreta mas tão operante e múltipla quanto possa ser a legal, exterior e ortodoxa. São normas porque determinam reações coletivas e naturais.

Os etnógrafos e antropologistas culturais estudando esses assuntos preferem citar as curiosidades dos negros africanos, dos grupos humanos polinésios, melanésios, dos povos esparsos pelo continente e ilhas ameríndias. Não careciam deixar suas pátrias para encontrar matéria substancial e viva na espécie. O folclore tem divulgado a contemporaneidade do milênio nas cidades soberbas e luminosas. Os cerimoniais que parecem anomalias e sobrevivências têm possivelmente legítimas semelhanças aos costumes locais. Apenas são civilizados para nós porque são normas determinantes da nossa *normalidade*. Aquilo que é anormal pertence às normas alheias.

O sistema samoano de beber kava será mais complicado que o aparato de uma cuia de chimarrão entre gaúchos brasileiros, uruguaios e argentinos? E o ritual da taça de champanha num banquete de gala? Quem deve erguer a taça, depois do brinde de honra, inclinando-a para determinadas pessoas em primeiro lugar, o movimento, seriedade e compostura da assistência silenciosa como um momento religioso? Muito estranho, concordo, uma festa dos Kwakiutls de Vancouver. Que diriam eles assistindo a um carnaval no Recife, na hora alucinante do passo no frevo? A entrega da Ordem da Jarreteira na capela de Windsor? Um desfile congratulatório da posse do presidente da República em Washington? Primário é o amor indígena pelos ornatos pessoais e esquecida é a nossa *chasse-aux-décorations*. Primitivo o desejo nos humildes agrupamentos humanos pelas distinções e títulos pessoais. Quem não os aspira? Kotzebue tem uma deliciosa comédia, *A Pequena Vila Alemã,* Weimar, 1802, onde na imaginária Kraehwinkel a loucura é a conquista de um título. Será que desapareceu a ânsia tão humana e antiga? Machado de Assis perguntava o que diriam de nós os gaviões se Buffon tivesse nascido gavião...

Parece-me dispensável, por óbvio, lembrar que as normas vivendo em atos humanos fundamentam-se na aceitação e prática do uso. Imemoriais e tradicionais, novas ou impostas por uma revolução, domínio estrangeiro, ditadura pessoal, a onipotente moda com os irresistíveis amavios da imitação, podem as normas resistir, antiquíssimas, ao lado de outras, paralelas e sucessivas na renovação. Dentro de sua mecânica estão as margens para as mudanças, lentas ou rápidas, mas num plano de desdobramento e não imediata mutilação. Os ornamentos e acessórios sobrecarregando o essencial, mudando o centro de interesse, podem tomar seu lugar sem que se perceba. O *jazz-band,* por exemplo. Os instrumentos de percussão, passados a solistas. É preciso a existência prévia de um clima de aceitação que é a existência de padrões mais ou menos semelhantes, servindo de elementos de preparação psicológica. Um grande processo renovador das normas reside nas reações infiltrantes e não frontalmente adversas.

O costume, expressão positiva das normas, alcança os valores de uma influência universal na esfera jurídica, como nenhum outro. O costume, com a dupla exigência da "generalidade de aplicação no espaço e continuidade de observança no Tempo", torna-se fonte formal do Direito Internacional Público.

> *La coutume est la source intuitive et collective de la règle de Droit... La coutume étant caractéristique de tout ordre juridique primitif et imparfait, nous ne nous étonnerons pas de lui voir jouer en Droit International un rôle beaucoup plus important qu'en Droit interne, un rôle capital, aboutissant à un droit commum, ou "common law" international*

escreve o professor Georges Scellè.[38]

Os internacionalistas captam a onda já no nível "internacional". O mestre universitário de Louvain, Charles de Visscher, ensina:

> *Il est bien connu que des actes de droit interne peuvent contribuer à la formation de pratiques qui sont à la base de la coutume internationale.[39]*

Não é, para Visscher, o costume de raízes e substância popular, condensando-se no *Droit Coutumier* ou no *Common Law,* precedido do *Grand Coutumier* ou do *Law giving,* mas o costume "internacional", *oeuvre du pouvoir,* o conjunto de normas nas relações de Estado a Estado, de base consuetudinária. O que interessa ao presidente de Honra do Instituto de Direito Internacional é o Direito interno de origem legislativa ou judiciária, fazendo-o concluir:

> *Il n'y a pas de droit coutumier à la formation du quel les individus prennent une part aussi minime que la coutume internationale.*

É justamente o inverso da conclusão etnográfica.

O costume local e regional determina a tradição nacional do uso, tornado elemento de hábito inflexível em sua constância, incluído nos protocolos sociais, terminando por constituir expressão do patrimônio cultural da comunidade. A inviolabilidade dos emissários (*portador não merece pancada),* o direito de asilo, o conceito que a coisa ("presa") furtada não dá, pela apreensão, direito de propriedade, o símbolo do Estado no pavilhão nacional, a cortesia entre soberanos, a marcha ascensional para o respeito às mulheres, aos velhos, aos que tratavam "os feridos e enterravam os mortos, a reciprocidade no tratamento (*Quem graças faz, graças merece)* não surgiram de decisões dos conselhos ou das assembléias (parlamentos) e sim de uma lenta capitalização de costumes, locais, de senhor a senhor, de terra a terra, de país a país. Não foram inicialmente leis mas atos coletivos, *droit de coutume, common law.* Subiam ao uso geral pela insistência com que o costume era vivido. Como se verificava na França e em toda Europa, *La loi sortait de la coutume,* anotava Bainville.[40] A codificação de leis era, até certo ponto e em maior percentagem, uma seleção de praxes costumeiras. A lei, no comum, era a fixação gráfica do costume, regulando situações de fato. A maioria, ainda presente de dissensões e impasses, os problemas que demandam milagres nas fórmulas conciliatórias, nasce da mentalidade de cada país litigante, sua noção sentimental de soberania, independência, consciência da força coletiva valorizada pela tradição. Esses elementos são águas puras da fonte dos costumes. O costume é que os fez nascer e os conservou. Nenhuma legislação origina uma mentalidade mas esta é que provoca legislação à sua imagem e semelhança. Cada legislação, doutrina jurídica, interna ou externa, serve ao grupo que a formou e produziu. É efeito. Não causa. O convívio internacional, sempre mais assíduo e ampliado, associações de nações, OEA, ONU, comissões internacionais, é que conseguem outra fonte de Direito Internacional, uma espécie de alta câmara de compensação dos interesses equilibrados, já sob a égide do entendimento, constituindo uma família ideal, devota da tranqüilidade, harmonia, pacificação universais. Mas o diagrama evolutivo é um só — costume regional, nacional, colaborante no plano internacional conforme o prestígio da comunidade formadora. Como a Corte deu *cortesia,* a convivência internacional é responsável por essa mentalidade requintada e superior, niveladora teórica das cumeadas. No seu discurso de recepção na Academia Francesa (1879) Renan dizia:

> *Réunir les hommes c'est être bien près de les réconcilier, c'est au moins rendre à l'esprit humain le plus signalé des services, puisque l'oeuvre pacifique de la civilisation résulte d'éléments contradictoires, maintenus face à face, obligés de se tolérer, amenés à se comprendre et presque à s'aimer... Vous enseignez la chose dont l'humanité a le plus besoin, la concorde, l'union des contrastes!*

É a obra da ONU e a consagração seletiva do costume "internacional" pela Corte Internacional de Justiça.

Mas a origem, discreta e teimosa, é o costume, que o Código de Direito Canônico — afirma o melhor intérprete das leis:

Consuetudo est optima legum interpres, TITUS, II, 29.

Ignoramos parcialmente os fatores determinantes da conservação e de perecimento das normas e maiormente dos costumes. Certas modas, ademanes, atitudes surgem com violência dominadora e diluem-se com surpreendente rapidez. Ainda em 1922 era elegantíssimo apertar-se a mão das senhoras com o braço erguido e curvo. O duque de Clarence (1864-92), com um abscesso na axila, só podia saudar dessa maneira. Resiste, entretanto, a calça dobrada na extremidade, por ter o príncipe de Gales (depois Eduardo VII) encurtado assim a peça demasiado longa. A imensa e majestosa *crinoline* com que a imperatriz Eugênia disfarçava a gravidez derramou-se pela Europa e América numa prodigiosa aceitação que durou doze anos, de 1856 a 1868.

As desobediências, desatenções, independências de alguns dentro das normas não provam a falência destas. São exceções que podem constituir novas normas. *Il y a du bon à se mettre quelquefois au-dessus des coutumes* — sugeria Madame de Sévigné. Cabelo sem pentear, cabelo aparado curto, ausência de chapéu, mulher fumando em público, borracha para mastigar, abandono da gravata e do paletó, *slacks,* blusões, camisas-esporte nas universidades, repartições públicas, audiências de autoridades, calças masculinas nas mulheres, estarrecendo a Deuteronômio, 22, 5, foram atitudes individuais, minoritárias, determinando vulgarização alastradora. Até 1848 não se fumava nas ruas de Berlim. Até 1907 era proibido um funcionário público brasileiro comparecer aos ministérios com traje branco ou de cores claras. A autorização revolucionária partiu do Ministro da Justiça, Augusto Tavares de Lyra (1872-1958). Um advogado brasileiro vestindo brim branco não podia ocupar a tribuna judiciária até proximidades de 1920. Em 1910 era proposto na Câmara Municipal do Rio de Janeiro, então a Capital Federal, a defesa de alguém andar descalço na recém-inaugurada Avenida Rio Branco. Só se visita o Sumo Pontífice em grande gala. Até Eduardo VII, nas audiências privadas, ninguém podia sentar-se diante do rei da Inglaterra. Não era permitida a menor pergunta ao imperador do Japão. Em Fortaleza (Ceará) aplaude-se estalando os dedos em castanhola (sinal de aplauso nas lojas maçônicas). A imperatriz do Brasil, Dona Teresa Cristina, napolitana, não consentiu em 1864 que as duas filhas casassem no mesmo dia porque trazia desgraça para um dos casais. Esses atos não são atitudes independentes de um forte e poderoso vestígio protocolar, gráfico ou ágrafo, denunciando um complexo de normas, presidindo a seqüência de costumes e com veneranda ancianidade.

Em nossa vida social contemporânea 80% das normas são multisseculares ou milenárias. Os deveres da etiqueta, obrigações de polidez, exigências formais do protocolo têm incalculável antiguidade. A continência militar é do Império Romano mas o beijo, o aperto de mão, o abraço existem no mínimo há trinta séculos. Os complexos de veneração, adoração, vassalagem, gestos e atitudes correlatas contam milhares de anos. De Roma, republicana e imperial, raízes da Grécia, Ásia Menor, filtro do Oriente, tivemos a maior percentagem do nosso cerimonial. As sessões, magna ou solene, a presidência (sentar-se diante), o aparato oficial, desfiles, revistas, insígnias, presença e posse do Chefe de Estado, préstitos cívicos, procissões votivas, aclamações, apoteoses, primeira pedra de um edifício, embaixadas, velório, mortuária, consagrações, festas públicas, respeito aos velhos, sabedoria dos velhos (Senado), placas, procedências, delegações, processualística foram elementos básicos que ampliamos, modificamos mas continuam reconhecíveis em suas origens. No casamento, ajustes, pedido, dote, presentes, paraninfos, cortejo nupcial, bolo de noiva, traje branco, véu, grinalda, votos são presenças de Roma. O regime epulário, serviço de mesa, convidados, quem bebe primeiro, saúdes, castigos humorísticos aos maus bebedores, canções, colocação são motivos fixados nos velhos livros latinos antes de Cristo nascer. O que não se deva fazer em sociedade, tossir, espirrar, coçar-se, cruzar a perna sobre a outra, mostrar o dedo médio, interromper quem está falando, pôr a língua de fora, fazer figas, apontar alguém, são proibições romanas e gregas. Arcos de triunfo, jogar flores, folhas, agitar ramos verdes como homenagem, bater as palmas, atirar frutos, nozes e hoje arroz nos noivos, pilhérias com os nubentes, fórmulas antigas e vestígios de milênios. Vaiar no teatro, arrancar a máscara ao mau ator, pedir aplausos, comprar votos, escrever nomes feios nas sentinas, escarrar, pigarrear para chamar a atenção, pés descalços nas rogatórias têm para nós os mesmos valores vivos de 25 séculos. No terreno supersticioso o prestígio normativo é soberano e diário.[41] Ainda o Direito recebe infalível influência da lição dos jurisconsultos romanos, anteriores e posteriores ao imperador Justiniano. Impossível fixar a geografia prestigiosa do Direito Romano no mundo.

O estudo de uma cultura é análise de suas normas no tempo.

NOTAS

33. Um bom exemplo devocional ao clima é essa citação de Hicken no prólogo do "Fundamentos de la Fisiografia Argentina", de F. Kühn, em Antonio Di Benedetto, Bol. Soc. Argentina de Estudios Geográficos Gaea, n° 35; Buenos Aires, 1957: — *"Necesitamos conocer el CLIMA para tener la explicación del vestuario, del tipo de casa, de los juegos, las costumbres y los alimentos. Los hábitos indolentes de los razas tropicales y la laboriosidad de los que habitan países fríos son ejemplos ya clásicos; pero menos conocidos es que la riqueza de un idioma, el predominio de ciertas vocales o consonantes sea, en muchos casos, la resultante de factores climáticos. Recordemos que la emisión de la palabra depende, en muchos casos, de la respiración y esta debe subordinarse también, en muchos casos, al clima".*

34. Luis da Camara Cascudo, *Canto de Muro*, pág. 169, Rio de Janeiro, 1959. Não foi em 1930, como escrevi no texto, o envio, mas em junho de 1933. O episódio foi-me narrado pelo padre Frederico Pastor, M. S. F. residente em Natal, e que remetera os ovos para sua família, em Altenessen.

35. O feito verificou-se na cidade de Natal.

36. *Et les phoques? Vous ne dites rien des phoques. Aves-vous des phoques dans votre ciel? — Des phoques? Non, certes. Que feraient les phoques là-haut? Mais nous avons les anges et les archanges, nous avons les chérubins et les séraphins, les Dominations et les Puissances, les Douze Apôtres, les vingt-quatre vieillards... — C'est fort bien, mais quels animaux avez-vous? — Des animaux ancun... Si, cependant, nous avons l'agneau, nous avons un lion, un aigle, um veau... mas qui n'est pas votre veau marin, nous avons... — Il suffit. Votre ciel n'a pas de phoques, et un ciel qui manque de phoques ne peut pas nous convenir.* Elie Reclus, *Les Primitifs Études d'Ethnologie Comparée*, pág. 121, Paris, 1885.

37. *Car il est certain que les formes de civilisation sont toujours durables quand elles sont populaires, c'est-à-dire quand elles atteignent de profondes couches sociales, tandis que les civilisations trop sublimées pour dépasser la couche supérieure subissent des transformations importantes.* Leo Frobenius, "Histoire de la Civilisation Africaine", pág. 82, trad. de H. Back e D. Ermont, Paris, 1936.

38. Georges Scelle, *Cours de Droit Inteinational Public,* Paris, 1948.

39. Charles de Visscher, *Théories et Réalités en Droit International Public,* Paris, 1955.

40. Jacques Banville, *Histoire de France*, VII, Paris, 1924.

41. Luis da Camara Cascudo, *Superstições e Costumes.* Pesquisas e notas da etnografia brasileira. Ed. Antunes, Rio de Janeiro, 1958.

O Fogo

O meu cachimbo só pode ser aceso com o auxílio de um fósforo ou da breve chama do isqueiro. O primeiro é uma fricção. O segundo, uma percussão na pedra, obtendo a faísca comunicante ao pavio. Assim, há muitos milênios, conquista-se a flor vermelha do lume.

Civilizando-nos, afastamo-nos das coisas que são unidades da cultura material. Aquecemo-nos por um processo mecânico e os nossos fogões são elétricos ou dão rápida labareda sofisticada do gás em serviço único do estômago. E nas raras horas de camping fazemos uma fogueira teórica para assar lingüiças, saborosas e com gosto de fumaça.

Ensinaram que o homem primitivo obteve o fogo por três modos — um raio incendiou a árvore e ele aproveitou a chama, prolongando-lhe a existência com material combustível; retirou-a das lavas ardentes de um vulcão oportuno; viu pela primeira vez a chispa que deve ter-lhe queimado as patas, quando batia pedra sobre pedra para fazer uma acha. Como pôde manter essa chispa em função contínua é que deve ter sido, pela repetição reiterada, ação digna de um Prêmio Pulitzer...

Deve ter sido assim e vemos constantemente esse ensinamento nos livros de iniciação científica. A verdade é que quando o Homem apareceu, o fogo assava carne e clareava grutas oito mil séculos antes. Ninguém pode precisar a época em que uma criatura "inventou" a utilização racional do fogo e menos saber o nome dessa criatura. Verifica-se semelhantemente com o instrumento de trabalho. Bergson batizou de *homo faber,* muito mais expressivo que *sapiens,* a espécie inventiva do aparelhamento simplificador e mais eficiente para matar caça. O *sapiens* é o Homem de Cro-Magnon. Um milhão de anos antes, o *Austrolopithecus prometheus,* vivo e bulindo na África do Sul, fazia armas com os ossos longos dos animais abatidos. Não era *homo* mas já era *faber,* um legítimo *tool-maker,* como diria Oakley. A espécie legitimamente humana pertence à raça de Cro-Magnon no aurinhacense, primeiro período do paleolítico superior. Entre o pitecantropo de Java, que seria o que o Sr. Wood Jones denomina *Arboreal Man,* e o afogado Homem de Heidelberg, haverá o *Sinanthropus pekinensis,* o homem chinês de Pequim, encontrado em 1921 nos arredores da capital. Esse pouco recente colateral do *Homo sapiens* abatia caça com armas de pedra lascada, assava a carne ao lume, quebrando os ossos para sugar o tutano gorduroso, tal e qual faço eu, descendente orgulhoso de velhas raças pastoris.

Prova-se com o sinantropo que o homem já encontrou o fogo obtido artificialmente e utilizado para assar alimentos, aquecer o proprietário e afugentar feras indesejáveis. Empregou técnica milenarmente conhecida e certamente obteve-a de quem a sabia manejar. Homem sem lume era tão possível quanto sem pulmões. Como se arranjara o *Sinanthropus pekinensis* na sua terra de Chu Ku Tien para assar caça e aquecer-se e quem o ensinou a fazê-lo, é que não consegui saber. Está provado (pelos depósitos arqueológicos) que os caçadores do paleolítico inferior sabiam as mesmas coisas que o seu aparentado distanciadíssimo de Pequim. O homem primitivo foi o beneficiário de processos que deviam ter custado muito esforço aos verdadeiros criadores, gente dispersa no tempo e de impossível identificação no espaço.

O fogo foi o elemento da estabilidade humana em caráter decisivo. Fixa, auxilia, defende. A caverna tornou-se habitável pela presença do lume, afugentando as feras e espavorindo os fantasmas. Depois de assar, tostar a carne, manter o calor saboroso, o fogo iluminava fazendo o sol perdurar no ambiente do abrigo de pedra.

A iluminação mesmo bruxuleante possibilitou o trabalho noturno, tratamento de peles e couro, afiação e preparo de armas, gravação, desenho nas paredes, furamento de búzios, dentes de ursos e de felinos para pulseiras e colares, orifícios e ornamentos nos bastões de mando, apitos de caça, relevos pacientes que eram amuletos e ornamentações. E também as primeiras lucubrações devem ao clarão da fogueira doméstica os benefícios da forma mental iniciante. Lucubração, etimologicamente, só se verifica durante a noite e com luz de candeia,[42] e é cogitação, meditação, concentração. Nenhum primitivo teria clima e tempo para pensar durante as horas solares. Sentado, mastigando o punho como o *Penseur* de Rodin, seguindo a idéia, fá-lo-ia à noite. O pensamento foi de início uma atividade noturna.

O fogo forneceu outro elemento: o círculo humano à volta, derredor do lume aquecedor, a possibilidade lógica do serão. Ainda hoje nos climas frios a volta da lareira é uma constante inesquecível para quem dela participou. Disputando a divisão eqüitativa do calor e parte da luz a todos devida, os homens tomaram posição circular, eqüidistantes, igualados pela necessidade de obter do mesmo foco as vantagens divinas do aquecimento e da luminosidade.

O fogo impôs as primeiras posições coletivas para o grupo humano. A primeira seria o círculo tendo a fogueira no centro. Ainda é a forma de reunião nativa, ameríndia, africana, oceânica, universal pela antigüidade. É o fogo-do-conselho, posterior, no cerimonial das juntas consultivas. Mesa redonda sem o lume, mantendo a projeção inicial do arranjo instintivo. O fogo estava no meio da caverna. Explicava o círculo aproveitador dos benefícios. Quando no neolítico o homem possuiu casa, melhorando a gruta ou construindo as choças pastoris e antes para vigiar o plantio, o fogo teve local fixo e, para não tomar muito espaço, útil para outros misteres, foi arrumado junto à parede ou próximo, impossibilitando a roda mas criando o semicírculo, a volta à roda da lareira, viva onde haja inverno frio. Muitas grutas francesas e espanholas mostram vestígios dos leitos, depressões mais pronunciadas onde os homens dormiam sob as peles peludas, circundando o fogo numa vaga imagem de estrela poliédrica. Ainda resiste a técnica nos acampamentos e nas dormidas fortuitas de caçadores surpreendidos pela noite na mata ou descampado. Em torno, *around, entourage, rings umher,* nasceram da volta do lume caseiro. Não pode haver nenhum outro modelo partindo de justificativa anterior.

Individualmente, quais teriam sido as primeiras posições humanas junto à fogueira? Sentado? Acocorado? Estirar as pernas não era crível porque exigiria muito terreno e o aquecimento custaria tempo. A posição inicial seria de cócoras, *squat, Hockend, cuclillas, s'accroupir,* acocorar-se. É a maneira comum indígena na América, inteiro Oriente, predominando na Oceania, África, Europa do Sul, Portugal, Espanha, Itália, orla mediterrânea, popular e comum. O círculo vulgar brasileiro era — e em boa percentagem ainda é — acocorado. Defendia, entre indígenas, as despidas nádegas do contato do solo e desse a invasão de sevandijas, poeira, areia, espinhos, pedras miúdas. O hábito parece manter-se mais insistentemente nos climas quentes e menos no mundo germânico em suas presenças atuais. Entre americanos do norte a influência será indígena e latina, coada pelas regiões mexicanas. Quem diz indígena diz acocorado, em maioria.

A outra posição, concorrente em divulgação milenar, é aquela que Dante Alighieri viu em Belacqua (*Purgatório,* IV, 106-8):

> *E un di lor, che mi sembiava lasso,*
> *sedeva e abbracciava le ginocchia,*
> *tenendo il viso giù tra esse basso.*

É o indivíduo sentado, pernas dobradas de encontro ao tórax, com os braços rodeando os joelhos. É também usual entre ameríndios, africanos, oceânicos, orientais de África e Ásia, europeus. Nos relevos de Medinet Habu, doze séculos a.C., estão os prisioneiros dos povos marítimos derrotados pelo faraó Ramsés III, alinhados nessa posição. E em esculturas astecas e maias. Facilmente vemo-la nas horas de folga nos grupamentos de quartéis, fábricas, colégios, feiras. Sua universalidade responde pela velhice. Creio ser uma das iniciais no tempo, diante do lume, recebendo e guardando calor.

Das posições verticais e normais de descanso devem ser as duas mais antigas e conhecidas no mundo.

As fogueiras individuais seriam possíveis milhares de anos depois, em plena revolução separatista, quando o indígena possuiu *seu* fogo embora sob teto comum. De sua indispensabilidade decorreu o culto, Agni, Ormazd, Hestia, Vesta, de origem divina, presente dos deuses generosos aos primeiros homens. Os indígenas explicam sua presença como o resultado de furto por aves ou mamíferos astuciosos que o trouxeram para as tribos, retirando-o com simulação ou coragem afoita.[43] Os respeitos greco-romanos, de possível ressonância hindu, derramaram-se pelos centros de convergência da África Setentrional e Ásia Menor, espalhando-se pelos países conquistados, e passaram às terras americanas, onde vivem vestígios notórios em gestos supersticiosos.[44]

A pedra que defende o lume diz-se lar e daí "larários" os deuses domésticos e a comunidade familiar, casa, ambiente íntimo e sagrado do lar. O fogo, assando, tostando caça, pesca, raízes, frutos, daria depois a cerâmica, os alimentos conservados, a têmpera dos metais. Significaria o sol, a pureza, a perpetuidade do espírito, alma, a fé; com o corpo sacerdotal, virgens votivas, vigilantes e puras, guarda do fogo sagrado, o derradeiro culto que se apagaria na Roma Imperial.[45]

A luz trêmula das lâmpadas e velas, na chama obstinada, ardendo diante dos sacrários (*"O fogo arderá continuamente sobre o altar; não se apagará"* — *Levítico*, 6, 13), oratórios, túmulos (o concílio de Elvira no ano 300 proibia acender velas sobre as sepulturas como reminiscência pagã, mas o uso é contemporâneo no Dia de Finados, 2 de novembro) vale a fé, o testemunho fiel da crença, a representação ideal da alma cristã. Nenhuma cerimônia católica pode ser realizada sem velas acesas no altar. A vela está na mão da criança no batismo e na mão do agonizante. Há uma biblioteea demonstrando a onipresença simbólica do fogo, milenar e atual, na religião, artes, costumes, folclore, em todos os países do mundo. Nenhum outro elemento determinou uma permanência mais poderosa na memória popular. Já no paleolítico começara sua veneração indiscutível, vinda de tempos inapreciáveis. Era uma companhia, um aliado, uma força. Reuniu à volta do seu calor luminoso os caçadores, pescadores, pastores, lavradores, os homens que fundiram metais. Ninguém o dispensou. Era o mais íntimo, diário e cordial dos deuses. Aquele que dava o milagre ininterrupto de sua aliança prestimosa. Foi a primeira força centralizadora, o primeiro aproximador entre os homens de boa ou de má vontade.

Um índice de sua constância mágica, alheia à função calorífica, está na indispensabilidade na habitação indígena pelo mundo. Independentemente de haver ou não alimentos cozinhando ou assando, o lume arde. Falando dos vanianecas de Angola, sertão de Mossamedes, informa Tastevin, que *sont accoutumés à dormir toujours auprès du feu, même quand il fait chaud*. É uma constante nos povos de culturas primárias. Fogo apagado, casa extinta, culto desaparecido. O lume é vida, conforto, continuidade. Quando morre, vai-se pedir fogo ao vizinho, mesmo distante, trazendo-o tição aceso, agitado no ar não somente para avivar a chama como para afugentar os entes malévolos e misteriosos que voam na noite. Quem não recorda Esopo buscando lume em várias casas para fazer a ceia do amo?

Quaerens erga ignem
lustravit aliquot domus...

No sertão brasileiro quem abandona o tição aceso no mato, deixando-o fora de casa, perde o anjo da guarda. Quando na mudança de residência, o primeiro cuidado na casa nova é fazer o fogo. Não é apenas um ato de posse mas igualmente um esquecido e vivo gesto de cerimonial religioso, a homenagem indispensável aos Penates, instalação do lar sob a égide do lume.

Que ensinava Fustel de Coulanges? *Le feu ne cessait de briller sur l'autel que lorsque la famille avait péri tout entière; foyer éteint, famille éteinte, étaient des expressions synonymes chez les anciens.*

ABRÍGO

(*Domi nobilis...*)
SALÚSTIO

*P*ossuímos uma impressão pessoal de soberania e euforismo quando dizemos "minha casa". É uma instintiva noção de posse. Habitar, habitante, habitação, vêm de *habere,* ter, possuir. Para todos os homens deste mundo não há maior posse que a propriedade doméstica, a casa de morada. As cidades crescem mas o homem da cidade almeja tanto o seu apartamento como o camponês a sua residência. Dentro e fora da casa existem tradições velhíssimas que se dissipam num lugar e resistem noutro. Não há entretanto outra paragem em que a dignidade humana tenha mais alta expressão orgulhosa de domínio. Respeitar a casa é um dogma. A casa é a família e as heranças antepassadas, presentes, vivas, atuantes.[46] Residência, *residentia, residere,* com raízes de assentar, descansar, permanecer. Morada, de *mora,* detença, demora. O vocábulo "família" nao teria outro fundamento: *faama,* casa do sânscrito *d'hâman,* radical *dhã,* pôr, pousar, assentar. Casa é flor de raiz idêntica, *scad,* cobrir, proteger, abrigar. De casa provêm o verbo "casar" e o substantivo "casamento". Ter casa, instituir casa, de boa casa, sinônimos de família, sangue, raça.

Desde o paleolítico inferior a caverna foi habitada pelo infra-homem. Pelo menos a contar do achelense — escreve Ales Hrdlicka. As *inhabited caves* não são características do musteriano como morada do pré-homem. São evidentemente anteriores. Assim como o homem herdara (e não inventara) o uso do fogo do seu anterior longínquo, recebera igualmente a residência. Não descobrira. Continuara...

Podia dormir ao relento nas excursões venatórias. Há quem o faça idilicamente adormecido à luz das estrelas, inteiramente entregue ao faro dos grandes felinos atrevidos. Kroeber, prudentemente, parece não fiar muito nessa fase ousada e lembra choças recobertas de ramos e às vezes de peles, com uma entrada única onde dois olhos insones deviam fazer sentinela.

Na caverna o ingresso seria obstaculado com ramagens eriçadas. Depois, no neolítico, apareceu a porta de pedra, laje e de madeira, sólida e definitiva.

Todos os primitivos guardavam a porta que para eles não era apenas o acesso à posse do material interior mas também a inicial sagrada, limiar onde a família começava. Criariam gregos e romanos deuses guardiões dessas peças, Limentinus e Janus, e as portas do templo deste último abertas anunciavam a guerra; e cerradas a paz nos limites do Império Romano.

O paleolítico defendeu a entrada da gruta com ramos de espinhos e depois com pedras obstrutoras, roladas à noite e empurradas de dia. No neolítico, quando a caverna foi ampliada e surgem as cadeiras e bancos cavados no calcário, vêm as portas que descem, fechando o acesso, placas de pedras ou de madeira rija mas, curiosamente, algumas só podiam ficar nesta posição quando puxadas pelo lado exterior, denunciando que a caverna era fechada quando não tinha moradores. Note-se o instinto de propriedade indiscutível, ocultando aos olhos concorrentes o que ficava dentro da gruta. São notados os vestígios de leitos, depressões mais sensíveis, perto das aberturas, mostrando que alguém dormia ali ou ficava durante a noite de espreita.

Todos os estudantes de zoologia sabem da fragmose, hábito que leva certos animais — sapos, aranhas, grilos — a vedar a entrada da toca com o próprio corpo. Guardar a entrada ainda é costume que se tornou protocolo e cerimonial, sentinelas à porta dos edifícios oficiais, palácios de governo, sedes ministeriais. Um homem sozinho, mesmo armado, nenhum obstáculo será a um assalto. Mas a sentinela é símbolo de vigilância, a defesa pré-histórica do ingresso à gruta, a fragmose oficial impreterível. Embora como dizia Malherbe,

> *Et la garde que veille aux barrières du Louvre*
> *N'en défend point nos Rois!*

E pela casa, a residência, conhecemos o poder soberano da nação, Laranjeiras no Rio de Janeiro substituído pelo Palácio do Planalto em Brasília, Vaticano, White House, Kremlin, Faraó *(per-a'a,* a casa-grande), La Moneda, Casa Rosada, Micado *(mi,* sublime, *kado,* porta), Sublime Porta *(hab-i-humaiun),* Palais de l'Élysée, Buckingham Palace, velhos e novos palácios onde o Executivo reside.

Indiscutível que a primeira residência humana foi a gruta natural. Fora anteriormente abrigo de leões, urso, tigre, todos *spelaeus,* que tinham iniciado o hábito e foram expulsos pelo homem ou seu antecessor. Cadamosto, ainda em 1455, encontrou os guanches de Tenerife ignorando as cabanas e instalados nas cavernas da montanha. O uso não desapareceu e a mais antiga morada humana é contemporânea. Na Espanha (Granada, Astúrias, Almería, Aragão, Valência, Mancha, Catalunha, Castilla-la-Vieja, Leão, Madri) vieram aos nossos dias as *cuevas como vivienda humana,* e essas zonas trogloditas continuam na Capadócia, Trípoli, Argélia, Túnis, Bálcãs, China, Alemanha, em Geulen perto de Maestricht, no Limburgo holandês, em Friburgo na Suíça, na França das primeiras décadas do século XX, Brunhes calculava em duzentos mil os habitantes de casas subterrâneas na Itália. Foram clássicos na América do Norte os *Cliff-dwellers* em Utah, Colorado, Arizona, Novo México, vivendo nas escavações dos rochedos e encostas dos penhascos. Outra solução que é decorrente do modelo milenar é a chamada casa pelásgica, semi-enterrada e que diziam inventada por Pélasgo, popular na África, existente na Europa antiga, Frígia, Trácia, Macedônia, Armênia, terramares do vale do Pó, o *tugurium* que na Roma primitiva diziam "caverna de Romulus", e ultimamente deparada em Israel, Beersheba. Teve pouca e reduzida presença no continente americano (Esquimó, Califórnia).

Pelo epipaleolítico o homem melhora sua casa, alargando a caverna, cavando galerias para o escoamento dos excessos pluviais. No neolítico a caverna continua útil e assim atravessa aos tempos atuais. Já existiriam as residências de folhagens, reforçadas com barro, depois paredes de pedra seca, cobertura de colmo e seguras com pedras ou leve camada de argila.

O pastoreio neolítico promove os refúgios provisórios junto às pastagens, vigiando o rebanho, mas é lógico que as casas individuais e coletivas, madeira, barro, pedra, surgissem ao derredor das áreas da pastorícia. O cultivo do campo, a lavoura, fixou a residência pela permanência da produção e sua delimitação útil. O sedentarismo fez nascer a aldeia, casas dispostas circularmente e dispersas em colmeia, possibilitando uma colaboração mais rápida e eficiente no momento de alarma e necessidade de socorro. Será a origem do *Dorfsystem, Dorf,* aldeia, de Augusto Meitzen. Os alinhamentos paralelos, separados pelos campos, orientando-se ao longo dos cursos d'água ou das estradas que se tornavam indispensáveis, freqüentadas e comuns (*Strassendörfer, Roadside village*), constituiriam fase posterior, em lavoura mais adiantada e como encontramos por toda Europa histórica. O *Hofsystem,* os aglomerados à volta de núcleos fortes, com ação armazenadora e protetora, célula do futuro palácio, casteloforte, *Hof,* pátio, curral, quinta, e é sugestivo lembrar que dessa posse que se alarga nasce o sentimento de altivez, soberba, o orgulho senhorial, *hofart.* Esses processos da dispersão habitacional fogem às tentativas de padronização. Dependem de fatores que, curiosamente, não produzem as mesmas soluções.

O esquema intuitivo da casa é a habitação comum inicial que se conserva nos povos agricultores do mundo com uma sala compreendendo mais da metade de toda morada. Os quartos (quarta parte) são dormitórios, com o conforto relativo do aquecimento para as horas do sono. A vida útil, como rendimento social, é a sala-grande, onde haverá fogo e utensílios de trabalho.

Com a aldeia, castros, citânias, vilas, surge o vizinho, obrigado ao auxílio mútuo, parente pelas afinidades do sangue e também pelo trabalho comum e proximidade residencial. *Qui se ressemble s'assemble.*[47] O vizinho é o primeiro auxílio, o companheiro imediato, num solidarismo ignorado por muitos estudiosos que foram explicar pela universalidade mentirosa dos clãs a formação solidarista das comunidades.

Impossível deduzir-se de que forma o homem construiu o seu primeiro abrigo de ramos e varas. Circular ou retangular? De ambas as formas? Na circular, cerca de varas cobertas de folhagem ou peles de animais, havia a lembrança da árvore, abrigadora fortuita nas horas angustiadas e velhas quando a caça se transforma em caçadora e o perseguido em perseguidor. Ainda em 1776 James Cook via os tasmanianos vivendo no oco das árvores. A cabana primitiva seria como a que vemos presentemente nos *cree* da Canadá, cônica, guardando a família e podendo ser facilmente transportada, isto é, reconstruída. A forma circular foi a inicial, para mim. A mera junção do molho de varas solucionava o futuro problema do teto porque os ramos se entrecruzavam na extremidade superior e as paredes eram os lados das galharias, fincadas no solo. A planta retangular exigia equilíbrios do material e apresentava a cobertura como a questão mais alta e complicada. A caverna seria o modelo da casa mais ou menos retangular e foi este o tipo mais amplamente espalhado pelo mundo, formando os primeiros ajuntamentos residenciais e nas Idades do Bronze e do Ferro erguendo as cidades reais ou sacerdotais cuja imponência orgulharia a região natal.

Da caverna ao arranha-céu os caminhos não foram idênticos. As tendas de couro foram soluções nos acampamentos, das emigrações, nas campanhas prolongadas de caça e mesmo como abrigo costumeiro nos povos circulantes, acompanhando os rebanhos em busca das pastagens. Dependeu da natureza dos terrenos uma outra fórmula de transporte-residência, o carro, de rodas maciças e depois raiadas, puxado por juntas de bois, com mulheres, crianças, armas e alimentos, rodeado pela cavalaria guerreira, impaciente de saque. É preciso deter a imaginação e compreender os ciclos diferenciais da habitação, evoluindo diversamente através do mundo.

Da Idade do Bronze, quando há a roda, o cavalo, boi, onagro, o rei e o guerreiro, o sacerdócio organizado, os cultos fascinantes, vêm os zigurats sagrados subindo em terraços, as tentaculares Babilônia, Nínive, Ecbátana, Ur, Harapa, Mohenjodaro, as cidades egípcias, sumérias, hititas e troianas. Os aqueus fixaram-se em casas retangulares quando os povos antecessores tiveram-nas circulares, planta arredondada que os gregos denominaram *tholos*. Os vasos cerâmicos em forma de residências, oicoformes, denunciam a retangularidade habitual e o mesmo encontramos nos planos urbanos de Cnossos (Creta), Micenas, Tirinto, Cipro, Numância, Malta, Rodes, e também pela Itália, França, Inglaterra. Apenas as citânias espanholas e portuguesas, exceções na Península Ibérica, apresentam-se com as cabanas de pedra circulares, teto cônico de palha, algumas com a cobertura sustentada interiormente por uma viga única, em bissetriz, modelo que apareceria abundantemente pela África sudanesa e banto a ponto de dizer-se quase privativo do continente negro em sua orla atlântica. Graebner encontrou-as na Austrália. A indicação topográfica inicial é mera suposição erudita.

Nas terras americanas o europeu encontrou vários tipos residenciais. Os mais imponentes e sólidos — astecas, incas, maias — seguiam as formas clássicas e retangulares, coberturas planas onde, nos templos e palácios dos soberanos, funcionavam as cerimônias religiosas. No Iucatão e Tabasco havia a forma ovalada, alto teto de palha descansando sobre quatro postes colocados no interior e não sobre as paredes, feitas de varas e barro ou pedra e argamassa. Mas a casa quadrada, começando em Campeche, dominava todo o sul, Chiapas e Guatemala, mas seguindo-se a disposição tradicional dos postes do teto serem os angulares das paredes. O tipo circular Max Schmidt registrou no Mato Grosso e é, como se sabe, vivo mas não dominador, Macus, e no alto Purus o barracão circular dos hipurinas. Dick Edgar Ibarra Grasso estudou um depósito arqueológico em forma de *mound* em Oruro (Bolívia): *las casitas más antiguas eran redondas en su planta, pero pronto fueron substituidas por las casas cuadran-*

gulares; todas estas casitas eran de grandes adobes, a veces con cimientos de piedra, y esas capas de restos de adobes y capas de ceniza son lo que forman los túmulos. Algunos de ellos pasan de diez metros de altura y de 200 de diámetro. A solução técnica das tendas prolongou o prestígio das cabanas circulares, cônicas, afuniladas; tão presentes entre os nômades pastores. A planta retangular é um índice provável de sedentarismo.

As pirâmides egípcias, com o final em ponta, eram túmulos. As astecas eram templos com usos e movimentação permanentes. Distância tipológica radical.

As grandes casas comunais ameríndias, contendo dezenas de famílias e às vezes toda a população tribal, como no rio Aiari, os imensos edifícios de palha dos Witotos, Cubéu, Macuna, Iecuna são de cobertura cônica sobre base retangular. Cônica ou em cilindro truncado eram as do século XVI, sempre destinadas a grande número de caçadores-guerreiros e suas famílias. Nordenskiöld crê que a planta quadrada fosse influência andina e, na floresta amazônica, uma sugestão mais ou menos recente dos cortadores de borracha (*Hevea brasiliensis*), seringueiros, o que daria finais do século XIX para as iniciais, e de espírito perfeitamente europeu. Por todo continente a madeira, barro e pedra foram materiais de construção. Grande e velho ceramista, o ameríndio não atinara, antes dos espanhóis e portugueses, com a arte de cozer um tijolo. Nem abrir uma janela. Assim como as populações do interior africano antes da penetração branca européia.

Na maioria dos casos a construção de pedra, exceto nas citânias ibéricas, é retangular, e assim vemos as colossais tarefas realizadas nos Andes. México, Honduras, Guatemala. E nos tipos clássicos, Cnossos, Tróia, Hatusas, Harapa, Mohenjodaro, Ur, Erech.

Deixando as cavernas, de base quadrada ou poliédrica, o homem voltou às choças e casas redondas que lhe recordavam o abrigo fortuito anterior, constituído pelos ramos de árvores, dispostos naturalmente em círculo como a fronde vegetal. Um exemplo comprovador dessa antigüidade a persistência é a cabana do pigmeu do Congo, arredondada, baixa, improvisada, cômoda, lógica e satisfazendo a exigência imediata do refúgio noturno ou em caráter mais demorado de acampamento de caça. Evidencia a contemporaneidade da casa inicial, construída como expressão instintiva logo que a caverna não mais preenchia as finalidades ou podia ser ocasionalmente substituída. É o pigmeu, para Wilhelm Schmidt, e não o tasmaniano ou australiano, o modelo mais legítimo de uma civilização primária ainda viva no mundo.

Henry Stanley (1841-1904) durante sua exploração no Congo via na povoação de Bondeh, no alto sertão africano, choças circulares que não mediam mais de metro e meio de diâmetro, parecendo impossível que nelas vivessem seres humanos. Mas a cobertura dos cochicholos de Bondeh já se aprumava em forma cônica alongada, não apenas solução para o escoamento pluvial, pouco intenso, mas esforço para uma indiscutível apresentação de beleza. Tanto assim que naquele 1882 os penteados masculinos repetiam a fórmula pontiaguda das cabanas. Teriam partido da choça circular que o pigmeu, também congolês, conservou, mas a reunião dos dois elementos — casa e cobertura — fixavam o cone circular; a casinhola na base do círculo com a projeção cônica, modificadora. Mas, antes e depois de Bondeh, no Alto Congo, com o mesmo regime meteorológico e identidade ecológica, as casas eram quadradas, normalmente. No século V a.C. Hipodamo de Mileto constrói Turium, na Itália, em plano retangular e Rodes em plano circular.

É possível deduzir a permanência, lado a lado, dos dois tipos, ambos milenares, como Hermann von Wissmann (1853-1905) encontraria ainda no Alto Congo em 1885, a casa redonda dos calundas próxima à casa quadrangular dos tupendas.

No neolítico, quando surge a cidade, vila, aldeia lacustre, palafita, a disposição em pouco se altera. É retangular, cobertura em duas águas, com um aposento único, uma única entrada, fácil de guardar e repelir o assaltante. A situação da palafita, sobre água ou à margem dos lagos para evitar as inundações, fixa uma solução que independe geograficamente dos modelos. É quase sempre retangular a residência lacustre, em qualquer parte do mundo. A casa sobre estacas no continente africano (Carta-32 de Frobenius) segue do Senegal à Somália, de Moçambique à África Austral, nas proximidades de Walfish Ray, obedientes as construções a esse característico defensivo. Ao lado e mesmo esparsamente ao derredor da cidade lacustre, as casas se espalhavam sob os mesmos modelos ainda vivos na contemporaneidade funcional.

O casebre de palha, depois de taipa, pedra, adobe, com o único aposento, divide-se em dois no plano do comprimento e tem a última repartição, os quartos, no tipo que se tornou o mais permanente. O primeiro, sala única, mais primitivo, é facilmente deparado entre os nativos ameríndios, polinésios, melanésios, australianos, africanos. A divisão simples fixou-se (ou resistiu) no Oriente asiático. E as subdivisões denunciam o desdobramento da família, abrangendo escravos, mulheres, domésticos, parentela. É a primeira imagem do velho Louvre de Filipe Augusto, com a *Grosse Tour,* para Versailles de Luís XIV, com a *galerie des glaces.*

Na era megalítica o homem enfrentou a construção monumental e creio que aí nasceu a arquitetura, especialmente com as galerias cobertas dos dólmenes. Nas sepulturas egéias e gregas e mesmo egípcias repetiu-se a solução que se popularizou na Europa, ainda típica — uma galeria coberta, *dromos,* levava a uma sala circular, *tholos,* onde estava o ossuário ou jarras contendo cinzas dos mortos. Era a velocidade inicial do corredor e sala que se mantiveram nos nossos dias. Mas o megálito não era residência. Repetia, entretanto, o modelo.

Ao redor conjectural de 3000 a.C. aparece o tijolo de barro, premido, misturado com palha picada, seco ao sol. Surgiu onde o material era fácil e o sol ardente, requeimando as planuras entre o Eufrates e o Tigre, na extremidade onde apareceram os misteriosos pré-sumérios. Ocorreu semelhantemente na Síria e no Iraque. O tijolo, *attob,* adobe, libertava o homem das limitações da caverna e da choça, possibilitando a construção com surpreendente amplitude. Daí em diante a casa dependia do seu construtor e não da resistência das pedras nas grutas ou disponibilidades de bambus, caniços e ramagens, calafetada com barro e batida à mão, *taipa de bofete,* como ainda dizemos no Brasil. A fragilidade do adobe é paradoxal porque (lembra Gordon Childe) pode durar um século e não resistir a um inverno único. Dissolvendo-se a argila pela infiltração, fundidos os alicerces, a casa cede, desmoronando-se, transformada num breve montão informe de barro. Assim nasceram os incontáveis *tells,* montículos denunciando residências tornadas ruínas, dispersas na extensão da Mesopotâmia. O proprietário limitava-se a reerguer nova casa sobre a antiga que se desfizera. As grandes cidades dessa região fundaram-se no tijolo cru, Nínive antes de Senacherib, Babilônia antes de Nabucodonosor. Mesmo quando a cerâmica popularizou o barro cozido, de que foi feita a Torre de Babel (o que não se verificou entre incas, astecas e maias), o adobe não desapareceu e continua invicto, erguendo casas, armazéns, abrigos na África Ocidental, Oriente Próximo, na China, nas Américas Central e do Sul. Adobe e barro seco ao sol. Mas Ur e a Babilônia do templo de Marduk, e no Indus Harapa e Mohenjodaro, foram construídas com o tijolo cozido. E pedra. A solução adobe e pedra foi, geograficamente, a mais universal na importância e assiduidade da fórmula empregada.

Só o tijolo entregou ao homem a autonomia da forma e a independência no plano da construção. A primitiva choça era a improvisação e a morada na caverna fora adaptação, acomodamento, ciência resignada de ajustar-se ao que já existia. O tijolo trouxe a valorização realizadora da criação residencial. Com ele realmente o homem construiu.

Desde quando o edifício constou de vários andares? Por toda a Idade do Bronze as cidades orgulhosas exibem palácios e templos com muitos planos habitados. Não apenas na Mesopotâmia, Índia, como na Anatólia e no Egito. O zigurat, com acesso exterior, sugere a técnica final da pirâmide, casa dos faraós mortos, nascida da prévia superposição das mastarbas. As escadas interiores foram invenção posterior. Basta lembrar a Torre de Babel, seis andares e capela final, com noventa metros totais, que era um zigurat, imagem distante do que deparamos nos astecas e maias ameríndios. Essa utilização vertical do espaço urbano seria determinada pelo aglomerado demográfico ao derredor de Deus e do rei e não pela sedução lógica da topografia. Babilônia, Assur, Nínive, Ecbátana, Persépolis, as cidades egípcias iniciais, mesmo as do Vale do Indus, não se altearam por falta de terreno mas por imposição política e previsão militar. Defender-se pela coesão e não perder contato com a pessoa sagrada do rei, representante vivo do Deus protetor.

Presentemente uma bomba de gasolina, para fornecimento de automóveis, pode criar um novo bairro, fixando nas suas proximidades os interesses aproveitadores do trânsito[48] ou provocando a densidade pela situação em sítio estratégico no cruzamento dos itinerários. Mesmo assim a supervalorização do terreno impõe a exploração integral. O templo era centro de atividade econômica pela avultada percepção de impostos e dádivas, vendidas, emprestadas, em circulação permanente. O templo era depósito e precisava ter uma multidão funcionária e a constante vigilância guerreira defensiva. A Torre de Babel, Etemenanki, era o santuário de Marduk, patrono de Babilônia, atraindo peregrinações dadivosas. A aglomeração forçava o edifício de sobrado, sobras disponíveis, dando importância maior pela imponência. O palácio de Deus ou do rei era o centro de todos os interesses, cidade povoada pela famulagem de todas as categorias, permanentemente cirandando a fonte generosa do bem e do mal.

Com a domesticação de animais no neolítico a caverna recebeu parte do rebanho com as espécies mais perseguidas e preáveis pelos felinos ou suscetíveis de roubo. Os animais novos e os favoritos faziam quase parte da família. Essa tradição continua inalterável no ciclo pastoril europeu, Portugal, Espanha, Itália, França etc., guardando-se parte do gado na parte baixa da casa e vivendo-se no primeiro andar. A gruta tornara-se igualmente depósito de armas e de utensílios agrários. E também guardou ossos dos mortos.

A multiplicação populacional, novos processos de vida, pecuária, agricultura, fabricação de armas, depósitos de matérias-primas, determinariam a dispersão das moradas ao redor da casa do chefe, o *Hofsystem* de Meitzen, orientador e protetor natural. Verificar-se-ia essa solução ao redor final do neolítico e o seu clímax seria a Idade do Bronze, quando realmente as povoações constituem característica topográfica. Será o momento em que a casa do chefe ostente sinais exteriores de autoridade assim como o culto obrigaria a criação de edifício próprio para o cerimonial cujos vestígios encontramos nos megálitos, até a primeira fase do Ferro (Hallstatt).

Com a formação guerreira dos grandes reinados do Oriente a vassalagem se arrima à Casa do Rei como no feudalismo os castelos acolhiam no pátio amuralhado os servos que a proximidade inimiga amedrontava. As cidades foram ganhando extensão e as famílias tiveram residências legítimas ao alcance da voz soberana e depois na distância em que fosse ouvida a trombeta da mobilização real. Depois foi a vez dos sinos das igrejas ou o sino da comuna. Era patrício quem nascesse dentro da área audível quando o bronze sagrado sacudisse o brado do apelo irresistível no *tocsin*. Até meados do século XIX um verdadeiro filho de Londres era o nascido ouvindo os sinos de Bow Church (St. Mary-le-Bow, Cheapside).

Kaj Birket-Smith diz que a habitação era uma proteção para o fogo e ao mesmo tempo um lugar para dormir. Mas a vida pré-histórica documentou-se através dos depósitos existentes nas cavernas. A morada seria tudo por que nela quase toda atividade humana era exercida. Milênios depois, com a organização do culto a Deus e ao rei, é que a arquitetura desdobrou-se em funções comprovantes do poder onipotente de Deus e da força soberana do rei. Melville J. Herskovits afirma que os homens construíram pelas razões menos tangíveis que a mera proteção contra os elementos. Seria na Idade do Bronze, na proto-história. Doutrinas explicam a estabilidade social pelo aparecimento de determinadas indústrias. Caçadores e pescadores *não podiam* ter vilas sofríveis e menos ainda residências cômodas. V. Gordon Childe lembrou que, ainda no século XIX, as tribos caçadoras e pescadoras do litoral do Canadá, no Pacífico, possuíam aldeias fixas, com imponentes casas de madeiras, quase luxuosas. A "escola" histórico-cultural caracteriza a choça redonda de teto cônico para os caçadores superiores e a de forma retangular, com teto de duas águas, para os chamados agricultores da enxada. A horizontalidade e declividade dos planos de cobertura dependiam unicamente do regime pluvial e maior ou menor intensidade e duração das nevadas. Diminuía-se a superfície de choque, dificultando a conservação das águas e do gelo nos telhados, facilitando o escoamento e deslize imediatos. Decorrentemente a espessura das paredes era relativa à aspereza das baixas temperaturas. Depois é que se constituiu reforço para defesa aos assaltantes guerreiros. A casa não era uma "máquina de morar" mas um abrigo iluminado pela inteligência humana, guardando a família e dominando a natureza-ambiente da qual participava.

Mas a cobertura em ângulo agudo é uma imposição dos sistemas pluviais? No Congo, pela África Central, os exploradores da segunda metade do século XIX encontram na mesma região (poucas léguas de distância) os vários tipos de cobertura indígena e, às vezes, na mesma aldeia. Ainda é preciso pensar na sugestão imitativa, com força modificadora aos modelos tradicionais. Karl von den Steinen registrou essa imitação no Coliseu, um dos formadores do Xingu (Mato Grosso). Os bacairis construíram no meio da colmeia habitual uma casa com cumeeira triangular e telhado em dois planos, imitação do rancho que os alemães haviam erguido em Independência algumas semanas antes (1888). Singular é que os romanos, conhecendo todas as residências do mundo em seu tempo, não houvessem imitado, repetindo a impressão nas vilas ao derredor de Roma. Impunha-se, para eles, o autoconceito de superioridade.

A casa grega era ao redor de átrio ou claustro, recinto aberto, recebendo ventilação e luz por esse único espaço livre. A casa romana abria na cobertura um largo orifício para escapação do fumo. Tinha, naturalmente, pátio aberto. As combinações dos dois tipos foram infinitas e projetaram pela Europa e Mediterrâneo meridicional sua influência e gosto. As residências de Babilônia, Nínive, Ur, as formas comuns mesopotâmicas, eram retangulares, com uma entrada e a sucessão labiríntica de aposentos onde um salão maior valia o pátio claustral. No habitual a casa era uma herança da fortificação, entradas defensivas, interdependência interior, depósitos, cisternas, tentando vida autárquica por algum tempo. O isolamento da habitação clássica explica a distância feminina do movimento social nos primeiros séculos d.C. E quase contemporaneamente na Península Ibérica, Américas Central e do Sul, mundo muçulmano. No Brasil colonial, que manteve sua arquitetura até a primeira década do século XX, as casas particulares possuíam um único acesso da primeira sala para o "interior" onde vivia a família. Fechada essa porta, à noite, o hóspede estava material e totalmente separado da vida doméstica de quem o hospedara.

A casa lembrava a educação severa, afastada, arredia do convívio banal. O *pater familias* era senhor de alta e baixa justiça, começando pelo domínio do ar respirável. No Brasil do século XIX, por todo interior, do norte ao sul, a camarinha das mulheres valia o gineceu indevassável e a sala da frente o átrio ou o megaron, privativo dos homens. As velhas donas sertanejas, ciosas dos privilégios, afirmavam: Do corredor em diante, mando eu! — E mandavam mesmo.

As janelas, inexistentes realmente quase ao nascimento de Cristo, eram aberturas para iluminar o ambiente. Fenestrar, abrir janelas, era o mesmo que iluminar, o *immittere lumen*. Os africanos, ameríndios, polinésios, melanésios, australianos, africanos negros não conheceram a janela. Mesmo nos primitivos palácios de Micenas, Tirinto, Atenas, Roma nas proximidades do Império, uma breve, estreita e simples fenetra servia para clarear e deixar sair o fumo das salas, tal e qual nas ocas e moradas ameríndias do século XVI. Não vemos janelas em nenhuma das grandes cidades proto-históricas, mesopotâmicas, egípcias, greco-romanas, as do Indus, chinesas, assírias, hititas. Discutivelmente teriam havido em Cnossos, dando-lhe nome pela mera convenção, ante as pesquisas de Sir Artur Evans (1851-1941). A quase totalidade das casas rústicas do interior, centro e sul americano dispensava a janela. Inexistente nas tendas e cabanas de madeira, nas vivendas rupestres norte-americanas. A janela é uma presença européia na América. Inútil procurá-las na América do Norte, Central e do Sul, desde o estreito de Behring em época pré-colombiana. Choças, cavernas, tendas ignoravam o requinte. Identicamente pela África oitocentista.

*

A casa tem sua velocidade inicial na caverna com o único compartimento. Era a morada do infra-homem do chelense e foi do *Homo sapiens* de Aurignac. No neolítico é que a população cresce e exigirá acomodação contra o frio, o medo e a noite. Várias cavernas francesas e espanholas são pequeninas povoações, repartidas em divisões naturais que abrigariam grupos domésticos distintos sob a mesma abóbada. Dariam as habitações em *bourgeonnements,* muitas grutas cercadas pela mesma paliçada e com a mesma cobertura artificial. Cada gruta com seu núcleo familiar. Convém naturalmente não confundir a caverna ornamentada de gravações, desenhos, pinturas, que era lugar de culto, com as residências rupestres quase sempre sem decoração. A disposição é a mesma quanto ao aspecto da possibilidade residencial.

Da caverna parte-se para a choça, tenda, circular, efêmera ou permanente, marchando para a povoação neolítica onde a agricultura determina a vigilância na orla dos plantios. As casas são circulares e quadradas, com visível tendência para essas últimas.

Mesmo nessa época neolítica o megálito mostra outro tipo, tão popular pelo Mediterrâneo. O corredor, *dromos,* conduzia a uma sala circular, *tholos.* Essa forma de corredor e sala ainda persiste, contemporaneamente. Nas construções regulares, para o corredor abriam-se os aposentos, quartos da casa, que não tinham comunicação exterior.

Há o tipo romano, prestigioso e clássico, pátio interno rodeado de alojamentos. Teria vindo do *atrium toscanicum,* átrio com os telhados inclinados para que a água da chuva (*pluvia*) fosse cair nas cisternas, constituindo reservatório. Daí, *impluvium.* É a imagem do claustro, comum na Europa, com passeios laterais cobertos, suportes de colunas ou simples pilares de argamassa ou madeira, encontrada por Ankermann e Frobenius da orla do Saara, Nigéria, Togo, Camarão, Gana (Achantis). Naturalmente fora levada durante a posse de Roma, consular e imperial. Erguida a planta pelas autoridades romanas, a sugestão apaixonaria os pontentados e soberanos locais, espalhando-se para o interior, determinando imitações, plágios, deturpações que permitem identificação com o modelo longínquo. É ainda o pátio interno das casas árabes.

Essa solução do *impluvium,* que é presente nos conventos e educandários medievais, podia ser uma síntese da povoação concentrada ao derredor de uma praça, a praça das reuniões deliberadoras, praça das danças e conversas. Esse tipo de povoação é neolítico. As povoações dispostas ao longo das estradas freqüentadas, rios de trânsito, *Strassendörfer, roadside villages,* cidades mais extensas que largas, são da Idade dos Metais, notadamente Bronze e Ferro. São as que depois nasceram paralelas aos caminhos de comércio, de peregrinações, estradas de ferro.

Esses três tipos não foram sucessivos e seriam independentes e coevos. Ao mesmo tempo, na mesma região, podiam existir caverna, corredor e sala, casa com pátio interno (*impluvium*) e outras modalidades de moradias. Mas são as três formas mais poderosas para a casa que o homem plantou pelo mundo. As três influências mais duradouras e persistentes.

*

A facilidade mobilizadora do material de construção, a inesgotabilidade da técnica moderna, os recursos da eletricidade (iluminação, transporte interno, calefação, refrigeramento, comunicações, conservação de alimentos, televisão) proclamaram as três independências da casa residencial e da edificação contemporânea:

a) Independência das determinantes climáticas.
b) Independência da produção local para construir.
c) Independência da paisagem, das constantes ou permanentes da tradição, interação ambiental, dando a cada edifício um traço indelével da fisionomia urbana.

As raízes desse movimento "libertário" datam do terceiro ou quarto lustro do século XIX, quando Paris começou a orgulhar-se de exibir residências suíças, chinesas, pompeianas, hindus. No Brasil é do século XX ou finais do anterior. Entre 1900 e 1920 o Rio de Janeiro e algumas capitais estaduais encheram-se de casas nórdicas, chalés da Suíça, "cottages", "villinos" e à roda de 1922, o neocolonial, prestigiado pelos edifícios públicos. E a liberdade de improvisação recriou o "bolo de noiva", enfeitado, com a cimalha decorada e rococó e uma linha de saliências na cobertura, esperando o açúcar glacê. Depois o genérico "funcional", da obra-prima à caricatura.

Spengler, dentro da possível imobilidade da residência bávara (mesmo com o "helenismo" arquitetural de Munique), podia afirmar que "a casa é a expressão mais pura que existe da raça e se desaparece um tipo de casa, é que uma raça se extinguiu". Morto há 25 anos, Spengler não podia prever o duplo assalto, preterintencional, às suas conclusões de 1917. Nega-se, no plano antropológico, o conceito de raça, como recusa-se, no plano internacional, o conceito de independência estatal. Qualquer alusão à soberania do Estado ou vivência de um costume tem-se como uma abominável reação ao espírito igualitário da nova cultura universalista. Um mundo só... Sabíamos que os direitos são devidos à personalidade humana e não ao conjunto cultural subseqüente. Para esse "mundo novo" haverá necessidade de uma nova mentalidade universalista. Necessidade ineludível de "permanentes" que a caracterizem funcionalmente. Uma delas, de mais vigorosa ofensiva consciente, é a arquitetura, orgulhosa das "três liberdades" que acima resumi.

O edifício moderno é uma atitude de inteligência criadora, autárquica, podendo situar-se em qualquer paragem do mundo porque não pertence, tipicamente, a nenhuma.[49] Para ele a geografia é inoperante. A ecologia, inexistente. A história, ineficaz. Vale e significa uma realidade soberana da Cultura. Cultura como sinônimo de Progresso.

AGASALHO

Quando o homem começou a vestir-se? Deduzo que vestiu e desvestiu o couro do bisonte, do urso, da raposa ou do leão, muitas vezes. Não era véstia e sim agasalho, começando por uma manta, o couro inteiro arrancado à fera vencida. Quando os gelos recuavam nos interglaciais o clima subia, aproximando-se da temperatura tropical. Depois voltava o frio e o caçador reocupava a caverna, enrodilhado à beira do fogo, olhando a noite negra e vagarosa.

Os desenhos das cavernas francesas e espanholas mostram um homem magro e ágil, caçando veados, com uma tanga na altura dos quadris ou nu. Ao redor desta época (madaleniano) deveriam viver os dois caçadores desenhados nos chifres de rena; um em Laugérie-Basse e outro em La Madelaine. O primeiro persegue um bisonte e o outro passa entre duas cabeças eqüinas. Ambos estão inteiramente despidos. O documento de Laugérie-Basse evidencia que se podia caçar, nu em pêlo, um auroque. O auroque, pelo porte e peso, valia um touro de trezentos quilos mínimos. Um miúra espanhol.

Segundo Robert Lowie a necessidade de vestir-se decorre de três reclamos naturais: principalmente pela imposição do pudor; proteger o corpo; desejo de embelezar-se.

Lübbock, fiel ao mestre Spencer, e os colegas Morgan e Tylor estudavam no chamado "selvagem" condições e costumes que de perto seriam comuns aos nossos antepassados primitivos. Eram os povos naturais, perto da natureza e vivendo segundo normas pouco modificadas desde muitíssimo tempo. O "selvagem" era mais ou menos o primitivo contemporâneo. A pesquisa explicaria hábitos atuais, que Tylor denominara *survivals,* sobrevivências, e idéias e fórmulas fundamente arraigadas em nosso tempo teriam raízes milenárias. A Etnografia comportava o estudo-sonda, verificador da *nossa* cultura nalgum aspecto radicular.

Uma pesquisa sobre o pudor é desnorteante pela impossibilidade de fixar o que realmente constitua a origem do recato, do pejo, da timidez acanhada e dando tema ao velho lirismo do "se coras não conto", do poema de Bulhão Pato (1829-1912).

Até poucos anos o pudor da mulher chinesa era não mostrar o pé, estimulador afrodisíaco na simples visão. Restou, aos princípios do presente século, essa proibição no Brasil do interior. Um poeta contemporâneo, Abdon de Macedo (1874-1944), afirmava:

> Pode o rapaz mostrar a perna toda,
> Ela não deve nem mostrar o pé!

Os vestidos longos ocultavam o pé, que se tornara tentador. Podia-se reunir uma antologia sobre o lirismo podálico. No mundo muçulmano o rosto era a sedução e houve a exigência do véu. Os soberanos africanos de outrora respeitavam o tabu alimentar-se em público e certas seitas hindus recusavam-se exibir a cabeça descoberta. Para milhares de homens o pudor estava na barba — "respeite minha barba". Tocá-la era quase sacrilégio e no mínimo insulto previsto nos códigos. Para uma velha haída o cúmulo do impudor seria retirar do lábio o batoque babado e sujo. Também, no Brasil velho, a mulher casada de cabelo solto era pouca-vergonha. Há milhares de pudores. Todos os povos têm o sentimento do pudor mas não com os mesmos motivos ou reagindo às mesmas provocações. Os cronistas do Brasil colonial registram a nudeza simples com que foram acolhidos e a perfeita ausência de resguardo na exibição das chamadas partes pudendas. Karl von den Steinen informa dos caraíbas do Xingu:

Em primeiro lugar, considero errada a opinião de que um vestuário, resultante do pudor, seja necessário ao homem para sua humanidade... Esses aborígines não ocultam parte alguma do corpo. Gracejam, por palavras e desenhos, com tal naturalidade, a respeito dos órgãos da reprodução, que seria tolice atribuir-lhes alguma malícia... Algumas tribos celebram o início da puberdade de ambos os sexos com grandes festas públicas, nas quais a atenção e o interesse de todos se voltam demonstrativamente para as *private parts*. Um homem, para indicar ao estrangeiro que é pai de outro, ou a mulher, para apresentar-se como mãe, confessam-se formal e orgulhosamente seus progenitores ilustrando a afirmação pelo gesto mais natural do mundo de tocar nos órgãos de que emana a vida.

Era assim 1888 no Xingu o estado de inocência que o jesuíta Fernão Cardim vira em 1584 na Bahia. Roquette Pinto, que em 1912 visitou os nhambiquaras do norte do Mato Grosso, escreveu semelhantemente:

Para mostrar que um certo menino é filho de um índio, usam de um gesto expressivo que, na sua inocência, repetem: curvam o polegar e o indicador esquerdos, em forma de anel, ao redor do outro indicador em extensão. Batem no ombro do filho e no do pai, dizendo: uétu! (filho).

O gesto é nacionalmente conhecido no Brasil como obsceno, mímica da cópula carnal.

O poeta Henrique Castriciano (1874-1947) — que em 1909 esteve no Egito — aproximou-se no Cairo de uma mulher que tirava água de um poço pitoresco. Vendo-o, a mulher ergueu a saia e cobriu a cabeça. Mas não havia outra peça interna e assim ficou, velada da cintura para cima e nua da cintura para baixo. Ocultar o rosto era o essencial. Os padauari e paquidari do Rio Negro (Amazonas) isolam-se para as necessidades fisiológicas ou relações sexuais, mas as mulheres têm os seus partos à vista de todos. Os desfiles e palestras gregas nos ginásios obrigavam a nudez. Ginásio tem o radical *gymnôs,* nu.

A evolução da localização pudoresca documenta-se excelentemente na evolução e transformação dos trajes para banho de mar, nos últimos sessenta anos, pela Europa e América.

O homem agasalhou-se pela mesma razão específica com que procurou uma caverna e manteve o fogo: defendendo-se do frio. Quando o clima permite a nudez é uma permanente natural quanto à alimentação típica. O indígena americano, melanésio, polinésio, africano só se vestiu pela imposição da catequese missionária ou decisão do governo colonizador. Por ele mesmo continuaria na tranqüila exibição inocente de *sua* beleza. A confusão é deduzir o pudor como inseparável do sexo e só identificá-la relativo às funções genesíacas. Este é a nosso critério e não o de todos os primitivos. Os estojos penianos, o *uluri* feminino, babal, tangas minúsculas em tecido vegetal ou cerâmica são destinados à oclusão e não ocultação dos órgãos. Constituem, há dezenas de modelos, defesas para a vulva e a glande, livrando de parasitos, contato com pedras soltas, espinhos, areia.

Se os negritos das Filipinas ou os pigmeus africanos apresentarem novidades na indumentária protocolar, já se sabe que ocorreu em respeito ao pudor alheio, pudor de outra gente com autoridade para fazê-los obedecer. Se fossem autônomos conservariam o *seu* pudor intacto.[50] Jamais um *despido* atinará na sua lógica que ofende alguém por não usar roupa.

O pudor como sentimento de grupo ou de indivíduo não toma, pelo próprio desenvolvimento, formas diversas e exteriores ao costume ou à conduta, o que "há de mais universal e permanente na história", como diz William Graham Sumner, traduzindo-a para *folkways.* Ampliar-se-á dentro do seu horizonte, de sua ecologia compensadora.

O homem cobriu-se de peles por causa do abaixamento da temperatura. O vestido foi uma imposição climática que ultrapassara a resistência de suportá-la sem agasalho. Depois é que o hábito provocou a convergência de insígnias exteriores de mando, amuletos, participação tribal ou clânica com os emblemas, dando margem às intervenções inventivas da ostentação individual. No epipaleolítico, quando o traje era ainda reduzido às defesas mínimas, já Obermaier indicava insígnias entre os homens.

Do paleolítico superior, epipaleolítico, neolítico, o homem adorna-se mas caça despido, retomando os mantos de pele quando o tempo esfriava. As mulheres neolíticas surgem com túnicas curtas, mostrando o busto e pernas. Na Idade do Bronze a moda é a mesma. O homem com túnica pelos joelhos e manto, e a mulher com saia larga quase atingindo aos pés, os seios à mostra e também blusa resumida. Cintura amarrada com torsal e rede para cabelo. As alterações não seriam, nos tempos mais próximos, maiores.

Além da pressão insuportável do frio que determinara necessariamente o agasalho, o homem decora-se, adorna-se, enfeita-se nos climas temperados e quentes por uma imposição festiva e religiosa. Anda nu mas dança vestido. Ainda em agosto de 1884 Karl von den Steinen vê os bacairis (caraíbas) do Batovi, um dos formadores do Xingu (Mato Grosso), guardando ciumentamente os vestuários complicados feitos da palmeira buriti (*mauritia vinifera,* Mart.) para os bailados e vivendo despidos. Em 1945, Tibor Sekelj encontra os carajás da ilha de Bananal, no Rio Araguaia, alheios ao uso de qualquer vestimenta mas dançando vestidos de palha na festa do *Arwanã*. Como a dança era expressão sagrada, em qualquer parte exigia traje adequado e completo. O grande momento da exibição ornamental nativa é o bailado.

Quando o clima cede às exigências sociais, políticas, guerreiras, religiosas, bastará lembrar a indumentária berbere, dos árabes mediterrâneos, dos nômades do Saara, da Etiópia, do Sudão Ocidental, dos negros voltando da peregrinação a Meca envoltos em mantos, turbantes escondendo a nuca, cobertos de placas de amuletos, tão distantes dos calções e *slacks* dos viajantes europeus e americanos. Dois episódios são, para mim, inesquecíveis e comprovantes. Em 1931, no Rio de Janeiro, a visita do então Príncipe de Gales, airoso no seu uniforme colonial, de impecável alvura, saudado pelo presidente Getúlio Vargas, ministros, autoridades, tudo debaixo de roupa escura, pesada, asfixiante, protocolar. Mais forte que o verão carioca era a etiqueta inflexível. Em 1943 (creio), em Natal, no Rio Grande do Norte, passavam para os Estados Unidos uns príncipes da Arábia Saudita, sepultados sob uma boa dezena de quilos de traje tradicional. Acompanhavam-nos, mesureiros e gentis, oficiais norte-americanos e ingleses, de brim branco, calças curtas, chapéu de cortiça, lépidos, sob o sol tropical do Nordeste brasileiro.

As calças realmente só aparecem em tempos históricos e ainda não gozam de prestígio para o mundo árabe. Os gauleses tinham as *braies,* ainda conhecidas dos camponeses de França, *bracca* para os romanos e que, levadas a Portugal, deram as *bragas:* "não se pescam trutas com bragas enxutas!" As legiões de Roma combateram sempre com as pernas nuas a adversários no mesmo estilo. Durante o Império é que a faixa, *fascias crurales et pedules,* passou a ser elegância e também defesa ao vento frio. Amarravam e sustinham lã, feltro etc., como as *abarcas* de Portugal e Espanha em nossos dias. Não eram prolongamento das túnicas curtas. *Femorália,* de *femur,* o osso da coxa. Calça, *calza, chausse,* provém de *calcea,* calçado. Independente desse modelo latino, os medas, persas, frígios usavam de calças que os gregos denominavam, genericamente, como as dos gauleses e germânicos, *anaxyrides.* Os gregos imitaram as *fascias* romanas. O imperador Alexandre Severo (222-235 d.C.) incluiu essas perneiras no uniforme do legionário romano. As calças são resultados de todas essas influências mas só tiveram presença mais viva, calças compridas, no século XIII e esperaram duzentos anos (século XV) para a multiplicação dos modelos na Europa, centro irradiante. Até a primeira década do nosso século vestir calça comprida era proclamação da puberdade.

A vestidura ampla, para ambos os sexos, atravessou tempo, *peplos* para os gregos e o *himation* para as gregas, dando a toga romana e a estola feminina, dominando todo o Império e vindo, séculos e séculos, com aceitação e gosto. O mesmo verificou-se no mundo árabe com a quase identificação do traje.

Não havia no *mundus muliebris* romano limites para os tecidos e formas elegantes, ocultando ou denunciando a carnadura feminina. A nomenclatura inacabável do vestiário romano, registrada pelas comprovações plásticas, comprova a vastidão aparatosa dos recursos.

De Roma veio um tipo de manto, retangular ou recortado em diagonal, com uma abertura no centro por onde se passava a cabeça. Era a pênula, para viagem, aquecendo no inverno quando se tornava mais popular. Quando em julho de 64, ano de Cristo, o imperador Nero fugiu do palácio, envolveu-se numa velha pênula, *paennula obsoleta* (Suetônio, *Nero,* XLVIII). Usam-no vulgarmente no Brasil (Rio Grande do Sul), com o nome de poncho, poncho pala os mais leves, motivando discussão.

Montell, citado por W. Krickeberg, crê o poncho provavelmente originário do Chile, onde começou a aparecer depois da introdução do cavalo. No Peru surge nas últimas décadas do século XVIII, quando se divulgou na região do Prata e daí para o Brasil austral. Aranzadi declara-o nativo sul-americano. Parece difícil conciliar-se essa autotonicidade com sua presença pré-histórica na Europa da Idade do Bronze e uso banal no mundo romano. Num túmulo de Guldhöi, o traje masculino encontrado *consistia en una amplia capa ovalada con una abertura para el cuello*[51] e Birket-Smith menciona-o no Tibete, no Industão, Polinésia (ilha Taiti), Indonésia, Micronésia.[52] Creio o poncho de origem estrangeira e pós-colombiano na América do Sul.

Durante o prestígio de Bizâncio houve a moda minuciosa de bordados e jóias, mantos arrastantes, prolongando o gosto oriental dominante. Foi a oficialização do manto, o manto real, roçagante, impressionante porque fazia permanecer por mais tempo a figura majestosa de quem podia usá-la nos ombros. Só as classes militares conservaram os trajes breves sob a couraça, pernas nuas ou apertadas pelas correias, com a exigência da marcha e do combate.

O comum até o século XIV era a túnica pelos joelhos para homens e a véstia longa feminina, colante ou folgada. Os cruzados tinham trazido as modas de longe e estas mantiveram a extensão pomposa das caudas, com pajens ou Demoiseau para sustê-las, ajudando a dama. No século XV os trajes de gala eram quase iguais para os fidalgos e fidalgas. As navegações do século XVI — alagando a Europa de curiosidades e especiarias exóticas — alteraram o gosto, requintando-o. São épocas vistosas de várias cores da mesma peça, calções golpeados, bordados, capas e meias capas, as saias rodadas ou longas, de tecidos finos e esmeradamente feitos. A simplicidade era privilégio aldeão porque a Igreja, pelo esplendor do culto, permitia o luxo prelatício e o cerimonial rutilante das festas litúrgicas e audiências pontifícias. O século XVII começou realmente o luxo do guarda-roupa, as aplicações de jóias, as cabeleiras mirabolantes que teriam sublimação na imediata centúria. É o ambiente das golas, babados, tufados, rendas, plumas, arminhos. A indústria das rendas teve valorização absoluta e mesmo a reação religiosa calvinista, luterana, com os rigores da austeridade na indumentária, não conseguiu atenuar o resplendor da elegância custosa seiscentista.

O século XVIII recebeu a herança e a manteve até proximidades da Revolução Francesa, embora a moda que a Inglaterra exportava no momento fosse as véstias escuras e sóbrias da severidade puritana. No final do século surgem as casacas, os redingotes, os vestidos justos e amplos, com fazendas transparentes, a sedução da *merveilleuse* e do *incroyable*, que no diretório triunfaram na exibição quase licenciosa da carne entrevista. No Primeiro Império houve a moda grega, mas da Restauração em diante os hábitos fundam quanto hoje conhecemos em matéria de indumentária social. As calças compridas, os coletes são da última década setecentista e vieram tendo modificações.

Como o homem se vestia nos grandes impérios históricos do passado, persa, sumério, assírio, hitita, não é problema resumir. A complicação era na corte, aristocracia palaciana ou os donos de terra. O povo vestia humildemente e, como todo povo, com o senso do real-útil, apenas o suficiente para não padecer de frio e resguardar a vista alheia da própria pele; túnica e calções, carapuça de lã, feltro, pele animal. As mulheres com vestes mais longas, de uma ou mais peças, escondendo a face quando na presença de estranhos. A humildade resignada e obscura do servo oriental era a mesma do camponês da França sob a imponência de Luís XIV. Para eles não vinha benefício das vitórias do rei, no alto do seu cavalo de batalha ou carro de guerra. Ao redor de 1910 o felá egípcio mantinha o tipo indumentário de vinte séculos antes. Bastava confrontá-lo com os desenhos tumulares. Os chamados trajes regionais, ultimamente revalorizados pela curiosidade do viajante, do folclorista e da divulgação cinematográfica, repetem cores e formas dos séculos XVII e XVIII.

De um modo geral os modelos essenciais do vestuário masculino atual datam de uns 150 anos, com as naturais deformações. As peças são as mesmas e os figurinos de pouco mudaram. Com a seção feminina é que não poderá afirmar semelhantemente. As metamorfoses dimensionais são espantosas e desapareceu qualquer cálculo de previsão no tocante à durabilidade da moda. Por este permeio é preciso prudência em aceitar a legitimidade de figuras populares criadas pela propaganda turística ou costumes velhos registrados pelos teatrólogos e cinematografistas. Seria de alto interesse etnográfico a fixação da indumentária nacional e regional no campo positivo da tradição. É um problema centro e sul-americano, terras de gente nova onde a quarta dimensão não elegeu as representações autênticas dos figurinos.

Vestindo-se pela exigência do frio, o homem foi modificando o trajo com finalidades grupais, cores e formas privativas do grupo, do clã, como ainda ocorre nas famílias tradicionais da Escócia, *Scottish Clans & their*

Tartans, uniformes das forças militares, serviços do rei, magistratura, magistério superior, sacerdócio, associações esportivas etc. Exceto em determinadas regiões com estações de inverno rigoroso, o traje atende muito mais às imposições sociais do que precisão de abrigar-se. As variedades infinitas do vestuário traduzem-se na atenção destes apelos.

O uniforme militar é de milhares e milhares de anos. Persas, egípcios, hititas, assírios, gregos, romanos possuíam certas disposições típicas para suas vestes guerreiras, túnicas, couraças de modelos incontáveis, até que a utilização da pólvora anulou sua presença defensiva. Mas os desenhos nos túmulos do Egito e exaltadas gravações aos sucessos de seus soberanos persas, babilônicos, romanos etc., evidenciam a regularidade do uniforme que, depois da demolição do Império Romano, desapareceu.

Por toda Idade Média e Renascença os soldados vestiam conforme o desejo dos seus comandantes ou ostentavam as cores de suas regiões de onde tinham vindo, contratados, suíços, *reiters, condottieri, landsknechts.* Na França o uniforme militar foi obrigatório na organização de Louvois (1670) e as guerras da República e Primeiro Império fizeram-no regular quando não conseguiram Luís XIV e Luís XV com seus regimentos policolores. Na Inglaterra a exigência chegou nos finais do século XVIII e princípios do XIX, com os reis da casa do Hanover, Jorge III e IV e Guilherme IV. Na Alemanha o rei Frederico (rei-sargento) criou seu exército e inventou as fardas decorativas que o filho, Frederico o Grande, disciplinou, ampliando. Foram os grandes modelos. Os uniformes espetaculares dos velhos regimentos alemães e russos, as fardas pomposas da Grã-Bretanha, França, Áustria desapareceram praticamente na I Grande Guerra (1914-1918), com uso de tipos mais cômodos e racionais que a II (1939-1945) consolidou. Atualmente os governos mantêm certas fardas históricas para os desfiles, guardas e solenidades máximas. Na rotina militar estão fora de apreciação útil.

Um agasalho que modificaria a vida humana, com utilizações incontáveis na idade clássica, banquetes, simpósios, presidências, recepções, foi o leito, a cama.[53] O homem dormia no solo nu e depois amaciado com peles de animais que o aqueciam, mantendo temperatura regular. No solo dormiam e dormem a maioria indígena dos povos naturais ainda contemporâneos. No Mato Grosso os aruacos Pareci dão aos amigos Nhambiquaras o genérico *uaikoákôrê,* "irmão do chão", aludindo à dormida. O Pareci iá dorme embalado na rede de sua raça. Vira cama do verbo "camar", dando "acamar", lançar ao chão, deitar por terra. Hoje, "acamar-se" é deitar-se na cama, provindo de chão onde se fazia a cama, do grego *khamai,* no chão, por terra. Valia ainda esteira, palha, colchão em que se deitava para dormir. Dom Francisco Manuel de Melo: "você onde quer se espoja, faz cama sem real e meyo de esteyra" (*Feira d'Anexins*). Era o *cubile humus,* de Tácito. Cama popular e comum era esteira no solo, diretamente. A mais fácil maneira de dormir na Grécia homérica e na Roma imperial era o *kamadis,* deitar-se em terra. Dormir no chão, em cima de palhas, nos palheiros, manjedouras onde Jesus Cristo nasceu em Belém. São formas ainda contemporâneas na Europa. *Le lit de Saint Martin* é a palha. Leito dos velhos peregrinos de Santiago de Compostela.

O leito inicial, de folhas secas, passou a ter peles felpudas. Assim dormiram paleolíticos e os guerreiros que mudaram a história da Europa no século V. E os nômades pastores, indígenas de ontem e hoje em tantíssimos recantos do mundo. Uns sete séculos a.C. Assurbanípal repousava em leito faustoso no seu palácio de Nínive. Na Grécia foram de madeira, recobertos de colchins, almofadas, travesseiros de linho. Os mais antigos conhecidos são egípcios, de madeira, a boa altura do solo, estreitos e já com os suportes esculpidos. Os macedônios eram de mármore. Os de pedra tornaram-se vulgares no Oriente antigo. Em Roma e Grécia manteve-se a moda mas no Império havia quem dormisse em leito de prata maciça. O Oriente preferiu dormir no chão em cima de peles e cobertas macias. Chineses e japoneses nas áreas de suas influências mantiveram as esteiras atapetadas sobre as quais nasciam, amavam e morriam. Em Roma, nas horas de calamidade pública apavorante, a súplica mais eficaz aos deuses era o *lectisternium,* banquete aos olímpicos, com as imagens colocadas nos leitos, no átrio dos templos, recebendo numa suprema homenagem alimento e cama pela mão devota.

Multiplicaram-se em ornamentos e material de fabrico. Alguns tornaram indispensável a escadinha pela altura do estrado. Pela Idade Média e Renascença os leitos complicaram-se como a vida naqueles tempos. Ficaram altos, rodeados de cortinas e baldaquinos franjados, fechando-se como um aposento. Era elegante receber-se no leito. A recém-casada recepcionava os convidados no alto do seu leito. O duque de Saint-Simon informava todo orgulhoso, em 1695, na tarde de 9 de abril, 24 horas depois do casamento:

> *Le lendemain M. d'Auneuil, qui logeoit vis-à-vis, nous donna un grand diner, après lequel la mariée reçut sur son lit toute la France à l'hôtel de Lorges.*

O imperador Pedro o Grande, da Rússia, em 1717 visitou em Versalhes Madame de Maintenon *mise au lit*. Marido e mulher em vida regular era *lit entier* e o matrimônio desfeito, *lit brisé*. A mais pomposa cerimônia em Paris era um *lit de justice,* o rei de França no parlamento nem sempre dócil,

était un des actes le plus graves et les plus solennels de la royauté.

Para a simplicidade confortável dos atuais foi preciso tempo e moda correndo parelha através do bom e mau-gosto históricos. Do suntuoso leito de Luís XIV para uma cama funcional em 1973.

Depois do leito haverá a posição para dormir. Michael Haberlandt anota:

> *Es interesante comparar la posición que adoptan para dormir los distintos pueblos, ya que en tas etapas más primitivas parece existir una cierta relación entre dichas posiciones y otras manifestaciones de la vida cotidiana. La posición adoptada por los pueblos más primitivos es del hombre acurrucado, en la cual el cuerpo queda comprimido ofreciendo al exterior la menor superficie posible de ataque, como, por ejemplo, sucede con el bosquimán. Los hermanos Sarasin nos cuentan de un modo sumamente expresivo como pernocta una familia de vedas: el anciano ocupa el centro, y conserva a su lado el arco y et hacha; los niños y jóvenes se acuestan en torno suyo, sin perder el contacto entre sí, a fin de conservar el calor, mientras que el resto de los individuos de la familia se agrupa en un círculo a una cierta distancia. Los negros australianos se acurrucan de dos en dos o de tres en tres, con los brazos y piernas entrelazados, procurándose mútuo calor; otro tanto sucede con los negros africanos.*

A forma curva, posição fetal, é a mais possivelmente antiga e a normal nas crianças, repetida em todos os elementos humanos fiéis à sua cultura primitiva. Com a queda de temperatura pela madrugada, insensivelmente, o dormente procura apresentar menores espaços ao frio e retoma a forma curvada, os joelhos projetados para frente, alguns na altura do estômago. Dormir estendido, em posição de revista militar, é conquista artificial e contrária ao que se sabe ao tempo. Assim o *acurrugarse*, encolher-se, é um índice da legitimidade da posição tantas vezes milenar. É preciso evitar a semelhança com um cadáver, imitando a posição. Atrai a Morte. Os indígenas brasileiros, que viviam no neolítico no século XVI, agrupavam-se à noite dentro das ocas (cabanas), adormecendo sem armas e vigiados pela pequenina fogueira apropinquada; cada um no seu leito individual, fresco e suspenso das vigas. Foi possível essa individualização no solidarismo tribal por causa da rede de dormir, a hamaca, criação aruaca, tornada na expansão colonizadora de uso quase universal. Nascera na floresta equatorial brasileira e sul-americana e fizera com que o ameraba, sem deixar a companhia inseparável, tivesse posse de um meio independente de dormir ao mesmo tempo isolado e conjunto. Diga-se que a existência da rede de dormir na Nova Guiné não implica prioridade de utilização e menos empréstimo difusionista.[54]

Um outro elemento decisivo de agasalho foi o calçado. Agasalho-defesa que possibilitou uma libertação das condições ásperas do terreno. Facilitou e ampliou o *autotransporte* humano. Com o pé calçado, as pedras agudas, areias ardentes e soltas, espinhais, lama, neve, o gelo escorregadio e liso foram cotidianamente vencidos e a distância superada. Tanto podia ter nascido o calçado nas regiões hostis de clima quente como nas terras cobertas de camadas geladas. O apelo para dominar a restrição topográfica que limitava duramente a penetração do caçador no inverno, ou nas horas alucinantes do verão, é o mesmo diante da necessidade. A mais antiga amostra de calçado, a *baxae* egípcia, de folhas e cascas de palmeira, tecido de junco, salgueiro, esparto, papiro, o simples embrulhar a palmilha com um troço de cortiça, dando nas longínquas paragens ameríndias o *moacassin,* não pode ser anterior à solução de estender tiras de couro, enlaçadas em raquete, para atravessar a superfície de neve atoladiça e mole. Os modelos seriam dois ou duas as técnicas solucionadoras. Envolver os pés em couro, tecido vegetal, segurando com faixas, *moacassin,* abarcas, a sapatorra de trapos do mujique russo, ou a palmilha recortada, presa ao peito do pé pela correia passando entre o polegar e o segundo dedo, o tipo mais universal e velho, de couro, casca de palmeira, junco tecido, madeira e mesmo pedra, como P. Eugênio Jalhay e Afonso do Paço encontraram em Alapraya (Estoril, arredores de Lisboa). É o formato deparado nas múmias egípcias, nos depósitos das Penínsulas Itálica e Ibérica, em Hissarlik, pelo Oriente. É a velocidade inicial da *al-pargat* árabe trazida em couro para Espanha e Portugal, alparcata, alpargata, alpercata, popularíssima no continente americano e viva no Nordeste do Brasil, a mais surpreendente permanente em função diária e no mesmo plano de utilidade mais de três vezes milenar.[55]

Esse modelo é constante por toda Ásia e ilhas oceânicas. Os tipos clássicos e já modificados luxuosamente são vistos na Assíria, Pérsia, Egito histórico, Grécia e daí a Roma, *pédilon, krepis, solea,* com incontáveis alterações que não pararam presentemente. Em Roma receberam jóias de adorno e na Grécia havia formas com letras salientes no solado, deixando no rastro frases amorosas ou convidativas. A pavimentação regular das cidades matou essa manobra sedutora.

De um modelo mais aperfeiçoado à alpercata, que é rústica por excelência, vieram em Roma o *calceo* civil, a popular *crépida,* e a *cáliga* militar, todas evoluídas e melhoradas para o patriciado romano mas avós verdadeiros das sandálias, sapatos, sapatões e perneiras, decorativas ou comuns. Já as sandálias de deusas e deuses que estão nos mosaicos, afrescos e desenhos de Pompéia apresentam-se mais aprimorados mas algumas são irmãs gêmeas das alpercatas que estão nos pés dos sertanejos pobres do Nordeste no Brasil.[56] As modificações que a industrialização promove incessantemente não escondem o ponto de partida mais visível e legítimo.

A bota, que subiu perna acima até as coxas, seria para Robert Lowie uma descoberta dos cavaleiros nômades da Ásia. É aceitável mas não axiomática porque a bota, de meia altura, um tanto abaixo dos joelhos ou alta, é usada por povos que não montam a cavalo comumente, esquimó, aino, patagão, grupos siberianos, tibetanos, a maioria chinesa. E também a bota foi solução para a neve frouxa, para a caçada em pântano ou enlodados, pesca em água de peixes ferozes ou de fundo pedregoso ou lamacento. Está menos ligada ao exercício da cavalaria que o uso banal da diuturnidade prática. As cavalarias militares, de tempos históricos, não conheciam a bota mesmo nas alturas do século V, o das invasões, e também posteriormente. O mundo árabe e asiático empregou-a parcimoniosamente como peça do traje guerreiro. Já em meados do século XIX nas regiões do Prata e Rio Grande do Sul, o gaúcho *viejo,* o *gaucho malo,* o *gaudero,* não usava de botas e vivia a cavalo. Era o xiripá, ceroula de crivo, tirador e espora no calcanhar nu. As botas inteiras, de *suela,* de *potro,* feita das patas traseiras dos podros, pumas, guanacos, estavam com patagões e também norte-americanos que empregavam os alces e renas e, como se sabe, estenderam pelo Prata, Chile etc., a moda confortável e defensiva. Não é objeto de debate saber-se que a bota nascera da junção da perneira com o sapato ou já constituindo uma peça inteira. Certamente os dois modelos, ainda contemporâneos e autônomos, coexistiram dependendo da natureza dos terrenos. Não apareceu como uma imposição da equitação mas um resguardo de perna e pé para pedestres. Depois passou aos cavaleiros ou esses adotaram o recurso lógico. De 1830 até à roda de 1880 usava-se a bota como elegância, e sem a mais distante pretensão de cavalgar, nas grandes cidades da Europa. Havia espécimes bordados em relevo, desenhados, alguns com decoração minuciosa e catita, em cores.

O sapato, desde a antiguidade remota, ganhou significação que ultrapassava sua utilidade prática. Desligando o homem do contato imediato da terra, elevava-o. Retirar o calçado era retomar a atitude anterior de humildade. Jeová manda a Moisés descalçar-se porque a terra que pisava era sagrada: *solve calceamentum de pedibus tuis locus enim, in quo stas, terra sancta est* (*Êxodo,* III, 5; *Josué,* V, 16; *Atos,* VII, 33). Ninguém podia aproximar-se dos soberanos da Assíria, Pérsia, Babilônia, Egito, Peru, México, com as sandálias nos pés. A suprema recompensa que o faraó Meri-Râ-Papi, da VI dinastia, concedeu ao onipotente ministro Una foi esse conservar-se calçado na sua presença. Deixam os sapatos no limiar das mesquitas todos os muçulmanos. Na adoração da cruz na sexta-feira da Paixão os sacerdotes oficiam descalços: *mox depositis calceamentis,* determina o Missal Romano (ed. Pustet, 1907). Mesmo o bispo, oficiando, deve tirar os sapatos, *manipulum et calceos deponet.* Um dos máximos liturgistas católicos, o cardeal Alfredo Ildefonso Schuster, que foi arcebispo de Milão, comentava no seu *Liber Sacramentorum* (III, 223, ed. Marietti, Turim, 1933):

> *L'adorazione della santa Croce se compie dal clero, senza scarpe, il che ci ricorda l'antico rito che prescriveva in questo giorno al Papa e ai cardinali di prender parte a piedi scalzi alla processione stazionale.*

As procissões romanas de expressiva rogatória eram descalças, devoção humilde que os católicos não esqueceram o emprego, dedicando-as à divina potestade cristã. Em abril de 1971 o papa Paulo VI faz a via-sacra pelo Coliseu, em Roma, descalço.

Mandando Moisés descalçar-se, para dar-lhe uma assombrosa visão do lugar sagrado, Iavé aplicara indicação corrente e popular em todo o Egito, usando sugestão material e visível para alcançar o abstrato e o invisível. Doutra forma Moisés, egípcio pelo *jus soli,* não compreenderia. As sandálias eram conhecidas no Egito desde a IV dinastia. Um faraó da VI, autorizando o ministro Una a permanecer calçado na presença real, já mostra o alcance do costume e sua significação simbólica. Quando Jeová falou a Moisés reinava Ménefta, da XIX dinastia. O costume era lei por todos sabida e venerada.[57]

No continente americano a maioria da população não usava de calçado. Era mais comum entre incas, astecas e maias mas não totalmente. Os indígenas brasileiros do século XVI viviam de pés nus. Como atualmente acontece. Entre o povo a sandália está ganhando simpatia, notadamente nas cidades e vilas pela exigência social. Gente de pé-no-chão não pode ser atendida comumente, denunciada a rusticidade pelo fidelismo nativo e primário.

Exceto no mundo ilógico e fantástico da moda, o calçado é solução decorrente da economia geográfica, local e utilitária. Espinhos, terra lamacenta, pedregal, neve, montanhas de aclives rochosos, região de areal, barro duro, massapê visguento, exigem do calçado uma permanente situação defensiva. Assim, o sapato para as montanhas do Tibete e deserto do Saara, jangla industânica e floresta equatorial africana, é uma resposta formal à exigência topográfica, posteriormente enfeitado pela vocação artística coletiva. E traz uma solução, às vezes poderosa, ao problema local, aflitivo. O calçado dos vedas é aliado decisivo das longas campanhas de caça nos caminhos difíceis da serrania. Conta-se que o proto-esquimó era povo do interior, caçando o caribu, premido pela ausência de meios de deslocação individual, prisioneiro do gelo. É representado pelo esquimó do "caribu", dos Barren Grounds, oeste da baía de Hudson. A invenção do sapato de neve, capaz de fazê-lo andar sobre a solidão gelada, libertou-o da asfixia do ecúmeno tradicional, tornando-o o grande caçador do Ártico.

Não vamos sugerir uma escola de interpretação genérica partindo do calçado, fórmula impulsionadora do progresso humano. O bosquímano, o hotentote, o masai caçam o búfalo, o elefante e o leão, de pés desarmados. Os negros da região dos lagos enfrentam o elefante, o rinoceronte, o tigre também descalços, como a maioria africana e brasileira. Os velhos e tradicionais onceiros do Mato Grosso e os "antigos" do Nordeste contavam o prodigioso escore de onças mortas e perseguidas, com os pés nus. Com os pés dentro dos borzeguins possivelmente nada fizessem.

O sapato, imagem do pé, simbolizava o corpo e sua situação no solo teve expressão de magia simpática. O sapato de palmilha para o ar denunciava a posição do dono inteiramente contrária ao normal, cabeça para baixo e os pés para cima. Os heréticos e regicidas sepultavam-se desta forma porque haviam vivido nas normas diametralmente opostas ao costume legal, inimigos de Deus e do rei. Ainda no século XIII sepultavam em Florença os sicários, os simoníacos, traficantes das coisas sagradas, assassinos mercenários, com os pés para o alto, imitando o *propaginare,* plantar vides de mergulho. Dante Alighieri (*Inferno,* XIX) situa em sepulcro invertido o papa Nicolau III (1277-1280) e que seria seguido por mais dois pontífices, Bonifácio VIII (1294-1303) e Clemente V (1305-1314). Mantém-se no Brasil a superstição poderosa e popular de evitar que o sapato fique emborcado no chão para não atrair desgraças ao dono.

No salmo LX canta-se:

Moab é o meu vaso de lavar; sobre Edom lançarei o meu sapato.

Quando um cunhado recusava receber a viúva do irmão, cumprindo a lei do levirato, havia ato público de desforço:

"...então sua cunhada se chegará a ele aos olhos dos Anciãos; e lhe descalçará o sapato do pé, e lhe cuspirá no rosto, e protestará e dirá: Assim se fará ao homem que não edificar a casa de seu irmão" (*Deuteronômio*, 25, 9).

O sapato era sinal de validade contratual.

Havia pois já de muito tempo este costume em Israel quanto a remissão e contrato, para confirmar todo negócio, que o homem descalçava o sapato e o dava ao seu próximo: e isto era por testemunho em Israel (*Rute*, IV, 7).

A tradição ficou no Oriente e Damião de Góis, escrevendo entre 1558-1567, recorda o episódio do chefe mouro de Safi, Marrocos, Raho Benxamut:

Rabo descalçou um sapato e lho deitou em sinal do que lhe prometera (*Crônica do Rei Dom Manuel*, IV, cap. VI).

Nas antigas cerimônias matrimoniais a entrega do sapato era fórmula de aceitação do pacto nupcial, o *praebet calceamentum*. Na estória da Cinderela o casamento é ajustado pela aposição do chapim, presente que ainda fazem os noivos holandeses na ilha de Marken. No tempo de Martim Lutero (século XVI) era uso na Alemanha o recém-casado depositar o sapato sob o dossel do leito em sinal da soberania que ia exercer no seu lar. O sapato é um amuleto para atrair os bons eflúvios, favoráveis à situação financeira e prestígio social, indicando a continuidade do equilíbrio. São muito usadas as miniaturas em ouro nas pulseiras, colares e brincos. Na noite do Natal é o sapato disposto na lareira, o depósito clássico para os futuros presentes do Papai Noel. Na Inglaterra é geral o crédito de

throwing an old shoe after a bride, will bring her and her husband luck (Radford).

Nos Estados Unidos amarram sapatos velhos no carro que conduz os noivos.

No Código Florentino vê-se o imperador Montezuma recebendo os espanhóis em Tenochtitlán, no México, solenemente vestido mas descalço.

As cores dos sapatos eram, em certas cortes, privativas do serviço do rei. Em Portugal o sapato vermelho denunciava o alto funcionário real, até princípios do século XIX. Ainda mencionamos alguém ser de "alto coturno", elevada posição, sem ligação com o coturno, calçado exageradamente subido que o ator trágico usava na declaração do seu impressionante papel.

O homem, agasalhando-se, passou sucessivamente a valorizar essa defesa exterior, tornando-a emblemática, simbólica, política. Classes, funções, atos estão ligados a uma exigência no plano da indumentária. Por não estar convenientemente vestido para o banquete o homem foi expulso da festa, na parábola de Cristo, justificando a norma (*Mateus*, XXII, 12-13).[58]

Volta-se ao começo. Por que o homem usou de roupa? Naturalmente porque seu corpo não se aquecia sem ela.

A ciência divide-se praticamente em duas grandes seções. Uma para ensinar a fazer alguma coisa. Outra para explicar. Essa segunda luta com dificuldades penosas no sentido da harmoniosa dialética. A lição biológica no tocante à pelagem animal é simples e lógica. O rinoceronte não tinha pêlos e veio até a época de uma glaciação. Devia, pelo exposto, sucumbir gelado. Acontece que o plasma germinativo do rinoceronte sofreu mutação súbita e assombrosa. Um rinoceronte nasceu com tendência a ter um leve pêlo de veludo. E ficou peludo quando adulto. Este adaptou-se melhor que os manos rinocerontes de pele desnuda; e seus descendentes, pela continuidade mutacional do plasma germinativo, nasceram com pêlos acentuados que, em sucessivas gerações em dezenas e dezenas de séculos, fixaram-se num tipo vitorioso do clima e do frio, o rinoceronte peludo, *Rhinocerus tichorrhinus*. Identicamente sucedera a um determinado elefante que terminou coberto de pêlos e de nome mudado para *Elephas primigenius,* o nosso amigo mamute. Espantoso é que o plasma germinativo do homem não tenha reagido às provocações climáticas como as espécies afins, aparentadas e concorrentes ao *struggle for life*. Em vez de um bom sobretudo piloso arranjou-se matando os animais peludos e defendendo-se das geadas com os pêlos alheios. Essa diversão do plasma germinativo, dando solução acima da lógica formal biológica, pertence à classe explicativa-discursiva. Parece que o plasma germinativo não deu sinal de si porque sabia que o homem, ou os infras colegas, encontrariam sozinhos elementos para sobreviver.

ORNAMENTAÇÃO

*Le monde est une pièce misérable qui se soutient
un peu par les machines et les décorations.*

CHAMFORT

*P*elo aurinhacense, há 72 mil anos, para mais e não para menos, o homem começou a desenhar nas pedras e riscar umas linhas e pontos nos objetos do seu uso. Só podia ser esforço deliberado porque o material não era plástico como o barro no epipaleolítico, onde seria possível a impressão dos dedos e das unhas sem intenção fixadora. Desde início do paleolítico superior o homem desenha porque quer...

Mas os vultos animais nas rochas friáveis da França e Espanha são explicáveis pelos efeitos atrativos da magia simpática. Aplicação e não origem. Que apareçam traços e riscos nos chifres, ossos e calcários, manejáveis e destinados aos empregos imediatos, é que pouco se entende porque esse pormenor constitui elemento dispensável. Com ou sem desenho seriam úteis.

E para que o homem foi perder tempo precioso naquela superfetação instintiva? A impressão natural é que nascera a Ornamentação. E muita gente não compreende a ornamentação como função mecânica de preencher espaços vazios nas superfícies lisas e ser uma beleza adicional para os olhos. Beleza relativa aos olhos que miram...

Certo é que há 720 séculos o homem "enfeita".

Ora, o enfeite para nós latinos é um distante sinônimo de pintar, do latim *inficere*. Todos nós recordamos o *De Bello Gallico* (V, XIV), onde Júlio César fala dos povos do interior da futura Inglaterra, no país de Kent, pintando-se para obter uma cor azulada, terrificadora dos inimigos;

vitro inficiunt, quod caeruleum efficit colorem, atque hoc horridiores sunt in pugna aspectu.

Aí está o *inficiunt* denunciador do enfeite gorgonizante. O *vitro*, com que se untavam, é o pastel, *isatis tinctoria*, planta de que há trinta espécies conhecidas na Europa, produzindo o índigo. Corresponde, etnograficamente, ao brasileiro jenipapo, *Genipa americana*, dando linda coloração negro-azulada, indispensável nas pinturas individuais indígenas.

A intenção de fazer medo ao adversário pintando-se de azul é uma interpretação tão arbitrária quanto dizer-se semelhantemente dos nossos amerabas, cobertos de jenipapo e do vermelho urucu, *Bixa orellana*, com funções refrescantes, terapêuticas, inseticidas e naturalmente mágicas. O juízo inicial é encontrar-se enfeite nas pinturas ameríndias como Júlio César via unicamente o aspecto intimidador nos bretões de Kent. Nas manhãs do aurinhacense o homem ornamentava seus utensílios e não pareceria aos companheiros tarefa adiável ou de valor meramente superficial. A noção da "utilidade" não era a que entendemos agora.

Descrevendo-me uma festa na maloca dos Curuaias, tupis do Curuá, afluente do Iriri e este do Xingu, no Pará, o meu primo J. C. da C. contentou-se em lembrar que o tuixaua estava "todo enfeitado". O informante residiu perto dos indígenas e mesmo se casou na tribo, com a cunhã Maiupá. Era depoimento exato de letrado, simplificando numa imagem rápida a visão imponente de um chefe com todos os seus adornos de guerra e júbilo. Cada um daqueles ornatos possuía história, velhice, significado mágico. Não foram inventados pelo tuixaua dos Curuaias como uma modista inventa novo modelo para a obediência imediata do gênero feminino civilizado. Aqueles ornamentos eram tradição falada e compreendida, documentos antiquíssimos de encantamentos, vitórias, sucessos, maravilhas.

Não diremos, em boa educação, que o embaixador estava "enfeitado" com todas as medalhas, placas, colares e faixas. É que sabemos a história dos símbolos da exposição rutilante. Quando foram criados e por quê. O enfeite do Curuaia apenas é muitíssimo anterior e complexo às veneras notabilizantes exibidas pelo diplomata.[59] E jamais consideramos enfeite uma condecoração, zombada por muitos e desejada por todos. Apenas a distância entre uma ordem honorífica e um tufo de penas de papagaio no ombro direito do chefe é o entendimento de uma e a ignorância de outro. *Nec quid nimis*. O meu primo não sabia. Daí o tuixaua estar "enfeitado". Estou absolutamente convencido que o chefe curuaia vendo o embaixador rebrilhante deduziria que o "branco" ostentava os elementos legítimos de comando, segredos de guerra, convivência divina, forças imobilizadas em serviço pessoal. O indígena moderno terá a noção decorativa, exterior, lúdica, do atavio. O antigo possuía a certeza de ver um "iniciado". Nada mais. Não sabia o destino mas sentia a direção.

O ornato é decoração e também, já em Roma de Cícero e depois de Tácito, insígnia visível de funções sociais, *ornamenta consularis,* constatação da própria dignidade, preparo, apresto, dotação. Suetônio conta um episódio de Tibério quando exilado em Rodes. Num debate entre sofistas, um deles insultou-o. Tibério retirou-se para voltar com as insígnias de tribuno, *repente cum apparitoribus,* levando o agressor ao tribunal e condenando-o (*Tibério,* XI). A autoridade era autenticada pela decoração.

A idéia comum da exterioridade da ornamentação, beleza, alegria dos olhares, deleite mas ausência absoluta do útil e do prático, é a fase final do desenvolvimento, perdido o conteúdo mágico de sua força divina, apotropaica, benfazeja, adjutória.

Karl von den Steinen crê que a ornamentação se iniciasse como ostentação de troféus de caça e depois transformada em amuletos para atraí-la. Quando essa explicação, esse segredo, desaparece na memória grupal, nascem doutrinas novas, modificáveis e variadas, mais ou menos recentes e substituíveis, desnorteando os pesquisadores científicos que as colhem e nelas fundamentam as justificativas racionais. Perdida a "ciência" velha, o indígena "inventa" lendas e mitos para reacomodar o complexo na inteligência perguntadora dos companheiros jovens ou dos estrangeiros curiosos. Assim, nem sempre uma estória local é razão verídica do costume ou do objeto questionado. O nativo pode ignorar e criar uma nova *doutrina* ou mentir, na melhor intenção valorizadora. O critério esclarecedor, até certo ponto, é o confronto analógico e o inquérito para obtenção de uma imagem média, partindo do material que possa servir como referência em sua legitimidade temática.

As mutilações corporais seriam originariamente manifestações de ritos religiosos, captação mágica pelo sacrifício cruento (dádiva de sangue), ablação aos deuses, oferenda aos mortos (aos antepassados como homenagem e aos defuntos recentes pela ambivalência do pavor e respeito), desejosa da proteção invisível e permanente; iniciação na puberdade, preparo psicológico para a guerra. A pintura torna-se lentamente uma espécie de uniforme tribal, com as exibições emblemáticas, fixadas pelas cicatrizes intencionais e a tatuagem (do taitiano *tatu),* desenho de caráter indelével. Nascera do desenho de cicatrizes, feito como registro de ações valorosas ou tributos sacros. Plutarco (*Oeuvres,* 557 d, *Délais de la vengeance divine,* 12) conta que os esposos das mulheres da Trácia obrigaram-nas a picar os braços com agulhas, ou elas próprias o teriam espontaneamente feito, como expiação pelo trucidamento de Orfeu. Para as trácias a tatuagem, ablação inicial, era sinal de nobreza e depois elegância, como a cabeça artificialmente alongada para os soberanos incas. A seqüência está coerentemente de acordo com o método analítico da Etnografia, de sacrificial a exornativo.[60]

As demais deformações são múltiplas; disposições mutiladoras no pavilhão auricular, corte ou distensão do lóbulo, perfuração do septo nasal, lábios, saliências da face, decepamento das falanges digitais e podálicas, circuncisão, excisão nos órgãos femininos, incrustações, aguçamento dos dentes, compressão para o alongamento cefálico, formas de participação do próprio comportamento individual no ambiente tradicional-coletivo. Pela maioria decisiva desses processos caber ao homem, deduz-se a inicial "prática" da fixação mágica. A mulher não teria necessidades urgentes e maiores de ser ajudada para a caça e a guerra. Sua inclusão nas tatuagens e escarificações é de menor intensidade; desenhos étnicos, implementos estéticos para atração conubial, uma maior intenção de aformoseamento e de ampliação estética que utilitária e sagrada. Não se exclui, naturalmente, que os rapazes ignorem, não empreguem ou desdenhem as tatuagens e desenhos sedutores da atenção feminina e da admiração dos companheiros, sem abandono das linhas clássicas e fiéis às tradições dos modelos legítimos e padronais. São exemplos os munducurus brasileiros e os maoris polinésios. Esses modelos constituem um patrimônio doméstico e tribal porque a pintura individual, na véspera das festas ou campanha de caça e guerra, é feita pela mulher ou um companheiro, de cor, mantendo o estático ritual e o dinâmico inventivo. Outro exemplo, os Witotos, do noroeste amazônico. O trabalho da tatuagem é sempre masculino, denunciando a persistência do liame sagrado mesmo no plano do "enfeite".

A maneira de conservar ou não a cabeleira, barba e bigodes, os formatos prediletos ou obrigacionais (frades, militares), o penteado feminino através do tempo, são modalidades ornamentais indiscutíveis.

Bem limitada é a exigência do agasalho no gênero humano. Quanto devemos empregar para a conservação do calor e o preceito pudoresco de cobrir as carnes é muitíssimo menor e mais simples que o determinado pelo "despotismo do costume", como dizia Stuart Mill.

A região pudenda é a sede do pudor e não se diga *pruderie* cristã porque Vênus, profissionalmente despudorada, ocultava o sexo na casta posição da "Venus dei Medicis" e em tantíssimas ocasiões.[61] Diana, Artemis caçadora, transformou Acteon em cervo por tê-la visto despida e Palas Atenas cegou Terêsias que a vira no banho. Não foi o pudor a força irresistível que amplia ou encurta a véstia, mas o ornato que o sobrecarregou ao infinito. O conceito utilitário do frio ou da vergonha pudica é injustificado. O ornato na indumentária compete e às vezes sobrepuja o essencial. Os contemporâneos *Master and Mistress of the Robes,* na corte inglesa, respondem documentadamente na informação de quanto o agasalho multiplicou-se e dominou pela convenção inarredável.

É uma testificação impressionante da fidelidade ao instinto ornamental, ataviador, decorativo, resistindo aos milênios e transformações sociais de todas as espécies.

W. Trotter — e Freud concordava com ele — considerava primários os instintos de conservação, nutrição, sexual e gregário. O ornamental ou decorativo está, incontestadamente, determinando sua inclusão e o que situem logo depois da nutrição. Não há pássaro, mamífero, inseto, ofídio, peixe, sem sua época ornamental. A explicação clássica da aviventação da cor e aumento do volume, eriçamento, bailado, canto, para conquistar e fixar a fêmea (ou vice-versa, da fêmea para o macho arredio) ou amedrontar e afastar o concorrente, não satisfaz o uso normal entre a humana gente, independente do excitamento sexual ou assustamento do rival próximo. Em boa verdade e percentagem a ornamentação passou a ser ato maquinal, instintivo, e isto é outra denúncia de sua espantosa ancianidade.[62] O ato de enfeitar-se é tão automático quanto o ritmo do passo normal, ambos adquiridos.

Há naturalmente a exceção, que é outra forma, uma espécie de decoração interior, recôndita mas sensível e poderosa. Não aderindo aos enfeites exteriores cuida-se da exigência verbal, extensão da cultura, aprimoramento nas atitudes, estabelecendo distância e salientando a distinção individual. Diógenes, no seu tonel, e Sócrates, com seu manto esfarrapado, não cediam a Alexandre Magno e ao espetacular Alcebíades milímetros de autoconvicção no valimento íntimo. Eram "enfeitados" pelo lado de dentro.

Quando o visconde de Almeida Garrett (1799-1854), um elegantíssimo *dandy,* como se dizia naquele tempo, visitou o austero Alexandre Herculano (1810-1877) em Val-de-Lobos, o historiador disse, olhando a infinidade de escovas, pentes, tesouras, perfumes, óleos, cosméticos que enchiam a maleta do grande poeta:

Veja o meu amigo de que pode precisar um homem neste mundo!

Ninguém, entretanto, com maior senso de ornamentação interior que Herculano. Garrett, com todo arsenal embonecador, era mais simples, acolhedor e humano que a imponência severa do criador da *História de Portugal.*

Até aqui se falou nos enfeites imediatos à pessoa humana. O debate convencional da origem da ornamentação terá, para mim, apenas três componentes necessárias:

A) Instinto natural da reprodução plástica;
B) Sugestão irresistível de preencher os espaços vazios;
C) Fixação de motivos-ambientes com intenção religiosa.

Os vários processos dessa fixação (XII-2), estilização da fauna ou geometria linear instintiva, expressam fórmulas gráficas sobre e sob o fundamento do estímulo mágico, religioso, sagrado.

As duas primeiras componentes continuam atuais e vivas no povo, verificáveis pela observação direta. Toda criatura humana nasce sabendo desenhar e desenha na fase infantil, carvão, lápis, com o dedo n'areia, e o assunto é a natureza circunjacente. Há uma atração poderosa de encher as superfícies vazias e limpas, paredes, muros, fachadas, pedras lisas, papel disponível, com os testemunhos da ocasional sugestão pictórica.

Do aurinhacense, e notadamente do "milagre madaleniano", o desenho que reproduz um animal, copiando-o do natural imediato, inclui células dinâmicas pessoais do desenhista, além do motivo plástico, puras iniciais da ornamentação. Essa seção, que era complementar, acessória, decorrente, libertou-se, através do tempo, dos núcleos principais, tornando-se autônoma, individual, legítima. Passou a ser um assunto, uma inspiração, um trabalho deliberado, independente, soberano.

Dos traços que enquadram os animais desenhados no alto paleolítico e detalhes humanos no epipaleolítico e neolítico, para os modelos ornamentais típicos do Egito, Assíria, Pérsia, Grécia, Roma, Bizâncio, Arábia, China, Índia, o estonteante arabesco, com utilização vegetal e alfabética, o "flamejante" gótico, o manuelino português, a incomparável "Janela de Tomar" ou as Capelas Imperfeitas no mosteiro da Batalha, ambas em Portugal, há diferenciação específica, rumo, modificações e genialidades criadoras, dando uma fisionomia, uma personalidade ao ritmo dos estilos.

Os desenhos, relevos, do vasto documentário asteca e dos maias, os maias de Honduras, Guatemala, à península do Iucatão, terão o desnorteante problema de confundir os temas reais com a ornamentação complementar. O que dizemos pormenor pode ser o essencial-típico, mais característico e expressivo. Diante do alucinante panorama da escultura maia, da escrita maia, do desenho, o motivo e o ornato, resta-nos a interpretação dos técnicos, dos especialistas, dos *experts*, dentro do raciocínio, mecânica e mentalidade tão distantes dos artistas e sábios do velho e do novo Império dos Maias.

Compreende-se, entretanto, que o ornato era uma atitude estática, rogativa, estilização do amuleto, e passou a constituir realmente um adorno, missão complementar da entidade artística central, mas vivendo em si, justificando-se pela própria evidência e não mais pelo sentido oculto da intenção miraculosa.

A ornamentação apresenta igualmente um ângulo irrespondível e poderoso na crítica evolucionista. Não é possível demonstrar-lhe a inferioridade pelas formas antigas e a superioridade pelas modernas. No panorama cronológico a documentação decorativa expõe unicamente a prodigiosa inventiva humana e as soluções maravilhosas do desenho dentro da limitação dos espaços ornamentados.

JÓIAS
·······

*N*enhuma justificação contemporânea possuímos sobre a utilidade do adorno, o uso universal da jóia, nos vários planos de sua valorização. É uma inutilidade custosa, cara, difícil mas indispensável, característica, inseparável do gênero humano. A noção da "inutilidade indispensável" é um critério simplista de raciocínio prático. Evaporou-se a explicação racional do adorno, da jóia, tornando-a permanente em todos os povos da terra. Se no paleolítico superior começam aparecendo os modelos das futuras jóias é porque estas representavam soluções inadiáveis para a própria vida humana. Através do tempo o critério do útil sofre transformações radicais. Há trinta anos ninguém saía à rua sem chapéu porque daria impressão de ter "perdido a cabeça". Mas a jóia atravessa espaço e tempo com o mesmo prestígio embora tendo outras exegeses. A idéia de que a jóia era enfeite, decoração, boniteza será mais ou menos recente. Quando ela começou a ser usada o motivo era outro e na classe dos gerais, lógicos, imediatos. Hoje o vocabulário é diverso mas é preciso pensar que a jóia representou objeto tão preciso quanto uma arma de alta e segura confiança. Porque a jóia começou sendo uma arma defensiva contra o ente malfazejo, invisível e perseguidor. Presentemente, continua sendo uma arma ofensiva, fixadora de atenções, denunciadora de nível econômico, arauto da projeção social.[63] A função mágica, defensiva, apotropaica, desapareceu depois de haver resistido milênios.

Começaram os colares de pedrinhas trabalhadas, placas calcárias, ossos, chifres, valvas, conchas helicoidais de búzios. No madaleniense, para Europa do Norte, do Sul e África Setentrional, surgem diademas de plumas, colares e braceletes mais trabalhados. O homem de Laugérie-Basse usava vinte conchas. A criança da Grotte des Enfants (Mentone) ostentava na região pelviana mil caracóis de Nassa. Antes, foram deparados pulseiras e braceletes de chifre e osso, um anel de concha, com engaste. Na franja do neolítico vêm os peitorais de conchas, placas de calcário, búzios, dispostos em losangos, triângulos, quadriláteros. Jarreteiras com penas, esferas de calcário, osso, chifre. Na Idade do Bronze grande parte passa a ser feita com esta liga, mas os antigos materiais não são de todo abandonados. Na Idade do Bronze surgem abundantemente os anéis, popularizados na Idade do Ferro, acompanhando os mortos aos túmulos e encontrados nos ossos dos dedos. As placas passam a arredondar-se, constituindo colares de várias voltas, pulseiras, jarreteiras. Até esta época o homem adornava-se e a mulher ficava olhando a beleza masculina. Em fins do epipaleolítico é que começou a mulher a tomar parte bem viva na concorrência. E por que o homem usou primeiro de adornos, enfeites, jóias? Porque ele era mais ameaçado, exposto e próximo dos perigos obscuros e temíveis. A mulher não enfrentava as feras e nem lutava contra os monstros que significavam alimentos. Inicialmente, todo o adorno era uma defesa e a jóia um amuleto.

A Idade dos Metais determinou a divulgação das jóias e naturalmente o uso mais comum, sem as necessidades sagradas da magia instintiva. Foram sendo enfeite, tomando explicação diferente, multiplicando-se. Aparecem por todo mundo conhecido, mastarbas, covas, sepulcros, megalitos, depósitos arqueológicos no Egito, Assíria, Pérsia, Oriente inteiro, Babilônia, China, Índia, possuindo verdadeiros museus de jóias pessoais para os soberanos e fidalgos em serviço do rei, chefes militares e familiares favoritos. O povo é que não teria meio para enfeitar-se senão com os recursos da imaginação, adaptada ao ambiente local. Todos os túmulos mostram, ao lado dos utensílios da vida normal ou da profissão, jóias demonstrativas do gosto, do emprego indispensável ainda em função religiosa. Estavam ali para que o morto continuasse no outro mundo com os índices de sua autoridade, posses, domínio. São conhecidas as coleções retiradas dos monumentos megalíticos da Europa, África, Ásia.

Mesmo na fase proto-histórica as jóias eram mais populares do que modernamente. Tinham significação religiosa, mágica, ritual, política, sexual. Nós conservamos unicamente os anéis de grau, referentes aos cursos universitários que Bolonha impôs no século XIII. O titulado "casava-se" com a Ciência. Outrora as jóias tinham linguagem secreta, expressando um código vivo e poderoso. Ainda nos séculos XVI-XVII cada jóia dizia uma missão e cada pedra preciosa era um destino simbólico. As flores, sementes, conchas, valiam jóias e figuravam na cabeleira, ombros, orelhas, bustos das moças. Mesmo nuas, as donas e donzelas dos Witotos (Para-Paraná e Caquetá no Alto Amazonas, de raça tupi) cobrem-se de desenhos geométricos de surpreendente efeito ornamental pela variedade, equilíbrio, precisão, originalidade. Será que cada modelo não tinha uma significação propiciatória, atraindo fecundidade, alegria, tranqüilidade para a portadora do traje pintado sobre a pele? Assim eram as jóias, vegetais, minerais, animais. Falavam, pediam, suplicavam amores, bênçãos, milagres.[64]

A jóia determina intercâmbio inicial. Parece ter havido relativa autosuficiência entre os grupos do paleolítico superior. O material de pedra era trabalhado pelo próprio caçador, aproveitando as pedreiras próximas. Mas as jóias, algumas, denunciam origens longínquas, obedecendo a um percurso enigmático. Conchas do Oceano Índico estavam nas grutas de Grimaldi, no Mediterrâneo, assim como as da orla atlântica jaziam nos túmulos da Costa Azul. O âmbar do Báltico espalhou-se pela civilização egéia e foi deparado em Tróia. Marfim, ovos de avestruz, alabastro translúcido, as turquesas azuis, as verdes calaítes circulavam evidenciando intercomunicação do norte africano, leste mediterrâneo e Europa Setentrional.

Mas todas essas coisas eram destinadas aos adornos e não às utilidades imediatas e práticas. Seriam tão indispensáveis quanto as armas de caça e assim se justifica o itinerário interminável de sua jornada para a obtenção final. O ardente desejo de usar um colar de pérolas verdadeiras justificava o risco das vidas humanas empregadas na sua busca no fundo do mar, povoado de tubarões. Por que essa angústia por um adorno, um fio de pérolas, uma filigrana de ouro, uma placa de diamantes, um pendente de esmeraldas? Perdemos a explicação mágica e as demais são infinitas mas de raciocínio pessoal. Já não pertencem ao corpo doutrinário comum e milenar ao grupo humano.

O anel, por exemplo, já milenarmente se fizera signo de autoridade, do mandado, do poder de governar. O anel correspondia ao estado, dignidade, nível social. Roma popularizara-o, elevando-o à categoria de símbolo. Anel de ouro dos cavaleiros, das vestais, dos senadores, do imperador. O anel-sinete marcava as cartas, autenticava as missivas, oficializava os éditos. A representação tinha na exibição do anel uma prova evidente de legitimidade. O anel do imperador era entregue solenemente ao herdeiro na antecipação consagradora. Retirava-se do dedo defunto depois do conclamação, chamar três vezes em voz alta pelo nome do morto, na psicagogia apaziguadora. Já denominava o quarto dedo da mão, o anular, dedo do anel, *bis ar galon,* dedo do coração, dizem na Bretanha, "parámesos" grego. Nos primeiros séculos em Roma os escravos não podiam usá-lo. E os libertos sem autorização expressa. Seis séculos a.C. corria a lenda do anel de Polícrates, tirano de Samos registrada por Heródoto (*Tália,* XLI, XLII), o de Gigés, rei da Lídia (VII a.C.) que o tornava invisível. Usavam em todas as falanges, da primeira à última articulação digital e mesmo nos polegares dos pés. Uma rainha do Queroneso, cujo esqueleto foi encontrado em Nicopol, na Criméia, ostentava dez anéis. Em Pompéia elas eram os favoritos, agosto do ano de 79. Dedos com quatro anéis. Alexandre Magno, morrendo, mandou entregar o seu anel a Pérdicas. *Exemptum digito annulum Perdieccae tradidit* — diz Trogo Pompeu. Sinal de autoridade. Imprimi-la na cera era autenticar as leis. Anel do matrimônio, no dedo vizinho ao mínimo da mão esquerda porque aí findava um nervo que vinha do coração, a parte nobre do homem, *esse principatu cordis videretur* — escreve Aulo Gélio. Era a tradição que os gregos receberam dos egípcios, transmitida aos romanos e continua contemporânea, anel de noivado, na mão direita, anel de casamento, na esquerda, mão do coração, reminiscência do costume imemorial. Aliança. Anel perdido, amor esquecido:

> O anel que tu me deste
> Era de vidro e quebrou-se.
> O amor que tu me tinhas
> Era pouco e acabou-se.

No século XIII a Universidade de Bolonha usava anéis de graus, alegorias de núpcias dos doutores com as ciências estudadas. No século XIII aparecem as primeiras referências ao Anel-do-Pescador, com o camafeu ou pedra gravada representando São Pedro lançando as redes, anel com que o papa selava os breves. Ainda hoje alguns documentos pontifícios são *Datum Romae apud S. Petrum sub annulo Piscatoris,* sob o Anel-do-Pescador galileu. Quebram-no na morte de cada pontífice. O imperador Napoleão obrigou o papa Pio VII, prisioneiro em Savonna, a entregar-lhe o anel. O papa obedeceu mas remeteu-o aos pedaços. Anel de rei, de bispo, do abade, do papa, beijados pelos fiéis. Anel das freiras que se casam, misticamente, com Jesus Cristo. Anel porta-perfume. Anel-amuleto, com forças misteriosas de atração e repulsão. Anel relicário. Anel episcopal já mencionado num decreto do papa Bonifácio IV (608-615), promulgado no III Concílio de Roma (610), é o sagrado signo da fidelidade, *sacrosanctae fides signo,* entregue na impressionante cerimônia da sagração dos bispos. É bento e, ao ser posto no quarto dedo da mão direita do novo bispo, o prelado consagrante pronuncia a fórmula:

Accipe annulum, fidei scilicet signaculum, quatenus Sponsam Dei, sanctam videlicet Ecclesiam, intemerata fide ornatus, illibate custodias; [ou seja]: recebei este anel, símbolo da Fé jurada, porque deveis conservar uma fidelidade absoluta à Esposa de Deus, a Santa Igreja, e guardá-la sem desfalecimento!

É imagem popular das coisas ajustadas e lógicas: "Cada dedo com seu anel, cada água com seu livel"; "Certo como anel no dedo". Dante Alighieri já registrara na *Divina Comédia* ("Paradiso", XXXII, 55-57):

> *chè per eterna legge è stabilito*
> *quantunque vedi, se chè giustamente*
> *ci si risponde da l'anello al dito.*

A colocação de jóias nos pulsos, pescoço, orelhas, dedos, asas do nariz e septo nasal, lábios, faces, cabeça, tórax, pernas, jarretes teriam inicialmente significação mágica, como supunha Konrad Theodor Preuss, defendendo estes objetos postos juntos às aberturas naturais e entradas, pontos sensíveis à penetração das forças malfazejas, como uma guarda-de-honra encarregada de repelir o invasor inimigo e tenaz. A interpretação de Preuss, em 1914, foi repetida em 1924 por Lehmann-Nitsche, crendo que as pedras labiais e auriculares

haya debido espantar los espíritos malignos, impidiendo así, indirectamente, su entrada en el cuerpo humano, por boca y oído, mientras que todas aquellas cosas llevadas en el tabique nasal, deban producir el mismo efecto, en parte, directamente, cual tranquera o pasador. Andando los tiempos y acostumbrándose los individuos a llevar esos objetos anti-espirituales, poco a poco fué olvidado su verdadero destino, utilizandolos, los portadores, para exponentes de sus sentimientos artísticos.[65]

A rainha Shubad, de Ur (3500 a.C.), estava literalmente coberta de ouro, prata, lápis-lazúli, cornalinas, trabalho artístico de efeito irresistível.

Pelo Oriente as jóias tiveram esplendor constante. As mulheres usavam colares de dez e mais voltas, placas de ouro com pedras preciosas, pulseiras. Ainda no Renascimento vieram os anéis e os diademas orientais ocos e cheios de perfume, deixando escoar lentamente o odor de rosas ou sândalo. E também as jarreteiras de ouro, aros postos acima dos joelhos, com guizos sonoros, denunciando ao senhor o movimento das mulheres do harém. Cada esposa ou concubina teria sonoridade distinta aos ouvidos do homem, proprietário de tanta complicação bonita. Até finais do século XIX usou-se na Índia e países sob sua influência. Luís XI, de França, mandava pôr os guizos nas correntes que prendiam os prisioneiros.[66]

Os brincos, adornos da orelha, vêm da Idade do Bronze, argolas, pingentes, simples ou ornamentados, alguns pesando bastante mas inseparáveis dos lindos lóbulos femininos.

Em Roma as jóias multiplicaram-se, especialmente no Império, quando as leis republicanas contra o luxo foram sendo esquecidas. Os anéis eram típicos. Os cavaleiros usavam-nos inicialmente de ferro e Aníbal gabava-se de ter feito um montão deles, arrancados aos cavaleiros mortos sob as ordens de Paulo Emílio (216 a.C.), em Canes.

O tesouro dos soberanos asiáticos era, originariamente, um depósito de jóias. As jóias valiam moeda e corriam, em eficiência venal aceitada, onde quer que aparecessem, como ainda hoje uma jóia é cheque descontável em qualquer país. Era e continua sendo uma das mais antigas moedas universais, com nível de crédito quase inalterável.

Durante a austeridade medieval as jóias ocultaram-se temendo o pecado do orgulho mas o Oriente manteve sua prestigiosa rutilância. O Renascimento restituiu-lhe o esplendor que o ciclo das navegações multiplicou. O século XVI trouxe a divulgação da técnica de trabalhar em pedras preciosas, não apenas a perfeição na lapidação mas a gravação, os embrechados, mosaicos de maravilhas cintilantes. As obras-primas que estavam antes reservadas ao culto religioso e à corte dos reis espalharam-se pela burguesia, mercadores, ozenários, navegadores, enriquecidos pelo tráfico.

No Oriente era uso corrente jóias que desapareceram das modas na Europa e só foram conhecidas pela cultura ameríndia pré-colombiana. Anéis nos dedos dos pés, ligas do tornozelo, aros de ouro para o septo nasal e asas do nariz, braceletes, subindo do punho até o deltóide. Dezenas de pulseiras volteando o pulso. Dois e três anéis em cada dedo, incluindo o polegar. Diademas com pingentes, torçais de ouro, fios de pérolas. Mantos, túnicas, sapatos cobertos de jóias. Leitos, cadeiras, mesas, revestimento de salões, com pedras preciosas, embutidas em prata e ouro, em madeiras raras e caras. Um luxo pesado, opressivo, assustador, que daria orgulho mas não alegrava pela sua própria abundância, como o ouro dos incas e dos astecas.

Para a Polinésia, Melanésia, Austrália, na Micronésia, Insulândia, as jóias são fauna e flora, flores, sementes, tecidos, colares, placas, diademas, produtos da ictiofauna, pintados, gravados, esculpidos em relevo, com uma movimentação policor que entontece. Os metais aproveitados desaparecem sob a ornamentação desvairada, imprevista, sedutora. O pobre e faminto australiano tece coroas de cabelos, pêlos animais, pintando-os deliciosamente. Cobre-se de colares e braceletes de conchas, dentes animais, cascas de caranguejos, lianas secas e trançadas em xadrez, escarlate, branco e azul. Na Polinésia e Melanésia, papuas, maori, taitianas, paláos, gente de Samoa, Nova Zelândia, encontram nas flores adornos estonteantes. A pintura individual empata com o luxo da tatuagem, cobrindo o corpo inteiro como um traje de gala permanente.

A concepção da jóia, do luxo, não é a mesma. Certamente o maior encanto é o adorno, a jóia enfeitativa, num ambiente onde existe a coerência decorativa e o elemento da convergência ecológica. Uma *vahine do* Taiti, com sua curta saia de ramagens e seus colares de flores, é mais uma "permanente" que a universalidade dos diamantes e esmeraldas indistintamente espalhados sobre os colos ricos e vestidos sob a mesma imposição dos mesmos costureiros. Alguma distância estética entre personalidade e padronização, nivelação de gostos pelo rolo compressor da moda imitativa.

Bizâncio deixou a herança de um luxo feito de ouro e jóias que tornava imóvel o Basileus, obrigando-o, pelo protocolo, a quase não respirar sob o diadema imperial. Os mosaicos trouxeram aos nossos olhos atuais as impressões assombrosas destas capas cintilantes, recobrindo o corpo da imperatriz e fidalgas adscritas ao imperial serviço do três-vezes-santo imperador. As pinturas murais e tumulares são documentos para o desvario ornamentador do bizantino. O imperador impassível no alto do trono, revestido da pompa majestática, cercado pelo lento cerimonial que decorria processionalmente, era um vagaroso derramar de pedrarias. Leituras, observação local, vista de mosaicos, quadros, desenhos, não darão a imagem exata da festa bizantina num seu dia de glória. Faltam os elementos do movimento, o cortejo colorido deslocando-se através dos salões espelhantes, recamados de ouro, doirados pelo sol multiplicador de reflexos. Para América as jóias impressionantes foram erguidas em pedra e são as esculturas astecas e maias. O fervor religioso totalizava nos deuses a oferenda ornamental. Tudo lhes pertencia.

As populações setentrionais recorriam aos colares de ossos, conchas, chifres, brincos pendentes, peitorais de osso e penas. A jóia, de uso tipicamente pessoal, não existiu. Era mais ou menos um uniforme tribal. Mas há diversidades nos colares, diversidades do material que não é privativo de uma tribo e aparece noutra, distanciada às vezes. O esquimó do extremo-norte como o megalânico do extremo-sul, prisioneiros do clima, abrigam-se inicialmente. As jóias são difíceis, alfinetes de prata, latão, osso, colares de conchas, pulseiras pobres, passadores de latão e bronze, prendendo as bandas da túnica de peles.

Os indígenas sul-americanos não conheceram o ferro. Exceção da prata, do ouro, do cobre, do bronze que ficaram nas áreas de civilizações típicas, astecas, maias, incas, xibxas ou muíscas. Era entre os xibxas que o cacique ou o rei, com o corpo pulverizado de ouro, submergia no lago de Guatavita um barco carregado de tesouros, fazendo nascer a lenda sedutora do Eldorado, que tanto sangue custou.

Para astecas, incas, maias, xibxas, as jóias eram colares, pulseiras, peitorais, brincos com argolas, os discos orlados de ouro que o inca e seus parentes metiam no pavilhão auricular (os espanhóis da "conquista" os chamavam *orejones*), meias-luas de prata, lembrando pequeninos machados semilunares que entre os chimu do litoral peruano prendiam as dobras do pano que lhes cobria a cabeça, adornos para nariz (a narigueira de ouro era insígnia do soberano asteca, usava-a Montezuma), broches, prendedores, orelheiras de placas redondas que seguravam no lóbulo da orelha por anéis, batoques de madeira com enfeites de metal, cilindros de barro, discos leves metálicos, para o pavilhão auricular.

Raros, raríssimos, os anéis para dedos. De um modo geral pode-se afirmar que o anel era quase desconhecido no continente e ilhas americanas. Os incas sabiam dele e há exemplares que nunca vi em livros.[67]

Uma verdadeira jóia era a pinça para arrancar a barba. Lavravam-na de relevos sugestivos, incrustando contas de ouro e turquesas. As pérolas e conchas, primorosamente tratadas, serviam para colares e pulseiras, de várias voltas e camadas.

A habilidade dos artistas incas atingia a redução de uma lâmina de ouro à espessura de um décimo de milímetro. Para os quimbaias da Colômbia havia tiaras para a deusa Baxue, encimadas de guizos e também colares de discos de ouro, bandoleiras de lâminas finas de ouro que atravessavam o tórax, entrecruzando-se.

Para a indiada sul-americana as jóias eram bem pobres mas expressivas de uso e ciúme elegante. Seriam jóias os trabalhos da arte plumária, de efeito ornamental incomparável, plumas coladas no corpo, gorros, diademas, colares, braceletes, jarreteiras, mantos de formatos diversos, tangas. De madeira e pedra esverdeada e penas vistosas, eram ornamentos para o nariz, orelhas e lábio inferior e mesmo, entre os Guaraiú, Xipaia e Maué, anéis feitos de cascas de frutas que Métraux supõe (muito justamente) influência européia. Não seriam jóias os batoques discóides com que os Botocudos estendiam o beiço de suas mulheres até a desformidade das Sarãs d'África Equatorial? Os cronistas do Brasil Colonial registraram os colares de dentes de animais e humanos, conchas, sementes, frutos secos, canitares (diademas), braceletes de tecido vegetal e, depois da presença branca, miçangas, contas de vidro, profusamente usadas.

Robert H. Lowie resume os ornamentos essenciais das tribos da floresta tropical do Brasil, Bolívia, montanhas do Equador e Peru, Guianas. São os mais característicos os tambetas (pedras de lábio), anéis para dedos (*suspected of Negro or White origin*),[68] plumária, vareta para nariz, brincos, batoques auriculares, coroas, bandas frontais, pulseiras, estojos para dentes, unhas, garras animais, braceletes de folhas de palmeira, cortiça, fios de pérolas ou algodão, braceletes de cortiça, folhas ou sementes, cinturões de juncos, bandoleiras de algodão, cascas de frutos ou de cabelos, adornos para a perna. As ligas para deltóides e tornozelos são de algodão tinto e fortemente apertadas, projetando a carne, como já notara Cristóvão Colombo. Ao longo do Rio Negro e afluentes os indígenas usam geralmente cilindros de quartzo pendentes do pescoço, presos por fios grossos de fibra de palmeira, com sementes negras e vistosas. Ornamentos de prata e ouro foram trazidos pelo contato com as tribos da civilização andina. As pinturas e tatuagens completam a beleza.

Até o século XVII homens e mulheres nas terras "civilizadas" usavam quase as mesmas jóias e disputavam a notoriedade do comum elogio. Até Luís XV a batalha feriu-se entre cabeleiras e sinais de tafetá negro nas faces. A Revolução Francesa, como Cromwel na Inglaterra e a simplicidade dos puritanos norte-americanos, prestigiou a sobriedade e as jóias foram desaparecendo e ficando monopólio feminino, direito ostensivo proclamado durante Carlos II na Inglaterra e Diretório e Consulado na França, foco irradiante das modas.

Durante as primeiras décadas do século XX foram rareando as derradeiras insígnias exteriores da participação masculina nas jóias, tradição que datava do paleolítico superior. Os complicados alfinetes de gravata, as grossas correntes de relógio com medalhões, berloques incríveis, *souvenirs* tenebrosos, anéis com camafeus, a mania dos brilhantes e pedras raras, moedas de ouro (libras da Rainha Vitória e meios-dólares americanos) usados como botões de punho e abotoaduras completas de coletes, mesmo pulseiras de ametistas, turquesas e jade para requintados elegantes, pegadores de colarinhos estupefacientes, anéis prendendo a gravata, foram cedendo terreno ao comodismo moderno e sóbrio. Mesmo no continente americano os ciganos foram abandonando a clássica argola no lóbulo da orelha, ainda encontrável no Oriente, em corsos e bascos.

Compreendo, etnograficamente, a jóia como ornamento que nasceu de um amuleto. Jóia, *joya, joyau, joel, gingille, jewel, juwel,* de *joie, jouer, jocare,* tendo o fundamento no júbilo, na alegria de sua ostentação defensora e depois puramente ornamental. Participará de sua classe toda decoração pessoal intencionalmente mágica e agora reduzida à função do adorno. Assim, a pintura individual, óleos, argilas, cinzas, ácidos tintóricos vegetais utilizados nos desenhos são outras tantas "jóias" como os atavios do penteado e enfeites valorizadores do traje sumário de africanos, melanésios, polinésios, ameríndios.

A cor da epiderme serve de fundo ressaltador, dando volume e destaque ao azul, branco, amarelo, vermelho e cinério. *Vous savez que les nègres sont nés tout habillés* — notava o Conde de Gobineau. A pele nua, lustrosa e riscada de branco, índigo e rubro, é uma toalete de efeito indiscutível. A mulher africana ou oceânica não se veste, enfeita-se. Nos bailados negros da África Ocidental, das ilhas do Pacífico, os bororós brasileiros do Mato Grosso, ocidentais de Karl von den Steinen e orientais orarimugudoge de Dom Antônio Colbacchini, os sudaneses no registro de Fred Blanchod, os centrais da "Mision Citroën" ou das notas de Maurice Delafosse (1870-1924), a indumentária é uma ornamentação cujo excesso fixa o atordoante interesse visual. Webb — que em 1808 visitou Manah, na Índia — fala nas mulheres que "tinham no pescoço, nas orelhas, no nariz, colares e enfeites de ouro e prata que não concordavam de modo algum com o seu traje grosseiro. Algumas crianças tinham nos braços e no pescoço anéis e colares de prata no valor de seiscentas rúpias".

Explicar o uso da jóia por exteriorização sexual ou fixação inconsciente de notoriedade é o mesmo que justificar o canto, nas aves e na espécie humana, por essas mesmas e paupérrimas razões.

CABELO
· · · · · · · · ·

A visão convencional que se tem do homem primitivo é do seu exagero piloso, a barba fluvial, bigodudo, imensas melenas roçando os ombros atléticos. O sábio Louis Bourdeau (1824-1900) afirmava diferentemente. O homem de outrora devia ter pouca barba e esta aumentara pelo hábito, depois introduzido, de cortá-la. Identicamente os cabelos da cabeça. Joseph Deniker (1852-1918) ensinava o contrário:

> *L'usage de raser les cheveux de la tête et de la barbe, ainsi que l'habitude de s'épiler, sont plus répandus chez les peuples dont le système pileux est peu développé que dans les races velus. Tous les Mongoloïdes, tous les Indiens de l'Amérique et presque tous les Océaniens se rasent ou s'épilent* (Les Races et Les Peuples de la Terre, *Paris, 1900*).

E não se tornaram cabeludos depois de tantos séculos de cortar e raspar cabelos e barbas, arrancando-os à força de pinças.

Dos finais do epipaleolítico aparecem lascas de obsidiana apontadas como as primeiras navalhas, raspadores para os heróicos barbeados da época. Ainda no século XV, Gomes Eanes de Azurara informava que os habitantes da Gran Canária barbeavam-se dessa maneira: "as barbas não fazem senão com pedras". As navalhas circulares, em forma de crescentes, são comuns na Idade do Bronze e maiormente na do Ferro, escavações arqueológicas de Itália, França, Grécia. As coleções de Hallstatt e La Tène (Idade do Ferro) trazem muitos modelos, velocidades iniciais das navalhas contemporâneas. A obsidiana, vidro vulcânico, era o material das facas incaicas e astecas para sacrifícios humanos e também uso comum mais especializado. De cacos de vidro popularizavam-se no século XIX as navalhas para os negros da África e polinésios. As tesouras, ou esboço delas, datam da Idade do Ferro.

Muita idéia sobre a cabeleira intonsa e a barba hirsuta do homem paleolítico podia sofrer revisão lógica. Nas jazidas italianas e francesas da Idade do Ferro foram deparados instrumentos destinados ao embelezamento do toucador feminino. São grupos de seis a dez objetos delicados e fortes, visivelmente limas para as unhas, renovadores da cutícula, retocadores, cortadores, alfinetes e outros de emprego não identificado. Seria possível que a exigência da mulher atingisse às meticulosidades de toda essa aparelhagem e continuasse o homem na feição cabeluda de gorila bestial? O embelezamento mulheril é, em alta percentagem, dedicado ao homem. E quando, ontem e hoje, alguma não se enfeita é porque não há admirador masculino para valorizar a beleza adornada, lembra Ovídio na *Arte de Amar* (III, 107-112). Se as beldades de outrora não cuidavam tanto de sua pessoa é porque seus maridos eram tão negligentes quanto elas — dizia Ovídio, autoridade na espécie. Por que deveria a esposa de Ajax apresentar-se engalanada e sedutora quando o marido vestia sete couros de bois? Deve, necessariamente, existir uma relação mesmo discreta. Não é possível ajustar os instrumentos, já decorados embora minúsculos, feitos para realçar a face e unhas da mulher, quando o homem cuidaria unicamente de derrubar um auroque com uma machadada ou atravessar um megaceros de um arremesso de lança pontuda. Não podemos vê-lo desmazelado, guedelhudo e sujo quando sua forte esposa cuidava de técnicas que não existiriam, psicologicamente, se não tivessem efeitos concludentes sobre o alvo másculo.

Os desenhos mais antigos que conhecemos não registram a hediondez bestial de um selvagem nem uma fêmea sólida e bruta, reunidos sob a égide do sexo e coerência da fome. Desde o aurinhacense a mulher aparece com cabeleira penteada em voltas ao derredor do crânio e em nenhum documento paleolítico deparamos o homem como deduziram os velhos mestres e vamos deixando continuar. O caçador que persegue um auroque e que ficou gravado num osso de rena, encontrado por Ellie Massenat em Laugérie Basse, uma das mais velhas e recuadas representações de um homem primitivo, lembra apenas um cidadão contemporâneo, com barba em ponta, curta cabeleira, que caçasse, de lança na mão e nu em pêlo, o bisonte. Os álbuns sobre as grutas do período madaleniano na Espanha e França são incontáveis. Neles não há o homem iniciante como julgamos, melenudo e brutal.

Naturalmente o homem usou de cabeleira e barba muitíssimo tempo e quando a aparou e rapou seria sob influência que não podemos deduzir senão de força mágica, preventiva, apotropaica. Karl von den Steinen acreditava ter o homem cortado e arrancado o cabelo antes de penteá-lo. O clima não tem predominância sobre o uso ou desuso de cabelo e barba. As determinantes são religiosas, prestígio de costume novo ou imposição autoritária, como fez Alexandre Magno no século IV a.C. e Pedro, o Grande, da Rússia, no XVII depois dele.

Caldeus, sumérios, assírios, medas são de cabeleiras imponentes, frisadas, cuidadas como expressão de autoridade e força. Semelhantemente os hititas. Os egípcios já aparecem, nos antiquíssimos baixo-relevos, escanhoados e rapados, a cabeça oculta no cimo pelas insígnias faraônicas e o povo com gorros de couro. Sabe-se que em todos esses povos era comum a cabeleira postiça para atender aos impositivos rituais. Medos, persas, caldeus são cabeludos e nos relevos, cipos, estelas, cilindros surgem com os csbelos em trança ou dispostos em fios espiralados, mantidos artificialmente. Quanto sabemos dos hindus é que sua cabeleira ia à espádua e era enrolada e presa nas mulheres. As árabes cuidavam de enfeitar-se com guizos, corais, faixas de lã, negra para as mães e escarlate para as filhas. Os beduínos são conhecidos pelo modo de dispor o cabelo. Cada tribo possui o seu estilo. Os hebreus trançavam o cabelo e ainda há quem recorde de como morreu o príncipe Absalão, suspenso de um galho pela sua cabeleira. As hebréias usavam, como era e é comum no Oriente, redes de seda e ouro na cabeça em que pequeninas e finas decorações de pérolas, corais, contas de ouro, brilhavam e atraíam. Somente os nazarenos não cortavam o cabelo (*Números*, 6, 2-5), sede da força, e assim sucedeu com o possante Sansão, que perdeu a energia quando ficou pelado às mãos da gentil Dalila. Nos egípcios, que eram rapados, crescia-lhes cabelo e barba como expressão de luto e dor. Os hebreus que viveram com eles 430 anos ficaram com o costume, também romano, ibérico, e derramado pela América Latina no século XVI. O grego arcaico era de cabeleira comprida por influência oriental. O orgulho maior mostrava o cabelo de onde nunca se aproximara instrumento de corte. Apoio era então o *akersekómes*, cabelo virgem. As deusas tinham cabeleira ondulada em cachos.

Pentear-se foi sempre o cuidado máximo da mulher. Calímaco, o poeta de Alexandria (310-240 a.C.), diretor da Biblioteca de Ptolomeu Filadelfo, conta que, antes do julgamento de Paris, Vênus preocupa-se unicamente em arranjar a cabeleira, disputando o prêmio de Mais Bela à Juno e Minerva. O primeiro movimento feminino diante do espelho é a mão no cabelo. Depois é que passa às demais verificações estéticas.

Os guerreiros ostentavam cabelos cerrados, densos, caindo-lhes aos ombros. Assim, os heróis Jasão, Teseu, Orestes, os Argonautas. Tersites, o vilão, era calvo. Armava-se o cabelo feminino com fios de ouro, bronze, prata, mantendo as espirais bonitas. Artemis alada de Delos mostra doze tranças. Os homens usavam cachos na nuca, conservados com flexíveis de bronze e ferro. A mudança ocorreu depois das guerras com os persas. Cabelo masculino curto e assimétrico. O primeiro corte, *apaturia,* era solene, oferecendo-lhe a guedelha aparada a Artemis, Apolo, Hércules. A cabeleira encaracolada, de que é modelo o Hermes de Praxiteles, era o comum. As deusas amarravam-no na nuca. Os espartanos tinham formas de cabelo para os tempos de paz e de guerra. Quando os emissários de Xerxes foram às Termópilas, encontraram Leônidas e seus fiéis arranjando o cabelo para a morte heróica, para cear com Plutão.

Há sempre exceção e a própria moda possui modalidades inconcebíveis. Alcebíades cortou a cabeleira famosa para imitar os espartanos sóbrios no século IV e no V Aristóteles lembrava que a solta cabeleira de Esparta era sinal dos homens livres. Os macedônios eram cabeludos e barbudos mas Alexandre Magno, nas vésperas de esmagar os persas em Arbelas, 1º de outubro de 331, ordenou que todos rapassem a barba e aparassem o cabelo, livrando-se de que o inimigo por eles os sujeitassem. Aristóteles foi o primeiro a obedecer mas os filósofos, aí e depois, mantiveram-se intonsos como mostras de independência, desprezo pelo mundo e austeridade comada.

A barba não faz o sábio, ironizavam na época. Deste século IV até a Era Romana as mulheres tiveram cabelo curto e preso. Os ex-votos de cabelos são milenários. Cortá-los e oferecê-los aos deuses era forma humilde e propiciativa. Expiação suprema. O costume continua inalterável mesmo pela América Central e do Sul. Basta ver as salas de "promessas" nas igrejas de peregrinação tradicional.

Em Roma as cabeleiras extensas dominavam e apenas em 454 a.C. Ticínius Mena trouxe barbeiros da Sicília. Cabelo grande tornou-se símbolo de desgosto ou penitência. Os requintados frisavam-no com o "calamistro". *Calamistrata coma* — criticava Cícero nos partidários de Catilina. As dinastias imperiais figuram com cabelos curtos e bem cuidados, Júlios, Flávios, quase todos os Antoninos, tiveram o cabelo aparado, com exceção de Marco Aurélio, que era filósofo e os filósofos são gente teimosa nos hábitos. Assim, os céticos, estóicos, cristãos, usavam cabelos maiores. O imperador Constantino trouxe a moda da cabeleira frisada, arredondada nas têmporas. Juliano, filósofo, deixou a barba crescer e defendeu-se das pilhérias em defesa do escanhoamento com o seu panfleto *Misopogon.* Os barbeiros (*tonsores*) voltaram a reinar. Os escravos gregos, romanos, orientais eram de cabeça pelada. A manumissão autorizava a pequena cabeleira, vaidade do liberto. Todos os poetas romanos, Ovídio, Tibulo, Catulo, Marcial, Propércio, falam das cabeleiras supostas, dos exageros meticulosos da elegância feminina. Como os germanos e gauleses, talvez imitando-os, os romanos mudavam a cor do cabelo com essências vegetais, obtendo-os amarelos, vermelhos, azuis e verdes.

Nos momentos de calamidade pública as matronas iam varrer os templos com suas perfumadas comas. A primeira vez foi quando Aníbal aproximou-se de Roma, *Anibal ad portas*, depois da batalha de Canes, 216 a.C. A variedade da cabeleira feminina fizera Ovídio afirmar ser mais fácil contar as glandes dos carvalhos, as abelhas do Hibla e as feras dos Alpes, que enumerar as modalidades do *mundus muliebris* romano, o conjunto indispensável à permanência da beleza. Do século VI em diante divulgou-se a tonsura eclesiástica, *regia et sacerdotali corona insignisse. O* homem marcava-se para o perpétuo serviço de Deus e a mulher, ingressando na vida conventual, cortava os cabelos, renunciando ao mundo e suas pompas. Mil e quatrocentos anos de uso imutável na Cristandade.

Para a América, os indígenas usavam a cabeleira aparada, redonda, apenas circular como os "coroados" botocudos, cortada em franja na testa. Para a América do Sul o cabelo era mais curto e na América do Norte mais longo. Aparado e redondo para astecas, incas e muiscas, com pequena projeção occipital. Tranças masculinas (americanos) e femininas, no continente e ilhas. Há penteados imitando animais, como as hopi que recordam os chavelhos do rangífer e outras os cornos dos bisontes. O cabelo um tanto maior era privativo dos soberanos e dos sacerdotes onipotentes. No Pampa o cabelo desce além dos ombros, para ambos os sexos, mas no Grão-Chaco volta a ser arredondado e curto. No mundo amazônico a maioria usa longo e desgrenhado para mulheres, e redondo para homens. Mas há variedade que impossibilita indicação genérica. O modelo mais encontrado é a franja na fronte e as mechas nas têmporas, cobrindo ou descobrindo as orelhas: nambiquara, jivaro, tenehara, tapirapé, carajá, cawahib, vaulapiti, cacaíri, auetó, nahukiwa, pareci, chiriguano, panaon, conibo, macu, amuascha, iaguacoto, witoto, bora, cubeo, tucano, taruma, macuxi, wapixana, waiwai, mapidian, parikutu, panare, etc. Os tapirapé (rio Tapirapé, afluente do Araguaia, sul do Pará) denominam "amarrar o cabelo" sua festa de iniciação, "pois que desde então o rapaz passará a usar o cabelo amarrado sobre a nuca, à maneira dos adultos" (Charles Wagley). O cabelo lanoso, curto, "semente de pimenta, semente de mamão" (erió-comos, lofócomos) da maioria africana obriga-a a recorrer às ornamentações em dias de festa ou deixá-lo livre, reduzido e natural, ao sol. Assim fazem os negros do Sudão, Senegal, Daomé, Mandingas, Pauís, Hotentotes, Congoleses, Cafres, Angoleses, a gente da Guiné. A influência muçulmana aparece nos turbantes, cabeças amarradas, faixas, diademas de capim e junco, disfarces que lembram a coroa de louros escondendo a calva de Júlio César. A decoração oriental impõe-se nas miçangas, colares, fios dourados que as negras árabes, cabilas, abissínias, peuhs, danaquis amam coroar a carapinha, algumas — como as zulu e herero — com penteados estupefacientes de elevação e equilíbrio notáveis no plano ornamental.

Não há complicação maior que as cabeleiras tufadas das ilhas de Salomão e dos capacetes pilosos dos papuas da Nova Guiné. As populações da Melanésia, Indonésia, Micronésia possuem na flora os elementos sugestivos do adorno. O cabelo em si pouco ajuda e sim é ajudado pela ciência feminina do enfeite, onipotente vocação sedutora universal e milenar.

Há evidentemente a cabeleira quase permanente, feita com labor e defendida de maiores contatos para que retarde sua beleza. Chinesas e japonesas pousam a nuca em banquinhos para dormir, evitando que o penteado se desfaça durante a noite. Semelhantemente ocorre na África do Sul, com aquelas arquiteturas de contas de aljofre, búzios, fios prateados, caquinhos de espelhos, penugens e pós coloridos.

Famosas foram as soltas cabeleiras de germanos e galos. As províncias setentrionais gaulesas pertenciam à *gaule chevelue*, em homenagem à extensão dos cabelos da população e não referência à sua cobertura florestal.[69] A dinastia merovíngia distinguiu-se pelo tamanho das melenas e cortá-las era destituir o rei de todos os poderes e direitos. Com os imediatos carlovíngios a tradição se manteve e Carlos Magno era "o da barba florida", cabeleira dando moldura de respeito às feições viris do grande soberano do Ocidente.

Na Idade Média as cabeleiras femininas são presas em redes e fios de ouro, tranças enroladas ao redor ou no alto da cabeça. Ocultas pelos orais. Os penteados modestos dos Valois desaparecem sob os Bourbons, cachos, encaracolados, em grandes tufos laterais, cheios de flores, jóias, pós aromáticos sob Luís XIV e os alucinantes sob a influência de Maria Antonieta, cabeleiras onde pousavam castelos, fragatas, aves, jardins. As cabeleiras masculinas eram assombrosas pelo volume. Sob Luís XV a imponência substituiu-se pela graça, o pequenino chinó, trancinha com laço de fita, petulante e fidalgo. A Revolução Francesa imprimiu o gosto dos penteados severos e simples que se foram, lentamente, alterando pelo Diretório,

Consulado, Império, Luís XVIII, Carlos X, Luís Filipe, adornando-se no segundo império napoleônico e retomando a estonteante variedade depois, finais do século XIX, fixando-se nos modelos que deram as figurações dos contemporâneos. Para o Oriente, Maomé proibia a cabeleira solta, esvoaçante, às mulheres. Era excitação, apelo vivo à volúpia; e ainda presentemente mulher de cabelo solto entre os árabes é uma atração irresistível e poderosa.

Pena infamante entre os bárbaros era raspar a cabeça de alguém. E onde não seria humilhação e opróbrio? Já no Código de Hamurábi a cabeça rapada era castigo aos difamadores na Mesopotâmia. O mesmo entre astecas, incas, maias. Na Cavalaria medieval valia expulsão da ordem, idêntica à cerimônia dolorosa de "quebrar a espora" ao cavaleiro. Dizia-se pena de "descalvação", a tosquia que arrebatava para sempre o renome valente. Dizemos "deixar a calva à mostra" como uma reminiscência desse castigo, revelação pública das mazelas ocultas. As donzelas usavam o cabelo solto, *in capillo*, e as casadas traziam-no preso, *cum touca* (Viterbo, *Elucidário*). Ainda presentemente no interior do Brasil não é de bom alvitre, apresentação e modo, uma mulher casada aparecer com os cabelos soltos.[70]

Nas primeiras décadas do século XX cortar a cabeleira era a forma sumária de expulsar as prostitutas salientes nas pequeninas cidades e vilas do Brasil. Cortar o cabelo aos prisioneiros, aos condenados, arbitrariamente aos adversários políticos envolvidos em trama imaginária de conspiração, é técnica bem velha e quase de uso mundial.

Cortar, rapar o cabelo, tornar-se calvo como o abutre, era humilhação voluntária, penitência,[71] expiação de pecados, demonstrações públicas de arrependimento para evitar os supremos castigos divinos (*Amós*, VIII, 10; *Isaías*, XXII, 12; *Miquéias*, I, 16; *Ezequiel*, VII, 18; *Jeremias*, XLVII, 5). Heródoto notava a disparidade do costume de egípcios com os demais povos. Habitualmente rapados, deixavam os egípcios crescer a cabeleira como sinal de luto (*Euterpe*, XXXVI).

O escalpo, a cabeleira arrancada ao inimigo, era o mais disputado troféu do indígena norte-americano. O cabelo era o índice da masculinidade, potência agressiva, valor físico. Despojá-la era a vitória mais notória e completa.[72]

É ainda nos domínios da feitiçaria universal o elemento mais sensível para sofrer as forças do encantamento maléfico e transmiti-las à vítima de quem se obtivera fragmentos de cabelos.

A exigência de boa educação é o cabelo penteado sob rígida simetria. O desgrenhado, de cabeleira revolta, é descuidado da própria decência e visivelmente adverso das fórmulas sociais comuns. Representa-se o louco pelo cabelo assanhado. Um homem assanhado não é, para o povo, um homem zangado, irado, com sanha, mas de cabelo em turbilhão. O nome de um dos demônios no *Inferno*, de Dante Alighieri (XXI, 35), é *Scarmiglione*, o malpenteado.

Decorrentemente, uma das constantes etnográficas mais comuns e milenárias no domínio ergológico é o pente. Todos os povos conhecem seu uso. Sempre indispensável ao aparato social, à parafernália do homem. Na velha farsa francesa, *Maistre Pierre Pathelin*, da segunda metade do século XV, ouve-se Guillemette lamentar-se:

Qui nous vault cecy? Pas ung peigne!

Era o cúmulo visível da penúria. Nem um pente...

BARBA E BÍGODE

Uma lição clássica é que o mais velho e legítimo antepassado branco é o homem de Cro-Magnon e para os pretos a raça negróide de Grimaldi, no aurinhacense. Do xantodermo, o mongolóide, ignoro a raiz veneranda. O homem de Chancelade? A barba é atributo dos três mas apenas o caucasóide abusa do direito de possuí-la comum e basta. Há forçosamente exceções, atos da fada inventiva interrompendo a monotonia da padronização biológica. Glabros ou quase glabros são malaios, mongóis, indígenas americanos, japoneses, chineses, pretos africanos, os hiperbóreos lapões, samoiedos, groenlandeses, esquimós. Barbados, hindustânicos, brâmanes, australianos, negros do Himalaia, mestiços da região, os barbudíssimos e cabeludíssimos ainos. Há, resistindo, o culto da barba do Oriente, seu refúgio derradeiro. Portugal manteve patrimônio de hipertricose mas a moda rapou-os, como aos homens do resto da Europa, num escanhoamento geral e em absoluta e esmagadora maioria.

Raros ainda guardam

> O que Deus deu ao bode,
> Catinga,[73] barba e bigode...

Era índice de maioridade masculina, de afirmação viril, marcado com antecipação:

> Quem aos vinte não barba; aos trinta não casa; aos quarenta não tem
> Não barba; não casa e nem tem!...

Não há relação entre o revestimento piloso e a potência no homem, como popularmente se crê. Japoneses, chineses e seu mundo étnico desmentem que o poder fecundante e funcional dependa de cabeleira e barba avultadas. O quase universo mongol foi feito por homens sem barba, ou de escassa apresentação de cabelo na cabeça, face e queixo.

Se para o homem de Cro-Magnon, ascendentes e afins na Europa e Asia, a barba foi deixada em liberdade e constituiu atributo ostensivo de força física, coragem, virilidade belicosa, como numa hereditariedade fixada pela tradição, os povos amarelos, tendo-a rala e fraca, deviam valorizar noutros elementos somáticos os sinais notórios de destemor, autoridade, valentia. Seriam pela decoração exterior, pelo protocolo, pela indumentária. Os orientais da época histórica aparecem de barba e cabelos cuidados, incrivelmente tratados, em ondas simétricas, impecáveis, como esculpidas em chumbo. Assim, assírios, medo-persas, babilônios, sumérios, com seus carros de guerra, caçadas ao leão, desfiles, glórias, massacres de prisioneiros resignados e inermes. Raras seriam naturais e legítimas e sim artificiais, armadas em fios de latão, cobre, ouro ou prata, mantendo a moldura pilosa da fisionomia do soberano onipotente. Os egípcios, de pouca barba, recorriam a uma pequena e quadrada mecha no queixo, coberta de flexíveis metálicos. Faraós tinham direito às maiores e os deuses às de dimensões sensíveis. Mesmo algumas deusas aparecem com o cavanhaque ritual.[74] Heródoto (*Clio,* CLXXV) diz que à sacerdotisa de Minerva entre os Pedaseos (perto de Helicarnasso, Cária) crescia longa barba sempre que alguma desgraça ameaçasse a cidade.

As exceções surgem, inevitáveis. Sardanápalo e Nabucodonosor barbeavam-se deixando a barbicha do cerimonial. Os hebreus, apesar do contato egípcio, ficaram, como os caldeus, fiéis às barbas. Os emissários do rei Davi tiveram as faces rapadas pelos amonitas. Tão envergonhados ficaram que só voltaram ao rei quando a barba cresceu. Ficaram ocultos em Jericó. Custou aos amonitas uma guerra sem quartel. A barba — prolongando o rosto humano — participava da dignidade da face, orgulho e defesa natural. Eunucos e escravos não a possuíam assim como os prisioneiros que, condenados à morte, até meados do século XIX, eram barbeados previamente pela Europa e América. Na hora do infortúnio, calamidade, desgraça pessoal ou nacional, desfazer-se da barba era expiação, penitência, humilhação ante a divindade. Os deuses poderosos eram barbudos. Desde Iavé, haloado de relâmpagos no Sinai, até Baalzebut, úmido de sangue e coberto de moscas.

Na Europa Setentrional e Central, na Idade dos Metais, existiam utensílios incontáveis para rapar a barba. Idem no Egito, Babilônia, Assíria, Judéia, Fenícia, Etrúria, Grécia e Roma. Para todos a barba era símbolo de força, virilidade e respeito. Beijava-se a barba ao superior. Tocá-la, desrespeitosamente, era agressão máxima. Para o cidadão romano não podia haver maior injúria, que *barbam alicui vellere*, arrancar a barba de alguém. Mesmo não era permitido tocá-la sem cerimônia. Indício de austeridade e de sabedoria filosofais. Fingia-se sábio usando-se barba. *Sapientem pascere barbam* — zombava Horácio. Iavé recomendara a Moisés não rapá-la (*Levítico*, XIX, 27).

Os gregos usavam, de princípio, barbas. Os deuses da grandeza criadora são barbados, Zeus, Poseidon, Hades, Cronos, Hefaistos, o sábio Nestor, o astuto Ulisses, o robusto Atlas, o invencível Herácles, o divino Prometeu, os rios sagrados, os ventos irresistíveis, os três juízes do Hades, os quatro criminosos eternos. E o grande Pã, o desgraçado Édipo, o mutável Proteu, o lindo Anquises, o imóvel Termo, o inventivo Dédalo. Sem barba é mocidade, robustez física, arrebatamento, como o Apolo de Belvedere, o Hermes de Praxíteles, Orfeus, Hélius, Hipérion, Dionisius, os heróis Perseu, Belerofonte, Diomedes, Piritoo, Tideu, Castor, Pólux, Pátrolo, Árquiles, Ícaro, Páris. Há mesmo Dionísio barbudo, *pogonités* e, em Roma, Vênus *barbata*.

Por influência egípcia, Alexandre Magno decretou a morte da barba e, com custo, toda a Grécia obedeceu.

No tempo de Homero, nove séculos a.C., os gregos conheciam um único tipo de barba, *géneión*, crescida no mento, e é a que o grande poeta registra. É o colar de barba. Não se fala em bigodes nem barba de ponta. No século V a.C., já a barba era comum e usada. Há navalha, tesoura e mesmo ungüentos depilatórios, *dropax*. Em 331, Alexandre Magno decretou a rapagem das faces gregas e do mundo sob sua jurisdição. O uso, depois que o conquistador tornou-se poeira, ficou alternado, segundo predileções pessoais, todos os tipos e formas, mas os atletas e os soldados imitavam os heróis clássicos, imberbes e airosos.

Roma era *barbata* desde a fundação até vésperas de Júlio César. Os republicanos exageravam a compostura hierárquica, com barbas hirsutas e majestosas, lembrando Júpiter ou Netuno. Uma figura consular, Ticinius Mena, trouxe barbeiros da Sicília em 454, talvez de origem grega, e abriu guerra aos barbados veteranos que Tibulo, bem depois, evocava, *magna intonsis* (*Elegias*, II, 1). As navalhas (*novacula*) e tesouras (*forfex*) foram vencendo. E surgiram perfumes, massagens, tinturas, pinças para corrigir sobrancelhas e pêlos supérfluos do rosto. Deixar crescer a barba era luto. Assim, Júlio César, Augusto, Calígula fizeram (Suetônio).[75] O acusado absolvido rapava a barba e a oferecia no Capitólio. Era o luto da barba que os egípcios usavam (Heródoto, *Euterpe*, XXXVI). Ao redor de 1920 no interior do Brasil os descendentes e colaterais do defunto só se barbeavam depois da missa do sétimo dia. Quando o rei Dom Manuel de Portugal faleceu, em, 1521, foi proibido qualquer serviço de barbeiro e cabeleireiro em Lisboa. A primeira barba, guardada em bula de ouro, era entregue aos deuses, *depositio barbae*, aos vinte anos de idade. Conservavam uma espécie de costeletas, *barbula*. No Brasil de há poucas décadas a primeira barba dependia da permissão paterna. Era uma forma de maioridade. "Já faz a barba."

Romano de quarenta anos em diante não usava de barbas. Os imperadores barbeavam-se diariamente. Adriano conservou para esconder defeitos na face. Os demais mantiveram o rosto glabro, a face imperial, clássica nas moedas. Juliano, o Apóstata, filósofo, voltou às barbas. Já Cícero ridicularizava a mania de fingir-se sábio com as mostras barbadas, *Barba tenus Philosophus*. Era quase indispensável, para o rosto liso, o *vellere*, eliminar os pêlos com pinças e esfregações com pedra-pome e pós-aromáticos.

Todo este império foi infiltrado e derrubado pelos homens barbados, os *bárbaros*, *barbaroi*, estrangeiros. Germanos, galos, francos, godos, catos, bretões, visigodos e borgonheses tinham barba e bigodes, alguns bigodes longos e louros, como os celtas, a cabeleira feito tufo, amarrada no alto, lembrando pequenos rabos de cavalo, como germanos e galos. Mantinham a tradição de cortar ou deixar crescer bigode e barba como luto ou desagravo público. A dinastia merovíngia dá a imagem das melenas sem fim e dos bigodes caídos, em parênteses, nos cantos da boca. Viva é a herança da barba impoluta. Rotárico, rei dos lombardos (606-652), multava em seis soldos a quem puxasse a barba ou cabelo de um homem livre. Nos séculos X e XI a barba era infalível em todos os rostos germânicos. Como no Oriente, vez por outra surgiram as barbas enfeitadas e mantidas com fios de ouro, barba galonada. No Portugal e Espanha do século XV havia legislação penal para quem arrancasse barba de alguém. Os reis portugueses da dinastia de Borgonha são barbudos até o último, Dom Fernando, fazendo-a e dando motivo aos castelhanos apodarem de *chamorros*, tosquiados, aos lusitanos insubmissos sob o Mestre de Aviz que usou barba no fim do reinado, mas sepultou-se sem ela e assim está na estátua tumular do mosteiro da Batalha. A Idade Média não amou a barba e o Renascimento aceitou-a, moderadamente.

O século XVI é a centúria barbada, bigodes, pêras no lábio inferior. São as "barbas honradas", ornamentos dos homens eminentes em valentia e saber, inseparáveis delas. "Queixadas sem barbas não merecem ser honradas", decidia Bluteau nas primeiras décadas do século XVIII, quando elas desapareciam. Afonso de Albuquerque, que usava barba na cinta, e Dom João de Castro empenharam fios de barba para haver dinheiro útil ao seu governo na Índia. Balduíno II, rei de Jerusalém, fizera identicamente tal penhor. Pelos fios de barba os mercadores ofereceram ouro. Viterbo informa ser comum os selos em que o lacre cobria cabelos dados em caução. Para resgatá-los o devedor tudo faria. A honra estava na barba.

O século XVII teve as cabeleiras monumentais que pousavam nas cabeças rapadas a navalha e constituíram devoção elegante para toda Europa. Sob Luís XVI as cabeleiras supostas eram curtas, com um lacinho na trancinha posterior. Para restabelecer o equilíbrio, as cabeleiras femininas orçavam o teto dourado dos salões aristocráticos. A Revolução Francesa dissipou a floresta das cabeleiras artificiais e o cabelo próprio e natural reapareceu, penteado politicamente à Tito, Fraternidade, Revolução e outros tributos.

Sem barba foram os soberanos até Carlos X, e Luís Felipe usava as costeletas laterais que desciam até a altura da boca. Paralela ou ligeiramente convergentes, eram a moda masculina na Europa. Napoleão e seus marechais rapavam toda a face. O exército francês ficara com a tradição que vinha desde Vauban sob Luís XIV. Certos serviços militares é que figuravam com soldados barbudos, mesmo com barbas falsas, como os tambores-mores e os porta-machados. Ao redor de 1820 as cabeleiras supostas, masculinas e femininas, estavam fora de todas as vistas.

Durante o século XIX a barba inteira não reconquistou predomínio. Usavam-na por gosto individual e jamais impositivo geral da moda.

O bigode acompanhou a barba fielmente. Numa e noutra representação oriental, e depois nalguns príncipes do Renascimento italiano, é que o bigode desaparecia e barba continuava, basta e suntuosa. Os deuses greco-romanos têm e não têm bigodes, dependendo estes da barba. Não há bigode sem barba entre povos históricos do Oriente. No século V a avalanche dos bárbaros é de gente de bigode comprido e louro, esvoaçante. Os celtas, germanos, ficaram tradicionais pelo fino e longo bigode, "gaulês", as guias para baixo. No século XII diziam *guernon* na França referindo-se ao bigode, *grignon* no XIII, terminando em ponta e bem distinto da barba.

Os Cruzados foram sem bigodes e voltaram com ele do Oriente. O século XIV viu grandes bigodes e barbas pontiagudas. Francisco I usou bigodes e a pêra. Já os retorciam os elegantes da corte francesa. Os Valois tiveram bigodes e a barba afiada, à Guise, que se tornou redonda e cerrada no primeiro Bourbon real, Henrique IV, de bigodes riçados. Sob Luís XIII pêra fina, bigode cuidado, como se vê no retrato do cardeal Richelieu, de Felipe de Champaigne. As cabeleiras eliminaram o bigode que Luís XIV proibiu, excluindo os militares. Mas os marechais não o usavam. Luís XV permitiu mas não constituiu a licença voga simpática. Com Luís Felipe é que o bigode voltou e manteve uso e abuso até os primeiros lustros do século XX. Os príncipes da Casa de Savóia afamaram-se pelo bigode tufado nas extremidades, denominado, desde meados do século XVII, "Schomberg", xumbregas em Portugal e Brasil. No século VI *toucher la barbe* era conversar, contratar aliança, e assim o rei Clóvis convidara Alarico dos Visigóticos, e tendo este recusado, arrancando a barba dos embaixadores, foi batido e morto em Vouillé (507). Ainda em princípios do XX dizia-se "bater barba" como sinônimo de conversar.

A barba ruiva era suspeita.

> *A barbe rousse, et noirs cheveux*
> *Ne te fie, si tu ne veux.*

Dizem os alemães, *Rotbart, schlimme Art,* barba vermelha, má espécie. Homem de barba ruiva, numa faz e noutra cuida. Homem ruivo e mulher barbuda, de longe se saúda. Dizem que Caim tinha a barba avermelhada e assim registrou Shakespeare no *Merry Wives of Windsor* (1, IV):

> *With a little yellow beard; a Caincoloured beard.*[76]

No Nordeste do Brasil, mesmo em fins do século XIX, havia a tradição dos duelos sem mercê, a punhal ou faca, com as barbas ou bigodes ligados um ao outro; de barba ou de "bigode emendado", num incrível corpo-a-corpo, hoje substituído pela "camisa emendada". O desafio verbal era: "Vamos emendar os bigodes?"

No Brasil, o primeiro imperador usou bigodes enquanto esteve no governo. Em Portugal conservou barba e morreu barbado. O filho, Dom Pedro II, foi "barba virgem". Nunca a rapou. O Brasil foi pátria dos varões barbados, graves e circunspectos, sob a égide imperial. Barbados, bigodes e pêras, eram generais e almirantes, senadores e deputados-gerais. Em 1889 a República foi proclamada por um marechal barbado, Deodoro da Fonseca, e o primeiro presidente escanhoado foi (em 1930) Getúlio Vargas.

No momento, 1960, não há um só general, almirante, brigadeiro, ministro de Estado, escritor famoso, usando barbas. Em 1900 quase todos eram devotos do queixo e faces peludas. Nem mesmo nos artistas, pintores, escultores, poetas, músicos, a barba resistiu. É possível entrever a sobrevivência na *rive gauche* em Paris.

*

Cabelo, barba e bigodes tomaram, através do tempo, significações alheias às finalidades naturais. Não constituem somente a moldura pilosa da cabeça e faces ou ornamento complementar, cumprindo imposições da moda, mudando de formato e cor segundo as variações do sucessivo bom-gosto. Denunciaram, bem mais profundamente, solidarismo e fidelidades às prescrições religiosas, militares, políticas, mostrando na simples evidência da disposição as idéias dominadoras no espírito do possuidor. Rapado, em coroa, comprido, em cachos laterais, encanudado ou não, puxado ou tirado para trás, liso, enovelado, valia como bandeira e pregão, afirmando distinção de classe, situação financeira, predileção partidária.

Pelo arranjo do cabelo sabia-se outrora, na índia, de que casta era o homem e uma evidência dos direitos e deveres inerentes à posição. Inútil lembrar o cabelo aparado dos militares modernos, a barba feita, a cabeça tonsurada às obediências tradicionais das ordens regulares; a barba dos nazarenos (*Números,* VI, 2-13), dos capuchinhos, dos antigos Porta-Machados, mesmo postiça mas indispensável; do vilão e do barão; os tipos de bigodes que, cobrindo os lábios, valiam testemunhas de fé e penhores inapreciáveis.[77] As cabeleiras à Titus, curtas, republicanas. Aquelas que roçavam os ombros, aristocráticas. Redondas, partidários de Cromwell. Longas, fiéis ao rei Carlos I, da Inglaterra. Na tarde de Aljubarrota (1385) as cabeleiras dos fidalgos castelhanos contra os chamorros do Mestre de Aviz. Chamorros — diziam os realistas aos constitucionais portugueses de 1828. Chamorro é o cabelo tosquiado. Cabeleira de maestro. Cabeleira de poeta. O cabelo impressionante dos mestres ilustres das universidades alemãs do século XIX. Os reis cabeludos que eram os merovíngios. Quando Pepino de Héristal, *Maire de Palais* da Austrásia, destronou o último soberano *mérovingien*, cortou-lhe a cabeleira, que era emblema da realeza:

Alors Pépin, dans une assemblée tenue à Soissons en 752, fit couper les cheveux, insigne de la royauté, à Childéric III; puis le dernier Mérovingien fut enfermé dans un convent (Albert Malet).

Les poètes chevelus eram os românticos. A mecha de cabelo caindo ao lado esquerdo dos *muscadins*, a *cadenette*, não era sinal infalível da mocidade *royaliste*, festejando o "9 Thermidor", 27 de julho de 1794, quando caiu Robespierre e findou *le Terreur*? A *cadenette*, mecha de cabelos à esquerda, era típica nos hussardos, de Luís XIII a Napoleão.

Cortar a cabeleira feminina era castigo atroz, penalidade às esposas adúlteras e mulheres devassas.

Par son ordre [de Fredegonde], *la concubine de Chlodowig fut battue de verges et on lui coupa les cheveux, signe d'infamie que les coutumes germaniques infligeaient, avant toute punition, à la femme adultère et à la fille débauchée* (Augustin Thierry).

Ainda em 1944-1946 era a punição imposta na Itália pelos *partigiani* às mulheres acusadas de ligação fascista. Mas no Brasil, além dessa acepção, havia outra, símbolo de renúncia ao mundo. Quando uma viúva cortava a cabeleira, anunciava o voto de jamais aceitar segundas núpcias e abandonava as alegrias festivas.[78]

Em 1958-59 o cabelo rapado a navalha, à escovinha, antigo figurino dos presidiários, foi usança prestigiosa dos rapazes fervorosos a um ídolo cinematográfico norte-americano. Dizia independência, rebeldia, insubmissão às regras burguesas da sociedade comum e banal. Essa calvície voluntária valorizava quem sofrera sempre a penitência da malignidade zombeteira milenar, atestada em Esopo e Fedro. Nove séculos a.C. o profeta Eliseu castigou mortalmente a 42 jovens que o tinham chamado de calvo! (II, *Reis*, 2, 23-24). Calvo é nome satânico. *On ne peut peigner le diable qui n'a pas de cheveux*. Jesus Cristo usa de cabeleira, bigode e barba, e Satanás é pelado.

O inglês *bald* vale calvo e também grosseiro e nu. *Baldly* é o advérbio *grosseiramente*.

Usar a barba imitando a Fidel Castro era o melhor aplauso ao chefe revolucionário de Cuba. Vi mesmo quepes ligados às barbas supostas, completando-se pela pistola fingida, como equipamento de brinquedo infantil *made in USA*.[79]

Industrializavam barbas tornadas centro de interesse jornalístico. Os bigodes do imperador Napoleão III (1808-75), os do rei Vítor Emanuel II, da Itália (1820-78), do Kaiser Guilherme II, da Alemanha (1859-1941), de Adolfo Hitler (1889-1945), a barbinha do rei Eduardo VII, da Inglaterra (1841-1910) multiplicaram-se em plágios incontáveis e fanáticos, assim como, na Itália e no Brasil até os primeiros anos do século XX, a "face garibaldina", lembrando Giuseppe Garibaldi (1807-1882).

Indiscutivelmente esses ornamentos pilosos passaram a ter uma linguagem entendida por muitos e percebida pela convenção notória. Não dizem apenas uma expressão compreensível mas são uma atitude, uma opinião, um sentimento. Não unicamente no plano do asseio, da elegância, da boa-educação mas ficam valendo pormenor sensível à normalidade integradora de determinado comportamento social contemporâneo.

Por que o cabelo, longo ou curto, significa luto, homenagem aos mortos? E os pêlos do bigode e da barba são valores morais, elementos de honra, intocáveis na agressão? E os regulamentos militares e religiosos dispõem sobre os modelos intransponíveis para o uso do cabelo pelos soldados e frades? Por que bater nos ombros, no peito, no abdome não é o mesmo que puxar pela barba? Um golpe na face não é correspondente a um golpe no tórax.

É preciso uma lenta capitalização consagradora para que esses conceitos assumam imposições categóricas nos grupos humanos e atinjam, na mesma intensidade, a reação psicológica universal.

Conhecemos a face do homem do alto paleolítico sempre barbada mas não hirsuta. Não ocorre a convencional hipertricose que aparece nos desenhos comuns representando o homem pré-histórico, com barbas e cabelos desgrenhados e fluviais. Tal não se verificou, realmente. Também não era glabro, sugerindo o rosto mongol. Creio que a abundância pilosa em certas raças seria determinante da miscigenação posterior, a partir da fase da fixação e conquista do mundo ao redor do Mediterrâneo.

Poder-se-á deduzir que ao homem a face lembrou a superfície da terra que positiva sua força pela vegetação. Terra desnuda é terra inferior, inútil, infecunda. A potência vital seria expressa pela pilosidade, produtos permanentes e naturais da terra humana. As lendas clássicas são comprovadoras da robustez residir nos cabelos.[80] Cortá-los é anular o vigor físico. Disse Sansão a Dalila:

Se viesse a ser rapado, ir-se-ia de mim a minha força (*Juízes,* XV, 17).

Prenderam-no quando ficou sem a cabeleira mas recuperou o poder logo que os cabelos renasceram (*Juízes,* XVI, 22). Nísus, rei de Mégara, Pterelaus, rei de Tafos, tinham invencível energia ligada a um cabelo, purpúreo ou dourado, no meio da cabeça. Quando o arrancaram, ambos foram vencidos e mortos. Os turcanas da África Oriental Inglesa dividem a cabeleira do parente morto, reunindo-a à própria, como acréscimo de potência guerreira. Ainda hoje, o *avoir du poil* é ter coragem. "Ter cabelo no coração" é ser implacável. *Se laisser arracher la barbe poil à poil*, cúmulo da covardia. "Ter cabelo no peito" é sinônimo de masculinidade, valentia, resistência sexual. *Brave à trois poils* — dizem os franceses no mesmo sentido. Os sikhs, vichunistas do norte das Índias, não cortam o cabelo nem barbas. Essa tradição é viva no folclore europeu, asiático, americano e em certas regiões da África. Para os ameríndios parece ter sido influência de portugueses e espanhóis.

Ao lado e dentro desse conceito do cabelo ser energia, belicosa e fecundante, o complexo formar-se-ia com a imagem da face, rosto, da cabeça ser a parte nobre do corpo, a mais alta expressão da dignidade, respeitada e sacra, sede dos órgãos de comando. Aí puseram a coroa real e antes os diademas glorificadores nas épocas pré-históricas. É a região mais ornamentada. Resplandecia a face divina. A majestade incontestável irradiava-se do rosto que as barbas emolduravam. Iavé, Júpiter Ámmon, Zeus, o Padre Eterno. Mesmo sendo missionários entre povos de pouca barba e cabeleira, bispos e sacerdotes usavam a barba como atributo impositivo de veneração: China, Japão, Índia, África Ocidental, Setentrional, Austral, Amazonas. Pela África portuguesa popularizou-se a imagem do cavanhaque, a barbinha, "barbicha do soba", do régulo de pequeno território, ostentando-a como característico do invejado posto. O paladino Roland, Roldão, era de rosto liso e limpo mas quem vai esquecer de Carlos Magno, *sa barbe est blanche, et le chef tout fleuri*? Na *Chanson de Roland* está o sábio Blancandrin, conselheiro do rei Marsile de Saragossa, jurando por sua mão direita e pela barba venerável:

> *Blancandrin dit:* — *"Par cette mienne dextre,*
> *et cette barbe qui flotte sur ma poitrine,*

índices de respeito aos quais não poderia faltar a satisfação prometida. Durante séculos citou-se o galhofeiro juramento que datava do movimento das Cruzadas: *Pelas barbas do Profeta!*[81]

Na Grécia e em Roma, como resultados de influência do Egito e dos cultos da Ásia Menor, ninguém podia presidir ou participar dos sacrifícios ou cerimônia de iniciação sem cobrir-se com o véu. O critério semita era outro e Paulo (*I Coríntios*, XI, 3-16) resume os conselhos para onde encaminho a curiosidade leitora. Sempre havia alusão aos cabelos que nas mulheres valiam o véu ritual, o que não se verificava com os homens porque o cabelo crescido não era permitido ao varão, exceto ao nazareno. Doze séculos antes de Paulo de Tarso nascer, as mulheres de Cnossos, em Creta, usavam o cabelo aparado e curto, igual ao dos homens. Era o *Ars casum simulet,* de Ovídio, Arte imitando o Acaso, tentando pela técnica semelhar a naturalidade legítima.

O declínio dos chapéus masculinos não obrigou a um regresso às ornamentações capilares e sim valorização dos processos de sua fixação, da relativa imobilidade. Passaram os velhos nomes, Cavanhaque, Capoul, Andó, Souvarov, mas o cuidado moderno à cabeleira masculina cifra-se em permanecer o modelo íntegro à custa de banhas, óleos, gomas, cosméticos, segurando a pequenina e pretensiosa arquitetura pessoal na fidelidade ao molde preferido. Mas nem todos os climas permitem a libertação do chapéu pelo inverno ou fins do outono.

Pelo exposto, cabelo, barba, bigode constituem complexo elemento, fenômeno sociocultural na legitimidade da expressão. Pitirim A. Sorokin ensina que todo fenômeno que seja uma encarnação ou objetivação do espírito e com significações superpostas às propriedades físicas e biológicas, unidas ou separadas, é por definição um fenômeno sociocultural

Assim sendo...

O CORPO HUMANO MEDE O MUNDO

*E*m todas as religiões do mundo a Criação teve a forma do Criador. Repete-a, prolonga-a no tempo e no espaço, divulga-a e deve perpetuar-lhe o culto na lembrança onipotente, sempre recordada, na consciência cenestética.

Despidos das alucinantes estilizações, os deuses incas, astecas, maias, chineses, japoneses, hindus, oceânicos são modelos de seus filhos. Exceto as égides divinas que se manifestam no feitio de aves, peixes, touros e serpentes, as formas originárias mantêm na espécie a inalterabilidade da configuração somática.

O corpo humano foi para o próprio homem seu mundo inicial e continua sendo instrumento miraculoso de adaptação e conquista, princípio e fim de todas as coisas circunjacentes, para ele viventes e úteis. Tudo fora feito para o serviço humano e seu domínio, terras, águas, plantas e feras. Sol e lua eram suas lâmpadas e as estrelas deviam guiá-lo nas noites escuras. O mundo se organizou para o primeiro homem. Ele deu nome e função a tudo quanto existe. As civilizações, pelas suas culturas, são capitalizações desta herança milenar, acrescida na experiência dos tempos. O corpo humano foi, naturalmente, a medida de todas as dimensões. Cidades, estradas, aquedutos e pontes são projeções estáticas das proporções humanas. São necessidades, serviços indispensáveis e permanentes que ele planejou e construiu, com mão e pé. O módulo foi seu corpo. O edifício conserva o pé e a mão, e seus múltiplos e submúltiplos, como padrões incomparáveis.

O sistema métrico francês é de 1801 e ainda não se tornou universal e nem mesmo comum em toda Europa. Inglaterra, Alemanha, União Soviética não o adotam. Nem os Estados Unidos. E no Brasil, adotado em 1862 e regulamentado em 1872 (determinou motins em quase todo o Império sua obrigatoriedade), o sistema métrico decimal ainda encontra os velhos elementos de outrora, contando, medindo e vivendo numa invejável popularidade. Pelas ilhas e continentes verifica-se não a rivalidade dos dois processos mas sua coexistência. O sistema convencional não pôde substituir no mundo o processo que evoca o homem dimensionando as coisas com a mão e o pé.

O pé foi a primeira medida que houve no mundo e permanece calculando as alturas do firmamento e os abismos do mar. O pé, a deslocação no andar aproximando-o de tudo, impressionou o homem, para quem o corpo era, dia a dia, uma revelação surpreendente, no mesmo encanto jubiloso das crianças, identificando o movimento dos dedos de mãos e pés.

Para gregos e romanos a unidade principal de comprimento era o *pes, poys*. Na divisão clássica o pé era quatro vezes a mão travessa (*palaisté*), a palma e esta significavam quatro dedos (*dactylos, digitus*) de trevés. Como unidade maior davam os gregos o passo-duplo (*passus*), a passada, e o simples, *béma, gradus*, de cinco e dois pés e meio, respectivamente. São as bases das medidas itinerárias.

As avaliações subseqüentes são: *kóndylos*, dois dedos, do tamanho de uma falange, *dóron*, que Homero cita na *Ilíada*, IV, 109, referindo-se aos cornos do cabrito montês de que Pândaros fizera seu grande arco, *dokmé*, usado por Aristófanes ("Cavaleiros", do debate do salsicheiro com Cleón, 425 anos a.C.), *dactylodókmé*, palma, todos valendo quatro dedos. *Dikas*, meio-pé, oito dedos; *likas*, dez dedos, do polegar ao índex, a "chave", *chave de mão*, ainda corrente em Portugal e Brasil; *órthódoron*, comprimento da mão, a partir do carpo, onze dedos, o meio-palmo francês, *petit-empan*; *spithamé*, palmo, *empan* francês, da ponta do polegar à do mínimo, doze dedos; *pygmé*, do cotovelo ao começo das falanges, dezoito dedos, e o *pygón*, do cotovelo ao fim das falanges, a mão fechada, vinte dedos.

O pé, 0,308 m, dividia-se pela largura e não comprimento. O pé romano era de 0,295m.

Os submúltiplos essenciais eram: *dactylos*, dedo, 1/16 do pé, 0,019; *dóron* ou *palaisté*, quatro dedos ou 1/4 do pé, 0,077; *dikas*, oito dedos, duas palmas, metade do pé, 0,154, e *spithamé*, doze dedos, 1/3 do pé, 0,231.

Medidas populares eram ainda o *pékys*, côvado, do latim *cubitus*, do cotovelo ao dedo médio estendido, e *órgyiá*, a nossa braça, contemporânea no Brasil agrícola e pastoril. A primeira valia vinte e quatro dedos, pé e meio, 0,443, e a segunda seis pés. É a medida citada comumente em Heródoto e é relativa à braça, a maior medida humana, amplidão dos braços abertos no homem adulto e normal.

Estas medidas eram suficientes para arquitetura e comércio de tecidos. As medidas agrárias gregas e romanas deduziram do pé progressão decimal. Foram estes padrões básicos também para o mundo germano e galo e todo território em que o romano influiu.

Os padrões de extensão mais conhecidos em Roma eram o *pes porrectus*, de comprimento, e o *pes quadratus*, de superfície. Como o modelo devia ficar cercado de veneração e cuidado, o tipo oficial estava recolhido no templo de Juno Moneta, e daí denominar-se o *pes monetalis*. Certamente havia diferenças entre as províncias mas o modelo era universal no mundo romano. Por ele foram feitos os palácios, aquedutos, anfiteatros e as vias tentaculares que levavam a quase toda a terra o poder de Roma.

Vivem ainda, defendidas pelo uso popular, medidas iguais ou decorrentes.

CABEÇA: unidade da relação harmônica do corpo. Policleto, no século V, estabeleceu sete cabeças, indicando como cânon o seu "Doryphoro", portador da lança. No século VI a.C. o cânon de Policleto foi ampliado pelo Lísipo, dando oito cabeças como divisões reais para o corpo airoso do éfebo clássico. Sua obra-prima, "Apoxyomeno", tornou a figura física mais alta, esbelta, elegante. As escolas de Fídias e Praxíteles utilizavam cânons de 7 1/2 e 8 cabeças. Gebhart mediu o "Athlète à la bandelette", de Policleto, encontrando 7 1/2.

PALMO: mão aberta, 0,22.

POLEGADA: extensão do polegar, 27 milímetros e meio. Duodécima parte do pé geométrico. Um dedo e meio em Portugal. *Inch. Pouce.*

BRAÇA: de braço, dois metros e dois centímetros. Medida agrária conhecidíssima no Brasil, nordestino e central. Braça quadrada no Mato Grosso e Nordeste, valendo a "tarefa" em Alagoas e Sergipe, $3,052m^2$. Espaço limitado pelas extremidades dos médios estendidos, estando os braços abertos. *Fathom.*[82]

CÔVADO: de *cubitus*, do cotovelo à ponta do médio. Três palmos ou 66 cm. Três palmos craveiros em Portugal velho. Um metro divide-se em três côvados e meio. Ulna, vulgar na Idade Média, como medida para estofos, fitas, tecidos. É a mais citada nas Ordenações Afonsinas.

PASSO: distância de um pé a outro no ato de andar. *Passus*. Dois pés e meio. Um passo geométrico corresponde a cinco pés régios em Portugal do século XIX. Um metro, 65.

PÉ: na França *pied de Roi* por haver a tradição de ter sido o pé do imperador Carlos Magno (742-814) o modelo. 12 *pouces*, 0,324m. *Foot.*

MILHA: mil passos.

PUNHADO: de punho, o que cabe na mão.

MANADA: mão cheia, o que se pode guardar na mão.

Mão, mão-travessa em Portugal, da cabeça do polegar até o dorso da mão. Medida linear em Goa e peso em Damão. Mão de milho, 25 atilhos, cinqüenta espigas pelo Nordeste do Brasil, sessenta em São Paulo, 64 no Rio Grande do Sul. Mão de laranjas, quatro em Portugal. Mão de linho, quanto pudesse a mão conter. Mão de papel, 25 folhas. O poeta Gregório de Matos em meados do século XVII citava a mão de milho.

Dedos, medida romana, *digitus*, dez linhas. Mede em largura no Brasil e em altura em Portugal. Dois dedos de grossura. Altura de um dedo. Segundo Lepsius (in Saglio) o cânon egípcio tinha por unidade o dedo médio da mão. O corpo humano se comporia na extensão de dezenove dedos. O indicador foi o primeiro instrumento de escrita no mundo. O polegar, o primeiro alisador e modelador cerâmico. As impressões digitais e de unhas foram as primeiras decorações nos vasos do neolítico.

Manípulo, punhado, mão cheia, *manus* e *pleo*, encher.

Chave, do polegar ao indicador estendidos. Chave de mão em Portugal, da raiz do polegar ao mínimo. Chave de pé, distância desde o peito do pé à extremidade do calcanhar. *Likas* dos gregos.

Pitada, do verbo tupi *u-pitima*, pitar, fumar. Aspirar rapé. Quantidade que se pode recolher entre as polpas do polegar e indicador unidos. Pitada de sal, de açúcar, de canela, de polvilho, etc.

A cadência da marcha, regularidade dos movimentos respiratórios, a seqüência dos gestos na andadura, sugeriram a medida, divisão dos períodos na oratória e a constante rítmica na poesia. O verso se comporá de pés, com determinado número de sílabas, e o homem dirá que o hexâmetro grego e latino é de seis pés, o decassílabo de dez e o alexandrino de doze. Em música, na didática popular, pé é o elemento característico da solfa, a linha melódica. Bater o pé é marcar o compasso. Batê-los ruidosamente, patear, vaiar, desaprovar o que ouve. Denominará pé o fundamento, base, sustentação, raízes das coisas vivas e naturais.

A mão terá significação inumerável. Beijar a mão é obediência. Os reis davam beija-mão. Apertá-la, agitá-la, no ar, é saudar. Tê-la por mais tempo cerrada é pacto, compromisso, aliança. Tocar na mão é assistência, demanda de apoio. Pela imposição das mãos consagra-se a hóstia na missa e o diácono ordena-se presbítero do culto cristão. É soberania, poder, autoridade. Mão da Lei. Mão do Rei. Mão de Justiça, cetro encimado pela mão de marfim que os reis de França usavam. Nas linhas da mão a quiromancia pretende ler a história pessoal do consulente. Pedir, dar a mão, é casamento. Casamento de mão esquerda é o morganático (realizado, sem pompa, pela manhã, *morgen*) em que o esposo no altar dá a mão esquerda à nubente. Batê-las é aplaudir. Tomar as mãos, haver as mãos, aprisionar, assenhorear-se, agarrar. Mão posta é a jurisdição afirmada, direito de prevenção, tomada de conhecimento na jurisdição mista. Mão morta é a comunidade religiosa quanto à inalienabilidade dos bens. Jura-se estendendo a mão. Nasce da mão a mímica, linguagem muda, expressiva, universal e primária. Na fronte é saudação militar. No peito é promessa e respeito. Na boca é segredo. Pôr a mão é afirmar posse. Apertar a mão é aliança, promessa de auxílio, fraternidade. A mão direita é o principal instrumento de trabalho humano. Toca-se com a mão direita o livro sagrado para o compromisso, posse, depoimento. A luva, representação da mão, participa da mesma simbologia. Batê-la na face é bofetada. Atirá-la é desafio. O cavaleiro medieval entregava o guante direito ao penetrar no castelo que o hospedava, sinal que se desarmava e ficava ao serviço do castelão, oferecendo a destra. Estrabão (III, 3, 7-8) informa que os lusitanos decepavam a mão direita dos prisioneiros de guerra e ofereciam-na aos deuses. Era a servidão eterna. O bastão e a luva eram os atributos do embaixador carlovíngio:

> Le duc Naimes répond: J'irai par votre don / Livrez-moi donc te gant et le bâton (*La Chanson de Roland*. ed. A. Pauphilet, Paris, 1943).

Antes de morrer, Roldão descalçou a luva direita e estendeu-a para Deus:

> Il bat sa coulpe à petits coups, souvent, / pour ses péchés tendit à Dieu son gant / ... Son dextre gant il a vers Dieu tendu, /Les anges du ciel descendent à lui (*La Chanson de Roland,* id).

Daniel Fryklund demonstrou que direito e esquerdo existem em função da mão:

> Existent seulement en combinaison avec le mot "main".

O vocabulário extenso e a simbologia poderosa de destra e sinistra nasceram das mãos. Mão direita, mão alta, mão de lança, de bênção, de espada, de comando, de ordem. Mão esquerda, mão baixa, mão de rédeas, de escudo, de aljava, de adaga, subsidiária, colaboradora, vassala. O lado direito da honra, da homenagem, da distinção, do prêmio. O esquerdo, do castigo, da humilhação, da penitência, do opróbrio. Direito, retidão, justiça, leis. Esquerda, obliqüidade, curva, sinuosidade. Destra, destreza. Sinistra, desgraça, infelicidade, amargura. A mão sugeriu tudo. Pelos dedos da mão o homem aprendeu a contar.

O sacerdote da deusa *Fides*. Boa Fé, só podia oficiar com a mão direita.

É bem o *Manual Concepts*, de Cushing, evidenciando a inseparável, indispensável e intrínseca associação da linguagem mímica com a oral. Cirurgia, Indústria, são originariamente ofícios manuais, da mão direita.[83]

> *Le primitif, qui ne parlait pas sans ses mains, ne pensait pas non plus sans elles —* [decidiu Lévy-Bruhl].

Do que possa exprimir a linguagem das mãos afirma-se na necessidade de vocábulo expressivo, "manuelagem", do francês *manuelage*, que Albert Marinus estudou em 1952, "Language et Manuelage", Il Trekauer, 4-6, Nápoles, fixando pesquisa, sistemática e interpretação do que as mãos dizem, muda e eloqüentemente. Mas os gregos já denominavam quironomia a arte de exprimir-se pelos gestos ou mais precisamente pelo movimento das mãos. Quironomia antes significava "dança", anunciando que a mímica teria sido a fórmula anterior de toda intenção coreográfica.

Petrônio fala na mão loquaz de um menino, *manu puer loquaci*, e era pelo gesto que falava a musa Polínia: *loquitur Polyhymnia gestu* — lembrava o poeta Ausônio.

FUNÇÕES FÍSICAS E SIMBOLISMO

O caçador primitivo valorizou seus órgãos. Boa parte dos essenciais estava na cabeça, a visão, o olfato, o paladar, a audição. Cercado pela aparelhagem mecânica moderna o homem vai independendo de muitos órgãos, parcial e comodamente substituídos pela máquina. Não é preciso olhos, ouvidos, nariz e função gustativa em estado de excelência. Naquele tempo em que o mundo amanhecia para a espécie humana os órgãos significavam realmente o instrumental da vida diária e batalhada.

Olhos divisavam a caça distante que, às vezes, o olfato denunciara ou o faro aguçado pela experiência trouxera a identificação pelo aroma inconfundível. O paladar não seria exigente. Não há, intrinsecamente, modificação sensível na fisiologia do homem de La-Chapelle-aux-Saints ou de Combe-Capelle. O mecanismo funcional é o mesmo e a sensação do equilíbrio já estava no labirinto e canais semicirculares do ouvido interno. Dentro do crânio, defendidos pelas três membranas, viviam os dois hemisférios, ligados pelo corpo caloso, escondendo os mistérios da ação mental. A língua diria as nuanças do gosto. Cedo o homem notara que todo o corpo obedecia ordens invisíveis emitidas pela cabeça. Ali funcionavam comando, chefia, direção.

*

Tenho a impressão que uma surpresa renovada era constatar o caçador primitivo ou colhedor de fruto no galho alto, que ao deparar animal ou fruta madura havia internamente uma sucessão de planos sugeridos, uma série de atos lógicos em potencial, dispondo a técnica indispensável da captação. Para apanhar o fruto ou abater a caça já estavam escolhidos e selecionados os gestos definitivos e próprios da ação. Mãos e pés cumpriam o desenho íntimo e precioso da arrancada. E tudo estava dentro da cabeça. A cabeça era a caixa da riqueza sensível e vital.

Certo observara por memória pessoal que uma pancada na cabeça arredava-o momentaneamente da disputa. Com a mão ou o pé, perna ou peito, feridos, era possível persistir e lutar. Um choque na cabeça era o entontecimento, o movimento circular exagerado e confuso das coisas ao derredor, a impressão vertiginosa de que o seu mundo desaparecia, dissipado, sumido na bruma, envolvente e fofa.

Era também a parte mais alta do corpo. De maior evidência e notoriedade. Era a fisionomia que o distinguia de todos os companheiros. A cabeleira e o bigode completavam a moldura individualizadora. No capciense superior e nas fases adiantadas do madaleniano, o homem aparece com plumas de avestruz, exportação da África Setentrional para a Europa do Sul, coroando-lhe a cabeça ornatos de fios vegetais, contas, placas, chevelhos retorcidos ou retos, potência, agressividade, destemor. Já nesse tempo subiam as flechas impulsionadas pelos arcos e o caçador ornamentava o órgão nobre, a eminência explicadora de suas proezas de combate aos animais e aos homens.

Por isso a cabeça é o princípio, governo, disciplina. Cabeça de rio, cabeça de governo, cabeça de comarca. *Par la tête!* — juram os franceses. *Tête de l'armée!* — disse Napoleão, morrendo. De *caput,* cabeça, vieram capitão, capitanear, *capo, capitain, captain, Kopf, Haupt*, capital, *ter capital*, sede administrativa, forma econômica. A primeira insígnia de chefia só podia ser colocada na cabeça do aclamado. As formas distintivas da soberania ficam na cabeça dos reis e dos papas. Na Grécia arcaica, Roma republicana e ainda real, povos do Oriente, a cabeça é defendida pelos capacetes rutilantes, pelas coroas fechadas, pelas tiaras e mitras cônicas ou cilíndricas. Os guerreiros de Tróia e da Grécia batem-se quase desnudos mas a cabeça era resguardada pelos elmos, ofertas da pátria ou obra dos deuses. Cabeça é chefia, inteligência, astúcia, previsão, planejamento. É a sede do comando, da decisão, da vontade orientadora. "Ter cabeça" é possuir os dotes da supervisão. "Má cabeça" é a vocação desastrosa. "Pôr o pé na cabeça" é o domínio total, a submissão mais humilhante e notória. "De cabeça erguida" é altivez, desassombro, consciência do valor pessoal. "Cabeça baixa" é reverência, subalternidade, respeito temeroso.

Escrevendo ao padre provincial do Brasil em 1654, o padre Antônio Vieira, do Maranhão, evocava o ritual guerreiro dos indígenas: "Vão tirados à cabeça todos os primeiros golpes, e não a outra parte do corpo, porque é costume universal de todas estas gentilidades não poderem tomar, nem ter nome, senão depois de quebrarem a cabeça a algum inimigo, e quanto o inimigo é de mais nobre nação, e de mais alta dignidade, tanto o nome é mais honroso".

Daí nasceu o culto aos crânios. No musteriano, em Crápina, na Croácia, há um depósito de caveiras. Restos de refeição canibalesca, a mais antiga que se conhece, mas atestado pela guarda dos despojos, que havia sentimento supersticioso defensivo naquela veneração e reserva. No aziliense, primeira fase do epipaleolítico, há na gruta de Ofnet, na Baviera, outra coleção de crânios de várias dimensões e feitios, pintados de vermelho, denunciando um processo de conservação e de respeito quase religioso. Crânio de antepassado inicia o culto dos fundadores da *gens*. Ficam livres do esfacelamento para que recebam as honras de visita, do olhar e das oferendas. É uma vigilância dos Mortos aos Vivos. E também uma precaução defensiva porque o morto sem cabeça nada poderá fazer de agressivo. Para afastar o defunto temível sepultavam-no curvado, cabeça metida entre os joelhos e o túmulo reforçado de lajes e pedras amontoadas. Há exemplos no aurinhacense. Agora, decepada a cabeça, tornavam-no protetor porque a parte inteligente estava às mãos dos descendentes. Ou dos adversários vitoriosos. Por isso, os crânios dos chefes vencidos rodeavam a residência dos soberanos vencedores. Era uma guarda-de-honra de poder sobrenatural e permanente.

Decorrentemente, o culto aos antepassados começou pelo enterramento com armas e alimentos. A caveira é uma garantia de neutralidade ou de obrigatória custódia para a tribo temerosa. Depois é que nasceu, pela verificação milenar do amuleto craniano, a caçada às cabeças dos inimigos, crânio-troféu, exposição permanente do valor vitorioso, estímulo para os guerreiros amigos e inclusão do adversário entre os "lares" da proteção tribal. Ter a cabeça do antagonista é desarmá-lo perpetuamente. O culto e a caça aos crânios justificam-se pela ambivalência do amor e medo, confiança e terror. Inicialmente fora a Antropofagia.

As viúvas bena-bena da Nova Guiné Ocidental não devem separar-se da caveira marital. Trazem-na pendente do pescoço ou numa bandeja. No convento de Santa Catarina do monte Sinai os crânios dos sacerdotes são conservados visíveis no ossuário e os dos arcebispos expostos (entre flores) aos fiéis, como relíquias.

Exibir o crânio do inimigo vencido é a prova mais evidente de sua derrota inegável. Rodeavam, espetadas nas pontas das cercas, as residências dos grandes sobas africanos. Na Melanésia ficam em nichos especiais como oratórios. O bandido Virgulino Ferreira da Silva, o Lampião assassino (1898-1938), teve a cabeça decepada e exposta, assim como as dos companheiros, em Alagoas. Na campanha pela conquista da China os exércitos de Mao Tsé-tung e de Chiang Kai-shek expunham as cabeças dos generais vencidos. Os califas de Sevilha árabe, Moamé, el Madi, Almotádide, Almotámide, o poeta lírico, plantavam flores nos crânios dos inimigos supliciados. Luís IX (1423-1483) *jouait avec les têtes qu'il faisait couper* (Paul de Saint-Victor). Os soberanos do Daomé colecionavam as cabeças dos adversários até 1894. Os espanhóis depararam no *tzompantli*, andaime-prateleira, diante da principal pirâmide de Tenochtitlán, no México, 136.000 caveiras de prisioneiros sacrificados. Em Teotihuacán e Azcapotzalco foram encontrados inúmeros pratos feitos da calota humana. Havia um altar de crânios em Cholula dedicado ao deus Quetzalcoatl.

Beber numa taça feita numa cabeça humana era o júbilo dos guerreiros famosos. L. Annaeus Florus (*História Romana*, III, IV) conta que os trácios (búlgaros) no tempo da República, *bibere in ossibus capitum*, bebiam pelos crânios dos adversos aniquilados. Alboíno, rei dos lombardos, bebia pelo crânio de Cunimondo, rei dos Gépidas no ano de 566 d.C. O mesmo fazia Crum, rei búlgaro, depois da derrota do rei Nicéforo, em 810 d.C. A melhor promessa do deus Odin aos escandinavos, no paraíso nórdico, era a bebida pela cabeça dos inimigos derrotados definitivamente. A caveira, *skull*, passou a significar *skal*, na Suécia, saudação, saúde, louvor, como se canta na cantiga sueca de beber: *Din skäl, min skäl, alla vakra flickars skäl,* "sua saúde, minha saúde e à saúde de todas as moças bonitas"! Esta saudação epulária é uma reminiscência romana de vinte e dois séculos. Na comédia *O Persa,* de Plauto, 174 anos antes de Cristo, o escravo Toxila (quinto ato, verso-763) numa refeição festiva, exclama: *Bene mihi, bene vobis, bene amicae meae!* Byron escreveu um poema a uma taça feita de crânio humano que Castro Alves traduziu. Os soberanos de Tenerife, nas Canárias, prestavam juramento de posse sobre a caveira do mais antigo dos reis.

O maracá indispensável nas mãos dos pajés do Brasil, objeto de encantamento tupi e cadenciador dos bailados, vale dizer "cabeça falsa", imitação de cabeça, *marã-acã* (Teodoro Sampaio, *O Tupi na Geografia Nacional,* Bahia, 1928).

Guardar as caveiras como respeito aos antepassados e buscá-las aos inimigos constituíam hábitos venerandos em largas regiões do mundo, Melanésia, Indonésia, Indochina, todo sul asiático, Japão, China, Tibete, zona do Himalaia, Sudão, Guiné, África de Leste, Nigéria, Daomé, ilhas da

Oceania, Peru, México, e mais tipicamente matacos, chiriguanos, guaicurus (grandes técnicos no processo de conservação), guaranis, araucanos, tobas, jivaros (artistas do Equador na fatura das *tsantsas*, cabeças reduzidas). Há famosa indústria de falsas cabeças reduzidas, de vendagem certa aos turistas verdadeiros. Pela América do Norte houve, sem dúvida alguma, a caçada aos crânios, mas posteriormente transformada na conquista da cabeleira do inimigo, o escalpamento, para mostrá-la e guardá-la nos acampamentos. O escalpamento também vigorou nas terras sul-americanas para charruas uruguaios, matacos, chorotis, ashluslays, das Guianas ao Grão-Chaco. Pela Europa é tradição que a cabeça grande denuncia grande inteligência. A lenda espalhou-se pelas Américas e bem firmemente no espírito das populações. A explicação popular da inteligência de Rui Barbosa (1849-1923) era seu crânio avantajado. Diz a cantiga baiana:

> Cabeça grande é sinal de inteligência,
> Agradeço à Providência
> Ter nascido lá!

Broca, com sua autoridade, afirmara que o desenvolvimento da fronte e o das mais altas faculdades do espírito eram, realmente, o mesmo.[84] Todo o gênio devia ser mais ou menos macrocéfalo. Ales Hrdlicka, com algumas verificações convincentes, opôs o mais formal desmentido.[85]

*

Na cerâmica grega, desde o século VI a.C., em vasos da Ática, Corinto, Mileto, Rodes, pela Ásia Menor, pela Etrúria, aparece comumente a cabeça da Medusa que, petrificando quem a olhasse, tornou-se amuleto para deter a má sorte, as forças malfazejas, tudo quanto um olhar pode irradiar no sentido da potência adversa. A cabeça da Medusa que o herói Perseu decepara denominava-se *gorgoneion*, e é encontrada nos vasos, na ombreira das portas, nos escudos, no punho dos gládios, nas túnicas, na proa dos barcos, na louça de uso diário, especialmente no vasilhame de beber, nas jóias, nos móveis, cadeiras, bisélios, leitos, nas colunas de mármore, na roda dos carros sagrados, nas liteiras, nos anfiteatros, aquedutos, marcos miliários. Na porcelana chinesa da dinastia dos imperadores Chung (1100-296) estão, tantíssimas vezes, os olhos parados da Medusa. Nem sempre se depara o "gorgoneion" mas simplesmente os dois olhos ou em número bem maior. Há peças decoradas inteiramente pelos olhos.

Outras em que o friso é constituído por uma fieira simples ou dupla de olhos. São os vasos chamados *Occhiale*. Há ornamentação de olhos na cerâmica dos maias na América Central. Vem de Tróia à Escandinávia, pelo Mediterrâneo, Atlântico, Mar do Norte, Báltico. É presente pela África, Oceania, nas ilhas distantes do sul, entre indígenas sul-americanos, numa espantosa difusão apotropaica.

A finalidade é a mesma: defender, afastar, evitar a influência maléfica do mau-olhado, fascínio, olho-grande, olhão, *mauvais oeil, malocchio, Evil eye, Böse blick, Jettatura, mal de ojo, daño de aojamiento*.[86]

Por isso, gregos e romanos gravavam, pintavam, esculpiam olhos nos túmulos para que os mortos repousassem em paz e livres do que o mau-olhar pode fazer. Fixavam olhos nos instrumentos musicais para que a execução não se prejudicasse. Palas-Atenas, Minerva dos olhos claros, deusa da Sabedoria, trazia no peito o *gorgoneion*. Os deuses precisavam defender-se do olho-mau, tão poderoso quanto eles.

O pavor, o medo de Fobos — que era um deus — o receio de todos, é o olhar da deusa Inveja, *in-vidia*. A que-olha-com-olhos-maus, olha contrariamente para nós, invertendo a felicidade, fortuna, êxito, dissolvendo as alegrias alheias sob o ácido do ciúme e do ódio. Toda barreira apotropaica é contra a força da deusa Invídia. Tudo quanto a Inveja pode fazer é única e simplesmente olhar. Nada mais do que olhar. Contra esse olhar os homens e mulheres de todos os recantos do mundo, há milênios, mobilizam-se, trementes, conscientes de sua grandeza diabólica. Tudo ou quase tudo que lemos na documentação clássica é de influência contemporânea na Europa, na Ásia, na África, na América, na Oceania. Pelo lado de dentro o homem é o mesmo. Negando e respirando superstição.

Não apenas a deusa Inveja delega seus poderes infernais a certas criaturas humanas, concedendo-lhes o empobrecimento, enfraquecimento e morte alheia, transmissíveis no olhar, como credencia determinados animais para esse condão demoníaco, o catoblepas, cervídeo, o basilisco, ave e réptil, matam com o olhar. Por uma convergência natural os olhos-de-santa-luzia, para as moléstias de olhos, representações dos glóbulos oculares da santa, em ouro ou prata, trazidos ao pescoço, significam amuleto contra o fascínio ou a má sorte. Há milhares de amuletos contra o mau-olhado, *but that is another story*.

A imagem da visão total induzia a uma quase onipotência. O sol é o olho do dia. Olho do tempo, dizia Estrabão ser a História. É a vigilância. Em Paris a Polícia é *l'oeil*. Os ministros de Estado são os olhos do rei. O mais atroz castigo e a maior tortura é o arrancamento dos olhos,[87] tornando o supliciado um infra-homem, dependente da vontade alheia. "Custar os olhos da cara" era preço inaudito. "Meus olhos" é o título mais carinhoso, elogio da assistência indispensável. Olho significa onde a vida principia, o começo, olho-da-planta, o rebento, o botão, olho-d'água, a nascente, a fonte. De ver, observar o vôo das aves, *avis spicere*, provém auspício, augúrio.

Para que os olhos reunissem tanto crédito a explicação seria de que eles impressionaram pelo brilho inusitado, pela fixidez enérgica, pelo poder magnético inconsciente. O olhar de chefe, olhar de comando, deve ser tão antigo quanto a própria chefia. De todos os órgãos é o único a agir sem contato imediato, determinando o estranho ambiente sugestionante, espécie de halo ao perfil voluntarioso do dominador. Como outrora e hoje ninguém sabe explicar o poder dos olhos pela simples mecânica muscular, e a "eloqüência" ou intenção têm poderes reais que a física não compreende quando expressos num olhar rápido, decisivo, fulminante, ao primitivo pareceria presença mágica a cintilância e penetração de certos olhos privilegiados. Fitar de frente os olhos tornou-se uso restrito na ambivalência do amor e medo, amor pela atração da obediência e medo à contaminação maléfica. Moisés cobriu o rosto para não olhar Iavé (*Êxodo*, III, 6) e mesmo que Deus lhe falasse como amigo, cara a cara, avisou-o de que nenhum homem poderia ver-lhe o rosto sem morrer (*Êxodo*, XXXIII, 20) e Moisés, tendo visto a divina face, ficou com a sua resplandecente e, para não atemorizar os hebreus, velou-se (*Êxodo*, XXXIV, 29-30, 33-35). Não se olhava a face do faraó, do inca, do imperador asteca, do rei muísca. Não se fita os olhos dos superiores. Olhos baixos é respeito, veneração, obediência. Olhar de virgem; *che vergine che gli occhi onesti avvalli* — diz Dante, *Pwgatório*, XXVIII, 57. O Alcorão (Surata-37, v-47) fala nos "olhos baixos" das virgens. Em 1584 o padre Fernão Cardim notava que os indígenas brasileiros, falando com mulher, voltavam-lhe as costas. Karl von den Steinen em 1884 constata semelhantemente nos iurunas do Xingu, "ao conversarem, por princípio, não se fitavam". Em 1909 Emília Snethlage vê o mesmo entre os xipaias do rio Curuá, no Pará.[88] Os soberanos africanos do Congo, Daomé, Ganda, Vitória Nianza, Benin, Munbutu, Xiluxi, Sudão, o Négus abissínio, não podiam ser vistos quando se alimentavam. Karl von den Steinen verifica identicamente entre os caraíbas do rio Culiseu no Xingu, e Paul Ehrenreich nos carajás do rio Araguaia no Brasil Central. Por isso ainda hoje os tuaregues do Saara usam o *litám*, cobrindo a boca e às vezes o nariz, e o *niqab*, escondendo a fronte. Evitam no olhar alheio a contaminação.

Explicam os entendidos que os olhos, sem o auxílio da face inteira, pouco significam na transmissão irresistível e muda do idioma universalmente compreendido. Mas as quase desaparecidas mulheres veladas muçulmanas, as *tapadas* limenhas do Peru, os guerreiros do deserto, *mulattamín*, a gente do véu, *ahl el-litám*, bem sabem que a dedução acima referida é parcial. Os olhos materializam em todas as linguagens do mundo um vocabulário insofismável e claro de súplica, desespero energia, comando, amor e ódio. É o elemento mágico, comunicante, poderoso.

*

A orelha capta a comunicação do exterior pelos sons que vão sendo identificados, selecionados, classificados. O primitivo decorou o pavilhão auricular antes do nariz e dos lábios. Defenderia, possivelmente, uma das entradas, dos "pontos abertos", para o corpo, o mundo interior. O ornato auditivo teria o duplo fim de guarda mágica e ornamentação. Na Idade do Bronze os brincos já eram jóias de acabamento e lavor cuidadosos. Todos os povos orientais usaram de brincos (homens e mulheres), e os gregos desde o período arcaico. Brincos que eram amuletos, simples ou cachos de objetos destinados simbolicamente a repelir a força adversa, o mistério dos inimigos invisíveis. Nos homens o uso era de um anel, como ainda vemos no Oriente e mesmo em certos grupos de ciganos europeus e ameríndios. Pela orelha eram os prisioneiros conduzidos ao suplício nos baixo-relevos assírios, persas, egípcios, romanos. Furar a orelha com uma sovela era fazer um escravo perpétuo entre os hebreus (*Êxodo*, XXI, 6). Os gregos e os romanos dedicaram a orelha à Mnemosine, a deusa Memória. A ciência vem pela audição, aula do mestre e distância do livro difícil. Daí o universal puxão de orelhas ao estudante relapso ou descuidado, castigo e provocação à égide que devia fazê-lo recordar a lição pouco sabida. Um símbolo, encontrado em pedras preciosas, é a mão segurando a orelha, com a inscrição *memor esto*. Levar, conduzir, arrastar pelas orelhas era a forma legal e prática de obrigar as testemunhas a deporem no tribunal quando remissas. Horácio, nas *Sátiras*, I, IX, fala na testemunha levada ao Tribunal, *oppono auriculam*, que Daru verteu para: *Il entraine mon homme à l'audience*.

"Dar a orelha" em Roma era prontificar-se para testemunhar. Ainda falam, entre o povo luso-brasileiro, como render-se ante uma evidência, convencer-se. Plauto, em *O Persa,* quarto ato, verso 739, faz Satúrio dizer, 174 anos a.C.: *Quoiquam mortali libero aureis adteram?*

O costume manteve na Europa, até inícios do século XVI, sua tradição literal. Cortar a orelha era troféu essencial que do Oriente passou à Península Ibérica e à América Latina até finais do século XIX. Cortava-se a orelha aos ladrões (*Ordenações Afonsinas,* Liv. I, tít. 60, § ll), Código de Manu, artigo 105, Código de Hamurábi, artigo 205. Era uma penalidade asteca. A sabedoria, como a fé, entrava pela orelha, pelo ouvir (Paulo, *Aos Romanos,* X, 17). Plínio, o Jovem, dizia já não ler, estudando unicamente pelos ouvidos,

solisque auribus studeo (VII, XXI).

Lembrava o magistério dos antigos professores, ainda vivo no Oriente, no ensino do Alcorão. Também o decorar, guardar no coração, *de cor,* o caminho era o ouvido para a fixação memorial.

Quando a cabeça volumosa revelaria, falsamente, inteligência, as orelhas avultadas denunciavam impotência aquisitiva em matéria de conhecimento. "Quem muito ouve, pouco aprende." Orelhas Grandes é o burro. Torcer a orelha é arrepender-se. Naturalmente, de não ter ouvido o conselho do mestre. O francês diz *laisser ses oreilles* ocorrendo desastre ou prejuízo pessoal. O lóbulo da orelha sugeriu o primeiro enfeite mas creio que os primeiros ornamentos postos na cabeça foram diadema e no pescoço o colar.

Segurar a ponta da orelha é imagem elogiativa, da "ponta fina", como dizem em Portugal. *Vin des deux oreilles* é o vinho mau, obrigando ao bebedor balançar a cabeça e, naturalmente, as duas orelhas. Bom ou mau ouvido, diz-se ao entendedor instintivo de ritmo e música. Não ter ouvido é o incapaz de discernimento melódico.

Até o século V d.C. havia a tradição da Virgem Maria haver concebido pela orelha. Santo Agostinho, Santo Efrém, Agovard, o Breviário dos Maronitas, registravam essa versão (Pierre Saintyves, *Les Vierges-Mères et les Naissances Miraculeuses*, Paris, 1908). Procus, arcebispo de Constantinopla (390-446), num sermão pronunciado diante de Nestorius, a 23 de dezembro de 428, falando sobre a maternidade de Maria, afirmou: *Le Christ est sorti du sein de la Vierge comme il y est entré, par l'ouie* (A. Vacant, E. Manginot, E. Amann, *Dictionnaire de Theologie Catholique*, fasc. CXIV-CXV, col. 667, Paris, 1935). François Rabelais recorda a tradição, de forma herética, fazendo Gargantua *sorti par l'oreille senestre* de Gargamelle (I, IV). Na iconografia artística referente à anunciação ou concepção da Virgem, o jato luminoso, partindo do Espírito Santo, incide sobre a cabeça da Virgem Maria, na altura do pavilhão auricular. Ainda se diz em Portugal e Brasil "emprenhar pelo ouvido", decidindo sem provas concretas, julgando pelas vozes alheias. Todas as pertencentes às ordens religiosas femininas têm as orelhas ocultas pela touca regulamentar. O padre Vieira, em carta de 1654 ao provincial dos jesuítas, aludia à crendice já figurando entre animais: "Padece isto as mesmas dificuldades da víbora conceber pelo ouvido".[89]

É ainda no ouvido interno onde se localiza um dos centros mais sensíveis do equilíbrio animal, notadamente no labirinto, de "importância toda particular", ensina Gley (*Tratado de Fisiologia*, Rio de Janeiro, 1938).[90] Daí, para o povo, a pancada na orelha ser atordoante e mesmo, recebida intencionalmente, uma forma humilhante de domínio. Numa embalada nordes-1ina, ouve-se:

> Mulher casada
> que duvida do marido
> leva mão no pé do ouvido
> pra deixar de duvidar.

Numa famosa cantoria entre o cego Sinfrônio Pedro Martins e Manuel Passarinho, diz este (Leonardo Mota, *Cantadores*, Rio de Janeiro, 1921):

> Cantadô nas minhas unha
> Passa mal que se agoneia:
> Dou-lhe almoço de chicote,
> Janta pau, merenda peia,
> De noite ceia tapona
> E murro no pé da oreia!

Um velho refrão de Cascante (Navarra, Espanha) recorda a punição do "desorelhamento": *Adelante los de Cascante; siete con tres orejas y las dos lleva el asno*. Apenas um dos viajantes tinha uma orelha e o asno as duas próprias. Era dizê-los *ladrones desorejados* (Gabriel Maria Vergara Martín, *Refranero Geográfico Espanhol*, Madri, 1936). No Brasil dizer-se que alguém coça a orelha com o pé é apodá-lo de mulato ou cabra, mestiço de mulato e negra.

*

O nariz, órgão essencial da respiração (os orifícios têm em português o nome de ventas, ventana, por onde passa o vento), marca a fisionomia, dando-lhe a característica. *La regione anatomica del naso è una di quelle che più contribuiscono alla varietà dei tipi fisionomici* — escreve Biasutti. "Antes fanhoso do que sem nariz". *Qui coupe son nez dégarnit son visage.* Cortá-lo era castigo aos traidores e assim Afonso de A1buquerque usou e abusou em Ormuz (1507), Goa (1510) e Málaca (1511) e os espanhóis e portugueses divulgaram o processo nas terras americanas. Amputavam-no às adúlteras na Índia (*Panchatantra*, I, IV, *Hitopadexa*, II, VI) e mundo oriental. Na França uma determinação consuetudinária *obligeait des calomniateurs à se prendre le nez en public* (*Larousse*). A técnica de conduzir o gado pela argola nasal sugeriu a imagem de levar alguém pelo nariz, *to lead by the nose,* quase universal como o nariz franzido, *die Nase rümpfen,* aborrecimento, superioridade desdenhosa. Na Índia também cortavam o nariz aos ladrões como às adúlteras (*Somadeva*, II, V, IX, da edição Penzer-Tawney). Em Roma, quando de uma antipatia instintiva, diziam: "teu nariz desagradou" (*Displicuit nasus tuus* — Juvenal, *Sátiras*, VI, 495). Fatal a citação do nariz de Cleópatra. Os ornamentos nasais, perfurando o septo ou as asas, são de ampla geografia funcional, Melanésia, Polinésia, África Equatorial, região dos lagos, austral, toda América. Era jóia privativa do imperador asteca. Na Índia contemporânea ainda resiste ornamento de ouro pendendo do tabique nasal. O *nédzem,* anel nasal, era egípcio e bíblico.

As ventas, fossas nasais, sinônimo popular de nariz, é um dos centros simbólicos da vergonha, pudor, dignidade, respeito. Dizer verdades nas ventas é desafio. "Você não tem vergonha nessas ventas?" Meter o dedo na venta de alguém é desmentir, contrariar, opor negativa formal. No idioma tupi o vocábulo *tim* ou *tin* significa focinho, nariz, acanhamento, vergonha — informa o conde de Stradelli. *Inti perecô será TIM, pomunha ramé cuá puxisaua?* Não tendes vergonha quando estais fazendo esta feiúra? E também *tin pocu,* nariz comprido.

A velha e simples divisão dos narizes em côncavos, retos e convexos passou a ser classificação minuciosa: hiperleptorrinia, leptorrinia, leptomesorrinia, camemesorrinia, camerrinia e hipercamerrinia, de acordo com o índice nasal. Multiplica-se por 100 a largura do nariz e divide-se o produto pela altura. As medidas vão de 66,9 a mais de 97,0. Naturalmente, a disposição das fossas provocou explicações de base fisiológica, articulada com o clima. As narinas largas estariam ligadas aos climas úmidos e quentes e as aberturas estreitas constam das temperaturas secas e frias, facilitando o prévio aquecimento. Mas são conclusões discutidas e defendidas sem que alcancem precisão inegável.

O olfato, distinguindo cada objeto, determinando a preparação salivar indispensável, criou o farejador, o senhor do faro, seguindo caça pelo vestígio olente das partículas gasosas dos corpos em movimento. São famosas as virtudes farejadoras de africanos, árabes e ameríndios, exaltados no nível do exagero pelos viajantes, missionários e naturalistas dos séculos XVIII-XIX. As verificações obtidas pela experimentação científica reduziram esses dons miraculosos às proporções mais modestas e críveis. Mesmo assim o exercício continuado de caçadores comprova a presença indiscutível de farejadores eméritos, africanos, australianos, ameríndios mas todos sujeitos aos enganos e insucessos lógicos.

Os chineses,[91] esquimós[92] e brasileiros[93] conhecem o *cheiro* como uma carícia olfativa, aspirando com contato direto o perfume humano e natural da pessoa amada. Os chineses poderiam distinguir pela simples aspiração a moeda falsa da verdadeira.[94] Cada odor possui uma entidade distinta, uma presença real inconfundível.[95] O cego de Wardrop identificaria os amigos pelas emanações pessoais. Seriam para ele tão típicas as impressões digitais. Os indígenas da raça tupi no Brasil têm nomes marcantes da intensidade do bom e do mau olor: catinga, o cheiro dos entes vivos; pixé, cheiro enjoativo, repugnante, ativo; e inema, mau cheiro. Uma criatura tem catinga, um animal, pixé, e uma podridão, inema.

Afirmam que os caçadores africanos, ocidentais e centrais, conheciam a profissão dos visitantes pelo cheiro denunciante. Cheirando a mato, agricultores; a animais bravios, caçadores; a curral, pastores. No Nordeste do Brasil as estórias sobre os grandes farejadores ficam na classe das maravilhas.

Nos contos populares europeus, africanos, e correntes na América há "cheiro de sangue real" apregoando a proximidade humana, como as Eumênides perseguiam Orestes até o Areópago pelo "doce cheiro do sangue humano" (Ésquilo, *Eumênides*) e numa comédia de Aristófanes, Mercúrio pergunta a Trigeu "de onde vem este cheiro de homem" (A *Paz*). Não é de surpreender que num conto zulu de Uzembini se encontre o *fec, fo, fum, I smell the blood of Englishman!*[96] Corresponde ao nosso *aqui me fede a sangue real!* Essa tradição, afirmando o emprego positivo do faro, tanto se liga à pastorícia ou a cinegética, farejar a caça, *flairer le gibier,* como noutras acepções decorrentes, *flairer un danger, to smell a rat,* farejar o perigo, *wittert Gefahr.*

Era pelo olfato que os deuses olímpicos recebiam os holocaustos.[97] Iavé não desdenhou o sacrifício de Noé: *Odoratusque est Dominus odo-*

rem suavitatis (*Gênesis,* VIII, 21). E ainda nos turíbulos queimam o incenso odorante e oblacional.

*

O nariz e a cavidade bucal aliam-se no processo respiratório. O sopro, hálito, bafo, é a essência da vida organizada, símbolo mais expressivo de sua presença vital. Alma, *anima* latina, *anemos* grega, significa o sopro. O *manitu* invencível dos pele-vermelhas das pradarias norte-americanas valia o mesmo sinônimo. Soprar é um poderoso transmissor na técnica das feitiçarias urbanas e rurais e renomada terapêutica indígena universal. Não há tratamento entre povos "selvagens" sem o sopro, impondo a saúde e afastando a doença. Adão, o primeiro homem, viveu pelo sopro divino (*Gênesis,* II, 7). O profeta Elias ressuscitou o filho da Sunamita soprando-lhe na boca (II, *Reis,* IV, 35). No batismo católico o sacerdote sopra na face da criança expulsando o espírito mau e instalando o Paráclito.[98] Na derradeira respiração do moribundo a alma foge do corpo. Soprar nas partes doentes é fórmula universal de cura entre os povos *naturais*. Um duende amazônico, Cainamé, mata pelo sopro. A duração maior ou menor do sopro ao apagar as velas do bolo de aniversário é bom ou mau augúrio. Uma das explicações das damas veladas e dos tuaregues saarianos é defender a pureza do hálito do contágio malévolo.

A boca, milênios antes da linguagem, era a porta da alimentação, exigindo cuidados mágicos para resguardo de sua segurança. Por ela desciam os alimentos que podiam poluir-se pelo olhar malfazejo. Já na fase neolítica figuram nas rochas, gravados, homens com o rosto velado pelos véus salvaguardas. Assim, o homem do bumerangue em Tegiet-el-Kharruba, o caçador e o cão de Uadi Gerat e o dormente da máscara encimada pela espiral, numa grande pedra no vale de Uadi Gerat, na África Setentrional, estudados por Raffaele Corso.[99]

A língua, que os velhos maori faziam-na tatuar, não mereceu investigações maiores de sua presença etnográfica. Estendê-la era insulto trezentos anos a.C.[100] e até recentemente constituía saudação no Tibete.[101] É sinônimo popular da voz, linguagem, opinião. Planude e depois La Fontaine divulgam a facécia de Esopo, escravo de Xantus, comprando línguas quando lhe pediam o pior e o melhor existente no mercado. Durante a guerra de 1939-45[102] os norte-americanos diziam que *idle tongues sink ships.* Com a língua decorre a interminável documentação da saliva[103] ilustre em lendas, mitos, exorcismos, medicina popular: *Marcos,* VII, 33, IX, 23;

João, IX, 6; Suetônio, *Vespasiano*, VII; Tácito, *História*, IX, LXXXI, e ainda prestigiosa na cerimônia do batismo onde o sacerdote tocava com os dedos molhados de saliva o nariz e os ouvidos do batizando, ato omitido em 1944, por motivos higiênicos (*Juxta Decr. SRC. diei 14 Jan. 1944*). A língua cortada era um castigo clássico dos blasfemadores (Código de Manu, art. 262) e ainda sob Luís XIV, na França.

Os dentes começaram a sofrer mutilações (ornamento, luto, iniciação) desde o neolítico; Argélia, Egito, Lancashire e País de Gales, constatadas nos crânios fósseis. Para a África Central e Austral, golfo da Guiné, arquipélago malaio, Filipinas, México, Equador, Peru, Argentina, Brasil, Chaco boliviano e paraguaio aparecem aguçados, arrancados (tipicamente africanos), limados lateral ou triangularmente, com blocos de ouro ou prata em forma de placas ou bastões. Em 1940, viajando para o Rio de Janeiro, encontrei a bordo uma mocinha do Amazonas que ostentava um pequenino diamante incrustado num incisivo. Disse-me ter sido moda elegante no velho Pará. Pintar os dentes de vermelho, cinza, comumente de preto, é uso melanésio, polinésio e também em tribos indígenas sul-americanas, chiriguanos, goajajaras, miranhas, colorados, etc. Foi costume de alto gosto, europeu e americano, o dente de ouro, incisivos, caninos, molares, cobertos de folhas de ouro. Conheci pessoas com 2/3 da dentadura assim ornamentada. É ainda elegância na União Soviética e também na China e Japão. Há igualmente de platina. Marco Pólo, na cidade chinesa de Yung-Chang, informa que "era então moda cobrir os dentes com pequenas lâminas de ouro que tiravam quando queriam comer". Já não é comum. Um exemplo fora dado pelos pré-colombianos, notadamente na civilização incaica. Pigafetta, o companheiro de Fernão de Magalhães, viu em 1521 o rei de Massava, nas futuras Filipinas, com os dentes ornados de ouro. Os dentes são amuletos e os do tubarão fóssil serviam na Idade Média de *pierre d'épreuve*, denunciando a existência do veneno nas iguarias aristocráticas. São ainda utilizados na Península Ibérica e América Latina como protetores da dentição infantil, encastoados em ouro, pendentes do pescoço. O primeiro dente-de-leite arrancado deve ser atirado para trás, por cima do ombro, para o alto do telhado, propiciando dente novo e são. É assunto estudado pelos folcloristas.[104] O colar de dentes de felídeos, ursídeos e mesmo humanos foi desde o aurinhacense um ornamento preferido e encontrado nos depósitos arqueológicos mais distantes. Continua popular na Polinésia, Melanésia, Américas Central e do Sul e as velhas famílias indígenas dos Estados Unidos e Canadá têm a mesma predileção por eles.

Uma penalidade já velhíssima no século X pela Europa (e anterior no Oriente) era arrancar os dentes a quem prestava depoimento falso. Faziam ablação de 1/5, 1/4, 1/3 dos dentes segundo a gravidade da culpa. "Mentir por todos os dentes" é uma alusão. Santa Rita Durão informa que os grandes guerreiros faziam colares dos dentes dos inimigos devorados (*Caramuru*, IV, 15):

> Devora vivos na batalha ardente;
> A roda do pescoço um fio enlaça,
> Onde, de quantos come, enfia um dente.

Na pena de talião mosaica (*Êxodo,* XXI, 24) alude-se ao olho por olho, dente por dente. Entre os ainos do norte do Japão a dentada é a mais expressiva demonstração amorosa. Dentadinha de amor...

A mastigação caracteriza o ato de comer e era nesse momento que o tabu incidia, proibindo-se olhar quem se alimentava, especialmente os soberanos africanos, asiáticos, ameríndios. Morder é também um processo da magia terapêutica. Os feiticeiros africanos, Guiné, Congo, Nigéria, do Senegal ao Cabo da Boa Esperança, entre os remédios para reduzir inchações incluem a dentada. Em Portugal os lobinhos (quistos subcutâneos) são curados quando mordidos por uma donzela de nome Maria. Os *mestres,* pais de terreiro, babalorixás dos candomblés, macumbas, xangôs, catimbós do Brasil preparam certos amuletos mordendo-os ao final. Mastigadas são as frutas, milho cozido e beijus (bolos de farinha de mandioca) na região amazônica para a fabricação da caisuma, provocando e ativando a fermentação, diluindo a massa assim obtida n'água, e que em Minas Gerais se manteve no fabrico da catimpueira, bebidas enebriantes.[105] É a fórmula no Peru de fazer-se a saborosa chicha, também de milho cozido. Semelhantemente fazem as moças de Samoa com a pimenta kawa (*Piper methysticum*) para obtenção do licor nacional. Mastigando a farinha de milho as mulheres faziam o pudim *pikami,* favorito dos hopis do Arizona.

O masticatório alcança técnica industrial inconfundível, como na preparação de peles entre os esquimós do pólo. A parte interior da pele é mastigada vigorosamente, suavizando-a e retirando os resquícios gordurosos. Informa George Peter Murdock: "o couro curtido pelos métodos civilizados é teso, frio como o gelo e quebradiço como o vidro a temperatura abaixo de zero, mas as peles preparadas mascando-as conservam-se quentes, suaves e tão flexíveis como a camurça, mesmo a temperaturas de 50° abaixo de zero" (*Our Primitive Contemporaries*, Nova Iorque, 1957).

Mostrar os dentes é ameaça e também recepção cordial. "Não mostra os dentes a ninguém." Descortesia. Sisudez. Recato excessivo.

*

As unhas, completando a armadura da mão em garra belicosa, seriam armas eficazes para o corpo-a-corpo, como ainda ocorre atualmente. É arma notável e natural nas lutas femininas. Na magia a unha é material precioso para os feiticeiros, notadamente para os feitiços de ataque. Representa boa parte da vitalidade ou da potência sexual da vítima. A raspa das unhas dada a beber diluída enlouquece. As civilizações sedentárias, de comerciantes, artesãos e fidalgos no Oriente, na China, Anan, Cochinchina, Sião, Camboja deram com registros desde o século XVI o símbolo da unha extremamente longa, guardada em estojos ricos, demonstrando a abstenção do trabalho manual aviltante e denúncia de atividades dedicadas à meditação religiosa, filosófica ou simplesmente ao gozo da preguiça desinteressada e metafísica. Johann Reinhold Forster, companheiro do capitão James Cook na segunda viagem à Oceania, encontrou em 1773 no Taiti uma dessas imponentes criaturas. "Um dedo só é que está provido de uma unha menor; é a que serve para coçar-se, ocupação freqüentíssima nos países do extremo-oriente". O padre Simão de Vasconcelos, em meados do século XVII, notara semelhantemente no Brasil indígena: "O que é principal dos Tapuias é conhecido entre os outros, porque traz o cabelo tosado a modo de coroa, e as unhas dos dedos polegares muito compridas; insígnia que pertence somente ao Príncipe, e nenhum é ousado trazer. Os mais parentes seus, e os que são famosos na guerra, têm privilégio de unhas compridas nos mais dedos das mãos, porém não no polegar".

*

Os órgãos do sexo não podiam escapar a um papel simbólico e poderoso na mentalidade humana no tempo e no espaço. No Código de Manu, artigos 104-105, os "órgãos da geração" estão em primeiro lugar como regiões "em que se pode infligir uma pena", segundo Manu Syvayambhouva. O simples desenho do órgão viril era suficiente para afastar as ameaças da esterilidade e sua representação em metais ou pedra, osso, marfim, multiplicaram-se pelas residências gregas e romanas de que Pompéia é exemplo. Estavam nos móveis indispensáveis, poltronas, leitos, estrados, candelabros, tocheiros, porta-mantos, ornamentando vasos, painéis, tetos. Estátuas, estelas, cipós e marcos, campainhas tinham formas fálicas. O culto possivelmente viera da Índia, com o *linga, lingam,* membro, passando para o Egito, essencial no cerimonial de Ísis e depois aos gregos e romanos. Era Príapo, dominador em Lampsaco (Anatólia, no estreito de Dardanelos), deus da fecundação, guardião dos pomares, espalhando-se pela Ásia Menor e todo mundo mediteriâneo, indispensável nos cortejos e desfiles dionisíacos, de Vênus-Afrodite e culto a Mercúrio-Príapo ou Tychon, confundindo-se com o nome de Lampsaco. Supremo amuleto contra *oculi venena maligni,* usado em forma de colar, brinco, anel, diadema, pulseira, sineta, pintado ou esculpido nas portas romanas com a inscrição *hic habitat felicitas.* Era figurado em Roma pelo dedo médio (Pérsia, *Sátiras,* II, 33; Petrônio, *Satyricon,* CXXXI; Martial, *Epigramas,* II, XXVIII) como presentemente. Ainda vendem as figurações fálicas na Itália e também no Brasil, em osso e chifre, perfurados para suspender-se ocultos no interior da roupa, defendendo a potência. O meu exemplar foi adquirido no mercado de São José, no Recife, em 1954. Outro amuleto de vastíssima popularidade é a figa, amplamente industrializado, motivo do artesanato e comum por toda a parte. É a imagem do ato fecundador. O polegar é o poder masculino e o triângulo, feito pelo indicador e médio, o feminino. Há exemplos aculturativos nas cruzes cristãs com as três extremidades terminando em tipo de figas. O modelo que possuo comprei-o no mercado público da cidade de Salvador, Bahia, em 1951. É o símbolo irresistível contra a má sorte, inveja, adversidades e, curiosamente, sem ligação com o plano sexual.

A mística fálica, exaltação do órgão reprodutor, provocou a castração, renúncia voluntária ou punitiva da força fecundante. Castravam-se os sacerdotes de Cibele, Milita babilônica e fenícia, Boa Deusa na Frígia. Castrou-se o grande Orígenes (185-254), lendo em *Mateus* (XIX, 12) que Jesus Cristo falara nos que se castravam a si mesmos por causa do reino de Deus. Castrado Militon, bispo de Sardes. A sedução sacrificial foi tão poderosa em proselitismo que o concílio de Nicéia (425) vedou aos eunucos o acesso eclesiástico, reafirmado no cânon 7º do concílio de Arles em 452. No século III os fanáticos valesianos submetiam seus fiéis a essa prova, evitando a propagação da espécie humana, que diziam condenada. Selivanov, no século XVIII, recriou a idéia na seita dos skoptzis, atravessando cento e cinqüenta anos na Rússia e Romênia. Iavé proibira aos hebreus: "o castrado não entrará na congregação do Senhor", *Deuteronômio,* 23, 1.

Ao lado do castrado religioso veio a industrialização do eunuquismo, sub-homens destinados à guarda das mulheres recolhidas nos haréns. Filósofos, generais, ministros, conselheiros, administradores foram eunucos. Mas a função inicial e legítima era guardar as mulheres alheias pela impossibilidade de tê-las próprias. Mesmo o nome de eunuco provinha de *eunê*, leito, e *ékhein*, guardar. Foram elemento histórico que resistiu até princípios do século XX pelo Oriente, famosamente na Turquia, Índia, China.

Outra classe eram os *castrati*, notadamente italianos, cantares aclamados nas festas religiosas e nos paços reais e ducais nos séculos XVI, XVII, XVIII e quase finais do XIX, com sucessos notórios pela Europa letrada. Os *castrati* da Capela Sixtina eram inimitáveis no esplendor dos *soprani* e *contralti* invencíveis. Os mais famosos e aplaudidos cantares do século XVIII, e sem rivais no século imediato, eram castrados, Senesino, Caffarelli, Millico, Marchesi, Velluti, Conti, Crescentini. Ganhavam bem e a profissão era procurada. Em 1770 Mozart recusou-se a pertencer aos *castrati* do Vaticano, prestigiadíssimos pelo papa Clemente XIV. O príncipe Dom João trouxe alguns da Capela Real de Lisboa para o Rio de Janeiro em 1808, e deixou-os quando regressou a Portugal em 1821. Embeveceram a fidalga assistência do Outeiro da Glória e Capela Imperial até mais ou menos 1864. As solfas de Marcos Portugal e do padre José Maurício eram cantadas pelos capados Facciotti, Reale, Cicconi, que não temiam as vozes do Teatro Lírico ou da Ópera Nacional.[106] Antônio Cicconi foi o último a falecer no Rio de Janeiro, a 28 de outubro de 1870. A castração, detendo o desenvolvimento da laringe e das cordas vocais, mantinha a voz infantil, feminina, aguda, clara, inconfundível, maravilhosa de pureza, extensão e graciosidade do timbre. Extasiava o auditório mais ilustre. O papa Leão XIII (pontificado de 1878 a 1903) afastou a presença e proibiu a participação dos *castrati* nas festas do Vaticano e a espécie desapareceu.

Durante todo o século XIX e décadas do XX pela África e Ásia o eunuquismo foi base comercial de exportação, com técnicas especiais para preparação e venda do "produto" reclamado pelos soberanos e potentados possuidores de grande número de esposas e concubinas, escravas e livres. O eunuco valorizava-se como indispensável no regime da poligamia oriental. O eunuco nº 1 era tão poderoso quanto um ministro de Estado. Alguns governavam realmente.

A castração é ainda penalidade antiquíssima e natural aplicada aos criminosos da honra feminina, como entre egípcios, persas, hindus, chineses. Figurava regularmente na legislação tradicional. As Ordenações Afonsinas incluíam-na como fórmula perfeita e normal: "se for leigo castrem-no por ende" (V.15). O código penal francês, no artigo 325, diz que o crime de castração, haver castrado alguém, *est excusable s'il a été immédiatement provoqué par un outrage violent à la pudeur.* A pena seria reduzida de um a cinco anos de reclusão. Consagrava a vindita pessoal milenar que a considerava castigo justo e natural para esse título delituoso. Assim, o cônego Fulbert mandou punir o mestre Abélard (1079-1142) por ter-se casado secretamente com sua discípula Heloise, sobrinha do mandante.

Os galas, orma, aroma, da parte meridional da meseta abissínica, os mais puros da raça etiópica (camita) conservam uma tradição indispensável para a conquista da noiva. Castram alguém e pregam o troféu na porta, anunciando um candidato ao matrimônio e rapaz destemeroso.

A circuncisão é outro aspecto valorizador do membro viril. Está desaparecendo o emprego feminino desse processo, corte de parte dos pequenos lábios da vulva, como ato de iniciação núbil (Ásia, África, Polinésia, América do Sul). A circuncisão masculina, ablação do prepúcio, é viva e atual entre judeus e muçulmanos (*Brith millan* ou *mûlâh,* em hebreu; *En ared an atahar,* em árabe) e mesmo em grupos alheios a essas duas comunidades. É a mais persistente mutilação física decorrente de obrigação religiosa que existe no mundo. Iavé impôs a Abraão (*Gênesis*, XVII, 9-14, 23-27), prova de obediência e de identidade racial, signo da aliança divina indisfarçável, castigando-se o infrator com a morte. A operação será oito dias depois de nascido (*Levítico,* XII, 3) mas os maometanos adiam para os oito e até aos treze anos. Para os judeus a intervenção é trabalho paterno e para os muçulmanos age um sacerdote, às vezes determinando peregrinação ao túmulo de algum "santo", na África Setentrional. O próprio Jesus Cristo foi circuncidado (*Lucas*, II, 21) e a igreja católica comemoralhe o sacrifício no primeiro dia do ano. Os apóstolos recusaram incluí-la como preceito cristão (*Atos*, XV, 1, 29; Paulo, *Aos Filipenses*, III, 2-3).

A explicação utilitária de razões higiênicas, inflamação prepucial, fimose, maior resistência na mucosa da glande, etc., é logicamente posterior ao implemento religioso. A circuncisão teve origem religiosa e é mantida como dogma religioso. Não há outro fundamento.

O núcleo irradiante seria o Egito. O primeiro circunciso israelita, o patriarca Abraão (*Gênesis*, XVII, 9-14), estivera no Egito antes da operação (*Gênesis,* XII, 10-20) convivendo com o faraó. Com uma permanência de 430 anos no Egito, os israelitas que acompanharam Moisés eram todos circuncisos. Mas um filho de Moisés, nascido fora, não o era e submeteu-se ao preceito ao voltar para a terra do Nilo, *Êxodo,* IV, 25. Era obrigação legal, determinante, inevitável. Se os egípcios receberam a prática dos fenícios ou abissínios (núbios) é assunto controvertido. O Egito é país onde historicamente a circuncisão era uma permanente (Heródoto, *Euterpe,* XXXVI). Na Babilônia e entre os assírios não havia o costume. Os fenícios tiveram o deus Adônis trucidado por um javali no Líbano, ferido no baixoventre. Privavam-se da carne de porco e circuncidavam-se em homenagem ao enamorado de Vênus. A tradição passou para o Egito e contaminou os judeus. A criança circuncisa num baixo-relevo de Khons em Karnak, 3025 a.C., faz prova da tradição egípcia anterior a Abrão.

Os árabes praticavam a circuncisão muitíssimo antes de Maomé. Não há no Alcorão a menor referência ao uso e nem a mais ligeira recomendação aprovando a continuação do costume. A exemplo de outras tradições locais que o profeta deixou vivas e vivem em nossos dias, a circuncisão incluiu-se nos hábitos consuetudinários permitidos pelo silêncio do reformador ou a nenhuma proibição feita aos fiéis. Manteve costume antiquíssimo na região intensamente povoada pelos judeus. A própria versão muçulmana não ignorava que o pai dos árabes, Ismael, fora circunciso pela mão do seu pai Abraão (*Gênesis*, XVII, 25). E os povos que ficaram na Palestina ignoraram a circuncisão. Aqueles que tiveram contato com o Egito cortaram o músculo prepucial. Somente esses...

A geografia da circuncisão é larga. Judeus, muçulmanos em qualquer região ou seita, negros africanos, islamizados ou não, Polinésia, Micronésia com zonas incircuncisas, Nova Zelândia, Havaí, ilhas Marquesas, Bornéu. Praticada em Fidji, Ceram, Nova Caledônia, Flores, Sumatra, Samoa, costa oriental da Nova Guiné, alguns tagalos nas Filipinas, coptas, cristãos abissínios e os "attenkugn" (segregados), falachas, os judeus pretos da Etiópia, estudados por Wolf Leslau, onde a cerimônia da circuncisão é ministrada por uma mulher. Mas, fora do ambiente influenciado pela Bíblia e o Alcorão, a prática estabeleceu-se entre negros e asiáticos, incorporada aos costumes locais e sem ligação ao culto ortodoxo. Os iurubanos da Nigéria não souberam explicar a Frobenius a origem do hábito, executado maquinalmente. Na América Central (México), estranhamente, constata-se sua presença entre os olmecas e destes aos vizinhos maias pré-colombianos. Os cunibos ou cunivos, indígenas pano do rio Ucaiale, afluente do Alto Amazonas, praticavam a circuncisão feminina, segundo registro de Ehrenreich. O padre Schmidt fala na circuncisão nalgumas tribos aruacas do noroeste sulamericano. Na região do Rio Branco, Amazonas, "usam a prática judaica da circuncisão, porém é somente entre os mais distintos e abalizados", aos nove anos.[107]

De todos os órgãos humanos os sexuais mereceram maior e mais intensa bibliografia. O transbordamento doutrinário de Freud tornou o falo onipresente. Difícil saber-se o que não é representação fálica em seu prodigioso simbolismo freudiano.

Os desenhos, tatuagens, escarificações, cicatrizes, deformações cefálicas, mutilações dos dentes, pavilhão auricular, septo nasal, lábios, mesmo tendo a intenção religiosa, cabem também no sentido ornamental, atraente, lúdico, e nunca sofreram uma padronização limitadora ritualística no plano tipológico. Variam infinita e indefinidamente. A circuncisão é imutável. É a mesma há milênios. Indeformável. Invariável. Idêntica. A "marca da posse divina" que a igreja católica reserva para seus sacerdotes na tonsura e as religiões orientais na raspagem da cabeça, Iavé fixou noutra região do corpo e noutro órgão do homem, o transmissor da vida.

*

O homem primitivo teve a impressão imediata da vida com o conhecimento do sangue. Perdendo-o sentia enfraquecer-se, murchando todas as forças impulsivas do movimento, desaparecendo a obediência muscular, a prontidão visual, a mecânica auditiva. Evaporava-se-lhe o senso olfativo. As armas usuais multiplicavam, subitamente, o peso. A marcha restringia-se a um cambalear angustiado. As mãos tornavam-se ocas. A respiração apressava-se, resfolegante e sibilosa. O sangue era realmente a vida circulando.

Semelhantemente, a observação denunciava o sangue indispensável aos animais perseguidos e sangrantes. A morte era conseqüência de sua perda. As coisas vivas tinham sangue. Os mortos não o possuíam mais. O vermelho seria vida. O branco, desmaiado, lívido, a morte. O futuro manto do rei ostentaria o rubro. Os fantasmas apareceriam de branco.

Impressionaria a cor viva, um vermelho úmido, quente, inconfundível, único. A valorização do sangue estendeu-se às tonalidades de sua coloração, sinônimos de vida, movimentação, força. Pintar de vermelho era simbolizar a saúde, a robustez, a normalidade existencial. As hematitas escarlates, variedades do óxido de ferro, foram as primeiras tintas. Pintou-se o homem a si mesmo para aumentar a sugestão de resistência. Pintou tudo quanto desejava conservar no plano vital. Quando morria alguém, descarnava o cadáver ou aguardava a decomposição da carne, pintando os ossos de rubro, cor do sangue, augurando a continuidade funcional. A luz do sol era da cor do sangue e a todos aquecia. A luz era uma modalidade do sangue vivificador. As tintas vermelhas feriam também a intenção de uma homenagem suplicante ao sol, para que a luz desse o calor permanente. O vermelho foi a primeira cor utilizada pelo homem, intencionalmente. Pintar os ossos humanos de vermelho tornou-se tradição universal. As raças de Cro-Magnon e de Combe-Capelle no aurinhacense, de Chancelade e de Obercassel no madaleniano, banhavam os ossos dos mortos com a tinta escarlate. Era como uma unção de sangue, gesto oblacional de renovação física no tempo. Vem o costume até a Idade do Bronze, e até à do Ferro as câmaras mortuárias são pintadas de encarnado, e há terra vermelha ao derredor dos ossos quando foram sepultados em jarras.

Iavé dizia a Moisés que "o sangue é a alma" (*Deuteronômio*, XII, 23) e proibira todo hebreu de comer o sangue, "pelo que não comerás a alma com o sangue", e o Senhor diz a Caim que a voz do sangue de Abel clama do seio da terra (*Gênesis*, IV, 10).

O sangue simbolizará família, gente do meu sangue, caráter moral, *bon sang ne peut mentir,* pureza racial, sangue puro. O pacto escrito com sangue era inviolável. Tocar no sangue que corria de ferida feita para a cerimônia da aliança era a inclusão perpétua do liame fraternal. Assim, confraternizavam os indígenas caçadores e os negros da África de oeste e central. Riscam o braço e misturam o sangue com o do amigo, tornado irmão. As almas vivas do inferno grego recuperaram a memória sorvendo sangue (Homero, *Odisséia*, XI), volvendo a falar quem dantes era "semelhante a uma sombra e um sonho".

O sangue é a alma para Empédocles. Bom sangue. Mau sangue. Instintos expressivos. Hemoterapia. *Katamuca*, entre os hindus, curava a lepra e era o banho de sangue. O costume derrama-se pela Europa. A irmã do cavaleiro Persival morre cedendo uma escudela de sangue virgem para *guarecer* a velha dona do castelo *que engafeceu*. É o que se lê n'*A Demanda do Santo Graal,* II, 120 (Rio de Janeiro, 1944) e sobre a *Kathamukha* hindu há registro em *The Ocean of Story*, II, 94-192, Londres, 1924, e IX, 101-102, Londres, 1928; *Panchatantra*, V, 221-222. Hermeto Lima (*Os Crimes Célebres do Rio de Janeiro*, 41, Rio de Janeiro, 1921) evoca a Onça, megera leprosa, furtando crianças da Roda dos Expostos em 1833 para banhar-se em "sangue virgem". Era idéia geral, ainda contemporânea, de ser o remédio infalível para morféia.

As mães evitavam que os filhos menores passassem por perto das gafarias, temendo o assalto para o "banho de sangue" terapêutico. A tradição continua na Europa, na Ásia, na América, um tanto mais atenuado que na Idade Média mas reconhecível e confessado.

Nos processos mágicos de participação o sangue é o elemento mais poderoso e que melhor e mais intrinsecamente representa e continua a individualidade humana. É o objeto ideal a ser trabalhado pelas forças malévolas. Daí o perigo, a importância de uma gota de sangue nas mãos de um feiticeiro hábil e senhor dos saberes. "Escrito com sangue" é o documento irrecusável.

Frei Gaspar da Cruz, dominicano que viveu 21 anos na China do século XVI, informa que os chineses do seu tempo comiam carne crua e *untam os corpos com ho sangue dela, pelo qual comumente sam fedorentos e tem mao cheiro* (*Tratado das Cousas da China*, etc., cap. IV, Évora, 1570). Defendiam-se de alguma epidemia.

Os homens pálidos não são popularmente tidos em boa conta. "Gente sem sangue, manha encoberta"; "De amigo sem sangue, guarda-te, não te engane"; "Quem tem sangue, tem vergonha". Sangue vida, dignidade. "Sangue de homem custa a pagar". Represália. "Mão na cara, sangue no chão". "Dinheiro é sangue". "Sangue no chão, espada na mão".

Nova e ampla perspectiva determinou a hematologia com a divulgação e pesquisa dos grupos sangüíneos (Landsteiner, 1900).

Há nos glóbulos vermelhos do sangue (hemácias) substâncias denominadas aglutinógenos e no plasma salino, soro, as aglutininas. Há dois tipos principais de aglutinógenos, A e B, um terceiro que os reúne, AB, e o último que é deles carecente, o O. As aglutininas são "anti-A" e "anti-B". Os portadores do grupo sangüíneo A possuem a "anti-B"; os do grupo B a "anti-A" e os do O as "anti-A" e "anti-B". No processo da transfusão podem os do A receber sangue de todo seu grupo, assim como os AB e O, mas não assimilarão o sangue do grupo B porque este tem a "anti-A", determinando o fenômeno da aglutinação, provocando choque. E também a recíproca. Não há hipótese de hibridação e todos nós temos um grupo já possuído no sangue de um dos nossos progenitores. Assim o estudo dos grupos sangüíneos estabelece uma orientação para as identificações raciais devido sua estabilidade. Pode, é verdade, verificar-se o raríssimo caso da mutação. É precioso auxílio na imunologia, investigação de paternidade, endocrinia e técnica de Medicina-Legal.

Os quatro grupos — A, B, AB e O — foram dados como constantes étnicas. De maneira geral, o grupo A domina na Europa Austral e Ocidental, também nórdicos, mediterrâneos, alpinos, armênios. O B é característica mongol, norte da China, Japão, Manchúria, Hindustão, moros filipinos, ciganos. O grupo O pertence (segundo Kroeber) aos continentes distantes e grupamentos humanos isolados. Muitos pesquisadores afirmam ser o grupo inicial e os decorrentes surgiram posteriormente por mutação ou fórmula ainda infixável. É dominante na América, Filipinas, Melanésia, Austrália (entre nativos), negros Bechuanas e russos de fundo tártaro.

É evidentemente uma demonstração irrespondível da miscigenação. Surpresas encontrar-se os turcos do Uzbek e os chineses do sul ao lado dos polacos, suecos, gregos, italianos e portugueses. Os negros africanos concordam com os malaios morenos mas se afastam dos melanésios negróides. Os indígenas americanos, com predomínio do grupo O, não coincidem esperadamente com os mongolóides, que são do grupo. B. Os antigos peruanos e mesmo as investigações nas múmias pré-colombianas nos Andes revelam os grupos A e B e não o lógico O, que, julgado primitivo, deveria constituir o fundamento para as populações homogêneas.

Os iámanas da Terra do Fogo e os carajás do rio Araguaia no Brasil Central são do grupo A. Os neolíticos cesteiros igualmente. Na América há o domínio do grupo O, algum do A e pouca existência do B. Na Ásia contígua, alto volume do B e raridade do O. E ainda são as fontes indicadas do *homotype* ameríndio...

O indígena americano aproxima-se, pelos seus grupos sangüíneos, dos melanésios e australianos, distanciando-se do antepassado mongolóide, de visível presença somática. Imbelloni opina que o genotipo mongólico não conseguiu nas propriedades serológicas a mesma influência mantida nos caracteres exteriores. Um folclorista diria: mais casca do que miolo...

*

"Todo pé anda." Em qualquer rifoneiro está a série dos provérbios, adágios, ditados, em que o pé, servindo de comparação inspirativa, demonstra sua importância na literatura oral de todos os povos. Nos dicionários e enciclopédias há vasto material comprovador, frases feitas, ditos usuais, aplicações do vocábulo nas várias atividades. É a base, motivo, fundamento lógico, mobilidade. *Il y a du pied*, razões evidentes para o êxito. Ter "pé quente", felicidade nas iniciativas. *Avoir les pieds chauds*, na França. "Pé frio", atração para desventuras. *Foot. Footing*. Medida. Compasso. Infindável presença nas versões folclóricas européias. Tema. Pretexto. Início. *Pedes ducunt*. O pé sugere o passo, a marcha, andadura, movimento. Determinação vital. "Cobra que não anda não engole sapo." "Quem não anda não ganha" — dizia o padre Antônio Delicado no seu

Adágios Portugueses (Lisboa, 1651). "Passo e passinho vencem caminho" — ensinava meu pai. "Quem primeiro anda, primeiro manja."

Para a Inglaterra o passo, *step,* tem adaptações sugestivas. *Step-brother* é filho do padrasto ou da madrasta, aquele *Step-father* e esta *Step-mother.* O enteado é *Step-son* ou *Step-sister, Step-child, Step-daughter.*

O passo também foi medida de comprimento, valendo dois pés e meio, 82 centímetros. Correspondia ao passo ginástico, 80 a 90 centímetros de extensão. "E saindo a receber os nossos obra de vinte e cinco ou trinta passos fora de sua tranqueira" — descrevia Fernam Mendes Pinto (em *Peregrinações,* Lisboa, 1614). "Doze passos de grossura", mediam os arquitetos de Portugal velho. Rito nos românticos duelos do século XIX. Fogo a vinte passos...

A impressão natural é que a marcha está ligada à íntima constituição orgânica de cada povo. *Marcher comme un Basque,* depressa, rápido, seguido. *Marche bretonne,* vagarosa, compassada, majestosa. Que há de comum no ritmo de marcha do inglês e do chinês? Passo largo e passo curto.

As verificações teimosas da curiosidade científica criaram padrões. O passo ordinário, comum, diário, é de 65 centímetros de largo. O homem anda de sessenta a oitenta passos por minuto. O acelerado, 75 centímetros, produzindo 120 a 128 em sessenta segundos. O ginástico, valendo a medida clássica, 80 a 90 centímetros, 170 a 180 passos por minuto. Cinco e meio a seis e meio quilômetros por hora.

Há outros ritmos de marcha; o *pas de route* francês, mil metros em doze a quinze minutos. É a média dos tangerinos que guiam os comboios de cargas, no dorso de animais, pelas estradas do sertão nordestino do Brasil. É ainda a média dos caminheiros árabes na África do Norte. Os portadores, recadeiros, "próprios" de encomendas orientais, notadamente árabes e hindus, não andam, trotam. *Tchelo!* — dizia Rudyard Kipling que essa era a palavra que movia o então Império das Índias. Vá! *Go! Away!*

São os tipos das marchas tradicionais. As outras, de exercício, experimentação, fórmulas pessoais, são exceções; passo de ganso, corrida atlética, de velocidade ou de resistência, *sprinter, stayer.* E as do vocabulário da equitação, trote, chouto, corrida.

Há a linguagem pelos toques do pé. Beijar o pé. Agarrar-se aos pés. Veneração, submissão, súplica. Não mostrar o pé. Pudor do pé e não dos seios. Golpe com o pé, insulto máximo. "Pé na cara." Jogo da capoeira, pernada. *Savate.* Futebol. Na Grécia o cidadão devia andar devagar, pomposo e lento. Mostrar independência das obrigações. Correr era dos escravos. *Servi currentes* — diz Terêncio. "Vá correndo!" "Correndo não, que não sou escravo!" — dizia-se no Brasil. O rei não deve correr; ou o presidente da República, que é da mesma categoria. Alguns soberanos não podiam andar a pé. Vinham em palanquins, tipóias, cadeiras, tronos portáteis ou nas costas dos súditos: o imperador da China, o do Japão, o rei do Sião, Anam, Coréia, os africanos do ex-Congo francês e do Daomé, o rei dos reis da Etiópia, *au temps jadis*, sobas da Africa Central. A *sédia gestatória* do sumo pontífice no cerimonial na basílica de São Pedro, em Roma.

Allez où le Roi va à pied, não precisa tradução.

Não estou interessado na quilometragem dos andarilhos. O oriental anda mais lentamente que o ocidental, mas há ocidentais tardígrados e orientais citígrados. E ocorre toda uma gama de variedades na Europa e América. Escandinavos mais vagarosos que os americanos e mais lépidos que os russos. Naturalmente o esquimó não compete com o indígena das pradarias norte-americanas. Os cariris brasileiros eram grandes corredores. Seu ilustre chefe nordestino, Janduí, *nanduí,* significava "a ema pequena", pela aceleração fulminante da arrancada. Os holandeses, que fizeram dos janduís sua guarda pretoriana no Brasil do século XVII, deram-lhe o moto: *velociter!* Os ameríndios do Amazonas, nativos habituados ao transporte fluvial, são maus andadores. Mas o jangadeiro nordestino é marchador excelente. As raças do sertão, sem empecilhos florestais, lianas e cachoeiras, andam melhor. Mas o beduíno, árabe nômade do Saara, montando no seu camelo, sem ele é péssimo caminheiro normal. Andam melhor os moradores ao redor das cidades que os nômades. A errância não é sinônimo de velocidade mas de regularidade vagabunda, dentro do biotopo, da zona de conforto. Mais resistência o montanhês que o homem da planície. O segredo não é o passo largo, mas a continuidade, o rojão — como dizem os sertanejos. *Pedibus tardus, tenax cursu.* Os povos emigrantes poupam suas reservas no deslocamento. Um bom exemplo são os ciganos em qualquer paragem do mundo. Homem sozinho anda mais depressa que acompanhado. Em grupo adianta-se muito mais que o simples par.

Há tendência para uniformizar o passo coletivo. Dando no mínimo a mesma cadência quando não o mesmo ritmo.

A posição dos componentes do grupo em marcha revela o milênio, a fidelidade instintiva à forma inicial caminhante. É a fila indiana, um a fundo, um atrás do outro, coluna por um. Dante Alighieri (*Inferno*, XXIII; 1-3) já registrara o costume na marcha dos frades franciscanos no século XIII:

> *Taciti, soli, senza compagnia*
> *n'andavan l'un dinanzi e l'altro dopo,*
> *comme frati minor vanno per via.*

Evocava sem saber a mais antiga forma da marcha conjunta dos homens. Assim caminham os indígenas de todas as raças. Mas também em todas as terras do mundo, na diversidade dos climas e das forças ecológicas. Explicou-se que essa maneira de andar, um após outro, era sobrevivência da cautela defensiva do homem primitivo na vereda estreita da floresta densa. Facilitava a orientação do grupo, dando coesão, disciplina, unidade. Seria a fórmula distintiva da chefia, o cabeça-de-coluna, *capo*, capitão, abrindo a marcha, guiando-a, enfrentando o primeiro inimigo. Era a distinção realçadora do chefe, indicado para o domínio e destinado a cair em proteção dos companheiros que o seguiam, *l'un dinanzi e l'altro dopo*, confiados na experiência do comandante.

Se foi a dificuldade da marcha dentro das matas pré-histórias a responsável pela técnica do *um a fundo*, o hábito resistiu às transformações totais da geografia-ambiente. Na imensidade dos desertos, tendo uma amplidão desmesurada para a movimentação frontal, as caravanas seguem, monótonas e lentas, na obediência ritual da coluna por um, a fila dos camelos que destacam as silhuetas fantásticas na orla das colinas silenciosas. Podiam, e logicamente deviam, avançar com todos os componentes de frente, e não na angústia da fileira que parece cumprir as impossibilidades invisíveis da deslocação.

Comumente ontem e hoje a família indígena segue o mesmo hábito imutável. Na saída para o trabalho, à dianteira vai o chefe de armas na mão, acompanhando-o, um a um, os membros do grupo doméstico, pisando os rastos, emendando as sombras. Na ida pensam que o adversário, fera ou guerreiro, atacará o primeiro avistado. Assim, o dono da família avança abrindo caminho, pronto para o embate decisivo. Voltando, as posições foram invertidas. O indígena é o derradeiro, fechando, guardando, cobrindo a retaguarda. Na estrada do regresso todas as referências naturais são conhecidas e o assaltante não ousará colocar-se entre o acampamento e o grupo que se desloca. Atacará, preferencialmente, o último do desfile. E este, por cautela, vem alerta e prevenido.

Assim fazem as onças, tigres, panteras, saltando sobre o último animal da manada. Nunca enfrentam o primeiro, provocando a represália conjunta do bando furioso. Todos os caçadores sabem dessa tática dos grandes felinos.

É a tendência natural da marcha popular no campo e mesmo no centro das cidades. Na volta do trabalho rural os homens obedecem ao estilo milenar, *come fratri minor vanno per via*. Não apenas na Europa mas na Ásia, na África, na América, na Oceania com sua multidão insular. Creio que o grupo caminhando em formação de três ou quatro seja sugestão da ordem militar de formatura.

Para a contagem dos trabalhadores ser facilitada esses desfilam um a um diante do apontador nas fábricas, usinas, arsenais. O hábito se robustece na aplicação moderna, ainda visível e diária, da disposição maquinal das filas, cordões, bichas, no perímetro urbano contemporâneo, *l'un dinanzi e l'altro dopo* — como Dante Alighieri via nos frades menores do seu e do nosso tempo.

Verificamos na disposição espontânea das filas nas cidades, compras, acesso aos transportes, recebimento nas repartições públicas, ingresso e saimento dos locais de trabalho, a imutabilidade da escolha funcionalmente idêntica em qualquer meridiano do mundo. Quando os grupos deixam o trabalho e vêm conversando aos pares, quatro, cinco, ficam lado a lado, mas se a palestra decai e o trajeto se prolonga, insensivelmente retomam a velha posição, cumprindo automaticamente uma imposição normativa que terá milênios e milênios de justificação funcional.

O SENSO DE ORIENTAÇÃO

*F*alando em pé, passo, marcha, o senso de orientação parece uma justa conseqüência. Há exemplos conhecidos de homens com um sentido impecável na direção, voltando ao ponto da partida ou alcançando seu destino como se acompanhassem um fio condutor apenas para eles visível. Esse instinto de rumo pode exercer-se em regiões conhecidas ou desconhecidas. Outros são incapazes de guiar-se sozinhos no campo, na floresta, na montanha, nas povoações. Há quem aprenda itinerário único numa cidade e não possa afastar-se sem perigo de perder-se, completamente desorientado. Sou um desses. Meu pai tinha o que dizia ser "o faro do rumo". Mecanicamente fixava as referências e caminhava como se fosse veterano local, sem perguntar, sem inquietar-se, sem vacilar. O mais comum é que esse predicado seja patrimônio dos caçadores em qualquer continente. Não nas zonas habituais mas, deixando as partes da busca costumeira, distanciam-se e retomam o caminho certo, voltando sem erro. Alguns, naturalmente, têm maiores condições quando em terras de percurso comum. Fora delas podem perder alvo e errar, como outra criatura sem os dotes da orientação invulgar.

O instinto do rumo é faculdade inata, congênita, própria, ou acumulação inconsciente de observações visuais, táteis, olfativas, espécie de sexto sentido, órgão suplementar sem localização orgânica, criado pela reiteração do exercício profissional? O exercício profissional aguça os sentidos indispensáveis à função. Um caçador amazônico, africano, hindu sucumbiria fatalmente se não soubesse reencontrar sua estrada. Mas também existe a faculdade legitimamente natural, inexplicada mas típica em determinadas criaturas. Não apenas o homem penetra a floresta em vários sentidos, dias e dias, como pode regressar ao seu acampamento por outras e bem diversas direções. Não volta por onde teria ido. Não há, pois, identificações referenciais.

Júlio César da Câmara, vivendo seis anos (1917-1923) no Alto Xingu, no Pará, conheceu o negro goiano Luís Preto (Luís de Oliveira e Silva), entre 25-30 anos, analfabeto que não podia reconhecer as letras do alfabeto, apesar de todos os esforços do companheiro, mas tendo a maravilhosa aptidão de mateiro. Não era possível perder-se. Caminhava dias e dias sem ver sol, debaixo das árvores, furando o emaranhado dos cipós, arbustos e trepadeiras, varando rios, sem a mais longínqua imagem de estrada aberta, o pé abrindo o caminho, não em uma mas em muitas direções. Quando Júlio pensava estar inteiramente perdido e destinado a morrer na mata paraense, Luís Preto apontava o rumo da barraca e para ela voltava com a segurança impassível de todas as certezas. Não sabia explicar por que sabia orientar-se. Sentia confusamente o apelo mudo da direção certa. O Dr. Sechehaye perguntava ao guia Menshiane como pudera orientar-se, andando noite e dia, sem referências, para as cabeceiras do Limpopo, no Transvaal. O negro respondeu que eram indicações dos seus *timbilu*, corações, força obscura, íntima e poderosa, que faz do rústico um artista e do pagão um crente devoto. Luís Preto, como o guia Menshiane da África Austral, possuía seus *timbilu*, indicadores de rotas.

Mas Luís Preto não tinha memória visual para as letras do alfabeto. A única decorada foi o O. Teria a percepção do registro mnemônico para os pormenores ínfimos da mata, confirmando a tese da memorização inconsciente. Mas não voltando ao acampamento por nenhum dos trajetos utilizados na ida, Luís Preto invalida a doutrina (Pechuel-Loesche, Paul Rivet, Lévy-Bruhl) provando possuir o sentido nato, congênito, natural (Châtelain, Maurice Delafosse, Arnold van Gennep), como o cego africano que viajou duas vezes de Biléne ao Limpopo, trezentos quilômetros de deserto e mata, *sans se tromper sur la direction.*

Lembrando que *le pigeon voyageur possède un don que n'a pas le pigeon ordinaire,* van Gennep destaca que o faro do rumo — como dizia meu pai — não é domínio comum a todos os homens. Mas existe, para mim, uma parcela em cada um de nós, de acordo com as especializações da memória.

Conhecemos memórias topográficas, fisionômicas, para algarismos, para música. A reminiscência inocente com que as mulheres identificam a idade das toaletes das amigas. Napoleão para os nomes próprios dos seus soldados. Memória para reconhecer vozes, perfumes, sabores. Não se reúnem nas mesmas pessoas. O poeta Américo Facó, bibliófilo, tinha a memória dos títulos mesmo vistos ao folhear catálogos estrangeiros. "Há um livro francês com esse nome" — informava, infalível. Há memórias afinadas pelo uso em determinados setores. Outras que se perdem, desaproveitadas. Um amigo em Natal, Valdemar Dias de Sá (industrial), declama facilmente peças teatrais inteiras, poemas longuíssimos, artigos, crônicas de jornal, com invejável limpidez. Meu pai contava de um cego caçador de armadilhas em Augusto Severo (antigo Campo Grande, RN) que ao voltar com a caça amarrava-a a um galho, indo buscar outra. Regressando, passava a mão e não encontrando a peça dizia, triste: *"tiraram!"*... Não admitia que se tivesse enganado no local. Meu pai nunca pôde atinar pelos pontos de referência empregados pelo caçador cego. Era uma memória especializada pela profissão.

Orientar-se, fixar o Oriente, será inato nos insetos e animais migratórios por um conjunto vivo de memória, visão, olfato e audição.

Os canais semicirculares no ouvido humano, otocistos e formações otolíticas em certos animais, o possível magnetismo terrestre como excitação fisiológica, hábito nas rotas tradicionais, explicam parcialmente. As caravanas atravessando os desertos, comerciantes, peregrinos, bandoleiros preadores, as *razzias,* o *rezzou* de trezentos fuzis que Saint-Exupéry afirmava estar sempre caminhando no Saara, usam de traçados seculares sem referências aos olhos estrangeiros. O mesmo ocorre nas campinas australianas, na estepe russa, nas planuras geladas do habitat esquimó, nas várzeas do Nordeste brasileiro ou na planície amazônica, jangla do Hindustão, labirinto dos Andes ou do Himalaia, o telhado do mundo. O homem nativo está no mesmo ambiente e quando não lhe seja habitual a paisagem terá algo da fisionomia familiar ao seu entendimento. Naturalmente, ainda não se verificou o sentido de orientação de um samoieda do Ienissei nas matas do Amazonas ou de um tariana do Alto Rio Negro nas tundras do oceano glacial. Todos desempenham uma ação banal, desenvolvendo a surpreendente qualidade na ecologia tradicional onde as reações psicológicas (outros diriam magnéticas) decorrem sinergicamente entre o homem e a *sua* terra. O touro na terra alheia até as vacas lhe dão...

O senso do rumo poderá ser uma predisposição e também aperfeiçoamento pelo exercício. Deverá, conseqüentemente, existir o elemento básico da intuição prévia, inconsciente, tornado notável pela prática ampliadora, nas profissões que exijam essa acuidade. Em qualquer dos casos é indispensável uma base de aptidão em potencial porque há caçadores e vaqueiros fácil e comumente desorientáveis. Os demais exemplos são compreensíveis pela reiteração do ato e, consciente ou involuntariamente, reserva automática de observações, referências, indicações-guias, agindo quando do momento útil. Normalmente temos um instinto de orientação proporcional ao real-necessário, à diuturnidade profissional, ao que precisamos comumente. Como há grandes pescadores e marinheiros ilustres[108] que não sabem nadar, teremos caçadores otimamente orientados nos limites do próprio ecúmeno. Fora dele erram, desnorteados e perdidos.[109] Outros somente andam em estrada batida.

Esse problema, que Claparede dizia ser *un des plus obscurs de la psychologie*, foi reexaminado e exposto em condições excepcionais de clareza e fundamento argumental pelo professor Pierre Jaccard, da Universidade de Lausanne. Seu livro agora clássico, *Le Sens de la Direction et l'Orientation Lointaine chez l'Homme* (Paris, 1932), equaciona em linhas firmes o mundo informe e erudito das interpretações e documentos anteriores. A conclusão é que

la faculté d'orientation lointaine est une atitude à se diriger vers un but imperceptible, situé hors de la portée des sens, à une distance plus ou moins grande, mais dont la direction peut être déterminée par reconnaissance des lieux, repérage externe ou calcul, plus ou moins conscient, des déviations effectuées.

O sedutor critério da superioridade de orientacão nos primitivos, e "primitivos contemporâneos", indígenas, os povos "naturais", *Naturvölker,* termina seu reinado convencional. Prefaciando *Le Sens,* escrevera o professor Jean Larguier des Bancels: *le fait est que le primitif ne garde pas mieux sa direction que le civilisé.*

O mistério atordoante da orientação reduz-se à conexão harmônica de três elementos funcionais: memória topográfica, o sentido egocentrista e o domocentrista. O egocentrismo baseia-se na noção instintiva e natural que o indivíduo tenha dos pontos cardeais; o leste onde nasce o sol e o oeste onde desaparece, norte e sul laterais, princípios religiosos do culto solar. Devemos lembrar que nortear-se é encontrar o norte e o rumo mais antigo do mundo seria acompanhar o curso solar, mesmo na densidão da floresta pelas réstias marcantes do astro declinante. O domocentrismo é a consciência obstinada que o homem possui do seu ponto de partida, coincidindo com a vila de residência, aldeia natal, acampamento doméstico. Todo nativo — africano, ameríndio, australiano, polinésio — sabe voltar para casa de qualquer ponto onde esteja. Pode não mais saber adiantar-se mas não erra o caminho para casa. É o *retour au nid. O homing instint.* Notaram Livingstone na África Central, Stanley no Congo, os portugueses Serpa Pinto, Hermenegildo Capelo e Roberto Ivens, atravessando o continente negro, do Atlântico ao Índico. Todos os viajantes, naturalistas, missionários na América afirmam semelhantemente. É o caso de Luís Preto, reencontrando sua barraca nas matas do Xingu.

O PRIMEIRO LAR

*L*ar é a pedra onde se faz o fogo doméstico, *fireside,* lareira, *herd, Feuerstätte,* "sítio donde se enciende la lumbre para el servicio ordinario", *hogar, foyer,* que vale em francês *maison, demeure, famille, pays natal.* Ingleses e norte-americanos amam dizer *home,* a casa, *home sweet home,* lar, doce lar, dando à sepultura intenção de residência duradoura, *long-home.* Para os russos o lar é a fogueira da casa, *domaschnij otschag.*

A fonte visível é o fogo, *feu, fire, fuego, feuer,* do latim *focus,* fogão, lar, fogareiro, casa própria. Foco é ainda centro, sede, ponto de convergência ou de onde saem linhas, emanações, forças.

A imagem das coisas reunidas na família, espirituais e materiais, e são chamadas domésticas, de *domus,* a casa, a morada. O dono da casa, da família, dos servos, é o *dominus,* senhor, dom, Sir. Para Virgílio era sinônimo de esposo, marido, cônjuge. Enfim, o dono, dominador.

Todas estas acepções derivam do fogo e da casa.

O vocábulo "família" não terá outra raiz. Do latim *família,* de *famulus, famel,* criado, *faama,* casa. *Faama* é do sânscrito *d'hāman,* casa, do radical *dhã,* pôr, pousar, assentar. Era normal a transição do *dh* sânscrito para o *f* latino, como em *dhuma, fumos* (frei Domingos Vieira).

Família, originariamente, decorre de *faama,* a casa residencial onde estavam reunidos todos os dependentes.[110]

Assim, a família nasceu e cresceu ao redor da lume caseiro. Para os nômades é indispensável o agrupamento, a convergência diária em horas de alimentação ou dormida, perto do fogo, à vista do senhor, o dominador familiar. A própria "horda" vem do mongol *ordoû,* acampamento. Subentende chefia, lume, tendas.

Ainda hoje os tuaregues e beduínos do deserto, vivendo como patriarcas bíblicos, nas tendas armadas cada anoitecer, cumprem o mesmo rito. Também pigmeus africanos, negritos filipinos. Há uma casa, provisória, transportável, ambulante, e em lume aceso, vigiando a normalidade do ritmo doméstico. Fogo apagado é dispersão, miséria, morte. Engenho de fogo morto é o que não produz mais. Gente de fogo apagado, que não tem fogo em casa, são expressões do interior do Brasil e Portugal significando a desorganização, a anarquia ou extinção de todos os elementos coordenadores de um lar.

Era a herança milenar que Fustel de Coulanges exaltava na família greco-romana:

> *Le feu ne cessait de briller sur l'autel que lorsque la famille avait péri tout entière; foyer éteint famille éteinte, étaient des expressions synonymes chez les anciens.*

Independe perfeitamente do sedentarismo econômico a criação da família. Antes do *ter* o homem *é*. O pastor devia ter moradas fixas nas regiões dos pastos que estão ligados às estações climáticas. O pastoreio comum é que se verificaria numa ambulação mais viva, determinando a construção de abrigos acidentais e de caráter efêmero, tal e qual — sucede hoje em Portugal e Espanha, nos pastoreios serranos, e também na França e na Itália. O regresso dos pastores, finda a época de certas pastagens, é uma hora festiva para a família que aguarda libações, danças, fogueiras. As residências pastoris ficariam na margem terminal dos biotopos, limites das forragens.

Ninguém pode provar ausência de moradas para caçadores. Não se discute o caráter infixo dessas residências, mas elas existiam relativamente confortáveis, guardando a família que não podia acompanhar, toda ela, a expedição cinegética. É o quadro de todos os indígenas brasileiros nos séculos XVI-XVII, eles que (como notara Humboldt) passaram, como muitos irmãos amerabas, de caçadores a agricultores, sem conhecer a pastorícia.[111]

O fogo e a morada condicionaram, determinantemente, o primeiro lar.

NOTAS

42. Lucubração, *lucubrare*, trabalhar à luz da *lucula*, diminutivo de *lux, lucis;* lâmpada, candeia. Inicialmente toda a claridade artificial era o fogo doméstico.

43. *The theft is almost universal;* Walter Hough, *Fire Origin Myths of the New World*, Annais do XX Congresso Internacional de Americanistas, vol. 1, 181, Rio de Janeiro, 1924.

44. Luis da Camara Cascudo, *Anúbis e Outros Ensaios*, XI [Prometeu]. Rio de Janeiro, 1951; *Dicionário do Folclore Brasileiro* [Fogo].

45. O culto de Vesta, guarda ao fogo sagrado em Roma, foi proibido pelo imperador Graciano em 363, vedando as alocuções do Senado às vestais, como era costume. Mesmo assim o culto interno continuou até 394 quando o imperador Teodósio mandou fechar o santuário, dispersou as vestais e confiscou o patrimônio. A tradição romana indicava o rei. Numa como fundador, nas Réa Silvia, mãe de Rômulo e Remo, fundadores de Roma, já era vestal.

46. Luis da Camara Cascudo, *Anúbis e Outros Ensaios*, Rio de Janeiro, 1951: *Limentinus*, sobre a soleira, pedra de entrada, umbrais, XII: *Em louvor de Janus*, tradições religiosas e supersticiosas sobre a porta, entrada da habitação etc.

47. Luis da Camara Cascudo, "Complexo Sociológico do Vizinho", sep. da "Actas do Colóquio de Estudos Etnográficos Dr. José Leite de Vasconcelos", vol. II, 189-198, Porto, 1959.

48. Rachel Caldas Lins, *Cidades-Gasolina*, Arquivo Público Estadual, Recife, 1960.

49. O modelo mais completo e recente dessa liberação ecológica é Brasília, terceira capital do Brasil, em 21 de abril de 1960. "Impressão de Marte. Brasília, 31 (Meridional). A imprensa registra uma frase pitoresca do cosmonauta russo Iúri Gagarin a respeito de Brasília. O cosmonauta afirmou: "Se no meu vôo cósmico eu aterrasse, por engano, nesta capital, talvez imaginasse ter chegado a Marte". Gagarin declarou-se entusiasmado com o plano revolucionário da arquitetura adotada para a construção da Novacap brasileira". *Diário de Pernambucano*, Recife, 1° de agosto de 1961. Brasília não interrompeu uma tradição arquitetônica. Criou-a, erguendo-se da cota zero. Construiu-se num planalto deserto. Não fixava confronto com as concepções anteriores. Não tinha antecedentes. Podia dar-se ao luxo de ter uma unidade padronizadora para o Futuro local. Não sendo o que foi realizado, que modelo tomaria no "master-plan" urbanístico? Brasília é uma coerência geométrica.

50. O reverendo Zacarias Campelo — que viveu dezoito anos entre os xerentes e craôs do Maranhão — visitando uma aldeia fez-se acompanhar de um índigena que vestia calças. Aproximando-se da maloca, o craô despiu-as, e explicou: "amigo, eu tem vergõe..." Havia o pudor de apresentar-se de calças aos companheiros desnudos. Zacarias Campelo, *O Índio é Assim*, pág. 81, Rio de Janeiro, 1957. Mesmo contemporaneamente, pode-se verificar o registrado pelos professores José Bastos de Ávila e João de Sousa Campos, na baía do Demeni, antiga do Aracá, margem esquerda do Rio Negro, Amazonas: "exibem-se nus com a maior naturalidade, não demonstrando aparentemente qualquer constrangimento ou pudor. Aceitam com satisfação as peças de vestuário que lhes são ofertadas, embora pouco depois as dispam e as abandonem na floresta". "Observação de um Acampamento de Índios Padauari e Paquidari Encontrado no Rio Negro", Boletim da Sociedade de Geografia de Lisboa, série 77, nos 7/9, julho-setembro de 1959, Lisboa.

51. H. Obermaier, A. Garcia y Bellido e L. Pericot, *El Hombre Pre-historico y Los Orígenes de la Humanidad*, pág. 256, Madri, 1955.

52. Kaj Birket-Smith, *Vida y Historia de las Culturas*, I, págs. 203-204, Buenos Aires, 1952.

53. "A cama é a peça metafísica entre os móveis: nela se realizam os mistérios do nascimento e da morte. Nela descansamos, sem consciência e com as pernas encolhidas

assim como dormíamos no ventre da mãe; agora, na cama estamos ligados ao cordão umbilical da Natureza que nos alimenta e renova de maneira misteriosa. É um móvel metafísico. Durante o dia, fica coberto no seu canto, sem chamar a atenção. Mas de noite transforma-se em navio mágico no qual embarcamos para o mar das sonhos". Thomas Mann (1875-1955).

54. Creio ter suficientemente demonstrado, no meu *Rede de Dormir* (pesquisa etnográfica, Ministério da Educação e Cultura, Rio de Janeiro, 1959), a originalidade sul-americana da hamaca que Graebner e Rivet tentaram fazê-la privativa e natural da Melanésia. Karl von den Steinen, Robert Lowie, Paul Radin, P. Vidal de la Blache, afirmaram-na dos trópicos da América Austral. A prudência de Nordenskiöld fê-lo excluir a hamaca do seu quadro de aproximações culturais oceânicas. Nasci, vivo, na região onde as redes de dormir são indispensáveis. Minha pesquisa terminara em 1957. Estava convencido que a hamaca só ocorre onde portugueses e castelhanos freqüentaram, começando pela Nova Guiné. Apenas neste 1960 conheci o ensaio do professor K. G. Lindblom, do Riksmuseets Etnografiska Audelning, *The Use of the Hammock in Africa,* Estocolmo, 1928, enviado pelo seu autor. A rede de dormir foi realmente levada para África pelos espanhóis e portugueses, mantendo-se-lhe no continente africano vários nomes originais, *tipoya* (Angola, Congo), *nedes* (Serer), *hamanka, ahimanka, hamaka* (Tshi, Ga, Ewe). Lindblon resume: *That the hammock is a cultural exotic in Africa may therefore be considered probable on the following grounds: its use being principally restricted to high-placed or (what amounts to about the same thing) more well-to-do-persons, and the linguistic terms for "hammock".* Em sua quase totalidade utilitária, a hamaca africana é transporte e não leito regular de repouso. Assim, portugueses e espanhóis levaram a rede, como a empregaram no continente americano, carregando doentes, feridos ou potentados. Pode ter-se verificado caso de invenção autônoma e perfeitamente independente de sugestão, entre a Melanésia e Brasil. E a rede de dormir tem o seu domínio e clima de conforto no litoral atlântico do continente.

55. Alpercata. Do vasconço através do árabe, espanhol. O plural do ár. *albarga* é *albargat,* que deu *alparcata* e depois, por dissimilação, *alpercata.* Observe-se que em ár. não há *p.* Engelmann admite o ár. *kork,* plur. *korkat* (porque era um par); os cristãos diziam *al-par-korkat,* daí *alpargata,* de que os árabes fizeram *albarwat:* Antenor Nascentes, *Dicionário Etimológico da Língua Portuguesa,* I, Rio de Janeiro, 1955.

56. H. Roux e M. L. Barré, *Herculanum et Pompéi,* vol. VI, Paris, 1840. Gravuras 4, 13, 14, 34, 76, 77.

57. Luis da Camara Cascudo, *Anúbis e Outros Ensaios,* XXX, *Descalça-te! a terra é sagrada.* Ed. Cruzeiro, Rio de Janeiro, 1951 — registra documentação mais vasta sobre o motivo.

58. Luis da Camara Cascudo, *Anúbis e Outros Ensaios,* XXVIII; estudei mais documentadamente o assunto do protocolo relativo à exigência do traje. O duque de Windsor, *Histoire d'un Roi,* 291-296, Paris, 1952, narra o episódio do brigadeiro-general Charles G. Dawes, embaixador dos Estados Unidos na Inglaterra, em 1929, recusando usar os calções de veludo e meias compridas, apresentando-se à Rainha, no palácio de Buckingham, com as habituais calças compridas, contrárias ao protocolo expresso. A recepção foi glacial. A rainha comentou para o filho, o futuro Eduardo VIII: *Papa* (o

rei Jorge V) *sera mécontent. Quel dommage qu'un homme de cette valeur soit si difficile à vivre.* Dawes fora vice-presidente dos Estados Unidos no governo de Calvin Coolidge.

59. As ordens honoríficas existentes e mais antigas são as de São Bento de Avis, 1162, Santiago, 1177, Cristo, 1317, de Portugal; Cristo, 1319, da Santa Sé; Jarreteira, 1348, da Inglaterra; Elefante Branco, 1458, da Dinamarca. A dell'Annunziata, 1362, foi extinta na República de Itália. A maioria absoluta, 80%, é de criação do século XIX.

60. Adolfo Dembo e J. Imbelloni, *Deformaciones Intencionales del Cuerpo Humano de Caracter Etnico,* Buenos Aires, s.d. (1938).

61. Ovídio, *Arte de Amar,* II, 613-614:

> *Ipsa Venus pudem, quoties velamina ponit,*
> *Protegitur laeva semireducta manu.*

Apuleu; *Metamorfoses,* II: *paulisper glabellum feminal rosea palmula potius olumbras de industria quam tegens verecundia.*

62. Luis da Camara Cascudo, *Canto de Muro,* Rio de Janeiro, 1959.

63. Os kazars da Ásia Central constituem atualmente a República do Casaquistão, na URSS. Sua economia naturalmente está modificada pela obediência à unidade doutrinária da administração comunista. Outrora, apesar de povo rico em rebanhos, pouco usava da moeda, não sabendo entesourar e sim empregar nos ornamentos pessoais os ganhos. George Peter Mudock, *Our Primitive Contemporaries,* 148, Nova Iorque, 1957; Thomas G. Winner, *The Oral Art and Literature of lhe Kazakhs of Russian Central Asia,* Durham, Carolina do Norte, Estados Unidos, 1958.

64. James Cook, visitando em 1769 a Terra do Fogo, não podia compreender como os indígenas preferissem as pulseiras e os colares aos machados, facas e anzóis.

65. K. Th. Preuss, *Die Geistige Kultur der Naturvölker,* 1914, e R. Lehmann-Nitsche, *Piedras Labradas para el Labio y el Lóbulo,* etc. sep. Com. del Museu Nac. Hist. Natural de Buenos Aires, II, 13, 1924.

66. No caderno onde registrava suas despesas, Luís XI anotava: "A maistre Laurens Volme, pour un grant fer trampéz à double ferrure, et une grant chaisne à sonnette au bout, qu'il a faiz et livrés pour enfermer messire Lancelot de Berne, 38 livres... Pour ung fers rivés à crampes, à chaisne longue et une sonnette au bout, et pour brasselets pour aultres prisonniers, 38 livres". Paul de Saint-Victor, *Hommes et Dieux,* 137, Paris, 1867.

67. Meus amigos professores Pablo Martínez del Rio e Vicente T. Mendoza, do México; esclarecem-me sobre a existência de anéis na região huasteca (Estado de Vera Cruz, litoral, do golfo mexicano), onde foram encontrados anéis de nácar e em Palenque, Chiapas, na montanha, anéis de jade. O professor Alfonso Caso, *La Tumba 7 de Monte Alban es Mixteca,* Imprensa Mundial, México (s.d. provavelmente 1933) evidencia em Oaxaca o uso de anéis artísticos de ouro, esplendidamente lavrados, com representações de Quetzalcoatl, Deus do Vento, águia cainte (Cuauhtémoc), tendo no bico hierógrifos de jade, anéis com chapa de ouro esculpida e todo engaste trabalhado lindamente, e alguns com pingentes. Os sete espécimes, cujos desenhos me foram gentilmente enviados, provam que os anéis, pelo seu acabamento e requinte estético, não eram de uso popular e teriam significação religiosa, ritual ou protocolar para altos chefes mixtecos. Indiscutivelmente, o anel era conhecido na época pré-colombiana nas culturas asteca, mixteca, inca, maia, mas não chegou a ser usado

num plano mais amplo como na Europa da época do bronze em diante, e ficou restrito e limitado a determinadas funções e personagens, como se comprova de sua feitura artística.

68. Krickeberg fala em anéis de couro de lagartixa usados no Chaco.

69. Naturalmente há quem discorde. Ver Alfred Maury, *Histoire des Grandes Forêts de la Gaule et de l'Ancienne France,* Paris, 1850.

70. Luis da Camara Cascudo, *Superstições e Costumes,* "Cabelo Solto", 171-176. Ed. Antunes. Rio de Janeiro, 1958.

71. As mulheres cortavam o cabelo demonstrando renúncia ao mundo, luto, dor, rebelião. As viúvas fiéis ao marido morto mandavam rapar a cabeça ou aparar os cabelos, *cabelo de homem,* proclamando a distância das atributos femininos, começando pela vaidade, garridice, amavio elegante. Ainda em fevereiro de 1961 a viúva do líder comunista africano Patrice Lumumba, assassinado no Congo, "despiu o busto e cortou os cabelos acima da nuca em sinal de protesto e tristeza".

72. O escalpe era amuleto e condecoração. Não podia ser presenteado, comprado, permutado. Sagrado. Intransferível. Não se incluía na herança do guerreiro pele-vermelha, acompanhando-o ao túmulo. Exibidos ao redor da porta do *wigwam* significavam os mais altos troféus de bravura, serviços à tribo, prêmios ao heroísmo. Correspondiam, em plano mais elevado, aos crânios polinésios e africanos na cerca das cabanas-chefes ou soberanas. George d'Esparbés (*La Légende de l'Aigle,* 42/44, Paris, s.d., no conto "Les Crinières" narra o episódio de um esquadrão de dragões franceses em retirada haver cortado a cabeleira das mulheres de Tarragona, enfeitando com ela a cimeira dos capacetes).

73. *Catinga,* cheiro especial, mais ou menos desagradável, característico dos animais, neles incluído o homem. Mau cheiro, fedor (Stradelli).

74. O cavanhaque deve nome à barba pontiaguda, apenas no queixo, usada pelo general francês Louis Eugène Cavaignac (1802-1857), ditador, chefe do governo da França em 1848, quando o cavanhaque mereceu popularidade.

75. A tradição latina que ficou obedecida no continente americano era conservar a barba durante os primeiros dias (sete) do luto, indo outros até o 30° dia do óbito. Essa expressão lutuosa tornara-se comum pela Europa. Os tios de Renan, *grands patriotes,* quando da traição de Dumouriez à República, *laissaient croître leur barbe;* Ernest Renan, *Souvenirs d'Enfance et de Jeunesse,* Paris, 1923.

76. No Brasil a formiga avermelhada, sararrá (*Solonapsis geminata*), é andeja e feroz. Diz-se: "Homem sararrá, não presta e nem prestará". No *Roman de Renart* o astucioso herói é *cet vilain à la rouge aumuce.* Num conto popular de Toledo, "Pedro el de Malas", afirma-se: "No te fies de canto reboludo, ni de perro faldero, ni de hombre rubio"; *Cuentos Populares Espanõles,* 3° vol., 357, Stanford University, Califórnia, 1926.

77. Em janeiro de 1860 o imperador Dom Pedro II recordava "o sargento Desidério Chagas, comandante d'uma escolta, e que rebeldes o mataram depois de preso por não ter querido rapar o bigode de legalista"; Levy Rocha, "Viagem de Pedro II ao Espírito Santo", Revista do Instituto Histórico e Geográfico Brasileiro, vol. 246, 91, Rio de Janeiro, 1960. Referia-se Dom Pedro II à Revolução dos Farrapos, 1835-1845, no Rio Grande do Sul. Legalista era o fiel ao governo imperial.

78. Paulo Elpídio de Meneses: "Naquele tempo (1888), cortar o cabelo era enterrar-se em

vida, para todos os divertimentos. Ela trazia o seu cortado. Vivia para as filhos"; O *Crato do meu Tempo,* 43, Fortaleza, 1960.

79. *Catolicismo,* ano IX, nº 104, agosto de 1959. Campos, Estado do Rio de Janeiro.

80. Do rei Tamehameha, do Havaí, falecido em maio de 1819, conta-se o seguinte episódio: "O prestígio do rei conquistador e civilizador foi sem medida. Um dia, o vulcão Unna-Ararai começou a vomitar desgraça e morte. A população, já sem fôlego, não sabia mais que sacrifício oferecer aos deuses, visto que as vidas humanas não bastavam. Tamehameha chegou-se e lançou dentro da lava que descia em fogo uma simples mecha de cabelo. O sacrifício dos seus fios negros, protegidos pelo sagrado tabu, que o rei desprezou em benefício da sua gente, três dias depois operou o milagre; o vulcão adormeceu de novo"; E. Roquette-Pinto, *Seixos Rolados,* 23, Rio de Janeiro, 1927.

81. Eduardo Prado (1860-1901) diz ter visto na mesquita Jumna Mesjid em Délhi um fio da barba do Profeta, havendo outro na mesquita de Omar em Jerusalém; *Viagens,* 419, São Paulo, 1902.

82. A braça inglesa, *fathom,* significa "um abraço" do antigo saxão *faetm,* e é definido por um ato do parlamento britânico como a extensão dos braços de um rapaz ao redor do objeto de seus afetos, *the length of a swain's arms around the object of his affections;* Robert Ripley, *Second Believe It or Not,* 183, Nova Iorque, 1950.

83. Ver Luis da Camara Cascudo, *Anúbis e Outros Ensaios,* XXIII, Rio de Janeiro, 1951; *Superstições e Costumes,* "Aperto de Mão", 115-121, Rio de Janeiro, 1958. Neste livro, XI-2, final.

84. "Gratiolet ha descubierto que en las razas menos perfectibles, las suturas anteriores del cráneo se cierran antes que las posteriores, es decir, que el crecimiento de los lóbulos anteriores del cerebro se detiene antes que el de los posteriores. En las razas superiores, por el contrario, la osificación de las suturas principia por las occipitales, y cuando estas están ya definitivamente cerradas y terminados el crecimiento de lóbulos posteriores, los frontales, todavia abiertos, permiten al cerebro desarrollar sus lóbulos anteriores que están en relación con las facultades más elevadas del entendimiento. Era ya, dice Broca, una noción vulgar de la ciencia que el desarrollo de la frente estaba en relación con el de las más altas facultades del espíritu". José M. Ramos Mejía, *Rosas y el Doctor Francia,* 177-8, Madri, s.d.

85. "This permits but one possible conclusion, which is that the lowness or height of the forehead, in normal human beings, does not express or have any relation to the kind of brain it helps to harbor... tbe height of the forehead is unaffected by mental development". Ales Hrdlicka, *The Forehead,* 410-13, Smithsonian Report for 1933, Washington, 1935.

86. F. T. Elworthy, *The Evil Eve,* Londres, 1895; S. Seligmann, *Der Böse Blick,* Berlin, 1910; W. L. Hildburgh, *Apotropaism in Greek Vasepaitings,* "Folk-Lore", vol. LVII, Londres, 1946; Luis da Camara Cascudo, *Gorgoneion* (estuda alguns amuletos no Brasil), "Homenaje a Don Luis de Hoyos Sainz", vol. I, 67-77, Madri, 1949; idem, *Dicionário do Folclore Brasileiro,* "Olhado"; E. S. Gifford, *The Evil Eye,* "Studies in the Folklore of Vision", Nova Iorque, 1958.

87. Cegar era pena clássica aos sacrílegos e adúlteros (gregos), perjuros, traidores, moedeiros falsos entre os germânicos, ainda aplicada na Alemanha do século XV. Na

Espanha o Fuero Juzgo destinava-a aos rebeldes traidores mas as Partidas aboliram (Ley 6, tít. 31, Partida 7): *porque la cara del home fizo Deus à su semejança*. Completava a condenação, quando ligada aos crimes políticos e de traição ao rei, a castração. Corrente na Rússia asiática nos finais do século XIX e primeira década do XX. Comuníssimo na África no século XX, castigo de ambição política ou rebeldia. Faziam passar diante dos olhos uma lâmina ardente ou arrancavam os glóbulos oculares. Oriente. África Setentrional.

88. Luis da Camara Cascudo, *Superstições e Costumes*, "O Símbolo Respeitoso de não Olhar", 161-170, Ed. Antunes, Rio de Janeiro, 1958.

89. O professor Meneses de Oliva (Rio de Janeiro), no seu livro inédito *Você Sabe Por Que...?* estuda excelentemente a frase "emprenhar pelo ouvido", dando-a como reminiscência da tradição popular dos séculos IV-V. O verbo "emprenhar" provém, segundo Mayer-Lübke, do latim *impraegnare,* e as vozes, contatos sonoros ou luminosos, teriam o mesmo efeito no domínio da fecundação. Meneses de Oliva examina a grande documentação iconográfica, a luz do Espírito Santo sobre a orelha da Virgem. Em janeiro de 1962 vi um painel na igreja da Madre de Deus, no Recife, no tímpano da primeira arcada da nave, representando a Anunciação, com os elementos clássicos da luz no ouvido.

90. O nervo vestibular, vindo das canais semicirculares, quando afetado pelo uso intensivo da estreptomicina, determina perturbações no equilíbrio, marcha oscilante, indispensabilidade de apoio. Sua ablação causa o desequilíbrio e, nalgumas experiências, coelhos, pombos, cobaias, a impossibilidade da orientação no deslocamento normal. Na labirintite, inflamação na labirinto, o doente padece de vertigens, sensação de queda vertical no vácuo, e anda dificilmente, desorientado. E. Gley, *Tratado de Fisiologia,* 859-860, Rio de Janeiro, 1938, esclarece: "A manutenção do equilíbrio é uma função completa resultante da associação de movimentos reflexos determinados por impressões diversas, táteis, musculares, visuais e labirínticas; em conseqüência destas impressões, dessociadas pela análise, mas estreitamente unidas na realidade, produzem-se, com efeito, nos centros nervosos, incitações motoras que fazem funcionar as contrações musculares necessárias à manutenção ou ao restabelecimento do equilíbrio, em todas as posições e em todos os movimentos, marcha, carreira, salto, natação etc. Entre estas impressões, têm uma importância toda particular as que vêm do labirinto. Donde o lugar especial que geralmente lhe é concedido. Uma parte completa da orelha interna tem função não auditiva; órgãos distintos da orelha auditiva, as canais semicirculares e as manchas, erradamente chamadas acústicas, do utrículo e do sáculo desempenham papel importante na equilibração. As excitações delas provindas passam pelo nervo vestibular que se junta ao nervo coclear do caracol (o nervo coclear transmite as sensações auditivas) para formar o nervo acústico. Chegadas ao romboencéfalo, as duas vias, vestibular e auditiva, separam-se novamente. A via vestibular não chega ao córtice cerebral. Por isso as excitações que transmite permanecem inconscientes e não merecem o nome de sensações. As reações da equilibração provocadas por estas excitações são de puros reflexos involuntários".

91. Wenceslau de Moraes, *Traços do Oriente,* Lisboa, 1895.

92. R. E. Peary, *My Arctic Journal,* Nova Iorque, 1893.

93. Luis da Camara Cascudo, *Superstições e Costumes,* Rio de Janeiro, 1958.

94. Wenceslau de Moraes, *opus cit.*
95. Cada coisa possui seu anúncio odoroso. Os animais cheiram previamente todos os alimentos. Independente dessa verificação imediata e útil, cheiram os objetos para identificá-los. Os grandes grupos humanos têm um odor típico. John A. Hunter, o grande caçador de Quênia, observou que os burros nativos não suportavam o odor de um europeu. Há genericamente o odor humano que os animais selvagens pressentem de longe. Szymanski dividia certos animais como "osmáticos", porque o odor podia mesmo suprir os órgãos da visão. Eram mais sensíveis ao cheiro (formigas cegas, algumas raças de abelhas, veados, cães etc.) que ao entendimento direto pelo olhar. Como determinadas criaturas humanas que se excitam pelo perfume.
96. H. Callaway, *Nursery Tales Traditions and Histories of the Zulus,* vol. I. Natal and London, 1868.
97. Na comédia *Os Pássaros,* de Aristófanes, representada em 414 a.C., o herói Pteterus, ajudado pelas aves, fez construir entre o céu e a terra a cidade de Nefelococígia, impossibilitando os deuses do Olimpo receberem o fumo das oferendas com que se alimentavam. Prometeu, sempre amigo dos homens, avisou que os deuses jejuavam como nas festas de Ceres. Zeus enviou uma delegação para resolver o problema e terminou renunciando o poder divino em favor dos pássaros, dando a deusa Soberania a Pteterus. Narrando a história de Eixu na Nigéria evoca-se um momento em que *les hommes ne brulaient plus d'offrandes et les dieux avaient faim*: Leo Frobenius, *Mythologie de l'Atlantide,* Paris, 1949.
98. "Extractum Ritualis Romani", *Ordo Divini Officii Recitandi,* Rio de Janeiro, 1950: *Deinde ter exsufflat leniter in faciem infantis, et dicit semel: — Exi ab eo, immunde spiritus, et da locum Spiritui Sancto Paraclito.*
99. Raffaele Corso, *Il Velo dei Tuàregh,* Annali dell'Istituto Universitario Orientale di Napoli, Nuova Serie, vol. III, Roma, 1949.
100. Tito Lívio, VII, 9, 10; Aulo Gélio, IX, 13, 3; Valério Máximo, VI, 9, 1-2; Dante Alighieri, *Inferno,* XVII, 74-75; Luis da Camara Cascudo, *Dicionário do Folclore Brasileiro,* "Dentes, Língua".
101. W. Montgomery Mac Govern, *Mon Voyage Secret a Lhassa,* 170, trad. Victor Marcel, Plon, Paris, 1926.
102. Luis da Camara Cascudo, *Anúbis e Outros Ensaios,* "Superstições da Saliva". Rio de Janeiro, 1951.
103. Eneida, *Caminhos da Terra,* 42-43, Ed. Antunes, Rio de Janeiro, 1959.
104. Luis da Camara Cascudo, *Dicionário do Folclore Brasileiro,* "Dentes".
105. Sérgio Buarque de Holanda, *Caminhos e Fronteiras,* 219, Rio de Janeiro, 1957. A catimpueira, de milho cozido, "deveria ser mascada por alguma velha, e quanto mais velha melhor". Stradelli descreve a *caysuma, Vocabulários Nheengatú-Português; —* "Bebida fermentada de frutas, geralmente pupunhas (*Guilielma speciosa, Mart*), ou milho cozido e mascado para facilitar a fermentação. O milho grosseiramente pilado e empastado com água morna e posto a cozinhar em pupecas (*puqueca, pequeno embrulho de folhas*) de folhas de arumã (*Isochnosiphon ovatus, Kcke*) ou pacova (*Ravenala guianensis, Benth*); e quando cozido, uma parte é desmanchada pura e simplesmente na água, outra é desmanchada nela depois de conscienciosamente mascada. É um serviço em que se empregam todos os que estão presentes na casa

sem distinção. A bebida fica pronta no terceiro dia e servida depois de cuidadosamente escumada. A primeira vez que me foi oferecida a caisuma, o dono da casa m'a ofereceu dizendo: —— "Podes beber, foram as meninas que mascaram!" É preciso confessar que apesar das moças serem quatro lindas raparigas e eu não ter então ainda trinta anos, não bebi a primeira cuia sem certa repugnância".

106. Mello Moraes Filho, *Festas e Tradições Populares do Brasil,* "A Festa de Glória", 243 e nota 65, edição revista e anotada por Luis da Camara Cascudo, Rio de Janeiro, 1946.

107. Francisco Xavier Ribeiro de Sampaio, *Relação Geográfica Histórica do Rio Branco da África Portuguesa,* Revista Trimestral de História e Geografia, tomo XIII, 2ª ed., 254, Rio de Janeiro, 1872. Gentilmente comunicada pelo professor Mário Ypiranga Monteiro, de Manaus.

108. Eric de Bisschop (1890-1958) veio, numa piroga com balancim, de Honolulu a Canes, no Mediterrâneo. Em jangada de bambu descreveu o trajeto inverso de Thor Heyerdahl, de Papeete, no Taiti às ilhas de Juan Fernandes, no Chile. Regressou de Constitución, no Chile, a Callao, no Peru, indo morrer em Rokahanga, no arquipélago de Cook. Bisschop não sabia nadar: Michel Brun, *O Destino Trágico do Tahiti-Nui,* Lisboa, 1961. Navegadores que não nadam correspondem aos caçadores que não são mateiros.

109. John A. Hunter, o escocês famoso, o maior caçador que a África Oriental conheceu contemporaneamente, chega às conclusões mais diversas, diametralmente opostas, sobre a sagacidade negra no domínio da orientação instintiva. No seu *Hunter,* Nova Iorque, 1952, traduzido aqui por Jacó Guinsburg sob o título *O Caçador* (2ª ed., São Paulo, 1960), escreve: "Os nativos parecem possuir uma bússola dentro do cérebro e nunca se extraviam"; "Corre uma crença de que todo aborígine é um mateiro natural. Nada mais longe da verdade". Vemos a distância entre a exaltação entusiástica e a decisão, resultando da observação seguida.

110. *O tuerto o derecho, mi casa hasta el techo* — diz a *Comédia Eufrosina* (em Pelayo, *Origines,* XVI, 70).

111. Alexandre von Humboldt (1769-1859) fora o primeiro a salientar que a mais remota civilização conhecida na China era baseada na agricultura. Os chineses, pouco simpáticos aos produtos do pastoreio, carne e leite, dedicaram-se ao cultivo da terra desde que puderam deixar a simples economia da colheita de frutos e a caça semierrante, enfim o estado primário de *Wildbeuters,* o esforço do dia-a-dia, sem provisão e previsão do futuro. Não foram, evidentemente, pastores.

PROPRIEDADE

Respondendo ao padre Marsanne, Descartes afirmava sua libertação do livro:

Comme vous savez que je n'ai point de livres, et encore que j'en eusse, que je plaindrais fort le temps que j'emploierais à les lire.

Depois de uma cristalização conceptual, súmula de observações, leituras e deduções incessantes e prolongadas, Descartes evitava a sugestão posterior, seduzindo pela novidade sem atender a profundeza das conclusões pessoais. A mecânica da propaganda apela essencialmente para essa saturação da "verdade conquistada" que se torna banal na continuidade de sua presença psicológica. Os atalhos e veredas têm uma atração irresistível quando nos fatigamos da "certeza" viva das velhas estradas reais. O *algo de nuevo* opera no plano da excitação, da curiosidade e mesmo da inconsciente libertação da cultura tradicionalmente possuída. A distinção erótica dos epigramistas gregos entre o amor da esposa e o da amante. Haverá mesmo um processo de esgotamento, de exaustão, de cansaço, para o conceito das verdades ou dos raciocínios que se fizeram, no tempo, dogmas inapeláveis? A própria luz, atravessando o espaço, perde sua vibração, torna-se esverdeada, apenas sensível e denominada "luz fóssil".

A doutrina sobre Propriedade é sempre revista sob os ângulos da predileção sucessiva. Há quem se irrite com as explicações antigas como aquele ateniense que votava pelo ostracismo de Aristides porque não suportava sua fama de justo e digno. A verdade parece fatigar pela sua imutabilidade serena. Dispenso-me de elogiar as coisas variáveis, sempre sorridentes e concordantes.

A história da Propriedade começa com sua utilização suficiente. O homem possuiu inicialmente os utensílios de caça, armas de guerra, adornos individuais. Já no musteriano os mortos eram sepultados com objetos de uso, duplicatas para reforço simbólico, enfeites, alimentos. Há cento e cinqüenta mil anos o homem, na espécie de Neandertal infra-homem, dispunha de coisas úteis e havia um direito que a morte não interrompia. O morto continuava dono. As coisas seguiam-no no túmulo. O homem de Neandertal evidencia a existência de um liame entre a coisa e o possuidor, um liame de caráter espiritual que aproximava, indissoluvelmente, um do outro, os dois elementos.

Propriedade, do latim *proprietas,* de *proprium,* próprio, privativo, pertencente, provém da preposição *prope,* próximo, junto, aderente.

A Propriedade originou-se na posse e uso das coisas vizinhas, de uso imediato, indispensável, fonte remota do *jus disponendi et dispensandi.* Este direito é uma condição humana, inseparável da existência, forma que reúne os meios aquisitivos da manutenção vital.

No madaleniano, final do paleolítico, ao lado das armas, alimentos, dedicados ao finado, há material de intenção religiosa, ex-votos, pedras que pela sua feição seriam signos propiciatórios, além de objetos que não foram funcionalmente identificados e representariam bens possíveis, amuletos cujas *forças* acompanhariam o espírito do defunto em sua misteriosa e difícil jornada sobrenatural.

A doação, a presença da oferenda, o depósito desses elementos votivos, dizem de um direito de propriedade na plenitude do *jus dispensandi,* não apenas entre os homens do Aurignac mas também no meio dos pré-homens do musteriano. É preciso datar, ante prova evidente, um sentido de "propriedade" anterior ao gênero humano na série *sapiens.*

Com a natural valorização que esses objetos teriam para o homem pré-histórico é lógico que o direito de dispensar, doar, renunciar alguma coisa estivesse limitado às exigências da própria utilidade. Se parte ou o todo da coisa possuída acompanha um morto em sua sepultura é óbvio que o sentido de propriedade é superior ao plano da utilização, da utilização visível, notória, comprovada. Nenhum neandertalóide ou madaleniano presenciou o defunto usar dos objetos que constituíam sua parafernália fúnebre. Mas eram dele. Cento e cinqüenta mil anos depois do enterro continuavam perto do esqueleto.

Curioso será a pesquisa imaginária. As armas, alimentos, amuletos seguiriam o proprietário ou foram doações dos parentes, homenagens, ofertas, lembranças, cuidados piedosos para que o morto tivesse com que alimentar-se e defender-se no outro mundo?

É preciso lembrar que a propriedade para o homem pré-histórico era total e indissolúvel ao indivíduo. Acompanhava-o à sepultura. E se os indígenas, até certo ponto, prolongam os primitivos, esse direito de propriedade junto ao sentimento da ambivalência do espírito do morto explicará a destruição de toda herança, armas, choupana, enfeites, esteiras, cestaria, rede de dormir, queimada quando o dono faleceu. Ou, como ainda ocorre em Mato Grosso, parte da herança levada para cima ou ao redor do túmulo e deixada, permanentemente.

A oblação era uma necessidade e esta justificaria a oferta. Assim, a propriedade individual nascente estaria sujeita aos dois princípios imanentes ao grupo humano: o voto ao Poder sobrenatural e o costume, a tradição, a herança do uso no tempo. Na segunda metade do século XIII, o rei Afonso X, de Castela e Leão, confirmava o velho espírito na espécie, definindo a propriedade como

o poder que ome ha en su cosa de facer della e en ella lo que quisier, segund Dios e segund fuero.

O *fuero* começara sendo a usança, o direito oral, a lei consuetudinária.

Muito lentamente é que a propriedade se desenvolveu. Como o homem havia despojado o urso, a hiena, o leão, da caverna por eles ocupada, sua posse afirmava-se na força com que pudesse defendê-la. A gruta era propriedade de um grupo, com mulheres e filhos, e a reação cabia a todos pela razão da utilidade usufruída. Quando a habitação foi construída, nos finais do epipaleolítico, é óbvio que pertencesse a quem a fizera e nela abrigara a prole. Exceto nas residências coletivas, os exemplos sul-americanos que vieram ao século XX mostram a cabana incendiada depois que o seu dono faleceu e sepultou-se no mesmo âmbito residencial. Também o mesmo ocorria aos africanos das florestas, determinadas tribos da ourela atlântica.

Pelo critério analítico de Lübbock, comparando o pré-histórico ao indígena contemporâneo, há informação viva como a família tupi residia na oca, grande cabana acolhedora de doze a vinte grupos domésticos, sem choques, harmoniosamente acomodada porque cada uma delas "possuía" seu recanto indiscutido e privativo. O mesmo verifica-se na "casa dos solteiros", nas muitas organizações tribais, idêntica à "casa para homens" (Indonésia, África Leste, oeste da América, dos esquimós aos "pueblos", Amazonas, os bororos do Mato Grosso etc.) onde, mesmo no regime da comunidade, todos têm objetos intransferíveis e mesmo lugares para sentar, trabalhar, conversar.

A caça abatida pelo caçador seria sua propriedade e semelhantemente o pescado, a contar-se do aurinhacense onde (segundo Ales Hrdlicka) o homem fora, *probably,* pescador. Uma peça de maior vulto, mesmo obtida pelo caçador solitário, havia de ser mais do que suficiente para sua alimentação e, conseqüentemente, distribuída com os companheiros, porque não é crível que a deixasse apodrecer na inutilidade. Todo esforço colaborador implicaria num direito de retribuição. Assim as armadilhas de caça, conjunto lógico do trabalho de muitos, forneceriam divisão eqüitativa para todos os participantes de sua construção e vigilância.

A existência da família, mulher, filhos, velhos incapazes, enfermos, determinaria a necessidade de provisão alimentar e abrigo sem que constituísse recompensa. Não existe prova alguma de que o pré-histórico abandonasse os doentes, os feridos, os velhos, à fome, frio, desabrigo e às feras. O que lhes fosse dado era parte da propriedade de alguém na caçada ou pescaria. Se a tarefa feminina implicasse, como era natural, na colheita de frutos, raízes, caules tenros, compreenderia o dever distributivo subseqüente. Tanto assim era na organização indígena de todo continente americano, como africano, oceânico, europeu, asiático.

Desta cota do caçador, pescador, pequeno agricultor, havia de nascer o dote pago ao pai da futura esposa para que a obtivesse em matrimônio. Mesmo em muitos casos no casamento por captura, há indenização na fase de acomodamento com a família da mulher raptada.

As armadilhas de caça, algumas de feitura complicada, não seriam obra individual mas de um grupo. Conseqüentemente o rendimento da armadilha pertenceria aos associados, tal e qual sucede com as grandes redes de tresmalho, currais de peixe feitos em sociedade e mesmo abertura de fossos pelos caçadores africanos, para prisão de elefantes, tigres, leopardos, leões etc., destinados à venda estrangeira. É lógico que o grupo pré-histórico guardasse a armadilha, defendendo-a do assalto de um outro grupo, ávido de proveitos sem esforço. Pelos vestígios maiores a era das armadilhas dataria do solutrense, o segundo período do paleolítico superior, quando abundavam os cavalos, indispensáveis para o paladar da época. Retirada, desarmada a armadilha, desapareceria a "propriedade" no solo que a tivera. Voltava a terra a ser *res nullius.* Não era de todos. Era de ninguém, *nullius domini.*

Não é possível que existissem terrenos de caça e pesca pré-históricos. A caça era uma perseguição contínua e as armadilhas não seriam característica da atividade cinegética. A quase totalidade dos desenhos vindos do solutrense e madaleniense fixa animais em movimento, feridos pelos dardos ou flechas e não debatendo-se numa armadilha. As esplêndidas figuras animais das cavernas espanholas e francesas mostram a caça atingida pelas armas de arremesso e nos desenhos que parecem significar formas propiciatórias para atrair abundância de caça, as figuras desenhadas estão sempre com lanças, flechas, dardos fincados no dorso, pescoço e flanco, evidenciando a normalidade e preferência com que se lutava contra o animal.

A pesca não era limitada e sim de anzol e arpão. As tapagens, barragens, redes são bem próximas ao neolítico e neste é que tiveram divulgação decisiva. As armadilhas são mais duradouras que as de caça e decorrentemente o grupo afirmaria propriedade útil para o trecho fluvial, de lagoa ou mar, onde os artifícios estivessem dispostos. Antes não é crível porque nenhum pescador contemporâneo, nos igarapés amazônicos ou margens da Insulândia, lembrar-se-á de *possuir* o canto da praia onde deixou de pescar. O outro ocupante é o ocasional proprietário.

A noção do terreno de caça deriva de um conhecimento delimitador de zonas, de referências limítrofes. Veio milênios depois. O mesmo para a pesca, pesca de litoral, porque a de barco é livre no mar livre.

Em setembro de 1816 o príncipe de Wied-Neuwied assistiu a um duelo a pau entre os Botocudos da Bahia. Chefiavam os grupos os "capitães" Jeparack e June. A razão do debate provinha do "capitão" June ter caçado porcos nos terrenos privativos do "capitão" Jeparack. Esse sentido de propriedade entre indígenas de nível primário no julgamento da etnografia clássica, mostra a permanência de um sentimento milenar, agora vinculado à terra e aos habitantes selvagens. Os Botocudos, cujo pré-avô deixou o crânio na Lagoa Santa, são nômades, de economia andeja e diária, e a batalha pela posse útil de um terreno de caça, na mentalidade botocuda, significaria uma sobrevivência prodigiosa de concepção adquirida e mantida.

A colheita de frutos, muito provavelmente tarefa feminina, não afirma posse na área da coleta. Nem, pelo paleolítico, a população seria numerosa e sim bem reduzida, ao deduzir-se da arqueologia. Os Guatós do Alto Paraguai, que Max Schmidt visitou em 1901, arredios e desconfiados dos amavios civilizados, reservaram posse dos acurizais (*Cocos schizophylla*, Mart.) para quem descobriu e extraiu a chicha, o sumo da palmeira. Não há sinais e unicamente a utilização por parte de uma família proclama a indisputada propriedade (*Estudos de Etnologia Brasileira*).

A possibilidade de assalto, luta, ataque é pouco provável no paleolítico. A multiplicação humana aparece sensivelmente no neolítico. A utilidade real estava ligada aos instrumentos de caça e pesca, à morada, talvez aos depósitos onde eram extraídos os materiais para as peças líticas.

A terra só podia ser possuída quando se tornou fundamento econômico. Começou a propriedade da terra pelo ato de posse, ocupação utilitária, pelo plantio ou pastoreio. Quando a terra ofereceu as pastagens para os animais do rebanho, guardado pelos pastores, ou recebeu sementes garantidoras de alimentação regular, ficou inseparável do domínio humano, incorporada à sua necessidade produtora.

A terra para pasto e plantio obrigou o homem a possuí-la permanentemente. O pastoreio teria o processo de rodízio, voltando o rebanho a usar das mesmas regiões, conforme inverno ou verão. Era preciso que o terreno estivesse livre de outro rebanho ocupante, ou determinaria combinação de grupo para grupo, regulamentando a serventia.

Com a agricultura a posse é delimitada e fixa, pelo menos até a colheita ou esgotamento do solo. Possuía-se a colheita e não a terra. Esta é de domínio bem posterior.

A posse dar-se-ia unicamente pelo contato direto, deixando vestígio da presença do proprietário. Até o século XVIII, e décadas do XIX pelo interior de quase todos os países, exigia-se uma série de atos visíveis de domínio notório, calcar a terra, fingir revolvê-la como se a trabalhasse, cortar ramos de árvores, arredar pedras, simular abrir caminho, tocar o solo com a mão direita, apanhar terra, esmagando-a, jogando-a para o alto, desfazer sinais anteriores do proprietário antigo etc. O índice mais conhecido é pisar o solo, atravessar trechos da terra, firmando posse. O pé, a pegada, era símbolo da possessão territorial (Everard. Oth. "Jurispr. symbol. exerc. nº 17", Du Cange, Investiture). Era fundamental:

Possessio appellata est (ut Labeo ait) a pedibus, quasi positio; quia naturaliter tenetur ab eo, qui ei insistit.

A posse de bens materiais fez nascer a simbologia do domínio, sinais de propriedade, postes, colunas, marcos, travessões, com desenhos convencionais, significando a pessoa senhorial. Onde fosse visto o sinal estaria notória a posse e sabia-se quem era o dono. Já em época proto-histórica o gado começou a ser marcado a fogo. Era o ferro. Uma tradição oriental. Dos símbolos de posse criaram-se os brasões d'armas, os escudos heráldicos, com os elementos privativos de cada família, reconhecidos e proclamados. O país possuiu sua marca, armas, brasão do Estado, assinalando a propriedade nacional. Caçadores e pescadores, ainda presentemente, têm convenções para distinguir cada peça, indicando o dono, marcas de Póvoa de Varzim, em Portugal, cortes nos peixes pescados pelas jangadas no Nordeste do Brasil, indicações facultando ou proibindo apanha de folhas, sementes, frutos, nas populações rurais européias. Toda a simbologia jurídica denuncia a indispensabilidade do ato original da posse, imediato e legitimador do direito proprietário. No século XIX é que o processo civil afasta e dispensa a realização de provas imediatas e materiais do ânimo possessório.

Esta limitação, fixando o âmbito possuído, estimulava o sentimento da defesa, o ciúme, o orgulho. A terra era um prolongamento ideal da personalidade humana. Violar é desafiar. A dignidade nacional e individual mede-se pela repulsa imediata à invasão do seu território. As leis aprovam a represália, mesmo no plano internacional. Quem não defende sua terra, não guarda sua honra.

A terra valia pelos frutos obtidos na indústria humana. Lembremo-nos que propriedade vem de *prope,* próximo, perto, vizinho. A terra deserta de uso, baldia de interesse, não era próxima nem cobiçada. Quando o homem ficou vigiando o rebanho ou usando sua enxada de pau, na terra de plantio, viu-a *sua,* bem próxima, fecundada pelo seu esforço, consagrada pela necessidade vital. Molhou-a de suor, iluminou-a de esperança. A terra, mantendo-o, sepultando-o, ajudá-lo-ia a vencer a morte.

PROBLEMAS E INTERPRETAÇÕES

Iavé pôs o primeiro homem no jardim do Éden *para o lavrar e para o guardar* (*Gênesis*, II, 15). *A terra é minha* — disse o Senhor a Moisés no Sinai (*Levítico*, XXV, 23). Este é o fundamento religioso da mais divulgada religião do mundo, referente à origem da propriedade. A terra é de Deus e o homem um usufrutuário. Devia pagar a décima ao doador que reservara eternamente o domínio. Adão foi agricultor e não pastor. Os animais lhe foram dados para subsistência alimentar. A terra era propriedade divina. Identicamente Maomé dispôs para o mundo muçulmano.

> A terra pertence a Deus. Poderá dá-la em herança a quem quiser, entre seus servidores (*Alcorão*, XXI, 105).

Era para os gregos a venerável Tellus, Tellus Mater dos romanos, esposa de Ouranos, o céu estrelado que a cobria amorosamente. No hino de Hesíodo, Tellus é *o que é sólido, extenso e visível*. A divinização da terra, Gaea, evidencia o culto personalizador de uma das mais antigas utilidades. Todo o cerimonial greco-romano iniciando a cultura dos campos, o respeito à terra, o terror de sua cólera, denuncia a antigüidade culturativa. Era, com Hélius e as Erínias, encarregada de fazer cumprir pelos mortais os juramentos ou as palavras empenhadas. Em caso de expiação, o culpado fazia-lhe o sacrifício de uma ovelha negra. A "ovelha negra" é, na sinonímia popular de Portugal e Brasil, o homem sujo pelos pecados da traição, felonia, deslealdade.

A propriedade da terra começaria individualmente? Individualmente na região onde os grupos humanos não tivessem alcançado a fórmula do trabalho coletivo. Mas não há prova que as duas formas se excluíssem, impossibilitadas de uma função harmônica e simultânea. A sobrevivência de tipos intermediários, *mir* russo, *dessa* de Java, *allmend* suíço, comunidades de vizinhos na província italiana Le Marche, comprova que a solução ocorria na independência do espaço, tanto assim que no Peru funcionavam secularmente os *aillus,* antes do domínio castelhano. Ao lado da propriedade hereditária e vendável pode existir terra comunitária, de serventia autorizada por um conselho, como no *mir* do camponês russo sentenciava o starosta, o ancião-chefe da aldeia. Em Portugal contemporâneo duas aldeias comunitárias deste tipo, Vilarinho da Furna e Rio de Onor, foram estudadas por Jorge Dias.

O secularíssimo *mir* russo demonstrava a marcha escalonada da posse na terra. 1º — a casa e cercado eram propriedade familiar, individual para o chefe da família, hereditária e a podia vender a um estranho se o *mir* desse autorização, tendo este o direito preferencial para a compra. 2º — terra de trabalho, comunal, repartida em lotes, três a dezoito anos, pelas famílias. 3º — prado, campo, indiviso, de uso coletivo segundo sua utilidade. Naturalmente a origem da propriedade abre porta larga ao debate por haver material justificador para muitos aspectos interpretativos. O engano inicial é a padronização utilitária que não podia, e humanamente não ocorreu, em parte alguma do mundo. Os tupis brasileiros do século XVI tinham roças de mandioca, carás, macaxeiras, milho, coletivas e individuais. As primeiras eram maiores naturalmente e as segundas reservadas para chefes ou tuixauas com maior rebanho matrimonial. Por todo o século XIX e décadas do XX no sertão nordestino os roçados extensos eram vistos ao lado dos roçadinhos ao redor das residências de vaqueiros, mandioca, feijão, milho, macaxeira, jerimum, inhame, com a denominação vulgar de "roçado de casa". Do primeiro saía a vendagem e do segundo o consumo doméstico.

Laveleye (1822-1892) divulgou o esquema clássico, negado e aceito mas ainda fornecendo, mesmo aos opositores, a direção visível do assunto. A terra era bem comum durante o período de caça e pesca. O regime pastoril inicia a propriedade coletiva das pastagens. Desenvolve-se no ciclo agrário. Propriedade de tribos. Repartição pelas famílias prestigiosas como usufruto temporário. Posse estabilizada na família patriarcal. Divisão pelos herdeiros, dotações, vendas. Propriedade individual.

Entra em cena o demônio sedutor da erudição que tudo baseia. Propriedade coletiva para atenienses, romanos (com as restrições famosas de Fustel de Coulanges), germânicas, suíças, russas, escandinavas, norte-americanas e belgas. Individual para os hebreus, dois mil anos a.C. Abraão comprava na terra de Canaã o sepulcro de Sara. Caldeus. Egito onde há terra do faraó, dos sacerdotes e dos chefes administrativos e militares, correspondendo ao que se verificava no Peru incaico, nas províncias do

Tavantinsuyu clássico, lotes do Sol (para as despesas do culto), do Inca (governo) e dos Ayllus (clãs). O Código de Hamurábi regulava a propriedade privada, terras e moradas, inclusive arrendamento. Coexistência lógica de terras públicas e privadas na Grécia e Roma. *Ager publicus* e *Ager privatus.* Doações de Rômulo e de Numa Pompílio. Assíria. Babilônia. Cartago. Documentação bíblica em Josué, XIII e XIV, *Levítico,* XV, 10, XXV, 23, *Deuteronômio,* XV, 1-2, *Êxodo,* XIX, 5, *Gênesis,* XLI. Na China, o imperador Tsin, da primeira dinastia, três séculos antes da Era Cristã, reservou 1/10 das terras para sua propriedade e mandou dividir os restantes 9/10 com os particulares.

Laveleye partia da falsa premissa do unilateralismo evolucionista. O desenvolvimento da propriedade não coincide, no espaço e no tempo, com as mesmas etapas prefixadas e convencionais. O gráfico da dispersão proprietária deverá comportar uma variedade imensa de modalidades. Junto às propriedades que se subdividiram resistem exemplos de transmissão, quase intata, durante séculos. No próprio regime dotal há imprevistos aspectos. Dependência da "última vontade". Reincorporação pela ausência de herdeiros. Remissão de dívidas. Redoações. Conquistas. Renúncias. Indiscutivelmente, a propriedade pública e privada esteve, funcionalmente respeitada, na quase totalidade dos povos primitivos. Não é mais possível indicar-se uma região antiga em que existisse unicamente uma forma de propriedade.

O instinto aquisitivo no homem é um princípio natural, o que vale dizer, congênito. A propriedade é um dos direitos mais naturais. Discute-se, realmente, é a idoneidade justa do proprietário na razão moderna da plus-assistência humana, em última análise, do distributismo coletivo. Indivíduo ou Estado. No labirinto da economia política, a propriedade é vista através dos cristais doutrinários. Certo é que é anterior à organização do Estado e não há prova material de que existisse domínio de comando sobre as famílias do epipaleolítico ou do neolítico quando ela nasceu. Ninguém pode aceitar, na origem da propriedade territorial, outra fonte lógica, senão o simples ato voluntário, expresso na ocupação da terra baldia, virgem de senhores, *nullius domini.*

O rebanho nada valia sem as pastagens, naturais ou cultivadas, subentendendo posse regular do solo. Excluir a propriedade no regime pastoril é um contra-senso, digno do polido *highly improbable* dos professores universitários da fala inglesa. A propriedade originária estava fundada na necessidade. Todas as demais explicações magistrais são corolários subseqüentes. A necessidade responde pelos fundamentos da posse e proveito decorrente. Necessidade de pastagens permanentes no percurso da transumância, ou terras para plantio, sem dono, sem nomes, ambas. Será como uma *basic needs,* de Malinowski.

Usando, noutra e bem diversa acepção, uma frase de Kröeber, creio que é nestas questões intermináveis entre economia política e etnografia que se poderá afirmar ser esta última *explicitly antihistorical,* especialmente nos períodos em que a História não havia sido imaginada. Na pré-História começa a etnografia e segue, proto-História adentro, sem solução de continuidade. A História interpreta mas não determina um dado etnográfico. Diante de fatos, expressos no material arqueológico, *ceux qui sont antérieurs à l'Histoire* — como dizia Maspero —, é possível reconstruir, indutivamente, uma atividade, atitude, padrão cultural, mas o essencial é evitar o definitório quanto ao seu funcionamento normal. A média obtida dos dados analisados autorizará uma imagem aproximada e possivelmente parecida, embora provisória, da realidade que sempre ignoraremos. Há porém um princípio imutável de lógica que não deve ser deformado ou diminuído nas formas de nossa imaginação, simpatia ou fidelidade doutrinária. Não sabemos da mentalidade pré-histórica mas possuímos os instrumentos que o homem fabricou para viver, com quase todas as aplicações às fases de sua mobilidade vital. Pode-se concluir que tais fatos *devem* ter sido realizados de uma determinada forma porque, a verificar-se o contrário, outros fatos não teriam seqüência de função quando decorressem articuladamente aos primeiros.

O pré-historiador comporta-se habitualmente como o pianista tocando Beethoven. Lê o que está escrito mas interpreta segundo sua sensibilidade ou influência psicológica do auditório. A composição é uma única mas os intérpretes são muitos. *Ars una, species mille.*

O sabor de um raciocínio ou de uma predileção pode ser resultado de mecanismo infralógico. Sou um devoto leitor das aventuras de Brucutu e seu fiel diplódoco, embora saiba que o derradeiro dinossauro faleceu milhares de séculos antes de Brucutu nascer. Gosto, entretanto, de vê-los juntos, inseparáveis, no absurdo da contemporaneidade.

Assim, debate-se a defesa legal, o arcabouço jurídico da propriedade, sabendo-se perfeitamente que a legalidade neolítica era o real-imediato no plano utilitário. A propriedade da terra foi uma *cultural response* à criação do pastoreio e da agricultura, ou horticultura, como ensinam. Nada mais. As conseqüências desdobraram-se seguidamente mas tudo apareceu de um estado de necessidade inicial, inadiável.

O fundamento da propriedade primitiva foi a utilidade suficiente. A produção satisfazia à exigência diária ou pouco mais, quanto à subsistência. Nos fins do neolítico, com os processos de ampliação e progresso cerâmico, é que se divulgou a provisão de cereais em grandes jarrões, vinhos de frutas, reservas de glandes e bolotas de carvalho, pinheiro etc. Até o século XVI o indígena brasileiro não aprovisionava alimento algum. Quanto reunisse, consumia, numa festa prolongada e total. Ainda hoje, na maioria das tribos amazônicas, do Mato Grosso e Goiás, a provisão de farinha e bebidas destina-se invariavelmente, em maioria absoluta, a uma função lúdica. É o critério milenar da utilidade suficiente, padrão pré-histórico.

No neolítico, como notou V. Gordon Childe, há uma multiplicação demográfica. Durando uns dois mil anos, na Europa, o número de esqueletos encontrados é centenas de vezes superior aos do paleolítico. O neolítico será a centésima parte do tempo que durou o paleolítico. Esta massa humana consome alimentação múltipla e a produção deve atender aos reclamos. A propriedade cresce e os rebanhos avultam na proporção indispensável. A economia suficiente torna-se economia excedente.

Desde finais do paleolítico a circulação migratória acelerara-se. No neolítico, e marcadamente na Idade dos Metais, o comércio do Mediterrâneo amplia-se, navios com vela para o vento e remos para a falta deles, recebendo e espalhando os produtos da África Setentrional, Ásia Menor, das áreas de influência grega no Mar Negro e das talassocracias opulentas, compreendendo os povos insulares e continentais do Mediterrâneo austral.

Sobem, à força de remadas e velas quadradas, os rios fixadores, Reno, Mosa, Vístula, Óder, Danúbio, e a busca de permutas alcança o arco compreendendo a Inglaterra e as terras do Báltico. E as estradas de penetração, partindo das margens mediterrâneas, penetram os centros de produção, num intercâmbio incessante que o próprio inverno atenuava mas não interrompia. Deduz-se que as populações, garantidas na alimentação pelos animais domésticos e colheitas de cereais, dedicavam-se a um trabalho que lhes trazia a superabundância, saldos de objetos que podiam ser permutados e valiam trocas úteis. Tudo foi possível porque a propriedade fornecia regularmente o alimento que outrora era conquistado na perseguição errante, pescarias afanosas, vigílias nas armadilhas e batalha com as feras concorrentes. A propriedade libertou o homem do seu relativo nomadismo milenar, atividade ambulatória esgotante.

Não tem a propriedade para a etnografia o interesse que apaixona o direito civil. Não atrairão o etnógrafo as hipóteses da origem. Propriedade nascida e dependente da prioridade do primeiro ocupante e defendida pelo argumento da força arbitrária. E não constituirão motivos de debates as justificativas de Kant e seus devotos e críticos: ocupação, utilização pelo trabalho, reconhecimento da posse pela convenção, consentimento, assertório dos vizinhos circunjacentes. Prefere considerar o ato provocado pela necessidade humana, tornado fato social na área de sua suficiência, com as ampliações e desdobramentos correspondentes ao desenvolvimento da família proprietária no plano da produção.

O instinto de posse, a vocação de proprietário expressa-se tanto mais vivamente quanto menores são os elementos compressores da educação. As crianças tomam posse real de tudo que lhes cai nas mãos. Afirmam direito natural no gesto inequívoco de domínio. E tentam afastar o turbador subseqüente recorrendo ao interminável berreiro defensivo. Todos os animais atacam os possíveis concorrentes à sua alimentação. Gibi, o meu bassê, arrancava feroz contra sua imagem refletida num espelho na hora gostosa do jantar. Ming, o pequinês seu sucessor, não hesita enfrentar o meu policial alemão, vinte vezes maior, temendo a problemática colaboração no momento do almoço. Na minha fase de pesquisador zoológico,[112] notei que a concorrência é mais notória e comum entre mamíferos e aves. Insetos, aracnídeos, batráquios, ofídios, anuros, lacertílios respeitam a posse alheia da presa naturalmente ambicionada.

Normalmente o sentimento belicoso na guarda da propriedade ocorre nos animais que possuem morada mais ou menos permanente ou fixa.

NOTA

112. Ver *Canto de Muro*, Livraria José Olympio Editora, Rio de Janeiro, 1959.

CAÇA

······

A mais antiga profissão do mundo, a primeira em que se ocupou o homem, foi a caça. Quando a pesca vem de *piscis,* o peixe, caçar é vocábulo discutido em sua origem. Caçar, *chasser, cacciare, to chase, cazar* dizem provir de um hipotético *captiare,* como propunha Du Cange, valendo perseguir para apoderar-se, captar, tomar. Os ingleses dizem *pursue,* perseguir, e *hunting,* de *hunter,* cão de caça. Não se caçava sem o cão. Em grego *kynégétai* ou *kynegoi* é caçador, *kynésia, kynégia,* caça, de *kyon,* cão. O germânico *hund,* cão, deu o inglês *hunt,* caça. Cinegética, arte da caça, vale dizer "conduzir cães". *Kynésia* é movimento. A intensificação da caça seria determinada pela domesticação do cão. Parece certo. Mas não é. O cão foi domesticado no epipaleolítico, no período tardenoisiano, o segundo e, desde o baixo paleolítico, o homem caçava, valentemente. Alto paleolítico, solutrense, foi fase de ativíssimas caçadas e no madaleniano, esplendor. Toda documentação desenhada, pintada, gravada, comprova de modo indiscutível. E o cão, por esse tempo, era peça de caça, abatido para nutrição do caçador. O cão tornou-se o favorito, o preferido, o inestimável e seu prestígio reflete-se na denominacão grega e latina. Companheiro, colaborador, aliado na caça.

Milhões de criaturas humanas ainda vivem da caça presentemente. Exercitou a coragem, ardileza, astúcia, decisão imediata, resistência, tenacidade. Deu a consciência da força, a prova da inteligência vencedora da potência bestial, as técnicas de suprir pela sagacidade o ímpeto, arrojo, fereza, rapidez da violência animal. Obrigou o homem a criar das pedras, ramos, ossos, chifres, um arsenal incontável de elementos multiplicadores de sua agressividade, desdobrando as áreas indiscutíveis de ação atacante. Estatura, possança e grandeza não foram limites à sua iniciativa. Abatia o imenso mamute, o leão fulminante, o cavalo robusto, a rena veloz, o bisonte irresistível.

Creio que nunca o homem pôde viver exclusivamente da colheita de frutos e raízes nas etapas iniciais de sua existência. Seriam subsídios ao cardápio indispensável e não básicos. A fisiologia humana não é uma organização frutívora. Nem sabemos que espécies suficientes à alimentação penderiam dos galhos das árvores paleolíticas. Mortillet dizia-as inferiores à necessidade humana.

A escavação para raízes teria sido precedida de um longo período experimental indispensável à escolha dos tipos substanciais. Parece mais lógico que o vulto do animal o atraiu antes da busca curvada e teimosa para obter tubérculos escondidos no seio da terra. Seria tarefa feminina mas o homem estaria, por essas horas, perseguindo caça menor e maior, com uma pedra de sílex e um clarão de fome que lhe dava a potência da obstinação persecutória.

Os documentos mais velhos que conhecemos, mesmo nos australopitecos, *Sinanthropus pequinensis,* infra-homens de um milhão ou meio milhão de anos, mostram seres caçadores, devorando carne assada. O primeiro homem comeu carne de caça. A fruta era sobremesa. Tal é a lei de matar para viver.

São inúmeros os vestígios das caçadas ferozes quando o mundo amanhecia para o seu dia pré-histórico. Um martelo de pedra metido na cabeça de um *Cervus megacerus;* o crânio de um *Ursus spelaeus* fendido por um golpe de acha; uma vértebra de Urus atravessada por uma flecha de sílex. Milhares de exemplos. Infinidade de ossos partidos, quebrados, serrados, para a sucção da medula ou dos miolos, sedes da força física. Restos da ossatura animal denunciando os banquetes. Ossos de todas as espécies porque o caçador comia toda caça, urso, leões, ratos, lagartos. Comia assando ou tostando porque o cozido só apareceu com o vaso de barro nas proximidades do neolítico.

No período chelense luta-se com bico de lança, pedras bojudas, no côncavo da mão, valendo punhadas, o *coup-de-poing* clássico. Estas armas denunciam que só era possível enfrentar caça de porte mediano e de perto. Deviam caçar em grupos, atacando todos ao mesmo tempo a peça mais avantajada. No musteriano abundam cervídeos que se tornam predileções. No aurinhacense valem punhais, pontas de sílex com cabo e machadinhas, mostrando que era possível reduplicar os golpes, corpo a corpo. Já havia o dardo, a javalina de atirar, ampliando o campo de ataque. No solutrense as manadas de cavalos, não a espécie atual, *Equus caballus,* mas as variedades que desapareceram pela intensidade caçadora, *Equus fossilis, Equus adamiticus, Equus brevisrostris,* sonorizavam os bosques e as planícies, caçados com alegria vitoriosa e constituindo a grande e saborosa iguaria. As ossadas eqüinas enchem grutas, mostrando a predileção. Os couros de pouco prestavam mas a carne seria manjar, ensopado de elogios. As crinas serviam de fio para as agulhas de coser, nascidas neste tempo. O cavalo forneceu a primeira linha, ajudando as elegâncias primárias. Ainda hoje come-se na Europa carne de cavalo. Os elefantes, hipopótamos, rinocerontes felpudos não eram tão abundantes. Já se manejava o laço. Nas grutas de Niaux (Haute Garonne) e Les Combarelles (Dordogne) há cavalo e rena laçados. Na Espanha há desenhos eqüinos semelhantes em Gasulla e Las Canforras.

A técnica cinegética progredia. No musteriense (notara Broca) o material de caça é mais destinado para o ataque a um animal que resiste do que a uma peça fugitiva. E no musteriano o Homem não aparecera ainda.

É preciso lembrar que as sucessivas raças de Cro-Magnon receberam uma herança, muitas vezes milenar, do aparato de caça.

No madalenense o arpão é arma poderosa. Há o tipo inteiriço e há o desmontável, deixando parte fincada no dorso do animal atingido que foge enfraquecendo-se pela sangria e permitindo mais fácil perseguição pelo vestígio que é uma pista contínua. Existem silvos, apitos, "chamas" para aves, flautas mágicas que os feiticeiros, vestindo peles de bichos, sopram atraindo abundância e facilidade nas caçadas futuras e presentes.

Surgem armas maravilhosas, o arco e a flecha, alcançando a caça bem longe, como prolongando o braço humano em sua vontade letal. Os dardos têm propulsores que os atiram bem distantes. Os propulsores vieram antes dos arcos. Os nossos cariris ainda empregaram propulsores no século XVII.

Do pré-neolítico ou epipaleolítico, aziliense, tardenoisiano, maglemosiano, especialmente na região da Escandinávia, onde seria Dinamarca, margens do Báltico, datam os "restos-de-cozinha", montes de ostras, com ossos humanos e de caça, utensílios, carvão-vegetal, cinzas, armas, cacos cerâmicos, todos os elementos para um cálculo aproximado da vida social no tempo. Eram o *kjökanmöddings* bálticos, sambaquis no Brasil, *caracoleras, escargotières,* ostreiras, concheiros, casqueiros, *minas de cernambi* (Brasil), à margem dos mares, lagos, rios e mesmo um tanto distante do litoral, depósitos existentes em quase todas as partes do mundo. Há "restos-de-cozinha" formados naturalmente pelos bancos de ostras e outros constantes da acumulação de detritos na proximidade de centros povoados, e tipos participando das duas espécies. Os "restos-de-cozinha" têm naturalmente várias datas e muitos vêm atravessando milênios na mesma finalidade. Abandonados e cobertos de vegetação, foram alguns utilizados para fabricação da cal, destruindo-se desta forma documentários inapreciáveis. Atualmente há legislação protetora, proibindo exploração alheia aos fins arqueológicos.

Nesse epipaleolítico já havia cerâmica e o cão ladrava atrás do caçador, simplificando a campanha.

Desde o aurinhacense o homem pesca. Arpão, anzol, a mão nua para moluscos e crustáceos. Enfeita-se com vértebras de grandes peixes. Durante o neolítico as armas se aperfeiçoam, dardos, lanças, arpões, barbelados, dentados, serrilhados de um ou ambos os lados, estreitos e largos, fixando a presa, enfraquecendo-a, vencendo-a depressa. E o rastro de sangue facilita a perseguição. Que distância da pedra redonda do chelense para o arpão neolítico, a flecha zumbindo no ar, levando a morte!

Os animais pequenos seriam trabalho individual e os grandes mamíferos exigiriam esforço de conjunto, cerco, gritaria, levando o monstro para um recinto onde o abatiam. No solutrense, a era dos cavalos, teria dado uma técnica nova, o encurralamento, porque o homem não podia a pé acompanhar o galope dos cavalos e depois das renas e dos cervos, campeões de corrida em extensão. No neolítico há o cerco de chamas, o fogo espavorindo a manada que se concentrava onde devia sucumbir. É processo contemporâneo, como o encurralamento. Eram as primeiras batidas, a caça de grupo, mobilizando recursos. A economia distributiva prevaleceria. Ninguém ia morrer de andar, correr e lutar, para não ter um bom naco sangrento. E aprendeu a orientar-se e a rastejar os animais fugitivos.

No neolítico o homem domesticou animais, tornou-se pastor, construiu casa, intencionalmente casas com os primeiros móveis, teve cerâmica para guardar líquidos e comestíveis, conheceu aprovisionamento, reserva e, naturalmente, os inimigos mais tenazes. As casas surgem com paliçadas, cercas, fossos, barreiras defensivas para evitar assaltos imprevistos. Eram os primeiros ônus da propriedade privada.

As armas serviam, quase total e funcionalmente, para caçar. Agora servem para derrubar homens também, disputadores dos bens ou desejosos de aumentos à custa alheia. Já muito antes havia massacre, grutas (Krapina, Ofnet), com montões de crânios pintados de vermelho, mostrando o local do sacrifício ou hipogeu dos mártires não sei de que motivo. Impossível negar antropofagia. Não se sabe, ou sabe-se demais, as razões do canibalismo pré-histórico, rito, vingança, gosto pela carne, transmissão dos valores físicos pela degustação etc. Assunto para livros e congressos sem possibilidade definitória, no tocante à maioria sapiente.

Nas Idades do Cobre, Bronze, Ferro, a caça é indispensável e creio que começa um gosto um tanto desportivo, um sabor de *ludus*. Montado no cavalo o homem combate e caça, do alto, lança ou flecha, com suprimento em aljava de couro, escudo redondo.

Entre o fim do Bronze e nascimento do uso do ferro há uma conquista surpreendente — a roda. A roda é o carro, carro de guerra, de procissão, de transporte. Caça-se dentro do carro, cavalos ágeis sujeitos ao cocheiro, o futuro automedonte das lendas e poemas gregos.

Todos os povos proto-históricos e históricos caçaram. Nas técnicas filtravam no tempo os benefícios da precisão, capitalizando experiências. Nas cavernas francesas de Niaux, Les Trois Frères, Tuc d'Audoubert, Ariège, espanholas de Santander, Minateda, Pindal estão bisontes desenhados, pintados, esculpidos, com seus pontos vulneráveis, marcadas pelas pontas de dardos as seções dos flancos que devem ser alvejadas. E bovídeos e eqüinos.

No Egito as pinturas murais dos túmulos mostram as atividades; arcos, redes, venábulos, carros de cavalos, leopardos amestrados, falcões, e a caça favorita, gazelas, antílopes, bois, carneiros selvagens, lebres, porco-espinho, cervo, avestruz, tão popular no capsiense com os ovos decorados, raposa, chacal, hiena. Os egípcios empurravam aos gritos e acenos dos ajudantes, caçadores, mulheres, meninos, cães, as manadas para recintos cercados de redes. Matavam com lanças, flechas de sílex e depois pontas de bronze, e uma espécie de bumerangue que, atirado ao alvo e não o atingindo, voltava ao ponto da partida. O falcão ajudava. Os assírios iam ao leão, guiados pelo rei no seu carro, armado de arco e flecha, escolta de cavaleiros com lanças. O povo caçava com laço em recintos, com auxílio de falcões. Já havia a *chasse au courre,* com cavalos, cães, matilhas e trombetas, anunciando a morte da fera. Na Grécia mantém-se a tradição. Xenofonte escreveu um tratado, *Kinageticon,* ensinando como se mata a lebre com cães e rede, o javali com redes e lanças, os cervos com armadilhas, as *podrostrabe,* prendendo-os pelos pés; os leões, linces, panteras e ursos com cavalos e lanças, também armadilhas fortes e sobretudo coragem da iniciativa.

Todos os povos germânicos foram grandes caçadores, fanáticos na perseguição de auroques, alces, cavalos selvagens, bisontes, ursos, gamos, a pé ou cavalgando, com cães, lanças, flechas. Enfim, a caçada que a Idade Média adorou.

Na Índia, guarda-se a herança caçadora. Veda quer dizer "caçador". Na África, identicamente, a caça é prestigiosa e normal. Congo vale dizer "caçador". Coube aos gauleses a idolatria da caça, criando ou ampliando as fanfarras de trompas que os germanos usavam, anunciando o desenvolvimento das peripécias cinegéticas. Os soberanos merovíngios e carlovíngios foram caçadores diários. Era o exercício nobre, preparação psicológica para a guerra. Em 1367, Gaston Phebus, Conde de Foix, escreveu um código de caça.[113] Dom João I, de Portugal, escreveu o *Livro da Montaria*.[114] Os reis de França caçavam oficialmente até 1789. Os Cruzados tinham trazido as novidades do Oriente, leopardos, falcões adestrados em matar lebres e aves. Eram aves aristocráticas. Orgulhos fidalgos.

O falcão-caçador, com sua equipe de tratadores, valia fortuna e determinava prestigiosas influências administrativas. Charles, marquês d'Albert e duque de Luynes (1578-1621), onipotente em França,

il sut gagner la confiance du Roi par son habilité à dresser les oiseaux de fauconnerie dont raffolait Louis XIII (Kergomard).

Um dos temas de boa bibliografia e popularidade sentimental pela Europa, a mais alta prova de amor, foi o cavaleiro Federigo degli Alberighi ter feito servir à sua amada, por nada mais possuir em casa, *il suo buon falcone*. A dama, sabendo o sacrifício, desposou-o, enriquecendo-o; Boccaccio, *Decameron*, V-IX.

Ainda existe na corte da Inglaterra o cargo de "Lord High Falconer", hereditário na família dos "Dukes of Saint-Albans".

A caçada, na sua função heróica, criou a divisão das partes nobres do animal abatido entre os elementos participantes. O episódio de Meleagro — dando a cabeça do javali de Calidon à princesa Atalanta (Ovídio, *Metamorfoses*, VIII, 420-444), honra que enciumou Pleuxippus e Toxeus, tios do herói etólio — é o mais remoto dos exemplos comprovadores. Mantém-se, presentemente, a praxe de oferecer, nas caçadas de cerimônia, certas porções da peça a determinadas pessoas. Reaparece, num emprego humorístico, nos testamentos cômicos, autos populares e folguedos velhos de Portugal, Espanha, França, trazidos para as Américas Central e do Sul. Sua interpretação como "repasto totêmico" nasce dos sábios que ignoram as etiquetas milenárias da tradição cinegética. Livingstone assistiu a partilha idêntica entre caçadores de elefantes na Zambésia.

Decorrentemente, a caçada, *venaison,* de *venatio,* deu em português o veador, caçador, monteiro, Veador-Mor, *Venator,* preocupações disputadas nas cortes reais pela importância de dirigir a montaria, com um troço de subalternos fiéis. A veação, caça brava nos montes, era também a carne do animal morto em montaria, e receber veação, carne de veação, resultante de uma caçada do rei, era honraria. Depois, o Veador significou ecônomo, funcionário da mordomia, perdido o exercício de "montear", e com ele os atributos essenciais do título. Dispunham *tapadas, coutos de caça real,* uma criação cautelosa de cães especiais. O Veador-Mor era o Monteiro-Mor, com as patrulhas vistosas de "Caçadores Reais", origem dos *chasseurs* (Marechal de Saxe, 1743) e que todos os exércitos tiveram, "Batalhões de Caçadores", usando a trompa de caça como emblema.

Na França o *Grand-Veneur* foi exercido pelas grandes famílias, Vendôme, Guise, Rohan, La Rochefoucauld, Toulouse. Suprimido pela Revolução, os Bourbons restauraram (Napoleão já o havia feito) e Napoleão III manteve o título. O derradeiro *Grand-Veneur de France* foi o marechal Jean Baptiste Philibert Vaillant (1790-1872), Conde e Par.

Famosas as grandes caçadas reais, terminadas pela aclamação no *hallali*.[115]

"Quem não caça, não é de raça." O *ride paper,* caçada elegante e sem morte do animal, é popular e fascinante. Um caçador (a convencional "raposa") foge deixando um rastro de papel cortado, perseguido pelos companheiros até determinado sítio onde está a farta mesa rústica do *luncheon.* A criação dos *fox-hounds* ou *terriers* ainda é indústria de boa sociedade inglesa, *devoted to hawk and hound.*[116]

A paixão pela caça era universal. Africanos e asiáticos, de ontem e de hoje, tiveram e têm porção maior de suas vidas dedicadas à profissão de matar animais, daninhos e comestíveis, fervorosamente. A figura do árabe, do quirgiz, do nômade africano da região equatorial, dos lagos ou do litoral, os ainos, a população confusa das ilhas do Pacífico, australianos, melanésios, indonésios, conserva a vocação caçadora.

Com a vinda da pólvora, no século XIV, posta à disposição da guerra, as armas continuaram sendo as clássicas. No final do século XVI inventaram o chumbo miúdo e este revolucionou a caça, facilitando o emprego, uso e abuso das armas de fogo. Mas as armas brancas, o "ferro frio", continuam...[117] As estratégias, manhas e astúcias foram adaptadas ao alcance do tiro de chumbo ou bala. A distância para abater a caça multiplicou-se. Mas resistem as armadilhas, fossos, fojos, alçapões, por todo o mundo, escavações cobertas de leve ramagem e areia onde o elefante pisa e fica à mercê do caçador, assim como o gorila do Gabão e do então Congo Belga; gaiolas cuja porta cai inopinadamente prendendo o animal que atendeu à carne oferecida; laços que seguram tigres, panteras, leões, leopardos. Ainda são vivas e atuais na África e na União Indiana as batidas de centos de caçadores acossando a presa, levando-a para onde será abatida, do alto do elefante ou de terraços acostados nas árvores. Onde há lobos há sempre *montería,* perseguições coletivas para dizimar as feras, defendendo os rebanhos na proximidade do inverno, especialmente nas regiões serranas da Europa e da Ásia. Semelhantemente, para as lebres australianas que se tornam devastadoras pela multidão insaciável.

Por toda a América, de extremo a extremo, a caça foi e é profissão diária. Nos séculos XVI, XVII, XVIII, XIX, um terço da população caçava. Com o advento da espingarda, o amor pela caça aumentou. O indígena não abandonou de todo (e nem podia fazê-lo) os processos rotineiros e queridos, mas a pólvora trouxe um auxílio precioso e determinante para a economia privada e coletiva das tribos.

Pelo continente americano não há solução de continuidade. Na extremidade setentrional, o esquimó caça com fojo na neve, lança para animais terrestres, redes, matando aves com boleadeiras, pedras amarradas a uma corda fina e resistente, também populares na Argentina, Uruguai e sul do Brasil. Duas são as maneiras típicas da caça esquimó: *maupok* — de espera, sentando, aguardando a foca no respiradouro; ou *utok* — de arrasto, rastejando na neve para aproximar-se da presa. As peças são a foca toda preciosa, a morsa, a baleia, aves para a plumagem ornamental, e o caribu (rena do Canadá). Caça-se no mar, de arpão, grande arma poderosa, ocultando-se o caçador atrás de abrigos, arrastando-se penosamente no gelo e arranhando o solo com uma pata de foca, ruído que tranqüiliza o animal. Na zona do Ártico, no verão, a caçada de caribu é notável. Também apanham aves com uma bolsa no alto de vara flexível. No inverno há o urso, o boi almiscarado. No rio Mackenzie e arredores, zonas periféricas, enreda-se nos canais a foca com tapumes. Na primavera e outono persegue-se a rena, acossando-a mulheres e crianças aos gritos, impelindo-as para as cercas convergentes, muros de pedras, enfeixados de estacas, próximas ao local onde o esquimó aguarda, de espingarda na mão, imóvel no seu caiaque, bote de couro. Ainda se usa de lança no propulsor, javalinas, dardos acerados.

Os dené (atapascanos) a noroeste, e o algonquino, a suleste, fontes do Mississipi, grandes lagos, rio e golfo de São Lourenço, caçam. Caçadores são os iroqueses. Rena, alce, cervo, raposas são abatidos com laço, currais, caçada diurna e noturna, com tochas de cascas. Naturalmente, a carabina é rainha mas as lanças, dardos, com ou sem propulsor, têm vida e função. O arco projeta flecha de emplumação radial. Os algonquinos têm arpões, ganchos, tridentes, e os dené punhais, outrora de pedra, osso, ferro, agora de aço. Os californianos e as tribos da meseta são igualmente caçadores fervorosos: os shoshoni da Gran Cuenca, empregando cercas convergentes, laços, acurralamento com fogatas, disfarces atrainclo o animal que julga ver um semelhante. Para o norte ocidental, monte Elias ao cabo Flattery, há bosques de cedros e abetos onde se caça de espingarda, arco e lança. O cão é companheiro fiel e nalgumas zonas funciona como animal de carga, puxando um trenó. Nas regiões litorâneas persiste o tabu de não misturar-se na alimentação peixe com carne, proibição que ainda reina no interior do Brasil, e pontos sul-americanos. Para o suleste, Montanhas Rochosas, as *mesas* erodidas e os grandes *canyons* impressionantes, há mais plantação mas a caça menor é seguida menos por necessidade do que por uso milenar.

No império asteca caçava-se o veado, cervo, lebre, coelho, codorniz etc. Os indígenas otomi serviam de batedores. Tinham as fundas, arcos para os cervos, zarabatanas para os pássaros, propulsores jogando dardos tridentados nas aves aquáticas, redes para lebres e codornizes, redes de bolsa para patos. A zarabatana não atira dardos mas balas de barro. Há exemplares com pedras preciosas engastadas, como as que pertenciam a Montezuma, propulsores com chapas de ouro, usados pelos mixtecas. Conheciam o cão mudo, iguaria.[118]

Os maias gostavam de armadilhas, forca flexível para javalis e cervos, armadilhas de caixão para tatus. Zumbiam as flechas de arcos potentes e abundantes, arma de caça e de guerra. Na Guatemala reapareciam as zarabatanas com projéteis de barro, achas de cobre, lanças de pedernal, primeira arma. Nas áreas colombianas vinha o veneno nas flechas,[119] preparado pelos Caraíba, armados também de lanças escuras de palmeiras. Em Costa Rica o tapir era quase doméstico. No Panamá os cervos, javalis, caíam nas redes, fojos, fossos, laços no extremo de varas para aves. Arco e flecha, zarabatanas. O veneno era extraído da glândula do sapo (*Bufo marinus*), como Penzer diz popular no arquipélago malaio, e não no curare, popular na América do Sul tropical.[120] Na Colômbia e Bolívia os panches usavam de arcos e zarabatanas e ambos de lanças e clavas. Os muíscas tinham propulsores com ganchos de pedra. No Peru litoral os chimu davam batidas com redes, brandindo maças de cabeça estrelada ou pontudas, lanças, achas, dardos. No império dos incas caçavam a vicunha, o guanaco, com cercas convergentes para onde os batedores encaminhavam os animais. Boleadeiras. Lanças. Clavas. Fundas. Propulsores. Não havia caça privada mas sempre oficial, autorizadas pelo inca às incursões cinegéticas.

Por todo o Brasil colonial a caça era a atividade essencial e a pequena agricultura ou coleta de frutos, formas subsidiárias da alimentação. A pesca vinha, naturalmente, em primeiro lugar, como ocorre presentemente, nas margens dos rios perenes e lagos piscosos. Arco e flechas eram armas inseparáveis, flechas de variedades dimensionais, emplumaduras, com ou sem ponta, para matar ou atordoar aves, menos usada a lança, e as clavas (tacapes) davam conta de inimigos homens. Usavam fojos, fossos, armadilhas para caça, prendê-la ou permitir aproximação. Os cariri tinham propulsores para flechas. Caçavam de batida, convergindo os animais e também incendiando o capim, a queimada que atemorizava a caça de quilômetros, dizimando-a. Os duendes Curupira, Anhangá e M'boitatá protegiam a caça do campo, da mata e as relvas incendiadas sem necessidade. Eram os tabus protetores.

Onívoros, matavam todo animal. Respeitavam aqueles que julgavam ancestrais e havia, decorrentemente, larga série de cerimônias, danças propiciatórias, máscaras votivas, destinadas ao elogio, ao amansamento dos entes protetores da caça, permitindo o acosso e as peças abundantes. Já os paleolíticos tinham feito semelhantemente. A zarabatana retomava seu domínio nas matas do extremo-norte e planalto do Brasil Central, articulada com o uso dos venenos. No mundo amazônico e zonas do Mato Grosso e Goiás conserva-se a supremacia de duas armas de caça, o arco-flecha e a zarabatana, atirando dardos envenenados com curare. Para as tribos residentes nas margens dos rios a pesca é a fornecedora do alimento. As flechas são destinadas aos grandes quadrúpedes. Caça-se por orgulho, para contar que abateu o jaguar e mostrar ou usar-lhe o couro mosqueado (mojos). A flecha é habilmente dirigida mesmo em tiros de elevação, mas o comum é o alvo direto. Um indígena arredondando o arco leva todas as possibilidades de abater a caça visada. Flechas, com pontas de ferro para cutias, pecaris, onças, substituindo as antigas pontas de quartzo. Caçam com laços, armadilhas, fossos, mundéus, esparrelas, aratacas, algumas de influência negra ou mesmo européia. O caçador escondendo a cabeça numa cabaça apanha os patos na lagoa à mão, agarrando-os pelas patas, como no México, Chiriqui, Haiti, lago de Maracaibo. Arpoam o peixe-boi (*manatus*) no Amazonas e Orenoco ou nas redes, arrastando-o para a margem, onde é morto a cacetadas (Amazonas). No meio da mata a zarabatana é preciosa. Nos descampados, planícies, margens dos rios, a flecha continua rainha, caçando e pescando.

Para o extremo-austral, Estreito de Magalhães, aves, focas, delfins morrem com dardos e arpões. Os patagões e araucanos caçam com dardos, arco e flecha, laços, redes, o guanaco, avestruzes, atraindo-as disfarçados na aparência da própria ave, como vemos nos desenhos rupestres da África do Norte. Fazem batidas em massa, com lanças e boleadeiras, de duas e três bolas que matam, atordoam ou imobilizam a caça pelo impacto ou brusco entrelaçamento das correias onde as bolas de pedra estão presas.[121]

No Gran-Chaco é reino de arco e fecha, fundas, cercas convergentes, círculo de fogo (abipone, mbaiá) para veados e pacas e disfarces, como no pampa, para avestruzes. Muitos bodoques, arco de balas, introduzidos pelos europeus.

Em certas regiões o cavalo determinou transformação nos métodos de caça, criando uma geração de cavaleiros, guaicuru, índios cavaleiros, o caçador do pampa, na planície argentina e uruguaia, o gaúcho do Rio Grande do Sul. A arma de fogo modificou profundamente os processos cinegéticos, mas na América tropical não se divulgou, ainda hoje, tão rapidamente como entre os indígenas norte-americanos e canadenses dos séculos XVII e XVIII. As armas do século XVI ainda são habituais e comuns. A espingarda de caça é raridade entre os indígenas. Nem uma espécie típica obrigou o aborígine a deslocar-se, acompanhando o alimento vivo, como o sioux atrás da manada de búfalos ao correr do século XIX. Por isso, as áreas de fixação demográfica persistiram, em linha geral, na linha dos quatrocentos anos, seguindo os lindes constantes do biótipo animal. Depois, lentamente, o indígena se foi libertando da obrigação de distanciar-se maiormente para encontrar a sua caça. É o que se verifica no Brasil amazônico e central, e também Maranhão. As zonas de excursão caçadora restringem-se. O círculo ambulatório do indígena diminui. Será um terço comparadamente às incursões dos séculos XVI, XVII, XVIII. Está ficanclo num "nomadismo estacional" — como diz o professor Osvaldo O. F. A. Menghín.

Na região do Nordeste brasileiro, especialmente do Ceará à Paraíba, nas regiões do sertão e agreste, em certos anos ocorre a vinda numerosa das aves de arribação, *Zenaide auriculata virgata,* Bertoni, uma peristerídea, chamada ribaça, rebaça, rabaça, avoante, avoete, multidão alada que recobre na palpitação das asas a paisagem desolada das caatingas, de mato franzino e desfolhado, pedras e solidão. É de maio ao fim de junho, mais ou menos. Dizem-nas vindas da costa d'África e os pescadores das praias d'Areia Branca contam que o mar fica, às vezes, cheio de corpos mortos das aves exaustas, boiando e orlando as areias. São pombas pequenas, cinzentas, inquietas. Voam em revoadas densas mas, pelo que há tantos anos vejo, de extensão limitada. Não sei como atravessam o Atlântico, como as codornizes bíblicas faziam no Mar Vermelho, vencendo o fácil Mediterrâneo; uma coluna para Espanha e outra para os Balcãs, partindo do Egito e do litoral árabe.

As ribaçãs povoam, para a desova, os arbustos espinhentos e os cereus, cactáceas e bromélias, em ondas sucessivas, tapetando o solo de ovos brancos, em número inconcebível. Milhões de ribaçãs fartam mercados, feiras e casas particulares numa abundância excessiva. Montões de ovos são vendidos, guloseima para todos os paladares. Toneladas de ribaçãs, salgadas e secas ao sol, distribuem-se pelo litoral e sertão, cidades, vilas, povoações, saboreadas fritas ou guisadas, com farinha fina de mandioca ou feijão verde e novo, temperado com manteiga fresca. Dura a postura uns cinqüenta dias. Quando a sobrevivente ninhada pode alçar o vôo, as ribaçãs desaparecem de todos os recantos, misteriosamente, e não se sabe para onde regressam. Deixam mais saudades que as codornizes aos israelitas no deserto (*Números,* XI, 31). A titela, parte carnuda do peito, tem o sabor da perdiz. Mais gostosa talvez. Richard Burlon dizia o jacu (cracídeos, gênero Penélope) superior ao faisão. Digo semelhantemente à ribaçã sobre a perdiz. Não se diz caçar, mas pegar ribaçã. São mortas a tiro de chumbo miúdo, a pau e também presas à mão, como sucede às codornizes no Egito. Apanham-nas como a um fruto maduro, fartamente, fáceis, enchendo o chão. Todos os carnívoros saciam as fomes velhas. Crianças, velhos, mulheres, adultos, centenas e centenas de pessoas, ocupam dias e dias em matar, pegar as ribaçãs e encher de ovos os caçuás, sacos e caixotes. São inesgotáveis. Morrem nas bebidas, oculto o caçador numa esparrela, a arataca, puxando a ave pelo bico para o mergulho nágua, centenas e centenas num dia. A caçada de grupo ocupa uma figura curiosa, o "coró", cheio de latas e chocalhos, trepado num galho baixo ou numa pequena elevação do terreno, fazendo barulho e gritando: "é cá, coró!" As ribaçãs fogem na direção dos caçadores. O homem que faz o papel do coró recebe 10% da caçada. Matam-nas durante a noite, com facho, a *fachiada,* tochas ardendo e clareando os lugares onde as aves continuam alastrando de ovos. As mulheres preparam quinhentas por dia, em parelhas, como são vendidas, prontas para o lume. Em 1930 o milheiro valia entre duzentos e duzentos e cinqüenta réis. Em 1957, um conto e trezentos. Mas estão sendo servidas nas capitais. É a caçada mais típica do Nordeste do Brasil.[122]

Como nenhuma outra atividade econômica a caça garantiu a subsistência, a orientação individual, o rastejamento, reforçou com as peles e couros os abrigos, paredes e coberturas; criou o traje, o leito, o agasalho, o bote, a cabana e — depois da domesticação de animais — o transporte, a guerra de conquista, a circulação comercial das caravanas, o extenso domínio político. Da caça emergiram os tabus prestigiosos e conseqüentemente o cerimonial sugestivo, máscaras votivas, danças simbólicas, enfim como a mecânica expressiva da representação totêmica. A caça sugeriu a magia sugestionadora e sua projeção natural, pinturas, gravuras, esculturas de animais. Criou a Arte.

Perseguindo a caça fugitiva os caçadores nômades, dolicocéfalos e mongóis, alcançaram a Sibéria, praias do estreito de Behring, atravessando-o para o Alasca. Era descobrir e povoar o continente americano.

*

> *Dona cano divum, laetas venantibus artes,*
> *Auspicio, Diana, tuo.*
>
> Gratius Faliscus, *Cynegeticon.*
>
> *Duc age, Diva, tuum frondosa per avia*
> *vatem;*
> *Te sequimur; tu pande domus et lustra*
> *ferarum.*
>
> Nemesiano, *Cynegeticon.*

O caçador, primeira atividade humana na conquista da subsistência, continua atual na contemporaneidade útil. Caça-se para comer ou vender o animal capturado, carne, peles, pêlos, plumas, couros, troféus. É uma economia natural pela apropriação direta. Elefantes e aves-do-paraíso, ursos e arminhos, tigres e garças, seguem alvos de carabinas, bumerangues, zarabatanas, lanças e flechas. Caça-se com armadilha como no solutrense. Corpo a corpo como no baixo paleolítico. Homem e fera não mudaram na linha do destino. Enfrentam-se para morrer, matando.

A caça será meio de alimentação, indústria, divertimento. John A. Hunter abateu em Quênia 1.400 elefantes e, na terra dos masai, 88 leões de juba negra, em três meses. Os leões devoravam o gado e os elefantes destruíam as xambas, milharais da África Oriental Inglesa. Mas as "partidas aos faisões" e o horripilante "tiro aos pombos", entre elegâncias européias, não têm a justificativa dos massacres asiáticos ou africanos às panteras, tigres ou às onças e pumas ameríndias. O cético e requintado Carlos X, derradeiro rei de França, durante as *trois journées glorieuses* (julho de 1830), que lhe arrebataram pátria e coroa, *chassa à Rambouillet*. Há uma página soberba do duque de Windsor descrevendo a caçada aos faisões, em Sandringham, mortos às centenas, pela infalível pontaria do pai, o rei Jorge V da Inglaterra.[123] O melancólico Nicolau II da Rússia, o imponente kaiser Guilherme II, último imperador da Alemanha, o bonachão Dom Carlos de Portugal, o elegante Paul Deschanel, presidente da França, tinham a mesma predileção irresistível. O apelo é atendido pelo *rough* Teodoro Roosevelt, que vai matar hipopótamos e rinocerontes nos seus *hunting trips,* como pelo sereno duque de Iorque (o futuro Jorge VI), levado ao acampamento de Martin Johnson no sertão de Quênia. Dölpfeld perguntaria: *abe für Welchen zweck?* Mas, para que fim? Aplicação imediata e fatal do excesso lúdico. Folguedo, passatempo, esporte. Nenhuma utilidade prática, orgânica, lógica. Sobrevivência admirável e poderosa de um instinto obstinado em viver através de meio milhão de anos.

Essa persistência fundamenta o encanto do caçador furtivo onde a legislação de caça restringe o exercício cinegético, com exigências de licença. Alexandre Dumas evocou suas habilidades clandestinas em Villers Cotterets (Aisne) como John A. Hunter ao redor do pântano de Lochar Mosse, em Shearington, no sul da Escócia. Todo menino europeu, vivendo no campo, atravessou a fase inesquecível da caça furtiva, ludibriando a vigilância dos guardas florestais. Caçar tem sido um impulso indisfarçável, além das fronteiras legais, como praticavam aqueles solenes *snobs* de Thackeray. Os animais são guardados em redutos especiais, tapadas, coutos, *faisanderies,* alimentados, defendidos ciumentamente, para o sacrifício nas caçadas oficiais e lícitas.

A impressão que não se desvaneceu é a de ser a caça *de todos,* e quem a mata é o legítimo proprietário. Essa posse pela apropriação direta, conseqüente da simples apreensão, é reminiscência obstinada de um direito de captura mais de duzentas vezes milenar, que nenhuma convenção subseqüente conseguiu derrogar inteiramente na mentalidade popular.

Como o caçador é anterior ao guerreiro, o instinto da luta é uma conseqüência da caça. Todos os velhos conquistadores foram caçadores excelentes. A distância no tempo é que modifica a concepção mental. Guilherme o Conquistador matava ursos à lança e seu descendente derruba perdizes a tiros. Entre a utilidade do urso e da perdiz e a maneira de obter decorrem as transformações culturais, imperiosas e sucessivas. Mas sempre há de haver um animal para sucumbir, satisfazendo desejo misterioso de vitória modesta e rápida, deliberada e racional, sobre o irracional instintivo e livre. Esse deseio é que já o australopiteco, o sinantropo, o pré-Homem do Chelense satisfaziam para viver.

Mas a caça esportiva, social, lúdica, é uma sobrevivência, empurrando o homem para as partidas de caça na Europa ou fazendo-o viajar para a África com o propósito de matar elefantes, leões, búfalos, leopardos ou as inofensivas impalas, girafas, zebras e bongos. A vontade, a gana, do caçador, por amadorismo ou busca de emoção, batendo-se a lança, facão, azagaia, com a pantera negra de Java, o tigre real de Bengala, o fulvo leão de Tanganica, o javali hindu, no sensacional *pigsticking* (caça ao javali com um chuço, havendo o Prêmio Kadir para os campeões) é o mesmo elemento, em dinamização inferior, que leva o rapaz a gozar o seu domingo com uma leve Remington, passarinhando, matando pássaros.[124]

Quando o rei Jorge V autorizou o príncipe de Gales (futuro rei Eduardo VIII e atual duque de Windsor) a caçar em Sandringham, janeiro de 1912, a resposta do príncipe é expressiva:

> *J'aime la chasse plus que tout, et c'est bien aimable à vous de m'avoir permis de chasser ici aussi librement... J'ai pu m'entraîner dans de conditions magnifiques, et je crois que mon tir a fait de grands progrès.*

Quando o arquiduque Francisco Ferdinando visita a Inglaterra caça no parque de Windsor os patos selvagens. Abateu 273. Há mesmo um conjunto específico de virtudes e regras indispensáveis a um verdadeiro caçador, a legitimidade da *huntsmanship*.

Quando esse desejo não pode aplicar-se aos faisões, e aos pombos, orienta-se para quebrar pratos ou lebres de gesso nas barracas das feiras ou competições, com taças, medalhas, estatuetas, aos vencedores. Viva e permanente é essa força trucidadora, disfarçada e oculta nas elegâncias da *chasse à courre* ou de espera de tocaia, aguardando-se a vítima numa inconsciente premeditação.

O ato que não conseguiu materializar-se fica no sentido inquieto, catucando o pensamento. Um chefe marroquino, disciplinado e fiel, dizia ao marechal Lyautey: "agora vivemos em paz, mas se os franceses não estivessem aqui, que linda noite para roubar cavalos!"

Como nenhuma outra atividade, a caça mereceu a valorização aristocrática. É uma vitória sobre forças vivas, animadas pelo instinto da defesa. Certos animais eram privativos do rei e fixadas as épocas e meios inderrogáveis para as batidas. No Peru, privilégio do inca. Na China. Na Índia, dos rajás caçadores. Direito de caça, prerrogativa feudal. Quem apanhasse uma lebre no Beauvais era enforcado sumariamente. Os camponeses não podiam possuir cães *qui n'eussent pas le jarret coupé, et les seigneurs y veillaient soigneusement* (J. A. S. Collin de Plancy, *Dictionnaire Féodal,* I, 83, Paris, 1819). O concílio de Tours em 813 proibiu aos eclesiásticos *d'aller à la chasse, aux bals et aux spectacles.* Crime capital caçar numa floresta do rei. Gontran, rei de Borgonha, mandou lapidar um dos seus *chambellans* por ter-se atrevido a matar um búfalo na floresta de Vassac, *qui était une forêt royale.*

Ainda hoje o título de caçador ressoa em glória e provoca admiração. Gastão Febo (pela cabeleira dourada), conde-senhor de Foix e do Bearn (arrebatado ao conde d'Armagnac), violento, brutal, assassino do único filho legítimo, era uma égide para os caçadores e o seu *Traité de la Chasse* um quinto evangelho durante três séculos. Dom João I de Portugal (1357-1433, rei em 1383) deixou um *Livro de Montaria,* montear, caçar nos montes, publicado por Esteves Duarte, Lisboa, 1918. Carlos IX (1550-1574), rei de França em 1560, escreveu *La Chasse Royale,* impressa em Paris, 1625. A bibliografia é exaltadora, apaixonada, envolvente.

Do *Cynegeticon,* de Xenofonte, 430-352 a.C., parte a consagração letrada. A caça, invenção de Apolo e Artemis, teve o melhor discípulo no centauro Quiron, mestre de Nestor, Peleu, Ulisses etc. Adriano, Opiano, Femon ampliaram os motivos que os poetas na Roma Imperial tornaram quase sagrados: Gratius Faliscus e Nemesiano de Cartago, parente do numeriano que foi César em 284. Os dois *Cynegeticon* correm reunidos comumente ao *sive de cura canum venaticorum* (tratamento dos cães de caça) de Jerónimo Fracastor, 1483-1553, no mesmo ritmo. Há uma edição da Garnier, Paris, sem data como é habitual, *Poetae Minores,* tradução de M. Cabaret-Dupaty, reunindo Faliscus, Nemesiano e Fracastor. Embora incompleta, *La Chasse à Travers les Âges,* Paris, 1898, do conde de Chabot, merece leitura. Os livros de caçadas, notadamente na África, são multidão. No Brasil, Clado Ribeiro Lessa, Henrique Silva, Francisco de Barros Júnior etc.

Voltaire queria ver o guerreiro como a velocidade inicial da Realeza. *Le premier, qui fut roi, fut un soldat heureux!*

Esquecia-se de Saul e Davi, que foram guerreiros quando já eram reis. Mas sempre foram pastores, e quem diz pastor diz caçador, matando em defesa do rebanho. Reis-pastores. Hicsos que fundaram duas dinastias no Egito. Os pastores que apoiaram Rômulo e Remo. Dário acmenida. As invasões dominadoras que explicam os povoamentos são originárias de povos pastores, camitas, semitas, indo-europeus. O cajado do pastor era sinônimo de lança e o rebanho de exército. A guarda dos rebanhos determinava vigilância e repulsa ao atacante, lobo ou homem. *Homo homini lupus,* mas lobo protegendo a posse.

Dou ao caçador o ímpeto primário de matar, o exercício do ataque, o sabor primeiro da vitória compensadora. O guerreiro, matador de homens, nasceu do caçador, vencedor de animais.

PESCA

A pesca teria início no aurinhacense. Ales Hrdlicka, que vinha rotulando, desde o acheulense, o homem *chiefly a hunter,* inclui no Aurignac um *fisher, probably.* Assim, há mais de 250 séculos — segundo cálculos e deduções negados por mínimos e recusados por máximos — o homem pesca.

É nesse período que aparecem enfeites de vértebras de peixes.

Nesse aurinhacense foram encontradas carapaças de tartarugas e espinhas de peixes que parecem *coryphene,* o gênero que dá o "dourado" universal. Mais. Também anzóis feitos de dentes de tigre e do urso e outros, bem mais simples, de osso perfurado no meio e aguçado nas pontas. E pedaços de madeira rija, curvada quase em ângulo reto. A existência do arpão dentado, depois serrilhado, podia permitir fisgar o peixe de um golpe. Parece que o Homem do Aurignac pescava de anzol, mostrando paciência e bom humor pouco compatíveis com um caçador de auroques e de tigres impetuosos e atrevidos.

Os meus amigos pescadores, notadamente os da classe amadorística, fazem o elogio fervoroso da função pacificante que a pesca determina, distanciadora do trágico cotidiano. Tem o condão de fazer evaporar o recalque, disperso na obsessão do peixe fisgar ou não fisgar.[125] O que mais me maravilha na pesca à linha ou de-espera é a imobilidade do pescador. Os serenos pescadores na beira do Sena, em Paris, sentados no rebordo da muralha, aguardando um peixe que nunca se dignou sacrificar-se à obstinação parisiense, enchem-me de alegria de ser contemporâneo daquelas reservas notórias de resignação e de esperança em potencial inesgotável. A explicação é a do velho Syngman Rhee, da Coréia:

I don't fish for fish, but for fishing...

A primeira impressão é que o Homem de Cro-Magnon seria pescador pouco à vontade diante da violência das caçadas coevas. Verdade que a necessidade obriga o sapo a bailar como Nijinski. Um soberbo urso polar de quatrocentos quilos espera uma hora, pata no ar, aguardando o reaparecimento da cabeça da foca no orifício do gelo. Mas o urso não tem a movimentação aberta e agitada, e caça com lentidão e majestade. A pesca tomaria o aspecto de uma semi-revolução no organismo humano. Passar da dinâmica à estática. Mas creio que o arpão antecedeu, de muito, o paciente anzol e a confiada rede, esperadora do cardume.

De onde teria nascido a nova atitude? O maciço macacão de Neandertal estava desaparecendo. E não há notícia que tivesse pescado. O Homem de Cro-Magnon, caucasóide, onde aprendera e de onde trouxera a técnica para a Europa? Ou teria provindo do negróide de Grimaldi, egresso das águas africanas?

Como teria começado a pesca? Certamente não fora de anzol. Na segunda metade do século XIX, Karl von den Steinen não os vê no Brasil Central nem Livingstone ou Stanley na África. Pescam de flechas, arpão, barragens, armadilhas. A camarada onça sempre pescou a patadas. Os anzóis e redes surgem na América posteriores às barragens de pedras e conchas, e os diques nos estreitos dos rios ou caminho escoador das águas, estrada de escapamento dos peixes em piracema ou grupos na desova.

Quando apareceram as redes de pesca? Creio que foram anteriores aos anzóis. A rede de caça parece-me anterior à de pesca, aquela sugerindo esta. As armadilhas iniciais para pesca foram as barragens e diques nos lugares estreitos das correntes fluviais, destinadas apenas a retardar a velocidade da fuga. E os lugares barrados deviam ser rasos. As armadilhas com estradas fáceis e saída impossível, prendendo o peixe, teriam aparecido quando o homem (ou a mulher) dominava a arte de tecer juncos, vergônteas flexíveis, bambus, enfim, fazer a vasilha trançada, precursora do vaso cerâmico. Mais racional obstruir um caminho habitual de peixes que inventar o anzol ou armar a barragem. Assim, os viajantes da África no século XIX vêem barragens, armadilhas, arpoagem, flechas, redes, mas poucos anzóis, tal e qual no continente americano. E ainda na Austrália, Polinésia, Melanésia, Índia, China e seu mundo. Pesca coletiva antes da pesca individual. Depois teriam vindo as redes menores, já em tempo histórico, para um ou dois pescadores.

O pescador inicial seria um dominador da auto-impaciência natural. Todas as atividades normais eram de intensa movimentação física quase acrobática. A caça era uma guerra agitada e perigosa. A noite era misteriosa. Deter-se, imóvel, olhando água, com um anzol amarrado a um fio vegetal ou de arpão erguido, espreitando a sombra do peixe negaceante, eram atitudes de nobre e inesperada contenção. Creio que a pescaria, liberando o homem da mobilidade da caça e dos pensamentos ágeis que a deviam acompanhar, permitiu exercício mental que não lhe seria possível farpeando o mamute ou correndo atrás do cavalo selvagem. A primeira pesca consistiria na colheita de crustáceos, moluscos, terrestres, marítimos e fluviais, como quem apanha fruto caído da árvore. Uma *pesca raccolta,* na imagem de Biasutti. Custava o esforço de curvar-se e segurar. Na preamar os caranguejos e camarões maiores ficam nas rochas, visíveis, quase requerendo prisão. Ainda hoje nas praias do Brasil os aratus (grapcídeos) são apanhados aos milhares, facilmente, durante a noite, na chamada pescaria de facho, iluminando o campo operatório. Há peixes que ficam nos buracos e luras empoçadas e são tomados a mão (eleotrídeos, gobídeos). Muito mais difícil é a caçada de um grilo ou de uma borboleta crepuscular.

No epipaleolítico, o pescador avança um tanto no mar, possivelmente pelo Báltico, melhorando os processos aquisitivos, como na foz dos rios e lagoas. No maglemoisiano, com os restos-de-cozinha (sambaquis, cisqueiros, casqueiros), afirmam uma farta dieta de peixes e mariscos. E também há tais restos das primeiras embarcações que foram balsas, empurradas a varejões e sem direção de leme. Não seriam, é evidente, unicamente aproveitadas no transporte humano.

Naturalmente as armadilhas iniciais desfizeram-se porque o material era putrescível. Assim como não podemos afirmar desde quando a madeira fora utilizada pelo homem para utensílios, da mesma forma uma armadilha pré-histórica é uma raridade ou fica no campo da hipótese racional.

Também existe o problema das primitivas redes porque ninguém conseguiu modernamente precisar a época em que a cestaria nasceu nas mãos humanas. De neolítica, até poucos anos, foi empurrada para o epipaleolítico, onde os vestígios são notórios e documentais. E mesmo por dedução, bem antes. José Pérez de Barradas, professor de Antropologia na Universidade de Madri, sugeria:

> *Los esqueletos de mujeres de La Ferrassie y la Grotte des Enfants, y de hombre de la Barme Grande, Raymonden y Laugerie Basse, por encontrarse en una posición violenta, acurrucados o en cuclillas y los brazos aplicados al cuerpo, presuponen el haber sido ligados fuertemente con fibras vegetales tejidas o trenzadas (La Infancia de la Humanidad,* Madri, s.d.).

E mesmo, seguindo Goetze, explica o uso de certos utensílios madalenianos como ligados à produção da cestaria no alto paleolítico:

Para encorvar el mimbre cree (Goetze) *que pudieron emplearse los enigmáticos bastones perforados del Magdaleniense, que en parte serían utensílios de trabajo. También servirian para preparar el mimbre los cuchillos, hojas y raspadores de pedernal; y, por último, en el tejido de la cesta se utilizarian los punzones de hueso y hasta para facilitar el trabajo de penetración y trenzado del mimbre* (Barradas, *opus cit*).

Não é mais compreensível que as cidades lacustres, em pleno neolítico, tivessem determinado a pesca, muitíssimo anterior. Desenvolveram-na, ampliaram-na. A construção naval deve ter tido aí o seu batismo nos lagos alemães e suíços. Bem curioso é que o navio tenha nascido na água doce. O avanço marítimo é posterior, até prova expressa em contrário.

A cidade na palafita obrigou a embarcação a ter uso diário e contínuo. É também a valorização alimentar do pescado. Heródoto (*Terpsicore,* XVI) registra que os peões da lagoa Prasíada, morando em cidade lacustre, alimentavam os cavalos e bestas de carga com peixe em vez de feno. Teófilo Braga conta que os pescadores do Algarve fartavam os porcos e burros com sardinhas. E, citando Belloguet e este a Aviano, lembra que os celtas davam peixes aos seus cavalos e bois. Meu pai, que esteve algum tempo na praia de Touros (no Rio Grande do Norte), afirmava que as galinhas e os xaréus (carangídeos) tinham idêntico sabor.

Talvez daí provenha a superstição na dietética popular de não comer-se peixe com outra qualquer carne. Superstição inenarravelmente velha: tanto em tribos norte-americanas quanto no sertão nordestino do Brasil. A abundância do peixe e a dificuldade da caça fizeram o complexo como mecanismo compensador. Kroeber, estudando a proibição dos judeus comerem porco, ostras e lagostas, crê que a carência tornou-se costume e, quando a carne de porco e os crustáceos se tornaram fáceis, era difícil ou impossível violentar-se uma tradicão milenar tornada tabu. E o tabu ficou. Os huaves da região lacustre do Tehuantepec são pescadores e desprezam os alimentos da carne bovina, apesar dos grandes rebanhos que possuem. Não há proibição, entretanto. Há, categoricamente, o despotismo do costume, como ensinava Stuart Mills. O israelita no Egito não comia porco porque o egípcio estava habituado a não servir-se de um animal votado à Lua e a Dionísio. Nem os devotos de Adônis e Átis o podiam tolerar. Moisés fixou na lei o que era categórico no costume. Inicialmente a pesca não seria abundante e preferida, a deduzir-se pelos desenhos e depósitos. Pérez de Barradas escreve:

De todas maneras, llama la atención que en las grutas de Baoussé-Roussé, donde ban aparecido tantos restos de mamíferos, sólo se bayan descubierto cincuenta piezas esqueléti-

cas de peces, y tan sólo diez de especies marinas, cifra insignificante si se tiene en cuenta que las grutas están en la orilla del mar... Sin embargo, la prueba de que la pesca no fué practicada en gran escala por el hombre paleolítico nos la da la escasez de representaciones de peces en el arte rupestre, conociéndose tan sólo dos truchas en la cueva de Niaux, un salmón en la Gorge d'Enfer, uno de especie indeterminada en la cueva de Pindal y varios de mar en la de la Pileta.

A pesca começaria pela simples apreensão dos crustáceos e peixes lentos, colheita de pescado que as vazantes deixavam nos charcos e pântanos, ferindo-os a pedradas e golpes de javalina, varapau, arpão. O uso da flecha, muito posterior, acompanhou-se pela narcotização, entontecimento dos peixes pelas plantas entorpecentes, tinguijada no Brasil, pelo tingui (*Jacquinia tingui*), troviscada, entroviscada em Portugal, pelo trovisco (*Daphne gnidium*), onde era direito senhorial. E também no Brasil indígena o timbó, compreendendo leguminosas, solanáceas, sapindáceas, genericamente. Denunciava conhecimento adiantado dos tóxicos vegetais, observando o peixe tonteado quando nas águas em que certas frutas ou raízes se desfaziam, contaminantes. Já seriam uso no madaleniano e possivelmente no solutrense.

A ciência dos artifícios de caça deve ter influído na haliêutica, mas os primeiros não exigiam o cuidado e delicadeza dos objetos praticáveis debaixo d'água. E sem a fiscalização do caçador. O cesteiro construiu a primeira armadilha para peixes. Essas precederam de muito a rede, como a pesca de lança e arpão fora estágio inicial.

O salmão (salmonídeos) foi o mais representado nos desenhos paleolíticos e mais encontrado nos restos fósseis. Continua por toda a parte mais apanhado que pescado. Seria, na pré-História, exceção? Henry Stanley encontra nos lagos do Congo a pescaria nas cachoeiras, dispondo os negros de cestos que buscam o peixe nos lugares de mais intenso trânsito, tal e qual a pesca do salmão no Canadá. Não seria diversa a atividade no madaleniano e talvez no aurinhacense.

As redes primitivas de que há notícia, pré-helênicas, outras em Tebas do Egito, ainda com a chumbada, foram feitas de fios de linho ou de cânhamo. Linho e cânhamo foram cultivados na época lacustre, no neolítico médio, e o chumbo, evidentemente, foi utilizado na Idade dos Metais, quando se trabalhava o cobre e o latão, bem anteriores ao bronze. As redes de caça foram as primeiras a funcionar e sobre elas há uma ampla literatura. Prendia em suas malhas, largas e depois estreitas, os gamos, gazelas, veados e mesmo, como se vê no maravilhoso vaso de Vafio, os touros selvagens. E também javalis, tigres, leopardos. No Egito, Assíria, Mesopotâmia, na Pérsia, as redes ajudam os caçadores. Gratius Faliscus dedicou-lhe grande parte do seu *Cynegeticon.*

Na Grécia histórica há o popular *amfidléstron,* rede individual, sacudida pelo pescador que a prende a uma corda e que se abre, como uma flor, na superfície da água. Os romanos chamavam-na "funda" (Virgílio, *Geórgicas,* I, 141) ou *jaculum* (Plauto, *Asinaria,* I, verso 86). Na Península Ibérica guardaram o nome com que a conhecemos no Brasil, tarrafa, vindo do árabe *tarraha.*

A pesca em todo o Mediterrâneo era diária. Sídon, na Fenícia, vale dizer pescaria. Atividade de Gibraltar ao Mar Negro. Pelos rios e lagos do mundo. Fenícios e filisteus não permitiam o acesso dos hebreus à pesca no mar. Foram esses grandes pescadores nos lagos e entre os profissionais da rede e barca, Jesus Cristo escolheu os apóstolos, "enviados", e a um — Simão Bar-Jonas — entregou as chaves do Céu. A contar do século XIII, o sumo pontífice da Igreja Católica sela as bulas e decretos com o Anel do Pescador e sob a égide simbólica, *sub annulo Piscatoris.* Salomão cita a rede, a rede maligna (*Eclesiastes,* IX, 12). Seus vassalos pescavam com anzóis de cobre.

Luanda, em Angola, quer dizer "rede de pescar".

Profissão normal, desde logo mereceu as honras de pagar tributo aos templos, Apoio Délfico, Diana Dictina ou Diana da Rede, Nereu, Forcos, ou às cidades, como Bizâncio. A festa dos pescadores no Tibre, *ludi piscatorii,* veio ao cristianismo. O primeiro papa, São Pedro, Chaveiro do Céu, é patrono dos pescadores (29 de junho).

Por toda a Europa, Ásia, África, Oceania com sua poeira insular, a pesca é uma permanente. Nas ilhas do sul, Polinésia, Melanésia, na grande Austrália, a tarefa pescadora emparelha; e em algumas regiões (Samoa, Havaí, Taiti) é bem superior à caça no plano da utilidade e persistência alimentar.

No Nordeste do Brasil, de Alagoas ao Ceará, pescam ainda umas duas mil jangadas. A jangada é o neolítico e o anzol bem anterior. De jangada e anzol mais de doze mil pescadores vivem nessa região, contemporâneos ao avião a jato e à bomba atômica civilizadora. Foi a primeira forma de pescar em cima d'água e continua como fonte econômica e ambiente social ao lado das aparelhagens científicas da haliêutica moderna.

Não podia a pesca — para os olhos clássicos de outrora e sempre ao longo das margens — possuir as credenciais valentes da caça e assim

Platão a desaconselha como atividade louvável a um bom cidadão. Faltava-lhe o sentido do heróico, prova indiscutível do destemor. Platão não podia prever uma luta de arpão contra a baleia. No tempo dele os grandes cetáceos tinham perdido o rumo do Mediterrâneo. Enfrentavam-no na costa de Espanha e golfo da Gasconha. Longe dos olhos gregos. Apesar das pilhérias greco-romanas, a pesca vulgarizou-se e era ganha-pão de muito grego discursador, assim como ao derredor de toda Península Itálica, também zombeteira. Peixe e pão, entretanto, eram passadio normal do ateniense pobre, o do Pireu, por exemplo. Lembremo-nos da multiplicação dos pães e peixes por Jesus Cristo, índice de uma alimentação diária entre os israelitas há vinte séculos.

Quando o homem começou a pescar na Europa (e teria sido veterano na Ásia), não havia uma só criatura humana em todo o continente americano, do Alasca ao cabo Horn. Foram deparados na costa atlântica e litoral do Pacífico e mesmo em alguns rios do interior, grandes depósitos de ostras, os restos-de-cozinha, com utensílios de osso e pedra, e muitos outros elementos que depõem a favor da pesca ao marisco e de uma atividade pescadora entre as criaturas que tinham pisado a terra ameríndia em data que Deus sabe. Ainda hoje o clima áspero da extremidade setentrional do continente apenas permite ao esquimó a batalha pela vida no mar aberto e foz dos rios salgados. Embora também cace, a pesca é uma espécie de caça dentro d'água, com as exigências físicas e penosas de uma caçada terrível. Bate-se com as focas indispensáveis que tudo fornecem, baleias, morsas, salmões e quanto nade é peixe e se come, humanamente. Arpão é a grande arma, como no madaleniano.

Os indígenas da zona subártica pescam no verão com anzóis, dardos e redes e mesmo durante a noite, com fachos. No suleste as represas de estacas ou pedras reuniam o pescado que era retirado com redes de bolsas. Os do oeste têm embarcações de cascas e de cortiça. Na Gran-Cuenca os arpões desmontáveis funcionam assim como redes e anzóis individuais. Um hábito do sul aí faz seu aparecimento: o envenenamento das águas com raízes machucadas, entontecendo os peixes que são apanhados a mão ou em redes rasas, lembrando raquetes triangulares, imagem do jereré nordestino do Brasil, apanhador do peixe-voador.

Os indígenas do noroeste estão na região das enseadas, ilhas e recortes costeiros, onde o peixe vive, incidências das linhas roteiras dos cardumes de salmões e arenques. Apesar dos bosques onde abundam animais, pouco caçam e muito pescam porque há o tabu de não comer carne de caça e de pescado, simultaneamente. Apanham crustáceos e sabem conservá-los pela defumação. É uma zona onde passa e é morta a baleia. Já estendem fios de anzóis em profundidade ou à flor d'água, conforme o peixe, e as redes são arrastadas pelas canoas, varrendo a ictiofauna. Diversidade de armadilhas testemunha a especialidade que a experiência selecionou. Nas grandes pescarias de verão as redes de bolsa prendem milhares de olaches (*Thaleichthys pacificus*), peixe que, seco e com uma mecha atravessando-lhe o corpo, acende-se e serve de lamparina fiel.

No sudoeste houve a cultura dos cesteiros (*basket-makers*), ignorando arco, flecha, mas tendo propulsores e dardos, e tecendo excelentemente cestos e canastras onde guardavam provisões e defuntos, desconhecendo a cerâmica. Eram errantes e foram sucedidos pelos "pueblos", estudados e divulgados pelos grandes etnógrafos e antropologistas, encantados pelas suas "cidades" nas serras, fortalezas que são moradas e templos onde se roga perenemente pela vinda da chuva e a oração eficaz é a dança. A pesca era e é quase inexistente mas no suleste pescavam intensamente com anzóis, redes de várias dimensões, dardos e armadilhas, cercos que valiam legítimos "currais de peixe", com entrada cômoda e saída impossível. Envenenam água das lagoas. Na Flórida os diques, de conchas marinhas e pedras retangulares, evidenciam o duplo sentido de utilidade e beleza realizado. Os dentes de tubarões eriçavam as clavas de guerra e, convenientemente ajeitados, eram colares e mesmo distintivos tribais.

No México usavam de redes, anzóis, armadilhas, balas de barro nas zarabatanas, dardos de três pontas nos propulsores, pescando-se especialmente nos lagos Texcoco e Patzcuaro. Os tarasco de Michoacán eram pescadores exímios nos lagos e praias do golfo, com arpões e redes. Os astecas utilizavam redes manuais, circulares, de cone truncado, com um junco sustentando a abertura. Os maias lutavam com a falta de água que, para beber, era conservada nas cisternas (chichen).

No Panamá, redes, anzóis, batimento e tapagem. No golfo de São Miguel pescavam pérolas. Na costa do Peru, balsas de junco, anzóis, redes, flechas e uma ave para apanhar o peixe e devolvê-lo ao pescador que lhe amarrava o pescoço, evitando a colaboração deglutiva, como os chineses fazem com o cormorão e os japoneses com o corvo marinho, auxílios quase gratuitos. No Chile os chono faziam redes de tendões e os magalânicos, armadilhas em forma de cestos. Já os querendis do pampa sabiam cozinhar uma conserva de peixe, a mais antiga de que tenho notícia, triturando-o de mistura com gordura, lembrando o piracuí amazônico, farinha de peixe, que Heródoto (*Clio,* CC) dizia popular em Babilônia cinco séculos a.C. No Chaco e Paraná, redes, barreiras submersas e tapagens. Nas pescas de piracemas (cardumes) soavam insistentemente os maracás para que fossem bem-sucedidos. Os araucanos em Chiloé tinham arpão, rede, anzol. Nas Antilhas, os caraíbas insulares pescavam de anzol e dardo. Os taino (aruacos), redes, cercas, arpão para as tartarugas e manatis (peixe-boi), flechando o pescado. Usavam de plantas para atordoar o peixe nos lagos. Tinham uma ajuda original. Amarravam a rêmora (echeneis) numa cordinha e atiravam-na aos peixes ou quelônios. A rêmora prendia-se (pelo seu disco contrátil na cabeça) ao pescado, que era colhido sem dificuldade. Cristóvão Colombo notara a presença da rêmora na pesca taina, mas Thor Heyerdahl, em 1947, não conseguiu sucesso com as rêmoras no Pacífico.

Para o Brasil a pesca é arco e flecha, dardo, azagaia com que o goitacá enfrentava o tubarão. Adormecimento do peixe pelo sumo do timbó, barragens, cercas ou currais, batimento, armadilhas (matapi, mucera, cacuri, pari, jiqui, parimembeca, cofo, mundéu etc.). A pesca amazônica tem denominações variadas: *piraiticasaua,* de anzol; *tataitira,* de facho; *moponga,* de batimento; *iantii-itica,* de azagaia; *xapuitica,* de arpão; *pindá-ciririca,* de anzol enfeitado de penas vermelhas, atraindo o tucunaré (como faziam os gregos com a lã rubra); *xapu,* de ferrão, fisgando-o no fundo d'água clara; *sararaca,* zarabatana; *pucaiticasaua,* de rede; *timboiticasaua,* de timbó; *pariticasaua,* de pari, barragem. Os mais populares são a flecha e dardo, maior ou menor conforme o volume do peixe (Stradelli).

Conservas de peixe: *mixira,* fritura especialmente do peixe-boi,[126] tartaruga, tambaqui (caracinídeos), muito torrada e guardada nas vasilhas engorduradas em que foi preparada; *piracuí,* farinha de peixe, peixe bem seco, socado ao pilão, reduzido a pó, peneirado e posto em paneiros forrados de folhas de arumã e mantido ao fumeiro; *piraen,* peixe salgado e seco ao sol, preferencialmente o pirarucu, *Arapaima gigas,* o gigante fluvial.

Os utensílios haliêuticos são pelo mundo inteiro mais ou menos os mesmos. Há redes pequeninas, puçás, jereré, mangote (diminutivo de trasmalho), que é rede para camarões, manejada por dois homens andando dentro d'água, um em cada ponta, redinha de malha do tamanho da cabeça de um dedo; caçoneira é trasmalho pequeno, largado no mar e apenas um homem vai "despescar" e trazer a caçoeira em jangada. Malha de quatro dedos. Caçoeira de cação, tubarão. Tarrafa, rede individual, para rio, lagoa, excepcionalmente no mar quando se vê cardume, preferível nas enseadas e remansos d'água quieta. Puçá de arrasto, rede com um cabo longo, feitio de bolsa. Chamam-na também timpurra. Landuá, para pescaria em poço, retângulo de malhas com dois paus laterais. Fecham-na como quem dobra uma folha. Covo, cesto mergulhado; jiqui, covo grande para pescaria-de-espera; jereré de mangue, hemiesferoidal, de junco, e jereré-de-voador (pirabebe, *Cephalocanthus volitans, Teigla volitans,* várias espécies), raquete triangular. A rede de pesca é também trasmalho e arrastão, com dez, vinte homens para puxar. Na Bahia a rede de xaréu (*Caranx hippos*) ocupa sessenta homens na puxada. A chumbada vai aos quinhentos quilos. Lowie fala de uma rede maori com dois mil metros de comprimento.

As armadilhas indígenas no Brasil são feitas com cipós, no Nordeste mais acentuadamente o cipó imbé (*philodendron*), juncos, varas flexíveis e que resistam ao puxão do peixe.

Há também cambito, pau com um laço na extremidade do cordão para pegar moré à noite no mangual. Somente moré. Os crustáceos, goiamu e uçá, pegam à mão na época da desova, quando ficam desorientados, *ao atá*. O siri é fisgado com uma forquilha que o empurra para a lama e segura-se à mão. No comum, nas praias nordestinas, não se diz pescar mas apanhar caranguejo.

A pesca tradicional do Nordeste brasileiro é a do peixe-voador. O voador é o peixe decorativo, a primeira ilustração da ictiofauna tropical nos livros e mapas coloniais. Não é pescado de arpão, anzol ou rede e sim apanhado, retirado d'água do mar pelo jereré, uma raquete triangular de cerca de quarenta centímetros. De abril a junho desce o cardume pelo litoral-norte do Rio Grande do Norte, notadamente do escuro de maio ao São João, 24 de junho. Diz-se "safra do voador". A safra em Caiçara ou Galinhos reúne mais de cem botes, fora as jangadas. O voador desce em piracema, do norte, longe da costa, mar aberto onde o tauaçu das jangadas (pedra de fundear) não toma pé. É pescaria de perau (fundura), jangada solta, descaindo com o vento ao lento empuxo da água faiscante. O cardume nada bem distante de terra, doze horas de vela, soprada pelo terral.

Quando a jangada ou bote chegam ao ponto espalham isca atirando nágua tripa de peixe, óleo de cação ou tartaruga. Espalha-se a nódoa e o voador aparece, roncando, saltando, enchendo o mar. O trabalho é mergulhar o jereré e trazer o voador para bordo, abarrotando jangada e bote com os montes palpitantes que se estorcem e rabeiam, tentando ganhar as ondas. Enquanto o voador morre, as ovas expelidas alastram-se, tapando a rede dos jererés pelas malhas, subindo pelos cabrestos do banco de vela, fechando a palha dos cestos, agarrando-se às tamancas dos calços do remo e do banco do governo, cobrindo com sua viscosidade luminosa a jangada inteira, dificultando o passo, ameaçando afundá-la.

Vez por outra o dourado (caracinídeo) empina a cabeçorra fora d'água e os voadores desaparecem. Quando a jangada ou bote não podem caber mais, mete-se o mastro no banco, ajustando-o na carlinga, abre-se a vela, buscando terra.

Amontoado na praia, aos dez e trinta mil, é entregue aos cuidados das mulheres e crianças, horas e horas. Vão elas escalando (abrindo longitudinalmente), desguelrando (arrancando as guelras) e salgando. Lavam na água salgada e tornam a salgar, estendendo-o nos varais de metro e meio de altura, estaleiros para secar, cada um com a capacidade de quatorze a quinze milheiros, lembrando os secadouros de bacalhau. Leva "sereno", outro dia de sol, e é então recolhido a granel, aos armazéns. Com cinco a seis dias de armazém "engrauja-se", fazendo-se o garajau — grade de varas com passadeiras de cipós ou palha de carnaúba, contendo um milheiro de voadores, onde o dispõem em sucessivas camadas. Resiste ao transporte longínquo e dura quase indeterminadamente. É o peixe do pobre que alcançou o sertanejo. Está em toda a parte. Comem-no assado, cozido, com leite de coco ou pirão escaldado, com farofa ou farinha seca e pura. É o mais popular, democrático e proletário dos pescados há quatrocentos anos!

Anzol pré-colombiano? Indiscutivelmente. Sabiam os ameríndios pescar com anzóis de madeira, de espinho curvado e mesmo de conchas, *anzuelo de concha,* em fase posterior. As linhas eram de fibra vegetal. Ao correr do século XVI, depois do machado, da machadinha, do facão de ferro, o anzol metálico era o desejo mais vivo do ameraba. Darwin ainda registrou a riqueza de um homem na Terra do Fogo constituída de anzóis, fazendo inveja aos vizinhos.

Ainda em agosto de 1884, Karl von den Steinen encontrou os caraíbas bacairis do rio Batovi pescando de flecha, fazendo armadilhas e mesmo tendo reservas de peixes vivos mas desconhecendo o anzol. Presenteados com anzóis puseram-nos nas orelhas como brincos (*O Brasil Central*). Trinta e quatro anos antes, Alfred Russel Wallace dizia que cem mil anzóis eram anualmente vendidos no rio Uaupés. O Batovi é para o Xingu o que Uaupés é para o Rio Negro (*Viagens pelo Amazonas e Rio Negro*). O episódio serve para demonstrar os mistérios do retardamento comunicativo.

*

Certamente a pesca tem sua história e literatura encomiásticas. Opiano, da Cilícia onde a pescaria era tradicional, cantou no *Halieuticon* a batalha no mar pela posse dos peixes, incluindo os possantes cetáceos, fisgados a arpão nas costas de Espanha e golfo da Gasconha; e os poetas Pancrates d'Arcádia, Calcalus d'Argos, Numênios d'Heracléia, Possidônio de Corinto, os prosadores Agátocles d'Atrax, Seleuco de Tarso, Metródoro e Leônidas de Bizâncio, Demóstrato louvaram-na, e em Roma Ovídio escreveu um *piscatorium carmen,* comparando os peixes e os mamíferos nas técnicas da sobrevivência. Há centenas de moedas revelando indústrias locais para salga e exportação do pescado e as corporações, *corpus piscatorium,* trezentos anos a.C., na Grécia, Espanha, Alpes Marítimos e notadamente em Óstia, reunindo os profissionais de Roma Imperial, os pescadores e os traficantes do *forum piscatorum.*

Bronzes, mármores, marfim fixaram os pescadores. Aparecem nas comédias. Marco Antônio, Cleópatra, o imperador Augusto, Marco Aurélio, o bruto Cômodo, pescaram de linha, humildes *hamiotas* governando o mundo conhecido.

Platão notava faltarem à pesca o sentido do heróico, a intenção valorosa, o exercício do destemor, a valentia em estado potencial. Exige concentração, tranqüilidade, paciência. A tradição é de pobreza, simplicidade, resignação. Platão desconhecia a pesca no mar alto e, pela situação geográfica da Grécia rodeada de ilhas, a haliêutica teria processo nas proximidades do litoral e habitualmente à linha. A virtude constava de saber esperar, *è l'uomo che sa aspettare* — diz Papini.

A pesca conserva a tradição da vida difícil e modesta. Os franceses dizem *allez à la pêche* quando alguém é despedido, atirado fora do seu emprego. No Brasil um sinônimo de miséria, não ter moeda, é "estar na pindaíba". Pindaíba, no idioma tupi, é a vara de pescar; *pindá,* anzol, *uba, iba,* madeira, vara, cana. Quem estiver reduzido a uma vara de pescar para obter alimentos enfrenta situação precária e rude. Na Gasconha compara-se: *pauvre comme les pierres et riche comme la mer.* Mas são pobres os que dele vivem. "Não há caçador pobre e nem pescador rico." O caçador é imaginoso, falastrão, gabarola, contador de maravilhas. Engana a fome narrando caçadas imaginárias e fartas. Os japoneses diziam o mesmo dos seus fidalgos: *bushi wa kuwanedo taka vôji* — o samurai mata a fome palitando os dentes. O pescador é mais rústico, humilde mas arredio, silencioso. Não sabe queixar-se ou pedir. O *Halieuticon* de Opiano (180 d.C., dedicada ao imperador Marco Aurélio, que amava a pesca) exalta e descreve os peixes mas não exalta o homem que os captura. Os deuses do mar dominam mas não oferecem pescado. Difíceis. Arrogantes. Orgulhosos. Suplicam os devotos não a interferência generosa mas a neutralidade, não perseguir, não mandar tempestades, não soltar os ventos. Assim orava Ulisses ao feroz Poseidon, seu inimigo. Nas antologias gregas os epigramas votivos e funerários dos pescadores são melancólicos, resignados, despedindo-se da profissão que não lhes matou a fome. Os dois pescadores de Teócrito (*Idílio*, XXI) adormecem famintos sobre as palhas úmidas. Diz Olpis a Asfalion: "Trata de encontrar um peixe de carne senão morres de fome com teus sonhos de ouro!" Os demais modelos clássicos soam a mesma triste cantilena: Grineu, cujo cadáver veio à praia sem as mãos, Téris, morrendo na sua cabana de caniços, Diótimo, Sódamos, Pálagon, mortos no mar, Pármis, Menestrato, Trásis, devorados pelos peixes, Pirrus, fulminado por um raio ao largo da costa, Migdon, cuja barca, queimada com seu corpo, acompanhou-o ao Hades.

Os pescadores deram apóstolos mas nunca generais, fundadores de impérios. Apolo e Artemis criaram a caça. Qual o filho ou neto de Zeus inventor da pesca? São evocados Poseidon, Afrodite, Pã e o próprio Príapo, numa indecisão oblacional pela legitimidade do patrono. Poderia dizer-se como os ingleses: *neither fish nor fowl...*

Vinda (com as melhores probabilidades) do aurinhacense, a pesca — da baleia às esponjas — segue comprovando presença em nossos dias amáveis, do paciente anzol às comoções do encontro submarino, com respiração artificial, batalha corpo a corpo com o peixe que se atreve a defender a vida.

Pesca-se, como se caça, por três finalidades: para viver, como Olpis e Asfalion; para rendimento econômico indo à industrialização, como as tarefas de salga proto-históricas e históricas; como passatempo, como o imperador Augusto, os sócios dos clubes modernos de pesca, pelo encanto da pescaria e não pelo peixe, como o velho Sygman Rhee, da Coréia: *I don't fish for fish, but for fishing.*

Entre os descendentes de Noé está Nemrod, "grande caçador ante o Senhor". Não ocorre para o pescador título semelhante: *et erat robustus piscator coram Domino,* mas sempre *venator.*

Convivi 25 anos com pescadores profissionais, de bote e jangada. Conheço pelo menos os nordestinos das praias do Rio Grande do Norte, do Tibau à Baía Formosa.[127] O pescador, veterano das solidões sonoras do mar, dos rios e dos lagos, *lava le sue mani nell'acqua e il suo spirito nella solitudine* — como escrevia Giovanni Papini, mas não determinou um filósofo, um poeta, um músico.

Montaigne fala da dificuldade de defender-se uma opinião, mesmo deduzida pela observação, contra a massa das opiniões comuns sob *l'autorité du nombre*. A influência da haliêutica daria ao pescador a floração poética e mental pela capitalização do pensamento no ambiente de silêncio e de cisma. A vida interior seria mais viva e ampla pela inaplicação prática, pela força em potencial, pelo demorado encontro do homem com sua imaginação pura, espontânea, independendo da provocação ou estímulo letrado circunstancial. Mas são os homens de outras profissões, a gente de terra, os exaltadores dos encantos do mar. Para cada Pierre Loti, Claude Farrère, Joseph Conrad, quantos milhares de "terrestres"? Mesmo no domínio biológico sabemos que a vida começou no mar, porém o número das espécies marítimas, incluindo no cômputo as da água doce, é infinitamente inferior às espécies de terra, 85.000 para 327.000 (H. G. Wells, Julian Huxley, G. P. Wells). Os maiores poetas, músicos, pintores do mar não foram pescadores nem marinheiros. São mais poderosamente sugestivas as grandezas estáticas da natureza, montanha, planície, floresta, cidade, que a imensidade dinâmica do oceano, esmagando pela móbil imponência a tímida vegetação intelectual. A montanha leva às especulações metafísicas e o mar à muda contemplação abstrata. Certo para hindus e polinésios e errado para a cordilheira dos Andes.

Não apenas o silêncio condicionaria a criação mental porque também é um elemento característico da caça. Plínio, o Moço, levava para a caçada os instrumentos da escrita. Numa carta ao historiador Tácito (I, VI) pede que o amigo não despreze essa forma de estudar. A movimentação do corpo dava vivacidade ao espírito sem contar que a sombra do arvoredo, a solidão e o profundo silêncio que exige a caça são propícios à inspiração, *magna cogitationis incitamenta sunt*. Von Martius (*Viagem pelo Brasil*) deduz da pesca o pauperismo: "Parece que o uso do peixe aumenta ou está sempre em relação com a preguiça, com a pobreza... em toda a nossa viagem existia maior miséria onde os habitantes se alimentavam exclusivamente de peixe". Não é miséria mas conservadorismo teimoso para a suficiência local. O conforto nas residências dos pescadores de salmões, no Canadá, dos pescadores da Colômbia Britânica, responde ao reparo do velho naturalista bávaro. Não é possível denominar-se *miséria* à parafernália do esquimó e dos pescadores da extremidade austral da América. Nem aos homens das tundras siberianas, da Lapônia e aos nômades asiáticos e africanos. Possuem quanto necessitam e o desenvolvimento será um processo de aceitacão de padrões alheios, úteis ou não à economia tradicional do grupo. Von Martius viu o pescador nas horas de lazer e não nos momentos de trabalho. Caçador não batalha contra ventania, nevoeiro, tempestade, ondas em fúrias desencontradas. O pescador, em casa, será o que Euclides da Cunha dizia do jagunço nordestino: "um homem permanentemente fatigado". Não serão termo de comparação a pesca brasileira de mar alto e a apreensão de arenques e salmões. Mas é possível aproximar a pesca das albacoras (atuns), e dos peixes-voadores, com a do bacalhau.

As longas expectativas pelo pescado marítimo e fluvial nas pescarias de anzol predispõem ao labor minucioso e tenaz das miniaturas, da escultura reduzida, caprichosa e cheia de decorações, como encontramos também no trabalho dos pastores vigiando o rebanho e fazendo peças de osso e madeira deliciosamente decoradas. Uma profissão movimentada, ginástica, ambulatória não permitia essas realizações. O pescador de redes, trasmalhos, tarrafas, caçoneiras, o artífice das armadilhas, já possui outra mentalidade, mais ágil, mais viva, mais curiosa e aberta às novidades. O movimento atrai o movimento.

DOMESTICAÇÃO DE ANIMAIS

A domesticação de animais só podia ocorrer a um povo caçador. O ameríndio era agricultor e caçador e nunca atravessara o ciclo da pastorícia. No século XVI foi encontrado amansando aves, macacos, veados, sem nenhuma função útil mas unicamente diversão doméstica, alegria e curiosidade para os olhos. Chamava-os "Xarimbabo", *che-remimbaba,* a "minha criação, animal de minha estima", para os tupi (Teodoro Sampaio). Henry Walter Bates (1825-1892) informa que as indígenas amamentavam os macacos coatás (*Ateles paniscus*) quando pequeninos, como se fossem filhos. Semelhantemente verificava-se com as mulheres semang da península malaia.

Mas, para as civilizações andinas e planalto mexicano, os camélidas, vicunha, guanacos, alpacas, lhamas, eram caçados ou guardados para alimentos e tosquia. Apenas a lhama servia de animal de carga, resistente mas suportando pouco peso e não tinha o prestígio do portador humano. Nas solidões setentrionais os cães arrastavam os carros de patins dos esquimós e as bagagens dos caçadores nômades de bisontes nas pradarias norte-americanas.

Onde e quando o rebanho se originou é que não sabemos sem contestação e debates. Creio que caçadores velhos e pastores novos foram, durante séculos e séculos, contemporâneos. E quando as mulheres valorizaram as plantações e a agricultura surpreendeu o homem com a simplificação da conquista alimentar, caça e pastoreio seguiram juntos, sem solução de continuidade. Já sabemos que nem todos os povos subiram os mesmos degraus. O pastoreio foi uma fórmula definitiva, até nossos dias, para grandes massas humanas, e outras não aceitaram, podendo obter animais e dominá-los pelo mesmo processo que se divulgara. Chineses, por exemplo. Ou ficaram com as três atividades, como os hindus.

O homem não acordou pastor como tinha sido caçador desde a madrugada do mundo. A semente dos rebanhos não se multiplicou como Jesus Cristo fez aos pães. Ainda hoje os sertanejos denominam "semente de gado" às primeiras cabeças, touro e vacas, com que as fazendas de criação se iniciam no Nordeste do Brasil.

A domesticação foi uma tarefa de gerações.

Mortillet esboçou a primeira tentativa de localização.[128] É um ponto de referência para as pesquisas e explicações subseqüentes, fixado há oitenta anos passados.

De 1882 para 1960 o quadrante não mudou. É o Oriente Próximo a região de onde o europeu recebeu o animal domesticado. E do Oriente Próximo irradiou-se. Kroeber, sabiamente, informa que não se sabe, com exatidão, o local. Os caçadores mongolóides que povoaram a América findaram sua marcha bem antes da domesticação. Não a conheciam. O cão era comum em todo continente. Alberto Childe (1870-1950) provou que o nome estava em todos os vocabulários mas não a utilização canina correspondente. Animal de tração apenas para esquimós e caçadores das planícies. Selvagem na maioria dos casos. Iguaria preferida no México, Porto Rico até o Orenoco, *goshi, maios, auries*. Todos os animais eram caçados. Nenhuma ave tornada doméstica para aproveitamento de ovos. Nenhuma provisão, curral, capoeira.[129] Sabiam entretanto amansar carinhosamente onças, maracajás, macacos de todos os tamanhos, quase todas as aves, araras, papagaios, tucanos, tartarugas, tijuaçus, camaleões, muçuranas. Com eles dividia-se o alimento às vezes parco e difícil. Nunca um xerimbabo foi morto pelo dono nas horas de fome. Sabia o ameríndio, evidentemente, a domesticação. Ignorava o processo da servidão animal.

Mas os rebanhos como começaram? O grupo animal conduzido pelo homem pode não estar domesticado. Prisioneiro, locomove-se de acordo com a vontade do captor mas não se amansou. Submeteu-se apenas. O lote de cavalos, o bando de renas, a ponta de gado, o grupo de zebras não são unidades obedientes e dóceis. A continuidade da serventia é que determina a normalidade da submissão.

V. Gordon Childe sugere uma justificação para a formação do rebanho original, baseada nas conseqüências de uma longa estiagem. Secando os pastos e diminuindo os lugares da bebida, os herbívoros procuraram as fontes, aglomerando-se pela necessidade do refrigério, expondo-se à caça dos felinos esfaimados. O homem, buscando os mesmos locais, pôde aproximar-se dos ruminantes exaustos, demasiado débeis para defender-se ou fugir. Com os saldos da colheita o homem alimentou-se, afastou a fera e a fome, levou os animais para as cercanias das habitações humanas, como (nos anos de seca nos sertões do Nordeste brasileiro) os touros ariscos e os bois marrueiros, fugitivos, tornados mansos pela sede, rodeiam os bebedouros, permitindo que a mão do vaqueiro os conduza para o curral. O homem pré-histórico aproveitara a fraqueza dos animais sedentos e encurralara-os, podendo observar-lhes os hábitos, conhecer o ciclo da reprodução, a engorda racional, o cruzamento, tratamento das crias, e mesmo a seleção pelo sacrifício dos tipos intratáveis e ferozes, doentes ou contrafeitos. O rebanho nascera assim porque o gado, recolhido e salvo, procriou. Já os carnívoros não podiam cobrar o imposto de sangue nos contínuos assaltos. O homem ficou sendo o único a ter direito à percentagem vital.

V. Gordon Childe aceita, pelo exposto, a prioridade da agricultura e não do pastoreio. O homem tinha reservas de cereais para sustentar os animais colhidos no deserto, junto às fontes exauridas. É possível admitir que o caçador encontrasse muito animal impossibilitado de andar, levemente ferido, muitos demasiado jovens para escapar, sem a proteção da mãe que fora abatida, e conduzira as peças para sua caverna, fundando uma semente de rebanho, ao redor, sob sua vista e cuidado. Naturalmente não há vestígio, encontro de esqueleto completo, dentro da caverna e sim partes essenciais, restos das porções devoradas nas refeições. Mas ninguém pode provar que muitos destes animais não tivessem vindo de recinto fechado onde estavam presos para ocasiões indicadas pela necessidade religiosa ou climática. Não seriam determinantes mas formas subsidiárias para o rebanho.

O problema sedutor da cronologia envolve pesquisadores. Menghín fixa a domesticação no neolítico, período campignense, três mil anos a.C. Subordina mesmo certas culturas às espécies obtidas no plantio. Cultivadores de tubérculos são criadores de cerdos. Cultivadores de cereais são criadores de cornígeros. Discute-se se o texto de Hatusas, em letra hitita, data de 34 séculos, mas visivelmente trata da criação e adestramento de cavalos. Clyde Kluckhohn escreve sobre os esqueletos eqüinos deparados no Turquestão russo, restos de animais domesticados, quarenta séculos a.C. Como, segundo o mesmo antropologista, a doma do cavalo é posterior à da ovelha e do porco, é preciso retrogradar para mais de quarenta séculos a.C. Birket-Smith fala em cães já mansos no maglemoisiano dinamarquês, seis mil anos a.C. Magnus Degerbol, citado por A. Childe, cita cães no aziliense da Dinamarca, Swaerdborg, Moore, Holmegaard, *déjà sous la forme domestique*. E eram objeto de comércio para a região do Spree, *en cette époque*. Puxa-se a domesticação para oito mil anos a.C.

Toda a gente sabe que a nossa vocação cronológica é tentativa de submeter o Tempo ao Homem, sujeitando-o às suas limitações. O Tempo, naturalmente, defende-se nas transformações imprevistas, como o deus Glauco.

O cão foi o primeiro animal que ingressou no convívio humano. As notas de Magnus Degerbol e Birket-Smith são referências à sua domesticação no epipaleolítico. A origem polifilética do cão está alcançando maioria entre os zoólogos, originando-se de chacais e lobos. O "spetz", cão urbano e o lebreu, primeiro que aparece nos desenhos egípcios, provinham do chacal, o primeiro, e do lobo abissínio, o segundo, assim como o dogue viera do lobo do Tibete. O cão dos Alpes deu o cão do pastor. A genealogia é confusa e longa pelos cruzamentos. O *Canis palustri* vivia na cidade lacustre. Não se caçava sem o cão e mesmo ele denomina a caçada e o caçador em grego, *kynégétai, kynegoi,* caçador, *kinegéticon,* caçada.

Karl Vogt (1817-1898) mostrou que, no rebanho de renas, *leur garde serait impossible sans le chien dressé* ad hoc.

É o mais universal dos mamíferos. As exceções são raras, Tasmânia, Andaman. Exceto os tipos relativamente recentes de cães para almofada e regaço, é auxiliar imediato e pronto para o serviço humano em qualquer parte do mundo. Era o único a carregar fardos no Novo Continente, superior à lhama fracalhona. Sua popularidade torna-se fabulosa. É constelação. Pollux fora inventor da caça com sua companhia. Alexandre Magno pagara dez minas de ouro pelo cão Peritas e fundara cidade com seu nome. Animal de tiro na Finlândia pré-cerâmica, ainda puxa os carrinhos de queijos e legumes em Hamburgo e nas cidades holandesas. O rei Straton, de Sídon, sepultou-se com sete cães para não separar-se deles. O sétimo dia no México era o Dia do Cão, Itzcuintl asteca, chichi dos nauas. Raça muda e caçadora, servindo de alimento, corria desde Venezuela ao México, passando pelo Peru e Antilhas e vista pelos espanhóis que exploraram o Orenoco em 1535. Viviam, em maioria sul-americana nas matas, lindamente selvagens, *inabaon, yagoara, curme, kauadyo,* nenhum nas malocas, tupi, gê, cariri. Os egípcios na vigésima dinastia chamavam-no pela onomatopaica, *aou, aua,* o *aua-aua,* como fazem as crianças.[130] *Tesem* e *tesmou* no *Livro dos Mortos,* valendo guarda (vigilância) e fortificação (defesa). O latido é característica da domesticação. O cão selvagem não ladra. Esculpido aos pés das estátuas tumulares como símbolo da fidelidade. Vale tenacidade na chapa dos brasões. Caçou com os antecessores dos protoelamitas e sumérios. Tylor escreve que os esquimós punham a cabeça de um cão no túmulo da crianca para que esta não perdesse o caminho sobrenatural (*Civilisation Primitive*, I, 549). É sepultado com o morto entre os negros Papéis, de Bijagós, Guiné. Os astecas sacrificavam igualmente o cão, um cachorro vermelho, para acompanhar o espírito do morto, ajudando-o a atravessar o rio na fronteira do reino de Mictlan. Como foi o mais antigo animal conquistado para a convivência racional, discutem como se teria verificado esta aproximação. Não crêem muitos (Kroeber e outros) que o cão haja sido capturado e depois amansado e sim que ele próprio começou seguindo o homem, aproveitando os despojos da caverna, importunando-o com sua fome, destemor e cinismo, vocábulo que também vem de cão. Começara como um parasito teimoso, faminto, apenas tolerado e depois simpático pela insistência com que procurava o homem. No final, habituara o homem com sua presença. Como este abatia todos os animais, o cão, por esta teoria, domesticou o caçador, tornando-o condescendente. Os mais populares, o *Canis familiaris palustris,* das palafitas, e o *Canis familiaris matris optimae,* da Idade do Bronze, eram selecionados há séculos. Os cães que o homem domesticou não pertenciam a estas espécies. Seriam violentos, ariscos, predadores. Creio que o homem obteve a aliança canina por meio de longo processo aliciante, oferecendo alimentos ou, tendo apanhado um cão ferido, muito novo, criou-o, familiarizando-se com os costumes e este cão domesticado iniciara a atração dos demais. Hienas, chacais, raposas volteiam as residências gatunando quanto podem, e os chacais amansados pelos egípcios e núbios nunca conseguiram integração útil. Nem no cativeiro modificaram os hábitos impertinentes de apropriação indébita, apesar dos castigos disciplinares. O cão, ao contrário de qualquer outra família, chegou a emparelhar-se com o pastor na missão de vigília do rebanho, guiando-o, defendendo-o dos lobos e criando o sinal sonoro para denunciar sua indesejada vinda, reclamando reforço para a repulsão. Este coeficiente de assimilação foi muito mais rapidamente desenvolvido nele do que noutro animal. E sua inteligência alcançou o entendimento dos gestos do amo, executando as ordens mudas, promovendo-se à classe dos auxiliares de confiança imediata, classe em que ele é, realmente, o primeiro e o último ocupador. Fora nos últimos períodos paleolíticos uma iguaria apreciada, que resistiu até Roma republicana, como no continente americano no século XVI, mas a servidão jubilosa tornou-o aliado, auxiliar, companheiro na própria organização íntima da sociedade humana. É o único animal que substitui o homem.

Sua imagem vale a sentinela e assim Vulcano forjou em ouro e prata dois cães para o pórtico de Alcino (Homero, *Odisséia,* VII). De cabeça canina são os deuses egípcios Anúbis e Uapualtu. O Egito venerou o cão, construindo para ele cemitérios em Siut, Shelk-Fadi, Feshu, Saqqarah e Tebas. As múmias, cilíndricas com dizeres de louvor, estão nos museus tradicionais. Na Índia e entre os muçulmanos o cão é imundo, poluindo pelo contato, mas deve ser sentimento posterior ao Mahabarata (Livro X) onde o rei Iudistira recusa subir ao céu no carro luminoso de Indra porque o cão não o podia acompanhar. Em Roma e Grécia era animal dedicado à Hécate noturna, *ekaté triodités,* viajando pelas encruzilhadas seguida pelo sinistro ulular dos cães que eram os únicos a vê-la, denunciando-a pelo prolongado ganido. *Nocturnisque Hecate triviis ululata per urbes,* como poetava Virgílio (*Eneida,* IV, 609). Por isso o cão uiva à lua, *delia nota canibus,* temendo a presença ameaçadora da deusa implacável. Em Argos havia uma festa expiatória, *kynophontis,* consistindo no massacre de cães. Durante o Império é que o cão passou a ser insulto[131] (Suetônio, *Vespasiano,* XIII; Petrônio, *Satyricon,* LXXIV). É centro de folclore mundial, cheio de superstições e mitos. Curioso é que no Brasil seja "cachorro" mais popular do que "cão". O nome dado pelas tribos da Península Hispânica aos cães trazidos pelos iberos foi "perro". "Cachorro" era de origem basca e seria usual então. Os romanos divulgaram o *canis* no terceiro século a.C. Cachorro era tradicional na Península Ibérica uns 1500 anos a.C. É o preferido pelo povo brasileiro. Cão, para ele, é sinônimo demoníaco.[132]

O cavalo é do plioceno superior e nos últimos períodos terciários estendeu-se pelos continentes, inclusive o americano onde desapareceu muito antes do seu povoamento humano.[133] Era de menor estatura, robusto, bem fornido de carnes. No solutrense constituiu a grande caça e sua abundância se constata nos depósitos, acumulações de três metros de altura por cem metros de extensão, a *magma de cheval,* 20.000 (Mortillet), 40.000 (Toussaint). São famosos nos desenhos nas grutas francesas e espanholas, gravados em ossos, barro, riscados nas pedras. Rareiam no madaleniano. Ausentes, ou dificilmente deparados nos restos-de-cozinha (*kjökkenmoddings*) e palafitas suíças, alemãs, francesas, no neolítico. Num bastão de comando encontrado em La Madalaine (Nadaillac, *Les Premiers Hommes,* II, fig. 200) há um homem entre dois cavalos, claramente conduzindo-os com uma vara. Numa parede rochosa de Villar del Humo, Cuenca, Espanha, está um desenho de homem com um cavalo amarrado à corda.[134] Será do madaleniano ou azilinense superior. Último do paleolítico ou primeiro do epipaleolítico. A cultura de Campigny é a primeira neolítica. Os dois desenhos, irrecusáveis quanto à autenticidade, são milhares de anos anteriores.

Galopavam pela Europa, vertentes do Cáucaso, ao redor do Cáspio. Seria a Ásia Central o habitat discutível porque há o cavalo fóssil europeu, indiscutível parente daquele que se domesticou, daquele ou daqueles, porque foram muitos e em vários lugares. No Cáspio viveu, até finais do século XIX, o "tarpan" (*Equus gmellini*), um dos possíveis ancestrais e que conservava as características do cavalo quaternário. A batalha é naturalmente pela cronologia da domesticação. Birket-Smith fala em Ansu, Turkmenistão, onde o cavalo estava manso nas culturas do quarto milênio a.C. Concorda com Clyde Kluckhohn falando do ossuário do Turquestão russo, quatro mil anos a.C. e sem saber-se se os animais estavam domesticados, o paradeiro era curral de matança ou estábulo onde as éguas seriam ordenhadas. Woolley não encontra cavalos em Ur no quarto milênio a.C. em plena Caldéia e crê que a introdução seja mil anos posterior. Hilzheimer propõe o quarto milênio para o cavalo na Mesopotâmia, não local mas trazido como objeto comercial ou presa de guerra. Ainda vinte séculos antes da Era Cristã os cavalos eram sepultados na Europa do Norte, indicando respeito porque o usual é o abandono da carniça. Os cavalos vencedores da corrida olímpica na Grécia eram sepultados quando morriam, como uma homenagem. O sepultamento é sempre um ato religioso. No sertão nordestino do Brasil não se enterra animal porque então "o espírito do bicho" ficará espavorindo quem passar pelo local.[135]

Teria sido domado no sul da Rússia e Turan, quarto ou quinto milênio a.C. Conhecido na Mesopotâmia e Síria, três mil anos a.C. No ano de 2155 estava servindo na China aos imperadores Cheng. O Egito recebeu-o pelos faraós intrusos das dinastias XV e XVI, os hicsos, 2100 a 1600 a.C., assim como o carro de guerra que seria força belicosa irresistível. Seriam animais asiáticos ou mesmo africanos, os famosos barberes. Quando os israelitas fogem do Egito (1420? 1320?) o faraó manda persegui-los com seiscentos carros de guerra e cavalaria afogados no Mar Vermelho, evidenciando a vulgaridade do emprego do cavalo como montada e tração (*Êxodo*, XIV e XV). Na batalha de Kadesh, 1296 a.C., entre Ramsés II e Muwatalis, rei hitita que cercou e derrotou o imponente faraó, a grande arma comum era o carro com duas rodas de seis raios, puxado por uma parelha de cavalos.

Procura-se saber se o solípede começou seu préstimo na tração ou sendo cavalgado. Afirma-se que iniciou a servidão arrastando carros. Depois é que nasceu a equitação. Há quem fixe o ano de 1300 a.C. como sendo o princípio do cavalgata. Na guerra de Tróia (1180 a.C.) existiam cavaleiros (Homero, *Ilíada*, X, 513-515, 527-537), Ulisses e Diomedes. Homero cita o episódio de passagem porque troianos e gregos batiam-se do alto dos carros. Sabiam entretanto cavalgar, embora o poeta não mencione o *kalés,* cavalo montado. Mas a *hippéia* estava difundida. Homero cognomina Diomedes "domador de cavalos". Difícil que se tivessem passado apenas 120 anos para toda essa popularidade, partindo-se do ano de 1300.

Na Grécia, oferta de Poseidon que o fizera surgir do solo com um golpe de tridente, o cavalo teve aceitação tardia como elemento militar. Sólon criou um corpo que não atingia a cem unidades, elevadas para mil por Péricles. Tucídides narra a intervenção da cavalaria na guerra do Peloponeso. Alexandre Magno leva cinco mil em 334 a.C. na campanha da Pérsia. Xenofonte escreve (em 364-361) um tratado sobre a hipologia e ciência da equitação. Não era a inicial. Em Hatusas, capital hitita, havia um texto sobre a criacão e adestramento eqüino, calculado em 3400 a.C. E também um relevo com um homem a cavalo. Há o desenho do cavaleiro de Susa que será a mais velha representação na espécie mas não foi possível estabelecer a prioridade entre as duas imagens. Na decoração gravada numa sítula de bronze de Watsch, Carníola, Áustria, há dois carros puxados por um cavalo, três cavaleiros e dois cavalos levados pelo cabresto, mostrando a integração do animal na economia do transporte no Hallstatt, primeira Idade do Ferro.

Pergunta-se para que havia de servir o cavalo amansado pelas alturas do maglemoisiano, no final do epipaleolítico. Nos desenhos de Niaux, Haute Garonne, França, e Villar del Humo, Cuenca, Las Canforras e na ravina Gasulla na Espanha, estão cavalos encabrestados. E mesmo uma rena *pris au lasso* em Les Combarelles, Dordogne. Nesse tempo não havia carro. Havia de nascer na Idade do Bronze. Para que tanto cavalo amarrado? Condução tranqüila para o matadouro? Não era preciso o trabalho da domação. Desde o solutrense que o homem caçava e comia o cavalo sem o esforço de amansá-lo. Não há desenho de um homem no epipaleolítico ou neolítico trepado no dorso de um cavalo. *Ça n'empêche pas d'exister* — como dizia Charcot ao jovem Freud que lhe expunha uma determinada impossibilidade funcional.

São recordados os fanatismos de Alexandre Magno pelo Bucéfalo, fundando a cidade Bucefália, as estátuas mandadas erigir por Júlio César e Augusto nos túmulos dos cavalos de estimação, o poema laudatório de Germânico, o Incitatus de Calígula, o Boristeno do imperador Adriano, o Volucer do imperador Varo, Babieca do Cid el Campeador.

O coronel Nicolas M. Prjévalski narra em 1871 que os tangutes mongóis sacrificavam todas as tardes um cavalo e um carneiro aos manes de Gengis-Khan, falecido em 1227.

Tous les soirs, on offre un mouton et un cheval aux manes royales, et, le lendemain, l'offrande a disparu (Mongolie et Pays des Tangoutes, Paris, 1880).

Na Grécia e em Roma veneravam Artemis e Vênus eqüestres, e os cavaleiros desfilavam nas festas cívicas e procissões sagradas da Teséia e Panatenéias, consagradas no friso do Partenon. Durante o Império, Roma incluiu no Panteon a deusa protetora dos cavalos, possivelmente celta, Hipona ou Épona. Como Alexandre popularizara a cavalaria macedônia (a tessaliana era a primeira da Grécia), o Império Romano prestigiou o cavalo como decisivo nas campanhas conquistadoras, na fase das guerras na Ásia Menor. Não havia estribo. Montava-se pela esquerda. A espora é dos finais do Império. Os africanos punham na cavalaria a esperança do triunfo. O cavalo era a égide cartaginesa como a loba era a de Roma. O númida corria sem freio e sem brida, guiando pela pressão dos joelhos e excitamento verbal. No comum, o soldado cavalgava em pêlo. No máximo uma pequenina manta retangular e grossa, presa por uma correia. À roda do século V d.C., quando a onda bárbara derramou-se pela Europa, é que a sela, bridão de serrilha, a ferradura tiveram presença, modificações iniciais embora digam que a ferradura é invenção gaulesa. Assim montavam Átila e seu turbilhão mongol.

Aos cinco carros de guerra do Estandarte de mosaico que Sir Leonard Woolley encontrou em Ur, na Caldéia, calculando 3500 a.C. e que está no Museu Britânico, atrelam-se grandes asnos ou onagros, nativos da região segundo Woolley, ou mulas, conforme Hilzheimer. Em tempos históricos é que o cavalo se torna a riqueza mongol, rebanhos imensos orgulhando a vaidade senhorial, trocados por tudo e valendo moeda. Birket-Smith informa que os mongóis adotaram o cavalo uns quatrocentos anos a.C., tomando-o dos nômades do oeste europeu. Até 1930 viviam cavalos selvagens na Mongólia. Ainda no neolítico o cavalo era imolado ao lado do dono, seguindo-o na viagem extraterrena (necrópoles polonesas de Zlota, Ksiasmice, Wielkie em Vemmerlöv, Suécia, Kertche na Táurida). O cavalo favorito devia acompanhar o dono para o outro mundo. Já o matavam para esse fim no musteriano, quando não havia homem e sim o neandertalóide. Nos séquitos fúnebres dos soberanos europeus os cavalos fiéis acompanham o féretro. E no enterro dos grandes soldados.

Estrabão menciona o sacrifício eqüino pelos iberos. Cristóvão Colombo levou os cavalos em 1493 para Santo Domingos e Hernán Cortez para o

México, onde apavoraram os nativos. O primeiro ávaro nasceu de um deus e de uma égua. A fonte da inspiração poética, Hipocrene, brotou da patada de Pégasus, alado e divino. O carro do Sol é puxado pela quadriga luminosa. No ciclo da pastorícia é o elemento nobre, patrimônio das alegrias do senhor. Westermarch (*Survivances Païennes dans la Civilisation Mahométane,* 128) registra:

> *Le plus noble de tous les animaux est le cheval. Il est d'un sang auguste, il est pareil à un chérif. Il est en bénédiction à son maître et à la maison de son maître. Les esprits malins fuient de le lieu où se trouve un cheval: quand il hennit il les met en fuite ou casse les têtesde quarante d'entre eux. Le respect superstitieux qui entoure le cheval dans l'Afrique du Nord date d'une époque probablement fort ancienne.*

Ter cavalo e andar a cavalo, títulos de elevação social, refletem pura tradição jurídica das Ordenações do Reino, em Portugal. No livro V, título CXXXVIII, *Das Pessoas que São Escusas de Haver Pena Vil* (baraço, pregão, açoites) incluíam-se na exceção "as pessoas que provarem que costumam sempre ter cavalo de 'stada em sua estribaria e isto, posto que peães, ou filhos peães sejam". Fácil é articular esta nobilificação pelo cavalo recordando as regras criadoras da Cavalaria Vilã, dos concelhos portugueses. A simples posse do cavalo fazia o cavaleiro, com seus direitos e prerrogativas. O cavaleiro que não tinha o seu cavalo próprio para a guerra perdia a dignidade e a exceção da jogada com que seus bens eram honrados. Nos forais dos séculos XII e XIII o chefe de família que possuísse uma granja, uma junta de bois, quarenta ovelhas, um jumento e duas camas, era obrigado a comprar cavalo de sela e passava a Cavaleiro Vilão. O coutamento, seu valor no cálculo das indenizações, era de mil soldos. Quem o matasse pagava essa quantia, metade para a família e metade para o fisco que a cobrava. Quem o desonrasse, matando-lhe o cavalo ou privando-o de qualquer modo, era multado em quinhentos soldos. Não sendo em batalha, o derribasse ou o fizesse apear à força, tinha multa de sessenta soldos. Quem montasse o cavalo sem licença do dono tinha pena pecuniária que variava conforme o ato fosse praticado de dia ou de noite. Em juízo, o Cavaleiro Vilão considerava-se igual aos Cavaleiros de Linhagem, ricos-homens ou infanções, quanto ao respeito do seu juramento e palavra. Acompanhava o rei na batalha e este era o caminho da nobreza com brasão e título. Pertencia à arma nobre, arma móbil por excelência na primeira fila das arrancadas, mesnadas e fossados, rumo às terras do Mouro. O cavalo era a explicação para aproximar-se do rei e fazer-se notar no combate. Começava de usar armas defensivas, o escudo, a loriga, a cota, o elmo reluzente. A honra do Cavaleiro era o cavalo.

Certos privilégios do cavaleiro medieval resistiram até as primeiras décadas do século XX no Nordeste do Brasil, vindas de Portugal e também no Rio Grande do Sul, onde o cavalo é rei. Segurar no estribo para que alguém montasse era indiscutível homenagem. Conservar ou não as esporas dentro de casa indicava o grau de amizade. Em momento de cerimônia, o gaúcho do Rio Grande do Sul vira as esporas para o peito do pé ou, retirando-as, suspende-as no cinto. Em determinadas ribeiras nordestinas (regiões denominadas por um rio) permitem anomalias que somente a Idade Média explicaria. Era lícito entrar-se de casa adentro com o chapéu na cabeça mas sem esporas. Nas residências amigas verificava-se o contrário: sem chapéu e com esporas. As esporas do cavaleiro, tinindo, arrastando as rosetas nos tijolos, anunciavam o companheiro, o par, o irmão. Os escravos e os filhos-família (de menor idade legal) não deviam usar as duas esporas. "Espora quebrada" era o mau indivíduo, desconsiderado e covarde. A mais triste cena no cerimonial da degradação de um cavaleiro era quebrar-lhe as esporas, tornando-o incapaz de montar a cavalo por ter *les éperons brisés*. Assim fez o rei Eduardo III da Inglaterra ao seu senescal de Calais, Sir Aimeri de Pávia, acusado de traição. Uma fórmula degradatória inesquecível era fazer montar o cavaleiro condenado às avessas, rosto voltado para a anca do animal. Castigo ignominioso. Para o vaqueiro do sertão brasileiro, como para o árabe do deserto, o cavalo era a vida. Às vezes um pouco acima da mulher:

> A mulher e o cavalo
> Morreram de madrugada,
> Tive pena do cavalo
> Que a mulher não era nada!

Na corte do rei da Inglaterra é hereditário o título de "Master of the Horse" na família dos duques de Beaufort.

O cavalo é o único animal honrado com a equivalência de uma unidade de força, o cavalo-vapor, H.P., *Horse-Power,* e não o boi, o camelo ou o elefante.

O boi doméstico provém do urus, *tauros* ou *Hos primigenius,* já abundante no musteriano e, para Mortillet, *souche de nos boeufs domestiques.* Continuam sendo caçados no solutrense e madaleniano, com o boi almiscarado, *Ovibus moschatus,* e o bisonte, *Bonassus europaeus,* inseparável do urus e às vezes confundidos. O *Hos primigenius* está presente nos períodos subseqüentes europeus, turbeiras, restos-de-cozinha, depósitos aluvionais, já nos tipos do subgênero *Hos longifrons* das palafitas, ou *Hos brachycerus,* de cornos curtos, e o *Hos frontosus* das turbeiras escandinavas. No neolítico estão espalhados pela Ásia os *Hos gaurus,* gauro, do Hindustão, *banteng de* Java, Bornéus, Sumatra, o *indicus,* zebu, de Bengala, domesticado e popular na Índia, típico pela giba; o *frontalis,* gaial, também de Bengala. O subgênero *bubalus* dá o búfalo asiático, *carabao,* vivendo nos pântanos e alagados, o *Hos buffelus* da Índia Ocidental, Ásia, Oceania e Europa, Itália, Hungria, Grécia, animal de tração; o *Hos caffe,* búfalo cafre, centro e sul africano, indomesticável, seguindo-se o subgênero *poephagus,* com o *Poephagus grunniens,* o iaque do Tibete e o subgênero Bison, com o *europaeus* denominador, *Hos urus,* e o *Hos americanus,* enchendo as campinas e prados norte-americanos, tão vivo nos velhos romances de caça e na figura truculenta de Búfalo Bill.

Mariette encontra bois em Sacara, 4500 anos a.C. Koppers situa no Beluchistão e na Índia o centro da domesticação, de onde os sumérios trouxeram o gado. Nas cidades lacustres européias as duas variedades bovinas viviam certamente já domesticadas.

Os rebanhos contemporâneos vêm dessas formas quaternárias, cruzamento e depois seleção racional.

O touro de cornamenta reduzida apareceu domesticado na zona mediterrânea. Na Idade do Bronze já existe uma boa porção de tipos distintos na Ásia (de onde foi levado para África) e Europa. O pastoreio sendo, com maioria de indicação, iniciado no Oriente Próximo, amansou esses animais e sabe-se que o urus prestava serviços ao homem oriental cinqüenta séculos a.C. Não havia na Austrália e América, para onde o europeu conduziu os primeiros casais. Aparece já integrado na vida egípcia nas primeiras dinastias. O boi é o animal do agricultor, ligado ao arado, à potência da tração, inseparável das lendas e mitos rurais primitivos. O touro era animal sagrado no Egito, Caldéia, Fenícia, Creta, Cartago. Os amuletos com a cabeça taurina ou os chifres são muito abundantes desde finais do neolítico e mais comumente no eneolítico, pela Europa e Ásia. Os cornos eram símbolo da energia sexual, potência física, votivos aos deuses da fecundação e reprodução da espécie. O touro solar e a vaca lunar, pela semelhança do crescente da lua e raios do sol, são tradicionais no mundo. Tornaram-se objeto afugentador da esterilidade e das forças obscuras e invisíveis. O amuleto de forma cornina conserva-se popularíssimo. Cornaduras e cabeças de bois. Decoravam templos e edifícios públicos, figurando nos altares, bucrânios, cornos-do-altar, reminiscências dos sacrifícios bovinos aos deuses. Era, por excelência, o animal que se oferecia votivamente. Para os israelitas o boi, a ovelha, a cabra eram puros e os únicos quadrúpedes que Iavé recebia. No Apocalipse, IV, está o boi entre os quatro animais alados. Simboliza o evangelista Lucas. Foi um dos mais antigos e universais padrões de permuta. As moedas posteriores traziam gravada a efígie do boi. O subornado por dinheiro na Grécia dizia-se "ter um boi na língua", referência à moeda recebida. O francês ainda diz *avoir un boeuf sur la langue,* correspondendo ao milenar *Bous épí glossé* grego. Pecúnia, pecúlio, peculato, vêm de *pecus,* rebanho bovino. Pagava-se com o gado o valor de qualquer compra. Taxas, multas eram cobradas nessa base, bois ou carneiros. Um boi valia dez carneiros. Homero (*Ilíada,* VI, 236) informa que a couraça de Glaucus era de ouro e a de Diomedes de bronze. O valor da primeira era de cem bois e o da segunda apenas nove. Os primeiros lingotes quadriláteros que valiam moeda traziam uma cabeça de boi, índice de valor corrente. Guardar bois era honraria, tarefa de príncipes. Anquises pastoreava bois quando Vênus o procurou (Homero, *Ilíada,* V, 12-13).

F. Lenormant mostra a estreita relação nominal entre moeda e rebanho, séculos e séculos depois de desaparecido o uso. Assim o inglês *fee,* salário, o anglo-saxão *feoth,* rebanho, o gótico *skatt,* o anglo-saxão *sceat,* moeda, com o antigo eslavo *skotu* e o irlandês *scath,* rebanho. O que dizemos abigeato, roubo de gado, correspondia juridicamente na Grécia e em Roma ao peculato. Não delito, mas crime contra a economia do Estado. Hoje peculato é qualquer desvio ilegal dos dinheiros públicos, translação ocorrida quando a moeda metálica substituiu a moeda-boi.

Era índice da prosperidade possuir gado e assim Jó, depois de reconciliado com Iavé, tinha mil juntas de bois. Jó é posterior a Abraão e anterior a Moisés. Da valorização bovina basta a sentença do profeta Isaías, LXVI, 3: *quem mata um boi, é como o que fere um homem.* O boi possuía responsabilidade criminal e podia ser apedrejado e morto como punição de seus atos, *Êxodo,* XV, XXI. Aliás, o julgamento e castigo legal de animais veio na Europa até à Idade Média e acidentalmente muito depois.[136]

O evangelista Lucas, II, 7, é o único a mencionar o nascimento de Jesus Cristo num estábulo porque o diz deitado numa manjedoura, mas a tradição santificou para os cristãos o boi, o asno, a vaca, testemunhas do advento. A primeira representação num presépio é do ano 343. Não há assombros e pavores onde estiver o boi. Comum, milenar e contemporânea a participação desses animais nos cultos orientais; a vaca Ísis, o touro Ápis, Siva em forma bovina, as vacas sagradas da Índia, as metamorfoses de Júpiter em touro para raptar Europa, Io, Pasiféia, Poseidon taurino para conquistar a filha de Eolo. O sangue era sagrado, renovador, molhando o iniciado nos cultos de Mitra tauroctone.

O asno, *Equus asinus,* mereceu muita discussão sobre sua permanência na Europa pré-histórica. No musteriano e madaleniano apareceu um tipo parecido, um cavalo do tamanho pônei, com orelhas compridas (escultura de Laugerie Basse), mas a prova osteológica falhou. Foi o primeiro eqüídeo domesticado no Egito, 4500 a.C., e está provisoriamente assentado que descende de um asno da Núbia, pequeno e resistente, o *Equus asinus taeniopus,* e noutros tipos recebeu sangue de um asno da Somália, de porte mais avultado.

Helzheimer duvida que o asno pudesse ser conhecido no quarto milênio a.C. e que o verdadeiro jumento[137] é legitimamente africano, não crendo que o asno asiático tivesse sido domesticado até então. Na Mesopotâmia o asno selvagem, o onagro, é de uso anterior ao cavalo, sendo nativo da região, segundo Woolley. No chamado Mosaico de Ur, 3500 a.C., onagros puxam os carros do rei. Ao redor do quarto milênio estava em pleno serviço, mas não temos documentos positivos quanto às datas anteriores no continente africano, onde Helzheimer o diz natural. Se foi domesticado no sudoeste asiático, veio pela África do Norte, passando à Grécia, Espanha, Sicília. Convém lembrar que os asnos egípcios e núbios mantêm a forma clássica dos relevos e desenhos antiquíssimos. A decisão entre domesticadores hamitas ou semitas pende da erudição pesquisadora. Na Grécia e Roma entrou, como em toda a parte, para a servidão imediata da utilidade humana e bem difícil seria uma explicação nos modelos convencionais de Eduard Hahn, justificando a domesticidade do asno por um motivo religioso. Dedicaram-no a Príapo e a Dionísio mas no Egito, apesar dos sacrifícios, era símbolo do detestado Tifon. Gregos e romanos, africanos setentrionais, asiáticos utilizaram-no bem cedo nos comboios que traziam mercadorias do interior para os portos do mar. Popular em todo Oriente, onde ninguém esquece sua figura paciente suportando turistas e curiosos internacionais por toda a orla mediterrânea. Participa da riqueza pastoril. Jó possuía mil asnos. O europeu revelou sua prestimosidade resignada no continente americano. O nome inglês *jackass* deu no Brasil "jegue", divulgadíssimo benemérito nos comboios comerciais e na construção das rodovias. *Quotidiana vilescunt.* É o caso do asno, burro, jumento e seus afins e híbridos, heróis na cotidianidade banalizadora. A urina, na Índia, figurava entre os castigos oprobriosos. Em certos crimes, notadamente adultério entre castas diversas, o culpado tinha a cabeça rapada e regada com urina de burro (Código de Manu, arts. 367 e 376). Foi o único animal que serviu de transporte a Jesus Cristo.

Debate-se a origem européia da cabra, vinda da *Capra ibex* do solutrense e madaleniano, ou da *Capra egagrus,* também dita *Capra primigenius,* que parece ter vencido a contenda. Viera da Armênia, Pérsia, sul do Cáucaso, passando ao Mediterrâneo, Sicília, Itália continental, Espanha. Ainda a *Capra ibex* defendia sua liberdade nos Alpes e montanhas possíveis e já a *Capra primigenius* suportava convívio e exploração do homem. *Ibex* e *egagrus* aparecem nas palafitas suíças, cavernas francesas (Roque, Hérault, Baoussé Roussés), e na Itália neolítica, Vibrata nos Abruzzos. O europeu levou-a à América. A cabra e o seu esposo, o bode, tiveram ambiente religioso, bode de Mendes, força da fecundidade, sabedor de segredos comprometedores ao casal como aliado às potências infernais e amigo íntimo das bruxas, encarnando o Demônio. O arqueólogo Woolley encontrou em Ur, na Caldéia, 3500 a.C., estatuetas de cabras, erguidas nas patas, deliciosamente esculpidas em madeira, incrustadas de ouro e lápis-lazúli. Diz-se cabra ao quarteirão de mulato com nego, mulato escuro, pouco simpático ao folclore brasileiro: *não há doce ruim nem cabra bom.* O leite de cabra foi historicamente muito mais apreciado e recomendado que o das vacas. Em 1810, Henry Koster registra no sertão do Nordeste brasileiro que a maioria das crianças era alimentada com leite de cabras. *Children are frequently suckled by goats.* E o sertanejo as chamava "comadre", carinhosamente.

> *The goat that has been so employed always obtains the name of COMADRE, the term which is made use of between the mother and godmother of a child... that she-goat are frequently called COMADRES, without having had the honour of suckling a young master or mistress (Travels in Brazil,* I, Londres, 1817).

O perigo é que o leite pode transmitir a vivacidade inquieta do animal. A cabra Amaltéia alimentou Júpiter e a cornucópia, símbolo da abundância, é um chifre caprino. Em alemão o rabugento, resingão, crítico impertinente, diz-se *Meckerer,* de *meckern,* o berrar das cabras.

A ovelha provém de tipos selvagens da Ásia, árgali, *Ovis ammon,* e "muflon", *Ovis musimon,* do Afeganistão ao Himalaia. Figura na pré-história egípcia e espalhou-se pela África e Ásia em rebanhos imensos e constituindo a iguaria tradicional no Oriente. Outros preferem indicar o ancestral numa forma transcaspiana, *Ovis arkar.* O europeu transportou-a para a América. É o animal simbólico da pureza, resignação, votado ao sacrifício divino. A ovação romana, a segunda classe do triunfo oferecido ao general vencedor, provém do sacrifício de uma ovelha, como ato indispensável ao cerimonial, *unde et ovatio dicta* — ensina Servius.

O carneiro é igualmente do neolítico. Grutas de Sartanella, vale de Gardon, palafitas suíças, francesas, italianas (Abruzzos). O colonizador europeu levou-o para o Novo Mundo. Nunca existiu restrição alimentar sobre o carneiro baseada em imperativo religioso. A superstição de não comer a ovelha por ser símbolo cristão nunca fixou tabu proibitivo. No Brasil (o reparo é de Henry Koster em 1810) a carne não é tão suculenta e gostosa como a da Europa e Ásia. Sempre figurou no passadio sertanejo e nos cardápios pastoris em qualquer recanto do mundo.

No neolítico europeu havia dois porcos: o *Sus scrofa,* vindo do javali, e o *Sus palustris,* provavelmente provindo da Ásia do Sul, de um pequeno javali listrado, o *Sus cristatus* ou *Sus vitatus,* sem parentes europeus. Teria vindo já doméstico da Índia, através do Mediterrâneo, para a Europa Ocidental, como crê Sauer. Os *scrofa* e *palustri* ocorrem nas turfeiras e palafitas, grutas de Bedeilhac e Sabat, nos Pireneus, França, Suíça, Itália. Os *vitatus* e *cristatus* viviam em estado selvagem na Etiópia, Nilo Branco, Ásia Meridional. Da Ásia do Sul para o meio-dia europeu no neolítico, segundo Menghín (em Sauer). Os espanhóis e portugueses aclimataram-no na América onde concorrem, vitoriosamente, com os bandos de porcos selvagens ainda existentes (*Pecari tejacu*).

Manjar preferido na Ásia de Leste, Oceania, Polinésia, Melanésia. Impuro para egípcios, judeus, muçulmanos e ainda cristãos abissínios. Os israelitas tinham permissão para saborear o gafanhoto e jamais o porco (*Levítico,* XI, 7-8, 22), mas o consumiam secretamente em certas ocasiões, denunciadas indignadamente pelo profeta Isaías (LXV, 4, LXVI, 3, 17). Os sírios ligados aos cultos de Adônis não o tocavam tal e qual os fenícios, de onde partira a devoção. Dedicado à Cibele na Grécia e em Roma. No Egito tinha aura de maléfico, representação de Set. Na Espanha, Portugal, Itália era suspeito de demonismo e o Diabo tornava às vezes as formas porcinas. Uma reminiscência dessa superstição é no Brasil e Portugal o "porco sujo" ser sinônimo diabólico. Jesus Cristo mandou aos "espíritos imundos" que atormentavam o endemoninhado de Gerasa meterem-se numa manada de porcos (*Marcos,* V, 11-13).

O tabu da carne de porco para os judeus tem sido diversamente explicado fora da proibição de Iavé. Os israelitas viveram no Egito 430 anos (*Êxodo*, 12, 40) e o porco era carne proibida na terra dos faraós (Heródoto, *Euterpe*, XLVII), considerada abominável, impura, intocável. Na Palestina não há impedimento anterior a Moisés nem entre os demais povos vizinhos. Moisés oficializou proibição já tradicional para quem vivera no Egito mais de quatro séculos. A palavra divina do Sinai reforçava o tabu anterior. Teria o porco carne facilmente putrescível nos climas do Egito e da Palestina e seu consumo provocara mortes por infecção intestinal. Evitavam-na por perigosa. A observação de Kroeber da Palestina ser país árido e os porcos uma criação antieconômica, não se justifica. A Palestina sempre conheceu porcinos e a proibição positiva sua existência abundante e comum. Só é objeto de proibição o elemento possível e próximo e não o remoto e raro. A impressão contemporânea e popular entre os israelitas é ser a carne de porco desaconselhada para os climas quentes pela sua mais ou menos rápida deterioração e difícil e lenta digestão, resistindo ao suco gástrico e demorando-se no estômago cerca de quatro horas, prejudicando a continuidade do trabalho manual.

Fenícios, sírios, etíopes, egípcios tiveram o porco como imagem de impureza e horror, mas a origem não será ainda o medo das moléstias cutâneas ou intestinais e sim a feição religiosa cuja raiz persistente é tão pouco compreendida pelo pesquisador moderno, fazendo a sua mentalidade ser a justificativa do material estudado. Maomé proibiu-a (*Alcorão*, Suratas II, v-168 e V, v-4) aos fiéis muçulmanos pela influência judaica na região onde vivia. Todos os povos que não comem o porco são circuncisos.

No Brasil do século XVI era carne aconselhada aos doentes. Na Alemanha "ter o porco" é ter sorte, afortunado, *Ich habe schwein*. O porquinho de marfim e mesmo de matriz plástica é modernamente usado como mascote.

Símbolo da materialidade grosseira, do instinto rasteiro e carnal, do estômago padronizador de atitudes, do *ubi bene, ubi patria,* do ventre-comandante. Companheiro de São Pacômio e de Santo Antão. Portugueses e espanhóis espalharam o porco na América. A carne fumada, nas incontáveis variedades das salsichas e presuntos, é base alimentar na Europa e cada vez mais popular na América. Sua domesticação é um índice de atividade agrícola. Um povo sedentário podia criar porcos. Seu transporte é um problema desafiante da resignação humana.

Não há muita contestação de que galo e galinha tenham como avô ornamental o *Gallus bankiva,* do suleste asiático. Viajou para a China,

Indochina e os malaios divulgaram nas ilhas do sul. Para a América veio embarcado o casal, hoje indispensável ao cardápio continental e insular. Na França neolítica viveu o *Gallus bravardi,* extinto, e parece sem descendência catalogada. Os galináceos chegaram já mansos e habituados ao convívio da cozinha. Não há documento senão no final do neolítico e mais claramente no eneolítico. Está em fase de pesquisa o problema da *Gallina chilena* ou *Gallina araucana,* pondo ovos azuis e verdes e possivelmente pré-colombiana.[138] Já está batizada como *Gallus inauris castelloi* em honra do seu descobridor, professor Salvador Castello, que apresentou o espécime no Congresso Mundial de Avicultura, reunido em Haia em 1921. É encontrada no Chile, Argentina, Bolívia, Peru, Colômbia e Equador. Por toda bacia mediterrânea, Ásia, estendeu-se o domínio galináceo, símbolo da vigilância e da pugnacidade tenaz. A família prolífera multiplicou-se e a seleção variou os tipos ao infinito. Popular na Pérsia, Caldéia, Assíria. Jesus Cristo compara-se à galinha que reúne os pintos sob a proteção das asas (*Mateus,* XXIII, 37)[139] e Pedro nega o Mestre antes do galo cantar três vezes (*João,* XVIII, 27). Para o Oriente e Ocidente o galo era o relógio dos pobres. Marcava as horas, *ad gallicinium, circa gallicinia, at first cockcrow,* e mesmo no Tibete diz-se *chake tangpo,* primeiro cantar do galo, *chake nypa,* segundo cantar. Seu canto afugenta o leão e dissipa os fantasmas noturnos. *Gallo cantante spes redit* — poetava Prudêncio no século IV. O canto do galo traz a esperança. O Dr. J. J. Matignon lembra que o galo era grande amuleto para os chineses. *Lao* significa galo e felicidade. Figura no alto das torres das igrejas católicas, insone vigilante. O galo também aterra o elefante na África Equatorial.[140] A briga de galos, *alektryonon agones,* era divertimento querido na Grécia, à custa do Estado no mês de Poseidon, dezembro-janeiro, ou com gastos particulares em qualquer época do ano. Divulgou-se pela Ásia e África e o costume resiste, documentado em moedas, relevos, camafeus, cerâmica, como um tetradracma de Atenas, friso da tumba das Harpias de Xanto, na Lícia, na escultura de Nea Fokia, na Focéia. Popular em Espanha e Portugal, passou às colônias asiáticas e americanas, onde é atração incontestável para centro, sul-americano, filipinos, indonésios etc.[141] Galinhas e galos eram aves de auspício, prestando-se aos oráculos em Atenas e Roma, e no mundo cristão perduram incontáveis superstições referentes ao canto, movimentos e atitudes em determinadas horas.

O peru, *Gallipavo meleagris,* foi dádiva americana ao mundo. Criavam-no incas, astecas, maias e na América do Norte os indígenas do Ohio,

Alabama, Illinois. Foi abundantemente exportado para a Europa no século XVI e todos os paladares apreciaram o sabor da ave rara dos incas, com prestígio inalterável e tornada ave do Natal e dos banquetes oficiais e festas domésticas inesquecíveis. Em março de 1572, sendo priora de Encarnação em Ávila, Teresa de Jesus pede à Dona Juana de Ahumada: *los pavos vengan, pues tiene tantos* — denunciando abundância deles em Espanha e o favor conquistado mesmo para a grande reformadora carmelita.

Elefantes, hipopótamos, rinocerontes, ursos, renas, alces, gazelas e tantas outras espécies tiveram seus representantes genealógicos nos períodos do paleolítico, emigrando quando a temperatura baixava ou alteava, sem possibilidade de adaptação local. Coelhos e lebres (*lepus*) viveram no musteriense e a Europa do Sudoeste teria sido sua área primitiva, derramando-se como enchente de rio nos tempos proto-históricos e históricos para quase todos os quadrantes, conquistando o cosmopolitismo notório. A reprodução espantosa garante-lhes a permanência vital ante todos os apetites.

O camelo de duas corcovas, *Camelus bactrianus,* "presente de Alá", e o dromedário, de uma única, *Camelus dromedarius,* "navio do deserto", oferecem aos milhões e milhões de orientais carne, leite, combustível, roupa, tenda e transporte. Sem eles o deserto seria indevassável. O Turquestão, Afeganistão, Mongólia, oeste da China, sul da Sibéria, norte da Pérsia — é o reino do camelo. Sul da Pérsia, bacia do Indus, Arábia, Líbia, Saara, Congo — é o domínio do dromedário. O camelo, com sua lã espessa e áspera, pesado e soturno, deve ser o herdeiro legítimo do desaparecido ancestral. O camelo selvagem ainda talvez viva. O coronel Prjévalski encontrou em 1870 bandos no deserto de Gobi. Bem possivelmente seja a Bactriana sede de sua área de domesticação. A Bactriana era região rica, aguerrida, caminho dos comboios do Tibete e da China, buscando o Oxus. No século III a.C. tinha três mil povoados. Fora reino poderoso e disputado. Os citas destruíram-no cem anos a.C.

As notícias sobre a história do camelo e do dromedário são contraditórias. O dromedário, mais ágil, pêlo fino, mais veloz, "dromos", corredor, nunca foi visto em estado selvagem. Levaram-no ao Saara no século IV a.C., segundo von Eickstedt, vindo de Marrocos e da Argélia. Heródoto, escrevendo cem anos depois, não registra o camelo no Egito, e Deodoro da Sicília (II, LIV) descreve-o na Arábia nos dois tipos, destinados ambos ao carreto e guerra. Heródoto, *Clio,* cita os camelos que Ciro, rei da Pérsia, em 542 lançou contra a cavalaria de Creso, da Lídia, dispersando-a pelo terror na planície de Sardes. Os camelos traziam apenas bagagens e víveres. Xenofonte, *Ciropedia,* VII, 1, diz ter sido Artegersas o comandante desta primeira carga militar de camelos. Heródoto, *Polínia,* elogia a velocidade dos camelos que seriam dromedários. Na falta de documento nacional, lê-se no *Gênesis* (XII, 16, XXXVII, 25), que um faraó presenteou camelos à dama Sara, mulher de Abraão, e uma caravana de ismaelitas, vinda de Galaad para o Egito, montava camelos. É o camelo no Egito antes da viagem de Heródoto. Jesus Cristo cita-o (*Mateus*, XXIII, 24; *Lucas*, XVIII, 25). Os medas deviam-no conhecer, porque o conselho a Ciro é dado pelo meda Hárpago. Os gregos tiveram bem pouco contato com o camelo mesmo depois da expedição triunfal de Alexandre Magno à Pérsia. Os romanos viram camelos quando Cipião o Africano (que não os deparara entre os vencidos cartagineses) derrotou Antíoco, rei da Síria, em 191 a.C., e Sila ao capadociano Arquelaus em 85 nas batalhas de Arcomeno e Queronéia. Luculus voltou a vê-los lutando contra Mitrídates, rei do Ponto, norte da Ásia Menor, em 71 a.C. Plutarco, *Luculus,* XV, indica cuidadosamente a seriação do evento, assim como Tito Lívio, XXXVII, 40. Depois de Cristo, nos países conquistados, os romanos possuíam forças montadas em dromedários e assim aparece uma na coluna do imperador Teodósio, em Constantinopla. Suetônio conta que Nero exibiu quadrigas atreladas aos camelos no Circus, *camelorum quadrigas* (*Nero,* XI). Heliogábalo, que era sírio, homenageava o animal de sua terra incluindo-o como iguaria nos banquetes imperiais. Lowie informa que o camelo vence quatro a cinco quilômetros por hora, em etapas de seis a oito horas de marcha. Deve ser a marcha das caravanas. Os camelos corredores, *meharis,* avançam muito mais. Para a Europa foi sempre uma curiosidade e não uma utilidade, apesar de falhada tentativa espanhola de sua aclimatação, repetida no Peru, na primeira metade do século XVI, com o mesmo insucesso. No Brasil houve em 1859 um ensaio da utilização do camelo no Ceará, quatorze animais vindos da Argélia e que desapareceram, inadaptados e saudosos.[142]

O gato, *Felis catus,* parece ter-se domesticado entre os núbios. Mariette não o encontra na fauna de Sacara, 4500 a.C. Para finais do neolítico ou eneolítico é que o *Felis maniculata* aparece no Egito, trazido pelos núbios, possivelmente contemporâneo ao *Felis chaus* hindu e *Felis chaviana* do Afeganistão. Outros tipos, ainda selvagens, existem e não se decidiu sobre as origens exatas do *Felis catus* doméstico, com um cento de variedades. Os felídeos, e mesmo o *Felis catus* selvagem, abundavam no madaleniano europeu. Da África passou ao Oriente asiático e a China foi um centro de criação irradiante pré e proto-histórica. Gregos, romanos e etruscos tiveram intimidade com o gato, mas na Era Cristã, já no período imperial. É preciso lembrar-se que Aristófanes, em *Vespas,* representada em Atenas 423 anos a.C., cita o gato, ladrão de vianda, pela boca de Filocleon. Aparece em mosaicos de Pompéia, símbolos tumulares e os raros epigramas salientam sua preguiça, crueldade, egoísmo. A dispersão européia verificar-se-ia na Idade Média, multiplicando-se no ciclo das navegações, especialmente italianas. Os gatos malteses, egípcios, angorás, etc., foram sendo introduzidos para caça aos ratos. Raríssimo na Inglaterra do século X e na França, popularizou-se no século XVI. Na Península Ibérica é anterior, levado pelo árabe. Na Inglaterra do século XVII provocou a lenda popular do *whittington's cat.* O herói tivera um gato por herança e levara-o às terras distantes infestadas pelos ratos e fizera fortuna, enriquecendo e chegando a ser Lord Mayor em Londres. O conto alcançara a Rússia, tão vulgar quanto o famoso Gato de Botas.[143]

As superstições do gato são resíduos do seu culto. Entre semitas é venerado ou repelido. No Egito era Elerus, espécie divina, e no baixo Egito encarnava a deusa Bast, em Bubastis, com a cabeça felina. Na luta sideral contra a serpente Apopi, o gato vencera com unhadas ferozes. Possuía cemitérios privativos, como o de Beni-Hassan, com milhares de múmias, figuras em bronze, madeira dourada, com os olhos de esmalte. Quem o matasse pagava com a vida. Em Tebas era a Dama do Céu. Na orla setentrional da África o gato era respeitado como um deus e temido como um demônio. As suspeitas ao gato preto, amuleto e malefício, mostram sua ambivalência poderosa. Tem sete fôlegos. Para o continente americano veio com o colonizador. Robert Lowie ensina que a utilização prática é o resultado da domesticação e não a causa. A serventia teria sido, evidentemente, uma descoberta posterior ao amansamento. No momento em que o cão, o boi, o carneiro, a ovelha, o cavalo, o camelo e os galináceos, o porco foram domesticados, não havia papel para eles representarem na sociedade humana. Eram uma distração, um divertimento, um cherimbabo — como diria um tupi sul-americano. Entrou no jogo determinante da doma um instinto lúdico, desportista, desinteressado. A razão é que na Birmânia o galo é unicamente para lutar com outro. O boi não aparece no *menu* chinês ou hindustânico e bem parcimoniosamente na economia dos antigos povos do Oriente Próximo e mesmo africanos contemporâneos. Em Bancoc, Tailândia, adestram peixes para a luta no aquário, lembro eu. Os animais destinar-se-iam inicialmente ao serviço religioso das oferendas. Não somente os animais foram identificados como encarnações divinas como seria sagrada sua utilização, figurando simbolicamente como representações da fecundação e germinação. Conclusões de Lowie recordando Hahn. É uma teoria muito sedutora de Eduard Hahn, mas vale como interpretação ideal e estática e muito relativa no plano etnográfico. Quando o boi amansou sua raiva não havia arado. O carneiro selvagem não tem lã. O cavalo não foi montado logo. As vacas possuíam leite apenas aproveitável para os bezerros. Penso que nem todos os povos conduziram-se semelhantemente, tendo a mesma escala no plano útil dos animais domesticados. Raciocínio moderno para fato milenar, insuscetível de verificação, abre perspectivas indefinidas à exegese pessoal. Não é possível declarar-se que todos os animais tiveram funções religiosas e foram imolados às divindades. Uma certa área demográfica poderia ter este respeito e outra ignorá-lo totalmente. E ambas domesticavam animais. E não sabemos dos vários conceitos de utilidade senão comparando-os aos nossos. A tentação incontida de explicar a descontinuidade ou zonas obscuras da vida pré-histórica ou da mentalidade indígena talvez se reduza ao desejo inconsciente e poderoso de preencher interstícios psicológicos — como dizia Elsie Clews Parsons. Uma justificativa, uma interpretação e identificação de origem numa cultura, é quase sempre de importância secundária para seu estudo real porque nunca representa senão uma tradução pessoal dos fragmentos temáticos. Aproveitamos a mesma melodia, mas a dançamos ao ritmo do nosso compasso individual.

O Homem do Paleolítico, infra e *sapiens,* não teve respeitos proibitivos quanto à nutrição. Era como os nossos indígenas. Comia tudo. Todos os animais eram caça e alimento. Do elefante ao lagarto, passando pela rã. Da ave aos insetos suculentos. Quando ocorreu a domesticação, doma, amansamento, encurralação, os animais passaram a ser reserva mais fácil e comida mais próxima. Em vez de perseguir, ia buscar ao redor da caverna e depois vizinho à casa. Não é hipótese. É lição constatada pelos depósitos arqueológicos. Desde o chelense a documentação é idêntica:

Bones and refuse accumulations in inhabited caves, and in front of them — ensina Ales Hrdlicka.

Sabemos o que o pré-homem e o *sapiens* comiam por esses resíduos. Pouco a pouco as espécies foram variando em gêneros e subgêneros mas compreendiam, nas palafitas, sambaquis, justamente esses animais que depois tiveram papel decisivo na economia aquisitiva humana. Creio que se um grupo humano, todos de origem caçadora, determinou o tabu religioso para um animal, outro grupo não teria tido a mesma solução restritiva e continuava comendo o que o vizinho venerava. Uma defesa no âmbito alimentar é sinal de adiantamento religioso. Assim, mesmo não comendo certos animais comumente, egípcios, sírios, israelitas devoravam a mesmíssima carne noutras ocasiões e também por imposição sagrada, como se verificava com o porco. O mesmo esquema linear não se ajusta ao desenvolvimento das culturas humanas na totalidade de suas soluções.

Todos os animais que o homem domesticou ou reduziu à sua serventia participam do seu complexo mágico. Têm lendas, mitos, estórias, etiologias, funções terapêuticas e simbólicas. Significam valores morais, vícios, representações específicas de virtudes e defeitos, passando, nas fábulas, a uma vida de exemplos e no folclore a um mundo de assombros, medos, superstições. Foram tocados pelo homem. Contaminaram-se pelas alegrias e pavores de sua inteligência. Partilham da vida humana em sua miraculosa normalidade.

AGRICULTURA

A velha colocação esquemática em que o homem fora pastor antes de ser agricultor carece atualmente de comprovantes decisivos. A escala que teriam seguido nossos avós longínquos, caçador errante, pastor nômade, agricultor sedentário, dissipou-se. A Escola Etnológica de Viena repudiou-a e a clássica disposição já não constitui uma obrigatoriedade irrecusável.

Impossível indicar a prioridade. China, Américas do Norte, Centro e Sul, Oceania não atravessaram o estágio pastoril. Outros povos começaram pastores, beduínos da Arábia, nômades ao redor do Sinai, grupos mongóis da Ásia Central, e pastores continuam nas estepes asiáticas e desertos africanos. Caçadores nasceram e seguem sendo os vedas da índia, mahalbis do Sudão, os midgan da Abissínia e Somália, tehuelche da Patagônia. O professor Otto Jessen, da Universidade de Munique, afirmava:

> A Europa, desde o neolítico, foi zona de agricultores sedentários.

Verdade é que já possuíam gadaria evolucionada, posta em serviço da agricultura ou intimamente ligada a essa atividade. A posição mais razoável é dizer o pastoreio e agricultura (ou lavoura, como o sábio Orville A. Derby (1851-1915) preferia dizer) simultâneos, juntos ou isoladamente empregados pelos europeus, asiáticos, africanos, ameríndios, oceânicos. Uns foram criadores e outros plantadores e os demais ambas as coisas, naturalmente. Ralph L. Beals mostra que em Tamaulipas, norte do México, o núcleo de plantadores estava cercado pelos nômades caçadores. W. Duncan Strong e W. R. Wedel evidenciam que nas planícies de Nebrasca os caçadores foram afastados pelos agricultores e no período colonial substituídos pelos caçadores já montando cavalos. Os hidatsa do Dacota do Norte, em tempos históricos, deixaram a lavoura, voltando à caça errante.

Quando tiveram início esses processos miraculosos? No finais do epipaleolítico ou começo do neolítico? Há controvérsia para esgotar o fôlego de três congressos técnicos, sem possibilidade de decisão por maioria de votos. O professor Menghín declara que os caçadores do aurinhacense e do madaleniano corriam atrás de mamutes e de renas na Europa e certas tribos, noutros continentes, já tinham iniciado a cultivação de plantas e a domação de animais. Certo é que ninguém está mais autorizado a apontar entre o pastor e o agricultor quem primeiro começou a missão civilizadora.

Também oscilante e nevoenta é a resposta sobre onde nasceu a pecuária ou a horticultura. O deserto de provas é vencido pelas pontes das hipóteses. Há muitas pontes, mas debaixo delas continua a solidão documental sempre que se trate de generalizações.

A notícia clássica é que o cultivo sistemático de cereais irradiou-se da Ásia Menor, Armênia, Síria Setentrional, várzeas banhadas pelo Volga e encostas do Cáucaso. Sauer indica o suleste asiático: *I have proposed Southeastern Asia*. A monogênese é tabu intocável e não há possibilidade de vários centros originários. A controvérsia para as zonas criadoras das espécies básicas da alimentação ameríndia, milho e mandioca, segue ritmo discordante, como veremos em justo e próximo local.

Eduard Hahn (1856-1928), indispensável de citação nessas alturas pela originalidade das teses, afirmadas como dogmas indiscutíveis, ensinava a agricultura posterior à domesticação de animais e que nessa fase da História os homens levavam uma vida serena de ociosidade, mantidos pelas mulheres que, não podendo abater caça de vulto, descobriram a lavoura. Sabe Deus como Hahn chegou a essas conclusões. Curiosa é também a seriação do desenvolvimento da agricultura, partindo do uso da enxada, outro invento feminino. O boi, primeiro a ser utilizado (para Hahn), fora aplicado ao arado, instrumento característico do trabalho masculino. A agricultura aparece quando o serviço com a enxada combinou-se com a criação de animais. A mulher ficou com a enxada e o homem com o arado, puxado pelo boi. Como o arado era desconhecido em todo o continente americano e a lavoura constituiu forma normal de alimentação, a fórmula de Hahn é inaplicável no Novo Mundo. O escalonamento é simples: a) caça e colheita de raízes, frutos, sementes, vagens; b) trabalho com a enxada; c) trabalho com a enxada e cria de animais; d) agricultura. *Also sprach Hahn.*

A enxada, exceto entre os quíchuas pré-colombianos, também inexistiu no continente americano. Ocorreu semelhantemente na Oceania, o nativo empregava o bastão curto para furar o solo e deixar a semente. Não houve criação de animais ameríndios fora da lhama na área do planalto andino. O sistema de Hahn, evidentemente, não pode ter função num plano genérico e constituir uma fórmula regular no processo do desenvolvimento das culturas aquisitivas do homem.

Sobre a invenção da lavoura a maioria doutrinária oferece a coroa à mulher. É um trabalho feminino. Karl von den Steinen decidiu:

O homem se dedicou à caça enquanto a mulher inventou a agricultura (1887).

Robert Lowie (1934):

Le fait que les femmes étaient chargées d'aller en quête des racines sauvages et des graines eut pour conséquence de les associer plus que leurs compagnons au règne végétal; ce furent donc elles, sans aucun doute, qui s'occupèrent les prémières de jardinage et d'agriculture.

V. Gordon Childe (1936):

Provavelmente, a agricultura começou como uma atividade incidental das mulheres, enquanto seus maridos estavam dedicados à atividade verdadeiramente séria da caça.

Birket-Smith (1941):

Carecem as mulheres de fantasia? Alguns leitores assim afirmam. É certo que tem sido justamente a imaginação do homem, freada pela medida e a intuição, a que se converteu num enorme poder propulsor da cultura; mas nem por isto devemos esquecer o silencioso progresso que traz consigo a monótona atividade cotidiana da mulher: dela surgiu nada menos que a base de todas as culturas elevadas: a agricultura. A vida nômade e a caçadora são becos sem saída que nada conduzem fora de si mesmo; a agricultura não põe limites ao desenvolvimento cultural.

Numa distância superior a meio século, quatro investigadores — alemão, norte-americano, inglês e dinamarquês — sustentam a tese da prioridade feminina. Tese indiscutivelmente clara e lógica, mas destituída de comprovação material regular. Encontramos a presença masculina colaborante e dedicada em todos os povos da Terra, os mais antigos e de estado cultural mais rudimentar, no respeito ao trabalho da lavoura. Leva-nos a aceitar a explicação, quase dogmática, uma espécie de conformismo psicológico, uma homenagem à companheira do homem, deduzindo pela limitação de sua ajuda, ou especialização acordante com sua fraqueza, o exercício da colheita obstinada e da observação interante, fontes da atividade agrícola, plantio, replantio, limpamento, safra. O comum entre ameríndios, como entre chineses e polinésios, o casal "funda" o plantio, competindo à mulher os encargos da conservação e colheita. Não se dirá o mesmo na cerâmica, cozinha, educação infantil no primeiro estágio, ocupações sabidamente femininas.

Para a origem da técnica, Kroeber lembra as duas teorias prestigiosas. O cultivo, dependendo do clima, começou nos trópicos sob condições favoráveis (natureza do terreno, teor pluviométrico, ausência de insetos). Era uma atividade subsidiária e quando se tornou hábito e quando o homem transladou-se para regiões menos dotadas, assumiu o caráter de continuidade típica. A outra teoria, oposta e sedutora, faz nascer a agricultura nas zonas áridas, impulsionando o homem pela necessidade alimentar, uma vez que os frutos e raízes silvestres escasseavam. Para Kröeber ambas carecem de base científica. Não surgiu a lavoura porque a natureza fosse ou não favorável. No caso do sudoeste dos Estados Unidos a agricultura alcançou os indígenas pelo aumento do conhecimento e mudança de subseqüente atitude. Um determinado povo do sul do México, da Guatemala ou mais além, tornou-se plantador e a técnica se foi transmitindo gradualmente, de povo a povo, até atingir as tribos do sudoeste e posteriormente os indígenas da costa norte do Atlântico. A cultura veio avançando através de contatos sucessivos, partindo de um foco distante. O mistério está na localização desse foco hipotético. Mais de meio século ficou na América Central. Os dois produtos básicos da alimentação ameríndia estão sendo fixados na América do Sul. A *Manihot utilissima* no Brasil e o *Zea mays* no Paraguai-Bolívia (Mangelsdorf-Reeves), Colômbia (Birket-Smith).

Raros aceitam a possibilidade lógica da atividade agrícola surgir independente da transmissão, do alheio exemplo. Surgir como expressão natural da necessidade. Necessidade e não penúria. As mulheres que colhiam frutos e arrancavam as raízes do solo, com instrumentos de madeira, teriam tido a idéia do plantio experimental das primeiras sementes. Esse processo de impulsão psicológica não precisaria de influência alienígena porque, pelo que sabemos, as mulheres tinham essa tarefa natural por toda a parte. A seqüência levá-las-ia naturalmente a um resultado idêntico sem a explicação difusionista. Ao contrário, seria negar o espírito reflexivo e deduzivo da criatura humana em qualquer paragem do mundo e momento de cultura. As mulheres não eram máquinas e nem fêmeas antropóides. Forçosamente compreenderiam que as plantas nasciam, em sua quase totalidade, de sementes e essas sementes estavam nas suas mãos. A curiosidade experimental impor-se-ia, irresistivelmente. Por que esperar que a lavoura se propague unicamente pelo impulso da imitação, do contato influenciador diante do estado de necessidade? Há visivelmente agricultura transmitida e agricultura criada sem dependência de sugestão estranha.

Um centro de debates é o estado de necessidade determinar a invenção, o descobrimento, uso da agricultura. É dado folclórico atestado pelos provérbios em quase todos os idiomas conhecidos. Petrônio resumia a opinião tradicional em Roma, afirmando que a pobreza é a mãe da indústria e a invenção de várias artes deve sua origem à fome (*Satyricon,* CXXXV). Em 1932, Mussolini dizia a Emil Ludwig que a fome era excelente educadora. Educadora, disciplinadora, valorizadora mas não criadora de possibilidades econômicas, devia completar. Virgílio afirmava o contrário, *malesuada fames,* Fome, má conselheira (*Eneida,* VI, 276). Sauer insurge-se contra a tradição, argumentando que um povo faminto não terá capacidade inventiva. As plantas enobrecidas pela cultivação foram resultados de tarefas de gentes de vida equilibrada, confortável, tendo as disponibilidades para o esforço criador (*Agricultural Origins and Dispersal*).

A agricultura realmente fixou o homem. O pastoreio lindou a errância pela limitação das pastagens, mas a lavoura já o radicara localmente, guardando o plantio. O agricultor é o primeiro sedentário. A divisão primitiva das propriedades e depois distritos no plano da administração no Egito, os *nomos,* tiveram esse nome grego valendo plantio e habitação subseqüente. O primitivo *nemein* era o mesmo que dividir, possuir, apascentar, pascer, pastar, posse da terra para o rebanho e decorrentemente cultivo da forragem. E já não estaria semifixo o grupo que começou a plantar? Todo plantio antigo é aproximado das moradas e como teria sido feito por mulheres, estas procuravam não se afastar muito da proteção residencial. Só o plantio para finalidades de venda, obedecendo ao imperativo do terreno maior, é distante do povoado mas tendo a colaboração masculina, índice de que o limite de utilização doméstica fora ultrapassado. Fácil é verificar, em qualquer parte do mundo, a maioria das pequenas plantações rodeando a casa familiar ou nos seus arredores.

Também acho dispensável a notícia de que a lavoura valorizou o auxílio infantil. Onde essa colaboração menina está ausente? Na caça e na pesca meninos e meninas ajudam, por espírito lúdico irresistível. Guarda de rebanhos. Acosso ou cerco de caça. Pescaria. Qual o menino de praia que não é vocacionalmente pescador? São afirmativas de grave sentenciação e que julgo evidentes na generalização e nunca originárias de determinada atividade adulta.

Creio também que a agricultura antecedeu à domesticação animal, sua utilização econômica. Em Anau, sul do Turquestão, leste do Cáspio, as pesquisas alcançam, nas camadas profundas do mesolítico, um neolítico sem pedra polida, com cevada e trigo, mas nenhum traço de animais reunidos à comunidade normal do grupo. Semelhantemente nas culturas pré-incaicas do planalto e litoral do Pacífico, com as lhamas. Não conheço informação de animais domésticos anteriores ao servico da lavoura, no domínio regular da terra, por toda a Ásia Menor e notadamente na "fértil meia-lua", exuberante de vida organizada socialmente. O "fértil crescente" compreende do golfo pérsico (Ur) ao Mediterrâneo (Sidon, Tiro), alcançando Harã na curva ascendente do semicírculo. Estão integradas as culturas da Mesopotâmia, e na curva reentrante, Jerusalém e Damasco. Vinte séculos a.C.

Um debate que a agricultura sugere é a criação da cerâmica. Herbert J. Spinden crê que a agricultura condicionou a origem oleira. Um povo nômade pode fazer vasilhas de couro e dispensar vasos de barro e não deter-se para modelar e cozer o vasilhame em que ferverá caça ou pescado. Especialmente os vegetais alimentícios, raízes e preparação de farinhas e papas (trigo, milho, batata, mandioca, inhame) determinaram a cerâmica indispensável. O esforço teimoso e lento de procurar o material e subseqüentes atos pertencem sempre às mulheres, que foram justamente as inventadoras dos plantios.

Michael Haberlandt admitia o homem oleiro em raras ocasiões. Uma delas era a fabricação do seu cachimbo. Karl von den Steinen viu o velho Caetano, um bacairi do Rio Paranatinga, no Mato Grosso, modelando potes, contrariando, como homem, completamente o costume primitivo. Entre os tupi-guaicurus havia homem oleiro, mas afetam todos os modos das mulheres; vestem-se como elas, ocupam-se em fiar, tecer, fazer panelas — informa F. H. Prado. Charles Frederik Hartt, recenseando a indústria oleira na América do Sul, com informações gerais, evidencia que a mulher é artífice tradicional e comum. Richard Burton, citado por Hartt, diz que a cerâmica na África Oriental só passou para a mão masculina quando se industrializou, nas últimas décadas do século XIX, fabricando-se para a venda, o que não ocorreu na América indígena. Todos os vasos de uso doméstico indígenas, em qualquer parte do mundo, foram feitos para a própria família. Cada família tinha sua oleira. Fazia naturalmente o suficiente porque não havia interesse em produção maior. O critério do volume era dado pela experiência feminina. Fabricava de acordo com a aplicação normal. Modelaria, pois, dentro de um imperativo utilitário imediato. Aumentou a produção quando as peças começaram a constituir objeto de permutas.

Como parece ser axiomático em etnografia, o homem assa e a mulher cozinha. A sugestão cerâmica apareceria, inicial e forçosamente, a uma mulher colhedora de raízes e não a um homem caçador de renas. A necessidade surgiria com as maiores colheitas vegetais. Essas nasceram, logicamente, com a lavoura e a mulher estaria em condições únicas para dar solução e esta foi a cerâmica, resultado de uma série de aproveitamentos naturais de cabaças, caules, troncos ocos, cestos cerrados, odres, como portadores de água. A cerâmica deu também o sentimento da provisão, reserva, aprovisionamento e somente o cereal traria a imagem à prudência feminina. Há entretanto muita dedução contraditória nessas condições normais. A agricultura é neolítica, afirmam comumente. Há, indiscutivelmente, cerâmica no epipaleolítico, no período tardenoisiano, deparados os vestígios nos *kjökkenmöddingers* bálticos, seguindo-se a prova do maglemoisiano. Como a lição clássica é da agricultura haver determinado a cerâmica, impõe a lógica perguntar sobre o uso desses vasos de barro anteriores aos plantios neolíticos. Para que havia de servir a cerâmica epipaleolítica? E em Jarmo, na Mesopotâmia, 4757 anos a.C., havia agricultura regular e nenhum traço cerâmico. A crença uniforme é que o vaso não se prestara inicialmente para transporte de líquidos e sim para guardar cereais, secos ou semitostados, garantindo maior duração na reserva alimentar. Já encontramos a cestaria, o tecido e enlaço de vimes (outra permanente neolítica) nos desenhos espanhóis do epipaleolítico. A cestaria afirmam ser elemento tradicional da agricultura, inseparável, característico. Parece, evidentemente, que o dogma da agricultura iniciada no neolítico está merecendo revisão em face das pesquisas mais ou menos recentes.

O silencioso prodígio da germinação, do crescimento da planta, da multiplicação dos frutos, o ciclo das safras pareceram ao homem um mistério presidido pela vontade de força extraterrena. Personalizar esse elemento que se manifestava no poderio vegetal e dedicar-lhe oferendas foram atos correlatos. Naturalmente, o mecanismo para observação e culto exigiu tempo e o cerimonial modificou-se lentamente, de acordo com o que se sentia na predileção da égide por certas espécies que lhe foram votivas. A liturgia aperfeiçoou-se, tornando-se mais significativa na divulgação das homenagens à generosa divindade.

Algumas culturas mereceram como sendo dádivas sobrenaturais. Ísis, Démeter, Osíris deram o trigo e a cevada. Minerva a oliveira. Dionísio o vinho. A virgem Mani deu origem à mandioca. O milho é da deusa mexicana Centeotl ou Tonacajohua, "a que nos sustenta". Pomona deu os frutos, Flora as flores. Vertumno o vergel. Silvano defendia a vida vegetal. Príapo a produção. Termo o limite.

O plantio e a colheita foram atos religiosos. Wilhelm Mannhardt (1831-1880), no *Wald und Feldkulte* (1875), e Sir James Georg Frazer (1854-1940), no *Golden Bough* (1890-1900), compendiaram os mitos, crenças, tradições vivas em atos, gestos, cantos, bailados, festas, espalhados pelo mundo, valendo súplicas, oferendas propiciatórias, promessas, aos deuses, aos santos, responsáveis pela regularidade da vida agrária. O sincronismo da superstição milenar com a fé cristã evidencia uma presença ininterrupta do culto indistinto em benefício das grandes ou pequenas mas regulares safras, garantidoras da existência coletiva do povo lavrador. Na mão onipotente de Deus está o poder de afastar as pragas destruidoras e fazer cair a chuva benéfica em tempo oportuno.[144]

Ceifava-se sob o compasso de flautas ou pandeiros, dedicando-se aos deuses o esforço recoletor. A canção de trabalho é de milênios. Trezentos anos a.C., o poeta Teócrito compunha uma cantiga de ceifeiros (*Idílios,* X), diálogo entre Milon e Bukeos, índice da vulgaridade destes cantos. O primeiro zombava do segundo que se atrasara no corte do trigo, escárnio ainda contemporâneo entre trabalhadores de enxada no Nordeste do Brasil na limpa dos roçados de mandioca ou algodoais.

A participação ativíssima da mulher encontrou posteriormente proibições e tabus. Certos plantios não devem ser feitos pela grávida ou menstruada. Em 1587, na Bahia, acreditava-se que o amendoim (*Arachis hipogaea,* Lin.) só produzia abundantemente semeado e colhido pela mão feminina.[145] A jaqueira (*Artocarpus integrifolia,* Lin.) planta-se por braço de homem e ainda presentemente o mamoeiro (*Carica papaya,* Lin.) e a cana-de-açúcar. A bananeira não dando frutos deve ser abraçada por um homem. As plantas têm, como se vê, sexos e preferências.[146]

A plantação é um organismo sensível, capaz de sofrer influências maléficas, maldições e maus-olhados. Põem amuletos defensivos, caveiras bovinas, chifres, rabos de animais peludos, mastros com esculturas atemorizadoras. Há orações populares e bênçãos religiosas. Promessas e ex-votos. A cultura do arroz na China dependia da fiel execução dos formulários exigentes em preces, expiações, obediências à lei do costume. Em Bali (Indonésia) há uma faca adornada de prata para cortar as primeiras espigas de arroz. Os animais da tração agrícola participam do culto. O zebu na Índia. O búfalo no arquipélago malaio.

Ao redor dos campos da safra devia erguer-se espiritualmente uma barreira da proteção divina, intransponível, conseguida através de súplicas e oblações. Havia e há orações e liturgias para a bênção das messes, pedindo a benevolência de Deus para o trabalho humano. Procissões atravessam ou rodeiam as searas e vinhedos (ambarvália). Bênção dos engenhos de açúcar (*benedic etiam hos arundineos fructus; rege, guberna et serva omnes hic ministrantes*). A colheita do último molho era oportunidade de cerimonial popular, indispensável para a continuação da fertilidade e mesmo saúde pessoal dos proprietários. A derradeira apanha ou corte de trigo, milho, cana-de-açúcar, cevada, arroz era conduzida processionalmente, enfeitado o molho com papéis de cor, acompanhado de cantos e aclamações votivas que Mannhardt explicava como de caráter religioso, profilático e propiciatório e von Sidow justificava como mera e justa manifestação jubilosa pela terminação da tarefa.[147] Ligada intimamente à vida rural a concepção antiquíssima em que inverno e verão são personalizados e, decorrentemente, atraídos ou despedidos conforme a necessidade agrária, explica uma série de festas populares por quase todo o mundo, fogueiras, danças coletivas, alimentos típicos, árvores decoradas, *mai, maypole*, mastro de Maio, Maio-moço, Verde Maio, e *pouses de Mai, maipaar, Vegetationspaar*, cânticos, as Maias em Portugal,[148] alegrias de janeiro, presentes, cantar as janeiras, aguinaldos, Papai Noel, St. Klaus, Bonhome Noel, Bonhome Janvier, Befana, marcando ainda as datas solsticiais. Outrora, essas comemorações tinham representações extensas e uma verdadeira multidão acorria, com indumentária própria, para vivê-las rigorosamente. São vestígios poderosos o ciclo do São João (junho) com suas fogueiras, pirotecnias, adivinhações no plano do casamento e bailaricos gerais, carnaval, ciclo do Natal cristão para onde convergiram centenas de crendices festeiras. Muitas dessas cerimônias, milenárias, adaptaram-se às exigências da religião local, gravitando, coincidentemente, ao redor dos oragos comemorados em tempo de inverno ou verão. Com a diversidade nominal, acompanham o calendário nacional, vivendo (onde quer que estejam) a finalidade obstinada de uma propiciação rural.

Não creio que a agricultura fosse determinada pelo intercâmbio comercial primitivo, provocada por uma lei de procura. Os primeiros elementos permutados foram adornos e instrumental lítico. Depois metais, cerâmica, objetos de luxo, a pacotilha habitual do navegador mediterrâneo. Os cereais ainda estavam guardados em vasos de barro, sementes semitorradas, e já existia intensa exportacão de material de trabalho, destinado ao cultivo da terra, preparo de peles etc. As sementes e espécies vegetais alienígenas na Europa vieram com os povos emigrantes.

A documentação encontrada nas povoações lacustres mostra o trigo usado habitualmente assim como o linho, fiado e tecido. Também o milho miúdo, o *millet, Panicum miliaceum*. O trigo já se plantara na China 3000 e no Egito 4000 anos a.C., e o europeu seria o alforfão, *Triticum dicoccum*, que os egípcios semeavam no período antidinástico, assim como na Ásia Menor. Todos os cereais que conhecemos resultam de espécies silvestres que foram selecionadas. Assim o milho ameríndio, *Zea mays*, e a mandioca, *yuca, Manihot utilissima*, que ainda conserva o tóxico, ácido cianídrico, índice que a domesticação no cultivo milenar não eliminou. A cevada e o centeio (*Bordeum vulgare*, Lin. e *Secale cereale*, Lin.), não populares na América pós-colombiana e desconhecidos anteriormente, fazem base alimentar para milhões de criaturas humanas e Wawilow indicava a Abissínia e suleste asiático como centros primários da cevada. O atleta Milon devorou oitenta pães de cevada seguidamente, como narravam na Grécia. Era pois a cevada, e não o trigo, o cereal mais popular na Grécia proto-histórica. As antigas tradições religiosas do Egito dão a cevada como vivendo misturada no meio confuso dos plantios de trigo e colhida pelo próprio deus Osíris. O centeio, mais sedentário e amigo de fixar-se do que o trigo, vivia no sul da França, 5000 a.C., e dizem que viera do Mar Negro, de onde emigrara acompanhando o senhor trigo, de quem era vassalo e depois concorrente às vezes vitorioso. Iúri Senjonov lembra que o perseverante centeio, criando o pão preto, contribuíra para a unificação da Rússia e da Alemanha muito superiormente ao pão branco do trigo. Em Portugal fazem falar o trigo, o centeio e a aveia (*Avena sativa*, Lin.):

> Cala-te lá, Centeio, centeiaço;
> Que tu não fazes as funções que eu faço!

> Cala-te lá, Trigo espadanudo,
> Que não acodes ao que eu acudo!

> Eu sou a Aveia
> Negra e feia;
> Mas quem me tem em casa
> Não se deita sem ceia.

Em Portugal semeiam o centeio em fevereiro, colhendo-o para as malhas em julho. No Brasil o milho é de todo ano, notadamente pelo São João (junho). Chasqueando com o centeio, diz o milho português:

> Gandarela, gandarela,
> Que andas seis meses na terra!

Responde o centeio:

> Cala-te lá, meu reboludo,
> Quando te acabas sou eu que acudo!

A existência de espécies primitivas de certos cereais parece um argumento irrespondível para assinalar-se a nacionalidade de origem. Pode verificar-se a existência de espécies ainda não deparadas nas pesquisas ou desaparecidas em regiões onde eram abundantes. Espécies pertencentes ao complexo alimentar são apontadas como originárias de coordenadas geográficas, como nascença de rios. Outras, cereus, bromélias, cactos, surgem em regiões distanciadíssimas e é pouco crível a intervenção humana para sua transmissão. Não seriam na época aproveitáveis como presentemente.

Quando a caça diminui anualmente e a pescaria se amplia com aparato moderno (radar assinalador dos cardumes, redes mecânicas, conservação frigorificada), a lavoura continua mantendo, em percentagem maior, a humanidade. As maiores massas humanas, Índia, China, África Setentrional e Meridional, Europa, ilhas e continente americano, mundo asiático e oceânico, da agricultura retiram o essencial para a manutenção. Na América poder-se-ia fazer a divisão das civilizações da mandioca e do milho. Elemento precípuo tem sido o arroz, o pão do homem amarelo, com áreas de penetração sempre crescentes. Passa do nordeste da China (Sauer aponta outra região: *rice probably originated in India)* para o Japão, Indonésia, Índia, mar Cáspio, Síria, mas ninguém sabe desde quando os gregos o conheceram na Tessália e quem o levou a Roma, onde era remédio. Senjonov lembra que a Bíblia não o menciona e os egípcios ignoravam sua cultura. Os árabes levaram-no à Europa via Espanha, na primeira metade do século VIII d.C. O primeiro saco de arroz chegou à Virgínia em 1647 e produziu dezesseis sacos. No Brasil já era vulgar em 1587, dando nos brejos da Bahia, de quarenta a sessenta alqueires por alqueire semeado, "tão grado e formoso como o de Valência" — diz Gabriel Soares de Sousa, comparando-o ao antigo arrozal muçulmano na Espanha.[149]

De Mortillet encontrou sementes de uvas nas palafitas suíças e terramares italianas em quantidade que autorizava supor seu emprego na produção de uma bebida. A velha lição aponta a região florestal que se estende do Turquestão e Cáucaso às montanhas da Trácia, segundo De Candolle. Os vinhos de Maronéia foram elogiados por Homero e os gregos levaram-no a Tróia. Da produção trácia (Bulgária) há moedas ornadas de parreiras. A *Vitis vinifera* espalhou-se pela Ásia e Europa ao mesmo tempo e sua localização inicial é uma questão de simpatia erudita. O naturalista Plínio, no primeiro século d.C., contava quarenta espécies de uvas para o vinho e vinte para mesa, dizendo-a coincidente com os povos mediterrâneos, sob condições favoráveis de solo e clima. Os gregos deram a Dionísio-Baco as honras da utilização e seu cultivo estava sob a proteção do deus festivo e barulhento, tendo a Trácia por um dos berços autênticos. Trouxera daí a vinha? A personalização da vinha é Ampelos, jovem companheiro do deus. Era o vinhedo cultura valorizadora, como os olivais, para o lavrador grego. Não é preciso recordar Noé, plantador de uvas e consumidor de vinhos, salvador material do gênero humano, no bojo de sua arca. Vinho, bebida do Oriente e do Ocidente clássicos citada no Código de Hamurábi, saboreada pelos persas, assírios, babilônios, egípcios, hebreus. Jesus Cristo transformou água em vinho para animar as bodas de Caná. E fez do vinho seu próprio sangue. Maomé proibiu-o aos crentes. A. Garcia y Bellido diz que a vinha introduziu-se na Grécia vinda do Oriente no período micênico, 1400 anos a.C. Na Europa neolítica e mesmo na Idade do Bronze e início da do Ferro aparecem unicamente sementes *y eso raras veces*.

Si se tiene en cuenta que a cien litros de vino corresponden aproximadamente 1.200.000 granos de uva silvestre, y no se olvida el reducido número de hallagos de pepitas de ésta, se há de deducir que nuestros antepasados prehistóricos desconocieron la fabricación del vino, ni aún siquiera a la base de la uva silvestre — informa o mestre da Universidade de Madri, completando a obra clássica de Obermaier.

A vinha cultivada chegara à Itália 1000 anos a.C. e ao sul da França no século VI, com os gregos fundadores de Massália (Marselha). Os romanos levaram-no ao Reno e Mosela. Não o tiveram os oceânicos e parece que os ameríndios senão pela mão européia e quinhentista. Um elemento propagador dos vinhedos foi o clero católico, porque o vinho era indispensável para o santo sacrifício da missa. Senjonov escreve que: "a relação íntima entre a Igreja e a videira continuou a subsistir. Johanisberg na zona renana, Hautevilliers na Champagne, Clos de Vougeot na Borgonha, 'Beneditinho', 'Chartreuse', 'Vermouth' etc., dão disso testemunho. À medida que a Igreja Católica, sob a pressão da Reforma, se retirava do norte e do leste da Alemanha, desaparecia também, pouco a pouco, a videira. Atualmente, a cultura da vinha na Europa Ocidental se circunscreve quase exclusivamente às regiões católicas; os velhos mosteiros acham-se tão cercados de vinhedos como os conventos budistas de lavoura de chá".

E a uva na América? No ano 1000 os normandos alcançaram terras norte-americanas. A mais meridional denominou-se Vinland, terra do vinho e da vinha. As mais recentes pesquisas localizam Vinland ao redor da foz do Rio São Lourenço, no Canadá. Uvas canadenses nascidas localmente no século X d.C.? O debate continua. A maioria nega a presença das vinhas e sim a existência de espécies de groselha, *Cornus canadensis* e *Smilax rotundifolia*, e nunca a uva. Jacques Cartier, em 1534, visitou a região e aludiu, expressamente, a *tant de vignes chargez de raisings le long du dict fleuve* e mesmo dá nome de Ilha de Baco a uma ilha próxima à atual Quebec. A terra verde de Vinland tem apaixonado eruditos, mas os botânicos não decidiram ainda sobre o encontro de vinhas frutíferas no século X. Cartier dizia as uvas menores e não *si doux que les nôtres*.[150]

A mandioca coincide seu núcleo de expansão original com o centro irradiante da família aruaca que a cultivou e divulgou. É a bacia tropical do Amazonas. O aruaco estendeu-se para as Guianas e Venezuela, desceu para o sul ao Chaco paraguaio, subiu para o norte até a Flórida, povoando as pequenas e grandes Antilhas onde a mandioca, desde o México, foi usada com o nome de *yuca*, da língua dos aruacos-taino da ilha Haiti-São Domingos. Embora plantador de milharais, o aruaco tornou-se o grande fabricante da farinha de mandioca, seu criador, e daí o próprio apelido, aruaco, "os da farinha, os farinheiros". Mandioca para os tupis, que a receberam dos aruacos certamente no Amazonas, comum às duas grandes raças, assim como a técnica da farinha, beijus (bolos), igualmente a prática da cerâmica. Não seria possível a fabricação da farinha de mandioca sem a cerâmica e os aruacos foram ceramistas eméritos.

A mandioca é base alimentar essencial para o tupi e manteve-se fielmente na tradição brasileira. Três quartas partes do povo do Brasil consomem diariamente farinha de mandioca. Mesmo no século XVI o português exportou a mandioca para a África, exceto na parte setentrional e Argélia, tornando-se indispensável na Mauritânia, alto Senegal, Nigéria, Guiné, Costa do Marfim, Daomé, Sudão, África Central, Fernando Pó,

Togo, Lagos, Camarão, Gabão, Áfricas Austral e Oriental. Em 1738, La Bourdonnais levou a mandioca do Brasil para Reunião, mas os negros sucumbiam envenenados com o ácido prússico. O capitão de infantaria de Marinha, Reine, ensinou a eliminação do tóxico e Reunião foi também um ponto de dispersão. Há cerca de cem espécies, sendo cerca de oitenta brasileiras.

A iuca, cassave, mandioca, radica-se ao uso contínuo e tradicional,[151] predileção coletiva, primeiro dos condutos populares, superior ao pão de trigo, por todo território brasileiro, justamente considerado sua pátria. Ao contrário do que pensava Salvador Canals Frau (1893-1958), florescem no Brasil as mandiocas selvagens, as brabas, já registradas por Guilherme Piso antes de 1644 e ainda utilizadas.[152] A suposição de Sauer (*I should guess an origin in the Venezuela savannas*) é mais simpatia que dedução.

O nome no México era *quauhcamotl* e para o negro de Angola *mbombo,* crisma do produto que o português lhe ofereceu, levando-o do Brasil.[153]

A farinha de mandioca explica poderosa e decisivamente a penetração colonizadora do português na imensidade do Brasil. Adaptando-se à "farinha de pau", ao "pão do Brasil", elogiado por todos os cronistas do século XVI e XVII, teve a solução simplificadora do problema alimentar. Cultura fácil, sem tratamento e cuidado maior de vigilância, esperando o tubérculo meses e meses no seio da terra, sem apodrecer, a hora da colheita. Os bandeirantes paulistas, que empurraram para oeste o meridiano de Tordesilhas, eram plantadores de mandioca e comedores de farinha. O holandês não conheceu o *hinterland* do próprio domínio brasileiro porque não gostava da farinha de mandioca, apesar das tentativas e conselhos oficiais. Sem essa farinha não vivem milhões de sertanejos, resistindo às estiagens e ao trabalho exaustivo, povoando a Amazônia, derramando-se pelo Brasil Central e Meridional, secos, enxutos, infatigáveis, maravilhosos. Euclides da Cunha batizou-os "rocha viva da nacionalidade". Quem agüenta a "rocha viva" é a farinha de mandioca, amaldiçoada pelos nutricionistas. O primeiro serviço ao situar-se residência no sertão nordestino e amazônico é "fundar" o roçado de mandiocas. O indígena consome preferencialmente o beiju, além da *uí,* farinha. É a fixação normal. Os vestígios de mandiocais testificam a passagem humana na nitidez de um depósito osteológico.

A *Manihot aipi,* pohl, macaxeira, aipi, aipim, mandioca doce, mantém-se como sobremesa, com manteiga ou mel, do extremo-norte ao sul do Brasil, constituindo o almoço tradicional e a ceia frugal de outrora, cozida n'água e sal.

Karl von den Steinen salienta: "Na economia doméstica dos nossos indígenas a importância dessa planta (mandioca) ultrapassa consideravelmente a do milho. Fornece a provisão principal, cabendo-lhe, outrossim, o mérito de obrigar os aborígines, que a receberam de tribos mais adiantadas, a adotarem uma vida sedentária; e que a sua preparação exige uma série de processos que requerem paciência, além de instrumentos que, como as tábuas de ralar, guarnecidas de espinhos de palmeiras, só podem ser fabricados com grande dispêndio de tempo e trabalho e com auxílio de utensílios pouco adequados" (*Entre os Aborígines do Brasil Central*).

A soberania do milho alcança a América Central e dorso ameríndio do Pacífico. A mandioca é rainha dos trópicos, reinando sozinha na culinária popular da zona em que nasceu e ostenta sua coroa irrenunciável. Mas o conhecimento dos antigos peruanos irmanava mandioca e milho no mesmo nível glorificador. Um vaso cerâmico representa o deus da agricultura com uma vergôntea de milho numa mão e a mandioca, com seus tubérculos pendentes, na outra. Encontraram-no num túmulo pré-colombiano de Sechura. O milho desceu do norte e a mandioca subiu do sul.

A cana-de-açúcar, *Saccharum officinarum,* L, teria velocidade inicial na índia, em Assã, mesma região onde dizem alguns ter nascido o arroz, e há variedades de milho. Planta cultivada, com variedades subseqüentes, o sânscrito a diz *carkaia* e o prácrito *sakkara,* dando o grego *sakkaron,* origem do árabe *al-sukkar,* conseqüentemente, *sucre, sucker, sugar, zucchero,* açúcar. Pelo sumo fortificante e saboroso, foi alimento, como ainda figura no plano dos adjutórios nas zonas açucareiras. Caldo de cana é refresco diário no Brasil e onde exista a indústria do açúcar. Em Samoa é alimento de recém-nascidos, ao lado do mamão (*Carica papaya*) e do leite de coco. A mais antiga menção do mel de cana veio depois da expedição de Alexandre Magno à Índia em 327 a.C. Mas esse mel foi conhecido na deturpação gráfica dos escritores gregos e romanos e nunca, ao que se deduz, na própria espécie. Não se sabe quando e onde conseguiram torná-la sólido. Da Índia, Cochinchina, arquipélago malaio, Ásia Meridional, irradiou-se. O Oriente clássico, Grécia, Judéia, Egito, e também Roma, não o provaram. O adoçante era o mel de abelhas. Doce como o mel! Não havia outro. "Miguel, Miguel, não tens abelhas e vendes mel!" Os árabes conheceram a cana-de-açúcar na Índia[154] e foram os arautos de sua cultura, valorizadores dos doces, indispensáveis e inseparáveis do seu paladar. Indiscutível apenas que a cristalização do mel de cana é conquista da Era Cristã. No século V os árabes já o refinavam, obtido dos canaviais da Susiana. Em 996 apareceu em Veneza, vindo do Egito, novidade de Alexandria. O historiador do açúcar, E. O. von Lippmann, concorda que os árabes revelaram na Idade Média o produto ao Ocidente.[155] O domínio árabe no Egito foi a divulgação açucareira no Mediterrâneo. Plantaram canas no leste e sul da Espanha. Por onde ia o árabe a cana-de-açúcar acompanhava-o na fidelidade de uma sombra. Em 1230 havia canavial na Sicília. Foi a fonte para as Canárias espanholas e a Madeira portuguesa. Os Cruzados voltando do Oriente traziam o sabor do açúcar e choravam sua ausência. Cristóvão Colombo levou a cana das Canárias para Santo Domingos. Hernán Cortez fez plantio no México. Pigafeta diz ter visto cana-de-acúcar no Rio de Janeiro em fins de 1519, o que parecia assombro de visagem.[156] Na primeira metade do século XVI ondulavam os canaviais brasileiros em Pernambuco, Bahia e São Paulo. Os tupis chamavam a cana-de-açúcar *tacomarée*. As mudas tinham vindo do Cabo Verde e da Madeira, frutos da exportação siciliana, onde o infante Dom Henrique fora buscá-las em 1420. Em 1551 chegava açúcar americano à Espanha. Em Portugal, Dom João III concede o privilégio da primeira refinação, em 18 de junho de 1541, a um filho do veneziano João Antônio de Prioli. No século XVII o açúcar estava no paladar de todos os europeus e ameríndios, provocando o ataque e domínio holandês no Brasil (1630-1654), que era a "terra do açúcar", *sukerland*. Somente em 1747 é que o alemão Margraf descobriu na beterraba (*Beta vulgaris,* L), um rábano silvestre, alto teor de sacarose. A imagem, mundial, do "doce como o mel" comprova a prioridade deste sobre o açúcar na utilização humana. Nos primeiros anos do século XX era o mel aplicado como adoçante nas farmácias. Recebendo a cana-de-açúcar no século XVI, da Europa, a terra americana em trezentos anos tornou-se exportadora e fornecedora para o mundo.[157]

O café, *Coffea arabica,* L, nasce silvestre na Abissínia onde os árabes o conheceram e usaram. Durante o século XVI, quase monopólio turco, bebeu-se pelo Mediterrâneo, proibido e aceito mas sem cessar a investida. Fala de sua existência na Europa o alemão Leonard Rauwolf em 1592.[158] Naturalmente, os negociantes de Veneza e Gênova teriam saboreado o café nos finais do século XV no tráfico com o levante. De Mokka, cidade da Arábia, foi muito exportado e ainda nas primeiras décadas do século XX era sinônimo vulgaríssimo do bom café na Europa e América. No século XVII tornou-se europeu o uso e abuso. Voltaire bebia oitenta taças diárias, mas a Marquesa de Sevigné pouco acreditava na sua durabilidade e na glória de Racine: *Racine passera comme le cafe*. Ficaram ambos. Escreveu pela primeira vez o substantivo em língua portuguesa o judeu

Pedro Teixeira, em 1610. Na França dizia-se *caboa* em 1611, e *caffé* em 1674. Em 1719, menoridade de Luís XV, Paris possuía trezentos cafés *causeuses,* apaziguando a balbúrdia vinhosa e substituindo um vício por outro. Michelet opinava que *le règne du café est celui de la tempérance,* crença discutível. Mas o café, bebida e local onde é servido, determinou a criação de muito movimento literário, o que não ocorreu com nenhum outro líquido "socializado". Os grandes distribuidores foram os holandeses antes que a cultura cafeeira começasse nas colônias européias n'América. A rubiácea ficou reinando, como todos nós sabemos e colaboramos para seu esplendor.

O cacaueiro, *Theobroma cacao,* L, é outra e preciosa contribuição ameríndia para a gulodice européia e depois universal. A árvore do cacau, *quacahualt,* fora trazida ao México por Qualzalcout, jardineiro do Céu, e por isso Lineu denominou o fruto *theo-broma,* alimento dos deuses. A semente, diluída n'água, com mel e farinha de milho, era manjar nacional, *chocoatl,* origem do mundial chocolate. Além de alimento essencial, o cacau era unidade monetária mexicana. O *countle* valia quatrocentas sementes; o *xiquipil,* vinte *countles,* oito mil sementes, e a *carga* três *xiquipís,* 28.000 sementes. O imperador Montezuma recebia de Tobasco dois mil *xiquipís.* Hernán Cortez conheceu o cacau em 1519 e em 1580 o chocolate era normalmente exportado para Espanha. Tornou-se monopólio da Coroa, vendido em 1728 por Filipe V a uma sociedade estrangeira. A espanhola Ana d'Áustria, rainha de França, lançou a moda em Paris, a Paris da minoridade de Luís XIV e da *Fronde.* Primeira fábrica francesa, em 1776. Na Itália, desde 1600 popularizou-se e passou à Europa do Norte e Central. Os espanhóis estavam na Itália e também relacionados ou brigando com o Império. O chocolate ia de permeio. 1657 na Inglaterra. 1756 na Alemanha, em Steinhude, Lippe, com operários portugueses. Em 1780 toda a Europa o conhecia e em vários países era bebida diária, fortificante, rejuvenescedora, inspirativa, sorvido, mastigado em tabletes, pastilhas, bombons. América, Central e do Sul, é detentora das fontes de produção, incluindo-se o Brasil com os cacauais da Bahia.

Os frutos cítricos, laranjas e limões, teriam sido cultivados na China Meridional e no oeste, região do Himalaia, e Pérsia. *O Citrus aurantium,* L, laranja amarga, seria o tipo mais primitivo, laranja-da-terra, e a doce, *C. sinensis,* Osb, resultado de enxertia, assim como as variedades e também o limão, *C. lemonum,* que os gregos conheceram na campanha de Alexandre Magno à Pérsia, 334 a.C., trazendo-o para a Grécia e Roma, onde servia apenas para corrigir o mau vinagre. Plínio denoninara-o *malus assyria,* marmelo assírio, e os gregos *kedros,* vertido para o latim como *citrus.* Os árabes encontraram-na na Pérsia, cultivando-a, dando-lhe nomes, *narandj, naranch,* do persa *narang,* laranja, e *léimon,* limão. O árabe estendeu o plantio por quase todo o litoral do Mediterrâneo africano. Sicília em 1002. No século IX fixou-a na Espanha, especialmente Valência e Granada. Até o século XV fala-se unicamente em laranja amarga, a *C. aurantium,* e nessa centúria divulga-se a doce, *C. sinensis,* laranja-da-china, que em Valência deu o *naranjo real* sem sementes. Uma variedade da *C. sinensis,* a *C. nobilis,* chamada pelo francês *mandarina,* cultivou-se na Sicília, Malta, Argélia, e os portugueses receberam-na de Tânger, donde o *tangerina.*

Pelo sul da Itália os laranjais são tradicionais e era recordando-os que a canção de Ninon, na lembrança de Goethe, evocava-os: *Kenst du das Land wo dic zitronen blühen?* (conheces a região do laranjal florido?).

Não será incabido lembrar a participação portuguesa nos séculos XV-XVI quanto às laranjas-da-china. Gubernatis, *La Mythologie des Plantes,* II, salienta que a laranja era denominada *portogallotti no Piemonte* e que os gregos a diziam, expressivamente, *portogaleá,* os albaneses *protokale,* e os curdos *portoghal.* Gubernatis afirmava: *c'est du Portugal que la culture de l'oranger a dû se propager en Europe.* O Jardim das Hespérides devia ter sido Portugal e os frutos disputados por Hércules, laranjas douradas. Essa identificação é clássica contra as maçãs. Barré, *Herculanum et Pompéi,* VII, 35, escrevia há mais de 140 anos: *Comme Spahein l'a démontré, les pommes d'or étaint certainement des oranges ou des cédrats, et non les fruits du cognassier.* A dedução datava de princípios do século XVIII. As laranjas, raras na França e na Inglaterra, incluíam-se na terapêutica anticolérica. *Comed naranja y cortareis la colera* — dizia a aldeã Vitória na *Comédia Eufrosina,* ato III, cena VI (1537?), citando remédio popular em Portugal e Espanha. Em 1599 dizia-se ter sido Gabrielle d'Estrées, *maitresse* de Henri IV, envenenada em Paris com uma laranja. O cardeal Mazarino mandava-as buscar na Espanha para a rainha Ana d'Áustria. Era ornamento e orgulho em Saint-Germain, ciúmes de Luís XIV.

Les balcons de Saint-Germain n'étaient qu'un continuel jardin suspendu. Il lui fallait aussi des fleurs et des arbustes exotiques, des lauriers-roses, des citronniers, des orangers. L'oranger surtout passait alors pour un grand luxe. Saint-Germain, comme Versailles, s'en trouvait rempli. C'était une des passions du Roi. En pleine campagne de Franche-Comté il s'inquiète de l'effet produit par des orangers nouvellement mis en place (Luís Bertrand, *Luís XIV,* Paris, 1957).

Espanhóis e portugueses trouxeram as cítricas para a América e no Brasil de 1587 abundavam, exceto a sem sementes, variedade nacional, *Citrus brasiliensis,* laranja-da-bahia, que em 1873, enviada para a Califórnia, criou a indústria cítrica na região norte-americana.[159]

Que faut-il penser de l'igname? — perguntava Erland Nordenskiöld, referindo-se às dioscoriáceas e aráceas sul-americanas, discutidas em suas origens. Os europeus confundiram o verdadeiro inhame com os nativos tipos dos carás, carazes, também do gênero dioscoréia, com sabor idêntico e tanto mais rijos e menores. Gabriel Soares de Sousa, 1587, registra a vinda dos inhames das ilhas do Cabo Verde e São Tomé para o Brasil:

> Foram à Bahia inhames que se plantaram na terra logo, onde se deram de maneira que pasmam os negros de Guiné, que são os que usam mais d'ele; e colhem inhames que não pode um negro fazer mais que tomar um às costas: o gentio da terra não usa d'eles, porque os seus, a que chamam carazes, são mais saborosos.

Dauzat julga vocábulo africano. Inhame, *igname, ñame, yam.* Cita-o Pero Vaz de Caminha em abril de 1500 na Bahia: *nem comem senom d ese jnhame que aquy ha mujto.* Era a mandioca. Redouer em 1515. Há o branco sul-americano e antilhano mais popular, o vermelho das Índias, os gêneros do Japão e da China, Melanésia, onde condicionam organização social, política e religiosa (Nova Guiné, Trobriand, Nova Caledônia) segundo as investigações de Malinowski. Não o encontrou Cristóvão Colombo nas Antilhas.

Os dois caminhos, partindo da Ásia (Índia-China-Japão, inicialmente) seriam: Polinésia, Melanésia, arquipélago malaio, indo para Madagascar e litoral africano (Safford): viagem direta para o continente americano, trazido pelos polinésios (Paul Rivet). Primeiro pelo Atlântico[160] e o segundo pelo Pacífico.[161] Por toda esta região antilhana é o inhame tido como de origem africana, como no Brasil atesta Gabriel Soares de Sousa. Há em Porto Rico uma canção popular recolhida por Maria Cadilla de Martinez, nitidamente comprovante.[162] Marcgrave,[163] que cultivou e estudou o inhame, informa os nomes conhecidos no Brasil de 1640: "Cará (termo indígena). Inhame de São Tomé. Quiquoaquicongo (termo do Congo)", anota que "seca se assemelha à farinha, por isso é usada como pão pelos habitantes da Guiné". O inhame, familiar às mesas brasileiras, é predileção africana. Não há, pelo exposto, mistério para a sua origem e difusão. Saint-Hilaire já advertia da confusão entre aráceas e dioscoriáceas.

O milho é o cereal básico nas culturas americanas. Branco, vermelho, amarelo. Condiciona a presença do homem ameríndio num mais alto nível de realização social. Oferece, na multiplicidade do aproveitamento, todas as modalidades do gosto às exigências do paladar, farinha, bolos, sopas, pão, caldos, cremes, papas, bebidas refrescantes ou alcoólicas, grãos assados ou cozidos, soltos ou na própria espiga, broas, reunido às carnes, peixes, frutos e condimentos mais diversos. Tonacajohua, *a que nos sustenta,* égide do milho no México, é bem a deusa da nutrição regular. Seu domínio, da embocadura do Rio São Lourenço no Canadá à foz do Rio da Plata, ao sul, denuncia a comunidade do sabor tornado indispensável. As civilizações asteca, inca, chibcha, maia alimentaram-se do milho e as populações contemporâneas são devotas à tradição pré-histórica. No templo do Sol, Coricancha, em Cuzco, no Peru, havia a representação no altar da constelação "El Fogón", correspondendo às quatro estrelas principais do Cruzeiro do Sul. A estrela da extrema-direita era dedicada à vasilha do milho, "olla de maíz", *saramanta.* Do milho provêm as bebidas prediletas ameríndias, *chicha,* aguardente dos grãos fermentados, e da cana do milho o *pulque de maíz,* de sumo açucarado. Popular no Brasil nortista é o aluá de milho, leve e saborosa bebida de nome árabe. Os tupis aproveitavam-no, *abatí, auatí,* para fins semelhantes. Viceja nos tabuleiros e várzeas insulares e continentares e ao redor do Titicaca, 3.900 metros acima do nível do mar.

Exceto os carnívoros, todos os animais, aves, pássaros, insetos, adoram assaltar um milharal, picando, mastigando, sugando, engolindo quanto encontram.

Esse milho, *Zea mays,* é revelação ameríndia e nenhum outro povo da Terra o saboreou antes que o Novo Mundo fosse identificado. No terceiro milênio a.C. estava cultivado n'alguma parte do continente americano. Não no Peru, porque as escavações de Huaca Prieta não o encontraram há cinqüenta séculos. Teria surgido, selecionado pela mão do homem, depois da mandioca e da batata, ao mesmo tempo que nascia a técnica cerâmica. Ou a intensificação do milho é simultânea à indústria oleira. Oitenta por cento de sua utilização depende do vaso, vasilha, jarrão, barro cozido. Espanhóis, franceses, ingleses, alemães dizem *maíz, maize, maïs, mais.* Portugueses e brasileiros dizem "milho", numa obstinação milenar a outra gramínea, ao milho que já se deparava nas palafitas do neolítico, e que era o milho-miúdo, o *millet,*[164] *panicum milliaceum, Panicum italicum,* tão decisivos na Idade dos Metais pela Europa. Esses e suas variedades constituem o milho que o europeu comeu antes que a América fosse encontrada nos finais do século XV. Seria no fim

374

neolítico o sorgo africano, *Andropogon sorghum,* e suas "conseqüências", *vulgare, Holcus,* mais cem variedades, o milho-zaburro, milho d'Angola que o escravo negro trouxe para o Brasil, plantado por todo continente africano, de leste a oeste, chamado também massambala. E ainda o *massango* africano, milho dos negros, *pennisetum typhoideum,* vulgaríssimo, o *atroz massango* — como dizia o explorador Serpa Pinto. Nenhum é responsável pelo *Zea mays* ameríndio. E todos pertencem à genealogia do milho.

Os *panicum* e *pannisetum* terão expansão maior pela terra européia e viveram na África e Ásia. Quando o milho americano, o legítimo *Zea mays,* chegou à Europa, ao redor de 1520, teve nome de *gros millet* para distinguir-se do miúdo. Confundindo-se com o trigo, dizia-se *blé* da Turquia, de Espanha, das Índias, para espécies do *panicum* cuja glória o *mays* herdou por convergência simpática. Alastrou-se rapidamente, reinando nas cozinhas populares, substituindo os tipos primitivos e fornecendo os *gaudes* na Brosse e Franch-Comté, *milias* no sul da França, *polenta* na Itália, *mamaliga* na Romênia, as papas e broas na Espanha e Portugal, caldos, farinha, pão.[165] D'América passaram para África, ganhando o negro, cobrindo a terra, ao lado do *massango* e do *massambala* anteriores. O elefante alistou-se como o primeiro comedor de milho, competindo com a macacaria de todos os tamanhos e demais faunas, rendidos ao sabor da novidade que é uma permanente agrícola na África, fundamento da alimentação diária em todo o continente.

O milho, o *Zea mays,* com incontáveis variedades, soberano quantitativo na América pré e pós-colombiana, consagrou-se no plano científico na criação de problemas; o problema da irradiação geográfica local e o problema da origem. Uma planta sem mistério é uma planta, botânica e etnograficamente, desmoralizada. O milho valorizou-se ainda mais por ter dado assunto, há meio século, aos pesquisadores. Como nenhum outro produto *made in America* tem a honra de possuir uma bibliografia erudita e sem fim. Nasceu no México. Daí para Estados Unidos e Antilhas. Não. Nasceu a leste e nordeste da Bolívia e Paraguai e sudoeste do Brasil. Não. Nasceu na Colômbia. Segue o debate. É nativo. Não é nativo. Veio do norte da Índia, Birmânia, região do Assam, no Brahmaputra, onde persistem tipos semelhantes. Semelhantes mas não anteriores. Não encontraram nenhum tipo mais velho e rudimentar que o deparado na *cueva Bat,* San Agustín, Novo México. O milho está cultivado há cinqüenta séculos na América. Falta comprovar a existência real de tipos formadores, em data anterior, nas paragens que disputam a prioridade. Um espécime estrangeiro do *Zea mays,* numa variedade *tunicata,* como o tipo de Cueva Bat, avó veneranda das sessenta "figuras" que conhecemos na terra americana, não apareceu ainda.

A mais popular bebida do mundo é o chá. Bebem-no diariamente milhões e milhões de criaturas e é a bebida nacional nas grandes massas humanas, União Soviética, China e mundo amarelo, Índia. Bebida cotidiana nos Bálcãs, Europa inteira, Estados Unidos da América, não se vulgarizou no uso normal para Centro e Sul-América porque é denominação genérica para qualquer infusão, chá de mamão, de laranja, de sabugueiro, ficando na classe das soluções terapêuticas. Para essa região, como para Portugal e Espanha, metrópoles da América, chá é bebida de doente.

Parece que o berço mais antigo é a província do Assã, na parte norte-oriental da Índia, banhada pelo Brahmaputra. O *Thea assamica* é aí árvore. O Assã produz 60% da colheita indiana. Muito usado na Europa e na América o chá-da-Índia, *Camelia theifera.* Não se sabe quando os chineses iniciaram sua cultura no vale do Yan-Tsé-Kian, Hunam, Fu-kien, Szetschwan, onde o bebiam no século III d.C., popularizando-se no VIII. Era o *Thea sinensis* um arbusto e a infusão, puramente medicamentosa. Aliás, o preparo do chá, como infusão, data dos imperadores Ming, 1368-1644. Com os T'ang, 618-907, esmagavam as folhas e com os Sung, 960-1279, pulverizavam-nas. Os imperadores Sung valorizaram o chá como bebida letrada, destinada aos intelectuais e a produzir estados de elevação espiritual, propiciando mais fácil assimilação da ciência. Esse critério ainda se mantém na tradição oral asiática, européia e americana. Não guardamos o nome hindu da teácea e sim o chinês, *tscha, tschai, té,* dando *tê, té, thé, tea, thee,* e o português *chá,* do *tscha* de Tokien. A mais antiga menção japonesa é de 729. Curioso é que o viajante Marco Pólo não faça referência ao chá. Vagas notícias afirmam que no século IX chegara à Europa como uma exotice oriental. Positiva é sua presença em Veneza em 1550, pela mão de um mercador persa e sem sucesso algum. Sua primeira citação na França é de 1563. No século XVII os holandeses espalharam o chá pela Europa. Na Inglaterra é 1650 e a primeira casa de chá em Londres data de 1658. A Rússia bebia-o desde 1567, levado pelos cossacos através do Ispahan, onde vendiam a bebida em 1637. O jesuíta português Álvares Semedo, que missionara na China, foi o primeiro a descrever minuciosamente o arbusto e o preparo do chá em 1633. O memorialista Samuel Pepys (1633-1703) registrou o dia em que bebera em Londres a sua primeira chávena de chá: 28 de setembro de 1660. A sua divulgação na alta sociedade britânica deveu-se à princesa portuguesa Dona Catarina de Bragança (1638-1705), que em 1662 casara-se com o rei Carlos II da Inglaterra (1630-1685), e estabelecera o hábito elegante de tomar chá todas as tardes. Nascia o *five-o-clock-tea*. Os ingleses forçaram o uso do chá para combater a Companhia Holandesa das Índias Orientais, que vendia o café. Mas aos holandeses cabe o papel de divulgadores comerciais do chá na Europa. Na América do Norte o chá era dominador pela influência britânica. Foi anos e anos grande artigo de importação, a verdadeira e única bebida nacional. Quando em 1767 a Inglaterra taxou o chá e em 1770 manteve a taxa, suprimindo as demais, os americanos em dezembro de 1773, vestidos de peles-vermelhas, invadiram três navios ancorados em Boston e jogaram ao mar 340 caixas de chá. A Inglaterra decretou o bloqueio de Boston e, praticamente, a revolução da independência americana começara.

Saber beber uma taça de chá, "não ter bebido chá em criança", chá-dançante, são índices vivos de preconceitos simbólicos do chá em matéria de boa educação e delicadezas protocolares da convivência social. A cerimônia japonesa do chá, o meticuloso *chaa no yu*, desde o século XV, com exigências cerimoniais, determinou o aperfeiçoamento na fabricação de porcelanas, com ornamentação sugestiva, de raro efeito estético. Mesmo a cerâmica da China, onde não houve o ritual do chá, com as dinastias dos imperadores Sung e Ming, alcançou níveis de extrema beleza artística. Ainda nos nossos dias um serviço de chá, Delf, Wedgwood, Sèvres, Saxe, mesmo de velha prataria cinzelada, é um conjunto valorizador do alto gosto pessoal. Como nenhuma outra bebida, ele tem sido elemento poderoso de excitação e realização no plano das artes plásticas.

Antes do século XV nenhuma criatura humana, vivendo fora do continente e das ilhas ameríndias, conheceu o tabaco, a poderosa solanácea, para fumar, ruminar suas folhas, aspirar-lhe o pó. Yves de Saint-Paul informa que nas estações romanas da Itália, Holanda e Suíça foram deparados

des utensiles en terre cuite ou en fer qui se rapprochent singulièrement des pipes d'aujour-d'hui et semblent prouver que les anciens avaient l'habitude de fumer, probablement du chanvre.

Em função religiosa ou terapêutica, fumava-se o cânhamo na Europa na Idade do Ferro.[166]

O primeiro europeu que viu uma folha de tabaco e contemplou o ato de fumar foi Cristóvão Colombo, em 15 de outubro de 1492, em Guana-

377

hani, nas Lucaias. A *Nicotina rustica* existia na América desde época imprevisível e algumas espécies eram cultivadas. A *rustica* brotava no planalto mexicano, Virgínia e Canadá, o *picietl* do México, tabaco sagrado dos iroqueses, *uppowoc* virginiano; *Nicotina tabacum,* do Orenoco, Antilhas, conhecido pelo Almirante, *pitim* dos brasileiros, *petum, quauhyetl* do México; *Nicotina attenuata,* do oeste do Mississipi e região setentrional-norte americana. Leo Wiener opina ser a África o local originário do tabaco, mandioca, batata-doce, mendubim, aclimatados na América durante o século XVI.[167] Cristóvão Colombo fala nas folhas secas que os indígenas traziam, molho que se acendia numa extremidade, sorvendo-se pela outra a fumaça odorífera, *bebendo-a.*[168] Remédio para quase todos os males. Num relevo de pedra de um templo de Palenque, no México Meridional, está a figura de um sacerdote fumando. Teria sido esculpido no século VI ou VII d.C. É o mais antigo documento do uso. O franciscano Ramón Pane, que acompanhara Colombo na segunda viagem, 1494-96, enviou a Carlos V sementes e folhas de tabaco em 1518. Eram as primícias remetidas à Europa. Filipe II fez viajar o físico Francisco Hernández para estudar os produtos do México e em 1558 o tabaco fazia sua entrada em Madri e corte espanhola. Todos os cronistas coloniais registraram o tabaco como terapêutica famosa entre os ameríndios, elemento de cerimonial religioso, incutindo coragem e resistência quando soprado pelo sacerdote nos guerreiros, dançantes em roda festiva. Frei André Thevet, que viveu no Rio de Janeiro de novembro de 1555 a janeiro do ano seguinte, remeteu para a França folhas e conselhos sobre o tabaco, cognominando-o *herbe angoumoisine,* homenagem filial a Angoulême, onde nascera. Sucedeu que o rei Henrique II, de França, mandou Jean Nicot (1530-1600) ao rei Dom João III, em Lisboa, 1559-61. Nicot ouviu maravilhas sobre a erva santa e comprou folhas verdes em pó a um flamengo que viera da Flórida. Remeteu a preciosidade à rainha Catarina de Médicis, em 1560. Aspirado, o pó curava dores de cabeça, e as folhas em decocto saravam úlceras. A rainha espalhou a fama da que se denominou também *herbe de la reine, herbe à l'ambassadeur, panacée antarctique, herbe à tous les maux, herbe sainte.* O grão-prior François de Lorraine visitou Lisboa em 1560 e Jean Nicot comunicou o milagre do tabaco. Voltou o fidalgo a Paris com um carregamento de folhas e o tabaco ficou sendo *herbe de le Grand-Prieur.*

O centro da divulgação era a Espanha, mas o tabaco era remédio e não vício gostoso. Poucos anos depois, a solanácea subia ao uso comum e popular, apesar do preço. Ralph Lane, governador da Virgínia, terra de velho plantio, ofereceu a Sir Walter Raleigh um cachimbo e provisão substancial. Nunca mais Sir Walter separou-se do cachimbo. Fumou-o minutos antes de ser decapitado em 1618. Não se negue a Ralph Lane o título que lhe concede a Enciclopédia Britânica: *is credited with having been the first English smoker.* Todos os corsários ilustres que traficavam com a vida humana e assaltavam os galeões pela América Espanhola foram eminentes propagandistas do cachimbo.[169]

Ralph Linton (1893-1953) reparou que o cachimbo reinou no norte e o charuto no sul. Quem herdou a mania através da Inglaterra ficou fiel ao cachimbo. Tendo-a via Espanha, charutos, *puros,* transformação comodista do molho de folhas secas que o almirante vira em outubro de 1492. O charuto vinha até as Antilhas. Linton não acreditava no rapé pré-colombiano, dizendo-o de criação espanhola, mas esquecido dos exemplos peruanos nos Andes. O cachimbo existiu em todo o continente e parece que o tubular, horizontal, é o tipicamente pré-colombiano, como ainda usam os hopi do Arizona, embora haja quem defenda a existência dos angulares antes de 1492. Comuns os de barro cozido, pedra, caule vegetal cheio de folhas de tabaco, o mais raro, e dado como de procedência européia, o de fornilho. Quando o cigarro, do quixé *cig,* tabaco, seria a mais popular denominação inicial (*cigarette, cigarre, cigar, zigarre, zigarette, zigarillo,* compreendendo os vários tipos), charuto nos veio através do inglês *sheroot,* do tâmul-malaio *churuttu,* enrolar, envolver, durante o século XIX.

O rapé, tabaco torrado ou as sementes do paricá, niopo, *Piptadenia peregrina,* era servido pelas narinas bem antes que Cristóvão Colombo pusesse os olhos em Guanahani. Krickeberg diz que os indígenas da costa noroeste dos Estados Unidos não fumavam e sim mascavam as folhas esmagadas. Aprenderam a fumar com os europeus. O hábito de mascar a coca, *Erythroxylon coca,* como o bétele asiático denunciaria, na América, o uso de certas folhas serem mastigadas como excitantes ou calmantes. Possivelmente o ameríndio mastigou a folha do tabaco seca, antes de inventar a delícia de sorver-lhe o fumo, pela combustão lenta. O rapé popularizou-se tanto quanto o cigarro e nos séculos XVII-XVIII tornou-se moda antes de fixar-se em vício. O *tabac à priser,* em caixinhas de porcelana doirada, dominava salões e clubes e veio, irresistível, aos primeiros anos do século XX. Na África compete em prestígio com o fumo no cachimbo. Ainda alcancei, nos inícios da conversa, o "tabaquear o caso", consistindo em sorver, preliminarmente, uma boa pitada de rapé, fino ou meio grosso. Há mesmo, como sinônimo de pitada, a narigada.

O nome tupi do tabaco, *fumo,* fumaça, para os portugueses, era *petum, betum, petim, pitim, prima,* onde nasceram os vocábulos brasileiros *pito,* cachimbo, *pitar,* fumar, *pitada,* porção de rapé colhida nas polpas do polegar e indicador. Vulgarizou-se a denominação dos taino, designando a folha pulverizada ou o instrumento que auxiliava o ato de fumar, tubo bifurcado contendo a erva ou forquilha sustentadora do grande cigarro, correspondendo ao *racami, sacami, emapô, emapu,* indígena do Rio Negro, segundo Stradelli, porta-cigarro facilitando a circulação entre os circunstantes. Do aruaco teve o tupi a cultura do tabaco que o seguia nas aldeias, contaminando o europeu, tal e qual sucedeu às demais famílias caraíba e cariri, esses dizendo *badzé,* que Capistrano de Abreu deduziu "deus do fumo" mas o jesuíta Luís Vincêncio Mamiani (1699) registrara como genérico.

Teve Jean Nicot as honras de apadrinhar o alcalóide, nicotina, nicotiana, usando a planta na chapa do brasão d'armas. O capuchinho André Thevet (1502-1590), apesar dos protestos, sofreu a espoliação.

O avanço tabagista continuou com vitória sobre os obstáculos. Os portugueses comunicaram seus encantos ao Japão em 1575 e daí passou a moda aos chineses. Do México exportaram para as Filipinas. Luís XIII proibiu a venda. Jacques I vetou o plantio em 1619 e antes publicara um panfleto contra o tabaco — *Counterblaste to Tobacco* (1604), anônimo e inoperante. O papa Urbano VIII excomungara os fumantes. O sultão Murad V, da Turquia, mandava-os prender, confiscando-lhes os bens. Na Rússia eram chibateados. O preamar continuava subindo. Da Inglaterra para a Holanda. Alagou Alemanha, Rússia, onde Pedro o Grande gostava de fumar, desde seu tempo na Holanda. Fica na península balcânica. O Dr. Willem Piso (*De Indiae Utriusque re Naturali it Medica,* Amsterdã, 1658), assombrava-se com a expressão dominadora: "de sorte que agora, como o vento hibernal, o fumo do tabaco vicia o orbe universal". Colbert convenceu a Luís XIV, em 1674, tornar o tabaco monopólio do Estado. Foi uma solução rendosa, ainda perdurando na França, Itália, Espanha, Portugal. O tabaco, como depois o ópio, a coca, bétel, figurou no plano dos consumos crescentes, passando ao título de moeda, combustível indispensável ao esforço negro-africano e colonial ibero-americano. Como existe uma política internacional do algodão, do trigo, do petróleo, com seus mistérios, violências, heróis e bandidos, o tabaco bruto, "fumo em corda", como é vendido e exportado para a industrialização, "era absolutamente indispensável ao comércio negreiro na África Ocidental. Os mercadores holandeses e ingleses esperavam os navios que iam do Brasil para a costa africana, a fim de obtê-lo por troca, compra ou pela violência, se necessário. O fumo era a moeda para atender ao abastecimento da mão-de-obra negra, base da agricultura tropical".[170]

Entre os ameríndios fumar era ato típico da comunidade reunida nos conselhos, carbetos, moacaretás.[171] Dava serenidade no julgamento, predisposição meditativa. Toda a literatura exaltadora das virtudes indígenas lembra o cachimbo da paz. Fumá-lo juntos era a reconciliação sincera. Também aliança, pacto, camaradagem. Entre os indígenas corvos, das planícies do oeste americano, colocar o cachimbo entre dois homens que se digladiavam era obrigá-los ao entendimento, sob pena de morte. Quando um witoto do noroeste do Amazonas lambe o palito molhado de tabaco que alguém lhe apresenta no conselho, exprime sua aprovação, adesão, solidariedade.[172] Fumar é imagem de calma, silêncio reflexivo, lembrando as figuras dos sultões e juízes orientais, imóveis, na boca o tubo de âmbar do narguilé, resolvendo os problemas. Com um bom charuto até Bismarck serenava.[173]

A Europa pré-histórica não conheceu o algodão. Recebeu-o em época histórica pela mão do árabe. Plínio (*História Natural,* XIX, 1) cita-o plantado nas fronteiras do Egito e da Arábia. Barré, mais explícito, decide:

> *Ne parait avoir été introduit en Europe que vers le 12º siècle de notre ère par les Arabes qui le cultivèrent en Espagne (Herculanum et Pompei,* VII, Paris, 1840).

Antes, a Grécia soube da existência do tecido depois da expedição de Alexandre Magno às Índias em 327 a.C. Parece originário do Pendjab, noroeste hindu, viajando para o norte, Cáucaso, e oeste, Ásia Menor, Egito. Treze séculos a.C. o Código de Manu ("Mânava-dharma-castra", arts. 318 e 389) cita o algodão, tecido e em fio. Ganha, lentamente, o litoral mediterrâneo. Quando os romanos dominaram os soberanos da Ásia Menor tiveram o algodão, vagamente denominado *carbasus,* do sânscrito *karpâsâ.* Há tradição de um comércio fenício, distribuidor do *carbasus* com mais citação que documento. Teriam sido eles os introdutores na Espanha, antes dos árabes? Plínio, ainda no século I d.C., julgava o algodão original da Península Ibérica e existente no alto Egito, onde o diziam *gossypium.* Usado no Oriente, todo tecido de algodão vendido na Europa durante o Império Romano vinha da Ásia Menor. Falam da existência de grande plantação em

Sevilha desde o século II. Mas o árabe é o padrinho. Levou-o à Espanha e à Sicília. Batizou-o, *al-qutun*, dando *coton, cotone, cotton*, algodão. Dominando a Síria e o Iraque, 633-637, alargaram os algodoais. Em 639-642 firmaram a posse no Egito e o algodão alastrou-se. Conquistaram a Sicília, tomando-a aos bizantinos, 896 até 1091, quando os normandos chegaram, irresistíveis. Plantaram, os árabes, na Sicília a cana-de-açúcar, laranjas, algodão. Já vimos que a cana-de-açúcar passou às Canárias, Cabo Verde, Madeira, fontes da exportação para a América Espanhola e Brasil. Em 709 desembarcaram na Espanha e saem em janeiro de 1492, do último reino, Granada, branco de algodoais durante os séculos XI, XII e XIII, fazendo concorrência aos tipos mais apreciados vindos do Oriente. Bernard Lewis, da Universidade de Londres, salienta que a base do governo árabe na Península Ibérica era a agricultura, fundada na pequena propriedade, com irrigação, fácil comunicação com os portos de mar, e tecelagem. Treze mil tecelões em Córdoba. Os navegadores venezianos compravam, ainda no século XIII, fios para os teares locais, assim como os de Milão. Na China o tecido de algodão era usual desde o século IX.

A produção européia, comércio consumidor, baixara no século XVI. A brutalidade mongol destruíra totalmente os plantios egípcios no século XIII. Sob o governo dos mamelucos turcos (baibares), o algodão renasceu, mas em 1498 Vasco da Gama encontrara o caminho atlântico para as Índias, anulando a indispensabilidade comercial do Mediterrâneo. Os egípcios deixaram praticamente de plantar algodão. Quando Mehemed-Ali (1820-1840) reorganizou o seu sultanato, obrigou o felá a replantar o algodão, cuja cultura estava esquecida havia trezentos anos. Data dessa héjira a expansão algodoeira do Egito, uma reconquista à técnica perdida no tempo.

Na América os europeus encontraram o algodão completamente diverso dos tipos do Velho Mundo. Viram-no em todas as paragens ameríndias, insulares e continentais, México, Antilhas, América do Sul. É o gênero *gossypium*, mas os *habiscus* (outro gênero das malváceas) também gozaram da mesma denominação pela voz colonizadora, algodão-do-mato, *Habiscus furcellatus*, algodão-da-praia, *Habiscus tiliaceus*, e mesmo uma coclospermácea, o algodão-bravo, *Cochlospernum vitifolium*, em estado selvagem.

A antiguidade do algodão ameríndio afirma sua presença em Huaca Prieta, no vale de Chicama, Peru, 3000 anos a.C., quando possivelmente não viviam o milho cultivado e a cerâmica cozida. Mas esses tipos não estariam puros na legitimidade dos elementos formadores, mas já mestiçados, em visível heterozigose. Impossível fixar os centros de irradiação e não crível que fosse um único. Apontam o *Gossypium barbadensis* e o *Gossypium hirsutum* como os legítimos pré-históricos. São tidos por estrangeiros advenas o *Gossypium harbaceum* e o *Gossypium arboreum,* o primeiro asiático e o segundo africano, e seus descendentes cruzados e conhecidos na Europa, plantados na Espanha e Sicília pelos árabes. Os problemas começaram nos tipos derivados que não eram compreendidos na clara ascendência genética e sim expressões de heterozigotos, frutos confusos de pais discutíveis. A pesquisa pela identificação das origens era uma obstinada investigação de paternidade.

Os "velhos" ameríndios do gênero *gossypium* são o *barbadensis,* das Antilhas e que Cristóvão Colombo vira, tido como o contemporâneo *sea-island* e que, segundo tradição local, originou o famoso algodão mocó do Nordeste do Brasil, que Luetzelburg diz *herbaceum* e Hutchinson, *hirsutum;* o *hirsutum, upland cotton,* cultivado nos Estados Unidos, México, América Central; o *hopi,* do Arizona e Novo México; o *brasiliensis* que os tupis chamavam *maniú, amaniú, aminiiu,* de Marcgrave e Piso, *a-meniju* de Jean de Léry, *amaniyú, amandiyú, de amãndiyú,* o que dá novelo (segundo Teodoro Sampaio), algodão típico das roçarias indígenas, citado pelo padre Manuel da Nóbrega, em agosto de 1549, na Bahia: "para vestir farão um algodoal, que há cá muitos"; o *peruvianum,* de cores variadas, cinzento, púrpura, branco, deparado por Safford no cemitério pré-colombiano de Ancon, perto de Lima, no Peru, vestindo múmias e como oferendas mortuárias, um possível pré-avô do nosso algodão-macaco, *Gossypium mustilinum,* pardacento e selvagem.

Safford recorda alguns debates suscitados pela falsa documentação. Piso expôs um *Gossypium arboreum* como espécime americano,

une espèce de Vieux Monde, tellement distincte des nôtres qu'il n'est pas possible d'en faire des hibrides avec aucune des espèces de "gossypium" du Nouveaux Monde. La même chose devrait être dite du "Gossypium herbaceum" du Vieux Monde, une espèce qui était autrefois prise pour nôtre propre "Gossypium hirsutum", de lequelle le "Icheauxijuitl" du Mexique, représenté en 1575 par Hernandez, se rapproce de près.

Essa informação errada documentou muita discussão.

A exportação dos tipos ameríndios iniciou-se imediatamente e, na captura da nau "La Pelerine", em agosto de 1532, verificou-se constar na carga apresada trezentos quintais de algodão em pluma e trezentos de caroço de algodão, ao lado de seiscentos papagaios e trezentos macacos e sagüins, tudo *made in Brazil* (Pernambuco).

As pesquisas obtiveram resultados pela repetição experimental. As espécies selvagens asiáticas e ameríndias têm ambas treze pares de cromossomos, 26 no todo. As espécies ameríndias cultivadas possuem 26 pares, num total de 52 cromossomos. Seguramente o índice, pela verificação citológica, denuncia uma hibridação; 26 pares de cromossomos das espécies selvagens locais e 26 pares das espécies selvagens asiáticas, dando no produto cultivado ameríndio a soma de 52.

Naturalmente não é admissível precisar-se data para esse cruzamento ou vinda da espécie asiática. Os dois tipos tetraplóides (com 26 cromossomos) eram asiáticos e americanos quando nativos e alheios ao cruzamento. Bem possivelmente os tipos e as variedades utilizadas na época pré-colombiana já pertenciam a esses últimos. Um tetraplóide do Havaí, *Gossypium tomatosum,* é dado, pela escola difusionista, como produto dos tipos asiáticos e ameríndios cruzados na América Austral e depois exportado para a Polinésia. Paul Rivet chegou a indicar a data da vinda do algodão asiático: mais ou menos mil anos a.C. Mas é outro assunto.

O algodão ameríndio foi sangue novo para a indústria têxtil da Europa, velha de séculos. Em 1320 tecia-se em Ulm. Mas o século XVI multiplicou a profissão. O algodão hindu, sírio, egípcio, distribuído pelos navios venezianos e genoveses, sustentavam os tecidos na Itália, França, Holanda, Inglaterra, Alemanha. Mas na América, a produção elevou-se pela mão européia e em serviço europeu. Os plantios avançam e os barcos voltam carregados do ouro-branco. Os séculos XVII-XVIII foram a monarquia dual do açúcar e do algodão, exigindo escravos negros para os canaviais e apanha dos capulhos. Portugueses, espanhóis, franceses, ingleses organizavam companhias para comprar o homem preto ao árabe que se especializou, até meados do século XIX, nas caçadas humanas, anulando resistências pelos massacres ou permutando as "peças" aos próprios potentados dominadores. É desse tempo (1663) o prestígio do guinéu de ouro, *guinea,* Guiné, destinado ao tráfico. Guiné era nome genérico para as regiões exportadoras da escravaria. O algodão podia, simbolicamente, ser vermelho pelo sangue que custou ao africano.

É uma indústria em que a máquina bem pouco colabora. Os aproveitamentos do *gossypium* receberam os milagres da simplificação mecânica, mas a colheita é ele impossível modificação. Colhe-se hoje o algodão como há vinte séculos — à mão. A máquina não estabelece diferenciações. Só os dedos humanos podem escolher e retirar o que deve deixar o algodoeiro. Por essa indispensabilidade trágica, a história do açúcar, do algodão e do café foi uma crônica selvagem de escravidão até as últimas do século XIX, o século das luzes. Sabemos que *the cotton is King,* mas seu reinado custou sangue, suor e lágrimas dos vassalos — como diria o padre Antônio Vieira.[174]

O feijão, *Phaseolus vulgaris,* uma leguminosa que constitui base essencial na alimentação coletiva do Brasil, tem 150 espécies nos dois hemisférios, *bonchi, dambala,* no Ceilão, *dau-tan-tau* na Cochinchina, *loba* na índia, *haricot* na França, *kidneybean* no idioma inglês, *bohne* alemão, *fagiuolo* italiano, *alubia, frijol, judia* espanhol, é problema para identificação de sua origem. A maioria pesquisadora (Asa Gray, Bois Bonnet, De Candolle, Engler, Gelg, Bassler, Kromicke, Trumbull, Wittmack) decidiu-se pela América do Sul, notadamente o Brasil Austral e o sul do Paraguai, e que a Europa o conheceu em 1540, quando os alemães Fuchs e J. Bock (Tragus) estudaram e desenharam o feijão americano, dando-lhe o nome de *Smilax hortensis,* que realmente é uma leguminosa trepadeira diversíssima.[175]

Quando existe na América tropical uma longa série de feijões bravos, rústicos, selvagens (gêneros Canavalia, Vigna, Clitoria, Dioclea, Dolichopsis, Centrosema, Dolichos, Eriosema, Galactia etc.) não há exemplo na Ásia e na Europa desses tipos que sempre aparecem cultivados. Participam da nutrição normal na África de leste, Ásia do sul, Himalaia, Ceilão, Egito, Sudão e países da Europa, confundidos com outras leguminosas papilionáceas, inclusive a ervilha, *Pisum sativum,* com suas variedades incontáveis e populares pela Europa, por mais estranho que pareça. Citam comumente o *phaseolus* na Europa, saboreado cozido ou cru em salada, forma não habitual às espécies sul-americanas. No tempo de Galeno (131-210 d.C.), era alimento vulgar em Roma e Grécia, comendo-se preferencialmente sementes e vagens, forma incabível ao feijão ameríndio. Era o tipo proletário na dieta dos pobres na Europa de outrora. Num lupanar de Pompéia encontraram o *cacabus* (caldeirão) ainda cheio de cebolas *et des haricots qui, le 23 novembre* (o mês exato é agosto) *de l'an 79, devaient composer le maigre repas des malhereuses qui habitaient ces lieux,* escreve Ernest Breton.[176]

Na América ocorre também no México, *porotos,* e o *Phaseolus lunatus* desde a América Central, notadamente Guatemala. William S. Safford encontrou tanto o *lunatus,* chamado *pallar,* como o *vulgaris,* dito *poroto,* nos cemitérios pré-colombianos do Peru, depositados junto aos corpos mumificados.[177]

A batata é pré-colombiana. A doce, *Ipomoea batatas,* Poir, *camolt* dos astecas, era freqüentemente oferecida como homenagem às múmias. A *Solanum tuberosa,* no Brasil batata-inglesa (e "papa" para a população hispano-americana), figura igualmente nos cemitérios pré-históricos de Chimbote, no Peru, Colômbia, Bolívia; e, sendo cultura andina, ganhou o Brasil descendo do Peru. Cultivam-na na Polinésia. Nos grupos quíchuas do Peru e do Equador chamavam a batata *kumara, kumal, kumar, komal* e Paul Rivet evidenciou a identificação vocabular com a *kumara* dos maoris, Mangareva, Pomutu, Pascua, Rarotonga; *kuma'a* nas ilhas Marquesas, *kumala* em Tonga, *'umala* em Samoa, *umara* no Taiti, *uala* em Havaí, *kumara* em Fiji, afirmando a intercomunicação através do Oceano Pacífico. *No hay duda, pues, de que ella ha sido llevada ou traída a través del Océano Pacifico, sin poder decir exactamente cual haya sido el sentido de sua propagación* (Canals Frau).

Brotam as batatas selvagens, amargas, formas primitivas da convolvulácea antes da domesticação. Dizem a sede inicial os Andes. O quíchua denominava *patata* a espécie *ipoméa,* dando *papa,* como se divulgou no espanhol. No Brasil, o vocábulo tupi *jetica* não se consagrou nem mesmo no português. A *Solanum tuberosa* exportou-se para a Espanha na segunda metade do século XVI, e figurou num banquete que o corsário Drake ofereceu à rainha Elisabete da Inglaterra, em 1581. Era possivelmente batata das Canárias. Integrou-se na alimentação inglesa, batata-inglesa como dizem os portugueses, bons fregueses até o primeiro quartel do século XIX, quando intensificaram os seus plantios. Na América constituiu inalterado fundamento alimentar popularíssimo, servidas cozidas ou assadas, as doces. Na França a batata aclimatou-se, tornando-se indispensável graças à campanha obstinada de Antoine Augustin Parmentier (1737-1813), com a proteção de Luís XVI em 1788. Já estava espalhada na Alemanha, Suíça, Áustria, Penínsulas Ibérica e Balcânica. Universal, presentemente.

A banana (musácea), *Musa sapientum* ou *Musa paradisiaca,* Linneu, é a fruta mais popular da América Central e do Brasil, exportada às toneladas para a América do Norte e Europa. Há longa e debatida bibliografia sobre sua origem. William Edwin Safford incluiu-a entre as plantas aclimatadas e não nativas do solo americano. Cristóvão Colombo não a viu. Oviedo (1556) escreve que a banana viera em 1516 das Canárias. Hernández não a registrou no México. Marcgrave (1648) cita a *pacoeira,* esclarecendo: *não é originária do Brasil. É chamada, no Congo, Quibuaaquitiba, e seu fruto Quitiba. Os portugueses, pacoba.* Guilherme Piso, que viveu de 1637 a 1644 no Brasil, teria escrito em 1644 nota que pacoeira e bananeira

são arbustos conhecidos de todo o mundo e tão familiares que já não se encontrará no Brasil nenhum horto, no qual não se vejam por toda parte. Contudo não são plantas indígenas mas transportadas de outras partes para aqui.

Marcgrave e Piso residiram no Recife (Cidade Maurícia), vendo e saboreando bananas. Tiveram curiosidade e tempo para recolher as tradições locais sobre a musácea. Piso lembra que Avicena as dissera conhecidas pelos africanos e asiáticos, *os quais as chamaram de Musas.* Gabriel Soares de Sousa, em 1584, declara que

pacoba é uma fruta natural desta terra... na Índia chamam a estas pacobeiras figueiras e ao fruto figos [distinguindo o nome daquelas que foram ao Brasil] de São Tomé, aonde ao seu fruto chamam bananas e na Índia chamam a estes figos de horta.

São as bananas mais curtas e mais grossas que as pacovas e têm três quinas. E que

os negros da Guiné são mais afeiçoados a estas bananas que às pacobas, e delas usam nas suas roças.

Banana é vocábulo congolês e há no antigo Congo Belga a vila e porto da Banana, onde desemboca o Rio Congo.

Plínio fala de uma figueira cujo fruto nutria os sábios entre os sidracas da Índia. Denominou *pala,* árvore, *ariena,* o fruto.[178] Garcia da Orta, em 1563, informa que esse figo da Índia é a mesma banana da Guiné, comum no Hindustão, crescendo até o Cabo Verde e também Nova Espanha e Brasil. Fica sugerido o itinerário.

Na ilha de São Tomé havia avalaneiras, descritas em 1506 por Valentim Fernandes, fundado nas reminiscências do velho marinheiro Gonçalo Pires. Essa avalaneira será a bananeira pela coincidência dos pormenores da planta e frutos. Ramúsio divulgou em italiano uma narrativa do "Piloto Anônimo", descrevendo São Tomé em 1550, ressaltando uns frutos *a modos de figos,* chamados em Alexandria do Egito *muce* e na ilha *abellana.* Fácil é identificar *avalaneira* com *abelana* e *muce* com *muse* e *amuse,* nomes árabes das bananas e utilizado por Linneu para a classificação. O francês continuou dizendo a "musa paradisíaca" como *figuier d'Adam* e a "musa sapientum", nutriz dos sábios, a *bananier des sages,* indicando De Candolle a Índia como país de origem. Essas bananas, com suas varie-

387

dades, são as que dominaram o continente, dando nome às espécies. A banana-da-terra, pacova ou pacoba, foi lentamente cedendo terreno à invasora mais saborosa e independendo de preparação para ser utilizada.

Não há vestígio da presença da banana na cerâmica andina, repetidora tipológica dos frutos mais usados pelos nativos. É um argumento de alta prova contra a autotonicidade. Pero de Magalhães Gandavo, no seu *Tratado da Terra do Brasil,* escrito possivelmente antes de 1570, identifica as duas espécies:

> Também ha huma fruita que lhe chamão Bananas, e pela língua dos índios Pacovas.

Descreve-as separadamente, a pacova no "Tratado" (capítulo 5º) e a banana na *História da Província Santa Cruz,* impressa em 1576 (cap. V) :

> Huma planta se dá também nesta Província, que foi da ilha de San Thomé... A fruita dela se chama bananas.

Registro que Gabriel Soares de Sousa amplia e completa miudamente, cap. L:

> Em que se declara a natureza das pacobas e bananas.

A primeira nativa e a segunda vinda de São Tomé.

Ainda Gandavo informa, falando das pacovas mas fixando superstição naturalmente vinda da Europa nos elementos de formação sugestiva:

> Estas pequenas têm dentro em si huma cousa estranha, a qual he que quando se cortão pelo meio com huma faca ou por qualquer parte que seja acha-se nelas hum signal à maneira de Crucifixo, e assi totalmente o parecem.

Frei Pantaleão de Aveiro registrou semelhantemente na sua jornada a Jerusalém em 1563 (*Itinerário da Terra Santa e suas Particularidades,* Lisboa, 1593), e John Luccock, que viveu no sul do Brasil entre 1808 e 1818, escreve:

> Não há bom católico, neste país, que corte uma banana transversalmente, porque seu miolo apresenta a figura de uma cruz.

E não desapareceu a verificação popular. A crendice de "não cortar transversalmente" é invenção de Luccock, autor de outras semelhantes.

Outra tradição é que a bananeira ao brotar o cacho, iniciado pelo mangará, geme como mulher no parto. Frei João Pacheco (*Divertimento Erudito,* Lisboa, 1734) menciona igualmente:

Quando o cacho quer brotar a frutta (e tem cada huma dellas 40, 50 e mais Bananas) dá gemidos como mulher, que quer parir. Na Bahia ha opinião que he frutta prohibida por Deus a Adão.

Na região missioneira da Argentina a tradição convergiu para um mito:

Al banano le han creado una leyenda igual a la del negrito del pastoreo; dicen que es el alma de éste la que se queja, al reventar y dar su fruto [anotou Juan B. Ambrosetti (1865-1917), *Supersticiones y Leyendas,* Buenos Aires, s.d.].

Outra superstição brasileira manda o homem abraçar a bananeira improdutiva, forçando-a a tornar-se fecunda pelo contato masculino. Observara Ambrosetti na região das missões:

Dicen que en las plantas de banano, hay machos y hembras; cuando alguma no da frutos la hacen abrazar co nun hombre para que dé.

A versão que frei João Pacheco notara na Bahia, da banana ser fruto proibido por Deus a Adão, e não a maçã, encontrava-se vulgar no século XVIII. Linneu (1707-1778) conheceu-a e por isso a banana denominou "musa paradisíaca", a musa, nome árabe, vivendo no Éden, a verdadeiro *de ligno autem scientiae bani et mali* que não podia ser provado sob ameaça mortal:

In quocumque enim die comederis ex eo, morte morieris (*Gênesis,* 2, 17).

O francês diz *figuier d'Adam,* respeitando a fama.[179]

O coqueiro, *Cocos nucifera,* Lin., quase literalmente fundamenta a existência de grupos humanos polinésios, aproveitando totalmente a planta, das raízes às últimas folhas do flabelo, 20, 25, 30 metros de altura. A amêndoa fornece leite que, além das aplicações na culinária local, substitui normalmente o leite materno, como ocorre nas praias do Nordeste brasileiro. Hoje a industrialização da copra (amêndoa) e do mesocarpo fibroso (cairo) determinou alto teor econômico. O próprio fruto valorizou-se assombrosamente, de dois centavos em 1920 para quinze mil réis em 1960 ou quarenta no Rio de Janeiro, em 1961.

Deve ser originário das regiões quentes dos mares do Sul, Polinésia, Indonésia, erguendo-se decorativamente nos lindes marítimos. Cultivado e explorado em estado selvagem na Indonésia, Polinésia, Índia, Zanzibar, Melanésia, alimento favorito de incontáveis usos, o coco (nome português de cabeça fingida, fazendo pavor às crianças, papão, ogre) reaparece na costa do continente americano banhado pelo Pacífico, onde Oviedo registrou sua numerosa presença, do México à Colômbia, quando os espanhóis alcançaram o litoral. É também notado na parte do Atlântico continental. Os coqueirais intermináveis da Bahia ao Ceará, notadamente, não foram decorrências dos espécimes vistos na vertente do Pacífico, mas intencionalmente plantados pelos portugueses, dos meados do século XVI em diante. Surgem esporadicamente no sul e mesmo no interior, mas sem insistência. Gabriel Soares de Sousa informa, referindo-se à Bahia: "As palmeiras que dão os cocos, se dão na Bahia melhor que na Índia, porque metido um coco debaixo da terra, a palmeira que dele nasce dá coco em cinco e seis anos, e na Índia não dão estas palmas fruto em vinte anos. *Foram os primeiros cocos à Bahia de Cabo Verde, d'onde se enchem a terra*". O coqueiro, coco-da-praia, coco-da-baía, subiu para o setentrião, onde é abundantíssimo, e sabemos seu plantio regular dos finais do século XVII e ao correr da centúria imediata.

A expedição do *Kon-Tiki* (1947), que velejou oito mil quilômetros pela corrente de Humboldt, de Callao ao recife Roróia, em Tuamotu, desfez experimentalmente a lenda da travessia do coco pela mecânica das ondas e sabor das correntes, da Polinésia à América. Os frutos molhados ficaram estragados, imprestáveis para o florescimento. O líquido infiltrava-se pelo olho do coco, amolecendo-o, encharcando-o. O fruto devia ter sido conduzido em lugar seco, reserva alimentar e depois aproveitado como semente. Citando Georg Friederici (que não consegui consultar), Paul Rivet informa que os conquistadores europeus encontraram os coqueirais "em zonas limitadas da costa do Pacífico e não se assinalou a sua presença em parte alguma da vertente atlântica". Temos o depoimento testemunhal português do plantio do *Cocos nucifera* no litoral da Bahia, vindo do Cabo Verde (que os recebera da Índia), *d'onde se enchem a terra*. A data do livro de Gabriel Soares de Sousa, 1587, é de sua apresentação em Madri. É realmente anterior. Em 1584 estava terminado. O autor, que fora senhor de engenho, plantador de roças e dono de fazendas de gado, morrendo no sertão em 1592, chegara à Bahia em 1570. Teria encontrado os coqueirais? Em 1612 não tinham alcançado o Maranhão.

Teremos dois focos de irradiação: Índia, via Cabo Verde para o Brasil nordeste e norte; Polinésia para a orla do Pacífico. Não teve o coco entre os ameríndios a força determinante de um complexo alimentar como nos mares do Sul, onde se originara. Constitui a amêndoa condimento, leite-do-coco, para frituras, guisados e doces, e a água-de-coco, refrescante. Mas as palhas e os estirpes foram e são material de construção praieira ainda consagrado na aceitação popular. As cucurbitas (*pepo, maxima, lagenaria* etc.) são, arqueológica e etnograficamente, plantas de alto interesse humano pela continuidade milenar de sua utilização quase universal.

Na Europa neolítica surgem comuns e algumas anunciam a elaboração da cerâmica porque foram reforçadas com barro. Tiveram sempre a mesma finalidade de guardar e transportar líquidos e determinados sólidos, farinhas, sementes, folhas, manteiga, carnes, peixes, crustáceos. A geografia é extensa, Europa do Sul, Índia, China, Sião, Tibete, Polinésia, Melanésia, Oceania, América. Conhecem as cabaças como utensílios indispensáveis às mais distanciadas paragens do mundo.

Planta de cultura, insuscetível de disseminação espontânea, afirma uma assistência humana sempre que é deparada nos recantos mais diversos da terra, como ocorre ao milho. Inevitável a curiosidade científica pela origem e a série de hipóteses para os itinerários de sua propagação têm ocupado pesquisas de campo e debates de gabinete e laboratório.

Acreditou-se inicialmente no transporte das sementes boiantes no Pacífico e arrastadas pelas correntes. Nordenskiöld advertiu:

> The sensibility of "Lagenaria" seeds to sea-water ought to be investigated in order to ascertain whether it is possible that germinative seeds can have been carried across the ocean in weather-driven fruits.

Thor Heyerdahl, com a viagem do *Kon-Tiki,* nega formalmente a possibilidade, como Sauer, doutrinariamente, já o fizera.

Os depósitos arqueológicos em Huaca Prieta, Punta Pichalo, Arica, nos cemitérios de Trujillo, Chimbote, Sechure (Peru) evidenciaram a anterioridade amplamente pré-colombiana. Positivam seu uso anterior ao nascimento e desenvolvimento das civilizações andinas e do planalto mexicano. No Peru seriam antes da cerâmica e dos tecidos mas inseparável dos pescadores marítimos. Mas não consta na América do Norte e não há vestígios mesmo na desaparecida cultura dos *basket-makers,* cesteiros. Partindo do México (*wild variety is probably greatest in Mexico,* Sauer), expandiu-se nos Estados Unidos, leste do Mississipi, suleste norte-americano. Da costa do Pacífico, Peru, Colômbia, passaram ao México e do Panamá ao Gran-Chaco, do Rio São Lourenço, no Canadá, ao Chile e Argentina.

Popular o seu uso em todo o litoral do Atlântico. Pero Vaz de Caminha, em abril de 1500, na Bahia, nota que os tupiniquins *traziam cabaaços d'agoa,* enchendo os barris da armada. Típicos na parafernália indígena, de vários tamanhos e, cheios de pedrinhas ou sementes secas, ritmando todas as danças, *las maracas,* o *maracá* sagrado dos bailados e das adivinhações terapêuticas e premonitórias, encontrado por Curt Sachs apenas no Havaí, possivelmente, crê Nordenskiöld, pós-colombiano. Figura no seu escudo d'armas e foi o único exemplar na Polinésia, ainda vivo.

A utilização contínua contemporânea nas mesmas áreas geográficas de outrora, incluindo o sul da Europa. No Portugal velho era medida, *cabaça de vinho,* valendo um cântaro de seis canadas, meio almude, comum e citado por Viterbo como regular em 1317. No Brasil a *cuia* e *meia-cuia* (metade da *crescente cujete,* uma bignoniácea) são medidas de capacidade, 1/32 do alqueire. É visível, uma permanente. Indiscutível que a cucurbitácea, cultivada simultaneamente e há milênios na América, na Polinésia, China, Índia, e também na Europa, pré-histórica e contemporânea, estabeleça mistério para precisar-lhe a expansão, tendo-se como dogma a monogênese. Rivet decidiu: *parece que passou da Oceania para a América.* Sauer fez justiça do rei Salomão: *from West to East,* a lagenária; *from East to West,* as cucurbitas.

Nas cucurbitas, o jerimum, jerimu, abóbora, *Cucurbita pepo,* é largamente incluído na alimentação brasileira e ultimamente teve ressonância nos domínios da astronáutica.[180]

ALIMENTAÇÃO

> Todo trabalho do homem é para sua boca.
> *Eclesiastes,* VI, 7.

*T*oda existência humana decorre do binômio Estômago/Sexo. A Fome e o Amor governam o mundo — afirmava Schiller.

Os artifícios da astúcia, disciplina da força, oportunidade da observação aplicada, são formas aquisitivas para a satisfação das duas necessidades onipotentes. O sexo pronuncia-se em época adiantada, apesar das generalidades delirantes de Freud. O estômago é contemporâneo, funciona ao primeiro momento extra-uterino. Acompanha a vida, mantendo-a na sua permanência fisiológica. O sexo pode ser adiado, transferido, sublimado noutras atividades absorventes e compensadoras. O estômago não. É dominador, imperioso, inadiável. Por isso, os alemães dizem que o sexo é fêmea e o estômago é macho. *Das Geschlecht ist weiblich und der Magen ist männlich.* Pérsio fazia do ventre o Mestre das Artes, subornador do engenho. *Magister artis ingenique largitor, Vanter... A fome faz cessar o amor — diziam os gregos. *Erota pamei limos.* O Eclesiastes adverte que todo trabalho do homem é para sua boca. São Paulo temia-lhe a intervenção na obra divina da redenção: "Não destruas por amor da comida a obra de Deus" (*Aos Romanos,* XIV, 20). *Vivite ventres!* proclamava Caius Lucilius, 149-103 anos a.C.

Homero (*Ilíada,* XXIV) narra a cena cruel da humilhação do rei Príamo suplicando a Aquiles o cadáver de Heitor. Impelido pelos deuses, o herói implacável cede, e recebe o resgate opimo. Convida o velho rei para cear, lembrando que Niobe, depois de ver morrer seteados por Apolo e Artemis doze filhos, pensou em comer, e comeu. E juntos, Príamo e Aquiles, servem-se do carneiro assado e da fatia de pão. Quando recebera o rei troiano, Aquiles estava mastigando uma torta e chorando a morte de Pátroclo.

Desde que nasce, o homem precisa obter sua alimentação, hidratos de carbono, gorduras, proteínas, sais, água. Deve retirar esses elementos das carnes, dos vegetais e minerais. A química orgânica encarrega-se da transformação e distribuição úteis. Há naturalmente uma informação clássica sobre a marcha da alimentação, informação baseada em deduções e simpatias. Começara pelos frutos e raízes sob a imitacão animal. Passara à carne crua, moluscos *in natura*. Depois aprendera, não se sabe com quem, a assar, cozinhar descobrindo cerâmica, e viera, de escalão em escalão, até nossos complicados dias da ciência nutricionista.

Ninguém atina que raízes seriam essas, servidas cruas e como o homem identificara que elas possuíam teor de nutrição. Olhando o instinto irracional. E esse, como nascera?

Os frutos certamente iniciariam o cardápio embora não fossem, pelo menos no madaleniano europeu, suficientes para a manutenção física. *Les fruits sauvages étant insuffisants dans nos contrées pour nourrir l'homme* — decidira o velho Mortillet.[181] Nenhuma verificação subseqüente, nos domínios arqueológicos, desmentiu.

Mais fácil, evidentemente, seria ver e colher um fruto maduro que adivinhar uma raiz comestível enterrada. A ciência de procurar e encontrar raízes exigiria uma longa capitalização experimental e ninguém discute que a técnica, ligada à paciência na obstinação pesquisadora, pertenceria ao sexo feminino, curioso e teimoso por natureza.

Não acredito no homem pré-histórico unicamente vegetariano. Sempre frutos e raízes seriam auxiliares preciosos mas não essenciais à alimentação. Nem as frutas eram suficientes e menos o homem, mesmo o infra-homem, copiaria servilmente a dieta dos animais. O coeficiente de aproveitamento nutritivo não coincide. O estado vegetariano, pelo menos com abundância de vestígios, aparece na Idade do Ferro ou pouco antes, quando era possível dispor da agricultura e plantio regular para o regime diário. Antes, no paleolítico e parte do epipaleolítico, não me foi possível convencer do homem vivendo nas árvores e devorando o que das árvores e arbustos dariam para sua fome. Na Idade do Ferro viviam os lotófagos, comedores de lotos, como os gigantes lastrígonos, alimentados pela carne humana. E assim os povos recenseados por Diodoro da Sicília, salientada a alimentação como característica do grupo humano, muito mais valiosa, cronologicamente, que a linguagem. O *fagos* em vez do *fonos:* ictiófagos, comedores de peixes, quelenófagos, de tartarugas, rizófagos de raízes, hilófagos, de madeira, espermatófagos, de sementes, estrutófagos, de avestruzes, acridófagos, de gafanhotos, cinamenos ou cinamolgos, amamentados pelas cadelas (Diodoro, III).

Do pré-chelense ao aurinhacense, num vôo de mais de meio milhão de anos, não há homens e sim infra-homens. O homem *sapiens* do aurinhacense, o de Cro-Magnon, teve alimentação de carne, assando-a, abatendo caça diária. Antes dele todos os depósitos encontrados e estudados pelos arqueólogos evidenciam o vasto material lítico para as atividades cinegéticas. O Homem de Neandertal, espalhado pelo mundo, tem fama de ter sido antropólogo, a deduzir-se pelos achados osteológicos de Crápina, na Croácia. Na mais recuada noite pré-histórica há vestígios de foco utilizado para assar caça. E aquecer-se. Mas no pré-chelense, chelense, achelense, estava o habitante na terceira interglaciação, o Riss-Wurn, permitindo temperatura cálida e mesmo tropical. O fogo não seria, exclusivamente, para o aquecimento porque não havia necessidade absoluta dele. Mas afugentava as feras. Verdade é que não há notícia certa de grupo humano sem haver lume. Não há documento do fogo junto ao *Pithecanthropus erectus* mas o *Sinanthropus pekinensis,* seu primo, conhecia e usava de fogo. E comia carne assada. Não há provas do período vegetariano do homem pré-histórico.[182] A presença do lume e os resíduos de alimentação carnívora afastam indiscutivelmente a fase exclusiva de raízes e frutos. Deve ter sido, como continua sendo, elemento subsidiário e não determinante e único da dieta. Não há, em fonte alguma arqueológica, época em que o infra-homem do chelense ao musteriano não houvesse trabalhado e empregado pedras, tecnicamente dispostas para abater animais e não derrubar frutos. Os antropologistas mais informadores e recentes decidem que

in nessun luogo della terra si sono trovati popoli esclusivamente reccogliatori ou collettori [tal e qual disse Renato Biasutti].[183]

A carne era assada na chama ou sobre carvões. Carne cozida coincidiria com a cerâmica. Plena agricultura. Mas não é impossível que antes houvesse carne cozida em cestos de malha cerrada, como faziam os indígenas da Califórnia, Arizona e Colômbia Britânica. Ou vasos de couro. Apenas não há sinal desse vasilhame até a manhã neolítica.

A renúncia da alimentação de carne verifica-se como cerimônia religiosa nos povos que a tinham habitualmente na ementa. Na Grécia, oferecia-se anualmente um banquete aos Dióscuros, Castor e Pólux, constando de queijo, bolo de trigo ou cevada, azeitonas amadurecidas na própria árvore, e pêras, recordação da antiga maneira de alimentar-se na fase mítica. O bolo e o queijo denunciavam cultura adiantada e a escolha por predileção e não necessidade. Se já no paleolítico inferior a criatura matava o animal, assava a carne e ainda partia os ossos longos e o crânio para a medula e o cérebro, não sei onde situar a fase da colheita dos frutos e arrancamento de raízes como estágio normal de alimentação. Seria em época coetânea a qualquer pitecus saltador de galhos, na naturalidade da marcha quadrumana.

As raízes, vagens e frutos que conhecemos e alimentam o homem são resultados do desdobramento seletivo já no período proto-histórico em diante. Os frutos secos, glandes de carvalho e pinheiro[184] constituiriam forma habitual de alimento mas não em caráter exclusivo mesmo nos castros e citânias. Era na Idade do Ferro e os regimes variavam. A predominância vegetal na dieta humana afirma-se pelo conhecimento da horticultura, melhoria das espécies, expressando um domínio seguro sobre a própria genética. O homem modificava a planta, multiplicando-lhe a substância comestível.

A frugalidade "primitiva" refere-se a essa época, esvoaçando no tempo e sem possibilidade de fixação indiscutida. Encontramos em Homero (*Ilíada* e *Odisséia*) sempre carne de carneiro e de porco, assada no espeto, raramente peixe. Ausência de frutas e de carnes cozidas. É registro de dez séculos antes de Cristo nascer em Belém da Galiléia.

A velha pergunta se o homem comeu carne crua parece ser respondida de que faria querendo, porque sempre podia obter fogo para assá-la. A carne crua foi e é alimento ocasional, ligado às exigências ambientais, ao preceito sagrado. Ou imposição de carência orgânica, como expôs Silva Mello.[185] Michael Haberlandt adianta:

> *Casi ninguna tribu humana ingiere sus alimentos sin prepararlos. La Etnografía conoce pocos casos de "individuos que coman la carne cruda": incluso se observa que tal denominación adquiere caracteres de burla para las tribus próximas que preparan sus alimentos.*[186]

O esquimó vem de *esquimantsic,* comedor de carne crua, epíteto injurioso dado pelos abenaquins, tribo algonquina do Canadá. O esquimó denomina-se *inuit,* povo, de *inuk,* homem. O esquimó devora grande porção de carne crua, obtendo proteínas e vitaminas que o armam para resistir à pressão do clima assombroso do círculo polar boreal, mas também peixes e busca no bolo alimentar semidirigido encontrado no estômago do caribu os hidratos de carbono indispensáveis, e nas vísceras das aves também reforço às necessidades protéicas e minerais. Com a absorção de gorduras, em espécie natural e direta, acepipe adorado, constituem rude e suficiente cardápio.

Tasmanianos, arandas da Austrália Central, pigmeus africanos (twides do ex-Congo Belga), ainos do Japão Setentrional não comem carne crua. Não tendo cerâmica, assam nas brasas e borralho. Culturalmente são os grupos humanos mais primitivos. Os de Samoa, também carecentes de cerâmica, coziam o alimento em vasilhagem de madeira, pondo nelas pedras aquecidas ao rubro. A carne crua não deve ser tocada pelo hotentote "impuro" nem pelo aino antes da caçada e pescaria. É tabu para mulher menstruada.

De maior popularidade é a carne pútrida ou semidecomposta, *faisandé,* saboreada pelo francês, haidas da Colômbia Britânica, negro do antigo Congo Belga, iroqueses do norte de Nova Iorque, esquimós e a maioria africana.

Da Idade dos Metais em diante, com ampliação agrícola, o homem liberta da unidade alimentar o seu cardápio. É sempre um passadio misto sem que se torna exclusivo numa espécie única. Depende da região ecológica seu gosto eletivo. Mas irresistivelmente aparece o reclamo orgânico de vegetais nas dietas carnívoras e vice-versa. O chinês alimentado a arroz é ictiófago milenar. O esquimó sustentado pela foca e ruminantes vai buscar no estômago do caribu a papa gelatinosa de raízes, vargens e gramíneas, absorvida como regalo precioso.

O homem pré-histórico era onívoro mas o proto-histórico e o contemporâneo já não pertencem a essa classe generalizadora. Nem todos os animais e vegetais existentes na região figuram na sua cozinha. As proibições religiosas determinaram costumes inflexíveis. Todos os povos possuem limitações inarredáveis no tocante à sua comida. Os gafanhotos — que Iavé permitia ao israelita saborear — ainda são acepipes mastigados com alegria em toda África do Norte, especialmente em Marrocos e no Saara. No Turquestão um prato de gafanhotos assados, polvilhado de sal, vale para a população tanto quanto uma salada de camarões para um ocidental. As larvas, ratos, lagartos são delícias que repugnam a todos nós. As jias (rãs) não conseguiram extensão geográfica no aceitamento. Os sertanejos do Nordeste do Brasil comem os preás (cavídeos, *Cavia leupyga, fulgida, spixi,* especialmente *aperea*) e os mocós (*Kerodon rupestris*), camaleões e tijuanas (*anolis, teiídeos*), insuportáveis para qualquer homem das cidades litorâneas. Os macacos amazônicos assados são manjares disputados e causam náuseas aos brasileiros em geral. Em compensação, o sertanejo que ama o peixe d'água doce não admite os crustáceos e menos ainda verduras. Meu primo Políbio Fernandes Pimenta recusava obstinadamente a salada de alface: "não sou lagarta para comer folha" — explicava. Também as hortaliças não são amadas pelos negros africanos. Os huaves da região lacustre a leste de Tehuantepec, no México, preferencialmente, são pescadores, embora possuindo grandes rebanhos de gado, não empregados na alimentação. O budista do velho Sião não matava o peixe pescado; deixava-o morrer na praia e comia-o depois. O tabu sagrado defende as vacas hindus do consumo. O hindu morre de fome respeitando os nédios e preguiçosos animais que pastam e dormem no meio das ruas, perturbando automóveis e trânsito regular. Os rebanhos n'África Central são, em maioria, inaproveitados para o negro. Constituem riquezas, elemento de venda, ostentação de prosperidade. Para o europeu, e o descendente deste n'América, o gado bovino é indispensável em sua mesa. O camponês romano no tempo de Varrão também ainda não provava carne bovina.

A escolha dos nossos alimentos diários está intimamente ligada a um complexo cultural inflexível. É preciso um processo de ajustamento em condições especiais de excitação para modificá-lo com o recebimento de outros elementos e abandono dos antigos. Alguns são dificilmente assimiláveis para outras áreas, embora saibamos que contêm vitaminas, calorias, digeribilidade, como larvas, rãs, lagartos, ratos, entes que se alimentam com escolha meticulosa. O rato é muitíssimo mais higiênico do que a galinha. Uma larva de taquara, *Mvelobia amerintha*, é mais substancial em gordura, cálcio, ferro, iodo que a lagosta, apesar do aspecto asqueroso para a nossa tradição gustativa. O nosso *menu* está sujeito a fronteiras intransponíveis, riscadas pelo costume de milênios. O que chamamos "cozinha internacional" é apenas uma rede comunicante de padrões alimentares equivalentes, imutáveis dentro de cada unidade demográfica e transmissíveis, constituindo novidades ao grupo adquirente.

Carne de gato, pastel de ratazana, gafanhoto torrado, larva cozida estão fora dos nossos padrões. São, entretanto, iguarias normais e provadamente limpas e saborosas quando ingeridas sem identificação. Léry, Abbeville, Evreux, o conde de Stradelli há meio século, encontraram sabores no *cauín* carioca, maranhense e amazônico. Quando souberam que a polpa da mandioca ou do milho havia sido mastigada pelas cunhãs, entraram em náuseas. Gato por lebre, tão popular na velha Coimbra universitária? Quem comeu ratazana na Paris de 1870 ou na China, produzindo sopa maravilhosa, jamais esquece. E a gelatinosa sopa de "ninho de andorinhas"? E os besouros assados do Alto Rio Negro que o bispo do Amazonas, Dom Frederico Costa, comeu e declarou: "quisemos provar essa iguaria e devemos confessar que não nos pareceu ruim".[187] A prestigiosa aura que envolve nossos velhos pratos usuais independe de qualquer valimento intrínseco nutritivo. Alimentamo-nos pela maquinal confiança que manteve nossos antepassados. Acreditamos, pela herança psicológica, na cozinha que dizem insuficiente e falha. Esse "crédito" na farinha seca deu a resistência dos jagunços em Canudos e dos cangaceiros inesgotáveis de Lampião. Espero que a próxima alimentação racional e positiva, fornecendo volume de calorias nos níveis necessários, faça o duplo que a farinha de mandioca, água e rapadura realizaram na História do Brasil.

O limite inicial seria, outrora, dado por um tabu religioso. O tabu dissolveu-se no costume mas o costume é lei inderrogável. Por isso, o nosso cardápio no mundo contemporâneo será bem menor que a lista do jantar do homem musteriano. Esse devia possuir poucas limitações religiosas, restringidoras de sua dieta, podia ser um glorioso comedor de todas as coisas organizadas biologicamente. Explica-se desta forma que a alimentação humana está muito mais poderosamente vinculada a fatores espirituais em exigência tradicional que aos próprios imperativos fisiológicos. Comemos não o substancial mas o habitual, o lícito pela norma. Comemos, nós os modernos citadinos, pela propaganda industrial irresistível.

Quando saímos do costume dizem ser uma depravação do paladar. Não serão a perdiz *faisandé,* os queijos Rochefort e Camembert, entontecedores e elegantes, que dêem confronto com o pedaço de foca deteriorado que fará as delícias do esquimó. Caberia a mesma resposta do negro do ex-Congo Belga ao Dr. A. Cureou, que lhe advertia do mau cheiro da carne podre, comida com volúpia: "Não como o cheiro"... O explorador Kanud Rasmussen (1878-1933) experimentou a *issuangnerk* esquimó, carne quase pútrida, e gostou. Fridtjof Nansen (1861-1930) preferiu a gordura fria de foca à manteiga européia.

Não é, como parece, a carne de boi, novilha e vaca a mais popular. Está proibida aos budistas e hindustânicos, desprezada por milhões de negros africanos, raramente servida na Ásia e pouco apreciada na Oceania. Muito mais prestigiosos são o porco, carneiro, ovelha e anho. Exceto o primeiro, os demais são pratos essenciais no Oriente, entre muçulmanos de qualquer região. Ainda no primeiro século a.C. Varrão (116-27) no *De*

Re Rustica, informava que a base alimentar camponesa na Itália era a carne de porco, de carneiro e de cabrito. O gado estava ligado aos serviços rurais e não à mesa. Columela (4-54 d.C.) não alude à carne bovina na sua *Re Rustica* e sim às aves, ovelhas, cabrito, porco. Não havia modificação essencial durante o século. Estudando a vida dos lavradores da França nos séculos XIII e XIV, G. Docoudray (*Histoire et Civilisation du Moyen Âge et des Temps Modernes,* Paris, 1908) escreve: *Point de viande, si ce n'est celle de porc et dans les jours de fête. Du reste même au siècle dernier, l'usage de la viande était inconnu dans les campagnes.* Podia dizer-se o mesmo na Itália, Inglaterra, Espanha e Portugal. Não na Alemanha e Escandinávia, mas afirmativamente no antigo império de todas as Rússias. E sob a égide soviética a tradição continua.

O porco mereceu proibição de Iavé (*Levítico,* XI, 7-8, 22) e de Maomé (*Alcorão,* Surata-II, v-168, V, v-4). Abominável no Egito (Heródoto, *Euterpe,* XLVII), mas conserva zona de conforto nas populações insulares da Polinésia, Melanésia, América, África e Ásia para não brâmanes e não maometanos. A família *ovelhum* conquistou áreas desmarcadas. Sabor favorito para todo Oriente, África, América e grande parte da Europa.

O africano adora o porco assado como refeição tanto quanto o romano, que o indicava para fortalecer os atletas. Ulisses comeu porco no palácio de Alcinos (*Odisséia,* VIII, 474-6). Com os bois havia defesa de abatê-los quando fossem do trabalho rural. Ainda no tempo do imperador Calígula a proibição era formal e Columela recorda a tradição: *Fué tanta la veneración que los antiguos sintieron por él, que el hecho de quitar la vida a un buey era considerado como un crimen tan grave como quitársela a un ciudadano* (VI, 1). O profeta Isaías afirmava quase o mesmo: "quem mata um boi é como o que fere um homem" (LXVI, 3).

Mesmo a carne do gado não era muito desejada em Roma e menos na Grécia. Dizia Hércules agradecer sua robustez à carne dos bois. Mas não era essa predileção uma regra coletiva. O atleta Milon de Crotona, seis vezes vencedor olímpico (não conquistou o sétimo troféu por ausência de adversários), carregou nos ombros um touro de quatro anos durante um estádio (41,25m), matou-o de um soco e comeu-o todo num só dia. Não constituía padrão alimentar mesmo para os atletas gregos. Como ocorre na África e na Índia, China e Ásia Menor, o boi é animal de trabalho. O zebu, de carne de borracha, é um trabalhador heróico, fornecedor de raro leite aos hindus, que jamais lhe provaram a rija massa muscular, digna do gigante Golias. A resignação brasileira aceitou o zebu como animal de açougue. A carne pior do mundo é a mais compensadora a quem a cria no zebu resistente, rústico e dadivoso.

Com o cruzamento genético foi possível melhorar-se a fécula de raízes e grão e apareceram as sopas, papas, mingaus, pastosos, semilíquidos, de milho miúdo, arroz, milho, sorgo (*Andropogon sorghum,* Brot), fazendo com que o sábio professor de Lwow, Adam Maurizio, dividisse os grupos humanos em "povos da papa ou do caldo (*bouillies*) e povos do pão". Até finais da Idade Média e Renascença as papas e tortas de cereais eram as formas quase exclusivas da culinária na Europa, entre as classes do campo, como ainda são as sopas, caldos, açordas. Durante o primeiro período do Ferro, no hallstático, numa mina de sal em Griinerwerk, Áustria, os mineiros alimentavam-se de papa de milho miúdo (*millet*), cevada, favas e pão. A maçã e a cereja existiam em tipos cultivados.

A torta levou ao pão, quando se pôde ter a fermentação do grão, esponjamento e acidificação. Pão de trigo na França, Inglaterra, Espanha, Itália. Centeio na Alemanha. Trigo espelta na Suíça. Cevada na Noruega. Aveia na Escócia. Milho no continente americano, central e do norte. Em Portugal, a broa de milho miúdo, o pão preto de aveia e centeio, é tão tradicional quanto na Espanha e Europa de leste.

A mais antiga representação é um grupo de madeira figurando uma padaria egípcia em 2500-1800 a.C. A fabricação do pão sugeriu a técnica da cerveja. O vocábulo alemão *brot,* pão, derivará de *brauen,* fazer cerveja. Entre os tupis do Brasil a feitura dos beijus (bolos de goma de mandioca) conduziu-os às bebidas fermentadas, todas pré-colombianas, *usaua, caxiri, carimã, caisuma, tiquira.* Mas Karl von den Steinen encontra em 1884 os bacairis (caraíbas) do Rio Xingu assando beijus e ignorando a bebida fermentada. Praticamente ocorre, em nossos dias, o mesmo com os Umutina do Alto Paraguai, em Mato Grosso.

Há mais de dois mil anos que o pão se tornou o alimento simbolicamente típico. Significa o sustento, alimentação cotidiana, normal, clássica. Pão de cada dia. Ganhar o pão com o suor do rosto. *Panem et circenses* — reclamava a plebe romana como aspirações únicas. "Eu sou o pão da vida" — declarava Jesus Cristo (*João,* VI, 35). Demócrito viveu três dias respirando o odor dos pães quentes. A fabricação do pão era indústria caseira como presentemente vemos na maioria das casas de lavradores na Europa. Em Roma as padarias públicas são posteriores ao ano de 146 a.C. As famílias continuaram fazendo o seu pão, independendo do fabrico exterior. Por isso, as associações de padeiros são bem tardias e depois do maior número de organizações profissionais romanas sem que sua ausência implique na inexistência da indústria.

O leite foi bebida comum, retirado às vacas, jumentas, camelas, cabras, ovelhas, éguas, renas, búfalas. O preferido era de cabras, elogiado por Hesíodo e setecentos anos depois por Virgílio, na *Geórgica,* III, 308-10, 394-97. *At qui lactis amor* — cantava o mantuano, deverá cuidar do cabril. Petrônio compara o peito da amada ao leite da cabra recém-ordenhado:

Sed lacti saturae quod possuere caprae.

O leite das vacas reservavam para os bezerros. Era oferecido aos hóspedes (*Gênesis,* XVIII, 8) e incluído nos sacrifícios fúnebres e oferendas aos deuses. Não o utilizavam culinariamente os do Egito, Fenícia, Assíria, Babilônia. Proibido aos budistas. Maomé dizia-o bebida do paraíso muçulmano, feita de mel e leite. O Gran Kan da Tartária presenteou Marco Pólo com leite de camela e de égua. O das vacas não se consumia. Para gregos e romanos a Via Láctea nascera de um jato da leite do seio de Juno, sugado pela boca esfomeada de Hércules. Nos *Idílios,* de Teócrito, cita-se abundantemente o leite de cabras. Nunca o das vacas. Era, no mundo romano, hemostático, contraveneno, fortificante, acalmador de cóleras. O leite das burras animava as crianças débeis e os tuberculosos, crença mantida nos sertões dos nossos dias. Varrão aconselhava o das éguas, inferior apenas ao da ovelha e da cabra quando realmente possui teor superior a ambos em lactose e inferioríssimo em gorduras. Leite com farinha de milho era delícia grega.

Os povos pastores da Ásia, tungus, tártaros, mongóis, samoiedos etc., têm grandes rebanhos de éguas, vacas, ovelhas, cabras, com extrema variedade no uso do leite. Apenas os tungus o bebem fresco, e também ácido, forma mais comum, o leite azedo do sertanejo brasileiro, que o reputa medicina específica em casos raros, intragável sempre; preguiça intestinal, catarro amalinado, bronquite crônica. Os samoiedos não sabem ordenhar. Ou não querem saber. Os mongóis usam do leite, coalhada e queijo e o gado bovino é normalmente para transporte. O chinês detesta o leite e seus subprodutos. O leite ácido é bebida divulgada para inúmeros povos, inclusive os turcos, que não o suportam fresco. O leite de cabra é tabu para o hotentote. O sertanejo brasileiro, vivendo no meio das vacas, não lhe bebe o leite. Em 1810, Henry Koster notava que a cabra era a ama-de-leite do sertão nordestino. O sertanejo a chamava "comadre". Queijo e coalhada, sim, são alimentos velhos, recomendados e bons. O leite servia-se acompanhando alguma coisa mastigável, leite com farinha, leite com batatas, leite com jerimum (abóboras), leite com milho cozido, mungunzá.

A manteiga é muitas vezes milenar, mas não se popularizou na Grécia e Roma, onde a conheciam semilíquida, servindo raramente de condimento no lugar dos óleos. Mas na França e Península Ibérica a manteiga existiu sempre. No mundo chinês pouco prestígio possuiu, mas na região das montanhas do Tibete tornou-se indústria permanente, participando de quase tudo quanto ali se come, da fruta ao chá. Os africanos equatoriais, com rebanhos, servem-se da manteiga como cosmético, friccionando a epiderme para fazê-la reluzente. Os d'África Setentrional empregam-na habitualmente, assim como os hindus, mas aí a mais vulgar é a manteiga vegetal, de plantas oleaginosas. No Tibete a manteiga é a do ianque, e os tártaros fazem uma típica, misturando leite de vaca, de ovelha e de cabra. Os mongóis usam manteiga de vaca. Por todo continente americano o europeu vulgarizou a fabricação da manteiga com o leite dos rebanhos importados. No Peru bebia-se o leite da lhama.

O leite coalhado é imemorial, saboreado na Grécia e Roma, apreciado pelos deuses olímpicos. Por toda Ásia é conhecido, do sul, centro e norte, acidulada com essências aromáticas ou *in natura,* como se usa no Brasil inteiro. Era da coalhada que se fazia o *oxigala,* tão famoso no mundo romano, com várias receitas, sendo a mais velha, coalhada, leite azedo e sal, batendo-se bem, tal e qual Plínio ensinou.[188] Figurava nas imagens poéticas, na comparação da brancura alvinitente. Ovídio, *Metamorfosis,* XIII, 796, escreve louvando Galatéia:

Mollior at cycni plumis et lacte coacto.

Os caçadores árabes e asiáticos levavam-na em sacos de couro, como o sertanejo brasileiro a guarda para fazer o queijo. Era alimento refrescante e tonificador. No Tibete o leite é o do iaque.

O queijo nasceu de um estado superior da domesticação de animais. Edouard Desor (1811-1882) encontrara nas palafitas suíças uns vasos de barro com orifícios, identificados por ele como para esgotar o soro na fabricação do queijo. Não é interpretação pacífica e a prova material está reduzida a poucos espécimes. *Testis unus, testis nullus.* Na época das cidades lacustres não creio que o gado estivesse em número e estado de domação compatíveis com a incipiente indústria do queijo. A domesticação atingira a esta fase utilitária, vista pelo ilustre Desor? Não me convenço. O queijo deve ser muito posterior. Idade dos Metais, quando a agricultura ambientava o pastoreio de forma regular e tranqüila, fixada a população e iniciados os trabalhos sedentários no plano doméstico, como fazer-se o queijo que, de começo, parece-me ter sido tarefa feminina, como ocorreu no interior do Brasil. O queijo nasceu da coalhada, mas muitos povos chegaram a ele sem demorar no estágio anterior, como os lapões, fabricantes de queijos com o leite das renas, que ainda possuem em grandes rebanhos. O tibetano tem a coalhada e a manteiga do iaque mas não pensou no queijo. O de cabras tem sua primazia no gosto popular, Itália, Portugal, Espanha, Brasil. Mais forte, mais digestivo, mais saboroso. Os mongóis têm queijo de éguas e no sudoeste, de dromedárias, e por quase todos os recantos, queijos de ovelha, substituindo o pão.

Na antiguidade clássica os queijos afamados na Europa tinham mercado e consumidores certos. O de vaca, de Salon, na Bitínia, era o mais célebre d'Ásia Menor. O de ovelhas da ilha de Citnos, o de cabras de Tromile, na Acaia, eram disputados como o siciliano, também de cabra, feito em Siracusa e Agrigento, os primeiros da Grande Grécia e do Mediterrâneo. Assim, os barcos levavam esses em troca dos queijos de leite de ovelhas. Na França, Nimes, Lozère, Gévaudan, Tolosa rivalizavam seus produtos com o queijo espanhol de Cádix. Os de cabra, *fromages de Baux,* espalhavam-se por todas as mesas, ricas e pobres. O queijo gorduroso, *pinguis caseus,* queijo-de-manteiga como dizíamos do magistral e outrora excelente queijo-do-seridó, era o mais desejado, embora com os outros modelos, o mais cozido e o mais seco. A forma tradicional e milenar era o tipo arredondado. Diziam mesmo (E. Cougny) que *caseus* provinha de *capsa,* caixa redonda. Não há necessidade de recordar que o gigante Polifemo fabricava queijos e era antropófago, e que o queijo de cabra devia ser o favorito de Homero e corresponder ao pão-de-leite, *maza amolgaie,* de Hesíodo.

A cerveja[189] tem história longa e democrática, batendo-se contra a condenação dos médicos romanos, instalando-se para viver no mundo. No neolítico, Mortillet fala dos vinhos de frutas, framboesas (*Rubus idoeus*) e amoras (*Rubus fruticosus*) e em Peschiera, Mincio, o da cereja silvestre, vinho ainda popular na Itália. No tempo de Mortillet a química não era chamada para autenticar os encontros arqueológicos. Os mais antigos vestígios da cerveja em terra alemã estavam num acampamento romano de Alzey, Rheinhassen, assaltado e incendiado em 352 d.C. pelos alemães. Nuns vasos deparados em 1911 verificou-se a existência de uma massa formada por porção de cevada em estado maltado. Há, como era de esperar, uma longa bibliografia anterior, evocando o passado da cerveja que não tinha no lúpulo o companheiro inseparável. Diodoro da Sicília (I.XX) revela que Osíris foi o inventor, ensinando aos habitantes da Terra, onde a vinha não podia viver, uma bebida de cevada que, no odor e na força, não ficava nada a dever e a desejar. Heródoto, no século V a.C., elogia a robustez egípcia porque, carecendo de vinhedos, não bebia outro vinho senão a cerveja, feita de cevada (*Euterpe,* LXXVII). Xenofonte, 430-352 a.C., registra que na Retirada dos Dez Mil os gregos encontraram na Armênia crateras transbordando de cerveja, nadando a cevada na superfície, e com canudos para ser sorvida. Não se pondo água, era muito forte mas agradável depois de habituados a bebê-la (*Anabasis,* IV, cap. 5). Já depois de Cristo, Tácito (*Germânia,* XXIII) descreve a cerveja germânica. "Sua bebida é um licor feito de cevada e trigo, *ex hordeo aut frumento,* ao qual a fermentação dá alguma semelhança ao vinho." Nunca os gregos apreciaram-na, considerando-a bebida de bárbaros, *zitum,* como a diziam em latim onde também teve voga de realce. Parece que o etíope fora o primeiro passo para sua cerveja, dita em Gália e Roma *cervisia, cerevisia,* como a estudara Plínio (*História Natural,* XXII, 164), fazendo fermentar n'água a cevada e o milho miúdo (*millet*). Derramou-se pelo Mediterrâneo, Bizâncio, Creta, depois de domínio entre os bebedouros trácios e frígios, armênios, ilírios, panônios, ligures. O imperador Valente bebeu-a e, quando tinha tempo, Átila era seu devoto. Celtas da Gália e povos do norte europeu conservaram-se fiéis ao vinho de cevada eminentemente nacional, mesmo depois da expansão vinícola. Portugal, Espanha, Itália, antes de seus vinhos, foram grandes consumidores da cerveja. Depois fixaram-se no primeiro. Num édito do imperador Diocleciano, em princípios do século IV, há distinção específica entre *cervisia* e *zitum.* Mas há menção de que o babilônio deixava o pão fermentar n'água no mesmo processo do tupi brasileiro do século XVI, pondo de molho o beiju de mandioca para ter uma bebida que o fizesse formoso e valente. A cerveja de Babilônia, *kwass,* era trigo e cevada em demorada infusão.

Nunca saberemos realmente a geografia da cerveja em suas vagabundagens pelo mundo, modificações e aperfeiçoamentos distantes, muitos desaparecidos. O lúpulo (*Homulus lupulus,* Lin.) foi apresentado à cevada no século IX d.C., na Europa. Quem o fez? Seria gente da Gália do Norte? Para a Inglaterra passou setecentos anos depois. Toda a região alemã, fiel à Germânia que Tácito visitara, vendia cerveja. No século XIII é a dispersão para onde não tinham a honra proveitosa de fabricá-la. Em 1539 dizia-se na França *cervoise* e então ficou sendo *bière,* do neerlandês *bier,* assim como em alemão, a *birra* dos italianos, *pivo* dos russos. Espanhóis e portugueses ficaram solidários com os velhos nomes, *cerveja, cerveza,* denominações do tempo em que não continha lúpulo.

Cabe aqui, timidamente, lembrar que todo povo possui seu vinho. Vinhos de uva, arroz, milho, leite azedo (*kumis*), de palmeira, agave (*pulque*), aguardente do bagaço da uva, *bagaceira* portuguesa; do mel da cana destilado, cachaça, a mais popular bebida do Brasil,[190] a tiquira de mandioca (Amazonas, Pará, Maranhão), o vinho de caju, o *cauín* dos tupis, mastigada a fécula para ativar a fermentação pela ptialina, como fazem os polinésios com a raiz da pimenteira kawa (*Piper methysticum*), as bebidas peruanas com o milho para a nacional *chicha* e as hopis do Arizona para o pudim *pikami.*

O ato de beber possui ainda a contemporaneidade simbólica de um cerimonial sagrado. Beber à saúde de alguém, erguer o brinde de honra, são gestos intrinsecamente ligados ao protocolo social. Não se compreende banquete oficial ou festa íntima sem esse pequenino cerimonial indispensável. Fácil é sentir a convenção da bebida depois de pronunciado o nome em honra do qual se bebe. Banquete sem brinde de honra não tem significação alguma.

O maior troféu é uma taça, taça olímpica, Copa do Mundo.

O comer, o fumar, a própria dança e canto, não foram invenções de deuses, embora tendo égides protetoras. O beber teve Dionísio-Baco, culto sonoro e resplandecente, envolvedor de cerimônias e devoções que custaram, na parte ritualística, muito tempo a desaparecer. O toxicômano, o glutão, o galã confidente, o valentão teórico, o exibicionista irresistível, o técnico adulatório, o pessimista irradiante, o gênio incompreendido, o preterido profissional têm críticos inapeláveis e teimosos. Para o bebedor ainda resiste um halo de tolerância, simpatia e vaga solidariedade. O anedotário da embriaguez inclui as glórias literárias de todos os países. A tradição dos boêmios, bebedores obstinados, figura em cada localidade numa espécie de orgulho, notória na recordação das façanhas espirituosas, respostas felizes, atitudes cheias de humor. Quando há repugnância em lembrar uma indigestão, perda no jogo, tosse no canto, queda no baile, persiste visível vaidade na evocação de passadas bebedeiras, resistências à exaustão, capacidade comportadora de álcool, desafiando rivalidades. De todos os vícios humanos é o que se honra com a mais extensa e erudita bibliografia, registrando sinônimos e andanças semânticas. As campanhas ruidosas antialcoólicas, visando evidenciar a degradação e bestialidade do embriagado, não conseguem retirar-lhe uma auréola de popularidade universal. A literatura epigramática greco-latina sobre o vinho e suas conseqüências é inteiramente ditirâmbica, que aliás era hino a Dionísio. Em qualquer paragem do mundo uma estória de bêbado é invariavelmente hilariante. Não será uma permanência, uma projeção, uma continuidade do esto dionisíaco? Não se tratará de uma presença básica ainda cercada de respeito e piedade fiel? Não será o bêbado o derradeiro olímpico, sobrevivente de um culto dissipado no tempo e vivo em sua persistência individual? Haverá nesse carinho o instinto obscuro de autodefesa a uma inconsciente vocação participadora? Creio que não existe na Terra outro ambiente semelhante para nenhum vício, por mais alto e brilhante que seja o viciado.

*

A comida paleolítica era assada na chama ou nas brasas e seria presa a um assador, espeto. No neolítico aparecem assadores dentados, fixando melhormente a carne ou peixe. No congresso de Estocolmo em 1874, Desor fala nos fumeiros (*fumier*) deparados nas palafitas suíças. Seria a primeira forma de conservar a peça de caça durante o inverno ou para as épocas difíceis. Lá estão dez espécies de peixes, quatro de répteis, 26 pássaros, trinta mamíferos, entre eles o cão, o porco, o cavalo, a ovelha, o carneiro, duas variedades bovinas em razoável intimidade aquisitiva.

O fogão primitivo seria desta temporada no epipaleolítico, com disposição sustentadora das panelas de barro. Mas a carne continua assada no espeto porque sabe bem, mesmo trazendo cinza e carvão das achas. O cozido vinha com os sabores novos dos caldos, especialmente de cereais e peixes menores. E, não há prova em contrário, as papas de féculas. A mó, com a pedra redonda e chata para esmagar, triturar, traz seu auxílio. Antes seria a simples laje lisa, superfície plana para ralar pelo esfregamento o cereal, como ainda empregam as indígenas sul-americanas. O ralo propriamente dito, espinhos, conchas, pontas de pedras, aparece nesse epipaleolítico e melhora, funcionalmente, no período seguinte, o neolítico.

O sal seria necessário para um regime vegetal e não imperativo quando da dieta carnívora. O sal do mar não foi um dos primeiros a ser utilizado e sim ardósias argilosas, os "barreiros" lambidos pelos animais, que assim denunciam sua existência aos caçadores. Além desses depósitos, o recurso natural seriam as cinzas de vegetais, ricas em soda, como faziam os indígenas brasileiros com as palmeiras. E as pimentas, *quinhas,* do gênero *capsicum,* acidulavam os alimentos, estimulantes e acres. O sal mineral seria a primeira extração e pela posse das jazidas na Alemanha Central bateram-se ferozmente chatos e hermunduros, segundo Tácito. Do Báltico ao Mar Negro dizia-se ser a rota do sal, quase moeda, grande obje-to de permuta para os fenícios que não o possuíam quando os egípcios exploravam as lagunas no delta do Nilo. Com os crustáceos, moluscos, peixes, o sal tornou-se indispensável mas justamente em tempo ecológico da fixação humana nas orlas marítimas, onde o cloreto de sódio acumu-lava-se naturalmente. Na Idade do Ferro o sal determinou explorações, colheitas, exportação, aldeias dedicadas ao seu cultivo e venda.

As lâminas de cobre, bronze, ferro cortam melhor as fatias, porções, nacos, e daí sua incessante valorização. Naturalmente um quarto de megaceros, javali, urus não pode ficar estendido num assador como uma posta de peixe ou manta de carne. Ficaria amarrado no alto, assando pelo calor, virando-se para igual resultado sobre a labareda. Ou, mais possivel-mente, surgiria a técnica de assar em espetos paralelos ao lume, veloci-dade inicial para o muquém, avô do churrasco. Mas tudo com cara nas brasas, rechinando.

O Professor Robert Lowie (1883-1957) cita uma série de fornos sub-terrâneos devendo ser antiquíssimos. Neozelandeses, samoanos abrem um buraco no solo e o enchem de pedras. Acendem o fogo e, este extinto, forram o interior com folhas e sobre essas depositam carne, peixe, frutas, raízes, envolvendo tudo com outras folhas, e cobrem a escavação, deixan-do a cocção proceder-se pelo calor irradiado. Alguns salpicam água, pro-vocando vapor ardente e apressador. Lowie menciona a cozinha com pedras ardentes dos polinésios, comum, na Kamtchatka, América do Norte, Colômbia Britânica, Califórnia. Haberlandt lembra esse processo como eminentemente polinésio e micronésio, tal e qual concorda Paul Rivet. Catlin descrevera-o entre os assinoboines, situados no Yellowstone River ao Lago Winipeg, dizendo-os *stoneboilers,* os que assam com pedras. Saint-Hilaire narra semelhante entre os caiapós, da família jê, em Minas Gerais. É *biaribu* ou *biaribi,* tão popular no Brasil indígena, o atual *bar-reado* no Paraná.[191] Usual ainda para os caçadores de tatus (dasipodídeos) no Nordeste brasileiro e do qual muitas vezes tomei parte, não recordando a denominação específica. Corresponde ainda ao *clambake* do Cabo Cod à ilha de Chiloé, no Chile. Alziator o registra na Sardenha contemporânea.

Uma fórmula sul e norte-americana que se divulgou foi a carne moqueada, assada no jirau, armação de varas a determinada altura e distância do lume, que tosta pelo calor e não pelo contato. A carne moqueada conserva-se várias semanas mas precisa ser reaquecida antes de servir-se. É mais um processo de preservação que maneira de preparo alimentar na ocasião. É o churrasco do Rio Grande do Sul e países do Rio da Prata. O *barbecue* norte-americano. O padre Martim Dobrizhoffer encontrou-o em 1743 entre os abipones argentinos e paraguaios e Saint-Hilaire comeu essa "espécie de *beefsteack* suculento, porém de extrema dureza", em 1820 no Rio Grande do Sul.[192] A carne seca pela exposição ao sol é pré-histórica e os europeus viram-na no Brasil do século XVI. Não punham sal, raro condimento na época. O mesmo processo ocorre na Ásia, África, América. É um elemento do ciclo de caçadores e solução lógica para o aproveitamento da caça desnecessária ao consumo imediato. Antecedeu à carne ao fumeiro? Em certas regiões, certamente, onde o sol garantia a evaporação aquosa das carnes expostas à sua luz. Creio que a carne na fumaça do lume caseiro podia ter sido uma forma inicial na Europa, na época em que o grupo humano teve maior densidade e altitude cultural, no madaleniano, tempo frio, gruta, fogo, previsão alimentar, ausência das ensolarizações radiosas que o pré-mongolóide ou o polinésio encontrariam n'América, Central e Meridional. No Brasil diz-se carne-de-sol, carne-do-sertão, carne-seca, carne-de-vento, pelo secamento ao ar livre, sem salmoura, fórmula para o charque sulista, dispondo-se abundantemente de sal e tempo para o preparo, bem posterior em espaço e tempo histórico. É alimentação normal e diária em todo Brasil e países sul-americanos, assim como a carne de porco e de certas caças. Charque, jabá, carne-do-ceará. A técnica nordestina, levada pelos cearenses ao Rio Grande do Sul, modificou-se com a adição da salmoura, desconhecida na região inicial.

Assar a carne em cima da fogueira, atravessada pela vara, espeto, o fogo aceso sobre uma laje, teria sido evidentemente o primeiro fogão, cozinha e aquecimento iniciais. O Homem de Cro-Magnon é de ambiente normalmente frio. As pedras dispostas ao redor do fogo, três pedras, a trempe clássica, pedras do lume, também de barro cozido, *itacurua* (pedras-sapos) do Rio Negro, já denunciavam existência de vasos colocados e previamente dispostos para a cocção. Na indústria oleira indígena encontramos vasilhas trípodes, dispensando as pedras e algumas com a base afunilada, para espetar-se no solo, como as dos guatós do Mato Grosso, estudados por Max Schmidt em 1901. Comuns nos Pireneus, Egito, Grécia e Roma. Antes da trempe a carne era assada ou tostada, espetada num assador de madeira, e assim continua para caçadores e viajantes, e a carne no espeto tem seus admiradores e possui segredos da excelência. O Marechal Rondon (1865-1958) era um dos maiores apreciadores. O pedaço de carne, ou o animal inteiro, era colocado diretamente exposto à chama, atravessado pela vara, depois varão de metal, recolhendo cinzas, fragmentos de carvão e pedras miúdas que desgastavam os dentes pré-históricos, especialmente os molares, responsáveis pela trituração.[193] Mas o *asado al asador* elevou-se em títulos apreciativos na França, Espanha, Portugal, Itália, tendo seus mestres na espécie gastronômica.

A Grécia pré-helênica ou a Roma republicana (e mesmo sob os reis) conheceram o louvável frugalismo quando o Oriente legislava praticamente sobre festins ininterruptos e realizações estupefacientes na mecânica e arte dos fogões e temperos. Dois a três séculos depois é que há esplendor europeu. Roma dominava a Ásia Menor, Egito, Pérsia, e transportara o butim para a sede do império. Antes, o equilíbrio da vida romana disciplinava a força de sua própria eternidade. Nem Heródoto e nem Tucídides falam em Roma e era bom sinal de convivência. Roma foi responsável pela estridente valorização epulária porque se tornara centro de irradiação quase universal. Violara o costume da suficiência alimentar *et plus d'Etats ont péri parce qu'on a violé les moeurs que parce qu'on a violé les lois* — sentenciou Montesquieu. Foi a comida, promovida a finalidade social, *panem et circenses,* que transformou o povo romano na plebe de Roma, insatisfeita, demagógica, insubmissa, irresponsável. Quando a popularidade começou a ser retribuída, as necessidades determinaram vícios pela facilidade da satisfação. O estômago, ótimo inspirador e péssimo líder, explica muito mistério da História quando for pesquisado em sua ressonância política, política no plano eleitoral. Estou falando do estômago em Roma...

Suetônio (*Tibério,* XLII) conta que o imperador pagou duzentos mil sestércios por uma composição de Asellius Sabinus onde a ostra, o cogumelo, o tordo e o papa-figo disputavam a preeminência. E Tibério era um letrado, sabedor das letras gregas, irônico e ágil espírito dialético. O *Satyricon* de Petrônio retrata um festim faustoso, interminável e ridículo pela ostentação vaidosa, caricaturando Roma sob o imperador Nero. Juvenal (*Sátira,* IV) imagina o imperador Domiciano reunindo o Senado para deliberar sobre o preparo de um grande peixe que acabava de receber. As tradições romanas dos insaciáveis glutões ou refinados artistas do paladar (*et quibus in solo vivendi causa palato est,* Juvenal, *Sátira,* XI), Apiciu (foram três), Luculo, os imperadores Cláudio, Vitélio, Cômodo, Heliogábalo, constituíam orgulho anedótico. Não era diversa a opinião grega sobre os simpósios. Ainda a *Physiologie du Goût* (Paris, 1825) de Brillat-Savarin, que era um magistrado (1755-1826) é a página transcendente da *gourmandise,*[194] embora nenhuma elevação determine e nenhuma novidade revele.

A tertúlia antiga, para comer, beber e caracteristicamente dizer poesias, típica na Espanha — de onde tivemos o vocábulo — e tão glorificada até a primeira década do século XX, expressão de reunião literária, foi nobremente substituída pelo simpósio, sinônimo vulgar de congressos, encontros, colóquios intelectuais, quando era a segunda parte do *deipnon,* a principal refeição na Grécia, de *sun-posis,* com-a-bebida, tendo a função precípua e única de beber e divertir-se. Não havia, evidentemente, melhor termo simbólico para evocar alegria, confiança, amizade humana, sob a égide de taças e copos. A finalidade erudita, por si só, não conseguiu recriar uma denominação legítima. Foi obrigada a recorrer ao domínio onipotente da alimentação.

Ainda a refeição é elemento pacificante. "Quem come, amansa." Não há congresso ou conferência de paz que não termine com um banquete. Depois da refeição é que se devia solicitar alguma coisa ao imperador Vespasiano, *eaque momenta domestici ad aliquid petendum magnopere captabant* — registrou Suetônio, *Vespasiano,* XXI. Ao contrário de Filipe da Macedônia e de Alexandre Magno, que ficavam irados pelos vinhos.

*

Naturalmente a faca existiu no paleolítico, pedra de bordo cortante que não deixou de evoluir para os nossos trinchantes preciosos. Colheres apareceram nas palafitas do neolítico, osso, pedra, madeira, anunciando a complicação contemporânea. O garfo é que demorou e seus tipos mais lógicos datam do Renascimento, pleno século XV, embora com um ou dois dentes. Surgiram para fixar e não para levar a comida à boca. Os árabes, fiéis ao passado, ainda comem sem talher como muita gente segue funcionando. "Feijão? Com a mão!" No Rio Grande do Sul diz-se: "Costelas? Unhas a ela!" Júlio Camba, dogmatizando sobre a exata maneira de comer-se sardinhas assadas na Galícia (*La Casa de Lúculo,* Buenos Aires, 1945), ensina:

Considero inútil advertir que las sardinas asadas no deben comerse nunca con tenedor... El tenedor dilacera de un modo brutal las carnes de la sardina y, aunque sea de plata, altera siempre sus preciosas esencias.

O famoso "fou-fou" da Costa do Ouro — mistura assombrosa de peixe, frango, carneiro, óleo de amendoim, tomates, pimenta, cebola, pepino, inhame, tanchagem — deve ser saboreado pegando-se com os dedos e jamais auxiliado pela colher. O médico Fred Blanchod (*Estranhos Costumes do Continente Negro,* Porto, 1946) nota que o "fou-fou" tem um sabor "que não existe quando nos servimos de uma colher".

Comida amassada e comida com a mão é de gosto incomparavelmente superior. Uma locução denuncia a técnica milenar de servir-se com os dedos, limpos de auxílios, como era protocolo para os reis, príncipes e cardeais eminentes nos séculos XIV-XVI. De uma vianda gostosa diz-se que é de "lamber os dedos". Segurar o alimento a mão, conduzi-lo à boca, *manducare,* era legitimamente o ato de comer.

Na hierarquia do talher o garfo não possui a prestigiosa popularidade da colher. A faca é uma presença agressiva. A colher, para o povo, é a mão com os dedos unidos, assegurando a concavidade receptora e natural.

*

De todos os atos naturais o alimentar-se foi o único que o homem cercou de cerimonial e transformou-o lentamente em expressão de sociabilidade, ritual político, aparato de alta etiqueta. Compreendeu-lhe a significação vitalizadora e fê-la uma função simbólica de fraternidade, um rito de iniciação para a convivência, para a confiança na continuidade dos contatos. No *Les Comédiens,* 1819, dizia Delavigne:

> *Tout s'arrange en dinant dans le siècle où nous sommes,*
> *Et c'est par des dîners qu'on gouverne les hommes.*

Na sala em que se reuniam em Pan-Mun-Jom (junho de 1953) os representantes da ONU e dos sino-coreanos, havia bandejas com frutas tocadas pelas "altas partes debatentes". Comer era uma fórmula de entendimento. De irmanação, vivamente evitada até a assinatura da paz. Então, puderam saborear as frutas. Os telegramas informavam da existência das frutas mas nenhum explicava a teimosia da recusa.

*

Os gastrônomos ensinam a ciência do saber comer, que não é a mesma coisa para os nutricionistas. Depois da leitura de um desses gênios da minúcia culinária é que compreendemos o mundo desconhecido que pode existir numa carne na grelha, num peixe ao forno ou num molho para salada mista. O problema é que aumentando miraculosamente o número dos consumidores, diminui assustadoramente a dinastia fidalga dos cozinheiros e das cozinheiras, raça semi-extinta que não se renovará. Os apetites são substituídos pelas fomes e a inquietação moderna impossibilita as lentas paciências operadoras, realizando as maravilhas do paladar. O comum, natural, obrigatório e lógico para a mulher em nossos dias é saber improvisar um jantar, enfeitar o prato, disfarçar a fisionomia de cada espécie deglutível com a ciência nefasta dos colorantes mascaradores, das mistificações sugestivas, da incaracterização gustativa. Vamos caminhando, melancolicamente, para o que dizia Berthelot a Théophile Gautier, depois de uma ceia improvisada na Paris cercada pelos alemães em 1871: *Je mange sans comprendre.*

O signo da velocidade anula e desmoraliza as demoradas preparações que orgulhavam os antigos *gourmets*. A industrialização dos alimentos reduz a cozinha a um armário de latas. A técnica essencial limita-se a saber abrir uma lata sem ferir os dedinhos. Um jantar egresso de latas é ato de comer, mas não atinge ao nível de uma refeição.

Para facilitar a ampliação mecânica da produção enlatada impõe-se a cozinha "internacional", padronizando-se médias abstratas e convencionais de pratos que não são de nação alguma e menos constituíram alimentos regulares no tempo. Criação racionalista contra a tradição humana e lógica da preferência. Domina o cardápio de que ninguém gosta e todos se habituam. Uma cozinha "internacional" é a derradeira submissão humana à sugestão da propaganda comercial.

A decadência das cozinhas européias, valorizadas em séculos de bom gosto, explicar-se-á pelo custo da matéria-prima e sua contrafação. O prato só poderá ser consumido pelos clientes ricos e notadamente estrangeiros, incapazes de verificar a autenticidade da alimentação adquirida. Esse estrangeiro, abastado e displicente, abateu na França a glória da cozinha de Paris porque — diz Júlio Camba:

desplazó de los restaurantes al cliente autóctono, único que, sintiendo la tradición culinaria nacional, hrubiese podido defenderla.

E Camba escrevia antes de 1939...

*

O homem, desde o aurinhacense, comeu sentado, diante dos alimentos servidos à sua fome. Uma alimentação mecanizada, seqüência de pratos escolhidos maquinalmente e trazida na ração individual, como tigre que recebe o naco sangrento, é uma homenagem ao jardim zoológico e aos parques animais. Uma vitória da falsa economia sobre a normalidade da alimentação. Do "progresso" contra a tradição valorizadora da refeição. Comer de pé, elegendo os pratos pela pressão de uma mola, é modalidade de pasto, indispensável, justo, mas não humano, não natural, não social. Anúncio de refeições em lata, pastilhas, comprimidos, cápsulas, água sintética, pílula contendo essência de café e chá, para findar, é uma padronização do robô sobre o *sapiens*. Amanhã, pela angústia, tragédia dos desajustados, o poema será deglutido e a música aspirada. Deus me afaste desse "progresso", antônimo de Civilização. Saber comer, mastigar, beber, partir o alimento, eleger os pedaços preferidos, encaminhar a conversa digna do cerimonial festivo e íntimo é um patrimônio que orgulha o homem, distinguindo-o do gorila, do orangotango e do chimpanzé. Comer é um ato orgânico que a inteligência tornou social. Distância entre refeição em mesa e manjedoura ou relvado aos ruminantes. Há quem negue essa evidência. Abane a cabeça, leitor!...

*

O povo cisma em não cortar de faca certas frutas, cajus (anacardiáceas), bananas (*musa*), sapoti e sapota (*achras*), goiabas e araçás (*psidium*). Evita-se a concentração do tanino, o gosto adstringente característico? Em Portugal, no campo, diziam-me dos pêssegos: "comendo sem cortar, sabe melhor". Incluía-se na defesa o figo. "Figo cortado é figo estragado." Veda-se o garfo ao aspargo e a faca no macarrão. O conhecimento secular do ferro não determinou seu uso na construção das jangadas nordestinas, semelhantemente às *mtepes* árabes do Golfo de Áden ou as *tanquas* de papiro do Lago Tana, na Etiópia.

Sabida a fome de ferro com que os indígenas substituíam seus utensílios de pedra, madeira, osso, pelos anzóis, machados, facões, enxadas, de metal, essa tradição só se podia manter tendo fundamentos psicológicos na própria mentalidade popular. Razões que independem da lógica formal e que a possibilidade da ferrugem nos barcos que usam os pregos não constituiria explicação satisfatória para sua permanência funcional nos jangadeiros do Brasil, nos pescadores da Abissínia e nos marinheiros árabes e bantos da África Oriental.

O contato da mão estabelece uma continuidade simpática, uma inter-comunicação valorizadora que o metal isolará, fazendo dispersar-se sabores imponderáveis e reais. Por isso, Júlio Camba desaconselhava o garfo de prata para as sardinhas assadas e os negros da Costa do Ouro serviam do "fou-fou" à mão.

*

Não posso crer em horário na refeição pré-histórica, como não havia quando o Brasil amanheceu em 1500. Comiam sempre que houvesse fome e tivessem o que comer. Informação de Claude d'Abeville, em 1612, para os tupinambás do Maranhão:

> Não têm horas certas para comer, como nós, e não se incomodam com fazê-lo a qualquer hora de dia ou de noite; mas não comem sem ter fome...

Era, ou devia ser assim, na aurora do mundo. Uma imagem sugestiva é a tradicional marmita, que fervia permanentemente sobre o lume aldeão em todas as velhas casas da Europa. A comida tinha outro sabor pela continuidade com que os alimentos sofriam a ebulição incessante. Outra imagem é a aldeia indígena dos nossos dias e a refeição contínua para todos; panela fervendo, carne, peixe, milho assando, beijus nos tachos, doirando, crianças tostando nas brasas os animais apanhados, besouros, aves, ratos, fingindo caçadores experimentados. Voltando da caça, da pesca, do plantio, o indígena deita-se mastigando alguma coisa. A mulher vem suprindo-lhe de provisões ligeiras até que a comida mais substancial fique pronta. Como no paleolítico, não havia reserva. O caçador devorava a carne desde que essa acabasse de assar. Comia até a repleção, como o esquimó ou a criança quando a deixam comer. Qualquer etnógrafo de campo terá centenas de fatos para relatar. O nativo limita as refeições às possibilidades existentes. Não deixa para amanhã. É o apetite dos convidados de uma casa em festa. Os povos agrícolas, com as difíceis colheitas anuais, falam nos meses de fome, de produção escassa, não para diminuir o cardápio mas para robustecerem o estômago, preparando-o para as épocas de carência. A provisão, a dispensa, o depósito de víveres, o fumeiro, as cabaças, surrões de couro, os jiraus sobrecarregados, os sacos contendo cereais, o sentido da previsão e da defesa futura para a subsistência são conquistas espantosas da inteligência refletiva contra o dispêndio vocacional. Essas reservas foram, entre os ameríndios *brasilien-*

sis, farinhas, de peixe, de mandioca, raramente de milho. Sem farinha o indígena estava morto. A farinha, do radical latino *far*, é genérico de cereais, moídos, pilados, triturados. De sua importância etnográfica revelam os vocábulos *farto, fartura*, repleto ou abundância de farinha. O próprio farnel, a provisão, provinha de *farinariu*, farinária, o bolo da farinha. *Homo nostrae farinea* — poetava Pérsio, significando a igualdade de condição social pela unidade alimentar.

Lógico que as condições locais determinam os gêneros da conservação. O esquimó guarda a reserva na gordura gelada. Não vamos esperar que o ameraba tropical faça o mesmo. A farinha, pelo exposto, dava a fórmula preventiva.

Seria uma disposição autocrática surgida no regime agrícola e por intermédio da prudência feminina esse resguardo de provisão? Fora um legítimo ato de revolução social o gesto de reservar uma parte do alimento para quando a fome voltasse. Parece ser indispensável que essa decisão emanasse de autoridade imperativa. De sua livre vontade, ainda hoje, o popular brasileiro não guarda coisa alguma:

O amanhã a Deus pertence. Quem muito guarda o gato come. Ladrão só furta o escondido.

Excesso de confiança providencialista.

Partiria essa obrigação do matriarcado, expressão do comando da mulher no domínio rural. Mas o domínio feminino não ocorreu em todos os povos e nem todos foram agrícolas. Verificar-se-ia nas culturas de colheita reduzida e a excelência do resultado projetaria sua difusão nas várias áreas humanas.

Outra linha de raciocínio lembra a provisão de campanha levada pelo grupo guerreiro. O regime da poupança dar-se-ia na organização hierarquizada. A chefia significaria previsão e responsabilidade. Nasceria do chefe a idéia do primeiro comissariado de alimentação, o primeiro maiordomo de provisões. O grupo que se desloca saqueando e caçando para viver leva desvantagens totais diante do inimigo que recebe a sua cota alimentar e dá o tempo integral aos interesses bélicos. O ameríndio em geral não tinha economia de reserva, mas fazia cuidada preparação para uma campanha: farinha de guerra, sobressalentes de flechas, arcos, maças, venenos. Os exércitos do inca do Peru eram seguidos por um serviço completo de abastecimento, na multidão das lhamas carregadas. Não desperdiçavam tempos nas lutas de emergência, procurando víveres. Vantagem para a rapidez das marchas e disposição agressiva. Por não pensar esse ângulo, os franceses de Napoleão foram esmagados em Portugal e na Rússia.

A economia do excedente decorreria da previsão feminina ou da argúcia do chefe.

*

A tendência é para a padronização dos horários de refeições. Depende da organização do trabalho, entrada e saída nos ofícios, chegada e partida dos transportes. Os hotéis estabeleceram uma continuidade de horas que se torna comum e leva à unidade natural do tempo-útil nos negócios, 6-9, 11-14, 19-21, as horas mais "gerais" para o café, desjejuno, *petit-déjeuner, breakfast, frubstucken* ou o *brunch* norte-americano, refeição matinal mais substanciosa, economizando o almoço posterior. Almoço, de *al-morsus, ad-morsus,* à dentada, isto é, rápida, sumariamente consumida, colação pela manhã. Jantar, correspondente ao almoço brasileiro, tradicionalmente ao meio-dia, *à oras de meio dia, quando yantava la gente* — dizia o Arcipreste de Hita no século XIII. A ceia, *cesna,* do latim *coena,* do grego *koinós,* comum, refeição em comum. É o "nosso" jantar. A merenda, *lunch, luncheon, lanche,* era dita por Nônio: *merenda est cibus qui declinante die sumiter, quasi post meridiem edenda et proxima coena.* A merenda, à roda de 1870 até primeiros anos do século XX, dizia-se "fazer às onze", o mesmo que *hacer las once* nas repúblicas do Prata, vindo possivelmente de Espanha, como supunha Pereira da Costa. Era um caldo, um remate, caldo engrossado com farinha fina, um bolo ligeiro, para esperar o jantar mais tardio. "Fazer uma boquinha" — diziam depois, creio que em todo o Brasil.

As horas "velhas", já popularíssimas no século XVI, eram dez horas ou nove para o almoço; jantar às três e ceia às seis. No Brasil antigo o almoço das sete horas era sertanejo e dos empregados públicos. O rei Henrique IV de França, *se fama est veritas,* aconselhava:

> *Lever à six; Diner à dix;*
> *Souper à six; Coucher à dix,*
> *Fait vivre l'homme dix fois dix.*

Madame de Sevigné, ironizando a etiqueta da corte em Vichy, escrevia:

Tout est reglé, tout dîne à midi, tout soupe à sept, tout dort à dix, tout boit à six.

Para o romano o almoço era o *jentaculum,* pela manhã, e o jantar, *prandium,* na força do dia, seguindo-se a ceia, *coena.* O *disjunare,* correspondente ao café matutino, parva, veio a dar o jantar, *diner,* e também o *déjeuner.* A refeição mais séria e comum é a noturna, *coena, koinós,* geral, reunidora da família inteira. Jesus Cristo reunia os discípulos para comer ao anoitecer. Mantém-se a tradição nos banquetes oficiais, refeições coletivas, sempre à noite as solenes, indispensável índice de concordância, aproximação moral, social, política. Era o horário preferido por haver terminado a tarefa diária.

A divisão do tempo para alimentar-se provirá do estabelecimento regular da agricultura; a partida matinal, o regresso ao meio-dia e a recolhida nas primeiras horas noturnas, quando todos se reencontravam. Já a cozinha exigiria tempo para as iguarias que não eram mais de feitura rápida como outrora. Na fundação e consolidação da chefia a refeição do rei era a hora do depoimento das missões cumpridas, a história sumária das obrigações realizadas, e também momento de honraria, confiança pela convivência.

Comer junto era pacto, aliança, fraternismo, liame indissolúvel, implicando maldição ao transgressor proposital.[195] Ainda na Itália do século XIII, na Florença do tempo de Dante Alighieri, o assassino que conseguisse tomar uma sopa de pão e vinho sobre o túmulo do assassinado não podia mais ser objeto de vingança por parte da família do morto (*Purgatório,* XXXIII, 12). Alimentando-se na proximidade do cadáver restabelecia o vínculo cordial que o homicídio interrompera.[196] O ato mais simbólico do matrimônio em Roma era o *confarreatio,* onde a noiva servia-se de um pedaço do *panis farreus.* Correspondia na Grécia ao *telos,* pão, bolo, frutos secos. Era a vida em comum, a divisão das rações aos familiares, a responsabilidade iniciada. Daí vem o bolo-do-casamento, partido pela noiva, primeiro ato do seu novo estado.

A suprema oferenda em Roma era o *Lectistérnio,* banquete aos deuses nas horas de calamidade pública. Perséfona ficou no Hades por ter comido sete bagos de romã. O alimento é um fixador psicológico no plano emocional. Comer certos pratos é ligar-se ao local do produto. Comer do pão, provar do sal são sinônimos de integração, com larga documentária religiosa e folclórica, denunciando proclamação expressa de solidariedade.[197] Companheiro provém do *cum panis,* comer o mesmo pão, alimentar-se juntos. Aluno, *alumnus,* de *alo,* sustentar, criar com o alimento. O símbolo sagrado da união entre os janízaros era a grande panela comum, *kazan.* Comer no mesmo prato, *manger à la même écuelle,* é confiança, irmandade, fusão.

Nenhum oriental admite a possibilidade de comer na mesma sala com um inimigo. Ou mesmo alimentar-se em terra adversa. O profeta que Iavé mandou de Judá a Batel foi morto por um leão por ter comido pão e bebido água nas terras heréticas do rei Jeroboão (III *Reis,* 13).

Os orientais servem-se em silêncio e todos os indígenas também. Indígena conversando enquanto come é influência do homem branco, deseducador excelente. Nas antigas famílias a refeição era silenciosa. Essa obrigatoriedade do silêncio evidencia ancestralidade longuíssima e um índice é a mudez nos refeitórios conventuais, reminiscências dos cenóbios e eremitérios. Nos conventos a palavra é permitida ao final da refeição, depois do *deo gratia.* Nos antigos banquetes ingleses conversava-se depois do brinde ao rei. Nas refeições do velho sertão brasileiro rezava-se antes e depois de comer. O Anjo da Guarda assistia, policiando invisivelmente a compostura. "Cachorro é quem come rosnando." Era uma hora realmente religiosa, lembrando a batalha pelo pão e a presença da família, mantida pelo trabalho comum sob a chefia paterna. O título de "ganhador do alimento" dava valores místicos formais. Na velha Bretanha, mesmo que *le vieux père de famille se soulage avec bruit,* todos descobrindo-se, faziam o voto:[198]

> *Salut dom tatadic cos*
> *A respet der goneer bara.*
> *Salut a notre vieux pére*
> *Et respect au gagneur de pain.*

Os deuses greco-romanos do Silêncio, Harpócrates, Tácita, Muta, eram égides dos cerimoniais porque todo rito pressupõe o silêncio indispensável à própria imponência funcional. Nas inscrições alusivas às iniciações, sacrifícios e rogatórias oblacionais, o silêncio era condição especial. Quando cavam tesouros indicados em sonho o silêncio é tradicional sob pena do ouro transformar-se em carvão ou desaparecer como fumaça.

*

Ninguém deve terminar uma refeição em casa alheia sem agradecer e demonstrar que está satisfeito. Essa etiqueta da repleção é indispensável. Para os orientais expressa-se em repetidos e sonoros arrotos, alta significação da plenitude digestiva. Para os ocidentais a erutação é desagradável prova de deseducação, descuido de retenção indesculpável, exigindo o competente pedido de desculpas imediato. A fórmula comum é a palavra de louvor, depois do bocado inicial, ressaltando gosto e finura no preparo. O dono ou a dona da casa sorri, agradecendo como a uma cortesia aos próprios méritos. Depois de tudo diz-se uma frase resumidora, impressão laudatória às excelências da escolha culinária, tipos de vinho, delicadeza do pós-pasto. Não há ausência desse cerimonial nas residências mais humildes. Indesculpável e crime de lesa-cordialidade ficar calado quem comeu e bebeu em casa estranha. Capistrano de Abreu conta que o conselheiro José Antônio Saraiva (1823-1895), quando alguém depois do jantar queria sair, ele protestava: "pague primeiro o que comeu, em conversa!"[199] Ao comer o sal do anfitrião, o hóspede participa da comunidade doméstica e cada prato terá valores de uma sucessiva integração familiar. Dar os agradecimentos é a proclamação dessa investidura afetuosa, quase um liame de fraternidade. Na pré-História alimentar o estrangeiro, o advena, amigo ou desconhecido, "hóspede de Deus" — como dizem os árabes —, era ato de obediência sagrada ou de alta generosidade, oferecendo os recursos de tão difícil obtenção. Ou desfalcar as reservas ciumentamente guardadas. Valia benemerência. Confusa e sensivelmente esses valores impedem o convidado a cumprir o inevitável dever do agradecimento e da satisfação física.

*

Uma invenção de alta importância e pura simplicidade teria sido a grelha, valorização da iguaria, dispensando vigilância maior e obtendo paladar de imprevisto agrado. Seria iniciada pela armação sumária, disposta sobre o lume, do que o muquém é uma sobrevivência. Eliminaria boa percentagem aquosa, desassociando os albuminóides, fixando e realçando os amidos e fenóis superiores, também carbono e cálcio, transformando o amido em açúcar e dextrina. No final neolítico o fogão, o forno, a mó, o moinho de mão, o pilão, o almofariz facilitam o sabor do repasto, multiplicando as variedades que o cozido, o caldo, o mingau de féculas possibilitam.

O forno, simples ou abobadado, concentrando calor, revelou sabores inesperados, dando ao alimento o exato ponto de assadura suficiente. A cozinha requintava-se com essa aparelhagem e as primeiras combinações de carnes variadas, aves e peixes, têm aí sua iniciação. Podia o "artista" preparar pacientemente a obra-prima, combinar, dosar os condimentos, selecionar os temperos e adubos, e depois confiá-la à superfície plana do forno que a restituiria irresistível e tentadora. Já o velho espeto do baixo paleolítico passara ao estado subalterno de função. Impossível, entretanto, sua aposentadoria.

Desde quando o homem tostou cereais e frutas para seu uso e antes para garantir-lhes relativa durabilidade? Os vestígios neolíticos são abundantes, um tanto menos que os encontrados na Idade dos Metais. As comprovações mais evidentes pertencem às épocas lacustres. Não apenas o tostamento acentuava o sabor quanto, diminuindo o volume pela evaporação da água, facilitava a guarda das sementes nos utensílios cerâmicos. O uso tradicional era a tostação dos grãos, podendo ser consumidos nesse estado ou destinados às papas, mingaus, sopas ou auxílios às carnes cozidas. O costume religioso, grego e romano, era oferecer à deusa Ceres os grãos iniciais colhidos e, como versejara Ovídio (*Os Fastos,* II):

> O de mais da colheita, a sua indústria,
> Seu uso era torrá-lo.[200]

O forno livrou o homem dos problemas que o fogo sem vigilância provocava. Os romanos criaram a deusa Fornax e as festas *fornacalia,* em 18 de fevereiro, instituídas por Numa Pompílio, segundo rei de Roma: *Is & fornacalia instituit, farris torrendi feriasp,*[201] em honra do forno. Na versão portuguesa de Antônio Feliciano de Castilho (1800-1875), Ovídio conta a razão do culto:

> Só de Ceres os grãos indispensáveis
> Soíam semear; e em vindo a ceifa,
> Da seara a primícia era de Ceres;
> O de mais da colheita, a sua indústria,
> Seu uso era torrá-lo; e daqui vinham
> Asos a danos mil: que ora varriam,
> Em vez de grão, carvões, ora um descuido
> Lhes desfazia a choça em labaredas.
> Para obviar a tais desastres, criam
> Aos fornos, sob o título de Fornax,
> Deusa, que lhos proteja; e lhe suplicam,
> Defenda co'a pousada, o pão, que a nutre.
> São hoje as Fornacais mudáveis festas,
> Com frases, que a tal rito a lei prescreve,
> O sumo Curião lhes marca o dia;
> E em tabelas, que em torno ao Foro pendem,
> A vez de cada Cúria é sinalada.

A cerâmica trouxera a cocção, a ciência dos molhos, dos caldos, das sopas, papas e mingaus e também das bebidas aquecidas. Com a carne cozida e os alimentos líquidos ampliou-se a atividade frontal no homem. A cocção dos alimentos libertando de maior energia e exigência na mastigação teve repercussão sobre o cérebro, com a diminuição da intensidade funcional dos músculos mastigadores. Facilitou — diz Houzé[202] — maior atividade frontal. Mas a cárie nasceu...

O primeiro fabrico das bebidas com o emprego regular dos cereais datará desse neolítico: raízes, caules, grãos, vagens, brotos verdes, cozidos, ensopados, alimento e condimento. Muito tempo decorreu antes que a mulher cozinheira[203] escolhesse na horta incipiente as folhas e bagas que aromatizariam a fumegante refeição, indo ao que Pérsio dizia ser a *secura patella,* a marmita doméstica inamovível. Não como alimentos mas para acidular, melhorar, ativar o gosto.

Não posso decidir se a evolução da culinária, com seus gênios criadores e seus aventureiros felizes, desenvolveu-se através de experiências ou de intuições. Os alimentos serão naturais ou artificiais — divide A. Maurizio. Prefiro dizê-los colhidos ou elaborados. Sua lenta evolução permite a constatação dos ciclos de aperfeiçoamento.

São ainda contemporâneas algumas técnicas anteriores ao uso da cerâmica. Estão resistindo aos milênios.

a) Aquecer água com pedras quentes. As pedras quentes são atiradas aos cestos de malhas cerradas, vasos de madeira e mesmo de louça ou metal, posteriormente, onde está o líquido. É o método conhecido dos negritos mincópios do arquipélago de Andaman (Golfo de Bengala), australianos centrais, papuas da Nova Guiné, Novas Hébridas, Fidji, maoris da Nova Zelândia, nativos da Kamtchatka, Colômbia Britânica, Califórnia, os assiniboins do Yellowstone River ao Lago Winipeg, apelidados *stoneboilers* e ainda utilizado, parcialmente, no Brasil nordestino para fazer o chamado café de comboieiro ou café de pedra, onde misturam o pó do café na água fria e jogam no recipiente uma pedra aquecida ou brasas vivas. Em Santa Catarina — informa-me o professor Osvaldo R. Cabral — para evitar um sabor de fumo, picante, que os berbigões (moluscos acéfalos) conservam mesmo depois de cozidos, mergulham um tição de fogo na panela.

b) O forno subterrâneo, assando pelo calor, retiradas as pedras aquecidas ou com o lume aceso sobre a panela enterrada. Comum no Brasil do século XVI e contemporaneamente Saint-Hilaire — em *Viagem às*

Nascentes do Rio São Francisco e pela Província de Goyaz, Brasiliana-78, São Paulo, 1937 — registrado entre os caiapós, jê, em Minas Gerais.[204] Ferdinand Denis, *O Brasil,* I, 35, Bahia, 1955. Biaribu, biaribi, barreado, no Paraná. Marcgrave. Joan Nieuhof.

c) Assar ao calor das brasas, técnica universal, sumária, rápida. Carne, peixe, frutas, raízes transformam-se em iguarias saborosas. O churrasco, *barbecue,* posteriormente assado no muquém, ao calor da grelha ou metido no espeto fincado fora do alcance da chama, começou nas brasas. O *barbecue,* barbacoa, voz dos tainos antilhanos (do Haiti, para Rodolfo Schuller) é o mesmo jirau, grelha alta, muquém para assar carne, barbacuá, o carijó onde secam ao calor do fogo as folhas do mate, *Ilex paraguayensis,* embora tenha acepções de caniçada, postes para casas sobre água, é acentuadamente *parillas para asar toda especie de carnes.* É o processo comum do caçador e pescador. Das expedições e acampamentos. A vendagem mais tradicional é do peixe assado inicialmente nas brasas, diretamente, antes de possuir-se a grelha. Peixe-frito. Creio ainda que a primeira utilização do milho (*Zea mays*) seria pela espiga assada, o popularíssimo milho assado quase universal e muito mais conhecido que o milho cozido ou o milho torrado, o grão, dando a pipoca e a farinha de milho, guloseima com rapadura ou açúcar. Semelhantemente na Europa, castanhas e pinhões são assados na brasa como as maçãs, sardinhas e carapaus portugueses e espanhóis. Nas brasas é assado o cabrito do Cáucaso. A posta de pirarucu, o naco de carne-de-sol, gorda e rescendente. O carneiro oriental, de cauda pesada de gordura. Malassada, afogueado, "passado nas brasas". Foi a primeira forma de assar.

d) Cozinhar nas cinzas. Bananas, batatas, inhames, carás, macaxeiras, amendoins, fruta-pão, uso em todo o continente, ameríndio, pré-colombiano e europeu, africano e polinésio, sistema que continua normal e vivo. E as cinzas do borralho desempenham função de guarda-comida, armazenando frutos, raízes, ovos, castanhas, no seu calor por muito tempo. E os milenários *pains de cendre,* pães, biscoitos, bolachas, tortas assadas nas cinzas; *Eschibrot, Aschenplatz, Schurrback,* da Alemanha, e os *podplomyki, watrzynick, polanica,* de russos, ucranianos, lituanos, poloneses, a *pogatscha* da Sérvia e saboreada também na Lapônia, *fogaccia* na Itália; bolo de borralho ou bolo de soborralho, em Portugal, pão assado no brazido semi-extinto. O padre Simão de Vasconcelos, em meados do século XVII, inclui na culinária indígena do Brasil "os peixes miúdos embrulhados em folhas, e metidos debaixo do borralho, que em breve tempo ficam cozidos, ou assados", técnica ainda contemporânea. No litoral de Santa Catarina — informa-me o professor Osvaldo R. Cabral — um dos processos populares de preparar o peixe é pela forma que se obtém a tainha de telha. A tainha (mugilídeo), depois de pescada, sem esvaziar-se as vísceras, é levada ao braseiro entre duas telhas côncavas. Depois de pronta caem as escamas e as vísceras ficam reduzidas a uma pequena bola. É prato suculento. O pão começou cozido nas cinzas.

Passar pelas brasas, esbrasear, e mesmo afoguear, não equivale ao passar pelas chamas, chamuscar, fórmula primitiva de preparação elementar da comida. O mínimo da existência indispensável. Chamuscar corresponde ao *flambage,* dando *naissance à des composés chimiques encore mal connu, riches en carbone et de poids moléculaire élevé* — lembra Adam Maurizio. Esse passar pela chama era cerimônia de purificação para criaturas humanas que estudei no *Anúbis e Outros Ensaios,* Rio de Janeiro, 1951. Não apenas para criaturas humanas mas, entre os israelitas poloneses, destinado aos objetos de uso doméstico na semana da Páscoa, denominada a cerimônia *gekaschert.*

A crença mais antiga e conhecida é que a comida quente é a substancial. "Comida de sustança deve passar pelo fogo" — afirmam os sertanejos do Brasil, e também o camponês ibérico, francês, italiano, alemão. "Comida quente e água fria é bom passadio." "Pão quente é pão fresco." "Esquentou, melhorou." E também, "requentou, estragou".

Com a cerâmica nasceu o caldo substancial e diário que se tornou indispensável e típico nos povos agricultores. Nômades, bandos caçadores, não teriam tempo para esperar a demorada cocção e que as fervuras "levantassem" anunciando o "ponto" exato da elaboração saborosa. Fora o primeiro alimento líquido preparado, com a prévia ebulição, "inventado" pelo homem à volta do neolítico. O caldo antecede, anuncia o regime todo-poderoso das sopas e das papas de cereais, *notre mère à tous,* como afirmam camponeses europeus e asiáticos. Por isso Maurizio divide os povos nas duas civilizações básicas: da *civilisation des bouillies aux civilisations du pain,* esta sempre inferior em proporção demográfica.

É o clássico *pot-au-feu,* reunindo carne de caça e bovina, cereais, batatas quando foram aclimatadas e antes outros tubérculos, fervendo sem parar e fornecendo caldo espesso que se tornava, com o pão, trigo, cevada, milho, farinha de mandioca, uma refeição completa. É a marmita permanentemente ao lume, cozinhando algo para a fome doméstica e sucessiva. Essa mesma vasilha dava ao conteúdo sabores peculiares, insusceptíveis de previsão culinária moderna. *On fait de bonne soupe dans un vieux pot.* Criou a unidade misteriosa na heterogeneidade imprevista dos elementos. *Pot-pourri, olla podrida, puchero, bouillabaisse,* feijoada-completa. Comida inconfundível de uma única panela. *Eintonpfessen* germânico. Era a figura tradicional dos lares antigos, ter a panela ao lume, inarredável do ritmo familiar, a *secura patella* dos romanos.

> Com uma panela ao lume
> basta uma miga de pão!

Desse caldo, de *caldu,* quente, *bouillon, broth, bruhe,* provêm as papas, mingaus, pirões, purés, tortas, consomés, sopas, ajudando ou constituindo alimento completo. A sopa, *saup, supen,* sorver, indica a prodigiosa persistência tantas vezes milenar. Dará o francês *souper,* repasto da noite, ceia,

le repas du soir jusqu'au XIX siècle (encore auj. dans diverses régions), auj. plus spécialement le repas pris la nuit à la sortie du théâtre, etc. (Albert Dauzat, *Dictionnaire Etymologique.* Paris, 1938).

Era inicialmente *d'abord tranche de pain sur laquelle on verse le bouillon.* Assim, no tempo de Dante Alighieri era um pouco de caldo numa fatia de pão, *croûte au pot.* Essa forma inicial resiste nas populações rurais da Europa e nos velhos lares colonizadores das ilhas e continente americano. Comida de lavrador e não de caçador. "Come caldo, vive em alto, anda quente, viverás longamente."

*

E as bebidas quentes? Não foram senão decorrência dos alimentos líquidos, aparecidos no neolítico e bem mais possivelmente no período anterior, o epipaleolítico, fases finais onde surgem vestígios de cerâmica nos restos-de-cozinha (*Kjökkenmöddings*) no Báltico e existe traçado de vime ou juncos na Espanha.

É um velho engano supor que a bebida quente ajuda a manter o calor do corpo, quando essa, apenas ingerida, toma a temperatura interna do homem, não a modificando. O aquecimento humano depende dos carboidratos e gorduras queimados pelo organismo e não da bebida quente, intencionalmente deglutida. Tem mais efeito psicológico que real. Mas a bebida fermentada e a que depois se destilou é servida geralmente quente, como se verifica entre todos os ameríndios, porque a suposição é levar um reforço à resistência funcional. O quente sempre ajuda. Esse preceito determina o aquecimento mesmo nos climas tropicais, quando era de esperar a intenção do líquido refrescante. Este é bem posterior. Há naturalmente predileção pelas bebidas aquecidas porque a fervura revela sabores que o frio demasiado sintetiza. As *thermopolium* gregas e romanas vendiam bebidas esquentadas nos fornos, como vemos nas ruínas de Pompéia. E uma multidão de vasos trazia denominação alusiva: *thermanter, thermopotis, calda, caldarium,* caldeira, caldeirão.

As primeiras bebidas quentes teriam nascido sob clima temperado ou frio e eram com destinação terapêutica ou mágica. Julgavam sorver elementos caloríferos. O uso da água preparou o advento, *andante con moto,* das bebidas refrescantes. Nenhum primitivo, ou "primitivo contemporâneo", admite bebida muito fria ou gelada. A repulsa do homem do interior brasileiro contra o gelo é ainda notória. O processo de adaptação pertence mais à sugestão que ao convencimento íntimo.

O sorvete, do turco *chorbet* e do árabe *chorbat,* não era bebida gelada e sim refrigerante, perfumada no tipo oriental. Foi gelada no Ocidente. O japonês aquece o vinho branco em vez de gelá-lo. Os melhores vinhos, tintos, encorpados, espessos, não devem ser refrescados. Os povos do chá independem do clima pelas alternativas de grande frio e calor, China, Japão, Índia, Pérsia, Turquia, muçulmanos, bebendo-se o chá quente em qualquer estação do ano. A chaleira, de chá, é para água quente assim como a cafeteira, porque café gelado, chá gelado, mate gelado, são formas anômalas, deduções de mentalidade relativamente moderna contra o velho uso e abuso da bebida aquecida.

*

Charles Lamb (1775-1834) acreditava originar-se o uso de dar graças a Deus, depois das refeições, de uma reminiscência das épocas de repastos difíceis e raros e uma comida farta seria quase resultado da intervenção divina.

Muito mais universal e comum está a irreprimível tendência do descanso posterior ao alimento, começando pelos carnívoros, ruminantes, ofídios. Dizemos no Brasil "descansar o almoço" e é pouco recomendado "não descansar a comida". Orientais e ocidentais têm, nesse particular, o mesmo costume. A digestão iniciar-se-á melhormente com o organismo em repouso, sem dispêndio de maior energia noutros esforços. Todos os animais sossegam depois de fartos. Os homens dormem e outros deitam-se, imóveis, silenciosos, "ajudando" o trabalho do estômago. No Brasil diz-se ainda desse estado "fazer o quilo", de *kilu,* sono em quimbundo.[205] Falam em "fazer a meridiana" e mais popularmente "a sesta". Maomé cita-a no Alcorão, Surata-XXV, v-26.

Meridiana e sesta são denominações latinas correspondentes ao ligeiro descanso depois de alimentar-se. *Meridio, meridior,* porque dormiam ao calor do meio-dia.

> *Dormiebat super stratum suum meridie* — [escreve o profeta Samuel (II, IV, 5)] ou *ut meridie conquieverat* — anotava Júlio César (*De Bello Gallico,* VII, XLVI).

Dormitavam os povos semitas e arianos. Tanto Isboseth, rei de Israel, na sua tenda, como o imperador Augusto no seu palácio (Suetônio, *Augusto,* LXXVII). Sesta vem de *sexta,* a quinta das horas de Roma e que se tornaram canônicas, indicando o meio-dia.

Tradição higiênica instintiva nas regiões tropicais ou na estação mais ardente do ano. Frei Ivo d'Evreux notou entre os tupinambás do Maranhão (1612-1614):

> "Quando o sol principia a chegar ao seu maior auge de calor, que é perto das dez horas, deixam a lide, vão comer e dormir" (*Viagem ao Norte do Brasil,* Rio de Janeiro, 1929).

O mesmo pela África Equatorial, onde os negros constroem cabanas para a conversação amena e o breve sono. Polinésia, Melanésia, todo continente ameríndio. Nas praias ninguém trabalha ao meio-dia. Estão os pescadores estirados na areia, tranqüilos, tentando "passar pelo sono", num tédio feliz de ruminantes satisfeitos. Tanto o *faire sa méridienne* ficou hábito nas classes fidalgas e ricas que a França possui a *méridienne,* fofo e cômodo canapé para o sono momentâneo do meio-dia, sesteadeira. Basta recordar as varandas e terraços dos grandes hotéis e sanatórios europeus e americanos, mesmo fora das estações de veraneio, para ter uma visão da sesta dominante e sossegadora.

Cabe aqui lembrar que a hora do meio-dia, "pino do meio-dia", é momento sagrado e uma tradição religiosa milenar recomenda evitar movimento e trânsito. Hora de Pan dormitando. Do cântico dos anjos. Do *daemonio meridiano.* Das pragas fulminantes e das orações benéficas.

*

Os viajantes registram com surpresa o costume japonês do convidado receber uma parte dos alimentos oferecidos na festa para levá-los à família, fazendo-a participante do ágape. O costume ocorre em todo o norte de Portugal, de onde veio para o Brasil. O mesmo na Espanha. Na França. Na Itália. Na Alemanha. Nas festas de aniversário, casamento, batizado brasileiro, é hábito presentear as famílias, que não puderam comparecer, com as provas ou lembranças do banquete, carnes e doces, raramente bebidas. Esse costume escapa naturalmente às solenidades oficiais e às reuniões de categoria protocolar, julgada a tradição demasiado íntima e banal para que seja respeitada. Continua, entretanto, viva e normal.

As dádivas de alimentos por imposição consuetudinária são contemporâneas e várias. Na ocasião de matança de porco, feitura de queijos, de chouriço (as morcelas portuguesas), carneiro, ovelhas, novilha gorda, constitui obrigação usual enviar uma "prova" aos vizinhos, determinando a reciprocidade natural. O "presente" é excluído quando o animal é abatido para vender-se a carne; doces ou queijos destinados a um fim econômico e não ao consumo familiar. Assim, em Portugal e Espanha e também depois das batidas de caça, presenteiam-se "peças" aos amigos. Nos povos vinicultores resiste a tradição de mandar garrafas de vinho aos vizinhos quando o primeiro tonel foi aberto, o provar-do-vinho que em Portugal é 11 de novembro, Dia de São Martinho ("Come-se muita castanha e bebe-se muito vinho!"). Quem ajuda no engarrafamento tem direitos iguais. É uma desatenção não enviar-se uma "prova" ao vicindário. Outra tradição poderosa nas antigas casas reais, grandes fidalgos, conventos ricos, era distribuir o que não pudera ser consumido na refeição meridiana. Até o papa Pio X (1914) era uso no Vaticano. Não é outra a origem da rua Cherche Midi, em Paris. Não havia festa oficial sem que os alimentos fossem levados ao povo. Reminiscência romana e não grega. Na inauguração da estátua del-rei Dom José em Lisboa, 8 de junho de 1775, foram distribuídos 3.750 quilos de doces. Ainda é hábito nos casamentos aristocráticos de Espanha mandar servir ao povo do mesmo serviço que os convidados ilustres provaram.

*

Em muitos povos africanos, asiáticos, ameríndios é desagradável e vedado olhar-se alguém quando se alimenta. É o mesmo respeito para regiões imensas e para os povos mais diversos e distanciados em níveis de cultura. Deve evitar-se e comer de costas voltadas para o curioso. Karl von den Steinen (1887) encontrou o hábito entre os indígenas do Rio Xingu no Mato Grosso, os baicaris. O padre Fernão Cardim já registrara em 1584. Semelhantemente para muíscas, astecas, incas. Abissínia. África Ocidental. Não desapareceu essa proibição no Brasil e as crianças têm recomendação de não olhar muito ou insistentemente quem está comendo. "Tira a sustança." Absorve a força nutritiva do alimento.[206]

A tradição é muitíssimo anterior ao hábito da reunião ao redor de um móvel. Anterior à criação da mesa. A refeição em si é que é sagrada. O olhar alheio é contaminante.

*

E as gulodices da sobremesa? As frutas adocicadas não foram as primeiras mordidas pelo paleolítico. Eram todas ácres, amargas, ácidas. Amansaram pelo cultivo, direto ou indireto, demandando séculos. Com a fase da agricultura, as frutas adoçam lentamente. Abandonado o cultivamento, regressam ao estado anterior, azedas e ásperas. Laranjas de tapera. No Brasil as frutas silvestres têm o travo ligeiramente ácido, que parece ser um testemunho da insubmissão ou fidelidade à estirpe primitiva. Não admitiram a civilização.

A mais antiga volúpia deve ter sido o mel de abelhas, a mais velha sensação inesquecível da doçura saborosa. *Doux comme le miel,* milênios antes do açúcar. As abelhas já existiam no cretáceo, quando as flores nasceram. São milhares de séculos anteriores ao homem, que se apropriou bem cedo da química maravilhosa, tornando-se rústico apicultor ou teimoso saqueador. Afirma Hahn que a criação das abelhas antecedeu a de qualquer outra espécie animal. As pesquisas de Nordenskiöld mostram a popularidade do mel de abelhas e sua criação pré-colombiana. O mesmo para demais paragens do mundo. Quando apareceu o "civilizador" branco as abelhas já eram velhíssimas familiares dos nativos. J. Vellard denominou os guaiaquis do Paraguai *une civilisation du miel.*

A sedução do mel venceu a defesa furiosa das abelhas e o homem pré-histórico aprendeu depressa os segredos da localização das colmeias para o assalto e depois para a construção cuidadosa dos colmeais ao redor das residências, para o cultivo regular. O mel e a cera significavam muito mais na economia pretérita que presentemente. A cultura greco-romana do mel deixou bibliografia, estudos, observações, poemas e mesmo a especialização humana dos *apiarius, mellarius, curator apiarii, melitturgus,* realizando ciumenta vigilância.

Eram as abelhas símbolos da graça, sabedoria, eloqüência. "Palavras de mel." Denominavam sacerdotisas: Melitta, Débora, profetisa que governou Israel (*Juízes,* IV, 4). Já se bebia hidromel antes da domesticação das abelhas. Outra bebida, bem antiga na Grécia e na base do mel, *melicraton,* veio aos finais da Idade Média. A caça ao mel silvestre não desapareceu na África, Ásia, América, com auxílio de aves cúmplices, colaboradores no saque. Melador. Meleiro. Tirador de mel. Quando o homem trabalha para as formigas, a abelha trabalha para o homem.

Pousaram nos lábios do poeta Píndaro e do filósofo Platão. Figuravam nas moedas de Éfeso, Smirna, Eritréia, Camarina na Sicília, Hibla, Aradus. O divino Aristeu, filho de Apolo, ensinara seu trato. Inventara a mais popular bebida de Roma, o *mulsum,* vinho e mel, tonificador. Cachaça e mel de abelhas é bebida tradicional no sertão do Brasil. "Cachimbo, meladinha."

O imperador Napoleão escolheu-as para insígnias e apareceram, ouro sobre azul, no manto da coroação (1804).

> *O soeurs des corolles vermeilles,*
> *Filles de la lumière, abeilles,*
> *Envolez-vous de ce manteau!*

apostrofava Victor Hugo em 1853 (*Les Châtiments,* "Le Manteau Imperial").

As coisas agradáveis, macias, flexíveis, harmoniosas são doces. Doce olhar, água doce, ferro doce. Os portugueses velhos tinham o homem *doçar* e a mulher *doçar,* afetados, mimosos, cheios de dengues. E no Cancioneiro de Vaticana (II, 63) canta-se:

> *D'un desejo tam doçar*
> *Que muy docemente sabe.*

O velho Jerônimo Bahia poetava:

> Porque quando é doce a erva
> Todos da erva gostamos...

Ainda alcancei dizer-se, oferecendo o açúcar: o café tem doce bastante? Recusa ao último argumento: "nem com açúcar!"

*

Antes da cerâmica e da agricultura (lavoura, como queria Orville Derby, horticultura), a comida era assada quando o caçador voltava para sua caverna ou choça. Semelhantemente sucede entre os povos caçadores atuais. Só podia haver uma iguaria, que era a peça abatida. O caçador gosta de comer o que matou. Quantas vezes esperei que preparassem a nambu ou a marreca que sacrificara, preferindo-a à refeição normal e copiosa. Conversava-se enquanto a carne chiava nas chamas ou tostava nas brasas. Seria assim no alto paleolítico.

Com a cerâmica houve causa preparada de antemão. O fogo está sempre pronto e aceso e a panela ferve com raízes e restos da refeição anterior. Todos os etnógrafos de campo, estudiosos da indianologia, registraram essa permanência funcional da cozinha. Na África. Na Ásia. Na Oceania. Na América. Na Europa camponesa. Essa marmita em constante ebulição pertence também ao ciclo agropastoril europeu. É contemporânea ainda. Era natural que a refeição substancial e definitiva fosse a noturna, depois da missão cinegética ou pescadora realizada. Ainda é essa a terminal, a clássica, a inalterável. Ceia da Páscoa judaica ou cristã. Ceia durante o ramadan. Ceia de nômades no deserto. Ceia de esquimó. Banquete oficial e cerimonioso, sempre à noite. Banquete de dia é informal.

A obrigação feminina de servir ao homem, cansado do trabalho, excluiu-a da refeição comum. Os homens comiam sozinhos. As mulheres e as crianças depois. Há poucas décadas no interior do Brasil e das Américas Central e do Sul era a regra normal, especialmente havendo hóspedes, pessoas estranhas, gente de fora. A mulher serve e o homem come. Essa foi a lei velha do passado. Comum na Europa, na África, na Oceania. Para todos os indígenas do continente e ilhas ameríndias. Herança teimosa do paleolítico, do neolítico, na noite dos tempos. Viva no esquimó da Groenlândia, Samoa, Polinésia, Melanésia. De um modo geral é a universalidade da norma. No *Lettres de Mon Moulin,* Alphonse Daudet conta uma visita ao poeta Mistral (1830-1914):

Je connais les usages de la maison; je sais que lorsque Mistural a du monde, sa mère ne se met pas à table.

O general Dionísio Cerqueira (1847-1910) vê o mesmo na fronteira Brasil-Venezuela, 1879-82.

As duas mulheres conservavam-se ao lado, de cócoras como nós, mas não tocavam em coisa alguma.

Enquanto isso, os homens almoçavam.[207] A gueixa pode aceitar bebidas, mas não alimentar-se com os forasteiros, informa Fugimoto.[208] Em 1640, no Recife, as damas da melhor plana social portuguesa, as mais ricas, de famílias aristocráticas, foram suplicar (levando as indispensáveis caixas de açúcar adoçador do principesco ânimo) ao conde João Maurício de Nassau o perdão para Dona Jerônima de Almeida. O conde concedeu quanto pediram e convidou as senhoras para jantar. Frei Manuel Calado (*O Valoroso Lucideno*, I, 138, São Paulo, 1943. A *princeps* é de 1648, Lisboa) registra a resposta das ilustres damas:

Que o jantar à sua mesa haviam por recebida a mercê, porém que não era uso entre os portugueses comerem as mulheres senão com seus maridos, e ainda com estes era quando não havia hóspedes em casa, sendo pai, ou irmãos.

Os viajantes estrangeiros no Brasil do século XIX registraram semelhantemente por todo território nacional.

Reforçara o costume a presença árabe na Península Ibérica e incursões no sul da França. A tradição oriental do homem comer sozinho ou com seus pares era índice de fidalguia e alheamento feminino, recluso no harém. Defesa psicológica contra o enfraquecimento que a simples presença da mulher determina pela inconsciente provocação sexual. As esposas e concubinas serviam-se separadamente. À roda do século XIV era protocolo na Europa o rei ou senhor ficar na mesa sem a dama. Dava maior importância. Mesmo o rei Luís IX de França manteve a etiqueta.

Le roi mangeait environné de chevaliers et de sergents qui tenaienl grand espace.

A rainha Blanche, às vezes, vinha à refeição, mas *du coté où le Roi ne mangeait pas,* informa Joinville (*Histoire de Saint Louis,* XXI). As damas começaram realmente a participar dos banquetes reais na Inglaterra, sob os Stuarts e na França no tempo dos Valois e dos Bourbons.

Os intermináveis jantares dos soberanos asiáticos e egípcios afastavam as mulheres para garantir a liberdade das confidências, da intimidade guerreira, libertina nas recordações. Como a refeição do rei era um prolongamento de compromissos e selo da confiança majestática, o ambiente distanciava as pessoas alheias ao interesse imediato. Na Idade Média a presença da dama era no final, quando o menestrel ia cantar ou o jogral iniciava as habilidades pelotiqueiras. Ficavam para comer os irmãos d'armas. Daí a importância das funções ligadas ao serviço da mesa do Rei: copeiro-mor, *Lord High Steward,* trinchante-mor, Escanção, fidalgo que trazia o aquamanil destinado às mãos do rei e dos príncipes, o provador das comidas, o mordomo, os pajens da copa. Os Stuarts, que deram quatorze reis à Escócia e seis à Inglaterra, não tiveram outra origem: *steward*, copeiro.

*

Lavar as mãos, antes ou depois de comer, sendo reminiscência da purificação religiosa, dava valimento ao portador do jarro, oficiante na cerimônia. Nove séculos a.C. a função era índice recomendativo de confiança pessoal. Para identificar a intimidade do profeta Eliseu, junto ao desaparecido e poderoso Elias, a imagem evocada é que ele lhe deitara água nas mãos. "Aqui está Eliseu, filho de Safat, que lançava água sobre as mãos de Elias": *qui fundebat aquam super manus Eliae* (IV *Reis,* 3, 11).

A refeição tornara-se um cerimonial com exigências e ritos imponentes. A pompa oriental das épocas históricas distava da nobre simplicidade anterior, mas a expressão de respeito resistiu e veio aos nossos dias niveladores. Na Roma republicana como na Grécia clássica aproximavam-se da mesa depois de purificados com venerando cuidado. Iniciava-se com a libação, *libatio,* derramando-se vinho, água, óleo, no chão, no altar larário, ao lume. Ainda hoje derramar bebida ao solo antes de prová-la é uma homenagem, uma fórmula instintiva de saudação popular.[209] As cozinhas eram intermináveis, com chaminés monstruosas. Uma multidão comia ao redor da pessoa do rei, Luís IX de França

on a restauré les quatre cheminées gigantesques où des arbres pouvaient être embrasés et où l'on faisat rôtir moutons et boeufs entiers (G. Ducoudray, *Les Origines du Parlement et la Justice aux XIII et XIV siècles,* Paris, 1902).

E era o recatado e simples São Luís.

No mínimo, era obrigatório o manulúvio, forma inicial da purificação. Na *Odisséia* (I, 135-146), Minerva visitando Telêmaco lava as mãos antes de servir-se. Todos os pretendentes de Penélope não esquecem esse dever. *Cedo aquam manibus, puer* — exige-se antes de comer nas comédias de Plauto, fiéis retratadoras da vida romana dois séculos a.C. (*Mostellaria,* 307). Petrônio, *Satyricon,* XXXI, evoca o banquete de Trimalxião na Roma imperial, com as praxes iniciais indispensáveis: lavar as mãos com água nevada, seguindo-se os pés e limpar as orelhas:

aquam in manus niva tam infundentibus, aliisque insequentibus ad pedes, ac paronycchia cum ingenti subtilitate tollentibus.

Querendo significar sua reprovação à fúria da turba judaica, Pôncio Pilatos lava as mãos, afirmando-se puro ante qualquer intenção criminosa (*Mateus,* XXVII, 24). Admiravam-se os fariseus de Jerusalém porque os discípulos de Jesus Cristo não lavavam as mãos depois de comer o pão (*Mateus,* XV, 2). Em *Os Trabalhos e os Dias,* Hesíodo recomenda semelhantemente:

Lorsque le matin tu répandras en l'honneur de Jupiter et des autres immortels des libations de vin pur, que ce ne soit point avant d'avoir lavé tes mains; autrement les dieux refuseraient de t'entendre et rejetteraient tes prières.[210]

Os repastos feudais em França eram anunciados pela trombeta de corno, *ce qu'on appelait* CORNER L'EAU, *parce qu'avant de s'asseoir on se lavait les mains* (Ducoudray). Nas grandes solenidades do Santo Império Romano-Germânico o margrave de Brandemburgo comparecia a cavalo, com aquamanil de prata e linda toalha, *pulchrum manutergium,* para que o imperador lavasse e enxugasse as mãos antes da cerimônia.

Lavar as mãos antes da refeição é ato comum, mas não universal. Para os povos do Mediterrâneo foi obrigação decorrente da influência religiosa greco-romana. Não ocorreu aos nórdicos e saxões, egípcios, chineses, persas, hindus não sectários de Brahma. Nem aos muçulmanos antes de Maomé, que tornou gesto integrado no culto.

O vous qui croyez, lorsque vous vous leves pour la prière, lavez vos visages et vos mains jusqu'aux coudes, et frottez vos têtes et vos pieds jusqu'aux chevilles.[211]

Ablução para função religiosa e não alimentar. Foi esse o princípio. Tê-lo-ia recebido dos judeus. Maomé permitiu o *teyemmum,* ablução com areia no rosto e nas mãos, onde a água fosse rara (*Alcorão,* Surata-IV, v-46). Não o conheceram os negros africanos antes do contato árabe ou europeu. Idem os polinésios, melanésios, australianos. Nem estava incluído na liturgia inca, asteca e maia. Nem para os ameríndios centrais. Os litorâneos tinham o hábito dos banhos repetidos, antes e depois da refeição, mas não o gesto isolado e positivo. O hábito seria trazido, para aqueles, pelos colonizadores europeus ibéricos e mesmo sem contato direto derramou-se pela difusão. O general Dionísio Cerqueira[212] — descrevendo uma refeição entre os indígenas do Rio Castanho, Alto Rio Negro, em 1882 — fixou o mesmo cerimonial, antes e depois de comer:

O velho convidou-me a lavar as mãos e fez o mesmo... Quando demos cabo do mutum, a índia foi buscar água e nós lavamos as mãos.

Fernão Cardim, em 1584, negava:

Antes de comer nem depois não dão graças a Deus, nem lavam as mãos antes, e depois de comer as limpam aos cabelos, corpo e paus. [213]

Jean de Léry, 1557, afirma:

Alguns têm o bom hábito de lavar as mãos e a boca antes e depois da comida.[214]

A noção higiênica é milenarmente posterior ao dever religioso.

Lavar os pés ligava-se ao rito acolhedor da hospitalidade, dever ao viajante, hóspede enviado por Deus. Libertá-lo da poeira dos caminhos, testemunha dos trabalhos sofridos, era forma de imediata assistência. Oferecia-se o banho tépido, que depois reduziu-se à lavagem dos pés. Joseph Naudet anotando o *Théâtre de Plaute*, II, 404, informa:

On se contente, dans la haute antiquité, de laver les pieds des voyageurs; mais on donne ensuite le bain tout entier.

No *Epidicus,* de Plauto, ato-V, v-628, ouve-se a ordem:

Abi intro, ac jube huic aquam calefieri.

O tradutor apenas fala no vago *fais-tu préparer le bain* — quando Epidicus manda aquecer água. Não se admitia hóspede ir alimentar-se sem o banho prévio, presentemente imagem de asseio e outrora obrigação sagrada. Podia então o viajante sentar-se à mesa, à sacra mesa doméstica. Não creio que interferisse a idéia de humilhação e modéstia, mas de acolhimento e bondade. Assim, terminando a Santa Ceia, Jesus Cristo lava os pés dos futuros apóstolos (*João*, XIII, 1-15), cerimônia mantida na liturgia da Igreja Católica na Quinta-Feira Santa. Para mim, o espírito é o mesmo que encontramos no *Gênesis,* XVIII, 4, quando Abraão diz aos três viajantes avistados ante sua tenda em Mamre: "traga-se agora uma pouca d'água, e lavai os vossos pés...". O mesmo quando Lot recebe a visita dos anjos em Sodoma: "eis agora, meus senhores, entrai, peço-vos, em casa do vosso servo, e passai n'ela a noite, e lavai os vossos pés..." (*Gênesis,* XIX, 2). Assim foram tratados os irmãos de José na terra do Egito: "Depois levou o varão aqueles varões à casa de José, e deu-lhes água, e lavaram os seus pés..." (*Gênesis,* XLIII, 24). Davam as boas-vindas. Abraão, Lot, José não faziam, oferecendo o pedilúvio, penitência alguma. Cumpriam a lei da hospitalidade. Saint-Hilaire registra esse costume em Minas Gerais, em 1816: "todo o mundo, antes de se deitar, lava os pés com água quente. Nas casas ricas um negro, com sua toalha ao ombro, leva a água ao estrangeiro em uma grande bacia de cobre; os pobres, porém, se contentam com uma gamela de madeira. Muitas vezes, em casa de gente de cor, o próprio dono da casa vem, como nos tempos antigos, lavar os pés do viajante que acolheu com a mais franca hospitalidade".[215]

Creio que o banho inteiro não é anterior, mas posterior ao lavamento dos pés, fórmula inicial e não decorrência. Mas já encontramos em Homero, tipicamente, o banho de Ulisses nas fontes da Ilha Scheria (Corfu), quando encontrado por Nausica, filha de Alcinoos, rei dos Feacianos (*Odisséia,* VI, 210-229).

Era cerimônia na iniciação dos cavaleiros da Idade Média. Banhado, vestido de branco, velava as armas na capela senhorial, noite inteira. O rei Henry IV, da Inglaterra, criou em 1399 a Ordem do Banho (que ainda existe) e os *Knights of the Bath* são exemplos de alta distinção.

Vale recordar o tradicional banho de São João na madrugada de 24 de junho com o mesmo intuito:

> Ó meu São João,
> Eu já me lavei,
> E minhas mazelas
> No rio deixei!

E o banho sagrado dos hindus no Ganges. O banho, função higiênica, associou-se à imagem de purificação, lavar os pecados, as culpas, limpar o passado.

Le baptême est un bain qui rend à l'âme sa première vigueur — dizia Chateaubriand.

Batismo, do grego *baptizein,* lavar. No Brasil há uma frase popular — "vá tomar banho!", repelindo-se uma importunação ou impertinência. Corresponde ao francês *envoyer quelqu'un au bain,* no mesmo sentido.

*

Uma frase contemporânea, "o jantar está na mesa", denuncia a espantosa antiguidade na história da alimentação.

É do tempo em que não havia seriação e sucessão nos serviços. Todos os alimentos eram postos na mesa, de uma vez e ao mesmo tempo. O comensal escolhia entre o panorama das iguarias expostas. Não havia criado-de-servir e sim "passar os pratos". Todas as populações rurais da Europa, da África, da Ásia e da América ainda conservam esse costume universal para os ambientes rústicos e de menor formalismo social. Essa é a forma mais antiga no ritmo do serviço alimentar humano.

O serviço de mesa, trazendo os pratos da cozinha, distribuindo-os, estabelecendo uma seqüência, criando as precedências e sucessões, é no pleno domínio histórico e quando o micróbio do luxo intoxicador venceu a mesa comum, clássica e proto-histórica. Já os heróis homéricos são servidos embora com simplicidade e limitação nas peças oferecidas em Tróia, Corfu, Itaca. Mas os banquetes assírios e persas, que seduziram a sobriedade macedônia de Alexandre Magno, a lentidão hierárquica da pompa egípcia, exigiriam o exército de fâmulos para a procissão dos alimentos levados ao apetite dos soberanos. Em Roma, o luxo epulário é imperial mas os derradeiros anos da República, notadamente com os distúrbios indisciplinares das guerras civis, dos triunviratos, da ditadura de Sila, em diante, com a fauna de aventureiros ávidos de sucesso e fartura, foram exemplos sugestivos para as festas sem fim, ineditismo alimentar, extravagância e prodigalidade maluca, exibição de canto e danças, marcadamente com o imperador Tibério em Caprera, seguindo-se Calígula em ritmo ascensional, com as naturais pausas do rápido e efêmero bom senso das leis repressoras, inaplicáveis aos ricos e aos chefes das facções poderosas.

Nenhum banquete na Grécia daria modelo para a orgia romana de Cláudio, Nero, Vitélio, Domiciano, Cômodo, Caracala, Heliogábalo. O banquete grego, com as lógicas exceções, era longo e delicado pretexto de debate literário e filosófico sem que perdesse o aspecto de beber e comer com excesso, entre os fios da argumentação sedutora e culta.

Os desenhos murais das hospedarias romanas, *hospitaculum, cauponas,* e gregas, *thermopoliuns, heandokeion, katagogion,* reproduzem a imagem fiel da totalidade dos recursos culinários dispostos na mesa à vista e escolha dos consumidores.

A frase ainda corrente "está na mesa" recorda nitidamente o tempo imenso em que não havia divisão cerimoniosa, tornada banalidade, na hora da refeição. Não seria possível prever cardápio, lista, *menu,* anunciadores. O que havia para comer estava em cima da mesa.

*

Com o passar dos anos a própria mesa ficou sendo objeto semi-sagrado, elemento cerimonial. Transmitira-se-lhe por contato o respeito às funções que ela proporcionava. Banquete vem de *banco,* humildemente. Assim, o altar recebeu santificação por servir aos sagrados sacrifícios. "Pelos santos se beijam os altares." Beijavam em Roma a mesa para afastar os maus presságios durante a refeição, *osculatique mensa* — escreveu Petrônio. Pison recusou consentir que matassem o imperador Nero em sua casa dizendo odioso ensangüentar-se a "mesa sagrada" e os deuses hospitalares:

> *Si sacra mensae diique hospitales* (Tácito, *Anais,* XV, LII).

A mesa do rei, a mesa dos despachos, a mesa do tribunal foram expressões legítimas dessa continuidade. Mesa era o conselho, a sentença, o exame decisório. "Torne o próprio com um dos impressos a esta mesa" — escrevia-se na aprovação dos livros portugueses no século XVI. Mesa de consciência era tribunal criado por Dom João III, de Portugal. Gabriel Honotaux, *La France en 1614,* descrevendo no Palais Royal a sala gótica, *salle des pas-perdus* no Paris de Luís XIII, exalta

> *la fameuse Table de marble, symbole de l'autorité du suzerain sur ses vassaux. C'était derrière cette table que siégeaient les cours féodales et c'était autour d'elle que se donnaient les festins royaux.*

Aferia-se a excelência da alimentação pela presença na mesa real. Os vinhos de Orléans eram ásperos: *il était interdit de les servir à la table du roi.*

> A pimenta é moreninha
> Mas vai à mesa do rei!

Mandava-se ao rei o melhor fruto, o maior peixe, o vinho superior. Assim fixara o pobre pescador de Caprera indo entregar a Tibério a imensa sarda que pescara (Suetônio, *Tibério,* LX). Um pescado valioso devia ir *ad pallatinas mensas* — aconselhava Martial (*Epigramas,* XIII, XCI):

> *Ad Pallatinas acipensem mittite mensas;*
> *Ambrosias ornent munera rara dapes.*

Era um bocado-do-rei a iguaria saborosa. Consagração servir-se à mesa do rei. Na *Miscelânea* (1554), de Garcia de Resende, informa-se:

> E vimos a grande empresa
> do Conde de Ribaldeo,
> polla qual el Rey lhe deu
> comer com elle a mesa...

Dizia-se "mesa de estado" essa honra. "Come à mesa de estado com o rei!" Amigo, confidente, íntimo, comensal. As profissões caracterizavam-se pela refeição. Cada um teria a hora incomparável na excelência.

Déjeuné de clercs, diné de procureurs, collation de commères et soupé de marchands.

"Respeite a mesa!", recomenda-se às crianças bulhentas e aos convivas sofrendo de incontinência verbal. Outro preceito reverenciador era não sentar-se à mesa estando armado. Mesmo os antigos cangaceiros do Nordeste deixavam um companheiro vigiando, mas desarmados enquanto comiam. Senta-se à mesa sem chapéu. Sendo viajante, sem esporas. Ninguém pode ou deve aproximar-se da mesa despido. O mesmo respeito envolve a refeição nos países orientais.

*

A fome determina regresso aos recursos milenares da alimentação. Na mesma proporção da escassez, o homem procura restabelecer o equilíbrio apelando para alimentos esquecidos pela inferioridade nutritiva. Essa dieta da fome, regimes de miséria e precariedade faminta, epidêmica ou endêmica, já constitui ciência nova, com seus mestres e expositores empolgantes, destacando-se o brasileiro professor Josué de Castro.[216] Entidades internacionais foram organizadas para o combate à *morte bianca,* como dizem os italianos.

A fome revela ou revaloriza espécies vegetais e animais caídas em desuso, verificada sua inutilidade na experiência ou revelação pela pesquisa científica. Mas são inexplicáveis, fora da deficiência alimentar, a permanência de alimentos que seriam justificados num clima de desespero e carência. Mas ocorrem nos regimes normais de subsistência. Formigas, moscas, lesmas, lagartas, ratos, jias, gafanhotos são acepipes proclamados excelentes, saboreados com vagares de apreciação deleitosa.

A jia, notadamente a negra, *lepdodactylus,* é comida elogiadíssima na Europa, América, Ásia Menor, Oriente Próximo. No Brasil iniciou-se a conquista do mercado, determinando ranários para o fornecimento regular. As lagartas, *pyralidae,* bicho-de-taquara, espantavam o registro dos naturalistas. Saint-Hilaire provou a lagarta, e diz:

Achei nesse manjar estranho um sabor extremamente agradável que lembrava o do creme mais delicado.[217]

O coronel Costa Pinheiro (1872-1930), veterano da Comissão Rondon, afirmava-me ter gosto de aspargo. Os gafanhotos, conservados em sal, são prazeres gustativos pela África Setentrional, Palestina, Jordânia. Dá uma idéia do camarão torrado. Lesmas (*limax, arion, vaginulus*) com alhos são obra-prima da culinária no Turquestão. O rato fornece sopa preciosa na China e, assadinho, é regalo indígena. Os próprios sapos, informava Claude d'Abbeville, não eram pitéu desprezível no Maranhão:

> Vi muitos fidalgos franceses comerem-no com grande apetite.

Dos ratos, frei Ivo d'Evreux escreve:

> Comem os ratos selvagens que vivem nos bosques e no dizer deles é comida deliciosa.

Podia verificar-se confusão de ratos com preás e mocós, bem parecidos mas, com meu testemunho, caça saborosa. Sahagun fala nas moscas dos pântanos mexicanos que são amassadas, cozidas em bolos e comidas com júbilo. Hermann von Wissmann viu no Lago Tanganica grandes nuvens de moscas que eram denominadas *cungu*. Os negros apanhavamnas, torravam e comiam essa farinha incrível, dando forma de bolinhos tentadores. O cão mudo, *fattened for food* — fala Murdock — era prato disputado da Venezuela ao México. A formiga tanajura, fêmea da saúva (*Atta sp*), torrada, é prato histórico desde o século XVI, tradicional no Brasil indígena, mestiço, branco e mesmo alguns sábios estrangeiros não desdenharam gabos ao seu capitoso paladar. Havia entre os indígenas do Maranhão cantigas especiais para caçar as tanajuras. Vendidas no mercado público de São Paulo, segundo Saint-Hilaire. E em São Luís do Maranhão. O venerável José de Anchieta elogia: "Quão deleitável é esta comida e como é saudável, sabemo-lo nós, que a provamos". [218]

Não se trata, evidentemente, de exigência carencial ou depravação de paladar. Há outros recursos e mesmo fartura para que a mosca, formiga, gafanhoto, jia, lesma, lagarta, rato constituam materiais nutritivos. Não parecem ser alimentos, mas gulodice irresistível. Foram apenas alimentos antigos, regulares, normais, com teor nutritivo na confiança de outrora e sua permanência é uma fidelidade ao milênio. Não ficam na classe do peixe cru, servido em molho espesso e substancial no Japão, e objeto de disputa universitária nos Estados Unidos, onde o campeão da Pensilvânia venceu o prélio devorando 25 peixes crus e o outro, campeão de Chicago, comeu três discos de eletrola.[219]

Mas sabemos da raridade e quase impossibilidade de um alimento "novo". Há normalmente um retorno ao que se comeu e fora esquecido pela presença de comidas mais atraentes ou prestigiosas pela propaganda. As cascas, medula de árvores, raízes amargas, insetos, argilas, formigas, o cardápio das bromélias, o pão de macambira (*bromelia laciniosa,* Mart), as farinhas de xique-xique (*pilocerus gounellei,* Web) e da mucunã (*Dolichos pruriens, urens* etc.), *lavadas em sete águas* para a eliminação dos tóxicos; os remédios incríveis durante as fomes na Rússia, China, África e Ásia Central, Brasil mesmo, nunca representam "descobertas" mas utilizações de materiais conhecidos pelos antepassados em épocas semelhantes. As reminiscências de 1877 foram úteis à fome de 1915 no Nordeste brasileiro como nos Balcãs, Rússia, Polônia, China. Há uma memória aldeã recordando a técnica com que os "antigos" enfrentaram o inimigo implacável, a Velha do Chapéu Grande, como a apelidavam os velhos sertanejos do Brasil. As comissões encarregadas do levantamento dos recursos de emergência ou de miséria, quando dos tempos de fome, raramente recorrem às inventivas ou experimentações locais mas às lembranças daqueles que já sofreram a desgraça pública. O povo, não a burocracia administrativa, guarda na cabeça o arquivo das fórmulas protelatórias da calamidade.

*

Sabendo a filha Proserpina raptada por Plutão, Ceres (Demeter) procurou-a angustiadamente e, exausta, sedenta, pediu agasalho numa cabana de palha onde a velha Iambé a recebeu com todo carinho. Queria água, *lymphamque roganti,* mas Iambé, ignorando a origem divina de quem acolhia, ofereceu-lhe a refrescante bebida tradicional, o *kykheon,* farinha de cevada dissolvida n'água adocicada e fria. *Dulce dedit, tosta quod texerat ante polenta* — conta-me Ovídio, a quem devo a notícia. O doce seria de mel de abelhas.

Esse *kykheon,* em memória do episódio, figurava na celebração dos mistérios de Eleusis. É uma das mais antigas, talvez a mais primitiva bebida feita pelo homem. Já denuncia o uso do forno e a técnica da torração de cereais, reunindo-se água pura, sem ferver. Com ou sem adoçante. Neolítico, certamente. Farinha de cevada, trigo, *millets,* depois o milho, egresso da terra americana.

Não é ainda da classe das caldos ou papas, o *bouillie liquide,* como erradamente traduzem. A papa é alimento de fogo, farinha, açúcar, sal, água, depois da indispensável ebulição. O *kykheon* não passa pelo lume. Usa farinha misturada n'água simples, unicamente. É uma fórmula ainda contemporânea em sua rusticidade típica. Mesmo anterior ao açúcar e às bebidas fermentadas. No Brasil indígena do Amazonas é bebida comuníssima e chamam-na *cimé, cimbé, cibé, chibé, xibé*. Divulgou-se em todas as populações do território nacional sob o nome de "jacuba", registrada pela maioria dos naturalistas viajantes do século XIX. Stradelli descreve: "Bebida feita com água, em que foi desmanchada e deixado tufar um pouco de farinha de mandioca. É bebida refrescante, e se não se limita a beber somente a água que toma um gosto levemente acidulado, mas, remexendo-a com os dedos enquanto se bebe, ingere-se a farinha molhada, igualmente substancial".[220] Dionísio Cerqueira registrou: "De vez em quando, um (remeiro) derramava na cuia um punhado de farinha, enchia-se d'água até à borda, soprava de leve algumas fibras lenhosas que sobrenadavam e bebia o chibé, duma assentada, mexendo-o de contínuo com o polegar.[221] Continua atual e prestigiosa. Xibé amazônico e jacuba por todo o Brasil.[222]

Ovídio não denominou *kykheon* como os gregos e sim "polenta", como os romanos. Polenta naquele tempo era a sopa fria de farinha de cevada que alcançou todo o Mediterrâneo, África Setentrional, Ásia Menor. Mas era fervida previamente. A *pasta polenta* do poeta Pérsio (*Sátira,* III, 55), de *pollen,* a parte amilácea do trigo, *puis, pulmentum,* caldo com queijo, mel, ovos, água, sal, farinha, sendo aí denominado *Puls juliana,* mãe da "sopa juliana", que julgam mais ou menos recente.

> Vi homens hercúleos fazer a pé marchas extensas e fatigosas, sem tomar mais alimento do que uma pouca de farinha de cevada, posta na palma da mão e umedecida com gotas d'água [escreve Rui da Câmara em *Viagens em Marrocos,* Porto, 1879].

Referindo-se à defesa portuguesa em 1624, contra os holandeses que assaltavam a Bahia, informava o padre Antônio Vieira ao Provincial:

> Muitas vezes, particularmente ao princípio, se sustentavam só de farinha de guerra, sem mais do que uma pouca d'água.

Farinha de guerra era a farinha de mandioca mais grossa, resistindo mais. Era, já em 1624, um alimento popular e não mais unicamente indígena. "Farinha e água fria, agüenta dia"...

Esse *kykheon* é ponto de partida para iguarias que atualmente conhecemos na Itália e espalhadas pelo mundo, tão diversas da ovidiana, lembrando a *cruchade* do oeste francês e a *gaude* [223] de Bourgonha e do

Franch-Comté. A polenta contemporânea é sempre de farinha de milho que substituiu a cevada e o trigo a partir dos séculos XVI-XVII, quando se tornou conhecida na Europa, ida da América Central e do Sul. Mas a polenta já não é líquida. Não se bebe. Come-se, partindo-a com o garfo e aparece como "conduto", acompanhando outros acepipes. Já não é como outrora, prato independente, isolado, suficiente por si só.

A importância do *kykheon* e do xibé amazônico, jacuba para o resto do Brasil, é ultrapassada pela contemporaneidade dos tipos segundos, sem açúcar, representando a velocidade inicial para as bebidas fermentadas que começaram dos cereais torrados ou das farinhas postas em infusão. Diretamente ou através de massas em forma de bolos. A mascação de frutos, féculas, raízes, para obtenção de bebidas, julgo técnica mais adiantada fazendo a ptialina atacar os amidos, obtendo o açúcar.

O pão, ao contrário da imagem poética e literária do pão-nosso, não é universal e menos constitui fundamento alimentar no plano popular. Todos os pesquisadores da história da alimentação têm ensinado que milhões e milhões de criaturas vivem de papas de cereais, espessas ou ralas. Foi a característica até o Renascimento para os lavradores de qualquer país e mesmo presentemente as papas, sopas, caldos, acordas, são pratos básicos na dieta aldeã e não o pão-nosso-de-cada-dia. Todos, entretanto, possuem exigência de elaboração diversa do *kykheon* grego e do xibé ou jacuba brasileiros. São todos fervidos, polenta, minestra, cruchado, gaude, as cervejas, para consumo natural. Não apenas refrescantes ou "enganafome", mas alimentos verdadeiros pelo conjunto nutritivo.

*

O ato de alimentar-se transcendeu do próprio imediatismo fisiológico da nutrição. Virtudes e vícios, a vida e a morte, contêm-se nos alimentos e são levados ao organismo em potência espiritual. Iavé criou no Paraíso a árvore do Bem e do Mal e também a árvore da Vida. A primeira era defesa a Adão (*Gênesis,* 17). Quando o primeiro vivente desobedeceu e comeu o fruto do Bem e do Mal foi expulso do Éden: "Então, disse o Senhor Deus: eis que o homem é como um de Nós, sabendo o bem e o mal; ora, pois, para que não estenda a sua mão, e tome também da árvore da Vida, e coma e viva eternamente; o Senhor Deus, pois, o lançou fora do jardim do Éden" (*Gênesis,* 3, 22, 23). Adão obteve a ciência e teria a imortalidade pela simples degustação dos frutos miraculosos.

A tradição é constante na literatura oral e fala-se da água, árvore, fruto da Vida, concedendo a imortalidade nas estórias populares de qualquer país.[224] A própria fecundação pode operar-se pela via oral. Juno concebeu Hebe servindo-se abundantemente de alfaces selvagens. Cí ficou grávida comendo a purumã (*Pourouma cecropiefolia* ou *Pourouma guianensis,* Aublet) e teve o deus reformador Jurupari.[225] Menendez y Pelayo [226] cita um romance de fins do século XVI ou começo da centúria imediata, de Tristão e Iseu. Os dois namorados beijam-se e choram, e nasce do pranto uma flor:

> *Allí nace un arboledo,*
> *que azucena se llamaba,*
> *Cualquier mujer que la come*
> *luego se siente preñada.*

Diz-se popularmente "comer" como sinônimo de copular. Mme. de Sevigné, referindo-se a uma jovem bonita, não escreveu: *Pauline est une petite fille à manger?* A seleção dos alimentos na couvade fundamenta-se na assimilação de elementos positivos de força, inteligência, agilidade, e evitamento dos negativos através da nutrição, transmissíveis ao recém-nascido.[227] A base mística da Antropofagia é exatamente o mesmo critério.

Essas expressões de transferência no plano espiritual alcançam altitude maior, no espaço e no tempo, na frase eucarística de Jesus Cristo: "O que come a minha carne e bebe o meu sangue, tem a vida eterna; e eu o ressuscitarei no último dia. Porque a minha carne verdadeiramente é comida e o meu sangue verdadeiramente é bebida" (*João,* VI, 55-56).

A identificação da alma com o sopro, anima, *spiro,* aleno, hálito [228] e mesmo a expressão de presença divina agente [229] determinou a imagem do "alento vital", do sopro tornar-se uma das técnicas terapêuticas mais universais entre os primitivos-contemporâneos. Esse alento vital comunica-se às coisas possuídas, estabelecendo uma continuidade mágica.

Saint-Hilaire em 1819[230] notara a venda de jóias de ouro quebradas sem atinar com a razão. Karl von den Steinen[231] em 1884, entre os iurunas do Rio Xingu, registrara:

"Foi com muito esforço que arranjei um pedaço de pano, para dentro do qual os adultos se puseram a soprar, um por um, antes de mo entregarem".

A explicação divulgou-a Franz Caspar,[232] hóspede em 1948 dos tupari do Rio Branco, afluente do Guaporé: "Os objetos feitos pelos tupari

444

com esmero especial ou com os quais haviam trabalhado muito, eles não deram antes de comer com gestos cerimoniosos o seu 'alento', conforme diziam. O seu alento entrara durante longo tempo nesses objetos, e eu não podia, de modo algum, levá-lo comigo, mas eles tinham de retomá-lo com gesticulações mágicas... — Sim, tire a camisa! — ordenou enérgica e puxou a manga. Percebi ter ela algum intento especial e obedeci à índia autoritária. Sem demora, as duas mulheres começaram a me esfregar a cabeça, rosto, costas nuas, peito e braços, com ambas as mãos, com gestos esquisitos e movimentos de deglutição, semelhantes aos que os homens fizeram quando estavam me vendendo seus objetos. Kamatsuka observou meu rosto espantado. — Cozinhamos para você, e lhe demos de comer. Agora precisamos comer outra vez o nosso alento que está dentro de você... Não satisfeitas, algumas mães trouxeram-me os filhos, dizendo-me para comer de dentro deles o meu alento. — Você brincou com eles e os carregou! Por isso, não devia partir sem retirar de dentro deles o meu sopro que entrara nas crianças e fazê-la voltar para mim pois, mais tarde, poderia me fazer falta".

Os indígenas retomam o aliento individual que se impregnou nos objetos, absorvendo-o pela repetida deglutição. Os iurunas de Karl von den Steinen não sopravam, engoliam ar, recuperando o alento contido no pano vendido ao estrangeiro, tal e qual fizeram as mulheres e homens tupari com o visitante suíço.

Os elementos imponderáveis irradiados para as coisas em uso só serão reconquistados unicamente pela via oral. O "espírito" volta ao corpo num ato de comer, com as mesmas exigências mecânicas da alimentação comum.

NOTAS

113. "Le Miroir de Phoebus, des déduits de la chasse des bestes sauvaiges et des oiseaux de proye, par Gastan Phoebus, seigneur de Bearn." Várias vezes reeditado.
114. Dom João I de Portugal, rei de 1383 a 1433, fundador da dinastia de Aviz, no seu *Livro da Montaria,* é tão exaltado que compara a visão do javali caído na armadilha

com emoção beatífica e sagrada: "esta vista é tão saborosa em ver, que comparada é como a vista da glória de Deus... dissemos isto, porque somos monteiro, pela grande afeição que lhe havemos".

115. Era o grito dos caçadores anunciando que o animal estava sucumbindo ou morto. A fanfarra das trompas ressoava *hailali par la mort*, e o próprio rei descobria-se, festejando a vitória e agradecendo as alegrias ruidosas do séquito. Ainda é número indispensável nos programas oficiais em França uma "partida de caça", em Rambouillet.

116. O Dr. Samuel Johnson (1709-84) escrevia sobre a caça fidalga dos lordes ingleses: *Hunting was the labour of the savages of North America, but the amusement of the gentleman of England.*

117. Davi Ruhnken (1723-98), o grande filólogo alemão da Universidade de Leyde, era caçador devotado mas em sua vida empregou unicamente as velhas armas de caça, contemporâneas da pré-História, arco, flecha e rede.

118. *Tenían algunas variedades de perros, una de los cuales se criaba para comerla, pero nunca usaran este animal para el transporte, como la hicieron los indigenas de las llanuras septentrionales de Norteamérica.* George C. Vailland, *La Civilización Aztca,* México, 1944.

119. Cavernas pré-históricas de Massat, Ariège, e Excideuil, Dordonha, com flechas onde se "permite suspeitar o emprego do veneno", L. Lewin. Ver *Actas Ciba,* ano VIII, n° 4, dedicado ao "Veneno de Flechas", artigos informativos de Paul Schebesta, W. Naumann e F. Rothschild, especialmente sobre os pigmeus bambutis do Congo e os semangs, negritos de Malaca, 1941. Na América do Sul teriam sido os caraíbas os divulgadores. Presentemente, certas tribos amazônicas entretêm comércio ativo, fabricando e vendendo o veneno vegetal, Pebas, Macusxi e Tucuna; os Piaroa, do Orenoco. Júlio Trajano de Moura falando dos esquimós informa que "certas tribos costumam envenenar suas setas com o líquido que resulta da fermentação do pó das raízes de acônito". Já o velho Mortillet acreditava no emprego de veneno nos arpões.

120. Os indígenas piaroa do Orenoco, no Amazonas, são fabricantes do curare, verdadeira e popular *monnaie d'échange*. Comprimidas em forma ovóide as bolas de curare vão à bacia do Amazonas, pelo Rio Negro, com indiscutível aceitação. Paralisa a presa. Há uma longa rede de intermediários que *savent fort bien falsifier* (Joseph Grelier, *"Le Curare, poison-monnaie des Indies Piaroa* (*Orénoque-Amazone,* resumo no "Bulletin da Société Suisse des Americanistes", n° 19, Genebra, março de 1960).

121. As boleadeiras são laços de força centrífuga, constituídos por três bolas (madeira, ferro, pedra) recobertas de couro, na extremidade de uma corda. Atiradas num animal, avestruz e mesmo homem, envolvem um dos membros, derribando pela violência. Ainda conhecidas, mas pouco usadas, na Argentina, Uruguai e Brasil (Rio Grande do Sul). A boleadeira é arma de caça e de campo, para deter o gado bravio. Partiu de uma pedra amarrada a uma corda, fase subseqüente a um disco ou pedra perfurada na ponta de um bastão, forma já neolítica para trabalho agrícola e possível guerra: Mario A. López Osornio, *Las Boleadoras,* Buenos Aires, 1941; V. Lebzelter, *Die Vorgeschichte von sud und Sudwestafrika,* Lipsia, 1930; Luis da Camara Cascudo, *Dicionário do Folclore Brasileiro,* v.c. O esquimó a emprega também, atirando-a contra aves, tal e qual John Luccock vira no Rio Grande do Sul. Em Solo, Ngandong, Trinil, Java, e em Saldanha, ao norte de Cape Town, na África do Sul, em pleno pleis-

toceno, *on a trouvé des balles rondes, en pierre, qu'on croit être des "bolas". Ces boules sont reliées par des courtes lanières et forment une arme de jet au moyen de laquelle un lanceur adroit peut empêtrer les pattes du gibier, même s'il s'agit d'oiseaux en plein vol:* W. Howells, *La Race Humaine,* Paris, 1957.

122. A ribaçã, avoante, não mereceu o estudo técnico que seria de esperar. A *Zenaide auriculata,* Goeldi, ou *Zenaida maculosa,* de Ihering, tem um pequeno ensaio do padre Huberto Bruening, *A Avoante* — Coleção Mossoroense, n° 53, Mossoró, Rio Grande do Norte, 1959 — rico de informação, diretamente colhida na zona onde ocorre a peristerídea. O registro no meu texto é também de indagação e observação pessoal. Estão em franco e alarmante declínio as revoadas outrora densíssimas.

123. Duc de Windsor, *Histoire d'un Roi,* Paris, 1952: *il y avait une faisanderie, où des milliers d'oiseaux étaient élevés tous les ans pour la chasse... Nous restâmes six heures dans les champs, et l'étalage de faisans tués était quelque chose d'incroyable... Un témoin a raconté qu'il avait vu un jour mon père tirer trente-neuf faisans d'affilée avant d'en manquer un... Quand, tard dans la soirée, le carnage s'arrêta, près de quadre mille faisans avaient été tués. Les cadavres rutilants et désarticulés gisaient par rangées de cent. Le sol était jonché de plumes et de cartouches vides. Mon père avait tué plus d'un millier d'oiseaux, et moi-même j'avais dépassé le chiffre de trois cents. Il était fier de la façon dont il avait tiré ce jour-là, mais je crois que l'énormité du tableau de chasse troublait sa conscience, car, comme nous roulions vers Londres, il me dit: — Nous sommes peut-être allés un peu loin aujourd'hui, David!* Saliente-se que a *carnage* justifica-se pela própria emoção produzida e nenhuma outra utilidade subseqüente.

124. A ave é a mais desprotegida. No Brasil proíbe-se a tourada e mesmo simulacros de touradas (*Lei das Contravenções Penais,* art. 3°, XXIX) mas permite-se o tiro aos pombos nas sociedades, clubes de caça, inscritos no Serviço de Caça e Pesca (idem, XXVIII). O touro pode defender-se e retardar o suplício. O pombo é que constitui, *esportivamente,* fria matança aos alvos vivos e inermes. Um campeonato de tiro aos pombos em Monte Carlos dará a imagem positiva do massacre esportivo.

125. Quintino Cunha (1875-1943), poeta, advogado, grande repentista do Ceará, pescava quando alguém lhe perguntou o que fazia.

– Paciência contra a ira — respondeu num trocadilho.

Contra a ira ou com traíra, o peixe caracinídio, o *Hoplias malabaricus.*

126. Nunes Pereira, *O Peixe-Boi da Amazônia.* Manaus, 1947.

127. Luis da Camara Cascudo, *Jangada.* Uma pesquisa etnográfica. Ministério da Educação e Cultura. Serviço de Documentação. Rio de Janeiro, 1957. *Jangadeiros.* Documentário da Vida Rural, n° 11, Serviço de Informação Agrícola. Ministério da Agricultura. Rio de Janeiro, 1957.

128. "L'idée de domestication a dû naître et se développer sur un point et sur ce point se trouver réunis tous les représentants ancestraux de nos principaux animaux domestiques. Quel est le point de l'ancien monde qui remplit cette condition? C'est l'espace compris entre la Méditerranée, l'Archipel, la mer Noire, le Caucase, la mer Caspienne, le nord des vallées du Tigre et de l'Euphrate. En d'autres termes, l'Asie Mineur, l'Arménie et le versant sud du Caucase. La seulement se trouvaient réunis le cheval sauvage, l'urus, l'égagre, le mouflon et le sanglier. C'est là où, d'autre part, viennent aboutir les chiens sauvages et le sanglier de l'Inde. Ce centre de domestication put

s'étendre un peu vers l'est du côté des montagnes qui séparent l'Inde de la Sibérie, mais ne descendait pas vers le sud, et surtout n'atteignait pas l'Egypte vers le sud-ouest. En effet, d'une part, les lévriers, premier chiens domestiqués en Egypte, ne se montrent pas en Europe pendant l'époque robenhausienne, d'autre part le cheval domestique n'a été introduit en Egypte qu'après les rois pasteurs, au commencement de la XVIII dynastie, dans le dix-huitième siècle avant de notre ère. Le premier équidé domestique de l'Egypte a été l'âne, animal d'origine africaine. Cette absence de l'âne, animal fort utile, vivant de peu et nous aidant très bien dans nos climats, est aussi une preuve que la civilisation de la première grande migration qui a envahi l'Europe, ne venait point du sud-ouest de l'Asie, qui continuent à l'état sauvage des équidés se rapportant à l'âne, comme l'onagre qui habite les bords de l'Indus et s'e-tend jusque dans le sud de la Perse, ou bien l'hémione, de la haute Asie et de la Mongolie. C'est donc bien du Caucase, de l'Armenie et de la l'Asie Mineure que sont venus nos premiers animaux domestiques.

Un fait qui confirme cette assertion, c'est que les races d'animaux d'Angora, ville située entra Constantinople et Erzéroum, presque au centre de la région dont il est question, sont les plus domesticables et les plus domestiqués" (Gabriel de Mortillet, *Le Préhistorique*. Antiquité de l'Homme, 576-577, Paris, 1885. A 1ª edição é de 1882.

129. Capoeira, sinônimo popular brasileiro de galinheiro, lugar onde as aves domésticas vivem, alimentadas e facilmente apanhadas para a cozinha e procura de ovos.

130. *Le terme AOU devait très vraisemblablement désigner le chien en géneral, quand on ne voulait pas faire mention du type particulier de l'animal: le caractère onomato-paique du mot, qui est celui qu'emploient naturellement les enfants, dénonce sa très haute antiquité,* A. Childe, *Étude Philologique sur les Noms du "Chien" de l'Antiquité jusqu'à nos jours,* Arquivos do Museu Nacional, vol. XXXIX, 57, Rio de Janeiro, 1940.

131. Cão era insulto para os gregos e este é o nome que Aquiles dá a Heitor moribundo, *Ilíada,* XXII, 245, e chama "cadela" ao rei Agamênon (idem, I, 159). No Antigo Testamento os encontros são fáceis, II Samuel 3, 8, 16, 43; *Deuteronômio,* XXIII, 18, mas ligados à expressão comparativa e não insultuosa. Revelava-se a humildade canina e não sua abjeção. Típica é a frase do Apocalipse, XXII, 15: "Ficarão de fora os cães e os feiticeiros, e os que se prostituem, e os homicidas, e os idólatras, e qualquer que ama e comete a mentira".

132. Ciubernatis, *Zoological Mythology,* II, cap. VI, Nova Iorque, Londres, 1872, mesmo tentando explicar *why the myth of the dog is difficult of interpretation,* compendia muita notícia.

133. É afirmativa mais ou menos clássica. Ossos de cavalos têm sido encontrados em associação ao instrumental lítico em Clóvis e Sândia, Novo México, e Tule Springs, sul de Nevada, nos Estados Unidos. Foram, evidentemente, contemporâneos. O cavalo seguia seu destino de peça de caça...

134. *Then, for instance, at Las Canforras and at the Gasulla Ravine there are pictures of men leading animals by halters* (Herbert Kühn, *On the Track of Prehistoric Man,* Nova Iorque, 1955). E adianta: *Such paintings as these cannot possibly belong to Ice Age times.*

135. Luis da Camara Cascudo, *Geografia dos Mitos Brasileiros,* "Zumbi de Cavalo", Rio de Janeiro, 1947; Ernest Bozzano, *Manifestations Metapsychiques et les Animaux,* 183, Ed. Jean Meyer, Paris, sem data.

136. Cabanés, *Les Indiscrétions de l'Histoire,* "Les Animaux en Justice", tomo V, Albin Michel ed. Paris, sem data; Gratien de Samur, *Traité des Erreurs et des Préjugés,* Paris, 1843; Warée, *Curiosités Judiciaires,* Paris, 1859, J. G. Frazer, *Le Folklore dans l'Ancien Testament, Le boeuf homicides,* Paris, 1924. Ver XV-2.

137. A colaboração do jumento aos trabalhos do homem determinou o nome, jumento, de "juvo", ajudar, aquele que ajuda.

138. Armando Vivante, "La Gallina Americana Precolombiana", *Runa,* vol. VI, Buenos Aires, 1953-54; Prof. J. Imbelloni, "Nuevas Indagaciones Sobre Pascua", idem, 235-236; Carl O. Sauer, *Agricultural Origins and Dispersals,* Nova Iorque, 1952. No interior de Pernambuco, em 1971, uma galinha punha normalmente ovos azuis, publicitários.

139. A imagem era popular na antiguidade clássica. Um epigrama famoso de Alfeu de Mitilene, 130 a.C., lembra a galinha que morre na neve, com as asas estendidas, protegendo a ninhada incólume, *Anthologie Grecque,* II, nº 95, Paris, sem data.

140. Gaetano Casati, *Dix années en Equatoria. Le Retour d'Emin Pacho et l'Expedition Stanley,* Paris, 1892, narra que uma estória dos dincas, margens do Bahr-el-Abiah, no Nilo Branco, em que um galo desafiou o elefante para um duelo de voracidade e comeu muito mais do que o paquiderme. Daí em diante o elefante foge ouvindo o canto do galo, temendo que este continue faminto e pretenda devorá-lo.

141. Passou, é um modo de dizer, bem discutível. Pigafeta, que acompanhou Fernão de Magalhães na primeira circunavegação, assistiu a um combate de galos em 1521 na futura Filipinas.

142. Gustavo Barroso, "Os Camelos do Ceará", Revista do Instituto do Ceará, tomo XLI, Fortaleza, 1927.

143. O conto populariíssimo do Gato de Botas, "Maistre Chat" ou "Chat Botté", publicado por Perrault em 1697, viera de um conto do *Pentamerone,* de Giambattista Basile, Nápoles, 1634 ("Gagliuso", 4º da 2ª jornada) e fora anteriormente aproveitado o tema por Straparola, *Piacevoli Notti,* 1560 (9º da primeira jornada). Há longa bibliografia sobre o gato, companheiro dos escritores, orgulhoso, egoísta e discreto. Paradis Moncrif, d'Academia Francesa, é autor de uma *Histoire des Chats,* Paris, 1727, de que, no plano laudatório, é réplica *A Dictionary of a Cat Lovers,* Londres, 1949, de Christabel Aberconway. Ver Félix Pacheco, *Baudelaire e os Gatos,* Rio de Janeiro, 1934. Não pude consultar o *Old Possum Book of Practical Cats,* do poeta T. S. Eliot. Durante a primeira guerra européia houve uma curiosa polêmica entre o historiador brasileiro Tobias Monteiro, pelo gato, e o escritor português Visconde de Santo Tirso, pelo cão.

144. A chuva vem de Zeus, afirmava Teócrito (*Idílio,* XVII). Iavé a Moisés: Eu vos darei as vossas chuvas a seu tempo! O Senhor te abrirá o seu bom tesouro, o Céu, para mandar dar chuva à terra no seu tempo; *Levítico,* XXVI, 4, *Deuteronômio,* XXVIII, 12, *Gênesis,* II, 5, VII, 4; *1. Reis,* VIII, 35, *Mateus,* V, 45. Há no *Missal Romano,* "Oratio 16", uma súplica especial, *ad petendam pluviam,* para alcançar chuvas; Luis da Camara Cascudo, *Anúbis e Outros Ensaios,* Rio de Janeiro, 1951, estuda mais extensamente o assunto. Na Índia é Indra que derrama água do céu em abundância, Código de Manu, art. 715.

145. Ver no *Dicionário do Folclore Brasileiro,* "árvore", a parte sobre mitos, lendas, superstições relativa à árvore. Ver "gameleira". Na Índia são masculinas (a tulusi é

feminina) e quando é necessária uma boda pela lei das castas, mas não se deseja ou não se encontra um homem adequado, as mulheres casam-se com as gameleiras, com cerimonial adequado. O Banian (*Ficas indica*) e o Pipal (*Ficus religiosa*) sendo masculinos, recebem ofertas de noivado e casam-se, oficial e publicamente, e o estado é religiosamente reconhecido. O deus Krisna casou-se com a árvore Tulusi, que lhe é consagrada; Ernst Hemneter (*O Ambiente de Cultura Índia,* Acta Ciba, 6, 1936). Através desses casamentos é possível uma melhoria social.

146. Hermann Von Wissmann (1853-1905), estudando a região dos Kassai, Congo, ex-belga, em 1884, encontrou uma ativa indústria doméstica do óleo de amendoim, exclusivamente feminina, proibindo-se de forma mais rigorosa a presença ou simples aproximação do homem nos locais de trabalho.

147. C. W. von Sidow, *The Mannhardtian Theories about the Last Sheaf and the Fertility Demons from a Modern Critical Point of View,* folclore, vol. XLV, Londres, 1934: Jorge Dias, *Sacrifícios Simbólicos associados às Malhas,* sep. "Terra Lusa", n° 1, Lisboa, 1951; Alceu Maynard Araújo, *Ciclo Agrícola, Calendário Religioso e Magias ligadas às Plantações,* sep. Revista do Arquivo Municipal, n° CLIX, São Paulo, 1957; Luis da Camara Cascudo, *Dicionário do Folclore Brasileiro,* árvore, peja etc.; J. G. Frazer, *Le Rameau d'Or,* 2°, cap. III, Paris, 1908; notas de N. M. Panzer no *The Ocean of Story,* I, Londres, 1924. Na segunda metade da 18ª dinastia no Egito, 1555-1335 a.C., já era tradicional o costume. *L'homme présente les prémices de sa recolte sous l'aspect d'une marionnette en épis de blé que l'appele* La Fiancée du Blé. *La coutume en survit jusqu'à nos jours;* Arpag Mekhitarian, *La Peinture Egyptienne,* Lausanne, 1954.

148. Um poeta fidalgo, Jaão Roiz Castelo Branco (*Cancioneiro Geral,* de Garcia de Resende, 1516), cantava:

> E nos cá corremos touros
> E fazemos grandes MAIAS!

O Concelho de Lisboa, em 14 de agosto de 1385, dia da batalha de Aljubarrota, proibia os folguedos populares incluindo as janeiras e maias, ritos devocionais agrários, sem resultado algum, "...proibindo a idolatria e malefícios, mayas, janeiras e mais ritos pagãos".

149. O professor Pirajá da Silva, anotando o cap. XXXV, do "Notícia do Brasil", de Gabriel Soares de Sousa (Martins, São Paulo), reuniu impressionante documentação comprovadora da existência do arroz nativo no Brasil. O botânico F. C. Hoehne, *Botânica e Agricultura no Brasil no Século XVI* (Pesquisas e contribuições), Brasiliana, n° 71, São Paulo, 1937, e C. Lévi-Strauss, *The Use of Wilds Plants in Tropical South America,* Handbook of South American Indians, 6, Washington, 1950, incluem o arroz entre as plantas nativas. O professor Estêvão Pinto, *Muxarabis & Balcões,* Brasiliana, n° 303, São Paulo, 1958, considera um deplorável erro a afirmativa, pelo menos baseando-se nos documentos do século XVI e cronistas coloniais. Na *História da Alimentação no Brasil,* II, 116-127 (Brasiliana-323-A, São Paulo, 1968), examino detidamente o assunto, aceitando a existência de tipos nativos do arroz, insignificantemente incluídos na ementa indígena. A expansão deveu-se ao envio europeu. Os indígenas não tinham nome para o arroz. Diziam-no *auati-i,* milho d'água. Por todo Nordeste, até o Maranhão, não há vestígios do aborígine haver conhecido e menos utilizado o arroz.

150. Lt-Colonel Langlois, *La Découverte de l'Amerique par les Normands vers l'An 1000,* Paris, 1924; Paul Rivet, *As Origens do Homem Americano,* VIII, trad. de Paulo Duarte, São Paulo, 1958.

151. Sobre a indispensabilidade da farinha na alimentação indígena, Alfred Russel Wallace (1823-1913) registra um episódio sugestivo, ouvido em 1849 no Rio Negro, Amazonas: "Um deles (indígenas) contou que, certa feita, esteve perdido por espaço de dez dias, e durante todo esse tempo nada havia comido, tão-somente porque não tinha farinha; e, embora pudesse ter matado uma caça qualquer, para comer-lhe a carne, ele assim não fez, porque não podia comer sem farinha". *Viagens pelo Amazonas e Rio Negro,* São Paulo, 1939.

152. Guilherme Piso, *História Natural e Médica da Índia Ocidental,* Amsterdam, 1658. Trad. bras. de Mário Lobo Leal, Rio de Janeiro, 1957. H. S. Spindem escreve concordante: *Both plants* (as duas mandiocas, *utilissima* e *aipi) along with many other species of the same family, are said to grow wild in Brazil, and there is little doubt that domestication first took place in this area; The Origin and Distribuition of Agriculture in America,* Proceedings of the Nineteeth International Congress of Americanists, Washington, 1917. Os indígenas Umutina, do Alto Paraguai, Mato Grosso, ainda utilizam preferencialmente uma mandioca selvagem, mandioca-cipó, *hodondo,* "cujos talos contêm grande quantidade de fécula, sendo assim muito nutritiva, o que demonstra o acerto de sua utilização como alimento" (Harold Schultz, *Ligeiras Considerações sobre os Índios Umutina, do Alto Paraguai* (Mato Grosso), separata do Boletim do Ministério da Agricultura, Rio de Janeiro, 1944. Ver a decisiva opinião de Spix e Martius, *Viagem pelo Brasil.* II, 50.

153. Serpa Pinto (1846-1901) que atravessou a África (1877-79) do Atlântico ao Índico, de Benguela a Durban, encontrou sempre a farinha de mandioca como alimento regular no continente negro até penetrar no então território do Transvaals, onde diminuiu (*como eu atravessei a África),* 2 vols., Londres, 1881. O explorador português alude às raízes de mandioca, comidas assadas ou cozidas.

154. No Código de Manu (Mânava-dharma-çâstra) cita-se o açúcar bruto, art. 318, calculadamente no século XIII a.C.

155. Edmund O. von Lippmann, *Geschichte des Zuckers,* Leipzig, 1890. Há tradução brasileira, que não pude consultar; *História do Açúcar,* de Rodolfo Coutinho, ed. do Instituto do Açúcar e do Álcool, 2 vols., Rio de Janeiro, 1941. Conheço a de Berlim, 1929. Luis da Camara Cascudo, *Sociologia do Açúcar.* IAA. Rio de Janeiro, 1971.

156. Pigafetta, em 1519, cita realmente a cana-de-açúcar no Rio de Janeiro: *Trouammoui* canne di zucchero & *altre cofe infinite, leguali fi izfciano per breuita.* Não fala em açúcar e sim em refrescante, *per breuita.* Como a lição histórica consigna a cana-de-açúcar, vinda para São Vicente, dezesseis anos depois, e daí espalhada pelo Brasil (São Vicente, Pernambuco, Bahia), a nota do companheiro de Fernão Magalhães é surpreendente. A presença de uma espécie rústica anterior à colonização européia é afirmada peremptoriamente por frei Antônio de Santa Maria Jaboatão, *Novo Orbe Seráfico Brasileiro ou Crônica dos Frades Menores da Província do Brasil,* Parte Segunda, Vol. I, Aditamento III: "A Capitania de São Vicente. Sobre o açúcar, canas, cacau e chocolate serem achados no Brasil", edição de 1859, Rio de Janeiro. Ver Simão de Vasconcelos, *Crônica da Companhia de Jesus no Estado do Brasil e do que*

obraram seus filhos nesta parte do Novo Mundo, I, nº 63, II, nº 71, Rio de Janeiro, 1864; Brito Freire, *Nova Lusitânia,* I, nº 47, Lisboa, 1675; Henrique Silva, *A Cultura das Plantas Industriais entre os Indígenas do Brasil na Época do Descobrimento,* Anais do XX Congresso Internacional de Americanistas, I, 211-212, Rio de Janeiro, 1924. O bispo Azevedo Coutinho (*Memória Sobre o Preço do Açúcar,* Memórias Econômicas da Academia das Ciências, Lisboa, 1794) informa que o brigadeiro Antônio de Almeida Lara, o pioneiro do plantio canavieiro em Cuiabá, fora buscar as sementes nas terras habitadas pelos indígenas Pareci. Não creio na existência da *Saccharum officinarum* no Brasil. A presença de gramíneas de porte relativamente avantajado com boa percentagem de sacarose no caule, e mastigada devidamente pelos homens e crianças indígenas, será indiscutível mas diversíssima da legítima cana-de-açúcar, revelada pelos portugueses em 1503, na expedição de Gonçalo Coelho (*Sociologia do Açúcar,* IAA, Rio de Janeiro, 1971).

157. A maior informação sobre o café está na *História do Café,* 1939-1943, quinze volumes, de Afonso E. Taunay, Rio de Janeiro. As primeiras sementes de café vieram da Guiana Francesa, em 1727, trazidas por Francisco de Melo Palheta, plantadas no Pará: Basílio de Magalhães, *O Café na História, no Folclore e nas Belas-Artes,* Rio de Janeiro, 1936; Teixeira de Oliveira, *Vinda Maravilhosa e Burlesca do Café,* Rio de Janeiro, 1942.

158. A produção do açúcar brasileiro determinaria, depois de 1682, o final da indústria açucareira na Sicília, começando o declínio em 1580, quando a Espanha dominou Portugal sob os Filipes (Moacyr Soares Pereira, *A Origem dos Cilindros na Moagem da Cana,* Rio de Janeiro, 1955).

159. "Num pomar de Mission Inn, em Riverside, ainda se encontra hoje, carinhosamente conservada, venerável e vetusta laranjeira, guardada como relíquia. É uma das duas que em 1873 foram levadas da Bahia e que, multiplicadas por borbulha (modalidade de enxertia), deram origem aos milhões de laranjeiras que constituem uma das riquezas da Califórnia" (Luís Amaral, *História Geral da Agricultura Brasileira,* II, São Paulo, 1958. Nota gentilmente enviada pelo Dr. Antônio de Arruda Câmara, Rio de Janeiro, Guanabara).

160. William E. Safford: — *Cultivated Plants of Polynesia and their Vernacular Names, an Index to the Origin and Migration of the Polynesians,* Special Publications of Bernice P. Bishop Museum, 7, 183, 1921; idem *The Isolation of Ancient America as Established by the Cultivaded Plants and the Languages of its Aborigines,* Annais do XX Congresso Internacional de Americanistas, I, 167, Rio de Janeiro, 1924.

161. Paul Rivet, *As Origens do Homem Americano,* tradução de Paulo Duarte, São Paulo, 1958.

162. Maria Cadilla de Martinez, *Costumbres y Tradicionalismo de mi Tierra,* 1938:

> Los isleños comen gofio,
> los catalanes casabe,
> los boricanos, hartón,
> y los negros de Guinea
> comen, ñame, ñame, ñame!

163. Jorge Marcgrave, *História Natural do Brasil,* trad. do monsenhor João Procópio de Magalhães, São Paulo, 1942.

164. *O Panicum milliaceum* foi trazido para a América e os espanhóis o denominam *mijo,* milho-trigo para os brasileiros. De sua importância basta lembrar a *demi civilisation du millet* — sugerida por Hahn.

165. Uma cantiga saloia de Lisboa contemporânea (de 1956) atesta o reinado popular do milho:

> Quem tem milho tem farinha,
> Quem tem farinha tem pão.

166. O encontro de vestígios indiscutíveis da *Cannabis sativa,* L, na Idade do Ferro européia, foi comprovado por Hermann Busse e Ludwig Wittmaack num depósito arqueológico do século V (correspondendo ao período La Tène) em Wilmersdorf, Brandemburgo. A conclusão de que o cânhamo era fumado na Prússia, Itália, Holanda, Suíça, cinco séculos a.C., evidenciou a antiguidade e quase universalidade do vício irresistível e fatal a muitos milhões de criaturas humanas. Da Índia, provável origem, derramou-se pela Ásia insular e continental, alcançando de um lado a Polinésia e do outro a África Central, Oriental, Austral, num verdadeiro domínio. Foi inseparável do avanço islâmico e os cachimbos de fumar a cânhamo, com recipientes para água, serviram depois para o tabaco ameríndio, muitíssimo posterior. No final do século XI celebrizou-se o "Velho da Montanha", Hassan Ibn Sabbah, embriagando seus fanáticos com o *haschischin,* o haxixe contemporâneo no Oriente, originando o vocábulo *assassino.* Heródoto (*Melpómene,* LXXIV-LXXV) descreveu o cânhamo, dando cordas e banhos de vapor excitante aos escitas. Fumado no Egito, Arábia, Turquia, Argélia, Rússia, Grécia outrora exportadora, Pérsia, China etc. Ainda reina na África. Um rei negro do Congo, depois de 1880, Calamba, chefe dos balubas de Mukenge, fez do cânhamo arma de unificação política, instituindo uso obrigatório, bailados, cantos, festas, ritual, castigos e mesmo um título comum, "filhos da *riamba",* cânhamo, *bene riamba.* Os escravos africanos trouxeram o vício para a América Central (*mariahuana*), México, irradiando-se para os Estados Unidos, grande consumidor apesar da reação policial, e América do Sul, *riamba, liamba, diamba, maconha,* ainda persistente e tenaz mesmo ante a reação repressora. No Nordeste do Brasil existem amplos plantios regulares e secretos e a maconha é vendida, clandestina e abundantemente, sob a forma de cigarros. O prestígio é da maconha doadora de sonhos inimagináveis e não do prestante cânhamo, fornecedor de cordas e sacarias pelas fibras liberianas.

167. É notícia que li em Safford, *The Isolation of Ancient America as Established by the Cultivated Plants an the Languages of its Aborigines,* Anais do XX Congresso de Americanistas, 1°, Rio de Janeiro, 1924. O estudo de Leo Wiener é *Africa and the Discovery of America,* resumo e crítica em Berthold Laufer, "Litterary Review of February", I, 1921, e W. A. Setchell, "American Anthropologist", v. 23, 1921. Wiener foi uma erudição a serviço da notoriedade.

168. A deglutição da fumaça deu ao observador a idéia do tabaco ser bebido e não fumado. Beber fumo era a frase comum quinhentista. "Todo homem que se toma de vinho, bebe muito deste fumo", Gabriel Soares de Sousa, 1587; "...é uma das delícias e mimos desta terra, e são todos naturais, e ainda os portugueses perdidos por ela,

e têm por grande vício estar todo o dia e noite deitados nas redes a beber fumo e assim se embebedam dele, como se fora vinho" (Fernão Cardim, 1584). Heli Chatelain registra que o negro de Angola dizia *kunua makania,* beber fumo. *It seems difficult to conceive how tobacco be a drink. But in Ki-nbundu instaed of saving "to smoke tobacco" one says "to drink tobacco". Smoke is classified with the liquids, folktales of Angola,* 258, Boston and New York, 1894. Las Casas informa o mesmo em La Española, onde os castelhanos, repreendidos pelo vício, respondiam que *no era en su mano dejarlo de tomar.* Tomar era fumar. Pereira da Costa (1851-1923) recolheu no folclore pernambucano uma quadrinha expressiva:

> Sinh'Aninha bebe fumo
> No seu cachimbo de prata;
> Cada fumaça que bota
> É um suspiro que mata.

169. "Los ballalis del lago Stanley (margen derecha) dan tanta importancia al papel que desempeña la nicotina en la vida del indígena, que en dias señalados introducen en las tumbas de las personas queridas una pipa repleta de tabaco y encendida, para que los difuntos puedan entregarse á su pasin favorita." Nota do capitão Van Gèle, reunida pelo tradutor do *El Congo,* de Henry M. Stanley, Barcelona, s.d.

170. Pinto de Aguiar, *A Abertura dos Portos do Brasil,* e *Aspectos da Economia Colonial,* Bahia, 1960 e 1957, respectivamente. Roberto C. Simonsen, *História Econômica do Brasil,* II, São Paulo, 1944. Caio Prado Junior, *Formação do Brasil Contemporânea,* São Paulo, 1942: Antonil, *Cultura e Opulência do Brasil por suas Drogas e Minas,* São Paulo, 1923. A primeira edição é de 1711, Lisboa.

171. André Thevet: *mesmes quand ils tiennent quelque propos entre eux, ils tirent ceste fumée, et puis parlent; ce qu'ils font coutumierement et sucessivement l'un apres l'autre en guerre, ou elle se trouue trescomode. Singularitez de la France Antarctique,* Paris, 1878.

172. G. P. Murdock, *Our Primitive Contemporaries,* Nova Iorque, 1957.

173. "Da influência do tabaco nos destinos das nações, além da prosperidade da República de Cuba e do Estado da Bahia, dá-nos um exemplo o conde d'Hérisson d'Irisson nas suas *Mémoires d'un Officier d'Ordonnance.* Na qualidade de oficial às ordens acompanhou este Jules Favre a Versailles para as negociações com o conde de Bismarck. Na mesa em que se debatiam os destinos da França havia um prato com excelentes charutos que Bismarck ofereceu a Favre. O austero negociador francês disse-lhe que não fumava, ao que o Chanceler observou que fumar era útil n'uma discussão desagradável. Um homem às vezes perde a paciência e então pega num charuto, morde-o e acende-o, e entretanto recupera o sangue-frio. Entabulou-se a discussão e dali a pouco Bismarck, irritado com a tenacidade de Favre, ia dizer qualquer coisa violenta. Percebendo isso, o conde d'Hérisson pegou no prato dos charutos e estendeu-o silenciosamente ao alemão. Este ficou um momento surpreendido. Depois, lembrando-se do que tinha dito, sorriu e com um *vous avez raison, capitaine,* pegou num charuto, acendeu-o, e a discussão recomeçou serena. Santo Tirso, *De Rebus Pluribus,* Lisboa, 1923.

174. *Sermões Selectos:* "Sermão da Terceira Dominga pós-Epifaniam", na Sé de Lisboa: — "E quando as despesas de tudo isto deverão sair do que sobejasse nos erários, e tesouros reais; que será onde se vêm tiradas, e espremidas todas do sangue, do suor, e das lágrimas dos vassalos carregados, e consumidos com tributos sobre tributos, chorando os naturais, para que se alegrem os estranhos, e antecipando-se as exéquias a pátria, por onde se lhe devera procurar a saúde?" V, 52-53, Lisboa, 1874. Devo a indicação ao escritor José Antônio Gonsalves de Mello, Recife.

175. M. Pio Corrêa (1874-1934): *Dicionário das Plantas Úteis do Brasil e das Exóticas Cultivadas,* III, 71-72, Rio de Janeiro, s.d.

176. Ernest Breton: *Pompéia,* Paris, 1870. A fonte é Fiorelli, *Giornale degli Scavi,* 1862.

177. Essas amostras pré-colombianas já haviam fixado, pelo cultivo, o tipo comum. Sauer escreve: *The archeologic beans of Peru are scarcely distishable from present day commercial varieties.*

178. Carl O. Sauer: *Southeast Asia is the original home of the bananas.* Uma espécie cultivada deriva da *Musa balbisiana,* nativa de Behar, no Himalaia. Outra é a *Musa acuminata do* arquipélago malaio; e a terceira compreende verdadeiramente uma série de híbridos, provindos das duas primeiras. Deve-se abandonar a velha distinção entre bananas e plátanos (*Agricultural Origins and Dispersals*). Ver Jaime Cortezão (1884-1960), A *Carta de Pero Vaz de Caminha,* Rio de Janeiro, 1943; Karl von den Steinen, *O Brasil Central,* cap. XXII, "O Consumo da Banana", São Paulo, 1942, também indica a sua origem asiática e seu conhecimento na América, trazido pelo europeu. Volta ao tema com outras considerações no *Entre os Aborígines do Brasil Central,* São Paulo, 1940. Ignorava a origem africana do vocábulo. Victor Manuel Patiño, *Platanos y Baranos en América Equinoccial,* Revista Colombiana de Antropofagia, vol. VII, Bogotá, 1959 (1958 no texto); Gabriel Soares de Sousa, *Notícia do Brasil,* cap. L, II, notas do professor Pirajá da Silva, *Em que se declara a natureza das pacobas e bananas,* São Paulo, s.d. (1945).

179. Luis da Camara Cascudo — *O Mais Popular Africanismo no Brasil (Made in Africa,* Rio de Janeiro, 1965): A *Banana no Paraíso (ensaios de Etnografia Brasileira,* INL. Rio de Janeiro, 1971).

180. As cucurbitáceas estão em notoriedade com as exigências da astronáutica: "Para as viagens de longa duração, haveria necessidade de recuperação de água pelo ar; mais da metade da água do corpo perde-se por via respiratória e evaporação através da pele. Boa parte de água poderia ser usada repetidas vezes desta maneira. Alimentos seriam quase todos desidratados para economia de lugar e retardamento de oxidação. O ar seria renovado por plantas. Um botânico alemão mostrou como se produz o oxigênio das folhas da *Cucurbita pepo.* O nome *Cucurbita pepo* é apenas o nome latino da abóbora. O pesquisador mostrou que três metros quadrados de folhas de abóboras em crescimento produzem oxigênio suficiente para um adulto que não faz serviço manual. As plantas também cuidariam da renovação do bióxido de carbono da atmosfera" (Welly Ley, *Air Trails Pictorial,* XI, 1946; R. Argentière, *Viagem à Lua,* São Paulo, 1947).

181. Gabriel de Mortillet, *Le Préhistorique,* Paris, 1885.

182 A. Maurizio, *Histoire de l'Alimentation Végetale,* Paris, 1932, decidiu-se pela recoleção, *ramassage,* antes da caça. *La ramassage remonte certainement au temps*

les plus lointains puisqu'il suffit pour la pratiquer d'appliquer de dispositions naturelles et instinctives. La chasse au contraire, avec la téchnique perfectionné qu'elle suppose, est nécessairement d'acquisition beaucoup plus récente. Les façons de chasser trés évoluées de peuples sauvages très bas situés dans l'échelle des races révélent un long passé de développements et de progrès. O argumento poderá volver-se, excelentemente, contra a tese da recoleção. As disposições naturais e instintivas do homem terão por mais fácil abater um animal com pedra ou pau do que identificar o teor nutritivo de uma planta. Também a alimentação vegetal é processo seletivo e sua transmissão será indispensável para o uso sob pena de recoletor viver em estado permanente de invenção e acaso para a descoberta das espécies alimentares.

183. Renato Biasutti, *La Razze* e *I Popoli Della Terra*, I, Torino, 1953, recusa admitir a existência de um povo unicamente coletor ou recoletor, realizando a *ramassage* do ilustre professor de Lwow, A. Maurizio.

184.   *Rura cano rurisque Deos; his vita magistris*
       Desuevit querna pellere glande famem.
    Diz Tibullo, liv. II, elegia I: "Canto os campos e seus deuses cujas lições fizeram os homens perder o hábito de saciar a fome com as glandes". Ovídio, *Arte de Amar*, lembra o tempo em que o carvalho fornecia o abrigo e a nutrição: *sed quercus tecta cibumque dabat.* Os vestígios do fogo entre os infra-homens aposentou essa poesia.

185. A. da Silva Mello, *Alimentação, Instinto, Cultura*, Livraria José Olympio Editora, Rio de Janeiro, 1943.

186. Michael Haberlandt, *Etnografia*, trad. de Telésforo de Aranzadi, Ed. Labor, Barcelona, s.d.

187. Dom Frederico Costa, *Carta Pastoral a Seus Amados Diocesanos*, Fortaleza, 1909.

188. Há outra, também famosa, registrada por Columela, *De Re Rustica*, XII, VIII, com leite de ovelha e ervas aromáticas; *Los Doce Libros de Agricultura*, II, trad. de Carlos J. Castro, Barcelona, 1959.

189. *La fabrication du pain et celle de la bière étaient aussi, en Egipte, pratiquées ensemble (vers 2500 et 1800 avant J-C);* A. Maurizio, *Histoire de l'Alimentation Végétale*, 507, Paris, 1932.

190. A popularidade da cachaça no Brasil criou, como para nenhuma outra bebida em qualquer povo do mundo, o sinônimo de mania, hábito, costume irreprimível. Num discurso de 11-XI-1914 no Senado Federal, dizia Ruy Barbosa: "Todos os membros desta Casa, a começar por V. Exª, Senhor Presidente, cuja cachaça neste assunto é conhecida, têm provavelmente, como eu, o vício natural e vespertino da leitura dos nossos jornais (*Tribuna Parlamentar*, III, 279, Rio de Janeiro, 1955). Richard Burton dizia existir em São João del-Rei, Minas Gerais, 1867, uma Rua da Cachaça. Em São Paulo, a atual Rua da Quitanda era o antigo Beco da Cachaça. O folclore da cachaça tem sido pesquisado por José Calasans, *Cachaça, Moça Branca*, primeira edição, em 1951, e a segunda, ampliada, também em 1951, com documentário excelente (Salvador, Bahia). O vocábulo, do espanhol *cachaza*, vinho de borras, era corrente no Portugal quinhentista. Sá de Miranda (1481-1558) "Ali não mordia a graça, / Eram iguais os juízes, / Não vinha nada da praça. / Ali, da vossa cachaça! / Ali, das vossas perdizes!" Já se fabricava a cachaça, correspondendo a bagaceira, nas quintas portuguesas na primeira metade do século XVI.

O erudito A. da Silva Mello, *Alimentação, Instinto, Cultura,* Livraria José Olympio Editora, Rio de Janeiro, 1943, ensina: "Os próprios vinhos concentrados, citados por velhos autores gregos, não deviam ser mais ricos em álcool, porque sua maior concentração era obtida à custa de aquecimento, de calor, que fazia evaporar boa parte do álcool, substância muito volátil. Foi somente no século VIII que Marco Graeco conseguiu obter uma bebida concentrada, por ele denominada *acqua-ardens,* e que provinha da destilação do vinho. Mas tal descoberta deve ter tido pouca repercussão, pois não foi senão pelo século XIII que começou seu uso a se generalizar, então sob o nome de *acqua-vitae* e espírito de vinho. O licor tal hoje o conhecemos é de origem italiana e não apareceu senão no século XVI.

Aliás, o álcool concentrado, obtido por destilação, não foi a princípio uma bebida, mas sim um poderoso medicamento, vendido somente nas farmácias. O seu primeiro nome foi água da vida, *acqua-vitae,* tais as qualidades que parecia possuir. Villeneuve, um dos primeiros que apregoaram suas virtudes, dedicou-lhe um verdadeiro tratado, que teve por título *A Conservação da Juventude e o Retardamento da Velhice,* coisas que acreditava possíveis pelo emprego da *eau-de-vie,* cujo nome parece indicar ter sido comum uma tal convicção. Diz ele textualmente: *Cette eau devint, quelques-uns l'appellent eau-de-vie; et ce nom lui convient puisqu'elle fait vivre pus longtemps... Elle prolonge la santé, dissipe les humeurs superflues, ranime le coeur et conserve la jeunesse. Déjà seule ou réunie avec quelque autre remède convenable, elle guérit la colique, l'hydropisie, la paralysie, la fièvre quarte, la pierre, etc.* Também segundo Ambroise Paré, cognominado o pai da cirurgia, *l'eau-de-vie est une espèce de panacée dont les vertus sont infinies.*

A aguardente tornou-se, assim, um remédio extraordinariamente apreciado pelos médicos, tendo sido empregado em tão variadas enfermidades que, pelo século XVI, chegou a tornar-se o primeiro dos medicamentos, uma verdadeira e universal panacéia. Servia, então, para tudo, tanto por via interna como externa. Liebaut informa que a povo a bebia em jejum para garantir a saúde e também para combater verminoses e outros males. Em 1337, estando o rei da Navarra moribundo, procuraram reanimá-lo à custa de envoltórios embebidos em aguardente, os quais, por imprudência, pegaram fogo, tendo o rei morrido queimado".

Aqui estão as raízes obstinadas, profundas, inabaláveis, da confiança popular, instintiva e natural, na cachaça, aguardente, como remédio para tudo e mais alguma coisa. "Matar o bicho", *tuer le ver,* matinal, vêm daí...

191. O uso presente é a carne ou peixe, certas frutas e tubérculos, ficarem em panela e esta enterrar-se e sobretudo fazer-se fogo. Marisa Lira, *Migalhas Folclóricas,* Rio de Janeiro, 1951; Francisco de Paula Ribeiro, *Índios do Maranhão,* revista do Inst. Hist. Bras., vol. III, 190; o autor escrevia em 1819; Augusto Emílio Zaluar, *Peregrinação pela Província de São Paulo,* São Paulo, 1942; a primeira edição é de 1863; Padre Simão de Vasconcelos, *Crônica da Companhia de Jesus do Estado do Brasil* (Lisboa, 1663), Livro primeiro das Notícias Antecedentes, Curiosas e Necessárias das Cousas do Brasil, Introdução, nº 140, Rio de Janeiro, 1864; Ferdinand Denis, *O Brasil,* I, Ed. Progresso, Bahia, 1955; Saint-Hilaire, *Viagem às Nascentes do Rio São Francisco e pela Província de Goyas,* II, trad. Clado Ribeiro de Lessa. Brasiliana-78. São Paulo, 1937.

192. "Logo chegado ao lugar onde poisei meu soldado fez uma grande fogueira; cortou a carne em compridos pedaços da espessura de um dedo, fez ponta em uma vara de

cerca de dois pés de comprimento e enfiou-a à guisa de espeto em um dos pedaços de carne, atravessando-o por outros pedaços de pau, transversalmente, para estender bem a carne; enfiou o espeto obliquamente no solo expondo ao fogo um dos lados da carne e quando o julgou suficientemente assado expôs o outro lado. Ao fim de um quarto de hora esse assado podia ser comido, parecendo uma espécie de 'beefsteack' suculento, porém de extrema dureza" (Saint-Hilaire, *Viagem ao Rio Grande do Sul*, 1820-1821, Brasiliana-167, trad. Leonam de Azeredo Pena. São Paulo, 1939.)

193. Cuvier (1769-1832) associava aos dentes as extremidades. Aos molares correspondiam os cascos dos herbívoros e aos caninos as garras dos carnívoros.

194. Brillat-Savarin, *Physiologie du Gout* "ou Méditations de Gastronomie Transcendente". Nouvelle édition. Calmann-Lévy. Paris, sem data. Primeira ed. 1825. Comune.

195. *Un cibo stabilisce un legame indissolubile, un AHD, patto che implica una maledizione condizionata in caso di transgressione:* Ester Panetta, *Forme e Soggeti della Literatura Popolare Libica*, 85, nota 4. Milão, 1942.

196. Luis da Camara Cascudo, *Dante Alighieri e a Tradição Popular no Brasil*, nº 57, "A Sopa no Túmulo". Porto Alegre.

197. Luis da Camara Cascudo, *Anúbis e Outros Ensaios*, III, "Perséfona e os Sete Bagos da Romã". Ed. Cruzeiro. Rio de Janeiro, 1951; Idem, *Superstições e Costumes*, O Vínculo Obrigacional pela Alimentação em Comum; "Comer Sal", 37. Ed. Antunes. Rio de Janeiro, 1958.

As homenagens fúnebres em Roma iniciavam-se pelo *novemdiale,* compreendendo o *sicicernium,* repasto junto ao túmulo, o *novemdiale sacrificium,* oblação aos Manes, terminando pela *cena novemdialis,* participando os parentes e amigos da família. Comer junto à sepultura era uma proclamação indiscutível de amizade e a família evitava que o matador usasse da tradição, obrigando o aceitamento das tréguas inevitáveis. Ainda em 1687 a Constituição do Bispado do Porto defendia o costume: *...nem que se coma sobre as sepulturas.* Na Índia o cerimonial correspondente ao Novemdial é a *Sraddha: It is a development of the ancient custom of eating at funeral and providing food for dead* – informa N. M. Penzer, *The Ocean of Story,* I, Londres, 1924. Era a lição de Tobias ao filho: "Põe o teu pão e o teu vinho sobre a sepultura do justo, e não comas e nem bebas com os pecadores" (*Livro de Tobias,* 4, 18). Uma reminiscência contemporânea é a *guisa* em Cabo Verde, Portugal, cerimônia tradicional onde a data do falecimento, mensal ou anual, é comemorada pelos amigos e vizinhos na antiga residência do morto, chorando, cantando e comendo. Os banquetes aos mortos foram populares na Rússia e em 1850, em Moscou, Heinrich Schliemann, o revelador de Tróia, ofereceu uma refeição em lembrança do seu falecido sócio Ponomarev, gastando trinta mil rublos, e comparecendo oitocentas pessoas. Nos Estados Unidos a tradição é mantida. Os clubes, fraternidades, legiões costumam promover um banquete em homenagem aos associados mortos, com a presença da família enlutada. Há uma pitoresca narrativa dum desses banquetes em Edwin O'Connor, *The Last Hurrah,* Boston, Massachusetts, 1960.

198. René M. Galand, *L'Âme Celtique de Rénan,* Presses Universitaires de France. Paris, 1959.

199. *Correspondência de Capistrano de Abreu,* II. Instituto Nacional do Livro. Rio de Janeiro, 1954.

200. Na lenda da deusa Anat, sacrificando Mot, representado pelo trigo (Ugarit, Síria, XV séculos a.C.), diz-se:

> Anat mata Mot o filho divino,
> Com uma foice ela o corta,
> Com o crivo ela o purifica,
> Com o fogo ela o tosta,
> Com o moinho o tritura,
> No campo espalha sua carne...

Comprovando a antiguidade, ou melhor, conservação do costume no Mediterrâneo; Mussa Kuraiem, O *Primeiro Alfabeto,* São Paulo, 1960.

201. Samuel Pitiscus, *Dictionnaire des Antiquités Romaines,* I, Paris, 1766; Daremberg e Edm. Saglio, *Dictionnaire des Antiquités Grecques e Romaines,* V, Paris, 1896.

202. Houzé, *Les Etapes du Lobe Frontal.* Bol. de l'Institute de Sociologie. Solvay, fevereiro de 1910, 95.

203. Muito raro na documentária etnográfica deparar-se homem cozinhando, especialmente entre os povos nativos de qualquer paragem. O homem assa e a mulher cozinha. É a lei. Uma exceção é o guató, da Lagoa Uberaba, de Mato Grosso. "É ainda ele quem faz a comida" — informa Max Schmidt, *Estudos de Etnologia Brasileira,* São Paulo, 1942.

204. "Não é, todavia, no interior da casa que se cozinha a carne. As mulheres que se encarregam disso cavam buracos na terra; põem pedras no fundo e, por cima, acendem o fogo, que retiram quando as pedras estão vermelhas. Colocam então, sobre estas, os pedaços de carne que querem fazer assar; depois cobrem com um leito de folhas, e a terra acaba de encher o buraco. Dessa maneira a carne se assa desigualmente, mas ouvi dizer a portugueses que ela tem ótimo sabor". Saint-Hilaire, *Viagem às Nascentes do Rio São Francisco e pela Província de Goyaz,* II, São Paulo, 1937. O autor encontrava-se entre os caiapós, da família jê.

205. José L. Quintão, *Gramática Kimbundo,* Lisboa, 1934.

206. Luis da Camara Cascudo, *Superstições e Costumes; "O* Símbolo Respeitoso de não Olhar". Ed. Antunes. Rio de Janeiro, 1958.

207. Dionísio Cerqueira, *Reminiscências da Fronteira,* Rio de Janeiro, 1928.

208. "Rege como ley entre cantadoras y bailarinas aceptar la bebida que los ofrecen, mas no nada de comer" (T. Fugimoto, *En el Pais de las Geischas,* Madri, s.d.)

209. Luis da Camara Cascudo, "Folclore da Cachaça", *A República,* Natal, 14-4-1942; "Um Rito da Cachaça", *Diário de Natal,* 16-11-1949; José Calasans, *Cachaça, Moça Branca,* Ed. Progresso. Bahia, 1951.

210. *Poètes Moralistes de La Grèce,* Tesíodo: "Les Travaux et les Jours" Trad. M. Patin, Ed. Garnier. Paris, s.d.

211. *Le Coran,* trad. Edourd Montet, Surata-5, v. 8. Paris, 1949.

212. Dionísio Cerqueira, *Reminiscências da Fronteira,* Rio de Janeiro, 1928.

213. Fernão Cardim, *Tratados de Terra e Gente do Brasil:* "Do Princípio e Origem dos Índios do Brasil". Rio de Janeiro, 1925.

214. Jean de Léry, *Viagem à Terra do Brasil,* Martins Ed. São Paulo, 1941. Léry esteve no Rio de Janeiro de março de 1557 a janeiro de 1558.

215. Saint-Hilaire, *Viagem pelas Províncias do Rio de Janeiro e Minas Gerais.* Trad. Clado Ribeiro de Lessa. Brasiliana-126, São Paulo, 1938.

216. Josué de Castro é autor de livros básicos: *Geografia da Fome*. A Fome no Brasil. Rio de Janeiro, 1946; *Geopolitica da Fome*. Ensaio sobre os problemas de alimentação e de população do Mundo. Rio de Janeiro, 1952; *O Livro Negro da Fome*. São Paulo, 1960, com várias traduções e reedições. Já foi presidente da FAO e da Ascofan. Prêmio Franklin Roosevelt, 1952. Prêmio Internacional da Paz, 1954.

217. Saint-Hilaire, *Viagem pelas Províncias do Rio de Janeiro e Minas Gerais,* I.

218. *Cartas,* Informações, Fragmentos Históricos e Sermões do Padre José de Anchieta, S.J. (1554-1594). Rio de Janeiro, 1933.

219. Lowell S. Selling e Mary Anne S. Ferraro, *Você e a Alimentação,* Livraria José Olympio Editora. Rio de Janeiro, 1948.

220. Ermano de Stradelli, *Vocabulários da Língua Geral Português-Nheêngatu e Nheêngatu-Português;* Revista do Instituto Histórico e Geográfico Brasileiro, tomo-104, volume 158 (2º de 1928), 417. Rio de Janeiro, 1929.

221. Dionísio Cerqueira, *opus cit,* 182.

222. Luis da Camara Cascudo, *Dicionário do Folclore Brasileiro,* "Jacuba". Rio de Janeiro, 1954.

223. Diz-se no Brasil "golda" a uma sopa ralíssima d'água engrossada com farinha de mandioca, de milho ou polvilho de goma, sem açúcar. E também caldo de carne com farinha fina, peneirada. Teria ligação com a *gaude* borgonhesa? A gaude (*reseda luteola*) a "herbe aux juifs", *waude* dos alemães, permite uma papa, *bouillie* popular e fornece pela decocção uma tinta de matiz amarelo, muito apreciada. Gaude é papa e também farinha de milho em certas regiões da França (Hérault). A solução tintórica seria bem posterior ao emprego alimentício. A semelhança será mera coincidência nominal? *Gaude, gólda,* resquício do latino *galbinus,* dando *jalne, jaune,* amarelo...

224. Stith Thompson, *Motif-Index of Folk-Literature,* II. Bloomington, 1933.

225. Luis da Camara Cascudo, *Geografia dos Mitos Brasileiros,* "Jurupari", 80-110. Livraria José Olympio Editora. Rio de Janeiro, 1947.

226. Marcelino Menendez y Pelayo, *Origenes de la Novela,* II, Buenos Aires, 1943.

227. Luis da Camara Cascudo, *Informação de História e Etnografia*. Recife, 1940.

228. Órris Soares, *Dicionário de Filosofia,* Instituto Nacional do Livro, Rio de Janeiro, 1952.

229. Alexander H. Krappe, *O Sopro de Deus,* Modern Language Notes, LX, November, 1945.

230. Saint-Hilaire, *Viagem às Nascentes do Rio São Francisco e pela Província de Goyaz,* 2ª Trad. de Clado Ribeiro de Lessa. Brasiliana-78. São Paulo, 1937.

231. Karl von den Steinen, *O Brasil Central,* 283. Trad. Catarina Baratz Cannabrava. Brasiliana — 3ª série extra. São Paulo, 1942.

232. Franz Caspar, *Tupari,* 210, 217. Trad. M. N. de Sousa Queirós. Melhoramentos. São Paulo, sem data.

COMÉRCIO

> ...aonde estiver o vosso tesouro,
> aí estará também o vosso coração.
> MATEUS, VI, 21.

Do madaleniano em diante não sabemos para que o homem fazia e guardava um arsenal de sílex. São montões de instrumentos líticos, terminados ou iniciados no aparelhamento, abrangendo França, Bélgica, Irlanda, Itália, terras da Ásia e da África. E também estações de polimento, acabando em segurança a mão-de-obra. Reservas de caçadores ou depósitos de fabricantes? Esses depósitos multiplicam-se pelo neolítico. Amontoam-se em mais de cinqüenta hectares, como em Treiche, perto de Toul, ou em um quilômetro de extensão, tal e qual se via em Charbonnières. No neolítico, Pressigny ficou como fábrica bem típica de artefatos de trabalho agrícola em pedra polida. Dupont retirou oitenta mil da Bélgica. Troyon recolheu 25.000 em Concise, no Lago de Neufchâtel. São incontáveis em Lough Neagh, na Irlanda. Nos restos-de-cozinha bálticos. Nos terramares italianos. Em Djebel Kalabie ao suleste de Esneh, no Egito. Na Palestina. Mesmo na América do Norte. Quantidades que não se justificam como precaução de reforço grupal. Alguns lugares de trabalho, como nas minas de sílex em Spiennes, aparecem instalações apropriadas, poços de água fresca, galerias de ventilação, ramais de estradas articulados aos caminhos centrais, reservas de material virgem e, sucessivamente, com todas as gradações da técnica aperfeiçoadora. Até esqueletos de mineiros esmagados. Indiscutivelmente, esse sílex trabalhado era destinado às permutas e viajava para outras mãos, vizinhas ou distantes. É ponto pacífico a existência do comércio pré-histórico.

Não há prova evidente em tempo recuado. Evidencia-se amplamente no epipaleolítico e neolítico intercâmbio em grandes áreas geográficas. Conchas do Oceano Índico estão nas grutas de Grimaldi, no Mediterrâneo, como em Thayngen ficaram as do Mar Vermelho. Mortillet, já em 1880, admitia essa permuta incessante.

Elles [as conchas] *étaient probablement alors conservées comme approvisionement et moyen d'échange* (*Le Préhistorique,* Paris, 1885).

Na Bretanha estão pedras dos Alpes. No Mediterrâneo ornam o Homem de Menton e o troglodita de Gourdan, Haute Garonne. O quartzo hialino dos Pireneus aparece no Perigord. Ovos e plumas de avestruzes na Espanha e no sul da França. Coral vermelho na Suíça. Desde as ruínas de Tróia, pelas costas mediterrâneas da Europa, Ásia, África, deparam o âmbar do Báltico. Em Madalaine, Solutré, Cro-Magnon encontram conchas do Atlântico. A nefrite, jadeíte, obsidiana surgem na Ligúria, Suíça, Lorraine, Ilha de Pianosa, Cicladas. Nenhuma era local. Vieram de longe. Marfim africano na Renânia e na Turíngia. A técnica surpreendente do vaso campaniforme espanhol, especialmente andaluz, emigra para Sicília, Sardenha, Itália Continental, pula os Alpes, figurando na Áustria, Morávia, Boêmia, indo pelo Danúbio para o centro, ganhando o Reno e o Ródano, França, Holanda, Inglaterra. E haverá circulação direta, Espanha–Grã-Bretanha, como na estrada do estanho. Desde quando houve navegação econômica no Mediterrâneo, barcos a remo, lentos pelo litoral, aportando durante as noites, permutando objetos distantes pelos próximos, valorizados pela raridade ou utilidade positiva? Ninguém sabe. Antes dos metais o *mare nostrum* era cortado em todas as direções. Se o âmbar aparece em Tróia, partindo do Báltico, a cerâmica enfeitada com olhos parte da Ásia e chega ao Báltico, deixando rastros no Mar do Norte. As costas da Ibéria, sul da França, Inglaterra, foram pontos de contato marítimo desde tempo imprevisível. A navegação de Creta, depois Cartago, povoou o Mediterrâneo. Na Ilha de Faros, no delta do Nilo, havia um entreposto comercial cretense. Até onde iam seus produtos, caros e lindos, vinho, azeite e a cerâmica incomparável?

As estradas terrestres correspondiam aos percursos marítimos. Dos Bálcãs subia-se para a Escandinávia. Penetrava-se desde o Mar Negro ao Báltico pelos cursos dos rios centrais da Europa, servindo de ponteiros o Dniéster e o Vístula. As estradas do estanho, cobre, distribuição do bronze tornaram-se históricas. Ur, na Caldéia, no quarto milênio a.C., era índice de convergência. A prata vinha do sul da Pérsia; o bronze de Omã, o lápis-lazúli do longínquo Pamir, as conchas ornamentais, a fina calcita branca, cornalina, malachita, diorito, esteatite, pelo Golfo Pérsico. Muita coisa seria pagamento de tributo militar mas em alta percentagem era permuta, recebida e retribuída;

most of it must have come by way of trade and for that the merchants of Ur had to pay [afirma Sir Charles Leonard Woolley, o pesquisador de Ur].

Os cães do aziliense dinamarquês eram enviados para Alemanha, Saxe, Prússia, regiões banhadas pelo Spree, denúncia de intercâmbio intenso, comércio vivo, permutante, fazendo circular os produtos de regiões afastadas e inexplicáveis pela conquista guerreira. Teriam vindo de mão em mão, avançando de troca em troca, para as utilidades da época.

Impossível dizer-se quando o Mediterrâneo começou a ter uma navegação comercial. Mas a possuiu em tempo misteriosamente incalculável. Navegação a remo, beirando o litoral, dormindo encostado às margens durante as noites, olhando a constelação da Ursa Maior, os navios lentos, cheios de coisas distantes e raras para a ambição dos povos afastados. Naturalmente uma certa percentagem de assaltos, de descidas predatórias, de "comandos" ladrões teria havido, mas essa não era a forma regular, porque houve uma continuidade que excluiria a surpresa e o roubo como maneiras formais de comerciar. Desde quando as costas da Ibéria, França, Inglaterra foram zonas de contato comercial? Não sabemos. Quase certamente, bem antes da Idade dos Metais porque o tráfico deste se efetua como seguimento de rotas anteriores, costumeiras e habituais.

Pairam os nomes sedutores de Tartessos, Gades, Cartago, as barcas empurradas pela dupla fila de remeiros e, na Idade do Bronze, as velas quadradas que os ventos regulares bojavam, do Mar Negro às primeiras ondas do Atlântico e mesmo escorregando pelo dorso africano, no rumo austral, no heroísmo dos périplos iniciais.

Desde quando Tartessos, na ribeira do Guadalquivir, inicia o tráfico do estanho com as Cassitérides, as ilhas Sorlingas (Scilly, SE da Inglaterra) na colheita do estanho indispensável ao bronze? 1100 a.C. os tírios fundam Gades e no nono século nasce Cartago pela mão fenícia, veterana e calejada no remo ao redor das ilhas e enseadas onde se mercadejava. Os marinheiros de Tiros, Fenícia, Fócia, Cartago, Grécia teciam rede de intercâmbio ininterrupto e jamais saberemos quais as espécies adquiridas em sua extensão legítima. Com as civilizações micênicas o comércio ativa e amplia a raia de permutas. Até onde foram parar aquelas porcelanas maravilhosas, enfeitadas com o polvo, algas, peixes ornamentais, fixando o fundo do mar na superfície lisa e linda das ânforas?

As cidades, realmente cidades, expandiam os seus tipos de vivendas e centralizavam trocas, El Obeid, Ur, e na Índia, Mohenjodaro no vale do Indo, Harapa no Pendjab, Amri e Chanhu-Daro no Sindh evidenciam as fontes da irresistível atividade. Tem templo e mercado. Junto a este, os grandes armazéns de depósito. As mercadorias saem, deixando trocas utilizáveis. A existência do mercado e do depósito evidenciam a regularidade das permutas.

A segurança das estradas dependia das estações, e daí a administração marcar as datas das feiras, entregas e recebimentos de mercadorias e também os negócios imprevistos, coisas feitas ou colheitas particulares trazidas e oferecidas nos dias festivos da grande época comercial.

Na Idade do Ferro o comércio marca suas coordenadas geográficas, as estradas-troncos, espinha dorsal de todo arcabouço subseqüente. Ao lado da expedição aventureira e valente, confiada na fortuna das armas, como a conquista do Velocino de Ouro (para o Helesponto e o Mar Negro), estava o comércio normal, com estradas certas e caminhos no mar, sabidos e seguidos, garantindo abastecimentos e mercados espalhados pela África do Norte e Europa do Sul. Eram portos de recebimento. Mas a navegação, agora com as velas para o vento e a fidelidade dos remeiros quando as monções tardavam, foi procurar novas zonas de consumo, pontos de absorção, numa verdadeira caçada às novidades que seriam pagas pelo triplo.

O comércio abre, fixa, conserva, populariza a estrada na continuidade dos tráfegos. Indiscutível que a rota marítima é uma decorrência utilitária do comércio e não ato inicial de caçada guerreira. Verdade que o comércio teria sua fase militar de consolidação, intimidação, afastamento dos concorrentes que se tornavam adversários. A guerra de Tróia, em 1180 a.C., é um desses exemplos nítidos. O interesse comercial que articulava os troianos aos hititas garantia-se na custódia militar desses últimos. Quando os "povos do mar" avançam, num preamar irresistível, até às fronteiras do Egito, onde Ramsés III os detém (1195-1193 a.C.), o império hitita entrou no colapso de que saiu para a morte vagarosa. Não mais podia apoiar-se e permutar com os troianos. Os povos da Grécia tiveram aí seu momento de represália e de aniquilamento do competidor que estendia colaboração aos países exportadores de matérias-primas, fora do entendimento grego. A tradição do rapto de Helena, índice do rapto de mulheres, verdadeira indústria que, noutro aspecto, o de aliciamento e sedução, ainda persiste na segunda metade deste século XX sob o eufemismo de "tráfico de mulheres", objeto do Direito Internacional Público e motivação de tratados-leis, era viva no tempo de Homero, mas a Helena de Eurípedes, escrita no ano 412 a.C., apóia-se em Heródoto (Euterpe, CXIII-CXVI), onde se afirmava Homero desconhecer a versão da princesa ter ficado no Egito e não haver acompanhado a Tróia o seu Alexandre (Paris) raptor. Desaparecia o motivo essencial da campanha que era a posse de Helena pelo seu abandonado esposo Menelau. Havia, positiva e reciprocamente, o roubo de mulheres.

Os primeiros vocabulários conhecidos são relações de colheitas e de objetos comerciais, rol de dádivas ou prestações ao templo que seriam vendidas posteriormente. Assim, os tabletes de argila da "Linear-B" micênio-cretense, quinze séculos a.C., indicam materiais que se espalhariam nos périplos regulares do comércio insular. É, como se sabe, anterior à introdução do alfabeto fenício na Grécia. Trata-se de documentária evidente do segundo milênio.

O homem anotou seu interesse comercial antes dos hinos aos deuses e exaltações aos soberanos dominadores.

Vasos de Tróia têm ornamentação, os elementos decorativos constantes, idênticos aos de Chipre e os mesmos são deparados nas necrópoles italianas (Etrúria, Tarquinii, Vetulônia etc.) com semelhança surpreendente. Certamente, a influência é viva pelo contato da circulação comercial que se verificara, via marítima, numa cronologia que não mais se recomporá. Identicamente, saberemos muito lentamente dos limites expansionistas do Egito, produtor e reexportador, a imensa Babilônia, a China infinita, o viveiro humano formigando no Hindustão, as filas vagarosas ganhando os planaltos, furando os desertos, levando alimentos e armas, estabelecendo as continuidades sociais, muitas — presentemente — sem vestígios mas outrora permanentes e reais.

A Grécia alcançou o domínio no comércio marítimo e no século V a.C. é que a talassocracia declina ferida pela longa e cruel guerra do Peloponeso, e a supremacia naval desaparece quando da tentativa de aniquilar a Sicília, potência rival. Já não mais era a época feliz em que as ânforas atenienses chegavam à Etiópia, através dos fenícios. Com a ascensão de Roma, a glória expansionista dos gregos entra no melancólico crepúsculo. O romano, batendo-se muito e produzindo pouco, estava reduzido ao território que sua força alargava. Cartago não o deixava sair dos limites da asfixia, fixos em dois tratados opressores, 406-348 e 448-306. A derradeira guerra púnica libertou-o para o vôo irresistível. Grécia, Pérgamo, Rodes, a poderosa Alexandria tentacular são obediência da Loba Romana. Criou, para liquidar o mercado de Rodes, a feira quase universal na ilha de Delos, realmente o primeiro porto franco. No império o comércio atingia as Índias e regiões misteriosas mais suficientes no envio de novidades para o luxo patrício. Comunicações regulares com o Hindustão, o Ceilão, costa de Malabar, extremidade do Golfo de Cambaia, Abissínia... Onde não calcou terra a calígula do legionário, protegendo o mercador de Roma?

Quando o Império Romano desaparece, o comércio abrangia o mundo conhecido na regularidade ininterrupta das comunicações. A moeda, o crédito, o banqueiro, o parasitismo dos juros, o financiamento existiam e proliferavam. Dentro de outros ritmos de desenvolvimento, verifica-se a permuta sob moeda convencional, que era naturalmente um produto de maior aceitação geral, em todo continente americano e Antilhas.

Os coletores, caçadores e pescadores, esquimó, populações subárticas, indígenas da Califórnia e da meseta, norte e oeste, Brasil de leste, Chaco, pampas e grupo megalânico; os agricultores do sul, leste e oeste e planície dos Estados Unidos, amerabas antilhanos, das cordilheiras e do Amazonas (divisão de Walter Krickeberg), teriam o processo permutativo simples, objeto por objeto, na escala das necessidades imediatas. Algodão fiado, flechas com o curare, certos tipos de vasilhame; penas para enfeites de tuixauas (chefes) em troca de redes de dormir (hamacas), lanças, espadas de madeira rija, aves domesticadas (xerimbabos) etc. A economia suficiente é uma característica dessas fases de cultura. Tanto mais simples, mais independente e homogêneo o grupo, tanto menos exigente sua manutenção.

Mesmo assim, nos *mound builders* do vale do Mississipi, as escavações encontram conchas do Pacífico e do Atlântico, o cobre do Lago Superior, a mica dos Alleghanys, a obsidiana do México, cerâmica de várias paragens, somente explicáveis na reunião pelo processo de trocas numa apreciável extensão geográfica.

Já os povos de estágio superior, México, astecas, maias, chibchas ou muíscas, ameríndios do Equador, o império dos incas, com as áreas culturais do litoral e do antiplano, apresentavam complexos de consumo e venda, numa expressão heterogênea relativa aos grupos reunidos sob a unidade administrativa na multiformidade da produção e da exigência na procura. Funcionam o mercado, a cidade tradicional para as feiras, as estradas de penetração e escoamento, a estabilidade tipológica da produção, industrializada ou natural, as moedas comumente populares, pagando imposto, índice de governo fundado na tradição econômica da contribuição coletiva.

Existem produtos do esforço ou saldos das colheitas, pêlo das lhamas, mel, cacau (moeda oficial no México), algodão, tecidos, sal, instrumentos de madeira ou líticos para agricultura, caça e guerra, milho (*maíz*), farinha de milho, cereais genericamente. O império Chimu (litoral peruano) ocupava mais de seis mil indígenas no tráfico com o antiplano, carregando metais em troca de tecidos e víveres. A desnorteante abundância do ouro, lavrado e nativo, da prata e das pedras preciosas, embriagando e barbarizando o castelhano, foi o mais notável impulso permutativo, especialmente entre as regiões de mais alto nível econômico. O ouro é cobiçado por quem lhe conhece o valor decorativo, exibicionista, mágico.

Como em todo território americano, continental e insular, nunca existiu o comunismo de produção e todo indígena *possuía,*[233] é decorrente o desejo de trocas, iniciando um comércio em que o lucro seria a satisfação aquisitiva.

Os grandes estados americanos, astecas, maias, incas, muíscas, tinham comércio organizado, regular, expansionista, com estradas, mercados consumidores e produtores certos, intercâmbio, caravanas, tráfico, permanência financeira nos padrões-moedas.

A Capac Ñan, estrada real do inca, subia de Cuzco a Quito, no Equador, e descia a Talca, no Chile, com variantes que irradiavam comunicações para a atual Bolívia. No seu apogeu, o império atingiu o Rio Ancasmayu no sul da Colômbia ao Rio Maule, no Chile, no setentrião. Os astecas (tinham um deus protetor do comércio e dos caminhos, Zacazonte), com os *pochteca* — comerciantes ambulantes, feireiros — vinham até a Nicarágua. Entre Panamá e o Equador iam e vinham as filas das lhamas, e no litoral as jangadas, com velas (?), das quais Nuñez de Balboa teve notícia em 1513. Os grandes mercados no México eram Tenochtitlán e Cholula no planalto, e Tuxtepec e Xicalanto na costa. Tenochtitlán, erguida em estacarias como Veneza, com água encanada, orgulhava-se de um mercado três vezes maior que o de Salamanca. Os espanhóis destruíram Tenochtitlán em 1521.

A cultura chibcha (muísca), na Colômbia, compreendia nove estados com duas cidades tentaculares, Tunja, em Zaque, ao norte, e Muiquitá (Bogotá), em Zipa, ao sul. Seus objetos de ouro, aleação de ouro e cobre, foram encontrados desde a foz do Amazonas às Antilhas. Do México ao Peru.

O Amazonas, desde seus rios formadores e a rede infinita dos afluentes, foi um distribuidor dessas culturas do antiplano e bem possivelmente do litoral do Pacífico. Ligava-se com a Venezuela. O comércio ativo de utilidades derramava-se através dos rios. Não apenas a influência andina está no Chaco como os chilenos estabelecem contato com os futuros argentinos onde a cultura incaica chegara também.

Não é fácil ou impossível determinar as áreas dessas irradiações. São de custoso processo identificador, mas a conclusão é que não houve, na era pré-colombiana, região fechada inteiramente aos produtos de regiões afastadas.

Ainda von Martius encontrou no Rio Negro, no segundo lustro do século XIX, a tradição das maquiras (redes de dormir) exportadas para o Pará e mesmo para as Índias Ocidentais (Antilhas) aos milhares, feitas pelos indígenas miranhas.

A cerâmica, aparatos líticos para raspagem da mandioca, flechas, arcos, a farinha em paneiros, penas para ornamentos individuais, venenos para caça e pesca, alimentos secos, sal, canoas, tecidos, instrumentos musicais são os elementos contemporâneos de um vasto sistema de permutas compreendendo todo o continente ibero-americano, senão em série contínua, mas em funcionamento com zonas intervalares diferenciadas pela mais poderosa intrusão ou presença branca.

Os lacandones, de Chiapas, México, de Jataté e de Lacanhá, desconhecem o uso do dinheiro amoedado, e vivem em ativo comércio permutativo. Os piaroa do Orenoco fazem do curare a moeda corrente em toda região, preparando em forma de ovo, já despido de ritos mágicos durante a fabricação, aceito e regular até o Amazonas e havendo mesmo, como índice de valorização, as contrafações clandestinas imitadoras.[234]

*

O movimento comercial foi o grande agente da aculturação. Os povos autárquicos mantêm a fisionomia hermética de suas características sociais e plásticas. A interdependência pelo tráfico determina a modificação na endosmose dos contatos. Mesmo as permanentes decorativas emigram e vão convergir para as técnicas bem distantes, criando estilos que são as somas das influências que a simpatia local nacionalizou.

O esforço de venda faz nascer tipos e atividades que constituem as irradiações mais legítimas da penetração cultural na face da terra. Teilhard de Chardin dizia que

jamais être vivant supérieur, à aucune époque, n'a occupé la Terre aussi extensivement que l'Homme.

Esse centrifugismo é comercialidade viva. O universalismo da moeda é uma conquista do tráfico e não do avanço guerreiro. A posse militar era o ganho pelo saque, pelo aniquilamento de todos os direitos regionais e desaparecimento da posse anterior. O invasor levava sua inarredável pátria nas armas e era território nacional, terra e bens subjugados. *Vae victis.* O estrangeiro, *senos* grego, era aquele-que-mata, *kteíno,* o inimigo. Daí o romano afastar o alienígena, *hospes, hostis!* Para que o comércio realizasse o processo constante e milenar da aproximação humana, na química dos interesses recíprocos, indispensáveis foram o Tempo e o elemento psicológico do instinto aquisitivo, poderosos na fórmula da fusão.

A lição clássica de que o povo rural constrói sua vila em âmbito dispersivo, obedecendo o imperativo dos plantios que exigem espaço para aproveitamento útil, e a população ligada ao comércio funda a cidade mais densa, mais reunida, ombro a ombro, tem sua explicação na coincidência do objeto a defender e guardar, mais precioso e valorizado que os frutos da colheita ainda espalhados entre os produtores agrícolas.

O *kremat ayer,* o dinheiro faz o homem, só poderia ter nascido quando a moeda, indicadora do crédito móvel e fazendo o patrimônio distante servir de garantia imediata, fixou uma fase alta no desenvolvimento comercial. Quinhentos anos a.C., o homem estava no plano econômico, com todos os elementos essenciais para a viagem através dos milênios. Vinte e cinco séculos depois, das primeiras moedas em prata, em nada psicologicamente mudou. Raciocina e age como no século VII a.C. O comércio lhe deu este universalismo perceptivo e esta unidade funcional.

*

O comércio não apenas provocou a comunicação geográfica e, na continuidade, a circulação dos interesses socioeconômicos. Aspecto mais poderoso e visível é ter determinado a fixação demográfica pelo deslocamento das populações do interior, concentrando-as nas áreas marítimas ou fluviais dos embarques. As orlas litorâneas eram expostas aos assaltos predatórios, impondo fortificações e obstáculos defensivos. Não somente ao redor do Mediterrâneo como pelo mundo insular do Pacífico, revelado pelos grandes navegadores do século XVIII. Estabelecendo-se a regularidade dos escambos, iniciada a exportação permutativa, conquistado o distante consumidor, as praias foram ocupadas pelos depósitos que se tornaram cidades ao longo do mar, quando antes seriam improvisados acampamentos de pescadores ou recoletores de búzios, cauris, *cypraea, moneta, exanthema,* e variedades, valendo moeda em toda África e ainda incomparável ornamento feminino, já homenageando os mortos no paleolítico. As sucessivas remessas de "peças" (pretos escravos) para a América motivaram a nova e definitiva localização urbana. O africano atravessou o Atlântico na ponte das canas-de-açúcar. Depois atendera compulsoriamente ao apelo da mineração e do café, algodão para o norte continental.

Os canaviais brasileiros reforçaram na África a fixação residencial na orla marítima, onde não existia. A necessidade de aproximar-se dos pontos de mais fácil escoamento, embarque, acomodação dos prisioneiros que seriam vendidos provocou a construção de armazéns-depósitos, casa para chefes e subordinados, quartel para a vigilante guarda do rebanho infeliz, dependências para os objetos trocáveis, víveres, armas, múltiplos encargos, fazendo nascer uma povoação no areal. Essa permanência será explicada pelo interesse exportador, da Goréia ao Cunene.

O preto não amava o litoral onde jamais vivera e tão distanciado da ambição cinegética de antílopes e búfalos, carne de elefante e gordura de hipopótamo. Nem mesmo o pescado do Atlântico e do Índico o seduzia pelo sabor. A preferência africana pelos peixes fluviais e lacustres é tradicional e ainda verificável nos mercados e quitandas. As orixás sudanesas que a Bahia fez marítimas são moradoras nos rios da Nigéria e Daomé. A movimentação das multidões negras para o Brasil e outras zonas de procura obrigou os mercadores pretos ao sedentarismo litorâneo. O branco é que plantou, por ação catalítica do engenho de açúcar, minas e cafezais, as futuras cidades ao olhar das praias ocidentais e orientais no continente negro. Caça, aldeia, bailes, mulheres, lutas, plantações, festins religiosos, feiras, aclamações, ebriedade, tudo permanecia nos sertões. Repetiu-se fenômeno idêntico com os indígenas seminômades de todo interior e mesmo os mais apropinquados, vindo às praias na ocasião dos cajus ou piracemas. Não manejavam leme nem vela. Pescando nas igapebas, as jangadas amerabas regressavam às malocas ao anoitecer. Não existe, positivamente, na linguagem das gentes habitantes no território brasileiro, um vocábulo significando MAR, e sim RIO, água-grande, Pará, Paraguaçu, Iguaçu. Mesmo o homem tupi, que o português encontrou paralelo ao oceano, descera dos sertões, dos antiplanos, da indeterminação geográfica.

*

O comércio estabeleceu entidades de ação permanente, surgidas há milênios e respondendo, no presente, às necessidades determinantes de sua criação. Devemos ao comércio a estrada, via, caminho; a rota marítima dependente às partidas e regressos das monções e, conseqüentemente, das colheitas agrícolas coincidentes, a feira, o mercado, a moeda, o crédito, o câmbio, os vários processos de pagamento, o financiamento de safras, percentagens, dividendos, institutos de seguro, organizações protetoras do tráfico e da figura do negociante (proxéias, ligas, sindicatos, consulados etc.). Um tanto mais do que a guerra, o comércio é pai ou mãe do Direito Internacional Público, defesas nas terras estrangeiras dos bens e pessoa do traficante, riscos, assaltos, sinistros quando sob a custódia de soberanos distantes e responsáveis pela segurança das cargas e vidas humanas. O negociante foi um informador precioso para a antropogeografia. A feira, o mercado, a moeda foram as expressões mais poderosas e legítimas da vitalidade comercial quando sua função se tornou extranacional e o negociante respeitado pela própria profissão. Os sociólogos que pesquisaram a origem da hospitalidade poderiam evidenciar, com nitidez maior, que a hostilidade primitiva cedeu e se abrandou em face do interesse comercial que o estrangeiro representava. Quando o romano passa do *hospitium privatum* para o *publicum,* estava justamente na fase do intercâmbio que não lhe convinha retardar ou diminuir. Não é para negar o aspecto religioso, mágico e sagrado, do estrangeiro que podia ser um *dieu déguisé* — como dizia Gaston Richard, mas este elemento mítico foi ampliado e reforçado pelo interesse imediato que a presença do alienígena materializava. As grandes feiras popularizaram-se porque eram realizadas durante as festas religiosas mais tradicionais. O caráter de peregrino custodiava o mercador, no seu duplo caráter de devoto do deus e do lucro. Logo surgiram as égides divinas protetoras do mercado e do negociante, Zeus, Atenas-Minerva, Artemis, e especialmente Hermes-Mercúrio.[235]

O aparecimento da feira denuncia um adiantamento notável na regularidade das comunicações, garantias individuais, segurança nas travessias e conhecimento normal da efetuação local, data, gêneros que podiam ser expostos à venda, sabendo-se da prévia necessidade deles na região ou de sua compra para outras paragens carecentes.

A denominação latina, *feria,* festa, solenidade, dia votivo, feira, *fair,* também dirá de sua periodicidade, a *nundinae,* cada nove dias, e o *mercatus,* em certa época. Em alemão o *Jahrmarkt,* mercado anual, valendo a feira, mostra o ritmo local, tornado biênuo durante o domínio das hanseas.

De sua importância social deduz-se pelo efeito de constituir o veículo mais ativo de comunicação humana, convívio, recíproca influência em todos os ramos da atividade, do idioma à culinária. Para os gregos a feira era *panegyris,* a grande assembléia, a grande multidão reunida, e daí provém o "panegírico", discurso laudatório, a falação encomiástica, como do inglês *fair,* feira, vem o *fairish,* razoável, justo, sofrível, o *fairness,* razão, eqüidade, honradez, imparcialidade, beleza, candura, e o *fair-spoken,* cortês, civilizado, polido. A polícia de costumes seria implacável para obter um ambiente de tranqüilidade, boas maneiras, honrabilidade, decência, no contato de homens de várias regiões, tendo o mesmo interesse do maior lucro no menor dispêndio.

Para etnógrafos, antropologistas, folcloristas, uma feira vale universidade popular, visão autêntica das pequenas indústrias caseiras, do artesanato sobrevivente ao maquinário padronizador, da presença de compradores, vendedores e curiosos que trazem o caráter espontâneo dos costumes e gestos habituais, de mil objetos que encontram naquele momento o clima natural da curiosidade aquisitiva. O pesquisador lingüístico, da mímica, da indumentária, dos tipos antropológicos comuns ou raros, da cozinha regional, das bebidas antigas, do regime alimentar dos pobres feirantes, da cerâmica utilitária, infantil ou decorativa, dos divertimentos velhos ou modernos (com a natural escala da adaptação), das fórmulas de saudação, despedida, pagamento a vista ou a prazo, das cobranças amáveis ou imperativas, das técnicas de atração, deparará um material variado e rico em qualquer feira visitada, seja qual for o país desse mundo. A feira é uma exposição etnográfica na legitimidade da expressão.[236]

Como força de intercomunicação, a feira realizou uma convergência de interesses fixada geograficamente e sempre num plano de movimentação humana. A feira, inter ou extragrupal, teve papel semelhante na mecânica da aproximação, alheia ao aparato belicoso. O contato dos feirantes trouxe a divulgação de muita notícia geográfica, etnográfica, política.

Convinha ainda lembrar que o enviado do rei, embaixador de sua força militar, possuiu em função efêmera o que o comerciante conquistou permanente, o salvo-conduto expresso ou tácito, o direito de atravessar incólume as regiões queimadas pela guerra, aspecto que surpreendeu Tylor. O ir-e-vir para as feiras, mercados de dias, semanas ou meses, tornou-se ato de positivação veneranda. Não podia ou não devia ser molestado. A razão será que o negociante herdava ou prolongava o peregrino, encaminhando-se para os santuários em tempo festivo, sagrado pelo destino de sua caminhada e intocáveis os bens destinados ao esplendor do culto.

Quando o mercado nasceu na história do interesse humano? Se deparamos os depósitos líticos, do madaleniano em diante, e encontramos objetos de pontos longínquos utilizados em posições diversas, desde o paleolítico superior, não é possível afirmar como as armas, conchas, placas líticas e depois cerâmica, dentes, ossos eram trazidos ou encaminhados aos seus destinatários anônimos há milhares e milhares de anos. Não sendo possível negar a fabricação em volume superior às necessidades grupais, restam o mistério de conhecer o processo da entrega e a convenção do câmbio compensador. Não é crível admitir a solução das excursões guerreiras para obter pelo saque as armas de Pressigny e os cães dinamarqueses enviados para o curso alemão do Spree, no aziliense.

Para a Idade dos Metais, de tão vaga e nevoenta determinação, os excedentes líticos e os produtos da agricultura e da pastorícia justificariam a fase intensa de permutas, respondendo ao comércio indiscutível, pelo Mediterrâneo e Báltico e rios atravessadores da Europa de leste, norte e sul. A divulgação das armas, no período do ferro, armas ainda de bronze mas de acabamento superior, lanças, couraças, espadas, elmos, dardos, a expansão cerâmica de vasos tipologicamente uniformes, a densidade demográfica ao redor do Mediterrâneo serão dados possibilitadores da criação das primeiras reuniões humanas para a pacífica permuta de utilidades. Como depois tivemos as "tréguas das feiras" na Idade Média, o *jus commercii* garantindo a dinâmica dos percursos comerciais, pelo menos durante certos meses ou fases através de guerras, as feiras seriam denúncias reais de um entendimento dos homens em benefício do nascente conforto individual e coletivo. O homem nunca deixou de ser social. A construção das palafitas é uma vitória contra a imagem clássica do isolamento. A feira é a afirmativa tranqüila do intercâmbio, experimental, depois fixa, com os mercados permanentes.

Para essa permuta, a troca julgadamente origem do comércio, o homem tivera outra vitória de perpétua ressonância: conseguira uma tabela de avaliação, uma escala de máximas e mínimas, apreçando quanto desejava possuir e entregar em pagamento. Os etnógrafos que estudaram a maravilha das equivalências sabem de quanto andou o homem, mentalmente, para conceder aos outros o valor relativo às coisas próprias. É o fenômeno da moeda, síntese material e móvel da avaliação. Só podia surgir num estágio superior de abstração especulativa e depois da necessidade de contatos com outros interesses disputantes.

Para que a moeda satisfizesse, era indispensável sua utilidade. Por isso, foi fruto da terra, animais, dentes de cães, rodas de pedras, búzios, contas, armas, sal, cantigas, metais.

No Brasil, no século XVIII, era algodão fiado, ouro em pó, diamante bruto. No século XIX, no Pará, pacotes de ovas de tainha (mugilídeo, *Mugil platanus*) e, ao redor de 1918, balas do rifle Winchester 44, no mundo amazônico. Na Idade Média um menestrel, um jogral, pagava pedágio cantando ou peloticando, antes de transpor a ponte senhorial. No Brasil, das primeiras décadas do século XVI o cantor tupinambá passava incólume entre tribos adversas, defendido pelo poder de sua cantiga irresistível. Era o seu salvo-conduto e também, não há que negar, a moeda corrente entre amerabas melomanos. As centenas e centenas de moedas convencionais tinham valor circunscrito às áreas de sua aceitação. Seriam, além de valores de consumação, amuletos, resumos de forças mágicas, repelindo as grandezas adversas e atraindo as benéficas e generosas. Anterior ao século VII a.C., não se conhece moeda metálica. Discute-se se o rei Fídon, de Argos, inventou a primeira. Foi nativamente cunhada em Égina. As escavações revelaram até hoje moedas gregas e das cidades helenizadas da Ásia Menor. De prata, de electrum (prata e ouro), de ouro (a partir do rei Filipe da Macedônia, pai de Alexandre Magno), da Grécia derramaram-se pelas ilhas e continente europeu. Júlio César foi o primeiro romano vivo a ter sua efígie numa moeda. Não é a história numismática que evoco, mas simplesmente a moeda, ao nascer, trouxe o valor intrínseco, valor em si, ganhando terreno que o dente de cachorro das ilhas do Almirantado ou o cacau do México não podiam rivalizar. Com o tempo passando, certas moedas alcançaram a quase universalidade, cruzado de prata de Portugal que vai encher a bolsa de Desdêmona,[237] a libra esterlina, o guinéu recordador do tráfico inglês de escravos na Guiné, o ducado de ouro, o florim de prata, o táler da rainha Maria Teresa, a libra esterlina e, presentemente, o dólar norte-americano.[238]

Essas moedas já não têm, nos dias atuais, o seu valor intrínseco e valem como expressões correntes do crédito do país emissor. Apesar das alterações, remarcamento de timbres, dando significação monetária acima do extrínseco ou oficial, a moeda constituía, em si própria, um pequenino capital. Inicialmente seria um veículo para aquisição de utilidades e não mercadoria propriamente dita como de meados do século XVIII em diante ocorreu e continua (bolsa-de-valores, câmbio, bolsa-de-tíulos, *clearing house, stock-exchange* etc.).

A moeda metálica foi universal no século XVII sem prejuízo das moedas naturais para permutas, de produto a produto. Sua supervalorização trouxe a cobiça e tornou-a a mais desejada das presas, explicando os assaltos e crimes para a sua posse. Facilitando o transporte das divisas, apareceu a moeda em papel, verdadeira revolução no crédito porque não representava substancialmente o papel-moeda, uma eqüipolência real. Era um pedaço de papel, cortiça, couro, valendo e produzindo a quantia expressa no seu dorso. Dizem que a China fez circular o papel-moeda no século IX d.C. No século XVII era corrente e popular na Europa, oitocentos anos depois. A notícia da moeda chinesa, tão barata e cômoda, devia ter-se espalhado pelos relatórios e narrativas de viagens (o franciscano Guillaume de Ru-brouck que, 1253-54, visitara a Tartária, e o espantoso Marco Pólo, 1271-95, que foi denominado *Messer Millione* pelas riquezas fabulosas que afirmara ter visto, especialmente na China e Tartária), mas a moeda-papel teve antecedentes europeus que a explicam além de uma repercussão chinesa.

A letra de câmbio, letra de crédito, preparara a divulgação do papel-moeda e, até certo ponto, provocara seu aparecimento. Ocultava os valores da violência e rapinagem, nada significando senão para o portador, aceitador e emitente. Montesquieu diz que os judeus inventaram as

lettres de change, os *biens invisibles que pouvaient être envoyés partout et ne laissaient de traces nulle part.*

Ducoudray lembra que a popularidade das letras de câmbio data das lutas na Itália entre guelfos e gibelinos. Estes, exilados por aqueles, recorriam às letras de câmbio, fazendo circular os capitais ameaçados de confisco. Os negociantes lombardos utilizaram-se farta e comumente desse processo de crédito em seus pagamentos e recebimentos de dinheiro e mercadorias na França, Alemanha, Flandres, Holanda.

A moeda-papel era sempre conversível em ouro. Valia espécie de cheque que a tesouraria do Estado descontaria no nobre metal. Com as exigências da política, administração, guerras, os soberanos expediam ordens declarando a moeda com *curso forçado,* evitando a possibilidade do desconto metálico. Toda emissão de papel-moeda correspondia a um lastro-ouro inevitável. Não mais se fala nesses rigores monetários.

Desde o momento em que o papel assinado significou valor de imediata e segura produção econômica, nasceu o banco. Atenas tivera os "trapezistas" e Roma os *argentarii* encarregados, mediante comissão no desconto, das trocas de moedas estrangeiras pela nacional, indispensáveis nas compras locais. "Trapezistas" e *argentarii* realizavam as operações típicas do giro bancário, troca, depósito, empréstimo. Na Europa o primeiro banco instalou-se em Veneza (1157), que era detentora de um quase monopólio comercial. As mercadorias do Oriente, vindas pelo Oceano Índico e Mar Vermelho, chegavam ao Egito onde as frotas venezianas aguardavam para o transporte e distribuição. Gênova usufruía os caminhos terrestres, caravanas carregadas através do Turquestão, Cáspio e daí ao Mar Negro, onde suas esquadras esperavam. Os genoveses em Constantinopla e os venezianos em Alexandria eram dominadores do trânsito. A vinda dos turcos, a rivalidade criminosa entre as cidades-nações italianas, fez desmoronar a organização que Vasco da Gama, indo às Índias pelo Atlântico, deu o golpe de misericórdia final. Veneza, no momento, era a Londres do século XII. Mesmo assim, o bilhete bancário, o papel-moeda corrente e fácil, veio com o Banco de Estocolmo, em 1668 — o primeiro a fazer empréstimos sobre imóveis. O grande movimento bancário é do século XVI e a casa bancária, da centúria imediata.

*

Há um problema sobre a origem do comércio e problema indispensável porque, não existindo problema, morre a sedução da caçada erudita. Parece que o começo foi a troca, tal e qual existia em tantos povos e nas crianças presentes. Essas querem tudo mas, recebendo o que julgam equivalente, sossegam e pensam noutra coisa. O problema não é a origem, que só pode ter sido a troca, mas o misterioso mecanismo da compensação, isto vale aquilo. Essa aquilatação é que jamais dará as honras esclarecedoras de sua gestação. A percepção da eqüipolência no homem foi a valorização de todas as coisas, impulso inicial da circulação comercial pelas formas sucessivas do alborque.

Creio na troca, permutação entre homens do mesmo grupo e de grupo em grupo, nascendo a pequenina célula nuclear da feira como velocidade inicial do comércio. Creio não apenas pela inacabável documentação etnográfica existente como pela habitual e diária mecânica da psicologia infantil. Já dizia George Harris Lewes (1817-1878) que o menino é pai do homem.

O escambo, forma primeira do comércio, denuncia sua antiguidade assombrosa pela técnica infantil. Foi o nosso "comércio" quando meninos; selos, moedas, bolas de vidro, soldados de chumbo, figuras. É a maneira usual em todos os povos naturais. É o processo universal dos ciganos. O comércio sem moeda continua vivo nos próprios mercados e feiras do mundo. Ainda nas primeiras décadas do século XX os ainos do norte do Japão não possuíam moeda e todo intercâmbio com os japoneses e vizinhos processava-se pela simples permuta; como os lacandones atuais, de Chiapas, no México. Quando Tácito fala nos germânicos mais antigos, os do interior, fiéis à simplicidade antiga, informa que usam de permutas:

Interiores simplicius et antiquius permutatione mercium utuntur (*Germânia*, V).

Há um longo anedotário folclórico sobre a habilidade dos feirantes, dedicados exclusivamente às trocas. De um deles em Campina Grande, na Paraíba, contam que levou para a feira um papagaio e voltou com um cavalo selado, um anel de brilhante, dois mil cruzeiros e o próprio papagaio. É o *barganniare,* da baixa latinidade de Itália, *bargagnare, bargigner* francês, barganha, barganhar, *barguigner,* com algum dolo e hesitação desconfiada no momento de resolver-se o trato. É o que observo nas feiras em Natal. Ovos por espigas de milho. Batatas por um par de sandálias e até um macaquinho por uma garrafa de cachaça. É a clássica barganha portuguesa.

O ato da permuta é ato puro do instinto aquisitivo. Pode tornar-se fórmula de cortesia na mera seqüência volitiva do costume, do hábito, da pauta. Em maio de 1901, Max Schmidt notava que os indígenas do Rio Culiseu, um dos formadores do Xingu, em Mato Grosso, trocavam objetos todas as vezes que se encontravam na viagem. "Parece-me regra determinada que os indígenas do Culiseu, quando em viagem, troquem os seus objetos entre si. Verifica-se que o auetó aqui no meu barco já assim procedeu por diversas vezes, pois grande parte de suas flechas não era de origem auetó, provindo das mais diferentes tribos das redondezas".[239] A permuta de presentes, ofertas espontâneas ou rituais nos ritos de passagem, denuncia vitalidade do hábito em qualquer paragem do mundo, embora visando o lucro de prestígio e valimento recíprocos.

Teria vindo depois o "mercado mudo"? A mais antiga das menções é a de Heródoto, em *Melpómene* e ainda resiste em certas tribos amazônicas. Há entre os chukchis da Sibéria e do Alasca, na Califórnia, Malásia, Nova Guiné, certos bantos e os pigmeus africanos, mas o "comércio de silêncio" é negado entre esses últimos. Não altera, evidentemente, a solução. Houve e há. Um grupo deposita seus produtos em determinado local e retira-se. Outro grupo aproxima-se, verifica a exposição e põe, por sua vez, seus produtos, em porção deliberadamente equivalente. Volta o primeiro grupo e, se aceita os valores estrangeiros, leva-os e desaparece, deixando os próprios.

Entendendo o cálculo abaixo do valor, não mexe nos objetos. O segundo grupo reforça o preço ou interrompe o mercado, recolhendo seus produtos e indo embora.

Narra Heródoto:

> *Otra historia nos refieren los Cartagineses, que en la Libia, más allá de las columnas de Hércules, hay cierto paraje poblado de gente donde suelen éllos aportar y sacar a tierra sus géneros, y luego dejarlos en el mismo borde del mar, embarcarse de nuevo, y desde sus barcos dar con humo la señal de su arribo. Apenas lo ve la gente del país, cuando llegados a la ribera, dejan al lado de los géneros el oro, apartándose otra vez tierra adentro. Luego, saltando a tierra los Cartagineses hacia el oro, si les parece que el expuesto es el precio justo de sus mercaderías, alzándose con él se retiran y marchan; pero si no les parece bastante, embarcados otra vez se sientan en sus naves, la cual visto por los naturales vuelven a añadir oro hasta tanto que con sus aumentos les llegan a contentar, pues sabido es que ni los unos tocan al oro hasta llegar al precio justo de sus cargas, ni los otros las tocan hasta que se tas lome su oro.*[240]

George Peter Murdock conta semelhantemente dos negros semang, da península malaia, mas são enganados pelos vizinhos "civilizados".

> *Ignorant of the true value of their forest products, they were invariably cheated by their crafty civilizade neighbors.*[241]

Nada indica que esse *silent trade* tivesse sido inicial do comércio. Apenas uma modalidade, persistindo em determinadas regiões no tempo e no espaço. Nunca influiu sobre áreas apreciáveis e menos do que solução lógica é uma sobrevivência de relações prudentes e tímidas entre grupos sem comunicação perseverante. A origem do comércio foi incontestavelmente a troca, mas é ponto de partida distanciado e confuso para quem deseje ver o infinito percurso.

Da produção excedente emerge o instinto do escoamento econômico, mas os primeiros objetos permutados, ou que viajaram através do mundo, não eram víveres ou armas e sim enfeites, ornamentos individuais que, naquele tempo, valiam muito mais do que qualquer outro motivo porque eram disponibilidades de forças mágicas, aprisionadas pelo homem em seu serviço. Eram amuletos, armas reais contra mistérios e fórmulas propiciativas da satisfação individual. Dirá um economista do nosso tempo que os valores iniciais do comércio foram inutilidades. Inutilidades para nossa percepção do maravilhoso, mas elementos eminentemente práticos para a vida pessoal e grupal de outrora. O desnecessário é sempre indispensável.

Um pensamento vivo e atual nos sertanejos do Nordeste brasileiro era constituir uma vergonha adquirir-se o que podia ser produzido na propriedade rural. Essa herança de suficiência autárquica veio, quase intacta, até a segunda década do século XX em muitos recantos brasileiros.[242] Assim falava em Roma o lavrador no tempo de Plínio o Antigo. A economia, a organização doméstica, os trajes, a alimentação — estavam dentro de um critério conformista que renunciava novidades e modernismos que custavam dinheiro e quebravam as pautas rituais do costume. O comércio não podia surgir desta mentalidade. Rebentaria pelo impacto de necessidades "novas", bem pouco utilitárias mas sedutoras. A auto-suficiência ameríndia não resistiu ao oferecimento dos utensílios de ferro, facas, anzóis, tesouras, espelhos, contas de aljofre branco, vermelho, azul e verde. Mas o "comércio" do ameraba consistiu na entrega do produto diante da procura e não na sua ansiosa busca. Cortava-se o pau-brasil, segurava-se o papagaio, o sagüim, o tuim verde-gaio, quando o estrangeiro aparecia, estendendo o arsenal das tentações. Em parte alguma do continente americano o indígena tornou-se comerciante. Foi e é ainda um permutador. Excluo, logicamente, os complexos culturais do México, Peru, Iucatão, Colômbia etc. Falo do indígena no esplendor da economia-natural.

Durante as longas fases do seu desenvolvimento o comércio seria de homem para homem-produtor. O lucro era a utilidade adquirida pela percepção. Nas fazendas de gado onde me criei, no sertão do Rio Grande do Norte, vi essa permuta entre fazendeiros, queijos por pólvora, farinha de mandioca pelo milho para animais, uns arreios de cavalo por uma novilha. Mas a figura do intermediário teria de aparecer e foi precípua. Partiu do intermediário a viagem para as feiras mais distanciadas, levando o produto arrecadado nas vizinhanças.

Os gregos citavam os dois períodos iniciais do comércio; *aytopotiké,* sem intermediário, e *metaslitiké,* tendo o intermediário. Este último é um dínamo na expansão. Transformar-se-á no *emporos,* o viajante marítimo no tempo de Homero e que depois significou o grande comerciante. Vem daí o empório, centro comercial poderoso. Da velha "praça" onde ficava o mercado urbano, restou-nos a denominação "praça", valendo a reunião comercial das firmas em geral ou na especialidade do ramo profissional.

Não é crível igualmente ter a necessidade feito nascer o comércio porque os povos famintos ou carecentes não produzem e não têm ânimo para a atividade incessante da recriação econômica. Mistério será a produção excedente e a idéia do depósito, do armazém, surgidos depois da cerâmica e no neolítico. O depósito de cereais devia ter sido uma força irradiante. Um pormenor de sua explicação semântica mostra a vitalidade. O trigo, *sitos* em grego, acabou sendo a generalidade dos alimentos, e quem se aproveitava indevidamente das reservas, o ladrão da economia coletiva, era aquele que vivia perto do trigo, *parásitos,* dando "parasitos", hoje na expressão comum do aproveitador preguiçoso e cínico. Ou, na espécie vegetal, o tipo de fisiologia dependente de outro organismo. Ninguém recordará a imagem distante do *parásitos,* gatuno do trigo, fraudando uma precaução administrativa.

Depois da troca, seria o comércio o processo dos presentes, dádivas retribuídas, de que o *potlatch* contemporâneo é uma reminiscência da origem? Não lhe encontro ligação digna de influência. O *potlatch* é uma festa aparentemente perdulária e dissipadora do patrimônio pessoal de quem a promove, mas significando uma solvência de dívidas e um depósito de crédito moral. As manifestações eufóricas de exibição dos novos-ricos ou comemorações nos ritos de passagem, batizado, aniversários natalícios, casamento, hospedagem, apresentação em sociedade, ano-bom, Natal ou páscoas têm elementos que vivem no *potlatch* como fórmula mantenedora da amizade na obrigatoriedade da compensação. "Quem dá, recebe." Pertence o *potlatch* muito mais ao complexo do solidarismo que à medula comercial.[243] O comércio, *cum-merx, cis,* com mercadorias, não atravessou as mesmas etapas nas diversas regiões em que surgiu, Grécia, Babilônia, Assíria, Egito, Mediterrâneo, Roma, África Setentrional, Pérsia antes de Alexandre Magno, Península Ibérica, Europa do norte, de leste, o mundo balcânico e eslavo, China, Hindustão, as ilhas do Pacífico, o continente americano e seus povos insulares. As razões econômicas diferiam e os processos comunicantes variavam. Os estilos de troca, sistemas de pagamento — em espécie, em moeda natural e depois metálica — ocasionalmente é que teriam semelhança, porque eram feitos pelo Homem e este, em qualquer paragem, é mais ou menos idêntico. É lógica a modificação na forma do ato social, embora a essência volitiva tenha o mesmo fundamento na satisfação da necessidade e recepção do lucro. O cerimonial de iniciação é espiritualmente uma unidade e ritualmente divergente e diferenciado. Os motivos meteorológicos são simbolicamente representados de maneiras distintas. Unicamente a natureza fisiológica impõe para todas as criaturas a identidade das funções orgânicas.

TRANSPORTES

No plano de sua própria utilidade o homem foi o primeiro transportador de cargas. Um milhão de anos antes dele os animais carregavam suas presas ou faziam suas reservas arrastando o material comestível. Arrastando e não empurrando. Diziam que a vocação para empurrar pertencia aos ungulados, os antigos paquidermes de Cuvier, mas parece provado ser hábito adquirido mesmo nos elefantes, dados como típicos. Os felinos arrastam a caça, prendendo-a na boca, e quando o peso é menor, atiram-na ao dorso, elegantemente. Assim, o leão com a antílope e a onça sussuarana com a ovelha tenra usam desta técnica.

Abatida a grande peça de caça, o homem do paleolítico não podia transportá-la inteira para a caverna. Decepava os pedaços, distribuindo a ração, cada um levando sua parte. Para construir a cidade lacustre, árvores de porte foram derrubadas e, como as vigas e barrotes empregados nas palafitas são de vulto, é lógico que a madeira foi arrastada da floresta para a margem dos lagos. Esse arrasto daria a imagem do trenó, carro de rojo, simplificando transporte milhares de anos antes da genial invenção da roda. O carro de arrasto, trenó, carro de rojo, selea, rastilho, *trineo, traineau, sledge,* foi o primeiro veículo. Carro arrastado pelo braço do homem. Depois vieram as modificações melhoradoras. Dos troncos arrastados passaram a escavar a medula, dando lugar para as cargas e diminuindo o peso pelo aparamento. A tora de árvore foi adelgaçando até tornar-se uma grande tábua resistente, passando pela inicial da forquilha de arrasto. Da árvore arrastada nasceu o trenó, mas este teve incontáveis formas no uso, segundo a natureza dos terrenos em que seria empregado, trenó, curvo, bordo saliente, aduelado, duas vigas paralelas com taliscas entremeadas etc. Primeiro ao rés do solo e depois mais suspenso da superfície deslizadora, dando conforto. Ficou restrito às regiões onde o gelo oferece campo idôneo e legítimo. Mas ainda vemos na Ilha da Madeira, sob o sol forte, um carro de rojo em que se desce as ladeiras da cidade do Funchal. Naturalmente, há quem fixe os pontos irradiantes do trenó. E, como é lógico, aparecem os problemas das origens do calçado da raquete, anterior ou tendo vindo depois do trenó, ambos dominando as zonas de gelo e neve. Lembrando-nos de que o carro de arrasto transportou todo material pesado, toneladas, para as construções clássicas do Egito, Assíria, Pérsia, Babilônia, Europa megalítica, puxado também pelos trabalhadores incas e astecas para suas cidades de pedras, pirâmides, templos, muralhas e palácios, não é fácil atinar com um único formigueiro para tanta formiga espalhada no mundo, fazendo esforço igual sob a mesma lei mecânica.

Enfin, la roue vinte... De onde e quando veio é questão aberta e deliciosamente debatida pelos etnógrafos. Quatro mil anos a.C. havia a roda na Mesopotâmia. Começara maciça, inteira, girando presa ao próprio eixo, como os contemporâneos carros de bois no Nordeste do Brasil, quase sem alteração de sessenta séculos.[244] O motivo enamorou Tylor e Haddon no século passado e continua apaixonando mestres atuais, Lowie, Ralph Linton, Julio Caro Baroja, Birket-Smith, Woolley. Todo continente americano desconheceu-a. E também nas regiões onde o terreno não se prestava ao uso e ausência de animais de tração. Creio que o primeiro animal de tração para o carro foi o escravo, obtido nas guerras. Competiu com os animais adestrados e, nos nossos dias, os carrinhos de mão, por toda a parte do mundo, os carros leves de passeio no Japão, Índia, ilha de Moçambique, África do Sul comprovaram.

De qualquer forma, é preciso situar a roda começando na Ásia porque a Europa usou-a na Idade do Bronze, bem depois do que sabemos das andanças asiáticas. Woolley, no "Estandarte de Ur", o mosaico referente a guerra, *war panel,* mostra cinco carros de rodas maciças, puxados por onagros, três transportando guerreiros. Carros de quatro rodas, denunciando evolução porque o primeiro carro devia ter apenas duas rodas, com um timão e dois animais de tração. Quando vemos os leves e lindos carros de guerra assírios e egípcios, de rodas raiadas, com dois guerreiros, decidindo as batalhas, sentimos a distância entre o lento, guinchante e pesado carrão de Ur, de eixo fixo e rodas inteiriças, como rodelas de tronco de árvore.

De um ponto ainda impreciso na Ásia o carro correu para a Índia, China, Ásia Menor, Grécia, África Setentrional e deve ter ido para a Europa correndo das praias gregas ou partindo do litoral africano. O carro de duas rodas é uma constante mediterrânea e F. Kruger o proclama *le symbole vivant de la civilisation méditerranéenne.* O carro de quatro rodas, ambos os tipos raiados, radica-se à Europa Central, centro de sua influência, para outros rincôes. Mas, nos tempos históricos, os grandes carros germânicos, carros-abrigos-fortalezas onde as mulheres e filhos assistiam ao combate e nas horas do assalto participavam dele, eram puxados por bois, e de rodas inteiras. Quando os romanos enfrentaram os cartagineses na Espanha já o carro *chillón,* gemendo nos eixos, era comum e normal na região, e igualmente em Portugal. Esta é a velocidade inicial para sua presença n'América ibérica. O carro de rodas maciças no Brasil, no quarto decênio do século XVI, a carreta, de raios, anterior, na seção castelhana do continente. Não se tome a notícia como monopólio dos tipos e sim a sua predominância.

O carro de quatro rodas teria vindo da adaptação de dois carros de duas rodas, ampliando as áreas disponíveis para carga. Birket-Smith fala nos desenhos escandinavos nas pedras e num relevo assírio, representando o transporte do obelisco do rei Asur-Nazir-Pal I, com dois carros de duas rodas conjugados.

O carro vulgariza-se pela existência da domesticação animal e, de transporte e guerra, mudou a história do mundo.

A origem da roda, até hoje mais útil que a desintegração atômica, é motivo de pesquisas mais dedutivas que documentais. Da forquilha de arrasto, o homem pensou em colocar um toro de madeira sob os dois varapaus rojantes, tal e qual ainda se emprega quando trazem as jangadas, das praias do Ceará às Alagoas, para lugar enxuto e para restituí-las ao mar na manhã seguinte. São os rolos que fazem a jangada escorregar para as ondas. Uma barca, da época do bronze, encontrada em Calione, Wexford, Irlanda, tinha ao lado os rolos com destinação idêntica. Dos rolos debaixo dos paus arrastados passou-se a fixá-los, fazendo cavidades em meia-lua. Veio o luxo de um estrado e as extremidades do rolo sugeriram as rodas, salientes do conjunto e rolando nas cavidades suportadoras do eixo, antes para rojo e agora para o deslocamento. É uma hipótese sedutora de Haddon e de Tylor. Outra sugestão, que deixou de interessar, consistia em admitir que o homem cortara verticalmente o tronco, obtendo a primeira roda. Como tivera essa idéia e a outra, genial, de articulá-la a um eixo, não foi possível explicar. Com um instrumento lítico seria difícil a operação. Com os metais, a roda já estava corrente e notável.

O carro exigia a estrada mais larga e plana. As caravanas comerciais, rumo às feiras e mercados, teriam as pistas, caminhos apenas permitindo a passagem dos animais carregados. O carro conseguiu maiores dimensões desde que se destinava à regularidade do tráfego.

O boi, o onagro, o mulo, precedendo o cavalo no jugo e varais, não determinaram a cavalaria gloriosa que apareceu depois do carro de guerra. O cavalo puxou o carro e depois foi montada do guerreiro, do caçador, do pastor. As representações do cavaleiro são posteriores às figuras do auriga.

Os ameríndios — não sabendo da existência da roda — não tiveram carros. Verdade é que havia o conhecimento da roda como brinco infantil no México. Os cães arrastavam os rastilhos dos caçadores de bisontes, carregados de carne, e os trenós dos esquimós nas paragens geladas. O soberano inca era conduzido, pelos súditos, no alto de um palanquim. A lhama suportava pesos de algum apreço mas por pouco tempo, no altiplano. O veículo essencial era o homem.

*

Se o homem não tivesse anulado as distâncias marítimas, bem diversas seriam as soluções culturais que conhecemos. As civilizações teriam fisionomias diferentíssimas. Os processos aculturativos, a marcha das técnicas, a própria mecânica da aproximação humana seriam diversíssimas. O homem não deixaria de realizar a *sua* cultura suficiente, mas o contato pelas estradas terrestres em muito retardaria a miscigenação espiritual, social e material possuída. A ascensão civilizadora deve sua fase mais intensa ao ciclo das navegações. A grande revelação, o milagre humano da unidade emocional, é uma conseqüência da conquista naval.

É possível escolhermos um tipo ou vários tipos de embarcações e decidirmo-nos por uma delas como a inicial. Não é crível, no tempo, atinar com o nascimento, e no espaço a primeira praia onde água molhou a primitiva jangada. Falo em jangada por ter-me decidido por ela, como ponto de partida para o domínio das águas, correntes ou imóveis. De acordo com Paul Rivet.[245] Todos os navios do mundo são netos das jangadas, botes de couro, de cascas, cortiça, de canoas monóxilas, cavadas num tronco linheiro. Não discuto que, antes de jangada, balsa, bote de cortiça ou de couro ou piroga, algum homem ganhou a vida agarrado a um tronco boiando em cima da onda ou da correnteza fluvial. Mas era solução acidental e o homem não estava dependendo do elemento líquido, vez que a pescaria era caçada ao longo dos rios, lagos, de dardo na mão, flecha, como ainda hoje fazem ameríndios sul-americanos, australianos e polinésios.

Usaram a jangada (denominação malaia) os tasmanianos, polinésios (chamavam-na "pai-pai"), egípcios do Nilo superior, indígenas amerabas, aruacos e tupis — piperi e igapeba, como a diziam quando o Brasil foi descoberto em 1500. Flutuava em ambos os oceanos americanos, no Lago Titicaca, nos rios da Califórnia, Nevada, Arizona. Nas Antilhas desapareceu praticamente em todas as regiões outrora familiares. Teima em não morrer e realizar função de pesca, em mais de duas mil unidades, no Nordeste do Brasil, do Ceará às Alagoas, e figurando no brasão d'armas do Rio Grande do Norte desde 1909, como simbolizando a pesca.

Sua construção, paus amarrados, insubmergíveis, simples, intuitiva, resolveu o problema do transporte, ou passo sobre águas inoportunas, banhados, rios e lagoas. O processo de fabricação ganha, de muito, em primitividade, às canoas iniciais. Mais fácil é a reunião dos paus que bóiam para escavar, com pedra aguda e à força de fogo, um tronco de madeira. Uma abundância de animais e pouquidade florestal provocariam o bote de couro e não a jangada ou a canoa. Mas nem sempre o material implica a obrigatoriedade da fórmula realizadora. Lowie lembra duas conclusões diametrais. Primeiro, a migração de um povo está em função do meio ambiente e também do seu instrumental de trabalho; segundo, ao norte do Point Concepción, a população litorânea da Califórnia era totalmente desprovida de barcos, possuindo um bosque magnífico de madeira de construção. A jangada é mil vezes mais popular na costa setentrional do Brasil, quase sem matas, do que nos rios que furam a floresta amazônica, com centos de árvores que flutuam muito bem. Foi assim nos três primeiros séculos do descobrimento. E a jangada ainda resiste justamente no Nordeste e não no extremo-norte, de onde quase sempre vem a madeira jangadeira, o pau-de-jangada (*Apeiba tibourbou,* Aubl.), uma tiliácea.

A jangada, a balsa, foi o transportador humano por excelência nas épocas lacustres, impelida a varejão, sem leme, sem remo, sem vela. Antes do pagaio, o homem empregou as mãos para remar como, ainda recentemente, faziam os maricopas do Arizona. A antiguidade da jangada evidencia facilidade de sua improvisação. Ainda contemporaneamente não se emprega metal algum em sua construção. Nem um prego.[246] Continua coeva ao neolítico.

Thor Heyerdahl, com seus cinco companheiros, viajou de jangada com vela desde Callao, Peru (abril-agosto de 1947), atingindo a Ilha Raroia, no arquipélago de Tuamotu. William Willis, sozinho, em jangada idêntica (junho-outubro de 1954), partindo do mesmo porto, chega também à

Polinésia, Pago-Pago, na Ilha de Tutuila, Samoa. Prova de que a jangada afronta e vence o mar alto.

O bote de couro, redondo, é transporte no Rio Tigre, até Babilônia (Heródoto, *Clio*). Com ele o esquimó fere a baleia. É a *pelota* da América do Sul e o *bullboat* da América do Norte, feito de couro de bisonte. Rastejam seu uso na Bretanha, Pireneus, Tibete. O bote de cascas, de cortiça, viaja nos rios do Amazonas, Pará, Mato Grosso, no Zambeze, ao redor do Lago Tanganica e no sudoeste australiano.

A canoa, nome aruaco, piroga monóxila, onde não esteve ou está? Melanésia, Micronésia, Polinésia, Hindustão, toda América, Ásia Austral e Central, Sibéria, toda Oceania, norte da Austrália, litoral d'África, lagos húngaros e suíços, povoando de vida humana a rede potamológica do Amazonas. De um a trinta remeiros, no século XVI remando de pé como nos desenhos rupestres de Bohuslän, Häggeby, Ingelstrüp, Suécia e Noruega, deparada no neolítico europeu em todos os recantos, Inglaterra, Escócia, Irlanda, Alemanha, Suíça, França, Itália, passa no Báltico e no Mediterrâneo, popular, veloz, indispensável, inventada em vinte povos, coexistindo em todas as idades. Suas modificações, balancins, contrapesos na Melanésia, trazem-na até Madagascar e África de leste.[247] O tipo clássico, estreita, ágil, negra, furando água de rio, de lagoa e vizinhanças marítimas, parece constituir o modelo genérico, a solução lógica, a escolha preferida. Possuiu inicialmente remos e não leme. Quarenta séculos a.C. aparece com velas redondas no bojo da cerâmica pré-dinástica do Egito. Mas sua representação plástica não consegue datar-lhe o surgimento. Era preciso tornar-se costumeira, normal, insistente aos olhos do decorador para que fosse consagrada como elemento ornamental num vaso de barro. De quando data a viagem dos argonautas para a Colchida, rumo do Mar Negro, à procura do Velocino de Ouro? A barca era impulsionada pelos remeiros, todos heróis, deuses e semideuses, mas ostentava uma vela quadrada, trabalhando em carangueja. Jangada com vela foi aquela que Ulisses construiu na Ilha Ogígia, fugindo dos braços de Calipso (Homero, *Odisséia,* V, 249-260). É a proto-histórica mítica, povoada de assombros mas, como afirmava van Gennep, *jamais le fait réel ne manque.*

Quando o homem começou a viajar por cima d'água é que nunca saberemos, exceto em datas conjecturais. A presença de objetos de origens longínquas sugere transporte marítimo e não via terrestre mas é discutível uma navegação mediterrânea no aurinhacense, no solutrense, no madaleniano. Possível que as canoas, longas, armadas de remos, inaugurassem a cabotagem pelo epipaleolítico, de ilha em ilha e vindo, devagar, ao longo do litoral.

Do uso da vela, inicialmente quadrada ("redonda" chamam os marítimos), advém o mesmo impulso surpreendente que a roda determinou nas relações terrestres. Apenas a roda deixa vestígios arqueológicos mais vivos e insofismáveis que a vela, fixada nas cerâmicas do Mediterrâneo nas alturas do quarto milênio a.C. A controvérsia inacabável sobre a cronologia pré-histórica afasta a possibilidade de uma localização no tempo. O quarto milênio a.C. corresponde, na lógica formal, às civilizações lacustres e a jangada seria a expressão simples e natural. Mas os elementos de comprovação de um intercâmbio de permutas põem uma nota de suspeita e uma interrogação nesses quarenta séculos que contemplam a vela, motor eólio.

A vela é pré-colombiana? No Brasil é possível deduzir-se do seu uso em 1635, e a primeira representação indiscutível é de 1642. Nos cronistas do século XVI não há registro. Com vela e bolina uma grande jangada é vista pelo piloto Bartolomé Ruiz em 1526 no Pacífico, litoral do Equador. William H. Prescott nega terminantemente o conhecimento da vela pré-colombiana.

Ninguna nación índia de las hasta entonces descubiertas, ni aún la civilizada nación mejicana, conocía la aplicación de las velas y la navegación [Historia de la Conquista del Perú, Madri, s/d].

Nega-se a vela entre os indígenas das Caraíbas. Nordenskiöld (*Origin of the Indian Civilizations in South America,* table-II) registrando os *oceanic culture-elements in South America,* indica a vela no império do Peru durante o período incaico, na América Central e México, correspondendo à influência da Melanésia e Polinésia. É uma vela quadrada, *sail, square,* para o Peru dos incas igualmente a vela triangular, *sail, triangular.* Mesmo para o México há um ponto de interrogação. Nordenskiöld aceita a presença da vela lá e no Peru, mas só precisa os tipos nesta última região. As velas de junco e capim das balsas do Lago Titicaca são quadradas e denunciam grande antiguidade mas semelhantemente não podemos dizer do México, empregando canoas nas pescas e transportes através dos lagos. O espanto de Montezuma vendo as velas num barco que Hernán Cortez fez construir parece confissão de novidade total. Von Hagen adianta:

Montezuma was charmed and said that it was a great thing, this combining sails and oars together.

Nunca tinha visto embarcação com vela e remo reunidos. Se a vela existisse seria empregada na travessia dos lagos e o soberano não estaria surpreso, vendo-a com os remos, combinados. Walter Krickeberg não acredita nela. Vaillant não a cita no seu estudo minucioso sobre a civilização asteca.

A navegação possibilitou o conhecimento da Terra e imprimiu velocidade às comunicações. A nomenclatura influiu na linguagem política e ainda hoje a "nau do Estado", os "bons ou maus ventos", o "piloto firme no leme" pertencem ao uso jornalístico, notadamente nos países marítimos. Governo, governar, governador, vem de *guberna, gobernaculum,* o leme do navio.[248] *Gubernator,* inicialmente para os romanos valia o piloto, o mestre da nau; *gubernatio* era a direção do navio, o ato do governo no barco. Cícero foi um dos primeiros a aplicar o vocabulário náutico à ciência administrativa. Dava o *gubernare* uma impressão consciente de movimento, orientação e responsabilidade que o velho *praesidere (prae,* antes, diante, *sedere,* sentar-se, presidir, presidente; sentar-se defronte aos demais) não podia expressar em seu conteúdo simbólico.

Qual seria a técnica inicial do primeiro transporte feito pelo homem? Naturalmente, arrastou a caça morta ou a suspendeu, se era de menor porte, como já se convencionou crer que o fizeram os australopitecos. A região mais larga e robusta no homem é a zona muscular das omoplatas, as costas, os lombos, e seria o suporte das primeiras cargas, tal e qual ensinam os felídios possantes, professores naturais. Depois, o ombro e, ao final, a cabeça para objetos menores e equilibráveis. Na cabeça é o processo mais tradicional para a África negra e os relevos egípcios atestam a preferência. Wilhelm Giese, da Universidade de Hamburgo, informa: "Em todos os países do Mediterrâneo originariamente todos os objetos, e entre eles os cântaros, se transportavam à cabeça".[249] Identicamente nos cortejos rituais hindus, egípcios, assírios. Nas panatenéias gregas a teoria desenvolvia-se com as cenéforas levando à cabeça as oferendas. Assim atravessaram África dos séculos XVIII e XIX os exploradores, com as filas intermináveis de carregadores. No Brasil dizemos "cabeceiro" ao transportador ambulante. N'Ásia, Europa, Oceania, o fardo às costas constituiu uma "constante". N'América o ameraba não é muito amigo de entregar a cabeça ao peso. Trá-lo-á às costas, preso por faixas resistentes. Por esse meio é preciso contar com exceções lógicas. Até as reações químicas dão, às vezes, surpresas, desobedecendo ao previsto. Dentro da floresta não se podia carregar fardo na cabeça, evidentemente. O transporte da criança também mereceu registro etnográfico. O mais universal e comum é ter o filho posto na projeção do quadril, as pernas infantis abarcando a cintura materna. No Brasil dizia-se "moda dos ciganos", mas é fácil verificar ser um costume entre os indígenas, sustendo a criança por uma faixa vegetal, da direita para a esquerda. Ocorre na Austrália, entre os pigmeus BáCiua, Efé, BáTua africanos, Xiluques do Alto Nilo, Madagascar, Bosquimanos (Kung), bantos do norte e do leste, Congo, Guiné, Polinésia, Melanésia, bacia amazônica, Bolívia, Guianas etc. Nas costas, com faixa, África Setentrional e Austral (hotentotes), n'América do Sul, jivaros do Equador, peruanos, mexicanos, indígenas norte-americanos, Chaco paraguaio, entre os esquimós. Pela Ásia é hábito milenar a criança empacotada e posta no dorso da mãe ou da irmã mais velha (China, Japão, Vietnãs, Birmânia, Ceilão etc.). No Brasil o "escanchado" é ainda o modo mais conhecido pela população, apesar das críticas ortopédicas denunciarem a posição como responsável pelas pernas tortas. Certamente há quem leve os meninos montados às costas, segurando-os pelas mãos ou eles próprios agarrando o portador pelo pescoço, "macaquinho", *califourchon*.

SOLIDARISMO

> *We receive but what we give.*
> Coleridge

> *C'est par groupes qu'il agit à la surface de la terre.*
> Vidal de la Blache

Karl von den Steinen registrou entre os bacairi, caraíbas do Rio Xingu, no Mato Grosso, que *kurá* significava "nós", "nós todos", "nosso", e, ao mesmo tempo, "bom"; e *kurapa* quer dizer "não-nós", "não-nosso", e também "ruim", "sovina", "prejudicial à saúde". Tudo que é mau provém do indivíduo estranho, inclusive as doenças e a morte, que são enviadas por feiticeiros de fora — informava o velho etnógrafo alemão.

Uma manifestação desse sentimento é a saudação agressiva dos esquimós, que se saudavam esbofeteando-se reciprocamente. Pirro, rei do Epiro (Albânia), vendo o acampamento romano do cônsul Levinus, inimigo de sua aliada Tarento, disse naturalmente a um ajudante: — "Mégacles, esta disposição de bárbaros nada tem de bárbara" (Plutarco, *Pirro*, XVIII). "Voltamos, felizmente, a um país civilizado" — dizia um sultão de Marrocos, deixando Paris, caminho da pátria. *My country, right or wrong, is always my country*. E a imagem vibra na exaltação do poeta Augustus Henrich Hoffmann von Fallersleben (1798-1874), tornado hino nacional alemão: — *Deutschland, Deutschland über alles. Über alles in der Welt*. Intimamente é esse o sentimento instintivo do "nacional" ante o "estrangeiro". Nós, os bons. Vós, os maus.

É a solidariedade uma atitude congênita ou adquirida pelo convívio, alimentação em comum, coincidência profissional, vínculo de identidade religiosa? A religião, *religo,* reatar, reunir, prender, irmana poderosamente os homens. Explica movimentos de sacrifício coletivo e de admirável fusão moral. O mesmo Deus é o mesmo sangue em todas as veias. A fraternidade pela Fé prolonga a família ideal na eternidade do paraíso. Há o complexo da vizinhança. E o vínculo do parentesco que Sumner Maine

(1822-1888) mostrou ser uma força aproximadora mais forte que a contigüidade territorial. O laço do sangue é uma aliança biológica.

Mas os homens, inicialmente reunidos, estavam sob a égide religiosa? No paleolítico superior, epipaleolítico, neolítico, viviam juntos e seria o liame sobrenatural a solda unificadora das ações? No neolítico há uma assistência aos feridos, tratamento prolongado, paciente, em que o doente não podia procurar alimentos, tratar-se e menos defender-se. Quem obrigaria o homem da pedra polida a caçar para um ser inútil, estendido nas folhas secas, quebrado pelos dardos, seixos de arremesso e chifrada de bisonte? Quem o faria inventar os primeiros aparelhos hemostáticos, redutores de fraturas, removedores de fragmentos? Quem determinara ao macacão de Neandertal sepultar seus mortos? O homem amanhece na vida social julgando os do seu grupo como projeções pessoais, elementos vitais, ligados à sua figura e necessidades.

Posteriormente é que vamos conhecer o abandono dos doentes incuráveis e dos velhos inúteis à economia grupal. Mas esse processo de brutalidade seletiva ocorre em estágios adiantados, fases históricas, cinqüenta mil anos depois do Homem do Neandertal e do *sapiens* de Cro-Magnon. Ainda encontramos nos indígenas contemporâneos essa unidade ciumenta e cerrada ao derredor dos companheiros. O furto, roubo, rapto, o estupro, a morte são crimes imperdoáveis quando cometidos dentro do âmbito tribal ou clânico, e exibições de destreza, valentia, sagacidade, tendo por vítimas bens, mulheres e varões de outro agrupamento. Indígenas ameríndios, asiáticos, africanos, polinésios, melanésios, australianos sentem o mesmo conceito do *kurá,* nós, nosso, os bons. Não nós, os outros, *kurapa,* os maus, tal e qual Karl von den Steinen registrara entre os aborígines do Brasil Central.

É um critério inconsciente de autovalorização. Estende-se, naturalmente, ao plano sentimental e por isso é que um poeta do meu tempo de rapaz, Onestaldo de Pennafort, dizia, na lógica romântica irrespondível:

> E fica a gente a desejar o fim...
> Porque a gente sempre é como Pierrô
> e os outros sempre são como Arlequim.

A religião, no começo da organização do culto, é ciumentamente local, exigindo iniciação difícil para afastar a multidão participante. Pertencer ao Deus é uma espécie de aristocracia. Com o advento do cristianismo, os cristãos tiveram a universalidade divina no dogma da fraternidade, pregado por Jesus Cristo. Mas o espírito exclusivista, localista, grupal, que é muitíssimo anterior, reage contra a idéia coletiva do amor de Deus. Nosso Deus não pode ser o Deus dos outros, o Deus de todo o mundo. Os santos da mesma invocação não são os mesmos para a divisão devota. O Bom Jesus de Pirapora não é o Bom Jesus do Bonfim. Alphonse Daudet (*Lettres de Mon Moulin, La Diligence de Beaucaire*) recorda a discussão de dois camponeses sobre os méritos das santas padroeiras de suas freguesias, a mesma, aliás. Parecia Nápoles. Em São Miguel dos Açores diz-se: *Santo que não conheço / Nem lhe rezo, nem lhe ofereço.* Brizeux (1806-1858) expressa o regionalismo do santoral da Bretanha, fazendo um bretão exclamar em Paris:

Saints de mon pays, secourez-moi,/ Les Saints de ce pays ne me connaissent pas!

Ésquilo faz o arauto egípcio dizer às suplicantes, refugiadas na terra de Argos: "Não temo aos deuses deste país! Não lhes devo a vida e nem a idade a que cheguei... Só conheço os deuses do Egito!" Esse sentimento, íntimo, recôndito, secreto, existe por toda a parte. Urbain Gohier afirmava que

le naturalisé est un étranger que la police ne peut plus expulser [*Paroles d'un Français*, Paris, 1930].

A identidade funcional do culto divulga-se pelas romarias, promessas, comemorações, ano-santo, sob a unidade apostolical do sumo pontífice, o mesmo para todos os católicos. Mas entre os fiéis de Navarra e Aragão as próprias Santas Virgens querelam:

La Virgen del Puy de Estella
le dijo a la del Pilar:
— si tú eres aragonesa
yo soy navarra y con sal.[250]

Para Pirro, Levinus, cônsul de Roma, era um bárbaro. E vice-versa. Debaixo do esmalte da contensão educacional palpita o mesmo sentimento, recalcado e sensível no âmbito popular.

Comer juntos é outra força aproximadora, milenarmente poderosa. Inicialmente comiam juntos aqueles que viviam e caçavam juntos. O grupo apenas. Voltar a reunir-se para comer é recordar a unidade inicial desaparecida. É um pacto para os árabes, o *ahd*. Companheiro, *companion, compagnon, do companio* latino vulgar, é *cum panis,* com o pão. Aluno, de *alumnus,* provirá de *alo,* sustentar, manter, alimentar. Os janízaros (séculos XIV-XIX) consideravam a grande marmita comum o símbolo da força irmanadora, a legítima bandeira dos regimentos, a *kazan.* Deixá-la na mão inimiga era a suprema derrota. Derribá-la, revolta. O coronel era o mestre da kazan, *tchorbadji bachi;* o capitão era o cozinheiro, *achtchi bachi;* o tenente, carregador d'água, *sakka bachi.* O gótico *gahlaiba,* companheiro, vem das mesmas raízes; *ga,* com, *hlaiba,* pão. A alimentação em comum significava a caçada grupal, o esforço irmanado, a responsabilidade dividida, o prêmio equânime. Um condimento indispensável, o sal, teve repercussão e permanência viva. "Salário" era o dinheiro destinado à compra do sal. "Comer sal" era viver juntos. Sal era índice de hospitalidade, de adoção, de sabedoria, *accipe sal sapientiae* — diz-se na cerimônia do batizado; pureza, conservação, resistência; "sois o sal da terra" — proclamou Jesus Cristo aos apóstolos; é espírito, graça, vivacidade. Como elemento folclórico a projeção é longa e sugestiva.

Também a morada, o mesmo aposento, caverna, gruta, quartel, usina, acampamento, fábrica, estabelece liame social. Câmara dá o camarada, camaradagem. O substantivo turco *oda,* fogo, valendo lar e mais particularmente casa, quarto, aposento, deu *odalik,* odaliscas, escravas da mesma câmara do rei, vivendo como irmãs. Colégio deu o colega, coleguismo.

Os escravos negros vindas do Congo no mesmo transporte tratavam-se carinhosamente por "malungo", camarada, companheiro, "meu malungo", contração de *mu-alungu,* no barco, no navio, recordação da travessia do Atlântico para o cativeiro (Jacques Raimundo, *O Elemento Afro-negro na Língua Portuguesa,* Rio de Janeiro, 1933). O companheiro de viagem é um título na lembrança afetuosa. No caso dos "malungos" o sofrimento forjava algemas comuns para a memória. *La souffrance en commun unit plus que la joie* — pensava Renan.

No continente americano existiu a "saudação lacrimosa", recepcionando-se o viajante recém-chegado com prantos e expressões de pesar pelos sacrifícios padecidos durante a longa jornada até alcançar a aldeia. Depois o hóspede era convenientemente alimentado. De Ottawa, no Canadá, nascentes do Mississipi à costa do Texas e para oeste ao atual Minnesota: Francis Drake em 1579 recebeu-a entre os indígenas de São Francisco, na Califórnia; e na América do Sul, o cerimonial era rigorosamente obedecido. Na América Austral documenta-se sua existência na região do Rio da Prata, Uruguai e Argentina, chaco do Paraguai entre os

Lenguas. No Brasil, o Nordeste, até Rio de Janeiro, São Paulo, Minas Gerais. O costume parece ter entre os indígenas tupis sua maior intensidade, o que estenderia às regiões meridionais. Macgrave e Roulov Baro anotam a tradição entre os cariris, denominados por eles, na primeira metade do século XVII, *tapuias*. Seria comunicação dos tupis. Para o extremo-norte brasileiro o registro falha, mas o tupi deveria manter o ritual no mundo amazônico. Fora dessas áreas norte e sul-americanas constatam-no na Austrália, maori da Nova Zelândia, Andamã no Golfo de Bengala, Mungeli Tahsil, Bilaspour, e entre os Chauhan no Hindustão. Em abril de 1902 o príncipe Dom Luís d'Orléans e Bragança (1878-1920) era recebido com a "saudação lacrimosa" em Caxemira.[251] A documentação brasileira é ampla desde a terceira década do século XVI e pelos naturalistas estrangeiros dos séculos XIX e XX (Karsten, Krause, Curt Nimuendaju, Georg Friederici, Max Schmidt, Karl von den Steinen, Coudreau, Métraux etc.). Desapareceu nos inícios do século XVIII.

Nenhuma intenção utilitária pode ser invocada para a justificação da cerimônia e as interpretações[252] oscilam entre reminiscências do culto dos mortos e o viajante representando-os no seu inopinado regresso, ou índices de cortesia, com profunda expressão solidarista, em que se exterioriza o júbilo pela vitória do caminhante através de tão longa distância, com a finalidade de visitar o aldeamento.

Chorar de alegria é expansão natural que pertence a todas as raças, geralmente. Frazer explicava o ritual pela fácil sentimentalidade oriental, baseando-o nos exemplos bíblicos. O modelo da Austrália, Nova Zelândia, Andaman e distritos centrais das Índias está ligado ao regresso de pessoa conhecida e demoradamente ausente ou parente identificado na visita, como ocorreu a Jacó no poço de Haran. Nunca a um desconhecido visitante como acontecia entre os ameríndios na euforia da hospitalidade. Creio que a expressão da polidez nativa estendeu-se ao visitante sem que, anteriormente, fosse ele incluído no complexo da polidez lacrimosa. Dessa expansão inicial nasceu o prolongamento ao advena, ao forasteiro notadamente branco que representaria, simbolicamente, o antepassado, o morto. Todos os etnógrafos sabem que a cor branca era designada aos desaparecidos, aos defuntos, aos fantasmas, sem sangue, desmaiados, exangues. Todo espectro é figurado de cor branca. Nas festas de iniciação e bailados de intenção mágica os rapazes ou dançarinos, em quaisquer paragens do mundo, são pintados de argila clara, integrando-se na classe dos antepassados e que voltam ao serviço tribal. O australiano tem o mesmo vocábulo, *wunda,* para dizer espírito do morto e homem branco. Os mexicanos pensavam ver no espanhol invasor o regresso do reformador Quetzealcoatl, civilizador dos toltecas, a serpente emplumada, branco e barbudo, e que viajara prometendo voltar. O luto branco resistiu na Europa até o século XV. Em Portugal foi proibido pela Ordenação de 17 de outubro de 1499 do rei Dom Manuel. Era o luto de burel a que se refere, magoado, Garcia de Resende, lamentando o desaparecimento. Veio, então, o luto de dó, com fazenda negra. A saudação lacrimosa é um desdobramento da reverência ao espírito do ancestral, redivivo e regressando ao acampamento. Quanto à divulgação, Georg Friederici é pela difusão sem atender que, fora do continente americano, a *traenengruss* é privativa da parentália ou aliados, e não para visitantes de fisionomias ignoradas. O pranto que Dom Luís d'Orléans e Bragança ouviu em Caxemira podia ser de adaptação recente, fórmula bajulatória aos dominadores ingleses, retirada do patrimônio tradicional.

Na Colômbia Britânica, noutras regiões do continente, na África Central e Austral, há o *potlatch,* festa aparentemente de prodigalidade exibicionista, de loucura dissipadora, de euforia alucinada. Um chefe, um homem abastado de bens, queima milhares de tapetes e mantas, sacrifica o gado, destrói utensílios raros, distribui presentes abundantes, inutiliza embarcações e, quando pode, mata escravos e servos. Toda ou quase toda sua fortuna pessoal é consumida nessa solenidade pública e dispendiosa de suicídio econômico. Realmente, ele está pagando dívidas e semeando créditos na conta-corrente da gratidão fraternal. A retribuição, mesmo que não mais o alcance vivo, atingirá seus descendentes na intensidade gratificadora. O *potlatch* é um depósito para o futuro e uma solução financeira para o presente. Valoriza, notabiliza, fortalece o prestígio, a influência social do promotor, diminuindo, solapando, derruindo o renome do adversário, conhecido ou oculto. Obriga, moralmente, de forma imperativa, a uma restituição pessoal de cada beneficiado pelo doador. Corresponde ao nosso "quem graças faz, graças merece". E, pragmaticamente, é o simples *give and take* — dar e receber. Quem não paga com acréscimo os bens obtidos no *potlatch,* confessa-se pública e irremediavelmente vencido, inferior, subalterno, indigno da classe autoritária dos chefes, dos potentados, dos ricos.

É o curso social de uma "moeda de prestígio", destinada à manutenção da notoriedade. As despesas, vezes acima do orçamento comum, feitas com as festas, recepções domésticas em todos os recantos do mundo, casamento, batizado dos filhos, aniversário natalício, hospedagem, apresentação da filha à sociedade, vitórias políticas, enfim, as obrigações decorrentes de todos esses *rites de passage,* como diria van Gennep, correspondem às leis obrigacionais da retribuição social, articulando todos os homens e mulheres à mesma rede que envolve e determina idêntica prestação de serviços. *Mutatis, mutandis,* o *potlatch* exerce sua presença na interdependência convivial com exigências semelhantes aos indígenas da Colômbia Britânica, entre seres humanos que lhe ignoram existência e nome. Há o dever irrecusável de receber, recepcionar, dar de beber e de comer, presentear aos amigos que já fizeram ou farão o mesmo. Receber e não retribuir é o mesmo crime, sem punição material mas sofrendo crítica permanente por parte daqueles que vêm e sentem interrompida a cadeia da reciprocidade festeira. Sabem todos, entretanto, que essa obrigatoriedade não decorre de lei escrita e expressa mas do costume, da força consuetudinária da tradição.

Na emulação lúdica (XII-3) há o instinto de solidarismo, visível no instinto da participação. Citando Curt Nimuendaju, Krickeberg lembra a corrida dos bororos com troncos que pesam cem quilos, carregados por equipes que se revezam. O verdadeiro sentido da justa não é dar importância ao que chegue primeiro e sim que todos os rapazes tornem parte na disputa. Recorda a corrida do facho, a corrida do fogo, as lampadromias gregas. O essencial, como se tenta na educação desportiva, é criar o espírito do conjunto, a maravilha da equipe afiada e não o jogador, excelente mas solitário em sua técnica eficiente.

Outro índice notável e vivo é o mutirão, auxílio gratuito dos vizinhos n'alguns trabalhos rurais no Brasil mas de presença quase universal e milenar. Tanto chineses como norte-americanos, polinésios e africanos praticam o processo de cooperação no esforço comum a um companheiro necessitado para a colheita, salga de carnes, fenação, conserto da morada etc. [253] Os casos de arrombamento de açudes ou represas d'água, incêndio nos pastos, estradas indispensáveis ao escoamento da produção, pontes eram outrora os modelos típicos do auxílio coletivo. Quase desapareceram, praticamente, mas num e noutro ponto resistem vigorosamente. Quando o solidarismo decorre de uma imposição legislativa torna-se dever material, dificilmente cumprido, o que antes era obrigação moral, espontaneamente satisfeita.

Esses atos de solidariedade vinculam o homem à sua unidade social. Denunciam-lhe ancestralidade vocacional do auxílio imediato, evidenciando sentimento *conservée par l'humanité jusqu'à l'époque actuelle, à travers touves les vicissitudes de l'histoire* — como deduzia Kropotkin (*L'Entre'Aide*, Paris, 1910).

A essência volitiva não nasce de nenhuma razão útil no plano imediatista. Ninguém pensará em encontrar-se na situação idêntica àquela em que se socorre o companheiro, amigo, camarada, compadre, vizinho. Trata-se de uma vontade irresistível de apoio a um elo da cadeia humana que se enfraquecerá com sua diminuição. Os atos de "assistência social", organizada ou compulsiva, são regressos determinados pela inteligência aos estados naturais do apoio solidarista. Como os movimentos da civilização, ou melhor, das técnicas auxiliares do homem moderno, são ascensionais e divergentes, verifica este, vez por outra, encontrar-se demasiado afastado do "semelhante", daquele que Jesus Cristo denominava o próximo. Organiza, sob fórmulas materiais de economia e lastreando-as de "altruísmo", os auxílios que, antigamente, participavam do próprio sentimento, em perpétua presença sugestionadora. De qualquer modo positivam que o solidarismo reage como força centrípeta no centrifugismo da expansão social. Atua como atração estática, sedução da gravidade, fixando um elemento que explicou milênios de marcha em comunidade e apoio mútuo.

Não posso datar o solidarismo, eterno e poderoso, dos estágios classificadores dos totens e clãs. Antes de ser um animal religioso e político, o homem nasceu animal gregário. "Ninguém suporta viver sozinho e menos ainda os povos selvagens, e até o deserto ou o litoral do Mar Glacial mantém-se, de preferência, pelo menos duas famílias juntas" — informa Birket-Smith. Tradicionais são as cabanas africanas feitas unicamente para as delícias da conversação. A solidão interior do homem moderno, fingindo ignorar a existência do vizinho no prédio de apartamentos, compensa-se pela avidez de convívio nos clubes, na intensidade das relações sociais, detestada, criticada, negada mas indispensável. O denominado instinto de aproximação é simples efeito do solidarismo, verdadeira causa.

Qual seria a origem das boas-maneiras, saudações, vênias, cumprimentos de aparência desinteressada e sua obrigatoriedade posterior? A polidez, a urbanidade (de *polis, urbs,* cidade), cortesia (de *corte*) denunciam os fundamentos da convivência, estabelecendo a etiqueta e regulando a ciência dos contatos sociais. O solidarismo constituirá o cimento desse edifício que, sem cessar, está crescendo.

Richard Thurnwald (1869-1954) estudando a economia primitiva destaca a reciprocidade como uma das mais poderosas forças de penetração interativa constante entre os primeiros homens. Seria um liame imanente à própria condição humana. Bronislaw Malinowski (1884-1943) evidencia a inflexível mecânica das obrigações recíprocas entre os melanésios como função básica na sociedade indígena. Mas o instinto solidarista determinou o passo inicial para a prestação do primeiro serviço gratuito. Antes de estabelecer-se a cadeia permutativa é de prever-se uma condição favorável e anterior ao ato desinteressado de ajuda e, logicamente, sem adivinhar-se a reação idêntica da parte do favorecido. A reciprocidade é efeito e não causa. Causa é o misterioso e irresistível solidarismo que aproximou os homens na madrugada da organização social.

NOTAS

233. Max Schmidt, "Sobre o Direito dos Selvagens Tropicais da América do Sul", Boletim do Museu Nacional, vol. VI, nº 3, Rio de Janeiro, 1930; Luis da Camara Cascudo, "Os Índios Conheciam a Propriedade Privada?", *Panorama,* nº 9, São Paulo, 1936.
234. Joseph Grelier, "Le Curare, Poison-Monnaie des Indiens Piaroa (Orénoque-Amazonas)", Société Suisse des Americanistes, Bulletin nº 19, Genebra, 1960.
235. Havia uma deusa dos mercados encarregada de vigiar e defender a segurança local, honestidade dos alugueres, regularidade das contas de venda etc. Era a deusa Merkedoné, segundo Plutarco em *Vidas,* trad. de Ricard, Paris, 1843.
236. A feira fixava o mercado e havia multa a quem vendesse ou comprasse fora do seu âmbito. Essa imposição era universal e de suma importância. Atendendo ao poder aquisitivo da moeda, basta lembrar que em janeiro de 1789 pagava dez réis de multa ou tempo relativo na cadeia "todo aquele que fosse descoberto vendendo ou comprando fora da praça em Pernambuco" (*Anais Pernambucanos,* VI, Recife, 1954, de Pereira da Costa).
237. Shakespeare, *Otelo,* ato III, cena-IV: Desdêmona: *Believe me, I had rather have lost my purse. Full of crusadoes...*
238. A universalidade da moeda, como índice-padrão de permutas não é, entretanto, dogma. Pode persistir, contemporaneamente, povo que desconheça a moeda e entretenha comércio regular na base única das trocas. Os indígenas Lacandones, de Chiapas, México, pertencem a esse número, em pleno 1959: *los del Jataté no conocen ni el dinero, ni las armas de fuego. Los del Lacanhá usan escopetas y rifles pero no conocen el dinero* (Gertrude Duby, "Estado Actual de los Lacandones de Chiapas, México", *America Indígena,* vol. XIX, nº 4, octubre, 1959, México, D.F.). Os piaroa, indígenas do Orenoco, na Venezuela, só usam como moeda o veneno curare, para caça.

239. Max Schmidt, *Estudos de Etnologia Brasileira,* São Paulo, 1942.

240. Heródoto, *Los Nueve Libros de la Historia,* 2°, 91. Buenos Aires, 1945.

241. George Peter Murdock, *Our Primitive Contemporaries,* Nova Iorque, 1957.

242. Como a base da alimentação brasileira era a farinha de mandioca, pelo século XVIII, havia, oficialmente, a obrigatoriedade do seu plantio, já determinado pela Ordem Real de 27 de fevereiro de 1701. Em fins do século XIX contava-se uma anedota expressiva. Um fazendeiro mandara matar o seu desafeto, armando o escravo mandatário de uma garrucha e cem réis. Voltando da feira onde fora abater o inimigo do seu amo, o escravo devolveu a arma e o dinheiro. "Por que não matou o homem, negro?" — "O homem está perdido, meu amo. Imagine que estava comprando farinha na feira!" — Um proprietário de terras que era obrigado a comprar farinha denunciava miséria próxima pela desorganização econômica...

243. Luis da Camara Cascudo, *Sociologia do Açúcar,* o capítulo inteiro sobre "Senhor de Engenho", Coleção Canavieira, Instituto do Açúcar e do Álcool, Rio de Janeiro, 1971.

244. Bernardino José de Sousa (1884-1949): *Ciclo do Carro de Bois no Brasil,* Companhia Editora Nacional, São Paulo, 1958. É o melhor trabalho na espécie pela amplidão documental não apenas limitada ao Brasil. Fui amigo do autor e dou testemunho da severidade de suas pesquisas e prudência no campo da informação.

245. De acordo quanto a jangada ter sido a primeira embarcação. Sobre a origem, não.

246. Luis da Camara Cascudo: "Por toda parte mantém-se a tradição de não empregar-se um só prego na construção jangadeira. Ao lado da ferrugem desgastadora da madeira, haverá o inconsciente respeito ao uso tantas vezes secular da proibição. É uma reminiscência pré-cabralina ou pré-colombiana. Assim o norueguês Thor Heyerdahl construiu em 1947 a balsa *Kon-Tiki* sem pregos. Paul Radin, *Indians of South America,* nota a ausência de pregos nos barcos aruacos continentais contemporâneos: *What has always excited the wonder of white observers in the construction of the dugout is the complete absence of nails, even today, after four centuries of contact with Europeans"* (*Jangada,* Rio de Janeiro, 1957).

247. Ainda em 1840 o missionário Daniel P. Kidder viaja no Recife numa canoa com balancim, denominada localmente "embono". No século XX, "embono" passou a ser, no Ceará pelo menos, um pau suplementar na jangada.

248. As representações da deusa Fortuna, estátuas, medalhas, camafeus, caraterizam-se pela diva ostentar a cornucópia e um leme, símbolo da orientação deliberada.

249. Wilhelm Giese, "Cântaros com Asa Inferior", *Douro Litoral,* oitava série, V-VI, Porto, 1957.

250. Julio Caro Baroja, "El Sociocentrismo de los Pueblos Españoles" em *Homenaje a Fritz Krüger,* II, Mendoza, Argentina, 1954.

251. Prince Louis d'Orléans et Bragance: *A l'entrée de chaque village le "Lambardar" et une députation d'anciens viennent lui* (ao coronel Ward) *présenter leurs hommages et leurs doléances, accompagnés de pleurs en cadence suivant le protocole cachimiri* (*A Travers l'Hindokusk,* Paris, 1906).

252. Georg Friederici (1866-1947): *Der Tränengruss der Indianer,* Globus, t. LXXXIX, Braunschweig, janeiro de 1906: Alfredo de Carvalho (1870-1916) resenhou o estudo de Friederici, ampliando a bibliografia, na Revista do Instituto Arqueológico Pernambucano, vol. XI, n° 61, Recife, março de 1904 (publicado em 1907), "A Saudação Lacrimosa dos Índios"; A. Métraux, *La Salutation Larmoyante, La Religion des*

Tupinanmba et ses Rapports avec celle des autres Tribus Tupi-Guarani, Paris, 1928. Juntem-se os comentários de J.G. Frazer, *Le Folklore dans l'ancien testament, Jacob au Puits,* Paris, 1924; Estêvão Pinto: "Os Indígenas do Nordeste", 2º tomo, São Paulo, 1938 — "A Saudação Lacrimosa"; Marcel Mauss: "Salutations par le Rire et les Larmes", Journal de Psychologia, 1922.

253. Hélio Galvão: *Mutirão e Adjunto,* Boletim Geográfico, nº 29, Rio de Janeiro, 1945; Clóvis Caldeira: *Mutirão,* Brasiliana, vol. 289, São Paulo, 1956; Ernesto Veiga de Oliveira: *Trabalhos Coletivos Gratuitos e Recíprocos em Portugal e no Brasil,* Revista de Antropologia, 3º, 1º, junho de 1955, São Paulo; Hélio Galvão: O *Mutirão do Nordeste* S.I.A. Rio de Janeiro, 1959.

ECONOMÍA

· · · · · · · · · · ·

*T*odos nós sabemos que a palavra "economia" vem do grego *oikia,* casa, *nomos,* regra, direção, governo. Se, no rifão antigo, a economia começa por casa, toda a ciência nasce do equilíbrio com que o homem abastece e mantém sua morada, abrigo da família. Creio que a economia apareceu quando o *Homo sapiens* desalojou o primeiro urso *spelaeus* e tomou conta da caverna, fazendo-a sua.

Estendo também a certos animais a posse da economia. Economia instintiva, fisiológica, congênita e explicável, como a humana inicial, para assegurar, no abastecimento prévio, a sobrevivência natural. A economia não teve outra fonte original. Foi, de começo e essencialmente previdência. Natural é que alguns economistas não concordem nessa maneira etnográfica. Há cem anos Proudhon avisava sobre o perigo de raciocinar com os economistas: *Rien n'irrite un economiste comme de prétendre raisonner avec lui* — dizia ele.

Canídeos, felinos, castores, ratazanas, escaravelhos, o camarada xexéu (*Cacicus cela*) e o famoso joão-de-barro (*Furnarius rufos*) com nidificação estupefaciente; os himenópteros pompilídeos, especialmente o cavalo-do-cão, têm todos os direitos ao título. Abelhas e formigas, a invencível saúva (*Atta spp*) resolveram, há milênios, os problemas que ainda angustiam o *homo loquens,* como sejam a cidade arejada, aprovisionada, com trânsito imutável, temperatura permanente, padrões alimentares definitivos, divisão de trabalho, produção maciça, ausência de greves, tumultos e revoltas reivindicadoras, líder agitador, política aliciante, um complexo vivo e sem doentes, sem pobres, sem opressões, com ritmo, disciplina, tranqüilidade. Nenhuma cidade antiga e moderna pode merecer confronto com o mundo subterrâneo das saúvas, maravilha de organização, previsão, antecipação cautelosa. Se economia vem da casa governada, não se discute que esses espécimes inferiores têm a sua indiscutível *oikia-nemein* legítima. E fixaram soluções para os problemas genéticos. Cada tipo encontrou a *sua* equação segura no plano da colaboração constante. Nós, há trinta mil anos, procuramos a nossa... Nem mesmo atinamos com um ângulo de reversão para mudar o azimute de marcha.

A diferença formal entre a economia animal e a economia humana é que a primeira atende exclusivamente às necessidades individuais e familiares e na segunda verifica-se o processo permutativo sob o critério do lucro.

Os animais não emprestam, vendem, cedem ou esmolam. A fábula da cigarra e da formiga, embora mentirosa, é um símbolo. Com os homens, o instinto do solidarismo consegue os milagres da compreensão auxiliadora. Enquanto a economia é doméstica e na base do suficiente, não há o saldo que sugere a fórmula das trocas. Permuta-se o excedente e não o necessário ao consumo grupal. Ainda cem anos antes e depois de Cristo, na época triunfal de comércio terrestre e marítimo, resistia esse aspecto primário da economia familiar, como a descrevem Columela e Varrão, e antes a narrava a Sócrates o grego Ischomaco, na voz de Xenofonte. O lucro era para assegurar um curto período e não acumular para o futuro indefinido. Desde o século VII a.C. havia a moeda metálica mas a *auri sacra fames* virgiliana não governava o camponês.

Vimos no comércio que os primeiros objetos vindos de paragens distantes eram adornos. Esses adornos significavam amuletos, armas defensivas e também destinadas ao fascínio da caça. Não eram simples adornos mas formas aquisitivas de utilidades imediatas. Verdade é que outro material trazido de tão longe podia ter ocorrido e desaparecido sem que deixasse vestígios comprovadores do percurso e emprego. Não ocorreu no paleolítico superior o que aconteceu em Pompéia: a cidade ficar guardada sob um manto de cinza e possibilitar as identificações de sua vida normal. O tempo destruiu e dispersou farto documentário pré-histórico. A reconstrução do todo pela massa residual não autentica a exatidão tipológica primitiva. Daí escolas, doutrinas, interpretações, complexas, diversas, variadas, divergentes e contraditórias.

Toda criatura vivente tem sua economia. Não pode viver sem ela porque é a norma instintiva de sua autodefesa no tempo e no espaço. Não posso compreender economia nascendo de povos organizados e mesmo proto-históricos como se fosse possível a um grupo humano dispensá-la existencialmente. História da árvore pelos galhos e conjunto da fronde, resultados vitais das raízes silenciosas e anônimas, esquecidas no exame e na valorização. Cada economia nacional é um sistema de círculos concêntricos partindo de núcleo imprevisível. Impossível tem sido indicar, com nitidez, os pontos irradiantes de sua formação e as determinantes de sua conservação. Quando a estudam a criança anda, fala, brinca, alimenta-se, autarquicamente. Ninguém conhece os genitores e que sangue manteve o feto. O resto é erudição. Ou dialética suficiente.

A economia começa pelos saldos e denuncia um estado sensível no esforço pré-histórico. Vemos que — pré-históricos e indígenas — todos os homens e mulheres trabalham e produzem diariamente. As mulheres apanhando frutos, colhendo sementes e bagas, procurando raízes, depois semeando, tratando do plantio, trazendo a colheita para casa, assando, cozinhando, preparando bebidas, guardando o lume. A condição de mãe fê-la caseira e observadora, obrigando-a às tarefas miúdas e pacientes. Tornou-se cesteira, tecedeira, oleira. Ajudava o homem no preparo das peles, quebrando os ossos para obter a medula necessária ao amaciamento. Inventou o tear, a cerâmica, a agricultura, a cestaria. E, acima de tudo, mantenedora da vida orgânica. Será que, fazendo seus objetos, tenha ultrapassado a linha do imediatamente-utilizável e disposto das sobras?

Ensina-se que o artesanato é a condição inicial do grupo humano organizado. Mas quando começou o artesanato? Cada pessoa fazia seus objetos usuais. Na última fase do paleolítico o trabalho está diferenciado e deviam existir os técnicos em armadilhas, arpões, dardos desmontáveis, redes de pesca e caça, peles, couros, armas de arremesso. Trabalham os pintores murais espanhóis e franceses, inimitáveis, e não é possível que fossem obrigados a buscar a própria subsistência, interrompendo os grandes quadros animalistas. Esses quadros deviam exigir tempo para a confecção e eram votivos. Todo o grupo estaria interessado na sua conclusão. Os artistas, especializados, eram mantidos pelos companheiros devotos, tornados mecenas como os príncipes e pontífices do Renascimento.

No neolítico, pelo que se sabe, há reservas, fábricas, depósitos, provisões para o inverno, destinadas aos homens e aos animais. A economia suficiente passara a permutativa e o comércio nascia para o mundo.

Uma parte infinita nos escapa no tocante à idéia de valores no neolítico, como nos nossos indígenas, os *Naturvölker* contemporâneos. A imagem da plus-valia dera ao homem a sacudidela inicial e perigosa. Certos objetos tinham expressões superiores ao próprio emprego, sugerindo magia ou elemento de prestígio.

Les choses ont encore une valeur de sentiment en plus de leur valeur vénale [lembra Marcel Mauss].

Certas atividades possuíram fama e gabo e outras permaneceram humildes e toleradas. Assim, o artesão assumia títulos diversos, de grupo para grupo. E partiria dele a iniciativa da permuta ou da dádiva (uma raiz do *potlatch)* estabelecendo o intercâmbio dentro da mesma tribo.

A permuta valorizou o produto permutado, criando o consumo fora do produtor e seus companheiros. Permuta com as várias finalidades, por outro objeto ou coisa semelhante, com rendimento útil ou obrigação cortês, como notava Max Schmidt no Rio Coliseu, Mato Grosso, em 1901. Satisfazer aos pedidos ou insistir na oferta seria tentativa de obtenção de outros valores. O artesão, fazendo arma de pedra, a mulher cesteira ou oleira, ambos limpando e secando as peles, melhoravam as técnicas individuais que, pelo contato e emulação, iam ficando domínio de uma equipe.

Em todos os períodos pré-históricos, até o alto paleolítico, observa-se a uniformidade da indústria humana. Diferenciações mínimas, visíveis ao olho do classificador profissional. Parece que todos os trabalhadores obedeciam submissamente aos modelos imutáveis. Os tipos se repetem, numa teimosa monotonia, fiéis a cada fase do paleolítico inferior. No aurinhacense começa a diferenciação notória. Os trabalhos de ossos não são iguais mesmo numa região arqueológica. Aparecem as "Venus", de Willendorf, de Lespugue, de Savignano, de Brassempouy, de Laussel. Bovídeos e eqüinos correm no muro rochoso de Lascaux (Dordogne). As pontas em folha de louro, as modificações solutrenses nas flechas, dardos e achas fazem pressentir as glórias artísticas e religiosas do madaleniano. Mesmo no Aurignac surgem esculturas, pinturas, os primeiros desenhos lineares e representativos. MacCurdy pode sentenciar:

The beginnings of sculture, engraving, and fresco are traceable to the Aurignacien epoch.

Para que o trabalho, do aurinhacense ao madaleniano, tome essa proporção ascensional, é preciso que o novo homem, o de Cro-Magnon, seja detentor de uma capitalização técnica que a simples evolução do musteriano (se é que houve) não explicaria. A raça de Cro-Magnon não cria somente mas aproveita a experiência anterior dos infra-homens, desde o pré-chelense. A multiplicidade tipológica afirma a especialização. Não há especialização sem sucessiva aplicação útil estimuladora. O aperfeiçoamento do aurinhacense e solutrense justifica a existência da indústria lítica do madaleniano, as fábricas de armas, a variedade dos tipos, o acabamento ornamental dos utensílios venatórios.

A economia firma no madaleniano suas coordenadas iniciais. Suas dimensões. A imagem é da pirâmide invertida. Na quase unidade dos tipos no vértice, as técnicas desdobradas, crescidas e seguras, os processos de fabricação, alargando a base que se tornara cúpula. As grutas de França e Espanha testificam uma atividade multifária, panorama de uma organização humana que não mais cessaria de viver e aumentar constantemente.

Desta, para a Idade dos Metais, as indústrias caracterizam-se e vêm aos nossos dias, na segunda metade do século XX. As finalidades não mudam e o emprego é o mesmo. A função, desde aquele tempo, fixou a imutabilidade profissional.

Quando, ao longo do neolítico, as aldeias se estabelecem, a economia está fundada porque a produção diversificou-se extraordinariamente e as aquisições humanas não mais são limitadas à caça, pesca, fabricação de armadilhas e fórmulas mágicas para captar animais. A casa, o cercado, o plantio, a conservação de carnes e cereais, o tratamento do gado, a cidade lacustre, as exigências múltiplas da religiosidade, a cerâmica, os traçados de junco, capim, bambus, os tecidos, franjas desfiadas e coloridas, a evolução do traje masculino e feminino, a decoração pessoal, oleira, as danças sagradas determinavam consumo de coisas não antes cogitadas.

Foi preciso, então, atender ao consumo alheio, recebendo-se a compensação que garantia o esforço continuador, acelerando-o. As áreas de penetração infracomerciais, em sua humildade iniciante, alargaram-se. Os metais apareciam e com eles os trabalhadores nobres. Para satisfazer ao labor local as caravanas iam buscar matérias-primas longínquas. E traziam de regresso objetos que eram novidades estimuladoras para adaptar, imitar, recriar. A noção do útil ficou do tamanho da ambição individual. A economia firmava seu domínio na superfície social.

A economia não será unicamente a reserva prudente e o consumo regrado. Nem a faculdade viva das disponibilidades úteis. A economia, fundamentalmente, é a posse permanente de uma técnica produtora. Os amerabas sul-americanos, exceto do império dos incas, antiplano e litoral, eram homens do dia-a-dia, legítimos *wildbeuters* como os nativos centro-americanos e a maioria polinésia e melanésia. Consumiam toda a produção, ou colheita, diária. Ainda nesse século XX os viajantes naturalistas são unânimes no acusador registro. Entretanto, realizam festas de uma semana, ruidosas e fraternais, com fartura de alimentação e bebida, cuidadosamente coletadas. Têm, pois, como no século XVI, a técnica que lhes proporciona, no momento escolhido, a caça, a pesca, a fabricação de líquidos fermentados ou não, a ornamentação para as danças, máscaras, armas decoradas, deslumbrantes trajes na exibição festiva. Esse conjunto de técnicas é basilar como expressão da economia indígena. Esgotados todos os farnéis na alegria do convívio, o ameríndio, querendo, pode imediatamente recuperar-se, voltando a possuir alimentos, bebidas, armas e enfeites para outra solenidade consumidora.

Mesmo processo normal na Polinésia, Melanésia, África, central, ocidental, austral. A economia cresce, evidentemente, da técnica produtiva e não do acúmulo dos resultados da perícia, sua fórmula única inicial.

A economia, na acepção popular, equivale a poupança, restrição nas despesas, ciúme do possuído. Homem econômico, roupa econômica, passadio econômico. Nenhuma idéia de orientação, manejo, provocação de recursos, circulação, emprego. Etnograficamente, economia não é produção. É conservação. As imagens motrizes pertencem a outra entidade também popularmente confundida com a economia: finanças. A economia assume extensão e poderio reais; extrínsecos, quando se torna sinônimo de finanças. O valor pode então ultrapassar a utilidade primária.

Os romanos tinham *foenus,* interesse, usura, ganância, juros, lucro, tão empregado no primeiro século antes e depois de Cristo pelos sábios daquele tempo, de Cícero a Plínio. O vocabulário "finanças" nos veio através do francês *finer,* pagar, cumprir, finalizar, satisfazer compromissos, desde o século XI da Era Cristã.

Desse conúbio nasce a figura positiva da economia financeira, cão de guarda doméstico que se tornou dragão mastigador do mundo, a *immodica possidendi libido* que horrorizava, há dois mil anos, o gaditano Columela.

Fica a economia como uma estrutura familiar que se estende para o grupo, povoado e vila, uma economia de aldeia, *Dorfwirtschaft* de Sombart. Essa solução, como fórmula de produção, consumo, intenção venal, partindo do milenar artesanato, é o sistema mais duradouro e permanente na história do mundo. Ainda vive e ainda age. Muitos economistas citam-no como fase superada e apenas vivida no passado. O engano é a monomania generalizadora em que um processo de produção ou distribuição de riquezas deve ser único ou dele decorrer todo o complexo econômico, como de um grande rio deflui ou para ele acorre toda a incontável rede dos afluentes. Não admitem, o que é banal para qualquer geógrafo de campo, a presença da caudal e a coexistência autônoma de arroios e córregos teimosos em sua independência. É a sobrevivência de uma série imprevisível de microindústrias, visíveis ou clandestinas, atendendo ao

506

seu pequenino mas regular mercado consumidor. Os focos desses produtores sobreviventes são o artesanato doméstico e a manufatura individual dos "curiosos", obra nas horas vadias da função oficial, trabalho dos domingos e dias santos, das férias e dos suetos imprevistos. Dirão que não influi essa participação mínima no volume maciço mas, por não ser percebida sua economia, o carrapato não deixa de viajar no dorso do elefante. Apenas, na triste comparação, o meu carrapato aproveita apenas o transporte e não o sangue do proboscídeo.

O homem compara os bens que permuta e quando atinge a inteligência financeira, a mentalidade da relação fiduciária, é que calcula o valor em moeda. Os bens eram trocados, boi por milho, carneiro por mandioca, flechas por curare, cerâmica pelas redes de dormir, como trocara machado de pedra por âmbar, peles por conchas. Quando essa permuta ficou sendo transação e os bens mercadoria, então o pensamento por bens passa a ser um pensamento em dinheiro. Todas ou quase todas as imagens são de Spengler mas a conclusão é minha. O primeiro homem ainda existe ao lado, ou à vista, do segundo. Apenas o segundo maneja o dinheiro que o primeiro conhece mas não crê indispensável na *sua* economia. Foram observações pessoais e diretas em todo sertão do Rio Grande do Norte e Paraíba. Norma para todo interior do Nordeste brasileiro, regime nas pequenas propriedades rurais, as fazendas de gado em que vivi. Semelhantemente, em qualquer paragem do mundo onde um grupo exista sob idênticas condições normais. Nas fazendas onde tantos anos morei tudo era permutado com a vizinhança e apenas semanalmente alguém ia à feira, na vila próxima, vender os produtos e comprar o que não era possível obter pelo trabalho local; querosene, fósforos e sal. No fim do ano, panos, fazenda para roupa, destinada à "festa" (Natal) e botinas, porque as sandálias e alpercatas eram feitas em casa. As botinas duravam anos e anos e algumas eram "deixas" testamentárias, os famosos sapatos de defunto, maiores ou menores que os pés do herdeiro. Não é assunto etnográfico a economia como expressão valorizante da produção e as conseqüentes figuras que o complexo vai gerando em todas as épocas. A *usuraria pecunia,* o inevitável axioma do *sors fit ex usura* (os interesses aumentam o capital, Plínio) e outras endemias romanas, a ganância do eupátrida, fidalgo possuidor das terras de lavoura na Grécia, com a técnica extorsiva ao lavrador, os templos-usurários (o santuário de Delos emprestava, há séculos, a 10%), as economias sumérias, caldaicas, assírias, persas, egípcias, da Ásia Menor influenciadora poderosa no

Mediterrâneo comercial e Grécia continental, o trabalho dos celtas, bretões de Júlio César, germanos de Tácito, a Europa bárbara no século V e, depois, a Idade Média e o Renascimento com a influência dos mercados distantes que a navegação aproximava, internacionalização pelo intercâmbio que depois as Hanseas quase realizaram, as várias gradações do capital e sua transformação, nascimento do proletariado, servidão livre e escrava, o homem-moeda, a terra com as escalas de preço e desvalorização, o advento da máquina, centro fixo forjando um sistema artificial e aglutinante, não mais do produto mas na economia do crédito, são motivos absolutos que escapam ao pesquisador da etnografia legítima e valem para o historiador, o economista, o sociólogo. Para o etnógrafo interessam os processos do trabalho com suas irradiações nos usos e costumes.

Compreende-se que a economia tendo por objeto

l'activité des hommes destinée, directement ou indirectement, à l'obtention des richesses susceptibles de procurer la satisfaction maximum de leurs besoins ou désirs [Gaston Leduc],

não possa motivar a sedução etnográfica fora da relação imediata do consuetudinarismo, das formas que se tornam tradicionais na produção, implicando a constante intervenção humana e não a finalidade da riqueza e sua movimentação no conjunto constelar de outras grandezas determinadas e que se transformaram em determinantes. Nesse último estágio, a etnografia afasta-a de sua observação, distanciando-se de sua órbita sedutora.

Tudo quanto cair no ritmo do maquinal escapa à etnografia. É o interesse relativo que pode ter-se pelo gesto reflexo que é o mesmo em qualquer criatura humana. A força dessa economia é para a padronização no plano internacional de todos os atos do homem suscetíveis de produção, de coisa vendável. A égide não é a Civilização mas o Progresso. Desse Progresso há uma sentença de Nicolas Alexandrowitsch Berdiaeff (1874-1948): "A idéia de 'progresso' será repelida por esconder os verdadeiros fins da vida. O 'progresso' vai cessar com a terminação da história moderna. Haverá a vida, haverá a criação, haverá a conversão a Deus ou ao Diabo, mas não haverá mais 'progresso' no sentido em que o décimo nono século o entendia".

Parece-me bastante...

INDÚSTRIAS MILENÁRIAS

*D*iscute-se se indústria vem de *indu,* por *intus,* dentro, e *struoere,* dispor, preparar, ou de *in,* para, e *dextera,* destra, mão direita. De qualquer forma é trabalho manual, com as associações inevitáveis à perícia, destreza, habilidade, esperteza, assiduidade, cuidado, atenção, diligência, negócio, profissão, emprego, intenção, propósito.

Dizemos ainda "de indústria" valendo de propósito, intencionalmente, de caso pensado. Um *chevalier d'industrie* significa habilidade de viver desonestamente. O vocábulo tem a evocação do esforço, inteligência dedicada a uma finalidade e mesmo atingiu nível de tratamento cerimonioso. Na dinastia merovíngia (quinto ao oitavo séculos d.C.) havia o título honorífico que obrigava a dizer-se *Votre Industrie,* dirigido aos prelados e reis de França. O "de indústria", intencionalmente, era uso em Roma porque Cícero escreve um *De industria aliquid facere,* fazer alguma coisa de propósito deliberado, plenamente justificador, há vinte séculos.

É, pois, dedução elementar sentir-se que a indústria nasce quando o artesanato se especializa, fixa o labor, adquire a destreza pelo esforço intencional, elegendo o gênero de trabalho em que se eleva e distingue. Caracteriza a indústria não apenas a perícia, habilidade, conhecimento, mas a continuidade da produção, o exercício da técnica. *C'est en forgeant, qu'on devient forgeron.*

A especialização determinando a origem da indústria só podia surgir na pluralidade das necessidades. A valorização foi feita pela procura dos produtos, inicialmente restritos ao âmbito doméstico. Vivia, anteriormente, a técnica que se consagrou pelo volume produtivo. O artesão trabalhando ensinava aos filhos. Um adágio de Açores diz que filho de mestre não é discípulo. A multiplicação dos interesses ampliou a tarefa, levando-a aos aprendizes. O grupo de trabalho talvez seja muito mais antigo do que pensamos.

A maestria artesanal é um apelo à imitação que a perpetuará. Os discípulos, aprendizes, nascem da continuidade disciplinar, *res, quarum est disciplina* — como dizia Cícero, as coisas aprendidas com método.

509

A indústria, *in-dextera,* aperfeiçoa a habilidade manual e determina a criação do aparelhamento auxiliar. Houve algum tempo em que o homem viveu sem o auxílio de instrumentos de trabalho? Teria sido quando atravessou o estágio hipotético e convencional do *arborial man,* empoleirado nas árvores, cavando raízes com as unhas e arrancando frutos, sabedor intuitivo da ciência nutricionista. Devia ter sido na época em que o sol girava em torno da Terra e não havia Lua.

A idéia, quase fixada em dogma, de que a espécie humana fora a primeira a iniciar o uso de instrumentos de ajuda ao labor está guardada em museu como amostra de raciocínios aposentados por invalidez funcional.

Antes do homem existir, os tipos pré-humanos conheciam a colaboração material agenciada para a tarefa vital. Nos primeiros períodos do paleolítico, chelense e achelense, quando o *sapiens* nem constituía hipótese, os infra-homens acendiam lume e trabalhavam a pedra, possivelmente a madeira e o osso. O Homem de Heidelberg, o primeiro europeu, dono da mandíbula de Mauer, era trabalhador lítico;

est un représentant des plus vieux tailleurs de pierres paléolithiques — deduzia Marcellin Boule. O *Sinanthropus pekinensis* realmente *est hominidé qui allumait le eu et taillait les pierres dans la caverne de Choukoutien* [conclui Teilhard de Chardin, apoiado por W. C. Pei e o abade Henri Breuil].

Mesmo antes desses esboços vivos do verdadeiro Homem, há um milhão de anos, o *Australopithecus prometheus*, que Raymond A. Dart e James W. Kitching depararam em Makapansgat, na África do Sul (1949), manejava instrumentos de osso, adaptados aos misteres da caça, faca, furadores, raspadores. E desses australopitecos, de 1,20 de altura, para o Homem de Cro-Magnon, de 1,80/1,90, já *sapiens,* afastados no imenso tempo, é impressionante que certas soluções ajustadoras de utensílios indispensáveis sejam quase idênticas. Evidencia-se o milionésimo para a utilização consciente do material circunjacente ao caçador. Acresce, como elemento de lógica, que o instrumento fora retirado do esqueleto da caça, repetido tipologicamente no laboratório pelo prof. Dart. Por que não usaria de pedras? Porque não existiam essas facilmente em Makapansgat. O sinantropo laborava nas pedras de Chucutien, ao sudoeste de Pequim. O Homem *sapiens* de Cro-Magnon não inventou. Recebeu. Melhorou. Modificou técnicas. Não foi no aurinhacense que surgiu o *homo faber,* mas seis mil séculos antes. Não se sabe quando nasceu *the tool-maker,* de Oakley.

O homem aparece armado de pedras e começa sua conquista. Antes das pedras a natureza armara-o de unhas e dentes. Um sinônimo de tenacidade, fereza, obstinação belicosa, é o "com unhas e dentes", variante do *unguibus et rostro* romano. Para o "clássico" de Roma o homem dispusera inicialmente de pedras para arrojar e os rijos paus, tornados clavas, o *missilibus saxis et magno pondere clavae,* de Lucrécio.

As primeiras armas, primeiros aparatos de caça e defesa pessoal, foram unhas, mãos e dentes, pedras, ramos de árvores e, seguidamente, a chama do fogo, deparados em tempo inapreciável. Assim ensinava Titus Lucretius Carus, 95-57 anos a.C., no seu *De Natura Rerum* (v-1282/1284).

Certo é que o abrigo é forma normal instintiva e até peixes, aves, abelhas, vespas e castores cumprem a missão excelentemente, construindo-o. Mas o instrumental em sua legitimidade agente é o dente, o bico, a pata. Não podem, terminada a tarefa, dispensá-lo, para a futura necessidade, como o homem encosta o machado ou desce do trator.

Esse senso vocacional da utilidade criadora, a descoberta do instrumento prolongador, simplificador, multiplicador do esforço, foi elemento nobre para a sobrevivência, seleção, domínio salvador da espécie.

Desde quando começa a constatação arqueológica o homem trabalha a pedra. A discussão do homem terciário gira em torno dos eólitos, pedras que podiam ter sofrido uma ação intencional do ente raciocinante. O mais antigo documento da inteligência humana ou infra-humana é a pedra trabalhada. Na pedra está o primeiro vestígio do esforço pessoal do *faber,* dando-lhe outra finalidade e obtendo outro rendimento. A explicação íntima de sua soberania está na eterna possibilidade de modificar a natureza em seu serviço. De criar mas não depender intrinsecamente da técnica. O destino do homem depende da maneira pela qual domine as conseqüências da técnica em sua vida — pensa Karl Jaspers.

A história da civilização fundamenta-se na indústria lítica. A divisão das culturas que ambientam o homem no mundo testifica a indispensabilidade da pedra, lascada, polida, antiga, nova, paleolítica, neolítica. Trabalhando na pedra o homem atravessa o neolítico e vem aos metais. Os modelos líticos condicionam as obras em bronze e em ferro. Foi a primeira indústria e nunca pôde ser afastada do quadro das atividades humanas. Ainda a pedra é trabalhada para bico de lança, ponta de flecha, cavador de plantio, na Terra de Arnhein, na Austrália, e na Nova Guiné, na África Ocidental e Central. A primeira indústria humana é contemporânea aos deslumbramentos da eletrônica.

Coeva é a tarefa do curtidor, do tratador de peles e depois de couros. Homens e mulheres deviam ter colaborado juntos. O *coup de poing* do chelense pode ser inegavelmente um raspador. Do achelense em diante há pedras com a elevação curva para ser comodamente empunhada e a base áspera para desbastar, limpar pelo atrito o interior das peles, eliminando os restos de músculos, gorduras, pêlos, sangue coagulado. Esses limpadores, raspadores, alisadores, aperfeiçoam-se incessantemente até o madaleniano. No aurinhacense estão os alfinetes de osso. No solutrense as agulhas, com a extremidade furada, e os fios, crina de cavalo, fibras vegetais, tendões. Costurava-se antes que o paleolítico findasse o ciclo.

As primeiras peles foram usadas como ainda as vemos na Patagônia e na Terra do Fogo, peças inteiras, enroladas no corpo como togas, sem a disposição especial para os ombros. Uma grande manta felpuda, defendendo do frio e conservando o próprio calor humano. Para que houvesse o botão, ou antes o cinto apertador da cintura, foi preciso aguardar milênios, para os finais neolíticos.

Os desenhos das séries levantino-espanhol, nascente e sudeste comprovam abundantemente os indicados figurinos.

Assim, o tratador de peles foi o segundo industrial. Indústria na forma lógica de produtor, de criador de utilidades. Não seria admissível pensar em qualquer conseqüência "econômica". E essa indústria de peles não desapareceu nas regiões geladas ao derredor dos pólos, com muitos modelos não tão fiéis como os da extremidade austral da América do Sul. E nas zonas frias da Europa, Ásia, África. Pelo *Gênesis* (III, 7, 21) ficamos sabendo que o vestido de folhas de ficus, figueira (moráceas) foi iniciativa de Adão, fazendo a primeira cinta, faixa, o *perizomate* grego, *subligaculum* romano, *cache sexe,* fralda, *taparrabo* castelhano, para cobrir-se. Iavé inventou o vestuário de peles:

> *Fecit quoque Dominus Deus Adae et uxori ejus tunicas pelliceas, et induit eos.* Fez também o Senhor Deus a Adão e a sua mulher umas túnicas de peles, e os vestiu.

Ambas as modas sobrevivem na dependência climática pelo mundo.

Uma produção moderníssima e universal é o objeto de enfeite, decorativo, bem vistoso em suas cores e formas, posto nos pulsos, orelhas, pescoço, cabeça e pernas, fantasias que o francês denomina *bijouterie,* do radical latino *bis-jocare,* porque desapareceu a intenção mágica milenar que determinara a função e ficou a do falso brilho, exterior, de brinco, alegria visual, *jouer, jocare.* A produção ganha popularidade nos finais do aurinhacense. Teria também nessa fase o seu nascimento, com a raça de Cro-Magnon. Mas os negróides de Grimaldi, na orla européia do Mediterrâneo, são devotos consumidores dessas coisas. Antes, no baixo paleolítico, não há. Nos túmulos quase sempre deparam um mostruário desses enfeites sagrados, conchas marítimas e fluviais, pedras perfuradas, pedaços de chifre e de marfim, sementes duras, pedrinhas translúcidas. São pulseiras, braçaletes, colares, camadas dispostas concentricamente nos crânios, enrolando cúbitos, rádios, úmeros, e mesmo o fêmur e a tíbia. No neolítico há sugestiva variedade e os megalitos aparecem, os tipos cordiformes, triangulares, em meia-lua, losangos, hemi-esferoidais, retangulares, postos claramente para uso e abuso individual, com orifícios para ficarem como pendentes os apropriados. É de supor que um caçador ou pescador do aurinhacense, genericamente, não tivesse atenção e perícia para essas habilidades. E como pela abundância e a multiplicidade tipológica afastam a imagem de uma produção limitada ao emprego pessoal do grupo, como a cerâmica quando se iniciou, deduz-se haver artífices encarregados para atender a procura do produto valorizado. Vemos quase sempre depositados sobre os mortos mas não são comuns na gruta residencial. Seriam, inicialmente, oferendas votivas aos mortos e depois, também no plano do amuleto, usados pelos vivos. Nos desenhos e gravações do madaleniano em diante os enfeites, adornos aparecem nos caçadores, nas mulheres, habitualmente. É uma indústria que permanece prestigiosa e atual. O homem era o consumidor normal. Depois veio a mulher, que mantém o domínio. Restou ao homem as insígnias, fardas, condecorações, colares, crachás, faixas, miniaturas, anunciando as distinções, classes, patentes que possui ou associações a que pertence. Restam ainda os anéis, alfinetes de gravuras, camafeus, correntes de relógios, de algibeira e de pulso, ultrapassando o senso da utilidade.

Ponhamos em rápida saliência os desenhistas, pintores, gravadores, escultores, desde o aurinhacense. Tudo quanto possuímos nasceu nesse tempo. Alguns trabalhos seriam obra pessoal, de iniciativa livre e sem conseqüência para o interesse grupal. Outras, a maioria, denunciam a intenção deliberada da realização, a posse de uma técnica precisa e a indiscutível presença de artistas que seriam mantidos pelos companheiros caçadores enquanto fixavam os grandes murais que eram magias no fundo obscuro das cavernas da França e de Espanha. Não era o desenho documental mas propiciatório, sedutor da caça, elemento vital. As artes plásticas começavam a viver.

Com a sua habitual prudência (e às vezes *pruderie*) Ales Hrdlicka, esquematizando o que denominava a "fase neandertal do homem",[254] indicou para o *aurignacian man* um *fisher (probably)*. Hoje é indiscutível que o homem era pescador no primeiro período paleolítico superior. Foram encontrados os amuletos feitos com vértebras de peixes, anzóis de dentes de ursos e felinos. Hrdlicka concede a essa época *gradual development* nas representações pictóricas de animais habitualmente caçados. MacCurdy fala entusiasticamente do aurinhacense.[255] Atingira-se início de ciclo ascensional notório. Uma indústria data sua velocidade inicial desse período: a pesca, o aparelhamento, cercos, currais de peixe, anzóis, redes, arpões, veneno, todos mais visíveis nas fases subseqüentes. O caçador era o mesmo pescador? A pescaria seria, como ocorre presentemente com os indígenas em qualquer parte do mundo tendo a profissão cinegética, uma atividade subsidiária, apanha de moluscos, crustáceos e peixes de nado lento, enfim, uma *pesca raccolta* — como diz Biasutti. Depois é que a haliêutica ficou uma constante econômica na vida humana.

Com a agricultura os horizontes abrem perspectivas indefinidas. Neolítico ou epipaleolítico, denunciada nos vestígios cerâmicos do tardeonoisiano? Não posso compreender cerâmica independendo da agricultura, de qualquer forma inicial de plantio. Invento feminino, levou o homem às derrubadas para a fundação da lavoura. Continuaram caçadas mas a agricultura determinaria atenções próprias que, necessariamente, alcançaram especialização. Veio o instrumental para o domínio do solo, bastões pontudos que abriam cavidades para a semente.

Os maori da Nova Zelândia têm um bastão com apoio lateral, reforçando o impulso penetrativo, idêntico ao *taclla* incaico. O primeiro instrumento foi a mão nua, escavadora, como ainda hoje no Nordeste do Brasil, plantando milho, feijão, mandioca, batatas. Os ameríndios usavam de um pau pontudo para abrir a cavidade, como os gregos no tempo de Hesíodo.

Para a multiplicação vegetal o homem metia pedaços da própria planta no solo, raízes, bulbos, galhos;

a piece of a plant is set into the ground to make a new plant [resume Sauer].

Segue-se depois a segunda fase, que é o plantio pela semente, índice adiantado de aproveitamento das safras anteriores. Sauer indica a origem dessa técnica ao redor do Golfo de Bengala com irradiações, e para a segunda, do Ganges à Sicília, litoral do Egeu, planalto etiópico e China do Norte. A ciência da localização parece-me provisória assim como a identificação das primeiras espécies utilizadas. Compreende-se que a natureza dos terrenos sugira a diversidade dos processos de aproveitamento; em degraus, terraços, encostas, fixação pela vegetação arborescente, rasteira, lavoura seca, e os métodos posteriores de irrigação em seus aspectos múltiplos.

O bastão para plantar é a velocidade inicial do arado que a Austrália e o continente americano não conheceram antes do século XVI.

A cultura agrícola trouxe a domesticação animal e também o aldeamento. Foi o tempo das primeiras casas, intencionalmente feitas e não mais o aproveitamento das grutas, lapas, cavernas ou ranchos sumários de ramos verticais em forma de molhos de lanças. A construção rural tem aí seu passo, caminhando vagarosamente para o arranha-céu, anunciado pelo megalito monumental, utilizável para túmulos ou marcos votivos, em escala mais reduzida. Do abrigo, tenda, cabana, circular, retangular, cilíndrica, de teto cônico, horizontal, em ângulo obtuso, a multidão dos tipos ainda escapa aos rigores esquemáticos de uma padronização. Há na mesma região e para os mesmos profissionais formas diversas. A cabana redonda para caçadores e a quadrada para agricultores não constitui dogma e sim persistência tipológica. Presentemente a casa quadrangular é a mais universal, seguindo-se a choça-abrigo, de cúpula triangular. É de fácil verificação que o homem decidiu-se pelos ângulos retos em matéria de construção e a tendência moderna é a horizontalidade na última seção da coberta. O aparecimento da palafita marca o nascimento das soluções arquiteturiais sobre água erguidas em plataformas de madeira, com os indispensáveis cálculos de resistência, equilíbrio, durabilidade do material lígneo. Para os finais do Bronze e início do Ferro, datas pouco fixáveis, é que apareceu o adobe, tijolo seco ao sol, erguendo cidades, templos, muralhas na Mesopotâmia e Egito.

Discute-se se a cerâmica é do neolítico ou pouco anterior, do epipaleolítico, surgida, em fragmentos grosseiros, nos restos-de-cozinha bálticos, notadamente no tardenoisiano, o segundo período. Fora decorrência, talvez fortuita, da indústria cesteira, do entrelaçamento de vimes, giestas, capins, bambus finos, atendendo às necessidades domésticas de recipientes para uso familiar.

Antes do trabalho da cestaria[256] em certas regiões, com revestimento florestal apropriado, os caules, troncos ocos, cilíndricos já deviam ter servido de vasos para líquidos. E também, ainda numa aplicação do ciclo do amansamento animal, os sacos e vasos de couro seriam conhecidos. Como aos *crows* do oeste norte-americano ou os casaques da Ásia Central. Em Samoa serviam-se em vasos de madeira.

A cestaria é visivelmente anterior à cerâmica que, até certo ponto, é uma sua conseqüência. Dizia-se sempre a cestaria datando do neolítico, mas encontro nos desenhos levantinos em Espanha, no epipaleolítico, documentação incontrastável da cestaria usual e comum — Cueva de la Araña, Valência, La Saltadora e Civil no Barranco de Valltorta, Castellón — onde as figuras humanas representadas conduzem cestas. Nas regiões com abundância de matéria-prima os vestígios são incontáveis. Atividade intrinsecamente ligada ao ciclo rural, provocou-a a agricultura regular, e o neolítico é seu ambiente ampliador. Na época dos metais espalhou-se pelo Egito, Assíria, Grécia, Roma, prolongando-se poderosamente nos nossos dias. Moisés é confiado às águas do Nilo numa cestinha de vime betumado e o mesmo ocorreu a Sargon, futuro rei de Ágade (Acádia, Babilônia), no Eufrates. Em forma de cesto redondo são os *quffahs,* tomando o tecido de vime pelo betume e atravessam os rios do mundo árabe, já vistos pelos olhos babilônicos, como deslizam nos rios da Grã-Bretanha contemporânea os pequenos *coracles* nas águas do Towy, Teivy, Dee, Severn, litoral da Irlanda e do País de Gales, com um pescador a bordo. São botes oblongos, frágeis, transportáveis facilmente mas, no século XVIII, era *formed almost oval* (H. H. Bobart, Basketwork). Também os juncos chineses e os barcos do Lago Titicaca têm larga percentagem de traçado, inclusive as velas, como usam os samoanos e os melanésios de Dobu. Os tasmanianos não tinham cerâmica mas traçavam bem vasilhas de capim, algas, cipós, cascas.

Seguem as duas técnicas comuns: o enlaçamento horizontal através de varetas verticais e a trança, a espiral, datando possivelmente do neolítico.

Para o continente americano houve uma cultura de cestaria realmente admirável. Dois séculos a.C., pelo Novo México, Nevada, etc., vagava o povo dos cesteiros, *basketmakers,* caçadores nômades, ignorando a cerâmica, sepultando seus mortos em cestos, obtendo resultados notáveis no entrelaçamento e trança, canastras, bolsas, esteiras, sandálias.

Das Ilhas Aleutianas à Argentina trabalhava-se no vime, bambu, cipós, capins. Todos os museus possuem obras-primas e há uma bibliografia volumosa no assunto, estabelecendo os índices identificadores. Os indígenas da Califórnia e os da Colômbia Britânica faziam ferver água em recipientes de palha trançada, como os havasupai do norte do Arizona, podendo transportar líquidos. Depois do vasilhame é que surgem as esteiras e mantas finas, algumas servindo de moedas para trocas, e conseqüentemente as redes de dormir (hamacas) de fibras de palmeiras (aruacos) ou de fios de algodão (caraíbas). Esses transmitiram a técnica aos tupi-guaranis e os dois povos divulgaram a rede de dormir (século XVI) aos europeus, espanhóis e portugueses, propagandistas da hamaca pelo mundo marítimo.[257]

A cestaria é labor masculino comumente; e mesmo entre os amerabas nota-se a facilidade instintiva com que o indígena tece pequenas e leves belezas úteis.

Onde nasceu a cerâmica? Aparece no tardenoisiano. Não seria uma indústria privativa ao redor do Báltico, mas nessa coordenada é que tivemos os primeiros vestígios. Sua extensão desnorteia a tentativa de fixação topográfica. Não a tiveram pigmeus e bosquimanos da África, a primitiva população da Málaca, algumas ilhas polinésias e mesmo em certos pontos norte-americanos e também na Terra do Fogo, justamente o continente onde a cerâmica é um esplendor nativo. Trabalho da mulher, passa ao interesse masculino quando a atividade se industrializa. Mesmo assim em muitas paragens (América Central e do Sul, África Ocidental e Austral) continua o disputado predomínio feminino na sua fabricação. O ameríndio oleiro era mais ou menos afeminado pelo contágio da profissão tradicionalmente entregue às mulheres. Como as rendas, bordados e mesmo tecelagem em tear.

O torno do oleiro era desconhecido na Oceania e pela América précolombiana. Geralmente a população indígena e mestiça, do México à Argentina, dispensa seu uso.[258]

As três técnicas iniciais oleiras mantêm-se inalteráveis pelo mundo.

Na primeira, a oleira, do bloco informe do barro úmido ergue lentamente a forma do vaso escavando, ajeitando, adelgaçando a massa. Na segunda, aplica o barro em camadas sobre a superfície sólida de um cilindro vegetal, cesta de vime ou de cipó, cabaças, comprimindo, amoldando-a ao modelo fixo. A terceira é a espiral, o enrolamento do barro em pães, tiras, cordas, em forma de lingüiças, salsichas, ascensionalmente, reunindo a massa pela pressão manual. A primeira ocorre onde a cestaria não predomina, Hotentocia, e no Brasil anterior ao descobrimento. A segunda é a pré-histórica, clássica, mais popular na América e deveu ao trançado, segundo as verificações de Max Schmidt, existência vitoriosa. O barro molhado era disposto sobre o trançado de vime, cabaças, sustentadores, guardando-lhe as impressões denunciadoras. A terceira é também vulgar na América, África Central, Alasca, Japão. É a forma habitual contemporânea no Brasil, na Europa, na Ásia. O uso do torno oleiro não modificou o processo.

A cerâmica vem de *keramos,* vaso de barro, mas *kéras* é chifre e há idéia do vaso utilizando o corno animal, para beber e transportar líquidos, de uso imemorial e ainda visível não somente entre os povos germânicos, gauleses, celtas, como espanhóis, portugueses, ameríndios e comum no Brasil (guampas, bingas, corniboques para rapé e pólvora, polvarim). O vaso em forma de cornucópia provém desse molde e não desapareceu a seqüência, utilizando o próprio e legítimo material queratinoso. Inegável é a existência de vasos de pedra, já citados no poema finlandês do "Kalavala", como a primeira marmita sendo a pedra oca. Os mais antigos vasos, grosseiros, malcozidos, alisados com o dorso do polegar, deixando vestígios digitais (o polegar foi o primeiro modelador e os traços das unhas a decoração inicial) sem asas, fixam a partida para a mais deslumbrante documentação artística do homem, a mais profunda e constante como testificação fixadora da evolução estética. Ter ou não ter cerâmica é um elemento na avaliação dos níveis culturais e o vaso é um depoimento vivo da civilização criadora, moral e material do seu tempo, raça e mentalidade.

A indústria têxtil vem da filiação milenar, vegetais e fibras de animais, pêlos, cabelos, crinas. O enlaço, o entrelaço, indispensáveis na cestaria, seriam determinantes ou decorrências? Dos finais do paleolítico avista-se o laço, o cabresto com laçada circular (Niaux, Haute-Garonne, França; Villar del Humo, Las Canforras, Gasula, Espanha). Não é possível fixar o local e data em que o fio, estriga, fibra, foi torcido pela mão humana para ganhar resistência e durabilidade.

O conhecimento da fiatura parece ser uma das atividades mais universais e mais antigas no mundo. A reunião dos fios pela trança é uma simplicidade que valorizou o trabalho da indumentária e adiantou a tarefa da cestaria. Quando apareceu a trança na cabeleira feminina? As Vênus do aurinhacense têm o cabelo encanudado, em disposição paralela de cachos. As do epipaleolítico já usam cabelo cortado, franja, na testa. O cabaz da coletora de mel em Valência denuncia a cesta trançada. Não atino pela prioridade na aplicação da técnica. A mão entrançou o vime da cesta ou os cabelos da mulher, em primeiro lugar?[259]

Nos meados do neolítico aparece o tear, possivelmente vertical o primeiro, como são os mais antigos conhecidos. Constaria de dois bastões fincados no solo, prendendo os fios que uma vara faria dirigir a trama. Os fios longitudinais, paralelos, *cadeia,* combinavam com os transversais, *trama,* e o tecido nasce dessa operação. No neolítico temos tecidos reais em mais de uma cor e, nos finais do tempo, franjas obtidas pelo redesfiamento do tecido. Palafitas. Idade do Bronze. Karl von den Steinen viu esse tear entre os bacairis do Mato Grosso (1884).

Se já encontramos tecidos nas palafitas européias é insubsistente a versão grega indicando os frígios, da Ásia Menor, como inventores dos tecidos e dos primeiros bordados. Na época do bronze a lã, linho, cânhamo fazem trajes. As civilizações do Egito, Pérsia, Assíria, gregos e romanos, conseguem maravilhas. Primeiro seriam apenas mantos, atoalhados, servindo para tudo. Ao final, na diferenciação indumentária, vieram as modificações vistosas, os tapetes que constituíram a indústria mais sedutora e disputada pelo luxo oriental que se comunicou à Europa, dois e três séculos a.C. Há, porém, uma deusa maia, Ixazalvoh, inventora da arte de tecer.

O primeiro tear, natural e comodamente vertical, explicou a fixação das técnicas, modificadas e ampliadas no tempo. Todo Atlântico americano ignorou o tear pré-colombiano e não o tiveram australianos, parte da Polinésia, Melanésia. No tecido à mão, a forma, de maior uso no continente americano e população insular, era a trama, o entrelaçamento, típico na cestaria. Baseado em Montandon, Biasutti (*Razze e Popoli della Terra,* I) divulga o tear à mão, horizontal, para todo império do Peru e América Central, e o vertical para o México. Tanto entre os incas como entre os astecas era popular o tear manual em diagonal, portátil, suspenso em qualquer galho de árvore.[260] Julian H. Steward é explícito no *the vertical or Arawak loom.*[261] Este é o que se difundiu maiormente, irradiado do trabalho inca, pelo Amazonas, às vezes fixo em duas traves horizontais e paralelas. O modelo anterior e mais simples ainda na primeira década do século XX ou da centúria passada, o conde de Stradella viu empregado no Rio Negro, tecendo as excelentes *kisauas,* as "trinta fios" de uso vulgar, para sestear e dormir. Os tecidos peruanos e mexicanos já 500 anos a.C. rivalizariam com os persas e turcos, indicando o alto nível de gosto, colorido e beleza alcançado pela tecedeira ameríndia. Kroeber faz notar que os tecidos em tear são retangulares e os à mão trapezóides. Relaciona o uso e fabricação das sandálias com os tecidos de tear. Fiava-se e torcia-se o fio, mas o tecido era praticamente desconhecido na América do Sul, exceto na zona inca. O uso do tear de pedal é o terceiro tipo, predominante na Ásia e parte da Europa e nessas regiões se manteve. Não atingiu América nem Oceania e sua presença africana (fonte de exportação negra para América) permaneceu ao redor do Golfo da Guiné, justo mercado do braço negro que não trouxe o tear para as terras onde vinha trabalhar e viver. A mecanização é nos fins do século XVIII; mas é outra estória...

A escultura na madeira, tão presente no mundo, é outra indústria milenar. Haidas da Colômbia Britânica, mexicanos, peruanos, melanésios (especialmente os papuas da Nova Guiné), negros do Congo, Guiné, artesões da África Meridional, leste e oeste, indígenas norte-americanos, japoneses, chineses decoram lindamente todos os objetos de uso e barcos, pilares, totêmicos ou comemorativos, portadas de templos, arcos votivos, vultos de deuses e de antepassados, esculpidos com precisão e minúcia. Esse requinte torêutico lhes adveio depois de centenas de séculos praticantes, bem possivelmente na mesma região onde teriam iniciado a técnica, como deduzia Gene Weltfish dos cesteiros contemporâneos dos Estados Unidos. É possível admitir modificação parcial ou total no processo manual pela influência irresistível alienígena ou ainda reação psicológica contra a monotonia do padrão, na dedução lógica de uma teoria de Malinowski sobre as limitações sociais. Mas creio que essa "libertação" dos temas tradicionais não ocorre no grupo industrial e sim num indivíduo rebelde ou criador, de inspiração insopitável.

Ninguém deve aceitar a ignorância do uso da madeira pelo homem primitivo, concomitante à pedra. O engano de alguns etnógrafos é a exclusão de um dos materiais. A madeira, facilmente perecível, desapareceu sem permitir vestígios e sua documentação surge em épocas avançadas, em condições especiais de conservação e já decorada. Tanto o *coup de poing* como o galho de árvore foram manejados, defensiva e ofensivamente, pelo homem pré-histórico.

Identicamente o trabalho sobre ossos e chifres, ou sua simples utilização, toma nitidez no aurinhacense quando, sem dúvida, será bem anterior. O prof. Menghín acredita na existência de uma cultura protolítica, típica em instrumentos de osso e corno, em pleno paleolítico. Também E. B. Renaud, estudando os depósitos arqueológicos de Nebrasca, admirava-se e aceitava a presença de uma indústria óssea americana em época pré-glacial, e sem a pedra trabalhada, o que, muito justamente, surpreendia Paul Rivet. Quanto hoje vemos em marfim e chifre e obras encantadoras em marcenaria, talhadas, as *boiseries* artísticas, provêm dessas fontes.

Certamente o vasilhame de madeira precedeu a cerâmica tendo em vista o exame tipológico dos modelos que se repetem, como os trabalhos de cobre e de bronze prolongaram os padrões líticos até a vitória do ferro. Os vasos de barro continuaram as formas vegetais preexistentes. E, curiosamente, os cariris do Nordeste brasileiro trabalhavam as vasilhas de pedra e eram péssimos oleiros. Não eram capazes de realizar no barro o que conseguiam na pedra — alguidares, panelas, potes, escudelas. Mas certos povos da Polinésia, não fabricando cerâmica, usavam de vasos lígneos. Os de Samoa cozinhavam o alimento aquecendo água com pedras quentes em panelas de madeira. Os ainos, perdendo a técnica oleira, voltaram a fabricar de madeira seus utensílios domésticos.

O conhecimento dos metais ter-se-ia verificado pelos "nobres", ouro e prata, na atração das pepitas reluzentes. Martelava-se a frio. Como foram deparados no plano utilitário é ainda e será sempre debate vivo entre os eruditos. Circulou muito tempo a lenda de que um incêndio gigantesco nos Pireneus fundira os metais, revelando-os. Sua aplicação seduziu o homem com certa vagareza e bem mais ornamental e mágica que no campo prático.

A seriação clássica — cobre, estanho, bronze, ferro — não pode ter sido rigorosamente obedecida no mundo. Chineses, babilônios, egípcios trabalhavam no bronze e já o negro conhecia o ferro, usando-os com outros metais na prática. Passara do neolítico para os metais e sua aclamada perícia de fundidor e artista é atenuada pelas opiniões de von Luschan e de Stuhlmann, lembrando que o trabalho do ferro teria origem muito mais ao sul, na Índia e na África negra, por influência não negra. Estava em terras do sul do Mar Negro vinte séculos a.C.; Índia, Creta, Egito, 1500. Mas sua presença na Europa ocorre no primeiro milênio a.C. Mesmo na África o conhecimento do ferro não alcança todo continente. Os do Congo Central forjaram ferro apenas no século XIX, na segunda metade, saltando do machado de pedra e da flecha para a lança e o dardo metálicos. A tradição grega que ilustrava os frígios, a Ásia Menor, como inventores da têmpera dos metais e dos primeiros segredos metalúrgicos, é lenda elogiosa e gratuita.

Os ameríndios não tiveram ferro além dos achados nos meteoros mas superiormente lavraram prata e ouro, algum cobre, empregando uma espécie de maçarico porque não conheciam o fole de forja senão no século XVI. Ouro, prata, cobre, bronze, trabalhava-se desde a Venezuela ao litoral do Pacífico, todo antigo Peru, América Central, compreendendo o México, martelando-se o cobre na Colômbia Inglesa. A perfeição da obra alagou de assombro e cobiça o conquistador castelhano, como enternece e deslumbra o etnógrafo. Mas sempre mais no terreno ornamental que utilitário.

A noção industrial determina-se quando o homem maneja o metal, forjando-o. O ferro, inicialmente como matéria de venda, foi preparado em blocos, barras, cubos. Assim os negros depois o recebiam provavelmente do Egito e desmanchavam, obtendo instrumentos e armas. Homero pouco o cita na *Ilíada,* além do bloco oferecido como prêmio nas exéquias de Pátroclo, suscetível de transformar-se em instrumentos agrários (canto XXIII, v-826).

O fole provocou a criação do industrial que veio aos nossos dias, vitorioso na tarefa que, da batida do ferro meteórico, passou à metalurgia e à siderurgia. O fole inicial seria o odre ligado a um tubo condutor de ar, obtido pela pressão manual. Esse aparelho, simples e até então suficiente, compreendeu toda a Europa, dois terços da África, toda Ásia exceto a China de leste que empregava o fole horizontal, com um ou dois pistões, Birmânia, Indochina, Malaca, Bornéu, aí com o fole vertical acionado a pistão, e nesta região da Oceania; desconheceram qualquer espécie Austrália, Tasmânia, Polinésia, Nova Guiné, Nova Zelândia.

Na minha pesquisa pela geografia dos metais não foi possível determinar-lhe a coordenada originária. Biasutti repara que os forjadores, ferreiros etc., eram considerados casta inferior e desprezada como afeita a um ofício subalterno, por toda África Setentrional e norte-oriental, e no restante do continente, da Guiné ao Natal, gozavam de prestígio, também como médicos e feiticeiros. Birket-Smith informa semelhantemente. Na Indonésia os filhos do rei são iniciados na arte da ferraria e na Ásia Central, o mesmo que no Sudão, um ofício distinto. Entre tribos do Saara, na África Oriental e entre tribos camitas ou por elas influídas, olham os ferreiros com profundo desprezo. Henri Duveyrier, que estudou os tuaregues saarianos, há um século, informa diversamente, afirmando que na África Central os ferreiros constituem

une classe fort estimée et qui vient immédiatement après les nobles.[262]

O general Daumas, veterano na Argélia, Marrocos e Saara, registra fatos da simpatia popular africana pelos ferreiros. Um simples ferrador, num combate entre beduínos, tem a vida salva fazendo-se identificar pela imitação do movimento do fole com os panos do seu albornoz.[263] Oswald Spengler, salientando a profissão, lembra que uma tribo inteira na Etiópia era constituída pelos ferreiros, os falaschas, índice de orgulho próprio e não de segregação social, creio eu.[264] Birket-Smith cita que no Ouda (entre o Himalaia e o Ganges médio) os ferreiros possuem quase um Estado dentro do Estado hindu, com rei e leis próprias.[265]

A estima que ambienta o ferreiro, muito mais que a do ourives e do joalheiro, indica antigüidade e projeção funcional, tendo seus utensílios de trabalho, martelo, bigorna, tenazes, foles, como elementos terapêuticos entre as populações da Itália, Espanha, Portugal, França, Alemanha etc. Quem não conhece a canção dos ferreiros flamengos, a *rikke-tikke-tak* de que Henri Conscience (1812-83) aproveitou na famosa novela? Um sinal evidente de consagração é a lenda de S. Dunstan, prendendo o Demônio com suas tenazes e obrigando-o a fugir para sempre das ferraduras, amuletos afastadores da contrariedade. Vulcano, Hefaisto, o *mulcifer,* manejador do ferro, era patrono dos ferreiros, como S. Eloi e S. Dunstan entre os cristãos.

Essas indústrias milenárias determinaram profissões perpétuas que se ampliaram nas técnicas assombrosas auxiliadas pela química, pela mecânica, multiplicadoras da produção. Todas as nossas estrelas orgulhosas nasceram dessa nebulosa pré-história. Cada resultado contemporâneo é uma capitalização de esforços, vidas, sacrifícios e esperanças no tempo.

Como os cimos das montanhas têm nome e não a massa sustentadora da cordilheira, ignoramos as existências incontáveis das criaturas humanas que fundaram e desenvolveram, na dedicação e confiança, o artesanato, fonte única da glória industrial. O trabalho inicial tornou-se contínuo e enobreceu a própria missão do trabalhador, tornado conhecido pelo que fazia, obra de sua mão, e não apenas o companheiro na caçada e na pescaria, impessoal no anonimato da colaboração.

O artesão valorizou a espécie, fixando a especialidade. Destacou-se do grupo, da falsa "horda", saindo da imensidão vulgar dos homens reunidos na tarefa diária e comum. O aperfeiçoamento da técnica manual levá-lo-ia, de escalão em escalão, até a desintegração do átomo.

De um modo geral, todo desenvolvimento cultural ambientador do homem no plano etnográfico é trabalho manual, *in-dextera,* pela mão direita, indústria.

O artesanato impulsionou, adiantou no homem a potencialidade mental. Simultaneamente a Adler, um professor brasileiro, Maurício de Medeiros (1885-1966), concluía ter a conquista manual constituído alto grau de estímulo no desenvolvimento mental.[266]

A inteligência nasceu da mão, dizia o jônio Anaxágoras. É, entretanto, um processo de correlação que não implica o equilíbrio da potência física com o trabalho intelectual. Os atletas não são sábios e os sábios não são atletas. É preciso a coexistência da célula nobre mental, explicando por que a tenacidade de um esforço determina a elevação realizadora da profissão. E o mistério da vocação, da predileção por um ofício, a simpatia preferencial por uma atividade, ainda insolúvel em suas raízes iniciais, daria a claridade para compreendermos a decisão do primeiro passo fecundador. O conde de Romanones escrevia:

> *La verdadera vocación de uno es obra de todos sus antepasados. Se recibe por herancia y se tiene o no por nacimiento. Es innata. Las circunstancias no la crean. Se limitan a promover su despertar. Come la semilla condene el árbol aunque no siempre germine.*

A viagem é indiscutível elemento de ampliação cultural se o viajante estiver em condições receptivas de aprender com o olhar, criando na observação os instrumentos aquisitivos do conhecimento. Por isso o Dr. Johnson (1709-84) dizia que muitos aprendiam muito mais indo de Londres a Hampstead do que de Hampstead a Roma (Hampstead é um arrabalde londrino). É a distância de Machado de Assis, que nunca saiu do Rio de Janeiro, para um turista percorrendo o mundo, no mesmo plano do resultado intelectual.

O artesão recebe, pela consecução do próprio trabalho, o aperfeiçoamento natural da força criadora que — dizia Leon Say — *se confonde avec l'âme et intelligence de l'homme.*

Explica-se, assim, por que o padre Wilhelm Schmidt tenha datado o surgimento das altas culturas na fusão legitimadora do esforço no trabalho com enxada, criação de animais e artesanato especializado.

NOTAS

254. Ales Hrdlicka, *The Neanderthal Phase of Man,* The Smithsonian Report for 1928. Washington, 1929.
255. G. G. MacCurdy, *Human Origins,* I, Nova Iorque, Londres, 1924.
256. Emprego o vocábulo "cestaria" na mesma acepção que os etnógrafos ingleses e norte-americanos usam *basketwork.*

257. Luis da Camara Cascudo: *Rede de Dormir*. Uma pesquisa etnográfica. Serviço de Documentação. Ministério da Educação e Cultura. Rio de Janeiro, 1959.

258. Mário Ypiranga Monteiro, *Memória sobre a Cerâmica Popular do Manaquiri*. Instituto Nacional de Pesquisas da Amazônia. Rio de Janeiro, 1957; Miguel Acosta Saignes, *La Cerâmica de la Luna*, Archivos Venezolanos de Folklore, tomo II, nº 3, Caracas, 1953-54; Geraldo Reichel-Dolmatoff, *Notas sobre la Alfareria del Bajo Magdalena*, Revista de Folklore, nº 6, Bogotá, Colômbia, 1951; Bernardo Valenzuela Rojas, *La Cerámica Folklorica de Quinchamali*, Archivos del Folklore Chileno, nº 8, Santiago de Chile, 1957.

259. Não estou condicionando a trança feminina e masculina à indústria do traçado vegetal. Creio apenas que a técnica é a mesma e a idéia da primeira seria aplicada à segunda. O cabelo feminino é 80% cortado e não penteado ou trançado entre os nativos do mundo. As cabeleiras frisadas, crespas, lanosas, impossibilitando a trança sugeriram a decoração exterior, numerosa e resplandecente, especialmente no continente africano e Ásia Central. E outra solução foram as coberturas, chapéus, carapuças, bonés, miniaturas de palácios e templos etc. Na América do Sul a mulher indígena não trançava o cabelo. A trança aparece na América Central, notadamente entre os astecas e daí para cima, arapaho, dacotas, cree e os koskimos ao redor de Vancouver. Muito mais na orla do Pacífico do que no litoral do Atlântico. E todos esses povos eram cesteiros e teciam. Para o Brasil, como para a mestiça sul-americana, o cabelo trançado foi uma imposição ou imitação do modelo europeu, trazido pela "branca" de Espanha e Portugal. A escrava negra não considerava o "cabelo ruim" um complexo de inferioridade e sim seus descendentes. Esses procuravam melhorar a cabeleira e um dos remédios foi a trancinha, curta, difícil, penosamente obtida para esticar os fios. Em 1884 Karl von den Steinen vê os iurunas no Xingu: "Os homens têm o cabelo preto e comprido até quase a cintura, que as mulheres repartem cuidadosamente, trançando-o e enrolando-o atrás... O penteado das mulheres é igual ao dos homens, só que elas não usam trançá-lo, apenas o enrolam, quando não o deixam solto, num coque frouxo". *O Brasil Central*. Era a moda da moça solteira ou da jovem casada nas famílias coloniais do Brasil.

260. Victor W. von Hagen, *Realm of the Incas*, Nova Iorque, 1957; *The Aztec, Man and Tribe*, Nova Iorque, 1958, para informação mais recente.

261. Julian H. Steward, *The Witotoan Tribes*, Handbook of South American Indians, vol. 3, "The Tropical Forest Tribes", Washington, 1948.

262. Henri Duveyrier (1840-92): *Exploration du Sahara: les Touareg du Nort*, Paris, 1864. Obteve a grande medalha da Sociedade de Geografia de Paris.

263. General Daumas (Melchior Joseph Eugène, 1803-71): *Les Chevaux du Sahara*, Paris, 1858.

264. Oswald Spengler destaca o ferreiro na organização social de que resultou a "economia da técnica". *Su más uieja corporación, que se retrotrae hasta los tiempos primitivos, es la de los herreros, los cuales constituyen el modelo para los otros oficios con un gran número de leyendas obscuras, usos y creencias varios. Los herreros, que con orgullo propio se separan de los aldeanos, imponen en torno suyo una especie de temor que oscila entre el respeto y la repulsa; ban llegado a veces aformar tribus populares de raza propia, como los falaschas en Abissinia... Todavia boy la industria*

metalúrgica es vagamente considerada como más distinguida que la química o la eléctrica, por ejemplo. Posee la más antigua nobleza de la técnica y en ella queda como un resto de culto secreto (La Decadencia de Occidente, II, 557).

265. Kaj Birket-Smith (*Vida y Historia de las Culturas,* I).

266. Maurício de Medeiros: *O Inconsciente Diabólico,* "Cirurgia, Motricidade e Inteligência", Rio de Janeiro, 1959. O estudo é de 1957 mas a tese fora apresentada numa conferência na Associação Cristã de Moços, no Rio de Janeiro, em 1926. Não conhecia a *"Praxis und Theorie der Individualpsychologie"* de Alfred Adler, publicada dois anos antes e muito lentamente divulgada.

RELIGIÃO
•••••••••••

Todas as culturas têm sua origem na vida psíquica humana
BIRKET-SMITH

La Foi a besoin de toute la Verité
PIERRE TEILHARD DE CHARDIN (1883-1955)

Ciascuno a suo modo
PIRANDELLO (1867-1936)

Mais Allâh ne rougit pas de la verité!
Maomé, *Alcorão*, Surata XXXIII, v-53

A 3 de agosto de 1908 os arqueólogos padres Bouyssonie e Bardon encontraram na gruta La Chapelle-aux-Saints, Corrèze (França), o esqueleto quase completo de um homem. Ao derredor estavam os instrumentos líticos da época em que vivera, pontas, adagas, raspadores. Verificou-se a identidade com os depósitos humanos de Cannstatt, os encontros de Lahr, Hamy, Schmiling, depois seguidos em Kiib-Kola na Criméia, La Ferrassie, La Quina, Palestrina. Era o mesmo *Homo musteriensis,* cuja calota craniana, com a viseira sobre-orbicular em exagerada saliência, fora deparada na gruta de Feldhofer, entre Düsseldorf e Ellberfeld, Prússia renana, na ravina de Neandertal, cinqüenta e dois anos antes.

Ali ficara, a meio metro de profundidade, um irmão do Homem de Neandertal. Fora enterrado intencionalmente, no mínimo há 150.000 anos passados. Aquela criatura, um infra-homem, falecera e fora sepultada pelos seus semelhantes, com armas próximas para defender-se e conquistar alimentos na sua jornada superterrena.

Bouyssonie e Bardon estavam diante do primeiro túmulo registrado na história do mundo, guardando um morto de 1.500 séculos. Por que o homem de Chapelle-aux-Saints fora enterrado em vez de abandonado o corpo, como fazem todos os animais daquele e do nosso tempo, é que desnorteia a lógica contemporânea.

Não era unicamente a mais antiga sepultura humana, mas também o primeiro documento material de um ato religioso. Guardado na terra, armas ao alcance da mão para sempre imóvel, no pensamento dos outros homens irmãos não seriam inúteis os instrumentos de pedra, confiados à sua força. Devia servir-se deles porque continuava vivendo, caçando, lutando, alimentando-se. Apenas o cadáver não mudaria de lugar mas outra força, potente e sensível ao conhecimento do Homem de Neandertal, fá-lo-ia viajar e bater-se numa terra invisível, para existir eternamente. Noutras grutas das cercanias os ossos tinham manchas de tinta vermelha, índices de uma oblação. O esqueleto tingido de rubro é uma evocação ao símbolo do sangue, do fogo, do sol e da vida. Toda a antigüidade clássica conservou a tradição milenar, na imagem dos deuses e faces vivas dos triunfadores, pintadas de vermelho (Plínio, *História Natural,* XXXIII). Ficou nas sepulturas indígenas, máscaras mortuárias, cobertura de pontífices mortos, vestimentas litúrgicas consagradas aos mártires.

Num recanto, os restos ósseos de um cavalo, possivelmente sacrificado. O sacrifício de animais em função religiosa é de anterioridade imprevisível. Existência pré-histórica desde o musteriano. Achados os depósitos de ossos, cercados, defendidos por muros de pedra, no norte da Alemanha, sudoeste da Polônia, Vemmerlov na Suécia; ossadas de ursos em Petershöhle, caverna de Velden na Francônia central, na Silésia, em Drachenloch, vale de Tamina (Vättis-Pfäffers, S. Gall, Suíça); pilhas de esqueletos de rangíferes em Ahrensburgo, Holstein; de mamutes em Predmost, Morávia; de elefantes em Torralba, Soria, Espanha; as matanças rituais em Cnossos ante o altar da Acha Bípene; a *magna de cheval* no solutrense, vinte mil para Mortillet, quarenta mil para Tou Toussaint, atestam a intenção votiva e não mero e ocasional depósito de reserva. Pelos tempos históricos a tradição se mantém, Homero, o Velho Testamento. Ocorre na África Central, Austral e Ocidental, Congo, Angola, Guiné, Costa do Ouro, do Marfim, Camarão, fazendo a volta até Madagascar. Também na Melanésia e Polinésia. Os cultos sudaneses e bantos, aculturados na América, Central, insular e do Sul, guardam o sacrifício de aves e mamíferos aos orixás e na preparação das sacerdotisas dos candomblés, umbandas, xangôs. No Norte e Nordeste do Brasil paga-se a promessa a São Lázaro ou a São Roque oferecendo-se uma refeição aos cães. O uso vive no Ceará, Piauí, Maranhão, Amazonas (Luis da Camara Cascudo, *Superstições e Costumes,* "Promessa de jantar aos cachorros", Rio de Janeiro, 1958).

Há visivelmente dois aspectos no sacrifício de animais. Primeiro, acompanhar o senhor, defunto, para continuar prestando-lhe os serviços normais. É o critério dos morticínios votivos e dos suicídios por fidelidade, espontâneos ou compulsórios. Os cavalos e cães do rei Alarico, dos visigodos, seguiram-no, enterrados vivos sob as águas do Bussento, 410 d.C.; também os cavalos de Átila em 453 e os sete cães do rei Straton de Sídon. Lembrança desse costume é a presença dos cavalos favoritos dos reis no cortejo fúnebre dos soberanos, mesmo europeus e mais ou menos recentes; Dom Carlos, rei de Portugal e o príncipe herdeiro, fevereiro de 1908, em Lisboa; Eduardo VII e George V, maio de 1910 e janeiro de 1936 em Londres, e dos grandes soldados, marechal Ferdinand Foch, 1929, em Paris.[267]

O segundo é oblação aos deuses da fecundidade ou da guerra. Estrabão registra o sacrifício dos cavalos pelos iberos. Tácito entre os germânicos. Os primeiros estão sempre junto aos túmulos e os segundos em sítios escolhidos para o cerimonial, podendo não haver ossos humanos de permeio. Sacrifícios, hecatombes, holocaustos.

Impossível é afirmar-se uma zoolatria pré-histórica, apesar dos ossos dos ursos entre os neandertalóides e talvez antes, no chelense, quando Lartet propunha denominar-se esse período Época do Urso, *Ursus spelaeus*, abundante e preferido pelos caçadores. Contemporaneamente existe um culto de veneração ao urso, não evitando sua morte e uso alimentar, entre os ainos do norte do Japão, giliaks e iakutos, goldis e orotchis, tunguzes da Sibéria Oriental e regiões do Rio Amour.

Não é um endeusamento mas ritual apaziguador dos ressentimentos da espécie caçada. Não há uma égide e sim a mesma entidade festejada, abatida e devorada. É semelhante aos costumes africanos e ameríndios referentes às obrigações de respeito aos animais sacrificados mais comumente sem que importe numa divinização. Crível e lógico é deduzir nos restos encontrados os vestígios de oferendas aos deuses e não significando elevação mítica da própria espécie imolada. Todos os deuses do Olimpo tinham seus animais reservados e oblacionais e as hecatombes deixavam sinais notórios que não devem ser confundidos com atos zoolátricos. No *Êxodo* e *Levítico* estão as regras para os sacrifícios de mamíferos (novilhos, carneiros, ovelhas, cabras, bois) e aves (rolas, pombos) a Iavé, e mesmo dois cordeiros diários (*Êxodo*, 29, 38-39). Esses holocaustos eram submissão expressa a Deus. A identificação específica e anatômica dos depósitos não orienta para a finalidade teológica.

O omne ignotum pro magnifico, de Tácito, afirma-se às avessas. Não são magníficas as coisas ignoradas. São inverossímeis. A valorização "científica" não é aproximar o homem ao plano sobrenatural, mas garantir-lhe a imutabilidade de uma consciência zoológica. Toda paciência perquiridora em descrever túmulos e processos de sepultamento transforma-se em sonora irritação quando se trata da razão, o porquê dos enterros, e dos motivos do respeito ao cadáver. O diabo azul é o *warum* de Dölpfeld. *Née avec l'intelligence* — diz Teilhard de Chardin,

la tentation de la révolte doit constamment varier et grandir avec elle.

Há uma fidelidade comovente ao dogma confortável do irracional.

Que significaria o esqueleto do cavalo na Chapelle-aux-Saints? Era abastecimento ou oferenda oblacional? Teria, evidentemente, uma missão cuja finalidade debatemos, tateando hipóteses, farejando teorias, espremendo doutrinas. Se a ossada estivesse esparsa no solo da gruta, com vestígios de dentes e roeduras de caninos, a explicação era serena e clássica. Mas o cavalo fora sepultado inteiro, talvez ainda vivo. E constitui documento materialmente difícil de ser escamoteado. Como o poeta Amado Nervo, *yo no soy demasiado sabio para negarte...*

Não devia ser matalotagem porque o defunto estava suficientemente armado para matar caça no outro mundo cuja indiscutível existência o sepultamento comprovava. Para serviço de transporte? *Highly improbable* — como dizem os ingleses. O cavalo foi empregado, nesse plano, milênios depois do paleolítico. O homem pré-histórico só podia ser eminentemente prático, imediatista, utilitário. Não sendo o cavalo para o Homem da Chapelle-aux-Saints comer, puxar o carro ou cavalgar, a única explicação intuitiva é a oferenda, homenagem, dádiva aos elementos invisíveis e poderosos que podiam acolher o espírito do sepultado. O cavalo não era para o homem morto mas para um deus vivo.

Enterrar, sepultar, era honrar, resguardando do desaparecimento os restos materiais de quem tinha vivido. Incinerar era a restituição completa, tornando espírito todo despojo mortal. O Mahatma Gandhi (1869-1948) teve o cadáver incinerado e as cinzas espalhadas no Ganges. Reintegração telúrica como ele desejava. *Restitutio in integrum* — como jamais pensara um pretor romano.

Do musteriano até o período dos metais a inumação foi o processo universal e único. As formas posteriores de sepultamento,[268] único ou secundário, para os ossos pintados, urnas funerárias (da Época do Bronze, contendo ossos, cinzas, múmias), ataúdes, exposição ao ar livre, invólucros depositados nos ocos dos troncos ou suspensos dos galhos das árvores valendo oferenda de todo o corpo aos espíritos, manes, deuses, numa exibição permanente; em plataformas, capelas, montículos, cavernas; diversos sistemas mumificadores, ressecamento a fogo lento, pelo sol, ervas absorventes e aromáticas, resinas; com ou sem parafernália fúnebre; enfeites, alimentos, armas inteiras, dobradas, partidas, reduzidas as dimensões para não armar demasiado o morto; o cadáver rasgado pelos abutres nas torres de silêncio; endocanibalismo (absorvido pela família, herdeiros ou tribos, em estado cinério, misturado com bebidas votivas),[269] abandono do moribundo, sacrifício voluntário (eutanásia), velório mortuário, a vasta tipologia tumular, rasos, elevados, circulares, em cúpula, quadrado, ovóides, em losango,[270] com ou sem insígnias distintivas, com ou sem câmaras adjacentes, são em número e modalidades muito variadas para que hajam registro total. O essencial é o corpo merecer manifestações ritualísticas. Quais sejam estas e se pertencem ao nosso critério de homenagem, afeto, medo ou saudade, *this is another story* — como diria Rudyard Kipling.

O enterro em Chapelle-aux-Saints foi a denúncia espetacular da vida sem solução de continuidade, abrindo o segundo ciclo, incompreensível mas indiscutível, para o mistério. Nos sertões do Nordeste do Brasil não enterram os corpos dos irracionais para que o "espírito" deles não faça "assombração", espalhando pavor. Enterrar um cavalo é provocar o zumbi do cavalo, o espírito que, daí em diante, amedrontará a população com o fantasma do eqüídeo desaparecido. Se o corpo do animal for devorado pelos urubus, ou apodrecer naturalmente, nada ocorrerá. Só se sepulta quem tem alma.

Sem as honras da inumação a alma tornar-se-ia espectro faminto e cruel, perturbador, rancoroso, implacável. Toda documentária clássica, tão vasta e linda na literatura greco-latina, comprova abundantemente a tradição, idêntica no Egito e na Mesopotâmia. Corpo sem honras, alma exposta, entregue à mercê das fúrias. Suplício permanente. Era o maior pavor dos antigos. Não havia maldição mais horrenda que a imprecação de Virgílio na boca ululante da abandonada Dido:

Sed cadat ante diem, mediateque inhumatus arena [*Eneida,* IV, 620].

Recusar as honras da sepultura era a condenação eterna (Sófocles, *Antígona*). Por isso, os deuses obrigaram Aquiles a entregar a Príamo o cadáver de Heitor (*Ilíada,* XXII).

A privação da sepultura por dívidas teve espantosa presença clássica.[271] No Egito as múmias podiam servir de penhor para empréstimos e se o devedor não satisfazia o débito votava ao desespero errante as almas dos antepassados. O espírito do morto estava irremediavelmente condenado a vagar, perdida a morada material que era o corpo embalsamado. Os sacrílegos, heterodoxos, os malditos tinham seus cadáveres expulsos dos túmulos. Para o dogma da ressurreição, a destruição do corpo era a renúncia tremenda aos benefícios da segunda vida terrestre. Daí o popular horror à incineração.[272]

O ciclo temático do "morto agradecido", o *grateful dead,*[273] origina-se de ter o personagem feito sepultar o cadáver de um devedor que estava sendo dilacerado pelos cães. A alma do morto, sob aspecto de amigo, ajuda o herói a vencer todas as dificuldades.[274]

O embalsamamento, Egito, Canárias, Índia Ocidental, Oceania, Indonésia, Austrália, África, Colômbia, Darien, Guianas, Haiti, chibchas da Colômbia, incas, Brasil, América do Norte, representava a conservação cuidadosa do invólucro material humano, a casa da alma, que jamais deixa de ter um tênue mas sensível liame com a sua carapaça terrena. Se a múmia fosse perdida, a alma não se extinguiria. Simplesmente o homem não voltava a viver na Terra. A incineração, desde a Idade do Bronze, restitui o espírito vital e todo despojo orgânico ao mundo dos mortos, ao país das sombras, ao Grande Todo. Não desaparece e não "morre" a alma mas identifica-se com a potência primária e eterna de onde proviera. Queimar o cadáver é torná-lo totalmente fluídico, imaterial, mas suscetível de receber e usar as coisas que foram incineradas em sua atenção.[275] Por isso, queimavam os indígenas em várias regiões do mundo a choça residencial, armas, alimentos, enfeites, roupas para o frio. Como a alma devia conservar no Outro Mundo o mesmo nível social usufruído na terra, faziam acompanhar o corpo de servos, esposas, animais, carros, luxos, bebidas e, entre os incas, folhas de coca. E, ambivalentemente, havia o pavor ao defunto, ao espírito vingativo, inconformado com a perda corporal. Creio muito pouco num culto aos mortos. Este não é o culto ao cadáver. É ao espírito do morto que é entidade viva, sensível e com capacidade agente e podendo intervir na existência dos humanos. Tanto no madaleniano e mesmo solutrense, na Austrália e na América, são encontrados esqueletos em posição extremamente forçada, a cabeça entre os joelhos, e tendo, às vezes, vestígios de terem sido amarrados. Esses ossos, deparados em sua maioria em jarras no neolítico em diante, como os indígenas ameríndios sepultavam seus mortos numa segunda operação, seriam denúncia de um pavor ao morto vingativo, prendendo-o de forma a impossibilitá-lo de causar prejuízos e represálias sinistras. Dificilmente haverá outra documentação mais expressiva para demonstrar a crença na vida eterna do espírito e que esse continuava com todas as forças psíquicas para determinar o mal e o bem entre os que ficavam no mundo.

Il est des morts qu'il faut qu'on tue.

Falta a identificação do morto, amigo ou inimigo, chefe poderoso e odiado ou ancião querido pelo grupo, decorrentemente desejoso de não abandonar o ambiente familiar e voltar à aldeia, retomando, idealmente, seu posto de comando e opinião decisiva. Essa ambivalência de amor e medo ainda segue como uma permanente entre os ameríndios e nativos de paragens mais remotas do mundo. Karl von den Steinen assistiu entre os bororos do Mato Grosso, depois do sepultamento do defunto, um indígena apagar com grandes folhas as pegadas deixadas pelo séquito acompanhante a fim de dificultar o regresso do morto à povoação que deixara por falecimento. Não é de outro fundamento o não pronunciar-se o nome de quem morreu, evitando atrair-lhe a presença pela evocação poderosa, uso ainda comum no mundo moderno em que se refere ao defunto pelas denominações convencionais do finado, falecido, que-Deus-tem, que-está-na-Glória etc.

Em boa lógica, não há culto aos mortos porque, para os reverenciadores, esses mortos não morreram totalmente.[276]

Os sacrifícios votivos, suicídios ou massacres oblacionais nos túmulos são outros comprovantes. Em Kertch (Mar Negro, Taurida, Rússia) no túmulo de Culoba, descobriram os restos de um rei soberbamente vestido, ornamentado de esmaltes e ouro, com espada de ferro, carcás, braceletes. À sua volta jaziam a rainha, ataviada magnificamente, servos, soldados e o esqueleto do cavalo favorito. Tinham sido imolados em homenagem ao soberano, acompanhando perpetuamente ao senhor. Numa sepultura em Véri (Talidj, Rússia) Jacques de Morgan (1857-1924) deparou em 1890 o chefe militar, armado de espada, quatro punhais, pontas de lança, flechas, enfeitado com torques e discos de ouro, e três mulheres, sacrificadas no ritual da fidelidade ultraterrestre. Mais humanos, os egípcios faziam a criadagem em madeira, pedra, barro, prudentemente sem pés para que não fugissem, mesmo em estátua, ao trabalho servil, e assim o cortejo era deixado no sepulcro do faraó ou potentado. O costume mais antigo era sepultar um certo número de *ushabtiu* ou *shabti,* figuras em pedra, alabastro, madeira, faiança, no lugar dos escravos vivos que nas primeiras dinastias eram abandonados nos túmulos, com os braços e as pernas quebrados pelas articulações (E. A. Wallis Budge, *Osiris and the Egyptian Resurrection,* I, Londres, 1911).[277] No sepulcro de Amenhetep II, da XVIII dinastia, em Tebas, estavam os corpos de várias mulheres, esposas ou concubinas, estranguladas, envenenadas ou voluntariamente sacrificadas para seguir o esposo e rei. O fato denuncia que, vez por outra, reavivavam o uso que se tornara obsoleto. Semelhantemente, ocorria nos túmulos dos reis da Etiópia e nobres egípcios na Núbia e no Sudão. O silêncio dos textos pode ser explicado — como pensa C. Leonard Woolley — por ter o costume desaparecido *or by the reluctance of the historic writers to record a barbarous survival of which they were ashamed.* Um costume nunca é bárbaro para o contemporâneo participante. Conhecia esse a justificativa que jamais saberemos. Woolley deparou em 1928, no Real Cemitério de Ur, na Caldéia, a sepultura da rainha Subad, 35 séculos a.C.; o esqueleto cercado pelos ossos de nove damas com diademas, soldados, oficiais, servos, carreiros, seis bois, dois asnos, carros, harpistas abraçados às harpas, sistro, címbalo, sessenta e três pessoas envenenadas com ópio, sacrificadas para que Subad tivesse companhia e conforto na região de onde não há regresso.[278] Homero (*Ilíada,* XXIII, 22-23, 175-176) registra que Aquiles promete e cumpre degolar na pira onde ia ser incinerado o corpo de Pátroclo doze filhos de nobres troianos, "massacrados pelo bronze". Os morticínios oblacionais tiveram área geográfica bem extensa, Europa, Ásia, África e América. Foram todos compulsivos mas os suicídios para seguir o espírito do morto em sua vida extraterrena tomavam aspectos mais vivos de espontaneidade. Não há o menor vestígio de violência no cortejo da rainha Subad. Todas as vítimas (Woolley diz *attendents*) tinham um vaso que contivera veneno ao alcance da mão. Foram obrigados a beber? Como provar? Provas retiradas do nosso raciocínio contemporâneo e não da mecânica social e religiosa há seis mil anos. A bailarina Labushka suicidou-se em 1894 com saudades do tzar Alexandre III.

Quando em 1525 faleceu o inca Huaína Capac, no Peru,

algunos miles de sus concubinas imperiales, con numerosos empleados de su palacio, manifestaron su dolor o su superstición sacrificándole sus vidas, a fin de acompañar a su señor difunto a las brillantes mansiones del sol.[279]

Em 1535 Pizarro mandou garrotear o inca Ataualpa. Suas irmãs, esposas e amigos suicidaram-se em grande número, por enforcamento, em honra ao derradeiro soberano do Peru,[280] prisioneiro, despojado do poder, desarmado e compelido a fazer-se cristão. Garcilaso de La Vega insiste no caráter voluntário desses sacrifícios.[281] Fray Pedro Simon, reportando-se aos indígenas de Santa Marta na Colômbia, lembra que eles sepultavam seus chefes em túmulos abobadados, *con sus joyas, mujeres y esclavos.* As duas escravas fiéis de Cleópatra suicidaram-se com a rainha do Egito; Iras imediatamente, e Charmion logo que acabou de vestir a morta com os trajes reais (Plutarco, *Antônio*, XCIII).

> *Era costumbre también en algunas tribus ibéricas o celtibéricas el inmolarse sobre el sepulcro del jefe los que le habían jurado devoción y fidelidad (de lo cual fué memorable ejemplo el de los compañeros de Viriato), y el substraerse de la opresión con voluntaria muerte, para lo cual llevaban consigo un veneno extraído de una planta semejante al apio* [informa Menendez y Pelayo].[282]

Heródoto descreve a tradição semelhante entre os citas que, sem cidades para guardar, só defendiam desesperadamente os túmulos dos antepassados.

> Primeiro punham o cadáver dentro do seu caixão sobre um leito na cavidade aberta na terra; depois cravavam, de um e outro lado, lanças e sobre essas suspendiam os paus para fazer a cobertura de ramos de arbustos. No interior da sepultura guardavam uma das concubinas reais, sufocando-a previamente, assim como a um copeiro, um cozinheiro, um cavalariço, fâmulo, um pajem de entressala para os recados, uns cavalos, as primícias mais delicadas de todas as coisas, e umas copas de ouro pois entre eles não está introduzido o uso da prata e do bronze. Depois cobrem o defunto com terra, erguendo sobre ele um grande túmulo [*Melpómene*, LXXI].

No primeiro aniversário da morte são imolados novos servos e novos cavalos, reforço destinado ao séquito no outro mundo (idem, LXXII).

Na Grotte des Enfants, em Grimaldi, seria deparado o mais antigo exemplo, datando do aurinhacense. O professor Marc R. Sauter, da Universidade de Genebra, descreve:

> *C'est aussi typiquement une double sépulture: la "vieille femme" a été placée, probablement ligotée, contre le jeune homme. On a cru voir là le premier témoignage d'une pratique rituelle dont la trace se laisse suivre jusqu'au moyen âge oriental: le sacrifice d'un être vivant sur la tombe du décédé.* E ainda: *La coutume ne devient vraiment courante qu'au Néolithique, où une nécropole comme celle de Chamblandes (Pully-Lausanne, Suisse) ne contenait presque que des doubles sépultures: celles-ci, comme celle des Négroides aurignaciens, renferment alors toujours deux individus de sexe et d'âge différents.*[283]

Vignati encontrou na margem sul do Rio Santa Cruz, na Argentina, dois esqueletos estendidos em decúbito dorsal, colocados um sobre o outro em posição inversa. O crânio feminino, separado do corpo, estava próximo à cabeça masculina.[284] Em 1910, Ales Hrdlicka descobriu um desses duplos sepultamentos numa escavação em Teotihuacán, México. No neolítico espanhol, informa Obermaier, verifica-se semelhantemente:

El cadáver de un personaje importante de la cueva de los Murciélagos, cerca de Albuñol (Granada), estaba acompañado de doce servidoras, colocadas en semicírculo alrededor de su señora, cuya cabeza estaba adornada por una sencilla diadema de oro.[285]

Ainda em 1866, nas exéquias solenes do imperador Hsien Feng, em Pequim, seu monumental féretro estava rodeado pelos simulacros de figuras humanas, armados em bambu com seda e papel, lembrando o séquito protocolar que devia acompanhá-lo, em carne e osso, nos tempos passados. Era o *sappuku* chinês, irmão do *harakiri* nipônico. O marechal-conde Nogi abriu o ventre em Tóquio, a 13 de setembro de 1912, com sua esposa, para não separar-se do velho imperador Mutsu-Hito, já demente.

A tradição musteriana de pôr armas no túmulo seguiu-se fielmente, resistindo às proibições dos sínodos cristãos através do tempo e espaço. E os demais elementos de conforto, alimentos, cavalos, escravas, jóias, couraças, não podiam ser esquecidos. No halstático, primeira fase da Idade do Ferro, os fidalgos alemães eram sepultados com as miniaturas ou reduções dos seus carros de quatro rodas, como a longínqua rainha Subad os tivera íntegros em Ur. Cerca de quarenta desses carros foram encontrados nas escavações da Alemanha do sul e sudoeste.[286] Também instrumentos musicais em túmulos dinamarqueses; a trombeta serpentiforme "lur", por exemplo. Há sobre o assunto bibliografia de encher arranha-céu. N. M. Penzer compendiou muita notícia, evidenciando antigüidade e vastidão da influência usual,

based upon the belief that life in the next world is a reflex of this life, and consequently, in this new home, the deceased must be provided with what has been dear to him, or necessary to his comfort, while on earth.[287]

A esposa seguia o marido defunto, descendo viva para o túmulo ou suicidando-se, entre os indogermânicos, hérulos, e quando esses emigraram, na terceira e quarta centúria cristã, da Suécia para o Mar Negro, o costume espalhou-se nessas regiões, onde os citas (VII a.C.) mantinham a tradição anterior referida por Heródoto (*Melpómene, LXXI*). Era idêntica para escandinavos e escravos. Na gesta do Nibelungos, Brunilde suicida-se junto ao corpo de Sigfrido. Na Grécia clássica os exemplos são numerosos, Evadne e Capaneus, Enone e Páris, Hero e Leandro, Píramo e Tisbe. Não sobreviver à morte do seu amor era a suprema aspiração. Baucis e Filemon pediram esse dom a Zeus e morreram juntos, transformando-se em tília e carvalho. Havia a tradição semelhante entre trácios, citas e, quatro séculos a.C., no Pandjab.

O suicídio voluntário ou compulsório das viúvas hindus veio à primeira década do século XX, apesar da oposição britânica, proibindo-o desde dezembro de 1829. Em 1817, em Bengal, setecentas viúvas sucumbiram na fogueira em que ardiam os cadáveres dos fidalgos maridos. Verificou-se que o costume, defendido pelos aristocratas xátrias, não constava no velho *Rig-Veda;* era desconhecido pelos sudras, praticamente ausente no Ramaína, e não aparecia nos ritos bramânicos e menos no Código de Manu. Denominavam a este sacrifício *sati,* valendo "bom", "devoto", "verdadeiro", e fora interpolação criminosa de um tal Ragunandana, em meados do século XV no *Rig-Veda* (X, 18, 7). O verso que autorizava a viúva, sem mágoa e sem violência, adornada de jóias, subir primeiro ao altar, recebeu a modificação falsária, substituindo-se *agre,* primeiro, por *agneh,* fogo. Assim, a viúva deveria subir ao fogo do altar, a pira em que o esposo era consumido ritualmente. A interpolação de Ragunandana deve ser de meados do século XV, mas o costume já existia e era respeitado. Marco Pólo registrou-o em Coromandel pelo ano de 1393, não somente o suicídio das viúvas como dos nobres que acompanhavam o rei e também os religiosos.

Na China o suicídio da esposa do imperador fora regular mas no século XIX desapareceu, embora com algumas sacrificadas, como a linda imperatriz Alute, viúva do imperador T'ung Chib (1856-75). Mas aí houve intervenção imperiosa da onipotente imperatriz-mãe Tzu Hsi (1834-1908) de quem Pearl Buck contou a vida na *Imperial Women.* Outrora, as viúvas suicidas mereciam denominar estradas e pequenos monumentos, *p'ai lu* ou *p'ai fang,* por ordem do imperador. As biografias dessas heroínas figuravam na grande enciclopédia chinesa *T'U Shu Chi Ch'eng,* de 745 volumes.

Na Nova Zelândia, antes do domínio britânico, havia permanente luta armada entre os *arikis,* chefes militares. Morrendo um deles em combate, podia o grupo vencedor reclamar o cadáver para ser assado e devorado. Entregue o corpo, pelas lei maori, exigiam que a esposa do morto viesse partilhar do repasto canibalesco, incluída no *menu.*

D'abord on exigeait la femme du chef tué: le droit de la guerre voulait qu'elle partageât le sort de son mari et souvent elle se livrait spontanément ainsi que ses enfants [Ch. Letourneau, *La Guerre dans les Divers Races Humaines,* Paris, 1895].

A viúva podia fugir, defendida pelos seus fiéis, mas preferia cumprir o velho rito da morte comum e fiel. Em 1873, Júlio Verne fazia a heroína do *Le Tour du Monde en Quatre-Vingt-Jours* fugir da fogueira onde ardia o corpo do marido rajá. Mas era viúva européia... Mesmo depois da proibição do governo, dezenas de viúvas foram queimadas clandestinamente, algumas por deliberação pessoal. As gerações novas de jovens indianas aristocráticas, lendo inglês, ouvindo opiniões diversas ao venerando *sati,* sentindo a tentação da cultura ocidental, criaram uma mentalidade de reação ao costume, consolidando, psicologicamente, a legislação britânica que vedava os sacrifícios humanos. Antes, não havia apenas obediência resignada mas imperativo devocional, força do dever, fidelidade ao ato das antepassadas. Jamais Bernard Shaw e Anatole France "entenderiam" esse sentimento. Menos ainda Machado de Assis...

Outra impressionante fórmula ainda presente de comunicação extraterrena é o recado por intermédio do defunto, recado destinado à alma de um parente amigo. O cadáver a quem se confia a incumbência é ainda portador de reminiscência capaz de reproduzir a mensagem quando encontrar no outro mundo o espírito do destinatário. O cel. José Bezerra de Andrade, da Polícia Militar do Rio Grande do Norte, assistiu na cidade de Santa Cruz a uma mulher encarregar uma morta de transmitir a mensagem à falecida sogra da confidente. A naturalidade da obrigação e a forma tranqüila com que a assistência testemunhou o ato positivam a antigüidade e normalidade da tradição popular, corrente na Europa, África e Ásia. O poeta Antônio Nobre (1867-1900) menciona-a em Portugal, Georges d'Esparbés (1863-1944) na França e George Peter Murdock no Daomé, e entre os ainos do norte do Japão.[288]

Inútil é falar-se aqui em fanatismo e sim numa expressão de mentalidade, cristalizada no tempo e assumindo a iniciativa de atos que não podem mais ser compreendidos e menos justificados, porque não sobrevive um só dos elementos espirituais determinantes. Fanatismo vem de *fanum,* lugar consagrado pela mão do sacerdócio regular ou pela intervenção miraculosa, raio, visão, rumores misteriosos, aparição divina. Inicialmente, foram em maioria ao ar livre, constando de uma árvore, uma fonte, uma coluna, qualquer coisa que fixasse o recinto onde uma divindade se manifestara. Quando Cícero apela para a defesa coletiva de *fanis ac tem-*

plis (*Catilinária,* IV, 11) estabelece claramente a distância entre os dois lugares sagrados. Os fanáticos eram os devotos do *fanum,* mais vibrantes, dedicados e fiéis que os freqüentadores do cerimonial pontifício nos grandes templos da cidade de Roma. Profano é o desligado ou adverso ao *fanum,* como ensina Festus: *profanum est quod fani religione non tenetur.* O que havia de antigo, profundo, ingênuo e poderoso vivia no fanático, muito mais convencido de sua ortodoxia instintiva que o *civis* da *urbs.* Não podemos analisar a comoção de um fanático de Belona, Baco, Cibele, Ísis, porque a documentação é de letrados e não do elemento popular, crédulo, intolerante, deformador e precioso de fidelismo telúrico. Representa a camada mais profunda do sentimentalismo, do *paideuma* religioso, mais difícil de valorização dentro das nossas referências psicológicas. Esse fermento, imemorial e contemporâneo, é básico na cultura popular e defende uma hermenêutica apaixonada, exaltada e teimosa, através de todas as idades. Crê que o morto possa ser fiel mensageiro. Põe flores, luzes, alimentos nos túmulos. Acredita em sonhos, anúncio, luzes fantásticas. Compreende que as pirâmides do Egito e os túmulos monumentais tenham significação indispensável, numa continuidade prestigiosa. Que nenhum morto está ausente quando se pensa nele. E os cemitérios ("todos os cemitérios se parecem" — dizia Machado de Assis) guardam sonos e não distâncias eternas da vida...

A alma tem resistido às interpretações limitadoras de sua imortalidade, tantas vezes afirmada pelos primitivos.[289] Na Polinésia e na Melanésia há uma tradição, parecendo bem antiga, do aniquilamento da alma em etapas sucessivas antes da absorção num estado indefinido de enebriamento místico. Não é a alma que assim perece mas as várias forças, funções, atributos, que vivem em nós, forças que Lucrécio (*De Natura Rerum,* IV, 930-950) denominou almas e que se vão amortecendo e fugindo no processo do adormecimento.

Só se morre uma vez. Assim como o espírito viajava enquanto o corpo estava imóvel no sono, o mesmo se verificava na morte. O cadáver descia para o sepulcro e su'alma errava, íntegra, no mundo das sombras. O sono sugerira a semelhança. A vida da alma, depois do perecimento corporal, age em plano, situação, condições diversas segundo concepções indígenas. Nessas concepções estão as presenças de sistemas sociais locais, costumes, modos funcionais humanos que se projetam na imagem do além-túmulo. No céu do esquimó há focas; no paraíso maometano, huris; no walala germânico, hidromel e lembranças guerreiras.

O primeiro passo, integral e definitivo, para proclamar uma outra existência, é dar sepultura ao cadáver.

D'après MM. Bouyssonie et Bardon, l'homme dont ils ont retrouvé le squelette a été intentionnellemenl enseveli [M. Boule, H. Vallois, na "Chapelle-aux-Saints", Corrèze, terra de França].

Há 150.000 anos, pelo menos, o homem afirmou que continuava vivendo depois da morte. Como poetava Longfellow:

And the grave is not its goal...

A morte é um sono que a divindade tem o poder de interromper. Cemitério, "onde se dorme", *koiméterion,* de *koimaô,* deitar-se, dormir, é uma denominação cristã porque Jesus Cristo não ressuscitava mas despertava os mortos (*Lucas,* 8, 52-55; *Marcos,* 5, 39-43; *João,* 11, 12). A bênção católica aos defuntos é uma sanção tranqüilizadora de descanso: *Requiescat in pace,* repousai em paz. É o sono eterno. Essa imagem do sono, sonho, é — como pensava João Ribeiro (1860-1934) — o maior responsável da metafísica (*O Folclore*). Dispensável lembrar a prodigiosa presença mitológica, histórica, religiosa, folclórica do sono, terapêutico, profético, mensageiro, premonitório, *oraculum, visio, somnium,* e a longa bibliografia existente sobre sua interpretação. Não há criatura humana sem uma estória de sonho. Ninguém pode admitir que o infra-Homem de Neandertal não sonhasse. Sabemos que os animais sonham. A raça de Cro-Magnon sonharia como nos dias presentes. Naturalmente, a temática onírica não coincidiria com a nossa porque alguns estímulos provocadores já não podem ser os mesmos. Mas, substancialmente, o sonho teria a mesma função excitadora e propulsora de raciocínios.

Ora, Du Prel, escritor místico a quem Freud achava inteligentíssimo, afirma que o acesso à metafísica não se realizou, referentemente ao homem, na vida desperta e sim através do sonho (*Philosophie der Mystyk*). Lucrécio (*De Natura Rerum,* 1168-1181) semelhantemente pressentia, dizendo que a visão dos deuses era ampliada *in somnis.* W. Heinrich Roscher formulara a doutrina da patologia mitológica, teoria dos efialtos, em que o pesadelo originara os demônios, os monstros e os mitos do Medo.

Os iumas e os mohaves do Rio Colorado, nos Estados Unidos, têm uma religião baseada nas revelações do sonho. As lendas, mitos, preceitos ritualísticos, a formação dos curandeiros, os próprios cânticos e ritmos de danças chegam ao conhecimento dos grupos através das visões oníricas.

As diversificações explicáveis pela revelação pessoal ajustam-se no correr do tempo ao equilíbrio convergente da tradição tribal.

O sonho liberta o homem da mecânica social, da seqüência lógica dos fatos e mesmo da gravidade newtoniana. A viagem para o *world of dreams* — como dizia Havelock Ellis — continua seduzindo as investigações exploradoras, tateando o mistério fascinante de que participamos sem compreender. Hildebrandt, citado por Freud, lembra que o sonho toma materiais da realidade e da vida espiritual que em torno dessa "realidade" se desenrola. Morfeu leva da vida normal elementos que submete ao poder modelador de outras leis.

O sonho vem de Zeus, afirmava Homero (*Ilíada,* I, 64), e o intérprete devia ser de indiscutível ortodoxia. Ou o Deus comunicava-se diretamente pelo sonho, como Esculápio no seu templo de Epidauro, Anfiaraus em Oropos, Ino na Lacônia, Calchas na Apúlia, Faunus em Tibur. Maomé ensinava que Alá podia levar as almas para perto de si durante o sono (Surata — 39, v-43). Ferd. Hoefer recorda que essa tradição comunicou-se aos cristãos:

> La croyance que les songes de ceux qui s'endorment dans les églises s'accomplissent s'était conservée pendant fort longtemps; elle était encore universellement répandue au moyen âge [Bibliothèque Historique de Diolore de Sicile, I, Paris, 1912].

Ainda há orações populares, oração de Santa Rita dos Impossíveis, oração de Santo Onofre, as forças do Credo, cuja decisão é obtida por meio do sonho. E também rezar a salve-rainha até o "nos mostrai", esperando-se a resposta no sonho avisador. Suspicaz e prudente, Iavé proibia intermediários através do sono.

> E aquele profeta ou sonhador de sonhos morrerá, pois falou rebeldia contra o Senhor vosso Deus [*Deuteronômio,* 13,5]. Os muitos cuidados produzem sonhas [nota o *Eclesiastes,* 5, 2].

Anunciava a psicanálise...

Interessa-nos no sonho a simples presença objetiva e funcional: o ato de sonhar. E a reminiscência confusa da narrativa ao despertar. E a impressão dos ouvintes entre a imobilidade do dormente e sua dinâmica inexplicável através da noite e estranho mundo. A confidência da viagem imóvel seria surpreendente e maravilhosa para todos os homens musterianos, e anteriores e sucessores, reunidos e atentos, confrontando as memórias alheias com os saldos pessoais dos próprios sonhos experimentados.

O sono e o sonho foram as primeiras evidências de uma existência independente dos sentidos. O homem não conseguia explicar aquela evasão do real imediato e tangível senão admitindo uma substância ideal, consciente e alheia ao comando da relação material cotidiana. Estava deitado, imóvel, inerme e inerte e, entretanto, viajava, amava, lutava, sofria, sentindo a própria personalidade como centro da incompreensível aventura. Foi a verificação direta de uma outra vida, com problemas e complexos parecidos com a existência diária e terrena mas numa atmosfera dessemelhante e perturbadora. Quem dorme, está morto. Alguma coisa voltando fá-lo-á retomar a plenitude funcional. Se aquele alter-ego não regressar à sua base o corpo não se movimentará mais. "Dormir é um meio interino de morrer" — dizia Machado de Assis.

Uma superstição vivíssima no interior do Brasil contemporâneo e que recebemos de Portugal proíbe que se desperte bruscamente quem dorme. Pode ser que a alma não tenha tempo de recuperar sua morada, estando longe durante o sono. Tylor (*Antropologia*) registrou crendice idêntica entre os malaios e Frazer (*Le Rameau d'Or,* I) reuniu longa bibliografia. Também os indígenas de Cape York, Austrália, acreditam que o adormecido deve ser acordado lentamente para dar oportunidade ao espírito retomar o corpo (Jack McLaren, *My Crowded Solitude,* Londres, 1946), numa observação de 1911-1914. No interior do Brasil é defeso mascarar-se o rosto de quem dorme, disfarçando-lhe a face. A alma não reconhece o corpo, recusa voltar e a criatura morrerá. Frazer notou semelhantemente na Sumatra e no Pandjab (Índia).

Os ojibwas (algonquinos dos Estados Unidos e Canadá) acreditam que, com dois e três dias depois de morto, pudesse haver volta à vida, retomando o espírito o seu domínio. A morte é uma ausência permanente da alma. Elias ressuscita o filho da viúva de Sarepta dos Sidônios:

E o Senhor ouviu a voz de Elias; e a alma do menino voltou a ele; e ele recuperou a vida [III *Reis,* 17, 22].

Jesus Cristo disse à filha de Jairo:

Menina, levanta-te. E o seu espírito voltou e levantou-se imediatamente. E Ele mandou que lhe dessem de comer [*Lucas,* VIII, 55; *Marcos,* V, 43].

É justamente o que o povo crê. Nem mais e nem menos. As ressurreições cirúrgicas, injeções no músculo cardíaco, têm popularmente a mesma explicação. A alma voltou ao corpo.

Alma errante, o espírito pode ser feito prisioneiro, cativo, enredado nos encantos dos feiticeiros. Na Colômbia Britânica há canudos ósseos que servem para guardar almas capturadas. Os polinésios de Tuamotu constroem armadilhas especiais para essa prisão. Os gandos do Vitória Nianza usam apenas de um chifre de boi para prender espíritos. Entre os cunas de Ustúpu, Panamá, uma *nélegua,* encantadeira poderosa, *peut retrouver les âmes ravies* — informa Nordenskiöld. O angakkok (feiticeiro) dos siberianos quirguizes galopava impetuosamente nas pradarias a fim de recuperar a alma raptada a um seu consulente. Os toradjas, de Celebes, preferem escondê-las num rosário de coquinhos. Há grande literatura na espécie.[290]

Kaarle Krohn (1863-1933) observara que, para o povo, o "maravilhoso" pode ser mais "lógico" que o "natural". Diria eu, mais "natural" que o "real". Não posso compreender como o homem teve a percepção imediata de uma atividade alheia aos seus órgãos, uma possível identificação de sua força com outra, agente e distante de sua vontade normal, senão depois de sonhar e recordar as peripécias sonhadas. O fato de adormecer e viver, noutro estado de consciência, atos e cenas não esperados e ainda menos pensados por antecipação, deu-lhe a revelação, confusa e próxima, de uma outra existência e de uma outra potência, projetadas num plano nebuloso e convulso de indeterminação material. Guardar aqueles que dormem foi o primeiro passo para a defesa do morto: guardar a sepultura, materialização inicial subseqüente. Não sugiro o sonho-mensagem, aviso dos deuses, anúncio premonitório, determinando intérpretes venerandos ou condenados (Homero, *Ilíada,* I, 64; *Deuteronômio,* 13, 5), a promessa divina no futuro imprevisível, como a escada luminosa, povoada de anjos, sonhada por Jacó em Bétel (*Gênesis,* XXVIII, 10-22). Em Epidauro, Esculápio e em Oropos, Ática, o adivinho Anfiaraus curavam durante o sono. Esculápio procedia as intervenções cirúrgicas, atestadas nas placas de argila testificadoras dos milagres operados.

Os indígenas brasileiros da raça tupi e mesmo aruacos (baniuas, manau, tarianas, barés) do Amazonas, notadamente pelo Rio Negro, personalizam o sonho na figura de Kerepiyua, Kerpiyua, Kerpimanha, Anabanéri, mãe do sonho, com a missão recadeira da divindade.[291] O *kerpiuera,* tendo os sonhos sem significação, sem conteúdo, é um infeliz, digno de lástima — diz Stradelli. Corresponde às imagens orientais da *Rouya,* sonho, e da *Adghâth Ah'lâm,* a quimera, podendo ambas interferir no sono, como explica o árabe; o *somnia vana,* de Virgílio (*Eneida,* VI).

Curiosíssimo no Brasil é a diária identificação do sonho em sua significação, indispensável ao jogo-do-bicho, onipotente e popular. São 25 animais e um será o premiado. É interessante, na espécie, a convergência de todos os sonhos populares reduzir-se a um desses 25 animais da sorte e às respectivas dezena, centena e milhar. Além dos palpites, sugestões intuitivas, existem verdadeiros técnicos, alguns rigorosamente analfabetos, especialistas na tradução dos sonhos, indicando, através da fantasmagoria confusa, o animal do dia, que trará a sorte em dinheiro. Merecia uma pesquisa na base informativa e direta, evidenciando a mecânica do raciocínio popular atraído pelo interesse financeiro.

A noção do sagrado não provirá também da lembrança desse outro eu, consciente e vivo no sonho? Esse outro ser não constituiria deslumbramento pela sua inexplicabilidade poderosa? O sonho é a primeira imagem do Sobrenatural. Tempestade, trovão, raio, fases lunares, ciclo solar, estrela cadente, furacão poderiam, por imediatos e aproximados da verificação pessoal, ter explicações e versões lógicas. Exceto pela revelação, fórmula volitiva da própria divindade, o homem não alcançaria a sensação do outro-eu sem o sonho, velha tese de Edward Burnett Tylor que incluía na classe influenciadora o sono e a morte. O padre Schmidt concorda com a possibilidade formal mas adianta que o conhecimento do incognoscível poderia ser o fruto da experiência imediata e vital de todo o mundo interior de pensamentos, vontades, sentimentos que cada um de nós conduz em si mesmo, postulando uma solução causal. Não podendo deduzir do mundo interior do homem pré-histórico e acreditando ser lógica formal admitir a sensação espacial do desdobramento anímico através do sonho, expressão material, imediata e personalíssima da experiência intransferível, não indico a solução onírica como origem da religião mas o processo inicial para a compreensão perceptiva do alter-ego.

Salomão Reinach (1858-1932) resumiu: "a vida primitiva da Humanidade, em tudo que não é exclusivamente animal, é religiosa". O sonho afasta o ambiente do pavor religioso que cercaria o primitivo ou o indígena, e contra o que se insurgiu brilhantemente Marett e os cronistas do Brasil colonial afirmam. O sonho não fundamentaria o *timor, deorum origo* de Petrônio. A religião, etimologicamente *re-ligare,* reatar, religar, integra o homem no mesmo vínculo cujo extremo é a divindade. A devoção é uma promoção espiritual. Deus só pode ser justo para o seu devoto. Na religião há sempre um nexo de lógica que escapa ao pesquisador. Quando enterraram o infra-homem na Chapelle-aux-Saints realizavam um ato de iniciação religiosa. Começava um culto.

544

Como a religião é uma realidade psíquica, sua tradução é relativa ao ambiente cultural que envolve na espécie ritualística. O rito é a fórmula prática da integração sagrada. O caminho para Deus é o cerimonial, linguagem única por Ele compreendida.[292] A própria oração muda ou mental exige posição física adequada.[293] É, na sua simplicidade, um rito oral. Como a vida é, antes de tudo, movimento, as coisas que se movem têm vida e toda a vida subentende um espírito que a dirija. Com sua vocação pela Eternidade, o homem rejeitou o determinismo da Morte e explicou a agitação de todas as coisas como uma prova iniludível de consciência, vontade, determinação.

James H. Leuba[294] ensina que a Psicologia termina sua missão quando reconhece a diversidade possível da idéia de Deus, precisando os caracteres particulares de cada modalidade, fixando o processo essencial para a predominância dos tipos divinos. Começa a técnica dedutiva da Etnografia, da Antropologia Cultural, tentando particularizar a história psicológica de cada divindade e as razões naturais de sua presença no espírito humano.

O homem primitivo é um ser histórico e, decorrentemente, uma entidade lógica.

É possível que o sonho haja revelado ao homem a sobrenaturalidade, mas não é dado ao pesquisador indicar a sucessão de formas que o homem criou e usou para aproximar-se de Deus ou fazer-se compreender de sua função divina. O ritual e a doutrina primitiva não foram os mesmos desde que as raças se fixaram e o âmbito geográfico se ampliou na superfície da Terra. Os grupos humanos homogêneos teriam a unidade cultural. A variedade dos atributos divinos depende da percepção devocional. É uma interpretação humana dos atos divinos. Cada um de nós entende de acordo com a inteligência pessoal, e entender é uma tradução do geral coletivo para o interior individual. O conhecimento é filtrado através da mentalidade e essa resume elementos e depósitos psicológicos incontáveis e complexos. Impossível se torna na Etnografia a padronização específica da ação divina. Cada homem possui o seu Deus, sensível e íntimo no ângulo de sua emoção, simpatia reflexa, confiança instintiva. Como o fenômeno religioso é interior, íntimo, recôndito, nada seria possível estudá-lo fora do depoimento dos fiéis ou — como aconselhava Renan — dos que deixaram de ser. Mas não há religião sem ritual, sem atos litúrgicos, sem a oblação dentro das exigências do cerimonial. A transmissão é sempre material e é essa transmissão, de homem a homem e de homem a Deus, um objeto nitidamente etnográfico e, por conseqüência, passível de exame, pesquisa, interpretação. Essa última parte recai na predileção pessoal do intérprete, mesmo inconscientemente orientada, conforme sua mentalidade, interesse ou motivo intelectual de contradição sublimadora. Vem, humanamente, o "cada cabeça, cada sentença", o *ars una, species mille,* ou — na frase de Goldenweiser — *Man is one, civilization are many.* Daí a multiplicidade das versões da origem da religião e mesmo da origem da idéia de Deus, sua imagem no quadro das impressões mentais.

Lembremo-nos que a psicologia individual não é suficiente para explicar os problemas do pensamento e do comportamento, porque a mentalidade humana é determinada, em grande parte, pelo ambiente cultural (Bastian) e nós não sabemos do ambiente primitivo senão num esforço intuitivo e obstinado de compreensão, dentro dos prejuízos do raciocínio contemporâneo. Compreende-se quanto de erudito e de pessoal exista no esforço de Karl von Spiess escrevendo um volume sobre os mitos pré-históricos (1910). De qualquer maneira, é possível seriar as várias deduções sobre a origem religiosa na mente humana mas não é crível aceitar a universalidade das mesmas conclusões, desde que a raça humana se avolumou quantitativamente. Recordo a lição de Marett (Robert Ranulph Marett, 1866-1943), sintetizada por Robert Lowie: a religião desempenha função restauradora da confiança e é demasiado complexa para que tenha uma raiz única na formação. Eduardo Prado (1860-1901) dizia que Deus perde muito posto em Retórica... Essas religiões, esquematizadas no século XIX, tiveram como fundamento criteriológico para análise, acima e antes de tudo, a interpretação pessoal do mestre. Os livros sacros e as confidências devotas sofriam as modificações comprimidoras ou distensoras para acomodar-se às formas preestabelecidas e proclamadamente "científicas". Alguns mestres não perdiam tempo na exposição de comprovantes ou fixação bibliográfica (Spencer, Robertson Smith, Atkinson). A autoridade funcionava no plano da graça comunicante, como dizem os católicos.

A nossa geração está um tanto liberta do tabu magistral que constituía para nossos pais um quinto evangelho. Tobias Barreto (1839-89), o valente, ousado, individualíssimo Tobias, discordando de von Ihering dizia fazê-lo "de joelhos". Herbert Spencer (1820-1903) exerceu na Europa um verdadeiro pontificado e ainda alcancei Ernst Haeckel (1834-1919) indiscutido. Nos anos correntes já não foi possível a Sigmund Freud (1856-1939) a onisciência e menos a unidade ortodoxa da sedutora doutrina. Agora o *magister dixit* passa pelos cadinhos da verificação imparcial e serena sem perda de admiração e respeito.

Mitologia Naturalista, Max Muller. Os deuses nasciam de uma doença da linguagem, polionimia de um só objeto e homonímia de muitos, estabelecendo confusão nominal. Revelação subjetiva. Ação do Infinito sobre a alma, instinto, função espiritual. Os objetos de culto eram manejáveis (ossos, pedras, conchas, fragmentos lígneos) e se tornavam amuletos; os semimanejáveis (rios, montanhas, árvores, mar) passavam a semideuses, e os inalcançáveis (céu, astros, estrelas) ficavam sendo grandes deuses. Hinos. Oblações. Cerimonial. Súplicas.

Feiticismo, objetos significando forças ou entidades divinas, pedras, ossos, madeira, metais, chifres. Não representações mas continente de potências agentes. Brosses, Augusto Comte, Sir John Lübbock. Povos feiticistas nunca existiram senão como explicações apriorísticas de pesquisadores apressados. Feitiço, de *factitius,* dando *fétiche,* amuleto defensivo ou talismã, ofensivo. O feitiço ou *fétiche* não é sagrado e constitui uma condensação mágica de valores sobrenaturais que pode ser preparada pela mão humana. Participa de um culto sem que o fundamente. Com doze viagens de estudos na África, Frobenius negava, formalmente, a existência do feiticismo no continente negro.

Manismo, de *manes,* antepassados, avoengos. Herbert Spencer. Ampliação do Evhemerismo histórico. Divinização dos ancestrais da tribo ou figura projetada na tradição local, humana ou mítica. Clima social dos caçadores totemistas, patrilineares. "Somos obrigados a concluir que o culto dos antepassados é a raiz comum de todas as Religiões" — concluiu Spencer. O manismo é uma participação típica do totemismo sem que determinasse culto, doutrina, rito, independente de um corpo religioso anterior e básico.

Animismo, do Edward B. Tylor. Cultura horticular. Matrilinear. Trabalhadores de enxada. Culto das almas que estavam em todas as coisas, animais, vegetais, minerais, astros. Levy-Bruhl (1857-1939) criou a lei de *participation,* "mística e pré-lógica" em que, nas representações coletivas da mentalidade primitiva, os objetos, seres e fenômenos, *peuvent être, à la fois eux-mêmes et autre chose qu'eux-mêmes,* emitindo e recebendo forças, virtudes, qualidades e ações místicas, *sans cesser d'être où elles sont.* Revelação da alma pelo sono, sonho, morte. Possessão. Alucinação. Ocupação do corpo vivo por um outro espírito mais poderoso. Atuação que Franz Boas negava. Culto dos animais, das pedras, das árvores, das águas.

Animismo nunca foi religião. É doutrina justificadora de qualquer culto primitivo, tradicional, popular sem que possua características de unidade funcional.

Mitologia Austral. Pan-babilonismo. Domínio lunar. Influência da arqueologia reveladora das antigüidades da Mesopotâmia, Egito, Pérsia. Os mitos astrais explicavam o suficiente. O deus Sol. A mitologia é uma impressão do fenomenismo sideral e meteórico. A vida terrestre, no plano cultural, subordina-se às relações dos astros, movimentos, luminosidades, fases cíclicas. Desde o ano 3000 a.C. Babilônia é centro irradiante de sabedoria para todo Oriente e também regiões greco-romanas e a influência alcança a Idade Média. Ocultismo e Cabala. Limitação da atividade religiosa do homem pré e proto-histórico ignorado substancialmente quando do esplendor da teoria. O pan-babilonismo, baseado nos giros do Sol, da Lua, de Vênus, e suas inferências com as constelações zodiacais, derramou uma sedução irresistível pela Europa letrada das últimas décadas do século XIX. Explicava-se pelo mito astral até a temática dos contos populares. Charles François Dupuis (1742-1809) publicou o seu *Origine de tous les Cultes* (Paris, 1795) com espantosa repercussão. A origem de todos os cultos era *l'adoration du soleil et des astres.* Os deuses, constelações divinizadas.

Totemismo. Mac Lennan, James-George Frazer, Robertson Smith. Influência em Andrew Lang e devotamento de Salomão Reinach, Tylor, Lübbock. Matriarcado. Agricultura avançada. Certos povos ou famílias descendem de um vegetal, animal (totem), articulando-se o sistema do parentesco pelo imperativo do antepassado comum e mítico. O liame do parentesco regula o comportamento social, religioso, político, econômico das tribos ou nas famílias, com obediência severa, sob pena de castigos, penitências, humilhações, expulsão (morte civil). Proibição de empregar o totem como alimento normal. Divisão ritual, clã, sib, fratrias. Casamento rigorosamente exogâmico, feição característica do totemismo: casar fora do clã. Ausência de culto ao totem. Início de toda a religião para Robertson Smith. Pertence-lhe a *Teoria do Sacrifício,* repasto totêmico, vitimando-se um representante do totem, do mesmo sangue, espécie zoológica, de cuja manducação resulta um reforço ao vínculo doméstico ou tribal. Prova expressa do repasto totêmico não existe e sim interpretações partidárias. No totemismo, Durkheim fundamentou as formas elementares da vida religiosa (1912). Atkinson imaginou a rivalidade do filho contra o pai pelo desejo de possuir a mãe e outras mulheres que o progenitor dominava. O *Oedipuskomplex,* de Freud, tem essa base hipotética e única. Durkheim indicou o totemismo como origem da Moral, da conduta e das religiões. Freud (*Totem und Tabu,* 1913) lançou a ambivalência, amor e ódio do filho ao pai, e a transferência desse sentimento a um animal, considerado membro da família, numa visão inconsciente da projeção paterna. Reunidos os irmãos, sacrifica-se o progenitor, alimentando-se os filhos de sua carne robusta, possuindo as mulheres que a presença paternal obstara. Complexo de culpa. Repetição do repasto como recordação comemorativa e expiatória. Rito. Organização social. Interditos morais. Religião. Originariamente as grandes civilizações indo-européias, hamito-semitas e altaicas não tiveram o totemismo nem o conheceram, assim como o matriarcado. Ignorado pelos pigmeus e pigmóides, australianos do suleste, ainos, esquimós primitivos, samoiedas, os primeiros algonquinos, homens da Terra do Fogo etc. Os hotentotes nama dividem-se em clãs exogâmicos, patrilineares e não totêmicos. Os indígenas cobeua e siusi do Rio Negro e afluentes no Amazonas são exogâmicos sem totemismo. A formação do clã era dogma de origem totêmica. Não é, evidentemente, condição universal e comum na formação religiosa. Os indígenas das planícies norte-americanas igualmente não o tiveram. Muitos estudiosos seduziram-se pela falsa unidade das semelhanças superficiais. Comunidade da galinha e do jacaré porque ambos são ovíparos.

Tabu: do polinésio, *tá,* marca, *bu,* partícula intensiva; correspondendo mais ou menos ao romano *sacer,* ao grego *agôs,* ao hebraico *kadausch,* interdito, proibido, intocável, ao inverso de *noa,* que é lícito, permitido, utilizável. Objeto continente de *mana* (força divina), vegetal, animal, mineral, meteoro, vento, chuva, tempestade, raio, trovão, arco-íris; certas criaturas humanas pelo estado ou função (chefia, catamênio, prenhez, parto, infância, velhice, doenças infecto-contagiosas), astros etc. Wilhelm Wundt (1832-1920) acreditava ser o tabu o mais antigo código ágrafo da Humanidade. Inacabável bibliografia sobre o tabuísmo, origem de religiões, presença justificadora de todas as restrições no convívio humano. Anterior aos deuses e a toda religião organizada. Conclusão sem exame de que um formulário de proibições denuncia capitalização de experiências religiosas, acumuladas no tempo, distinção entre *noa* e *tabu,* lícito e ilícito, razões anteriores e compreensíveis pelo grupo. É a defesa natural do totem. Todo totem exige o halo protetor tabuístico que o resguarda das violações pelo complexo ameaçador das represálias. O tabu é sempre defensivo e em potencial, agindo com a sanção repressiva quando transposto o limite da interdição. Defende o chefe, objetos de uso imediato, insígnias, armas, alimentos, atos fisiológicos no exercício dos quais está desarmado (lesa-majestade); a família pela mulher, criança, velho, doentes; animais em estado de gravidez ou juventude, templos, fontes, rios, grutas, propriedades, tudo que deva ter uma barreira ideal, distanciando os perigos do assalto, depredação, uso imoderado (tabus de caça e pesca) ou socialmente defeso, esposa, virgens (tabu do hímen), lugares do culto, ornamentos rituais, pessoa do religioso (profanação, sacrilégio). O tabu teria protegido suficientemente os vegetais e bandos de animais, possibilitando agricultura e domesticação (Salomão Reinach). Moralmente, tenta evitar assassinatos, vinganças desautorizadas, massacres (tabu do sangue). É o *noöi me tangere* do totem, sua guarda pessoal. Graças ao tabu, Josef Köhler, com exagero manifesto, afirmava a caracterização do totemismo como o primeiro problema religioso que se encontrava na história do mundo.[295] Evaporou-se do tabu o seu conteúdo dogmático de meio século passado. Presentemente a concepção do tabu dissolve-se na multidão de preceitos proibitivos, alheios, a qualquer culto. Parece originar-se de ordenamentos familiares, iniciados por uma revelação pessoal do Pai. Uma testemunha autorizada, Albert Schweitzer, no Gabão, ex-Congo Belga, dirigindo o hospital de Lambarene no Rio Ogodal, registrou a influência fulminante desses interditos entre os negros da região: "Há tabus válidos para todos, sem distinção, e outros impostos a determinados indivíduos". Há impediências inexplicáveis para nosso raciocínio: encher um buraco de areia, pregar pregos, usar de escova, ser tocado no ombro esquerdo, comer banana, ver sangue correr, especialmente o próprio, não ter muitos filhos, ser picado por espinho (dois negros caíram em síncope por ter tomado uma injeção hipodérmica) foram casos reais e comprovados. Schweitzer conclui: "O fato de morrerem os indígenas após a violação de seu tabu origina-se, sem dúvida, da circunstância de se acharem de tal forma submetidos à crença nos tabus que se vêem expostos a choques psíquicos, cuja violência não podemos conceber".

Esses casos estão ligados a um totem ou à desobediência de rito doméstico, uma herança familiar ou comunal tornada tradição inviolável? A reiteração do ato torna-se costume e inclui-se na obrigatoriedade do grupo. As cores dos clãs escoceses, os *tartans, feile-beags, kilts,* são tabus? Ou tons e combinações que um uso secular fixou numa família como distinção, própria e típica, não podendo homem de outra linhagem ostentá-las? O tabu da água fria entre os naman, do sudoeste africano,[296] não será pura proibição defensiva no âmbito familiar, depois hereditária? Quando o feitiço, natural ou feito, é sempre autopotente e atual, o tabu depende de tradição, de tempo, de passado. É uma herança sistematicamente inexplicada em suas causas.

As ampliações doutrinárias do tabu desvairaram alguns antropologistas culturais e etnógrafos ilustres e antigos, justificando plenamente a crítica de Konrad Theodor Preuss (1869-1938) substituindo-o por abstenção, explicada por outros elementos, bem aceitáveis e normais, deixando ao tabu seu limite ideológico na Polinésia. Convergiam para o tabu, na apressada lógica entusiástica de outrora, restrições e protocolos usuais com raízes diversas.

Quelque diversité d'herbes qu'il y ait, tout s'enveloppe sous le nom de salade

— dizia Montaigne há quatrocentos anos, prevendo a sedução das analogias resvaladiças para a falsa unidade.

Magismo. Pré-animismo. Robert R. Marett, G. Hewit, W. Th. Preuss, Vierkandt, Hartland, H. Hubert, M. Mauss. Durkheim concebeu a magiatotemismo, partindo dos australianos centrais, dando-a como origem da religião. Período anterior a qualquer interpretação sobrenatural. O homem sentiu na natureza a presença de forças conscientes e poderosas, *wakan* dos siouxs, *orenda* dos iroqueses, *manitu* dos algonquinos, *mana* dos melanésios, *arangkilta* ou *boilia* dos australianos. Verificou-se que essa força pode ser sagrada e profana, fixando-se em entidades superiores ou entes humanos. Função por analogia e associação de idéias. É realmente um fenômeno social mas nunca uma religião, embora possua a identidade funcional, pretendendo provocar a antecipação dos efeitos e solucionar o problema pelo processo sugestionador. O culto, quando existe, é uma superfetação, convergência de ritos existentes. Despido de sua complicação exegética que devemos aos eruditos (a magia possui uma das mais desmarcadas bibliografias) o magismo é um processo finito, limitado materialmente a um objeto desejado. Não há o elemento típico religioso que é a oblação, dar as graças, materialização da unidade benéfica e doadora. A magia é uma "violência" humana às forças misteriosas, obrigando-as a atuação dentro da fórmula suplicada. Mauss, um dos complicadores mais simpáticos, encontrava na magia a forma primeira das representações coletivas, tornadas posteriormente fundamento do entendimento individual. Um fenômeno coletivo que se revestiu de formas individuais. O rito mágico não é uniforme e sim depende da experiência e predileções do agente que possui o *special lore* de que fala Malinowski. Essa disponibilidade para a modificação pessoal afasta a magia de um *corpus* religioso. Não há uma unidade funcional, inseparável da ritualística sagrada. Magia imitativa, em que a repetição do ato determina a efetivação do fenômeno. Aguar o solo, atirar água para o ar, molhar os ídolos, atrai a chuva. Magia de contigüidade, *totum ex parte,* a parte, mesmo separada do todo participa idealmente do conjunto de que se dividiu.[297] Ter uma folha é ter a árvore. Cabelos, unhas, dentes, trapos de trajes, gotas de secreções humanas, dispõem para o feiticeiro de toda a criatura. Desenhar a imagem é fixar no símbolo o vivo corpo imitado. Os animais desenhados nas grutas da França (70) e da Espanha (63) — sadios, feridos, parados, em movimento, isolados, agrupados, alimentando-se, lutando, próximos de armadilhas — são fórmulas simpáticas de atração irresistível para a caça. Torturar uma representação humana é transmitir o sofrimento, moléstia ou morte, ao representado. Envultamento.[298] Na magia, o homem motiva a intervenção sobrenatural, atenuando-a, dirigindo-a para determinados e previstos fins. Na feitiçaria popular no Brasil, africana e européia, a potência mágica denomina-se justamente forças. De importância a mímica, frases inalteráveis, rituais, processos secretos. O feiticeiro, xamanismo, varia de feição e técnicas, sendo temível mas não inviolável. Pode ser vítima de vindita particular ou decisão grupal. Dispensável encarecer quanto o uso da magia propiciou às ciências, não intencional mas ocasionalmente deparado nas funções. As fórmulas adivinhatórias, terapêuticas, propiciatórias, seguem curso diário entre as populações indígenas do mundo.

Deus do Céu, citado entre pastores nômades, semitas e hamitas, uralo-altaicos. Entidade superior às divindades mitológicas, encontrado nos povos mais antigos (Schmidt). Negado por Tylor e afirmado por Lang. Confundido com o céu, trovão, tempestade, raios, em fase posterior e depois apontado como senhor desses elementos. Pode não ser o salvador, criador do mundo ou dos homens, doador das espécies úteis, funções que ficam para os deuses civilizadores, enviados, guias e companheiros dos homens por um certo tempo em que espalham ensinamentos. O Deus do Céu é o modelo da justiça, da moral, égide da conduta, modelo do Bem.

O padre Wilhelm Schmidt (1868-1954) demonstrou a universalidade do Deus Supremo, na variedade dos atributos, formas, funções, protótipo moral, com maior ou menor aproximação terrena. Provou ainda que a noção do Deus Supremo não é uma repercussão ou vestígio da catequese cristã porque os povos não cristianizados permanecem fiéis ao monoteísmo, e grupos humanos com assistência religiosa revelam suas crenças politeístas. Não é possível afirmar que esses últimos desconhecessem o Deus único e sim perdessem seu culto ou idéia por processo subseqüente de degradação social.

Não será dado ao pesquisador anotar a passagem da idéia de Deus na mente primitiva para a orientação de um culto? Da célula individual da Fé para a concatenação de um ritual, afetando rigorosamente ao grupo. Do particular para o coletivo. Como essa velocidade inicial atingiu a todos é fenômeno social de verificação rara nos mistérios da predisposição cate- quética, do prévio estado de receptividade doutrinária. A coincidência da visão de um Deus Único entre os povos distanciados, geográfica e cul- turalmente, excluindo qualquer explicação difusionista, demonstra o com- plexo da revelação ou idêntica solução psicológica, na apreciação somáti- ca de todos os elementos impressionadores. Um inquérito paciente e fiel na documentação etnográfica dos povos primários, secundários e terciá- rios, esgotando a revisão argumental e examinando a multiplicidade das concepções monoteístas, convergindo harmoniosamente para a figura suprema de uma unidade divina, foi a nobre e exaustiva missão do padre Wilhelm Schmidt.[299]

A concepção universal e popular de defender-se do mistério, das for- ças obscuras adversárias, e atrair, fixar, conservar os elementos favoráveis, benfazejos e generosos tem sua expressão material e visível na predileção pelos amuletos. O amuleto, escudo defensivo e local, repele o contato da emanação, dos fluidos, das influências perturbadoras da tranqüilidade, normalidade, equilíbrio individual. São tipologicamente incontáveis e há uma espécie para cada função custodiante. Não transmitem potência, desejo, vontade do possuidor. Guardam-no, como sentinela vigilante mas sem poder abandonar o posto e travar combate, modificando o plano con- trário. Agem por contigüidade. Já os vimos numerosos no neolítico porque outra finalidade não teriam os objetos julgados unicamente ornamentais e que seriam armas de ação mágica. Sua contemporaneidade testifica a espantosa continuidade da mentalidade humana, em vários ângulos inalte- rável. Crê-se, íntima, inconsciente ou ostensivamente, no mesmo racio- cínio do homem que construiu a cidade lacustre e ergueu o dólmen. Natu- ralmente milhões de pessoas trazem amuletos como decorações do traje, complementos do vestido, jóias de uso comum e sem suspeita da manu- tenção daquela magia portátil na cabeça, pescoço, orelhas, pulso, tórax, dedos, cintura; colares, brincos, pulseiras, braceletes, placas, diademas, cintos, anéis, prolongando-lhe a vida tantas vezes milenar.

Ter o mesmo amuleto é impedimento matrimonial entre os esquimós do Estreito de Behring.

O talismã, amuleto ofensivo, de poder irradiante, outrora constituindo uma grandeza secreta, irresistível, capaz de todos os efeitos materiais e espirituais, para o amor, a fortuna, a vitória, a vida física, tem sua área jurisdicional mais restrita. Não é possível negar-lhe a presença de valimento indiscutível, em pleno e prestigioso funcionamento nas povoações, vilas e cidades da Terra. É o feitiço, bruxedo, coisa-feita, chá, muamba, canjerê, fascínio, carrego, com os mestres, consultórios e técnicos de maior ou menor renome nas cabanas paupérrimas e no alto dos arranha-céus. "Preparam" talismãs que podem levar o impulso mágico ao alvo distante, condicionado ao desejo do consulente, angustiado e crédulo. O sonho recôndito do homem moderno é a posse oculta da lâmpada de Aladim.

São fórmulas persistentes e rudimentares da crença inabalável numa grandeza imaterial e consciente, dispondo das energias operantes e atendendo as rogativas interessadas.

A "presença divina" é sensível ao homem por três formas naturais, as mais antigas, constantes e vivas na tradição etnográfica.

Deve haver um criador invisível para a criação evidente. Causa primordial de que tudo o mais é efeito. O fruto supõe a árvore e esta provém da semente. Não é possível o rio sem as nascentes e a chuva na ausência de nuvens. Voltaire raciocinara, irônico e verídico:

L'Univers m'embarasse, et je ne puis songer
Que cette horloge existe et n'ait pas d'horloger.

Se a intenção supraterrena demonstra-se no baixo paleolítico, nos primitivos contemporâneos, de cultura primária e rudimentar, pigmeus africanos de Wilhelm Schmidt e Paul Schebesta ou os Bhil da Índia Central de Wilhelm Koppers, permanece o mesmo processo identificador.

A natureza exterior provoca a explicação íntima, decifração do enigma imediato. Para os indígenas da América Austral todas as coisas têm uma mãe, *ci,* coisa orgânica e inorgânica. Mãe dos astros, dos meteoros, dos animais, das águas, dos insetos, do terremoto, do sonho, da coceira. Endosmose natural na mecânica grupal. A causa é origem das coisas.

A outra forma é íntima, pergunta inquieta pelas origens, procura da causa-motor, velocidade inicial, o primeiro movimento. Exosmose mental, indisfarçável em certos indivíduos num grupamento humano. Deus existe? Que é a verdade? Caçando Deus, como os Reis Magos.

A última é a revelação, teofania, epifania, transfiguração. José Enrique Rodó (1872-1917) fixou-a numa água-forte:

Algunas veces asocio a mi ficción candorosa la idea de esas súditas conversiones de la voluntad, que, por la avasalladora virtud de una emoción instantánea, remueven y rehacen para siempre la endurecida obra de la naturaleza o la costumbre: Pablo de Tharso herido por el fuego del ciclo, Raimundo Lulio develando el ulcerado pecho de su Blanca, o el Duque de Gandía frente a la inanimada belleza de la Emperatriz Isabel.

Os reformadores, recriadores religiosos, videntes, mártires e santos. Os "chamados" pela Fé.

Mesmo os que negam reafirmam a inefável "presença". Pierre Joseph Proudhon com *Dieu, c'est le mal,* ou o *rojo* que, durante a revolução na Espanha (1936-39), disparou a metralhadora contra um sacrário. Deus estava ali e era a única maneira de matá-lo a tiros. Raros possuem tal fé na transubstanciação.

Existe uma vocação humana para a sobrenaturalidade, para a exaltação explicadora através de justificativas acima da contingência material e formal. Fixar no Inexplicável o Deo Ignoto.

Si Dieu n'existait pas, il faudrait l'inventer — deliberou Voltaire; e a fórmula tem servido para os *ersatz,* os deuses sucedâneos, feitos para as necessidades sucessivas do interesse imediato.

Sem essa tendência para o sobrenatural, o binômio Nutrição & Sociedade significaria a vida em toda sua extensão. Satisfaria inteiramente aos macacos, como notou um antropologista contemporâneo da Harvard University, professor William Howells, mas afastaria o homem de compreender e valorizar o seu Universo.

ANTROPOFAGIA

O problema da antropofagia é sua situação etnográfica. Função alimentar ou ato religioso?

A bibliografia, universal e fácil, rapidamente encontrada, mostrará o panorama do complexo. Essencial é a brasileira onde há o depoimento de uma quase-vítima, o alemão Hans Staden, fixando excelentemente todas as peripécias em sua *Viagem ao Brasil* (Marburg, Hesse, 1557). Todos os cronistas escrevendo no Brasil dos séculos XVI e XVII registraram com abundância de pormenor a tradição que Alf. Métraux sistematizou com sua habitual clareza (*La Religión des Tupinamba,* "L'Anthropophagie Rituelle des Tupinambas", Paris, 1928).

A mais antiga aparição é no musteriano, derradeiro estágio do baixo paleolítico. Numa gruta de Crápina, na Croácia, depararam crânios e ossos partidos, numa indiscutível demonstração de vestígio brutal. No madaleniano existe o crânio-troféu que será decorrência mas não determinante. No aziliense, fase inicial do epipaleolítico, em Ofnet, na Baviera, estão crânios, dolicocéfalos e braquicéfalos, amontoados, pintados de vermelho, mas denunciando antropofagia inquestionável. A pintura rubra já seria aparato sagrado e bem difícil de tradução porque significa a esperança da ressurreição pelo símbolo vermelho do sangue e da claridade solar. Mas as caveiras e os ossos rapados depõem noutra direção. Guillermo Tell Bertoni, interpretando a antropofagia dos guaiaki do Paraguai, os mesmos que J. Vellard denomina *une civilisation du miel,* deduziu:

> *En sus creencias encontramos la explicación de estos hechos. Hemos visto que creen éllos en una segunda vida, en que parece que resucitan con el mismo cuerpo; esto explicaría el hecho de devorar sus enemigos y personas perversas sentenciadas a muerte, para evitar su resurrección.*

A tintura vermelha queria dizer justamente o contrário: um auspício de renovação física e total. Mas o guaiaki não pintava de rubro os ossos de suas vítimas. Nem os astrólogos de Kublai Khan, na China visitada por Marco Pólo, também devorando o cadáver dos criminosos sentenciados.

O desaparecimento do Homem de Neandertal é mistério e uma explicação seria a perseguição obstinada pelo Homem de Cro-Magnon, matando-o sempre que o encontrasse. Outro escuro é a coexistência dos dois tipos no baixo paleolítico. Mendes Correia (*Homo,* Coimbra, 1926) resume: "A coexistência do *Homo sapiens* e do *Homo neanderthalensis* no pleistoceno inferior e médio é admitida como provável por muitos autores, e Giuffrida-Ruggeri mesmo, lembrando os macabros despojos de Crápina, acha possível que para a extinção do *Homo neanderthalensis* houvesse contribuído as violências do *Homo sapiens*".

Giuffrida-Ruggeri (1872-1921) repetia, ampliando, a velha e por um momento sensacional explicação de Klaatsh julgando que os restos de Crápina fossem o resultado de uma batalha entre os homens de Neandertal e do Aurignac, com a vitória esmagadora desses últimos. Tornara alguns ossos infantes do musteriano como sendo dos homens do aurinhacense. O exame mais minucioso fez desaparecer a hipótese que Klaatsh pensara fundamental. Em Crápina todos os ossos são neandertalóides. Curioso seria que os vencidos musterianos, apesar de devorados, tivessem honras fúnebres, pintura vermelha e guarda dos crânios num ossuário. Como sabemos que o Homem de Neandertal sepultava seus mortos tingindo-lhes os ossos longos de vermelho, teríamos inicialmente uma singular convergência do culto porque seu antagonista e sucessor, o Homem de Cro-Magnon, realizaria os mesmos atos reverenciais. Depois de abatido e mastigado, o inimigo era digno de respeito e passava à classe dos troféus-amuletos. Apenas não há provas de que o Homem de Cro-Magnon tivesse avistado o homem de Neandertal. Tirando essa barreira, estaríamos no caminho desimpedido e largo.

De onde trouxera o Homem de Cro-Magnon tais práticas androfágicas, repetidas em Ofnet, no aziliense? Não havendo convivência com o homem do musteriano, já as sabia e usava sem que soubesse do hábito do seu antecessor.

Da refeição de Crápina para os nossos dias voaram 150.000 anos. É a data da primeira constatação antropofágica: 1.500 séculos!...

Continua atual. Em novembro de 1960 os jornais do mundo inteiro anunciaram um surto canibalesco no antigo Congo Belga. Soldados irlandeses da ONU mortos ao norte de Catanga foram devorados pelos balubas e tribos sulistas; os mangana do Kassai voltaram aos velhos ritos culinários. Um aviador belga foi vítima desse tratamento pelos kitawalas. O esplendor do "progresso", que dera a maravilha do avião, respeitou a antropofagia congolesa que se serviria do piloto como de uma peça de caça votiva. E em dezembro do mesmo 1960 foi presa em Piqui, no Maranhão, a mulher Matilde Costa Serra, de trinta anos de idade, acusada de raptar crianças para saboreá-las. Já jantara três meninos, segundo o inquérito policial. São fatos concretos positivando a contemporaneidade das duas formas antropofágicas no ano atômico e sideral de 1960.

Qualquer livro de história trará episódios de antropofagia ocasional, determinada pela fome, individual ou coletiva, epidemias, estiagens prolongadas, naufrágios, guerras, calmarias. São soluções desesperadas de sobrevivência que reaparecem, imperiosas, em momentos trágicos; os famintos no cerco de Perúsia por Augusto, registrado por Petrônio (*Satyricon,* CXLI), os náufragos da "Meduse" em 1816, a cena do conde Hugolino della Gherardesca, senhor de Pisa, em 1289. Ou por explosão de rancor partidário, como entre os habitantes de coptos e tentira, no Egito, narração de Juvenal (*Sátira,* XV). O documentário é longo.[300]

Obstinadamente, através de todos os tempos, há uma vida humana sacrificada para a manducação ritual. Na África Austral o costume era comum, terminando as grandes festas militares negras na noite em que findava a *nq'uaia,* bailado de cinqüenta mil guerreiros emplumados. A carne fervida de uma jovem negrinha revigorava o ardor belicoso dos zulus. Schweinfurth também assistira entre os Nian-Niam, de Sandé, no Sudão Oriental. Na África Ocidental nunca de todo desapareceu a lembrança da carne humana possuir atributos acima de qualquer potencial vitamínico. Negada e afirmada pelo mundo oceânico e sertões asiáticos, a androfagia resistia, viva num e noutro exemplo que as agências telegráficas espalhavam nos nervos ocidentais e não ocidentais. Indispensável citar o maomao de Quênia.

Depois de 1492 é que nasceu o primeiro sinônimo; *cannibale,* Redouer, 1515, *canibane,* Thevet, 1557, título da profissão programística dos ameríndios caraíbas ou caribes. Caribe e canibal são a mesma entidade voraz. Daí *cannibalism, Kannibalisch, cannibalisme,* canibalismo.

Todos os registros dos séculos XV, XVI, XVII, de origem ameraba, incluem a impressão do cerimonial no ato canibalesco. Não há exemplo de exercer-se a prática sem atender às normas precípuas da tradição. Não se persegue e caça o homem para devorá-lo. Nem todos os prisioneiros merecem o sacrifício. Os cadáveres não são objeto do destino androfágico.

É indispensável colher os homens vivos e durante a ação guerreira. Conduzi-los para as malocas (aldeias), alimentando-os fartamente, tratá-los com certas regalias e direitos inclusive ofertas de mulheres. São adornados vistosamente e armados para a simulação defensiva. Uma multidão assiste à crueldade oficial. Convidados ilustres, chefes temidos, guerreiros famosos. Não pode haver clandestinidade no assassinato ritual. Quem o mata não pode participar do banquete. Fica sob a exigência de preceitos incontáveis, com imposição especial, mudo, quase imóvel, com nova pintura, sangria de dente de cutia, tatuagem, e toma novo nome, nome ilustre que custou a vida de um homem valente. Tais preceitos atingem a uma minuciosidade que Georg Friederici julgou-os modalidade da couvade, quando é rito de iniciação, conquista de título glorioso, um *name of renown,* como dizia Herbert Spencer. Corresponde ao inevitável protocolo para um jovem africano que matou o seu primeiro búfalo, leão, tigre, elefante. A lição normal dos cronistas no Brasil dos séculos XVI e XVII é que havia sentimento de vingança e não de gula. A mesma interpretação foi dada pelo negro kitawala em 1960 sobre a morte do aviador belga no Congo: "O povo aqui ficou tão furioso que o devorou!" Dom Luís de Orléans e Bragança registrara façanha semelhante na Bolívia:

> *Ce fut le cas pendant la terrible révolution de 1891; non loin d'Oruro un escadron entier des troupes présidentielles fut mis à mort et devoré par les révolutionnaires* [*Sous la Croix-du-Sud,* Paris, 1912].

Não creio que jamais a carne humana fosse alimento normal, constituindo elemento de subsistência e que o costume só desapareceu no regime pastoril quando a carne dos animais tornou-se abundante e fácil. Explicação de gabinete, com as provas agenciadas e previamente escolhidas com o abandono da multidão contrária. A "permanente" da Antropofagia é a intuição religiosa e não a necessidade alimentar. Mata-se e come-se para um efeito acima do ato de nutrição. É uma exigência satisfeita pelos próprios caraíbas e tupi-guarani. O nexo religioso é essencial e típico. Mesmo a documentária histórica e etnográfica dos caçadores de cabeças justifica aspecto muito diverso porque se orientava para obtenção de amuletos para a defesa tribal com o espírito do morto, amigo ou inimigo, tornado aliado ao grupo (VII-9). Nem o chamado culto do crânio implica, de maneira formal, a antropofagia. Esta sempre esteve ligada ao formalismo ritualístico. Não é possível, entretanto, negar exceções, depravação do paladar, sadismo, predileção mórbida pela carne humana, feitiçaria.[301] A carne, entre os nativos, foi invariavelmente obtida dentro do cerimonial consuetudinário. A documentação brasileira que sabemos (Staden, Thevet, Lery, Soares de Sousa, Cardim, Abbeville, Evreux, Gandavo, os jesuítas) apresenta o ângulo legítimo da anotação direta e testemunhal. Vemos o grande chefe dos tamoios, Cunhambebe, dizendo-se onça, *yuara ichê* "sou onça", por gostar da carne dos seus prisioneiros, ou a velha potiguar decrépita que lamentava já não ter quem flechasse um tapuiazinho para saboreá-lo, chupando os ossinhos suculentos.

Antropofagia por gula é o derradeiro estágio degenerativo da tradição. Afirmam da existência de mercados onde a carne humana era vendida no curso superior do Congo e na Melanésia, ilhas de Salomão e arquipélago de Bismarck. Uma versão oral do Alto Rio Negro cita o tuixaua Cucuí (denominando povoação na fronteira Brasil—Venezuela) guardando viveiro de donzelas para o repasto festivo em homenagem à Lua. Os bassongos-minos do Baixo Kassai (Congo) atacaram em 1885 a Wissmann, Müller, Wolf, François e sua escolta, gritando *niama! niama!* Carne! Carne![302] Os grupos de culturas mais primárias e de vida mais difícil e áspera, kubus da Sumatra, tasmanianos, arandas da Austrália Central, pigmeus africanos (há informação contrária) não praticavam a antropofagia, invalidando as deduções de Letourneau e Lippert. Fosse a fome justificativa categórica e a androfagia seria natural e normal nos grupos mais rudimentares e que mais desesperadamente lutam pela existência. Mesmo a informação afirmativa da antropofagia dos pigmeus do ex-Congo Belga, na floresta de Ituri, evidencia que não é o canibalismo determinado pela fome e sim pela depravação do paladar ou reminiscência de prática religiosa que perdeu o sentido sagrado. J. A. Hunter,[303] com sua experiência africana de caçador profissional, informa:

> Muitos nativos africanos praticam a antropofagia em certa medida, mas trata-se, em geral, de canibalismo religioso. A carne humana exerce uma função ritual e não alimentícia.

Mas ele próprio, sem saber, comeu um guisado de braço humano, excelente. Soube da existência regular da carne humana vendida como a de gado, há meio século passado. Finais do século XIX.

William Graham Sumner (1840-1910) partiu de exceções indiscutíveis para torná-las realidades genéricas, improvadas pelas pesquisas etnográficas e antropológicas posteriores ao substancial *Folkways,* cap. VIII, datado de 1906. Na própria exposição verifica-se a inarredável etiqueta incompatível com o imediatismo prático da fome. As narrativas dos primeiros viajantes na África padeciam do engano natural da indagação. Registravam como originais os hábitos que haviam perdido a significação anterior, o conteúdo normativo puro, em algumas regiões negras. A interpretação contemporânea nega-lhes o menor valimento no plano do realismo exegético. Livingstone, Stanley, Nachtigal não eram Frobenius, Baumann, Ankermann.

Para os egípcios o porco era abominável e se alguém tinha a desgraça de tocá-lo arrojava-se ao Nilo, com a roupa inteira, a fim de purificar-se (Heródoto, *Euterpe,* XLVII). Uma única vez no ano comiam-lhe a carne. Era no plenilúnio, na festa da Lua e Dionísios. Os hebreus teriam aprendido o tabu durante os 430 anos vividos no Egito (*Êxodo,* 12, 40). Moisés, em nome de Iavé, declarou imundo ao porco, jamais a carne seria alimento e não deviam tocá-lo sequer (*Levítico,* 11, 7-8).

Setecentos anos depois o profeta Isaías apostrofava, furioso, os israelitas que estavam comendo a carne de porco, escondidos e misteriosos, numa festa sem nome. "Assentando-se junto às sepulturas, e passando as noites junto aos lugares secretos; comendo carne de porco, e caldo de coisas abomináveis nos seus vasos; o que sacrificam e se purificam nos jardins uns após outros, os que comem carne de porco, e abominação, e o rato, juntamente serão consumidos, diz o Senhor" (*Isaías,* 65, 4; 66, 17).

O profeta, sábio e príncipe, não sabia o motivo de comer-se carne de porco, do rato, beber-se caldo de coisas abomináveis, num processo de convergência de crendices, resíduos de cultos mortos no conjunto litúrgico. Era, visivelmente, o culto de Adônis, querido de Astarté-Afrodite, partindo da Síria e espalhando-se durante milênios pelo Mediterrâneo. O profeta Ezequiel, mais de cem anos antes de Isaías, descrevia-o, notório e vivo, em Jerusalém (VIII, 14). O javali matara Adônis e por isso a carne de toda essa espécie era proibida, exceto na festa oblacional, quando, reunidos e devotos, plantavam os jardins e alegravam-se com a ressurreição do jovem deus rural. Ainda possuímos reminiscências no nosso ciclo do São João e, apesar das batalhas dos rabinos, os judeus amaram conservar (*Anúbis e Outros Ensaios,* XVII, 158).

Um culto pode sobreviver num único elemento, tornado habitual no exercício e sem o conhecimento de sua essência inicial formadora. Assim os judeus não sabiam a razão da comida proibida, feita em segredo num respeito maquinal, e desfigurada com aculturação de outros vestígios, rato, caldo, purificações pessoais, ao lado das "permanentes" do culto de Adônis, carne de porco, vigília, júbilo pela ressurreição, presença nos jardins.

Tornara-se reunião mecânica, espontânea, reflexo do consuetudinário com o conteúdo temático evaporado. Tal é o caso da antropofagia, perdendo o sentido poderoso, dispersa-se nos usos e costumes, alimento raro, vingança, depravação do paladar, emoção defesa, sedução do proibido, atração pelo mistério das coisas vedadas pela lei. Da vítima abatida pelos tupinambás no Brasil do século XVI, com todo cerimonial, para o escravo negro, exposto no mercado congolês, mísera rês humana, vai um infinito.

Uma modalidade da antropofagia é o chamado endocanibalismo em que o morto é reincorporado à família ou ao grupo pela consumação do corpo; comendo-se a carne ou utilizando-se a cinza dos ossos, diluída em bebida votiva, exceto — na maioria dos casos — o crânio que fica como precioso amuleto. Naturalmente, há diversões específicas. Steinmetz distingue entre endocanibalismo, quando se trata de consangüíneo, e de exocanibalismo, relativo às pessoas estranhas. Tártaros tibetanos anotados por Rubruquis em 1254, alta percentagem mongol; na América do Sul os panos do Alto Amazonas, os antigos tapuias litorâneos, caquétio, saliva, tarianas, yumana, guaíupe, sae, maué, moré, padauari, paquidari, do Rio Negro e Tapajós, são endocanibalistas. Os milenares issidores da Rússia suleste, irlandeses, bishors do Hindustão, australianos ao redor do golfo, entre a Terra de Arnhem e o Cabo Iorque, semangs mamaios, africanos centrais, miranhas do Tapajós, aruacos e caraíbas acentuadamente, guardam o defunto no estômago, devorando-lhe as carnes num banquete respeitoso e longo. Nenhum excesso ruidoso ou orgia sexual. Comedimento, lentidão, silêncio. Não compreendem sepultura mais digna que as entranhas dos próprios descendentes. A divisão das porções é cuidadosa e eqüitativa.

O aparecimento do tabu subseqüente, horror à carne humana, é bem resposta à manducação clássica. Dos seus anos de seringalista no Xingu paraense, diz-me um primo (Júlio César da Câmara) que índice de adaptação para os "brabos" (nordestinos recém-chegados aos seringais) era vencer a repugnância instintiva à carne do macaco e mastigá-la sem associação à idéia da carne humana. Nos primeiros meses a náusea era invencível.

O professor Raffaele Corso, examinando as teorias, reduz a quatro categorias as origens do canibalismo: Profano, Jurídico, Mágico, Ritual, elegendo a Ritual, *che dovette essere la prima e la più remota*.[304] Certo. Para mim as demais são conseqüências e modalidades. Não faço distância entre mágico e ritual porque não há intenção provocadora de ação "mágica" sem o rito propiciatório inseparável.

Não atino por que Frazer escreveu:

Le sauvage croit qu'en mangeant la chair d'un animal ou d'un homme, il acquiert les qualités physiques, morales et intellectuelles, qui distinguent cet animal ou cet homme.[305]

O conceito é universal e independe do nível de qualquer cultura. Não apenas *le sauvage* mas todos nós acreditamos semelhantemente. O processo da alimentação é a transmissão dos elementos nutritivos solicitados pelo organismo. Por analogia as características animais podiam ser comunicadas na mesma maneira. A dieta básica da Couvade é justamente evitar a ingestão da carne dos animais lentos, fracos, covardes, e consumir a dos rápidos, vigorosos e valentes. Ocorre em qualquer parte do mundo. Há em Frazer (*opus cit,* 115-130) um vasto e notável exemplário comprovador. O leão, a pantera, o tigre, o leopardo doam afoiteza, arrojo, destemor, resistência. A tartaruga, a lebre, o lagarto, o esquilo, a lentidão, timidez, fraqueza, pusilanimidade. Os chineses bebiam a bílis porque o fígado era a víscera da vida. Comer o coração é receber coragem; *cor,* coração, coragem, raiz em francês, inglês, espanhol, italiano, português. Em alemão *mut* é coragem e o músculo cardíaco. *Rodrigue, as-tu du coeur?* — pergunta Dom Diogo, no *Le Cid,* de Corneille, I, VI. Quase universalmente preferem o sangue; o sangue é a alma — dizia Empédocles, adivinhando o "a alma da carne está no sangue", do *Levítico,* XIX, 11, interdita aos hebreus: "Não comereis carne com sangue", *Gênesis,* IX, 4. Mesmo assim Iavé amava o sangue e em todos os sacrifícios cruentos derramavam-no em cima e ao redor do altar. Moisés atirou-o sobre o povo, dizendo-o "sangue da divina aliança" (*Êxodo,* XXIV, 8). O Homem de Neandertal pintava os ossos dos seus mortos com óxidos de ferro porque ligava à cor vermelha a luz do sol e a força da circulação sangüínea, esperando um regresso ao movimento existencial. *Blood was the drink of the gods* — fala Victor W. von Hagen, referindo-se aos astecas mas podendo generalizar. Escrever com sangue é juramento inviolável. Bebia-se sangue nas conspirações para assegurar, na cumplicidade, o vínculo supremo do solidarismo. Lucius Sergius Catilina, em 62 a.C., empregou a fórmula que horrorizava Salústio:

Humani corporis sanguinem, vino permixtum, in pateris circumtulisse [*Conjuratio Catilinaria,* XXII]

e assombrou a L. Annaeus Florus:

Additum est pignus conjurationis, sanguis humanus, quem circumlatum patere bibere [*Liber Quartus,* I].

Plutarco vai adiante, informando que os conjurados estrangularam um homem e comeram todos de sua carne (*Cícero,* XIV). Deixo valer, na plenitude da expressão, a frase de Florus: *Additum est pignus conjurationis, o* penhor, garantia, segurança da conspiração, fora o beber-se sangue de homem. Fazia-se sofrer ao estudante para que aprendesse indelevelmente o texto. *Literal cum sanguine intrant...*

Incinerar o ossos era comunicar a quem os bebesse, diluídos, a solidez, fortaleza, possança do arcabouço sustentador do edifício humano. Ainda no século XIV jurava-se na Inglaterra do *Canterbury Tales,* de Geoffrey Chaucer (1340-1400), "pelos ossos de Deus", *by goddes bones!* É a imagem mais sugestiva da durabilidade, resistência humana, ossos dos antepassados.

Natural é que a antropofagia tivesse inferências e aplicações diversas, terapêuticas, penais, políticas, além da inicial religiosa.

Da Serra Leoa ao Camarão, Senegal, Libéria, da Costa do Marfim ao Congo, por todo Golfo da Guiné, litoral e sertão, as sociedades secretas africanas tiveram projeção espantosa e surpreendente vitalidade no prestígio popular.[306] Gordon Laing viu-a em Toma, na Libéria, 1822, comparando-a à Maçonaria. René Caillié, em 1827, notava-as no Rio Nunes, Guiné Francesa. Homens-leopardos, hienas, panteras, vestindo a pele do animal padroeiro, falsas garras mutiladoras, usam de antropofagia, espalhando o terror noturno. A fama de comer a carne humana e beber o sangue empresta às entidades uma repercussão aterradora e ao mesmo tempo a idéia de resistência pessoal inesgotável. A mesma base firma o pavor social, intimidação da maioria pela fração mais sabedora e afoita. É o que se verifica na sociedade de canibais entre os kwakiutl da Ilha Vancouver na costa noroeste da América. Comem os escravos mortos para a cerimônia:

> *On great occasions the Cannibal ate the bodies of slaves who had killed for the purpose* [e também há uma alucinante dança com um cadáver]: *The dance with the corpse was repeated during the Cannibal's period of ecstasy* [Ruth Benedict, *Patterns of Culture*].

Esse renome vampiresco provoca a indispensável ambivalência de atração e medo. Semelhantemente — conta Marco Pólo — os astrólogos de Kublai Khan, imperador da China, devoravam os cadáveres dos criminosos executados. Os mitos bolivianos e peruanos do *Kharisiri* e do *Runap mickjuy,* fantasmas ou grupos cujos membros obtinham gordura e sangue humanos por processos invisíveis e mágicos, radicam-se ao complexo hematófago ritual, tal e qual existiam nos velhos versipélios, licantropos, werwolfs, loup-garou, lobisomem...[307] Procurava-se o sangue que defendia a vida e a técnica mais sumária era abater o possuidor. Quem não obtivesse a cota durante a noite fantástica sucumbiria ao amanhecer.

No México a antropofagia articulava-se aos mesmos términos, figurando como indispensável ao protocolo secular mas no plano dos deuses sequiosos de sangue e da participação devota, exigente, inquieta, imperiosa. O sangue, a carne humana eram garantias da autenticidade ortodoxa, do legitimismo litúrgico. Sua exclusão inquinava a pureza da tradição. Nas festas de Tlacaxipeualiztli, 22 de fevereiro, as vítimas sacrificadas eram consumidas pela assistência. Carne cozida. Na Panquetzaliztli, 9 de novembro, a imagem do deus Uitzilopochtli, feita de massa de milho e sangue humano, distribuía-se em fragmentos aos devotos que degustavam. Denominava-se essa cerimônia, *Teoqualo,* teofagia.[308]

Tezcatlipoca, nome solar dos astecas, era representado por um rapaz que usufruía honras divinas, acompanhado de quatro esposas, tendo as vontades como ordens sagradas durante doze meses. Ao findar do ano, meia-noite, arrancavam-lhe o coração e suas carnes eram servidas às supremas autoridades — conta Brasseurg.[309]

Há de essencial na antropofagia a consciência pura de uma comunicação de valores físicos e depois espirituais. Esses seriam conseqüências dos primeiros, sugerida a similitude do processo para a mesma aquisição.

As vítimas de Crápina e de Ofnet seriam abatidas em combate ou sacrificadas num cerimonial? Os despojos provam que o festim realizou-se num único local para onde as "peças" foram previamente conduzidas. É lógico que não levaram para as cavernas apenas os ossos com destino de guardá-los. Óbvio que tudo ocorreu entre as paredes da gruta, e não ao ar livre. Creio que, no começo das eras, toda solenidade nascia ante raros iniciados e nos sítios ocultos, afastados da curiosidade maliciosa ou intromissão impertinente. Crápina e Ofnet correspondiam perfeitamente aos requisitos de sigilo e recato. Não podemos explicar a técnica da captura ou persuasão para as vítimas do musteriano e aziliense naquelas solenes circunstâncias. Um participante teria o condão de tudo esclarecer, porém os mortos não sabem mais nada — avisa o *Eclesiastes,* IX, 5.

Da segunda metade do século XIX até a primeira década do imediato, a antropofagia era excesso de hostilidade ou de gula. A hostilidade não tem sofrido, teologicamente, reprovação severa e sumária porque era repelir o inimigo, *hostis,* mas a gula incluiu-se entre os sete pecados capitais no catecismo. As conclusões de Girard de Rialle (1875) e de Andru (1887) foram os fundamentos da lição de Henri Froidevaux:

L'hostilité et la gourmandise, voilà les origines les plus lointaines de l'antropophagie, auxquelles vinrent se mêler plus tard l'idée religieuse, et parfois des idées religieuses sécondaires.

Esses "primeiros princípios" ainda estão nos livros mais recentes com gravidade axiomática. Informam justamente o contrário.

O culto dos crânios não originou a antropofagia e sim a antropofagia motivou o culto dos crânios. Sobre esse creio ter suficientemente sugerido a origem. A inicial maior e primitiva explica a parte menor, subseqüente e posterior. É dedução silogística. Os lúgubres depósitos de Crápina e do Monte Circeo (Itália), o aziliense de Ofnet e o crânio de Steinheim, julgado do achelense, são os índices europeus mais decisivos.

Partiu o homem pré-histórico da verificação alimentar, vulgar e diária, para a decorrência analógica quanto ao corpo humano. Anterior ao *sapiens* de Cro-Magnon os infra-homens do baixo paleolítico, chelense, achelense, musteriano partiam os ossos dos animais de caça e o crânio para saborear o cérebro e a medula, tutano substancial que devia conter a essência da força. *Bones broken for brains and marrow* — escreve Ales Hrdlicka. *Marrow*, cérebro, tutano, medula, também significa em inglês "essência", "o melhor alimento", "a melhor parte". Essa tradição continua em todos os povos caçadores e contemporânea na pastorícia universal. No sertão do Nordeste brasileiro acredita-se que o tutano misturado com rapadura seja o revigorador mais enérgico do mundo. Acordando defunto.

Se o pré-homem na inicial dos tempos pré-históricos já deglutia a medula dos ossos não seria unicamente para nutrir-se porque mais abundante e fácil era a carne, independendo do esforço de romper o tecido ósseo e retirar cuidadosamente o tutano, mas porque emprestaria a esse elemento valores mágicos de energia e potência. Quem sustinha o corpo era a armadura dos ossos e a medula interior devia ser motora e ativa explicação do movimento, velocidade, destreza. Localizando na cabeça, o comando, a direção, a casa das ordens, o laboratório planificador das manhas cinegéticas, devorar o conteúdo era obter a força propulsora da atividade animal. A cabeça sendo órgão central dos sentidos fixou também a imagem da orientação, da decisão, da inteligência que amanhecia sendo raciocínio formal instintivo. Daí, decorrentemente, a valorização do crânio. É uma explicação lógica e fundamentada na lógica imediata. Terá tanta autoridade e consistência quanto as teorias interpretativas do culto do crânio durante o matriarcado dominador.

Desta forma o homem do chelense ao musteriano e seus continuadores na conquista da Terra (deduzindo-se do crânio de Steinheim, no achelense) praticariam a antropofagia ritual e subseqüentemente a guarda da caveira que se tornara amuleto defensivo, conservando o "espírito" do morto em serviço do seu possuidor. Antropofagia é o "geral" em que o culto do crânio é o "particular".

Para o indígena, em qualquer paragem da Terra, o corpo humano é suscetível de produzir espécies vivas, animais e vegetais, e utensílios. Citando apenas lendas ecológicas do Brasil lembro a mandioca (*Manihot utilissima,* Pohl) brotando do corpo da virgem Mani. O milho (*Zea mays*) do corpo do chefe pareci Ainotaré. O guaraná (*Paulinia sorbilis,* Mart) dos olhos do filho da mura Onhiamuaaçabê. Esses muras, do Solimões e Amazonas, de raça tupi, têm uma lenda que J. Barbosa Rodrigues recolheu (*Poranduba Amazonense,* Rio de Janeiro, 1890), expressivamente típica para a *uipurungaua* (origem) selvagem.

Para os muras o Iacurutu (uma coruja, *Strix clamator,* jucurutu) era gigante depredador que os pajés (feiticeiros, sabedores dos segredos) puderam matar por intermédio do avô da tartaruga, *yurará ramonha.* O gigante pisando o casco do quelônio prendeu-se pelos pés e foi arrastado para o fundo do rio, sucumbindo. Antes de morrer, disse: "Meus netos, vocês me vingarão. Aqui estão meus braços. Deles sairão as plantas para vocês me vingarem. Deles aparecerão o pau-vermelho (muirapiranga, *Mimusops ballata)* para os arcos, a paracuuba (*Mora paraensis,* Ducke) para gomo das flechas; dos meus nervos aparecerá a embira (timeliáceas) para corda dos arcos; de minha gordura a castanha (*Bertholetia excelsa,* H.B.K.) para alisar o gomo da flecha do arco; de meus cabelos, o curauá (*Bromelia variegata)* para cordas das flechas, e de meus ossos, as tabocas para as pontas destas. Quando acabou de aconselhar, desapareceu".

Assim, para o ameríndio, a mandioca, o guaraná, o milho, o arco, as flechas, a castanha-do-pará são substâncias originariamente humanas. Barbosa Rodrigues e Koch-Grünberg mostram que a maioria das constelações foram indígenas transformados em estrelas. Numa lenda dos apiacás, caraíbas do Rio Tocantins, mulheres e homens foram criados por Mebapame (Sol) e Bruburé (Lua) atirando n'água *goronis* (cabaço, jamaru, *Cucurbita lagenaria,* L). Lembrem-se dos símbolos do zodíaco e a história de cada um deles. Quando as criações são comestíveis seu uso é uma modalidade antropofágica.

Vivemos porque nos alimentamos. Todo trabalho do homem é para a sua boca — adverte o *Eclesiastes*, 6, 7. A observação musteriana levou à fórmula analógica a eleição de um homem robusto, sadio e vitorioso no embate da caça, para fornecer-lhe reforco à vitalidade individual. Não para um único mas destinado o cibo ao grupo unido e solidário. Não constituía ato hostil e menos gula do neandertalóide já supersticioso. Falta-nos perceber como, o fatal *wie* de Dorpfeld, obteve-se o sacrificado, voluntário ou à força de braços.

Sabiam que a conservação normal da vida devia-se à nutrição. Pelo sustento transmite-se força, combustível para a máquina fisiológica. Os deuses eram alimentados nos sacrifícios, hecatombes, libações singelas, vidas humanas e até, na imperial Roma, com iguarias comuns, nos *lictisterniuns* imponentes. Os mortos não deviam ser olvidados; ofertas nos túmulos pré-históricos e depois um dia votivo na comparticipação nutritiva. Lemurária, em maio, para a alma dos parentes, *deum parentem.* Parentália em fevereiro, para os espectros, alma dos mortos indistintos.[310] Em todas as cerimônias, alimentos indispensados pela tradição imemorial, animais, bolos, sangue, sal, vinho, gordura, fumo, enfim a vítima, *hóstia.*

Instituindo o sacramento da eucaristia, Jesus Cristo ofereceu-se, voluntária e perpetuamente, hóstia sacrificial para a comunhão cristã. Sua carne é pão e o sangue vinho (*Mateus,* XXVI, 26-28; *Marcos,* XIV, 22-24; *Lucas,* XXII, 19-20; *João,* VI, 48-59), cuja ingestão integra e reúne o fiel à própria essência do Deus Vivo para a graça santificante da Vida Eterna. A presença real, porque a transubstanciação mudou as espécies do trigo e da uva em "verdadeiro corpo e verdadeiro sangue", é dogma de fé na Igreja Católica. Podia ter escolhido outra forma para a íntima união humana com a divindade do Messias mas elegeu um simples, humilde, diário e natural ato de alimentar o corpo físico. Acreditou o Enviado que, quem comesse de sua carne e bebesse do seu sangue, alcançaria a salvação espiritual. Comunicava aos fiéis o infinito da própria santidade pela assimilação de elementos orgânicos de sua natureza material.[311]

Na limitada mentalidade do homem primitivo, na manhã do mundo, o motivo elementar, ato inicial, foi religioso, sobrenatural, vivificador.

E vai o *Eclesiastes*, 1, 8, e lembra que todas as coisas são difíceis: o homem não as pode explicar com palavras...

ARTE

*L'Art n'est sûrement qu'une vision plus
directe de la realité.*

BERGSON: *Le Rire* (1859-1941)

...las cosas no significan nada em si mismas.

E. F. CARRITT: *Introdución a la Estética*

Arte, regras para a boa execução de trabalho, sabedoria, oportunidade, elegância, equilíbrio, profissão, perícia, habilidade, astúcia; aparelhagem; desastre; maneira de agir.

A raiz sânscrita *ar,* valendo "juntar, combinar partes", daí o "articular, articulação", passou para o grego *arthron,* para o latim *ars, artis.* Decorre o artista, artesão, arteiro. Esse último faz "artes", manhas, velhacarias, diabruras e, sendo criança, travessuras, traquinagens, irrequietação. "Amo arteiro, servo ronceiro." Orientação. "Aprende por arte, e irás por diante" — dizia o padre Antônio Delicado no seu *Adágios Portugueses* (Lisboa, 1651). Doutrina. Arte Latina, gramática. Arte de marinharia. Arte de cavalaria de gineta e estardiota. Comecei a estudar o latim pela *Artinha de Pereira,* do padre Antônio Pereira de Figueiredo, falecido em 1794. Conhecimento suficiente. "Sei minha arte." "Fez uma arte", imprudência.

Arte vem da raiz sânscrita *ar,* donde passou para o grego *Arthron* e para o latim *ars, artis.* Significa, na origem, juntar, combinar partes, como se vê em articulação (junta de ossos) e artrite (junta inflamada). Por associação de idéias passou a significar invenção, engenho, engenhosidade, vivacidade e assume formas derivadas:

ARD em ardil, ardiloso.
AST em astúcia, astucioso.
ERC em solércia (artimanha), inércia.
ERT em solerte, inerte e esperto.

De ERC vêm, ainda, as formas exercer, exercitar, exército. Significam: cumprir bem cargo ou ofício, treinar, tropa preparada (arte bélica). As formas IC e IT aparecem em Perícia e Perito, de per + ic + ia e per + it + o. O prefixo *per* significa "muito", donde perícia ser "muita arte" e perito "muito hábil". O inglês *expert* é exatamente isso, enquanto o nosso "esperto" é esperto mesmo... ladino, arteiro. Ainda no inglês o *artist, artiste, artisan* alcança o *artless, artful, artfulness,* com as correspondências nas línguas neolatinas, ampliação da habilidade manual para a espiritual.

O "Vinte e Dois da Marajó", famoso capoeira, velho, pacato e rico, comentava os erros técnicos da malandragem carioca, afoita e moça: "Pelo que vejo a nobre arte tem degenerado..."

Está demonstrado que, de origem, arte é habilidade manual, realização de trabalho cuidado porque o radical significa *reunir* e é preciso um todo harmônico.

O professor de Filosofia de Frankfurt-sur-Oper, Alexander Gottlieb Baumgartem (1714-62), que criou a palavra *aesthetica* (1750), ciência do conhecimento sensível, fê-la provir das faculdades "inferiores" do Homem, aquelas que não podem ir além dos sentidos. E definiu dentro do critério etimológico da arte: "arte é a beleza. A beleza é a harmonia entre todas as partes de um composto e entre aquelas e este. O objeto da beleza e da arte é agradar, excitar". Os italianos, mais práticos, decidiram: *Il bello è quello che piace.* Nada mais.

A impressão de beleza veio muitos milênios depois mas, antes da arte utilitária, o homem ornamentou utensílios que funcionavam perfeitamente sem a decoração. Hjalmar Stolpe não admitia que o primitivo possuísse o impulso pura e naturalmente estético e menos ainda o fizesse por distração, folguedo, lúdica. As armas, chifre, osso, gravadas com figuras de mamutes, bisões, renas, cavalos, ursos, testificam o oposto. Desde o aurinhacense as paredes das cavernas e os instrumentos de caça aparecem enfeitados. Sugestão mágica? De qualquer forma, a intenção para atrair a caça tomava formas definitivas da vida ambiental e com perspectivas, contorno, proporção, anunciando observação e o sentido transformador da imagem em realidade material. Mac Curdy faz datar dessa época o início da escultura, gravação e pintura. Todos os resultados nasciam do desenho e esse de uma disposição legítima de representação linear.

A arte já não significaria um sentimento de beleza, de necessidade irresistível para o homem paleolítico? O instinto decorativo, encher os planos vazios, *l'horreur du vide agissant,* de Sauter, *the horror of emptiness,* de Sorokin, teria a mesma força provocadora que, em nossos dias, exerce uma superfície branca para o menino contemporâneo, invariavelmente povoando o muro caiado de desenhos espontâneos, numa expressão incontida de exteriorização plástica.

No aurinhacense o homem falava. Não posso afirmar que cantasse ou dançasse. A documentação mais irrespondível do bailado pré-histórico é do madaleniano, dança naturalmente em roda e com finalidades simpáticas, chamando caça ou tempo favorável em Trois Frères, Tuc d'Audoubert, Ariège, França. São os mais antigos vestígios positivos. Milênios antes os desenhos enriqueciam, mágica ou festa dos olhos, as armas do aurinhacense e do solutrense. A arte começa pelo desenho. Teria sido a primeira transmissão intencional do pensamento, a comunicação humana inicial?

Todos nós, em qualquer parte do mundo, desenhamos instintivamente quando crianças e depois, não cultivando, esquecemos. Ruskin e Huxley diziam que o escrever era desenhar e quem escreve desenha. Roquette-Pinto (1884-1954) conta uma deliciosa estória de um indígena Apinajé (Tracati, jê do Grajaú, Maranhão) que, no Rio de Janeiro, quando o pequenino vocabulário português falhava: "tomava de um lápis e, no primeiro farrapo de papel que lhe caía debaixo das mãos, traçava o esboço do objeto que a fala não conseguia exprimir. E o desenho, informe, canhestro, rápido, só por ser figura, aliviava imediatamente o embaixador daquela doença da *idéia presa* e contentava os interlocutores" (*Seixos Rolados,* Rio de Janeiro, 1927).

Começa aqui o debate sobre a origem do desenho representativo; Stolpe, Haddon, Karl von den Steinen, Holmes, Boas, um bom cento de eminências participantes do colóquio.

O homem desenhou inicialmente animais. Só animais. Depois, esses animais estilizados passaram a constituir formas geométricas. A figura geométrica é uma conseqüência da redução morfológica da sugestão animal. Não é um começo. É um fim. Karl von den Steinen foi um mestre na exposição dessa tese. Partindo de sua pesquisa entre os aborígines do Mato Grosso, bacairis, bororos, afirmava "isso é o principal... o desenho serve, como o gesto, para fazer alguma comunicação e não para reproduzir formas graciosas". Era o prazer da imitação representativa. Lembra o alemão *zeichen,* sinal, e *zeichnen,* desenhar. O desenho é uma mensagem, originariamente sempre prática. Todo material cerâmico colhido estava decorado ou tinha símbolo zoológico. Não citava Stolpe mas os dois estavam irmanados.

A cestaria e o tecido teriam influências modificadoras mas não determinantes da criação. W. H. Holmes atinou que o tecido, especialmente a cestaria (*basketworks*) produziam automaticamente, pelo trançado e pela espiral, motivos ornamentais que passaram à cerâmica, assunto em que se notabilizou Max Schmidt (1874-1950). É, na cestaria, o domínio geométrico, maquinal. Mas como explicariam os desenhos anteriores à cestaria, que é neolítica? Os desenhos rupestres do madaleniano? Melhor será fazer justiça do rei Salomão e dividir pelo meio a influência: sugestão das representações realísticas e naturais e, posteriormente, estilização no plano geométrico. Assim, na Espanha, França, o madaleniano vive nos modelos animais, de incomparável verismo (especialmente em Altamira, Santander, a Capela Sixtina da Arte Quaternária, como a denominou Dechelette), já policromas, e as figuras humanas, esgalgadas, esquematizadas em breves traços negros essenciais, ágeis, nervosas, naturais, do ciclo levantino posterior. E o desenho, depois do madaleniano, vai perdendo volume, saliência, colorido, e tornando-se sintético, estilizado, convencional. E mais humano.

Um mestre pré-historiador espanhol, Jesús Carballo, informa da técnica empregada em Altamira. A pintura era feita com iluminação artificial, com gorduras animais. O fumo das graxas animais não se fixa nas paredes como a fumaça da combustão da madeira. Esse pormenor indica uma demorada experimentação para obter-se a escolha do combustível. Os artistas anônimos do madaleniano aproveitavam as saliências da rocha para dar relevo aos desenhos. Assim, certas excrescências valem o dorso do javali, a anca do cavalo, a giba do bisonte.

Em Altamira, o abade Breuil decidiu que os desenhos unicolores, os "macarroni", contorno apenas delineado, e os esboços geométricos, gravados ou pintados, pertencem ao aurinhacense. Aí estão, lado a lado, animais e figuras geométricas, na simultaneidade cronológica, alguns milhares de anos antes da cestaria e da cerâmica. Não é possível excluir-se a coetaneidade dos dois elementos na madrugada do desenho. Apenas, na espécie documental, o desenho representando mamíferos é mais antigo e mais abundante, na proporção de quatro quintas partes.[312] Raros peixes (os salmões de Lhortet, os peixes de Tuc d'Audoubert, "Cueva de los Casares", teruel e aves (cisnes, patos), inda menos ofídios. Reduzida a menção vegetal. Apesar disso, *cette enfance de l'art est loin d'être de l'art d'enfant* — declara o velho Mortillet. Nota-se no ciclo franco-cantábrico a quase ausência da representação humana. As figuras são sempre disfarçadas e nunca a fisionomia é claramente distinta. Mesmo no ciclo levantino-espanhol (epipaleolítico e neolítico), com abundância de personagens humanos, jamais se percebe o rosto, dissimulado e contrafeito e mesmo borrado, riscado, caricatural. Difícil compreender-se essa omissão para artistas minuciosos e felizes como os do madaleniano, nas grutas d'Espanha e França. Visivelmente foi evitada a fixação fisionômica com intenção defensiva e cautelosa. Seria a razão mágica, ainda contemporânea, de afastar o perigo do encantamento pela posse do duplo, que é a imagem?[313]

Muitos desenhos, gravações, pinturas, foram feitos com luz artificial. Os recantos são os mais distanciados e recônditos, longe perpetuamente da luz solar. Trabalhar nesses ambientes justificava-se pela vocação e necessidade religiosa, irreprimíveis.

Empregavam tintas obtidas das argilas coloridas pelos óxidos, ocras com os sesquióxidos de ferro, óxido de manganês para as fortuitas tonalidades roxas ou róseas. Medulas e graxas animais eram dissolventes, reagentes e fixadores dos carbonatos cálcio-magnésios, formadores das dolomitas, constitutivas do local. Populares o vermelho, amarelo, pardo e negro. Usava-se o carvão-vegetal. Pincéis de pêlos e cerdas, varetas afiadas ou simplesmente os dedos, polegar, indicador, médio. A "tela" era preparada de antemão, raspando-se, alisando-se, nivelando-se para que a superfície tivesse, mais ou menos, um plano extenso. Há várias dimensões nas figuras animais, francesas e espanholas, de quase três metros a vinte centímetros.

A escultura dependia do material. O barro era modelado a mão e as rochas calcárias, estalactites, com pedras aguçadas, fazendo-se o desbastamento com achas mais resistentes, com os naturais retoques de acabamento respeitoso ao modelo vivo. Encontra-se o vestígio do amolamento e aguçamento dos instrumentos escultóricos. E mesmo esboços, bosquejos, delineamentos que não foram completados. Às vezes há mesmo uma espécie de notas prévias, estudos, pormenores anatômicos utilizados na confecção pictórica definitiva.

Surgem as linhas cruzadas em X, onduladas, ponteadas, ziguezagues, quadriláteros, paralelogramos, ângulos retos e obtusos, espirais, sinóides, círculos, polígonos.

No neolítico a cestaria multiplicou a presença geométrica. O homem estava dispensado da intenção porque o ornato produzia-se naturalmente pelo traçado, pela espiral, numa imprevista revelação de beleza. E, bem distante do desenho paleolítico, canastras e cestos traziam a medida, a simetria impecável pela própria disposição do material, colocado em pontos sucessivos e em espaço igual. Não vamos discutir que o escalonamento, o meandro, a grega nascessem dessa técnica, situação eqüidistante de cores e lugares no trançado. Não há hipótese mais sedutora, especialmente para quem viu de perto trançar as lindas cestas ou examinou coleções particulares ou oficiais estrangeiras.

Os vasos de couro e madeira, anteriores, teriam enfeites nas orlas? Nunca os deparei em livro ou série de museu. No comum, o vaso de madeira é pintado com um simples friso. *Made* às pressas — como dizia Monteiro Lobato. Sua ornamentação pertenceu à talha em relevo. Os objetos de couro decorados, bolsas, casacões, mantos, malas, selas, arreios, vasos, aparecem em época tardia, nos tempos históricos.

A cestaria, como a arte plumária deslumbrante, trouxe a novidade valorizadora das cores naturais. Os quatro ou cinco tons de Altamira desaparecem na policromia de uma técnica que não sabemos quando começou a viver, entre os indígenas nos países de avifauna bonita. A documentação é a narrativa dos navegadores, do século XVI em diante.[314]

A cerâmica, tipologicamente, repetia o vasilhame vegetal. É a obediência aos modelos comuns e conhecidos dos frutos, curcubitáceas, troncos ocos, cilindros etc. Depois, na Idade dos Metais (Bronze), a variedade é multidão quanto aos formatos. A ornamentação não existia na produção inicial, exceto o ocasional risco de unha e o vestígio dos dedos, premindo e amaciando o contorno. A geometria ganha sua dianteira porque os primeiros vasos, numa fase de relativo adiantamento, são decorados com linhas verticais, paralelas, diagonais, e pontos em série. E a pressão do polegar, deixando uma seqüência de pequenas amolgaduras, é instrumento do primeiro ornamento em relevo.

As explicações são, humanamente, quase tantas quanto os mestres estudiosos da cerâmica. Uma das mais curiosas e abandonadas foi a de Charles Frederik Hartt (1840-1874), estudando os motivos cerâmicos marajoaras (Ilha de Marajó, Pará). A visão cômoda do objeto valoriza o motivo plástico. A linha reta, vertical ou horizontal, é a mais agradável e fácil porque dispensa a movimentação do globo ocular. Mas, sendo monótona, foi alterada, interrompida, acurvada, dobrada, e, mesmo com um esforço visual maior na força da recriação estética, as linhas combinaram-se, ligando-se, e assim nasceu a grega, independente da Grécia. Outros ensinam ser uma representação instintiva de fenômenos atmosféricos, ziguezague do raio, perpendiculares e transversais da chuva, com ou sem vento, ondulado das ondas ou marolas dos rios em tempestade, espirais dos remoinhos eólios, estrelas, lua nova, o sol. Flora, folha, flores, frutos. Estilização da fauna. Há também a intenção necessariamente mágica em que o vaso é defendido pela sua ornamentação e o que nele se continha. Depois, explicam, é que veio a liberdade registradora da vida normal, os aspectos do trabalho dos homens e dos deuses. A cerâmica marajoara é, em maioria notável, adornada com figuras humanas e animais e quase nunca usando motivos vegetais circunjacentes, numa preferência ao modelo vivo. A percepção da natureza é um índice de maturidade mental.

A decoração seria, sob certos ângulos, exclusivamente destinada ao simbolismo mágico, defensivo, apotropaico. Jesús Caballo é peremptório:

> *Las pinturas de Altamira, como todas las prehistoricas, no fueron hechas por razones de arte; todas tienen por fin único el culto religioso.*[315]

Parece incontestável a finalidade mágico-simpática da decoração préhistórica, do desenho, gravura, pintura. As figuras foram dispostas nos recantos mais profundos das cavernas, lugares estreitos, alguns de difícil acesso, atravessando lagoas subterrâneas, subindo ladeiras íngremes, corredores asfixiantes. Puente Viesgo, La Cullalvera, Niaux, Trois Frères, Tuc d'Audoubert são exemplos. Há figuras visíveis apenas para uma criança, pela disposição angustiosa do local. Um cavalo agonizante na caverna Del Castillo de Fuente Viesgo, Santander, só pode ser observado deitando-se ao solo o observador. Não foram feitos para exibição recreativa mas para efeito mágico, oculto, secreto. As figuras de animais feridos, com armadilhas sobrepostas, cercados de armas (o bisonte de Pindal, Colombres, Oviedo, está rodeado de bumerangues), mostram a intenção sugestionadora. A constante religiosa no desenvolvimento da arte afirma-se igualmente na origem da dança, do teatro, e bem possivelmente os primeiros cantos foram louvores às potestades. Salomão Reinach fazia-a origem da agricultura, direito, moral, política e até do racionalismo.

A decoração, inicialmente cópia de modelos animais, passa ao mesmo período aurinhacense (reino do Homem de Cro-Magnon) a incluir o desenho geométrico, auxiliar que se pode tornar supletivo. Mas não se excluem.

No neolítico a cestaria revela a combinação unicamente geométrica. Friso, escalonado, arabesco, meandro, grega. Em data posterior, tempo histórico, estilizações humanas.

Na cerâmica, emprego do desenho geométrico inconsciente e depois aparece a figura animal, reduzida ao convencionalismo somático. Representações humanas no período proto-histórico (ânforas).

Na escultura, predomínio da morfologia zoológica. Presença feminina. Proporções exageradas, símbolos possíveis de fecundidade (Willendorf, Laussel, Lespugue). Foram encontradas estatuetas masculinas na Morávia e Ucrânia. O homem gravado no chifre de rena em Laugerie Basse e La Madalaine é trabalho do princípio do último estágio do alto paleolítico.

Já estão esculpidas miniaturas de mamíferos.

Não há documentação anterior ao aurinhacense.

A reprodução realística inicial termina na técnica da esquematização abstrata, numa idealidade que somente os iniciados percebem a significação. A forma criadora não morre mas esgota sua força dispersando-a noutros processos ornamentais. Perde sua comunicabilidade no plano coletivo. Nada se perde na natureza artística como no mundo biológico. Transformação por adaptação, superposição, influência, projeção de um ou mais elementos da feição primitiva. Sobrevivência. Como a decoração era mágica, utilitária, não havia a pretensão de agradar esteticamente. Necessidade imperiosa de semelhar a representação com o representado, para os efeitos da sedução maravilhosa. A obra de arte não teve origens sentimentais e sim fundamentalmente descritivas. Nem provocaria a popularidade, que é uma coincidência valorizadora, bem posterior. Os modelos estavam à vista e as técnicas na reminiscência oral e mental. É preciso pensar sempre na *vitalidad oral de la tradición* que Menéndez Pidal lamentava Mommsen carecer.[316] Essa *vitalidad* constitui a fama, memória do elogio transmissível nas gerações concordantes.

A arte foi sempre representação e não sugestão. Documentava uma interpretação. Tudo tinha sua mensagem. A nossa incompreensão é que a diz inexpressiva. Todo desenho antigo, desde a pré-História, era uma atitude mental, clara e lógica para o artista que o fizera e para o grupo que o compreendia. Melville J. Herskovitz conta o episódio da bandeja de madeira dos negros *cimarrones* da Guiana Holandesa, destinada a aventar arroz e ornada de desenhos simétricos em curvas duplas, para nossos olhos. Todos os negros da região viam muito diferentemente, divisando duas mulheres, símbolos fálicos e dois gêmeos. Tudo bem explícito, indiscutível, nítido.[317]

Na pintura contemporânea há exemplos de abstrações sem possibilidade de identificação temática para o observador, afastando a confidência reveladora. Semelhantemente, certos tipos de poesia. Pode ser que ocorra a lição de Herbert Kuhn, da Universidade de Mainz: "o abstrato é conquista subjetiva da realidade".[318]

Há finalmente o estilo que fixa as permanentes da produção artística, possibilitando a técnica do "reconhecimento", indicação da região, grupo de entidades humanas responsáveis pela criação. Melville J. Herskovitz nota que

em arte, como em toda a cultura, as padrões estilísticos preexistentes são os impedimentos para que as mudanças se produzam ao acaso.[319]

Uma lei de gravidade mantém o trabalho artístico dentro dos limites possíveis da tradição. Pode haver o inesperado, o imprevisível deparado no próprio material manuseado e examinado ao correr da execução, modificando, dependente das superfícies planas ou arredondadas. Ou um impulso irresistível, alheio à pauta do costume, renovando com aplicação de idéias passadas ou novas mas diversas do presente. Mesmo assim, com a libertação parcial dos modelos, a obra conserva sinais indeléveis do seu vínculo ao grupo e à natureza regional. Os alucinantes desenhos maoris, repetindo o labirinto das tatuagens, todo complexo indizível de arabescos fiéis ao gosto polinésio da decoração, as diferenças reais de feitura de um para outro grupo na mesma circunscrição demográfica não evitam a permanência de índices inalteráveis que caracterizam o objeto, denunciando-lhes a procedência. As mulheres Witotos, do noroeste d'Amazonas, cobrem literalmente o corpo nu de desenhos complicados e geométricos para as festas tribais. Cada mulher obedece a um figurino diverso, pessoal, onde pode intervir a improvisação, mas o indianólogo experimentado não se engana. Todo conjunto tem uma constante Witoto como as há polinésias, ameríndias, oceânicas. É o estilo. É uma fisionomia coletiva de modificação total impossível.

O estilo resiste a um dos fatores de violência mais terebrante que vem a ser o pormenor ornamental. Fácil é ver como os artistas indígenas da Polinésia, Melanésia, asiáticos (chineses, japoneses, hindus), astecas, haidas transfiguram a peça no excesso estonteante dos atavios. Essa tendência é muito viva e milenar e os bastões de comando do madaleniano são amostras típicas da ornamentação exuberantes. Numa festa popular em Bebedouro (arredores de Maceió, Alagoas) vi umas flautas tão adornadas que eram irreconhecíveis. Cada artesão caprichara na multiplicação dos enfeites, dois terços do volume da flauta. Não sei se era caso local de rivalidade como dos dois industriais norte-americanos que porfiavam na elevação das chaminés de suas fábricas. Essa ornatolatria cativante não precisa ser demonstrada entre os primitivos contemporâneos mas na Europa atual, Alemanha, Suíça, Escandinávia, Balcãs, Polônia etc. na indumentária típica, moldura de relógios, cachimbos, utensílios caseiros, são modelos expressivos.

A função da arte é agradar? Será da Arte Pura, desinteressada e alheia à sua forma material e unicamente projetada na reação psicológica do observador. Será aquela que estava na velha frase de Oscar Wilde: *All art is quite useless...* Mas toda decoração, quadro, bronze, mármore, porcelana, marfim, fica no plano utilitário de ambientar, confortar, sugerir, distrair a visão do proprietário ou visitante. Não há, realmente, inutilidade em arte. Há arte dispensável ou adiável. O esplendor da ornamentação rococó, na talha dourada dos altares e nos salões soberanos, onde *el color termina en oro: el muro, en espejo,*[320] provoca uma sensação indizível e inefável de utitidade indefinida. A beleza está no olho do observador — afirmava Wolfflin.

A arte interferiu no grupo social e determinou transformações radicais de comportamento coletivo.

No neolítico é possível aceitar-se uma imagem informe mas indiscutível de assistência aos feridos, aos doentes e aos velhos. Mortillet fala que *l'assistance était déjà organisée* no neolítico, justamente porque há provas de tratamento médico, realmente clínico-cirúrgico, para pessoas que deveriam permanecer muito tempo afastadas da colaboração econômica do grupo. Para que levassem aos companheiros, imobilizados longamente no chão das grutas, alimentos, peles contra o frio, pondo-lhes aparelhos redutores de fraturas, é inegável a existência de um clima compreensivo de solidarismo, expresso na assiduidade das ajudas.

A arte, bem antes, já no aurinhacense, obrigava o grupo de caçadores a manter os artistas que trabalhavam nas grutas, ornamentando-as, isto é, dispondo de maneira possivelmente mais eficaz as armas irresistíveis para a caçada abundante. As figuras gravadas, desenhadas, pintadas, de uma a quatro cores, misturando-se para obter as complementares; pelo volume e acabamento, pela extensão e número, pela segurança do traço e continuidade da tarefa, não podiam e não deviam ser interrompidas. E mesmo os artistas só se aperfeiçoariam, naquela iconografia bestial, não sofrendo solução de continuidade, retardadora da perícia. Estavam eles em plena função social em serviço ativo da comunidade, tendo ofício inteiramente diverso do tradicional e comum. Não é crível que abandonassem o instrumental para a caçada, suspendendo a feitura de uma armaria poderosa como era a figura que atraía o mamute, o javali, o cervo e o cavalo. Os caçadores podiam abater os animais mas não possuíam a técnica espantosa da sedução mágica. A semelhança conquistando o semelhado. Os artistas de Altamira, de Valltorta, Tuc d'Audoubert, Trois Frères, Lascaux, Eyzies, Fort-de-Gaume eram, decorrentemente, semi-sagrados e mantidos pelos companheiros, devotos dos símbolos que suas mãos criavam para sempre nas rochas nuas, agora povoadas de formas cheias de encantos.

Tout un monde d'artistes vivait parmi les troglodytes [diz Teilhard de Chardin].

Inutilmente procurar-se-á, antes desses artistas, outros que representem para o grupo a indispensabilidade de uma missão, aparentemente fácil, tranqüila e remorada.

A pintura, escultura, gravação, relevos, posteriores, documentando vitórias dos reis ou decorando túmulos, revelam a intenção ornamental imediata, sem conteúdo de significação mágica. A mais antiga pintura egípcia conhecida é um friso de patos, por sinal bem bonitos, na mastarba de Itet, 2700 anos a.C.:

C'est la plus ancienne oeuvre peinte que nous avons en Egypte [informa Arpag Mekhitarian, desse desenho pintado em Meidum, *La Peinture Egyptienne,* II].

Os bisontes de Altamira são incomparavelmente superiores.

Até prova expressa em contrário, a arte fez nascer a primeira especialização, valorizando-se *a lo divino,* no esforço humano de criar as formas indispensáveis. Impossível é deduzir-se quando começou a vocação.

Com a Babilônia bibliográfica que se possui sobre arte, ainda não foi possível, e nunca o será, explicar por que o Homem riscou o perfil do mamute e do bisonte num osso clavicular da rena. Por que se pintou, amou, enfeitou dos pés à cabeça. Por que se cobriu de penas, plumas, frutos secos, pedras redondas, conchas brancas. Por que furou o lábio, o septo nasal, o lóbulo da orelha. Por que cantou e dançou...

Sabemos as nossas justificativas esclarecedoras mas o essencial era o conhecimento das razões deles.

Gravura, pintura, escultura começaram assim no aurinhacense, houve o meio-dia do madaleniano. São as raízes positivas de toda nossa floração artística.

LÚDICA

· · · · · · · · · ·

A necessidade lúdica, o desejo de brincar, o uso do jogo[321] é uma permanente humana. Há transfigurações ampliadoras de sua influência, tornando-a fonte originária das artes, religião, sociedade (Ribot, Frobenius, Huizinga). O exercício lúdico é a expansão do saldo energético que o homem, ou a criança, não pôde aplicar numa atividade produtora. Essa energia, em seu valor cinético (*kinein, kinetos,* mover, mobil), expressa-se no movimento, incontido, irrefreável, tanto mais impulsivo quanto maior haja sido sua contenção. A disponibilidade lúdica não abandona o homem em toda sua existência. Pode não exteriorizar-se pela repressão pessoal, sujeita aos imperativos conceituais da dignidade social, da prudência decorativa, da solenidade funcional. A criança teimosa (*the Imperishable Child*) esperneia dentro da austeridade anciã. *Todo ombre tiene horas de niño, y desgraciado del que no las tenga* — disse Menéndez y Pelayo.

O mistério lúdico é sua força de integração, seu domínio, a sedução total e poderosa. A própria exaustão física não inclui o desejo da terminação. A terminação do brinquedo é sempre um momento tirânico, insuportável, incompreensível. O dispêndio de energia pode ser mais acentuado que o desgaste numa tarefa de trabalho do útil imediato mas, no brinquedo, não há o sentimento da fadiga e nunca a imagem da autolimitação.

Aceita-se por indiscutida a antiguidade de fato que alcance universalidade (Boas). Que se dirá do instinto lúdico, contemporâneo à própria criação humana e bem antes desta, desde que mamíferos e aves folgam, bem distantemente da intenção sexual?...

Discutem se a atividade lúdica se exerce pelo impulso do superavit energético ou se essa supercarga está a serviço do instinto, anterior, congênito, determinante do processo da descarga na movimentação. Antes de desenhar mamutes e renas em Altamira ou Tuc d'Audoubert, o Homem do Madaleniano já os vira, coloridos, imóveis, fidedignos, na sua imaginação. A materialização lúdica desenvolve-se pelo estímulo anterior e interior.

Será mesmo que esse ímpeto tenha criado dança, canto, teatro, religião, política, gênese de todas as atitudes mentais do homem? Podia tê-las revelado pela exteriorização, tornando-as notadas e sugestivas a quem as devia ignorar na profundeza existencial.

Como água represada que arrebenta a porta contentara e se espalha, tumultuosa, num leque avassalante, incontido e de direção e forma imprevisíveis, a impulsão lúdica, posta em dinâmica, pode reforçar e avolumar outros impulsos humanos, fazendo-os exteriores e funcionais. Seria unidade do dínamo para a multiplicidade das aplicações subseqüentes à tomada da força motora. Na intimidade essencial de sua formação psíquica não será exeqüível ao pesquisador fixar as fontes exatas formadoras da ação, visível e analisável no plano exterior mas desconhecidas, negaceantes e sutis no laboratório misterioso do pensamento humano. Uma avaliação de origens será sempre processo de intuição, longe de comprovantes e credenciado pela autoridade do expositor.

Cabe ao etnógrafo examinar, na topografia limitada pelos sentidos verificadores, o fenômeno psicológico que se tornou fato social, realidade imediata, concreta, analisável.

Nos domínios da psicologia, da dinâmica fisiológica, memória, inteligência, raciocínio, vontade, virtudes de honra, disciplina, lealdade, obediência às regras, a brincadeira é o processo iniciador do menino. Ensinalhe as primeiras normas da vida, acomoda-o na sociedade, revela-lhe os princípios vivos do homem, sacode-lhe os músculos, desenvolve-lhe o sistema nervoso, acentuando-lhe a decisão, a rapidez do conhecimento, pondo ao seu alcance o direito do comando, da improvisação, da criação mental. No brinquedo-material a utilidade não é menor nem menos preciosa. Espécie de lâmpada de Aladim, o brinquedo transforma-se nas mãos da criança numa diversidade incontável, imprevista e maravilhosa. Esse poder da inteligência infantil materializar a imaginação no imediatismo da forma sensível será tanto mais ajustado ao mundo social quanto mais espontâneas tenham sido as aproximações entre a criança e o seu pequenino universo. Daí o seu interesse documental no campo psicológico. Na segunda metade do século XVI, Montaigne notava

comme de vray il fault noter que les jeux des enfants ne sont pas jeux, et les fault juger en eulx comme leurs plus serieuses actions. (Essais, I, XXII).[322]

É um precursor.

Nasce o brinquedo da própria ecologia poderosa. A criança instintivamente reproduz no microcosmo o macrocosmo ambiental. Repete a vida material que vê normalizar-se na família. A criança caça, pesca, constrói cabanas, modela barro, esculpe, aprisiona e domestica animais e aves, planta, colhe, decora-se, luta, tendo aliados e adversários. As bonecas (palha, barro, madeira, osso, pedra), bolas, joguetes aparecem nas mais antigas civilizações do mundo, depositados nos túmulos, acompanhando na vida futura a pequena senhora ou senhor que os amava. Tanto Schliemann encontra-os em Tróia como Sir Artur Evans em Cnossos. Estão na Mesopotâmia e na Anatólia, no Egito e nos Andes, na Patagônia e nos círculos polares, pradarias ameríndias, jangla hindu, ilhas oceânicas, mundo chinês, australianos e africanos, em todas as raças e momentos de cultura. Ficam numa lógica dependência funcional dos ciclos sociais. Menino da civilização de caçadores, do círculo rural, dos nômades ou sedentários, possui jogo ligado à mecânica da existência grupal. Os mais universais são as bolas, bonecas, disfarces.

Os jogos de movimentação, de roda, carreira, disputas, ocultar-se para ser procurado, intervenção de monstros ou gigantes para raptar os companheiros defendidos pela intrepidez ou astúcia do grupo são outras tantas constantes. Para as meninas há uma antecipação dos encargos domésticos na responsabilidade de criar, alimentar e vestir as bonecas, promovendo a sociabilidade no exercício comum daquela miniatura protocolar e normal.

Desta prática advém a inclusão automática dos meninos e meninas na puberdade nas obrigações econômicas: meninos seguindo o pai e meninas ajudando a mãe. A brincadeira é uma escola preparatória, traquejo prévio para o adestramento e afiamento das aptidões.

Não há brinquedo desinteressado ou maquinal. É sempre uma conseqüência de elaboração mental que o orienta e lhe dá conteúdo substancial. Todo brinquedo isolado, pessoal, solitário é a representação de uma história, de um tema interior, vivido pela criança. Assim, a carência lúdica é um elemento negativo no estímulo da inteligência criadora infantil.

DANÇA

········

*D*epois do jogo infantil o homem recomeça a lúdica pelo canto ou pela dança? Primeiro cantou ou dançou? A dança deixa pegadas de sua passagem. O homem cantando não imprime vestígios comprovantes. Qualquer afirmativa é uma hipótese. A documentação valoriza inicialmente a dança. Sabemos que, de inicial, o homem entendeu-se pelos acenos e é natural que haja prestado culto inicialmente pelo bailado, como o rei Davi diante da Arca. Ainda em Espanha (Santiago de Compostela) os *gigantones* reverenciam o Apóstolo, dentro da catedral, cadenciando um bailado respeitoso. E em Sevilha os *seises,* meninos vestidos de pajens, têm tradicional dança no presbitério da Capilla Mayor. Dançam os *suris* (imitando avestruzes) ante a Virgem Maria em Puna de Jujuy, na Argentina. No Brasil do Nordeste, apesar da inexplicável antipatia sacerdotal, os autos populares vão até o pátio da matriz, saudar o Menino-Deus. Em Minas Gerais, São Paulo e Bahia pagam promessas a São Gonçalo dançando.

Mas a origem da dança teria sido o gesto? A mímica seria a inicial remota de toda intenção coreográfica? Quintiliano escreve que os gregos denominavam "quironomia" a arte de exprimir-se pelos gestos. Melhor seria dizer, gestos da mão, atendendo-se ao *kheir, kheiros,* queirôs, mão. Boulanger — citado por M. L. Barré — ensina que quironomia é o mesmo que dança e o dançador, bailarino, dizia-se *keironomein.* A musa dos mitos, das fábulas, dos segredos, a grave Polímnia, não falava: transmitia o pensamento pelos gestos, movimentos da mão, a acreditar-se em Ausônio:

Signat cuncta manu, loquitur Polyhymnia gestu.

E as danças sagradas, não as euforias malucas das bacanais ou as alucinações rítmicas dos sacerdotes de Cibele, precursores de uma *iauô* da Bahia atuada por orixá entusiasmado, seriam compassadas, cadenciadas, silenciosas no cerimonial dos "mistérios", realmente segredos que os antigos souberam conservar. Esses bailados processar-se-iam por uma sucessão mímica, traduzindo as imagens da vida do deus em cujo culto o candidato submetia-se a iniciação. Era, logicamente, uma pantomima em sigilo e sem rumor. Nada mais real que o nome de quironomia, de *quirôs-nomos,* o governo, o regulamento, a inteligência da mão, ser ao mesmo tempo o gesto manual e a dança. Como se traduzirá o *keíras pamphonoys* senão por "mãos tudo dizendo" ou "tudo expressando"? E era justamente a impressão de uma pantomima, dança mímica, no registro da antologia grega.

Mas, raciocinando em adágio, esta seria a dança sagrada, com conteúdo simbólico, votivo e não rogatório ou requerente; a dança dedicada, desinteressada e total aos deuses, num sentido mais severo, hierárquico, ritualístico que uma participação coletiva no plano oblacional às forças sobrenaturais.

Depois vieram os cantos, com exigências maiores de capacidade mental expressiva. A dança é mais intuitiva, instintiva, orgânica.

No madaleniano a documentação emerge, viva. Na caverna francesa de Tuc d'Audoubert, Ariège, está o registro do primeiro bailado mágico conhecido. Diante do desenho de um bisonte estão as pegadas, apenas os calcanhares, de muitos rapazes de treze a catorze anos presumíveis, em giros paralelos. A idade dos rapazes e a impressão dos calcâneos sugerem a imagem de uma festa de iniciação, com dança especial em que, numa dada posição ritual, apenas certa região do pé funcionasse. Adivinha-se longa preparação para a exibição diante do bisonte e ninguém vai discutir sobre a existência de outras danças ou o ciumento monopólio coreográfico destinado à sedução atrativa da caça. O animal representado é um modelo para a técnica da simpatia e não personalização sobrenatural. A presença desse bailado em Tuc d'Audoubert denuncia uma organização religiosa incontestada, há mais de trezentos séculos.

Na gruta de Trois Frères (Ariège) estão os dois feiticeiros dançando. Um deles sopra uma flauta vertical, seguindo dois cervos. Está disfarçado na espécie cervídea, com cauda, chifres, focinho. Um dos animais volta-se atraído pelo som da flauta. O feiticeiro executa um miúdo passo de dança, flexionando a perna esquerda, avançando, imitando a marcha animal. O segundo feiticeiro ficou famoso pelas divulgações ilustradas. Vestido com a pele de cervo, armadura espessa, cauda visível, rosto oculto na máscara afocinhada, dorso curvado, mãos juntas, um pé atrás do outro, inicia o bailado imitativo de efeito fatal para o ente imitado. Na gruta de

Niaux, Tarascon-sur-Ariège, na parede onde há o desenho de um bisonte de pé e vários bumerangues, os círculos em pontos, de sinais vermelhos, sugerem-me a reprodução esquemática de bailados; alas paralelas, rodas simples e grande roda com o dançarino orientador no centro.

No quaternário final (Obermaier, Breuil), ou melhor, no epipaleolítico (Kühn), ciclo levantino espanhol, as figuras humanas são numerosas. A marcha guerreira de Cingle de la Mola Remigia é visivelmente mostra coreográfica; os varões, de arco na mão e flechas na outra, andar espaçado, cadenciado, numa mesma distância, realizam cena propiciatória de combate. No barranco de Gasulla (Castellón) estão bailarinos individuais, homens-touros, cornamenta, um de arco e flecha, outro com um comprido dardo, movendo-se, curvados, na semelhança do tipo que pretendem abater.

O quadro mais completo é a dança feminina de Gogull, Lérida, também no ciclo levantino. Nove mulheres, de saias largas e ajustadas nos quadris, desnudas na parte superior do corpo, seios longos e balouçantes, cinta delgada, penteados cônicos, rodeiam bailando um homem nu, num rito de iniciação ou culto aos deuses da fecundação procriadora. Pela posição dos braços seriam eles agitados num ritmo, naturalmente ao sol de cantos. Com instrumentos? Podiam existir outras danças que, de menor importância, não mereceram o registro rupestre.

São os mais antigos documentos coreográficos.

Os dois homens de Trois Frères e os dois da barranca Gasulla estão fantasiados de cervos e de touros. Bailam isoladamente. A dança começou por um rito de caça. Não se destinava aos deuses mas à sedução dos animais cujos gestos eram repetidos e o aspecto imitado com o uso da pele, cauda, chifres. Depois a dança individual, improvisada dentro dos cânones da semelhança, ficaria reproduzida por maior número de figurantes. Mas o bailado religioso, diante de representações imóveis como em Tuc d'Audoubert, obriga ao esquema circular ou em hemicírculo.

Uma universalidade de hábito comprova sua antigüidade. Todos os indígenas do mundo tinham e têm as danças cinegéticas ou haliêuticas, cenas da caçada ou pescaria, com personagens vestindo a forma do animal-tema. Seriam as primeiras e depois as materializações cênicas da vida dos grandes guerreiros, famosas e dignas de perpetuação na memória do grupo, e também pelo mesmo processo, homenagem aos deuses pela visão imediata e material de suas divinas aventuras. Ou a estilização dessas aventuras, como era tradicional n'Ásia brâmane. A dança determinou o teatro.

As danças circulares, segundas na ordem da criação, partiriam da adesão da assistência que se tornou, desta forma, participante pela sedução do ritmo bailador. Não haviam de girar mas descreveriam o movimento dos ponteiros dos relógios, a frente sempre voltada para o centro onde estaria o bailarino-guia, como milênios depois apareceu o corifeu na manhã do teatro. Crianças dançam instintivamente nas rondas. Assim foi também o *Amburbiale Sacrum* em Roma, a *Anfidromia* grega, a *Tawaf* do mundo muçulmano. Numa, segundo o rei de Roma, ordenara aos sacerdotes que orassem aos deuses andando circularmente, imitando o movimento do Universo (*Plutarco,* Numa, XIX, Camilo, VI). Há ainda orações rezadas rodeando cruzes, procissões, votos.[323] Todas as tardes, ao cair da noite, os pigmeus do ex-Congo Belga dançam seu baile circular. Descartes dizia ser a forma mais simples do movimento, a giratória.

Há, poderosamente, a base imitativa e, decorrente, a expressão mímica imperiosa.

Os quatro feiticeiros bailarinos, do paleolítico e epipaleolítico, parecem ter um desenho coreográfico primário, avançando e recuando, um pé diante do outro, arrastando-os com movimentos laterais. Com esses dois elementos nasce a roda de dançadores, com ou sem figura central, ainda populariíssima n'América Central e do Sul, África, Índia, Indonésia, Melanésia. O bailado em filas paralelas é certamente posterior, quando o nativo libertou-se da imagem perigosa de "quebrar a corrente", que o círculo simulava. A dança de roda é, folcloricamente, a mais divulgada no mundo. E também a mais velha no plano coletivo.

Em Gogull são mulheres que dançam ao derredor de um mancebo. Teriam bailados masculinos privativos. O de Tuc d'Audoubert, por exemplo.

As danças foram imitativas, religiosas e depois apareceram as recreativas, sem que deixassem de ter um ou outro índice de intenção sagrada. Por tudo quanto do homem primitivo conhecemos, arte, armas, moradas, localização de trabalho, armadilhas, cestaria, cerâmica, não o podemos situar num ambiente apavorante e terrífico. Petrônio, quando escreveu o *Primus in orabe deos fecit timor,* devia referir-se à Roma do imperador Nero. A arte paleolítica e neolítica não é uma arte de angústia, como a contemporânea. Angústia, de *angere,* apertar, comprimir, oprimir, dando também "angina". Bem ao contrário, há desenhos cômicos, fixando cenas da vida comum em deliciosos flagrantes; o touro perseguindo o caçador, as abelhas espavorindo o ladrão do mel, uma queda de árvore.

Uma população sacudida pelo terror não desenha com a graça, nitidez, força e equilíbrio do madaleniano. Um povo inquieto, faminto, errante, atormentado pelas ameaças divinas não possuiu a tranqüilidade observadora para fixar o verismo da vida animal, sua naturalidade de comunicativa beleza. Os olhos tiveram tempo e calma para ver devagar os modelos. Decorrentemente, as danças são manifestações de esperança, de júbilo, de confiante ansiedade. Naturais, livres, expressivas e com propósitos simbólicos. Cada uma diria um desejo ou significaria uma ação. De gratidão ou súplica. Atualmente os civilizados só possuem designações genéricas para os tipos de bailados, valsas, boleros, tangos, *fox-trots*. Africanos, ameríndios, melanésios, polinésios dão nome a cada uma de suas danças. Sendo bailes antigos, as modificações são leves e pouco desvirtuadoras do conjunto, conservando o nexo velhíssimo, ligado às evocações da caça, pesca, colheitas, guerra, conquista amorosa, com variações intermináveis, pois peixes e animais batizam, um a um na classe dos mais tradicionais, os seus bailes. Por aí vai nascendo o teatro...

Como ainda sucede nos primitivos contemporâneos e populações fiéis ao costume velho os sexos separarem-se para as refeições, não por imposição tabuística, as danças foram de homens ou de mulheres, distintamente. A reunião verificar-se-ia no neolítico, no regime simultâneo da agricultura, pastoreio e caçadas quando os cultos se intensificaram e uma aproximação pública impunha-se, naturalmente, para o esplendor dos ritos. Um elemento sobrevivente é a dança solta, homem diante de mulher, tocando-a levemente nos ombros (domínio) ou na cintura (posse). As danças populares na França, Itália, Espanha, Portugal, Grã-Bretanha, Bélgica, Holanda, Escandinávia, Balcãs, União Soviética conservam esse caráter. Tanto mais antiga a dança menos os pares se aproximam. Tanto mais moderna, tanto mais se confundem.

Para o Oriente, África, mundo árabe, Hindustão, China, Japão, Polinésia etc., as danças ficaram pertencentes às mulheres, em maioria, formando-se as classes de profissionais e bailarinas sagradas. Entre os árabes o bailado se desenvolve entontecedor, com gesticulação envolvente, de irradiação sexual, e há margem de improvisação para a argúcia ou intuição feminina. Nos asiáticos, o bailado em boa percentagem repete cenas, episódios, jogos sagrados, atitudes que estão esculpidas nos longos frisos dos templos, posições lentas, hierárquicas, fisionomias imóveis na moldura da mímica misteriosa dos motivos simbolizados. O homem, sentado, contempla. Na Grécia, arcaica e clássica, as bailarinas e tocadoras de harpas, cítaras, flautas foram influenciadas pelos cultos orgiásticos da Ásia Menor, a prostituição ritual, o cerimonial envolvedor que se derramava pelos portos marítimos, atraindo comércio e viajantes. Os relevos egípcios demonstram amplamente o requinte, agilidade e sedução das bailarinas profissionais, com seus trajes resumidos, ágeis, nervosas, magnéticas. Roma nada inventou, adaptando danças helênicas. Com outros nomes dançava-se em Roma a pirrica, cordace, as miméticas e a pantomima, que já era teatro.

A dança, em todos os recantos do mundo, ficou sendo semi-sagrada e semiprofana. Sua paixão independe de raças e coordenadas geográficas. É uma distração para os modernos e um divertimento que se executa a sério para os indígenas em geral. Durante sua execução um erro é um crime e um engano constitui falta imperdoável, nodoando a tradição familiar ou tribal. Quando as danças modernas, de salão, mais e mais se simplificam, exigindo somente o acompanhamento do ritmo pelos passos do casal, as danças indígenas, mesmo despidas de ornatos coreográficos, ficaram com uma sucessão de figuras e de atos julgados indispensáveis. Já não há no Ocidente a dança individual do Chefe diante do seu povo e desapareceram os bailes sagrados, orgulho litúrgico das tribos ou comunidade, como ainda no século XIX e princípios do XX resistiam, abundantemente, pelo mundo.

Outro elemento é a noção do tempo que, outrora, não era contado. Assim como no teatro chinês e japonês as representações sagradas polinésias duram horas e horas, as danças obrigavam os participantes a uma prova de resistência incrível, confrontando-se com os minutos que duram os nossos mambos e as nossas *habaneras*. Os negros africanos dançam, em círculo, guerreiro atrás de guerreiro, ou moça atrás de moça, interminadamente. Os *zuñis* dos *pueblos* de Arizona e Novo México rodam sem fim, contritamente, obrigando as nuvens a condensarem-se e a chuva a cair. O mesmo entre os ameríndios do Amazonas, Mato Grosso, enfim o sem limite é uma permanente do folguedo antigo. Os bailes populares, tradicionais, duram no mínimo dez a doze horas consecutivas e a quase totalidade dos convidados figura em todas as contradanças.

Ao lado do instinto lúdico, poderoso e visível, resiste ainda o espírito religioso que obrigava a não parar, não interromper, não terminar em pouco tempo uma oblação aos deuses, ciosos do protocolo.

Um terceiro elemento distintivo é que, no Oriente, especialmente entre muçulmanos, as danças isolam inexoravelmente os sexos. Os ameríndios ainda possuem danças sagradas, raras e fortuitas, onde as mulheres são excluídas, numa teimosa represália ao esvaecido matriarcado. Também há danças tribais que são direitos do grupo e não podem ser executadas por quem não seja companheiro ou iniciado. Há casos de guerra pelo uso indevido do bailado por outra tribo invejosa. Reminiscências de ritos familiares que exigiam participação ritual e não mera presença folgazona.

Naturalmente, certas danças obrigam indumentária típica, máscaras, enfeites, armas decoradas indispensáveis ao complexo evocador.

A dança continuou sendo expressão sagrada, possessão divina, presença do deus, oferenda religiosa. Só seria a dança compreendida como intenção sobrenatural, potência de entusiasmo, *en-théos,* com a potestade, com a potência incorporada e agente. Assim, a dança possuía momentos propícios e lógicos e fora deles era embriaguez alcoólica, delírio carnal, positiva e reprovada inferioridade espiritual. Catão, acusando Licinius Murena, chamou-o dançarino, *saltatorem appellat,* e era título pejorativo e cruel para um cônsul romano recém-designado. Cícero defendeu-o, 62 a.C. (*Pro Murena,* VI), e evidencia a impressão repugnante que os romanos tinham da dança. Dizia Cícero:

> Nenhum homem sóbrio dança, se não está fora do seu juízo. *Nemo enim fere saltat sobrius, nisi forte insanit.* Nem estando só, nem em algum banquete frugal e honesto; a dança costuma ser o último excesso dos banquetes, das lugares amenos, e dos muitos regalos.

Como Catão não mencionara orgias, era lógico que não podia incluir danças, atendendo aos costumes pessoais de Murena. Assim, nos últimos decênios de Roma republicana, dançar era sinônimo de deboche, impudícia, desvairio. O elemento recôndito e sensível explicava a crítica. Dança era inspiração, incomprimível expansão, rito congratulatório. Nunca divertimento, distração, forma lúdica irresponsável pela ausência de um destino sacro.

Esse sentimento é acentuadamente vivo nos bailarinos profissionais. Um deles, e bem famoso, Gaétan Vestris (1729-1808), consentia em dizer-se

dieu de la danse [e decidia que] *il n'y a que trois grands hommes en Europe: le roi de Prusse, M. de Voltaire et moi.*

Não se magoaria se Catão o dissesse *saltator.* Sentia-se intérprete dos motivos mais íntimos da alma humana, expressando-os, comunicando-os em formas materiais imediatas à percepção intelectual. Não representando mas vivendo a emoção artística, na plenitude de uma integração incomparável. Esses dançarinos, que traduzem em movimentos e gestos harmoniosos poemas e músicas, terão para um baile de boleros e tangos a mesma reprovação de um devoto constatando o sacrilégio. Euforia de carnaval e de bacantes, convulsão dionisíaca, não serão realmente danças, mas descargas tumultuosas de um domínio lúdico em forma primária e tempestuosa. Exige-se certa medida, contensão e limite nas expansões decorrentes de formas místicas sob pena de transformarem-se em loucura e desatino. É aquele "ritmo mesmo no delírio", de que falava Antero do Quental a Eça de Queirós. Por isso, Michal reprovou o excesso de júbilo sagrado com que seu marido, o rei Davi, "saltava com todas as suas forças diante do Senhor" (II. *Samuel,* VI, 14, 16, 20; I. *Crônicas,* XV, 29). Pecava contra o comedimento e dignidade de um rei no julgamento severo da filha de Saul.

Sicut erast in principio...[324]

INSTRUMENTOS SONOROS

Os instrumentos musicais começaram sendo utensílios de caça. No madaleniano superior depararam nas escavações os pios, chamas, chamarizes, assobios, silvos, feitos de costelas ou tíbias, destinados a iludir a caça, plagiando as vozes familiares da espécie. Como fui caçador, admiro-me desse arsenal convir ao encantamento dos mamíferos quando, até nossos dias presentes, é típico para a caça volátil. Na gruta de Trois Frères está o feiticeiro soprando sua flauta vertical, que deveria produzir um breve bramido mais ou menos semelhante ao dos cervos cobiçados.

Para que o homem primitivo reproduzisse artificialmente as vozes animais o tempo de observação seria fator preponderante. E o mecanismo mental denuncia-se em apreciável nível de raciocínio quando associou à repetição sonora um elemento de irresistível sedução. Também é de supor largo estágio experimental até que o som da flauta coincidisse com a voz animal imitada, tornada idêntica e a ponto de atrair a presa. Esses rudes instrumentos documentam uma inteligência refletiva, indagadora, obstinada num labor obscuro e tenaz com finalidade imediata e útil.

Os primeiros instrumentos foram essas flautas. Até os 24 anos iniciais do século XX era uma harpa de Lagash, exposta num baixo-relevo do palácio de Telloh,

le document le plus ancien que nous possédons [pensava Jules Cambarieu (1859-1916)].

Os trinta séculos que separam o rei Gudlah do nascimento de Jesus Cristo desaparecem ante a ancianidade madaleniana do Trois Frères.

Hernández Pacheco deparou outra peça na caverna La Paloma, Astúrias:

fragmento de costilla de un animal de mediana talla, con el que se construyó un silbato. Cuando, limpio de la tierra que lo impregnaba, to hice sonar, sentí gran emoción al considerar que aquel insignificante y rudimentario instrumento músico volvía a emitir su agudo sonido al cabo de más de doce mil años que había permanecido mudo, enterrado entre el montón de detritos de la caverna prehistórica.[325]

Não se decide o sábio arqueologista espanhol a dizê-lo para caça ou simplesmente um objeto de capricho, atendendo a *insignificancia de la pieza*. Brinco de criança ou elemento útil? Os pios — *appeau, lockpfeife, lockvogel* — são pequeninos, na maioria sem acabamento, inteiramente rústicos. Há caçadores que o improvisam de uma simples folha dobrada. Tenho a peça de La Paloma como um silvo para caça. Parece-me anterior à flauta vertical do Trois Frères.

Eram instrumentos musicais ou acessórios de caça? Eram instrumentos musicais porque música é toda combinação de sons intencionalmente produzida.

Por isso, a música, no seu conteúdo intrínseco, é trabalho consciente, provocado, elaboração, construção, como sentia Madame de Staël, *une architecture des sons*. Podia haver — e continua havendo — arquitetos natos e arquitetos "feitos", aprendendo pela memoriação capitalizadora dos inventos anteriores. Seria a música antes do instrumental como a punhada antecedeu a clava. Mas o canto, solista ou grupal, provocaria a colaboração mímica indispensável. E esta faria nascer o ritmo, marcado ao modo sedutor da tônica. Já aplicado à caça? Desinteressado e puro é que não foram os cantos em parte alguma. Nem presentemente apareceu quem explicasse por que a música pôde ultrapassar os limites utilitários da função cinegética, tornando-se arte das musas.

O instrumento, intermediário recriador, é o responsável pela ampliação, pelo sentido divulgador da inspiração musical. Houve música vocal, mas a que se universaliza, em ritmo e feição, é aquela que o instrumento materializa.

Essa música podia ter unicamente instrumentos percutidores, a palma de mão, a batida nas coxas, palmear no tórax. O assobio não é universal e nem todos os povos o utilizam embora na África Ocidental haja linguagem assobiada nas sociedades secretas e os muras, tupis brasileiros do Solimões e Amazonas, conhecessem esse meio de comunicação. E não temos documentação maior sobre as mãos que batem e as coxas batidas. Apenas sabemos, nos tempos presentes, que são acompanhantes na África, nas Américas Central e Austral. Nos relevos egípcios do Império Médio há uma fila que acompanha bailarinas, batendo palmas ritmadas. No Brasil não parece indígena a palma de mão e sim africana e européia.

No neolítico devem ter surgido instrumentos novos. A concha marinha e o corno que se tornaram trombetas, bem possível de trompa, tromba, lembrando a forma do focinho alongado. A trompa de corno é típica do ciclo pastoril e a concha das orlas marítimas, inicialmente. Depois ganhou distância e sertão, indo ao Tibete. Ambas com intensa projeção utilitária e mágica, vivendo ainda na mão e boca do povo por grande parte desse mundo. Impossível decidir quem foi soprado em primeiro lugar, a concha ou o chifre. Dependeria do local.

A concha, na Ásia, orlas mediterrâneas, era instrumento avisador e semi-sagrado. A *çankha* hindu é empregada para afugentar demônios e excitar os deuses benévolos. Chama os monges budistas para os ofícios e refeições. Amuleto votivo do deus Visnu. É o búzio, de longa atuação etnográfica, dando buzina, buzinar. Hindustão, China, Japão, Polinésia, Melanésia usaram e usam. O som atrai o vento. Serve nas jangadas nordestinas do Brasil, denunciando a chegada durante a noite e derramando o alarma, pedido de socorro nas velhas fazendas do Norte brasileiro. Tocar o búzio no sertão era o clamor, convocando auxílios para o trabalho imediato que a todos interessava, incêndio, inundação. Foi moeda, o pequenino cauri, de área útil imensa, desde África do Oeste à do Sul. Não era, pelo exposto, instrumento musical mas elemento prático, colaborando na economia privada, há milênios.

O chifre é mais prestigioso entre os indo-germânicos. Cerâmica vem de *keras,* corno. Instrumento sonoro de conclamação, alistou-se nas guerras, *cornicines,* guiando os primeiros exércitos. Sua forma ainda sobrevive em muitos instrumentos de sopro. De ampla presença na Europa e Oriente. Reunia o gado em quase todo o mundo. Usam ainda em Portugal pastoril as *cornas.* É o *schofar,* de chifre de carneiro, informando aos israelitas a lua da Páscoa (*Êxodo,* XIX, 13). O francês conservou o verbo *corner,* valendo *sonner de la corne.* Instrumento de guerra e de trabalho, anunciava a presença dos reis e o início das batalhas, afirmando sentenças, arauto de leis, soando nas caçadas milenárias e contemporâneas. Nas fazendas do Rio São Francisco dizem-no "berrador". Vasilha para beber vinho, cerveja, hidromel, água. O modelo repetiu-se em metais nobres. Símbolo da força solar. Mascote benfazeja. Cornucópia. Cornamusa. Corneta. A velocidade inicial é neolítica. Tipo secundário de instrumento de sopro, perpetuou-se. Os gregos mantiveram a forma do chifre nos seus ritons, vasos de beber e já no século V a.C. Píndaro diz que os centauros perderam a razão bebendo nos cornos de prata. Com igual finalidade permaneceu em Roma e Horácio (*Sátiras,* II, 2) cita um *cornu ipse bilibri,* que Marcial (*Epigramas,* XII, XXXII) reúne a uma velha lâmpada entre pobres utensílios domésticos: *Et cum lucerna, corneoque cratere.*

A flauta de bambu, sirinx de Pã, de três tubos em diante (os tarianas do Uaupés, Rio Negro, têm tipos de dezoito tubos), pelo demonstrado, é uma criança em face da vertical que o feiticeiro sopra em Trois Frères. Esta e não a trompa bíblica inaugura a série instrumental sonora. Ao contrário do que deduzia Hugo Riemann, o instrumento de sopro se não é o mais velho foi, pelo menos, o primeiro representado pela mão do homem. Essa flauta de Pã é um dos elementos probantes do contato da Melanésia com América do Sul. A gama, altura e determinada divisão sonora das flautas do Noroeste do Brasil e do arquipélago de Salomão têm desconcertante paralelismo (Kroeber) ou são curiosamente semelhantes (Lowie) como se o fator da semelhança fosse sinônimo obrigatório da repetição por um modelo único.[326]

Os instrumentos de percussão são ausentes dos desenhos paleolíticos mas deveriam viver no neolítico. Os de corda surgem no período proto-histórico. Santo Agostinho, repetindo Varrão, citava as três Musas e não as consabidas nove. A explicação é que personificavam as três maneiras únicas de obter o som musical: a voz, o sopro nos instrumentos e pela percussão. Não havia alusão ao instrumento de corda, derradeiro no aparecimento.

Os instrumentos nasceram imitando vozes animais para atraí-los e depois veio a fase oblacional, religiosa, com a possível consonância que se encaminhava lentamente para a solução harmônica. A recreativa é posterior e quase recente. Como todos os instrumentos iniciais tiveram origem casual, o tambor nasceria do tronco oco e casualmente percutido. O instinto da percussão no homem atesta-se pela obstinação de bater nas superfícies planas, na vocação de obter sons ritmados, com espaços intermediários certos. O homem teve o ritmo antes de qualquer instrumento musical. As mulheres de Gogull talvez cantassem e batessem palmas. Ainda na África canta-se percutindo as coxas, o ventre, o tórax, como os gorilas zangados. Comum nas crianças.

Os tambores vieram, inicialmente, do tronco oco e persistem nos tipos inteiriços de madeira, usados na África e em Cuba, os tambores xilofônicos. Ritmar danças batendo caixotes de madeira é comum em Havana, *cajon caja,* e nas batucadas pobres das cidades grandes do Brasil, nos cocos-de-roda e bambelôs das praias do Nordeste brasileiro.

Um tipo clássico é o *trocano* ou *torocano,* ameríndio e africano equatorial, "telégrafo indígena", transmitidor de ordens, convites, notícias pela selva. Consta de um tronco escavado longitudinalmente, com orifícios na face superior, unidos por uma estreita fenda ou apenas com chanfradura cujos bordos, desigualmente adelgaçados, dão dois tons, com intensidade diversa e permitindo, pelos espaços das batidas, combinações várias e convencionais.

O modelo vitorioso é o tambor com uma pele na extremidade, ou uma em cada base. Não me parece crível uma área inicial e única da invenção e sim alguns centros irradiantes sempre que coincidissem ecologia propícia e tendência pessoal criadora. Os mais antigos tambores foram encontrados no Egito e, curiosamente, nos finais do Império Médio, 1700 anos a.C., quando já existia o arco-musical que, pelo acabamento, devia ser posterior. A idéia de tapar a extremidade do tronco com uma pele certamente passou por muitos estágios experimentais nas raças e momentos culturais. Os australianos batiam as peles estendidas entre as coxas entreabertas. Ninguém pode provar que haja sido a inicial.

A mística africana empresta ao tambor os valores da pessoa humana, vida, sexo,[327] predileções, morte. Frobenius assistiu entre os iurubanos (Nigéria) a uma festa votiva da corporação dos tamborileiros ao anja, tambor, como a um orixá, cantos, danças, sacrifícios. No Haiti há cerimônia em que um tambor é imolado ritualmente como criatura viva. Fernando Ortíz dedicou ao seu estudo dois alentados tomos, III e IV do *Los Instrumentos de la Música Afrocubana,* Havana, 1952/1954.

O modelo egípcio encontrado é um tonel de madeira com peles e certamente houve tipo anterior com uma única pele. Hickmann crê que o primitivo (egípcio) fora de barro, sem explicação ou dedução subseqüente. As caravanas comerciais e a navegação egípcias explicam, pela penetração no continente negro, até o Senegal, a difusão do tambor. Continua o Egito como a terra nativa das variedades do tambor, atestadas nos relevos dos templos e túmulos, revelando a normalidade do uso em todas as festividades sagradas ou profanas. Foi o egípcio o consagrador do tambor como instrumento marcador de ritmos e acompanhante pela seca sonoridade da percussão.

Desse tambor decorrem os manuais e portáteis, pandeiros, adufes, tamborins, pandeiretas que foram parar às mãos de deusas e sacerdotisas gregas, asiáticas e contemporâneos feiticeiros siberianos e malaios onde Paul Schebesta diz ser "indispensável". Deixo a sugestão divisora entre as culturas indígenas: povos do tambor e povos do maracá.

A história do tambor é sugestiva e poderosa, a mais cheia de densidade mágica e de expressão social no continente africano e regiões onde suas raças influem. As peles (mamíferos, ofídios, humanas) participam de larga crônica impressionante que não cabe relatar, desde os tambores dos gandas de Uganda, custando a vida de um homem quando renovados, até o tambor hussita que teria a pele do general boêmio Zizka Trocnow[328] em outubro de 1424, lenda inventada pelo escritor Enéias Sílvio Piccolomini, depois papa com o nome de Pio II (1405-1464). Há povos sem tambor (haidas da Colômbia Britânica, maoris da Nova Zelândia, os tongas sul-africanos, os do Urundi, tasmanianos velhos e australianos centrais) e sua própria difusão no mundo amazônico dar-se-ia ao correr do século XVI. O europeu teve o tambor exportado do Egito e nunca lhe deu prestígio das terras africanas e asiáticas (Espanha, Portugal, Itália, sul da França). É, visivelmente, um instrumento social, jamais solista, independente, bastando-se pelo ritmo para excitar o bailado, passar a informação e agradar aos deuses. Sua presença moderna no *jazz-band,*[329] insubstituível e completa, exprime suficientemente a tese da limitação, a um tempo onipotente e precária.

Os bastões de percussão podem ter sido confundidos com as armas, desenhadas nos registros rupestres do ciclo levantino-espanhol. Aparecem nas mais antigas camadas da civilização egípcia, no Velho Império, soando quando entrechocados e ainda vivos nas danças masculinas na África, em Cuba, nos Pauliteiros de Miranda (Portugal), "moçambiques", maculelês e "congos" no Brasil. Vem do seu uso a dança de espadas, baile dos sacerdotes sálios em Roma, dos espadachins, constantes na Europa e nas Américas Central e do Sul. Os maioris, batidos no solo, dão ritmo aos bailados ameríndios. A flauta denunciada no madaleniano, de um só tubo e possivelmente feita de osso (tíbia, costela, fêmur) podia ter antepassados mesmo nessa época, em bambu, cana, madeira? Creio que não. Esses tipos, com os de barro, marfim, seriam do final do neolítico. As sirinxs, flautas de Pã, são proto-históricas e se espalharam universalmente, imitação ou recriação, ambas lógicas.

Do período histórico é a flauta nasal, *basaree* das Índias, indo às ilhas dos mares do Sul (Bougainville ouviu-a no Taiti) e usadas pelos parecis da Serra do Norte em Mato Grosso, onde a denominam *bait-teatacu*. A flauta foi na Grécia arcaica e clássica o instrumento favorito e popular, de artesãos e pastores, quando as cordas ficaram para sociedade mais elevada e funções importantes. Sua consagração entre o povo é promovida pelos rapsodos, aedos, aulodes, cantando história e estórias do passado.

As trombetas, tubas, primeiramente de corno (os gregos mantiveram mil anos a *keres,* lembrando a etimologia, embora fosse de metal), barro, madeira, osso, divulgaram-se mais amplamente quando metálicas, Grécia, Egito, Oriente. No Velho Império os barqueiros do Nilo empregavam uma espécie de megafone, modelo mais velho das trombetas na região.

Os instrumentos de corda tiveram a fonte única no arco de caça e guerra. Riemann, observando a semelhança entre os mais antigos arcos musicais egípcios e o arco de guerra, não duvidou decidir-se que aqueles provinham desse. Há quatro mil anos o egípcio cavou a parte interior do arco no intuito de prolongar o som. Usava a corda de tripa de cabra ou de fio do linho torcido. Em todas as regiões onde o arco de caça e guerra preponderam há uma dança servindo os arcos de compassadores. Ainda resistem muitas n'África, América, Polinésia e, no Brasil, uma dança de carnaval, Caboclinhos, com os figurantes vestidos de indígenas, onde o ritmo é dado pelo entrechoque dos arcos. O *revanastron* do Hindustão (uma ou duas cordas em madeira aplainada, com caixa de ressonância cilíndrica nos finais, e arco) era também árabe e seduziu os pesquisadores que nunca conseguiram demonstrar sua velhice avançada a ponto de constituir-se pré-avô. O arco musical está, nos dias atuais, com o título de criador de todos os instrumentos de corda. *Dall'arco musicale si fanno derivare tutti gli instrumenti a corda provvisti di manico* — informa Biasutti. A lira, cítara, harpa, o grupo das guitarras, violas, violões com uma conseqüência em violinos, violoncelos, violetas, tiveram esse ancestral que continua prestante e presente. O arco musical foi trazido para América pelos escravos africanos e sua técnica segue sendo negra. Não se aclimatou na Europa mas dura, popular, n'África Central e Austral, Índia, Melanésia, Polinésia. Não há prova de instrumento de corda pré-colombiano.

Curioso é que vindo a lira do arco musical, tão familiar aos egípcios, tivessem esses a lira como oferta dos beduínos vindos do leste, e aparecendo, o mais tardiamente, nas escavações de Beni Hassan. Entende-se que o aparelhamento das liras tomou formas diversas através dos povos que a conheceram. Na Grécia, a carapaça da tartaruga ainda, em tempo histórico, dava nome à lira menor, *chelys,* quando a de maior formato era a *forminx.* A multidão tipológica (lira, harpa, barbiton de teócrito, pecto, magades de Anacreonte, sambico, clepsiambo, forminx, chelis, trigonon etc.) fundiu-se nas linhas triangulares que sobrevivem nas harpas. A lira veio, arrastadamente, até os séculos XIV e XV na Europa.

Alguns instrumentos, menos musicais que de efeito no cerimonial das iniciações, alcançam territórios vastos, numa assiduidade inexplicável pela sua inutilidade econômica de sonoridade. Um exemplo é o *rombos* da

Grécia, *tavoletta* vibrante, *ciuringa,* bramadera (Cuba), zuna (Portugal), *bul-roarer* (Inglaterra), *schwirrholz* (Alemanha), *Oro* na Nigéria, aidje dos bororos do Brasil Central, zunidor, zumbidor, sonidor, berra-boi, rói-rói (onomatopéia no Nordeste brasileiro, onde é vendido nos mercados públicos como brinquedo infantil), empregado para efeitos mágicos, no Japão, China, Rússia, Austrália, Nova Guiné e nas três Américas; quatro, contando a insular. É um fragmento de madeira, tábua, chapa de osso, marfim, metal, na ponta do cordel e soando pela deslocação do ar ao ser girada circularmente. Existem de matéria plástica.

Certos instrumentos tornam-se tabus, intocáveis pelos não iniciados e não podendo ser vistos pelas mulheres e nem sequer ouvido o som, sob pena de morte (instrumentos de Jurupari no Mato Grosso e Amazônia e possivelmente no Orenoco), pandeiro dos schamanes esquimós, maracás do pajé tupi, significando morada de deuses, concedendo oráculos.[330]

CANTO

*N*ão sabemos quando o homem começou a cantar. Final do paleolítico? Já dançava, pintava, gravava, esculpia, engenhava armadilhas, fazia armas eficientes, soprava flauta. Todas essas atividades eram formas para obter caça e garantir subsistência. O canto devia incluir-se na técnica utilitária e vital. O esforço para cantar merecia aplicação superior a um passo de dança. Anatomicamente o canto é uma vitória sobre a rotina muscular e nervosa, uma conquista no plano da sinergia fisiológica. Dançava-se para atrair animais. Cantou-se para seduzir deuses.

Muitos povos guardam a finalidade sagrada do canto. Cantam quando há motivo para cantar. Motivo religioso, apelando para a consecução de benefícios. Félix Speiser (1926) não conseguiu obter que os apalai, aparais, caraíbas da serra de Tumucumac (fronteira do Brasil com as Guianas) cantassem livremente. Só o sabiam fazer com um destino certo e jamais como divertimento. Os folcloristas brasileiros sabem da dificuldade em conseguir que as velhas sertanejas entoem as excelências (cantos do velório e saimento do enterro). Semelhantemente, para inúmeras tribos norte-americanas, e polinésios, melanésios, tibetanos, chineses. Se para incontáveis povos contemporâneos não há o canto desinteressado, deleitável, distração, gáudio, imaginemos o homem primitivo, tendo todos os seus atos como funções práticas e produtivas...

Toda a magia tradicional decorre do canto, *in-cantum,* encanto, *carmem, charme, charmer, enchanter,* sedução, sortilégio, irresistível domínio. *Cantatio* era o encantamento. *Cantatrix* cantora e também feiticeira, para Apuleu. A Lua descia do céu arrastada pelo canto votivo, *deducere canendo lunam,* de Ovídio; *cantata luna,* de Propércio. Cantar à lua, dos sereneiros sentimentais de outrora. O canto é a essência da *orenda* para os hurões, movendo as causas inanimadas. Também *mana* polinésia e *deng* da Indochina. Os deuses possuem cantos privativos. Os *nomoi* gregos. Os *rags* da Índia. Quando o imperador mongol Akber (1542-1605) mandou cantar por Naiq Gopol o *rag do fogo,* o cantor meteu-se dentro do rio mas o poder do canto transformou-o em cinzas. O canto multiplica a projeção rogatória da oração. Todos os orixás da aculturação gegê-nagô têm "linhas" que são cantos de presença, atraindo o deus e concluídos por ele próprio, incorporado ao espírito da devota, "cavalo do santo". A fenda de Ulisses, feita pelo javali no monte Parnaso, foi sarada pelo filho de Autólicus, cantando a fórmula que fazia cessar a hemorragia (Homero, *Odisséia*, XIX). Em todas as regiões do mundo o canto é a suprema oração propiciatória. As pátrias têm seus hinos, cantos sagrados e patrióticos tão arrebatadores quanto a visão das bandeiras nacionais. O hino obriga continência, silêncio, saudação.

As coisas têm cantos secretos que as governam. O *nele* de Ustupu, dos indígenas cuna do Panamá, não podia ficar bom da dor de cabeça porque sabia todas as canções medicinais, narra Nordenskiöld. Os cocopa norte-americanos têm um canto que faz parar a enchente do Rio Colorado.

Cantar é uma sublimação, transporte, elevação. Osa Johnson (1893-1953) conta um episódio típico. Nagapate, chefe dos "Grandes Números" na ilha Malekula, Novas Hébridas, antropófago, bruto e bravio como um rinoceronte, depois de muitos contatos, foi a bordo do navio de Martin Johnson (1884-1937). Escreve Osa: "Afinei o *ukalele* e pus-me a cantar *aloha,* uma canção dolente de Havaí. Nagapate arregalou muito os olhos e ficou olhando para mim, balançando a cabeça de um lado para o outro. Seus dois homens mostraram o mesmo espanto. Depois de algum tempo, os selvagens começaram a seguir o compasso da melodia com movimentos de cabeça. Depois aconteceu uma coisa espantosa: Nagapate abriu a boca e começou a cantar, numa voz rude de baixo, uma canção de sua tribo, perfeitamente ajustada à melodia que eu estava cantando. Os dois outros selvagens entraram também na cantoria e, num instante, formávamos um coro estranho de quatro vozes. Parei de cantar, mas continuei tocando *ukalele* para ouvir melhor a voz de Nagapate. A cara do negro estava iluminada, os olhos semicerrados e a cabeça balançando deliciada de um lado para o outro. De repente, viu que estava cantando sozinho, ficou muito perturbado e parou embaraçado. Compôs a máscara carregada e feroz, e indicou abruptamente que queria ir-se embora".[331] Durante alguns momentos o velho canibal da Malekula viajara no mundo mágico. *Aloha* de Havaí tem ritmo que alcança as Novas Hébridas, possibilitando Nagapate cantar outra letra na mesma melodia. Sugestões para a geografia musical ainda precária e começante...

A música é tudo para o canto primitivo. A voz cria, diz Roger Bastide. A música vocal foi a predominante absoluta. O sentido era a própria sonoridade, reveladora da volição íntima. Os esquimós têm canções quase sem letras. Semelhantemente, von Martius anotou no Rio Negro. O aboio, canto firmado em vogais, como uma *jubilatione* gregoriana, era de efeito irresistível sobre o gado nordestino. Como o canto dos negros peuhls do Sudão. O instrumental popular é acompanhante. Dos vanianecas de Mossamedes, na Angola, diz o padre Tastevin que

la plupart des leurs instruments de musique ne donnent que des sons faibles et accusent plutôt l'élement rythmique que l'élement mélodique.

É a constante africana, ameríndia, asiática, polinésia. Os temas de solo, a melodia independente, é conquista muito posterior. Os instrumentos não eram autônomos mas associados infalivelmente à voz humana.

Na Grécia o canto era o comum, a forma preferida da expansão, o privilégio coletivo. Nas festas populares, participadas pela multidão, há sempre a tendência para cantar, e cantar a mesma melodia, unificadora da euforia.

O maestro Belo Marques (citado por José Osório de Oliveira) registra um quadro impressionante, com vigor d'água-forte:[332]

Nas terras de Manavane, da tribo Macambane, assisti a um bailado de guerra dos mais buliçosos que vi. Eram talvez uns cem bailarinos e uns cinqüenta timbaleiros. Os guerreiros, de peito ao léu, com seus orgulhosos Tschivangos nos tornozelos, enfiadas de barulhentos bugalhos, a Sevandos nas pernas vivas e fortes. Um coro de umas mil vozes, entre mulheres, homens e crianças, cantavam hinos dedicados à valentia, num ritmo surpreendente. A percussão irrequieta rufava com a raiva de um cataclismo que a presença de alguns garrafões de vinho fazia crescer mais. O Régulo ao meu lado. As suas vinte e cinco mulheres, submissas e acocoradas a seus pés, olhando estranhas para o marido que chorava: o que é um caso raro no preto. Comoveu-me aquela atitude, e perguntei-lhe:

– Por que choras, Macavane?
– Estou velho, não posso cantar.
– Tu gostas de cantar?
– Quando o preto canta, Chicuembo repousa... (Deus descansa).

A canção primitiva não podia provir de um ritmo de trabalho. Indiscutível sua presença e vitalidade no mundo mas não determinou a origem. Pelo simples fato de não haver trabalho coletivo que justificasse a excitação ritmadora no paleolítico e período subseqüente. Não é aconselhável cantar quando se pesca ou caça. Afugenta animais e peixes. Não estava o homem derrubando árvores, erguendo casas, abrindo caminhos. Essas tarefas são do pleno neolítico, nas palafitas e megalitos. Quanto sabemos do canto de trabalho já ocorre em agricultura adiantada. Quase clássica. A documentação histórica menciona os aedos gregos, cantando poemas votivos ou façanhas divinas, mesmo improvisando, tidos como intérpretes do gênio verbal helênico. Acompanhavam-se com um instrumento. A cítara, provavelmente, que diziam Hermes haver inventado e era votada a Apolo. Apesar da lenda de Pã criando a sirinx, esta, com outros tipos de flautas, foi envio do Oriente e de sua batalha com a cítara apolínea nos resta o duelo de Apolo contra Mársias, tocador de flauta. Mas não puderam excluir-se e dividiram o domínio. Esses aedos, Orfeu, Linus, Museu, Eumolpo, Tamíris, Olen, Tebanon, Crisótemis, são talvez personalizações de escolas, grupos, técnicas. Vieram depois os rapsodos, decorando muito e pouco criando versos, memórias vivas da literatura oral. Os gêneros mais populares, e que passaram à época histórica, não incluem cantos de trabalho, e sim odes, himeneu, treno, péan, hipoqueme, ditirambo, prosodion, parteneu (cantado pelas jovens, encomion, epinício... Não posso chamar canto de trabalho aos *linôs* dos lavradores, as cantigas da vindima que eram loas a Dionísio ou as cantigas de escárnio entre ceifeiros, de que há o modelo em Teócrito. Contemporâneos ou um pouco anteriores, percorriam as aldeias e vilas os grupos de cantores profissionais, vestidos de bodes, representando a potência viva da fecundação, grupo teriomorfo que também participava dos ritos de Dionísio, Démeter e Apolo e mesmo de louvações aos heróis populares (Heródoto, *Terpsícore,* LXVI), meados do século VI a.C. Já conheciam processos seculares declamatórios e fórmulas mnemotécnicas. Depois que cedeu o monopólio religioso, exclusividade do canto sacro (que durou no Egito até os Hicsos), vieram as canções de caça, anteriores às de guerra, noutras paragens não gregas. A maioria das canções guerreiras africanas são totalmente antigas canções de caça. Há canções indígenas, como a *huganotile* dos bacairis de Mato Grosso, com feição religiosa embora entoada quando se regressa dos plantios ou cortes de árvores. As canções de trabalho denunciam uma organização social e estágio psicológico visivelmente superiores. Nenhuma canção de trabalho dará resultado melódico aproveitável. Só existe ritmo numa leve linha musical diminuta:

> É, pedra, ê!
> É, pedra, á!

Ou então:

> É vá, Mariquinha, ê!
> É vá, Mariquinha, á!

A primeira é dos britadores nas pedreiras de Macaíba e a segunda puxando cabos no cais de Natal, ambas no Rio Grande do Norte. Durante muitos anos, na Marinha de Guerra do Brasil, o oficial encarregado de comandar as salvas de artilharia a bordo regulava a cadência das descargas passando a mão pelos botões do uniforme e recitando, mentalmente:

Tereco, teca, teteco!
Pepinos não são boneco!

E largava a ordem: Boreste! Fogo!...

Todo o mundo canta e a diferença está nos gêneros. Australianos, aimorés ferozes, tasmanianos não tinham cantigas de amor mas possuíam as de caça e de guerra. Os ainos não tinham as de guerra e sim as amorosas. Os dubuanos do noroeste da Nova Guiné não riem, mas cantam e dançam. *Tel chante qui ne rit pas.* Quem já assistiu a bailado indígena, de africanos ou ameríndios, não esquece a compostura, severidade das feições, a rigorosa execução pragmática de um divertimento que nunca é desinteressado e vadio. Naturalmente influi a seriedade da assistência, compreensiva e aplaudidora. Quando essa assistência vai-se tornando composta de turistas, como máquinas fotográficas e comentários dispensáveis, a mecânica desassocia-se pelo desinteresse e a indiada termina fazendo folgança sem expressão e sem conteúdo. Dança para ganhar presentes. Como se as pedras dançassem. Diferem sensivelmente as danças africanas e amerabas com ou sem a presença do branco, do não local. É uma denúncia de sua homogeneidade espiritual nos figurantes e auditório.

Mas um etnógrafo não tem obrigação de pesquisar origem do canto. O essencial (dizem) é descrever, comparar, estabelecendo a geografia sonora. Nunca me libertei dessa indagação sedutora e misteriosa. Por que cantamos?

"Todos estão de acordo de que o canto das aves não é exclusivamente processo de atração sexual Fora deste sentido, útil e claro, fica-se sem atinar por que um pássaro canta. Por que e para quê. Não atrai a caça. Não conquista aliança. Não atemoriza concorrentes. A siringe, órgão vocal, onde a traquéia se bifurca nos dois brônquios, possui disposições para modular, gorjear, silvar, dando ao artista o aproveitamento do aparelho potente e delicado para o manejo total, obtendo variações e inflexões surpreendentes. Algumas aves — o canário inclusive –, cantando solitárias, embriagam-se visivelmente com a melodia produzida. Nenhum tenor deste mundo é capaz desta exibição maravilhosa sem auditório.

Nenhum biologista me desencanta com a explicação utilitária do canto. Permanecerá com um aspecto obscuro e sugestivo, possibilitando interpretação lírica em expressão indecifrável no quadro diário e presencial.

O canto independe da função de alimentar-se, caçar, voar, combater. Não é possível articular-se a mecânica da siringe ao complexo de qualquer uma destas funções. São atos perfeitamente autônomos, desligados, independentes. O mistério da coexistência, da presença, do exercício normal estabelece a dualidade dos planos, as duas faces vivas, indispensáveis e prestantes na mesma entidade orgânica.

Com sua curiosidade iluminada e terebrante, o sábio vai materializando, nivelando, monotonizando todas as coisas organizadas e palpitantes de sangue e seiva. Provou que as flores são simples e vistosas armadilhas vegetais para a dispersão do pólen. Tentou ensinar que as cores ostensivas dos animais eram meras fórmulas fixas de conquistar fêmeas. Com este processo de atração não podia, biologicamente, constituir permanente porque o impulso sexual nas espécies está condicionado a prazos relativamente curtos e a roupagem flamante de aves e insetos ser-lhes-ia muito mais prejudicial que benéfica, estimulando a perseguição de inimigos e denunciando-lhes os esconderijos. A sentença transformou-se em dilação probatória. Mas o canto sem interesse imediato ou deduzível, o canto por si só, alto e teimoso, está repondo a ave no seu nível poderoso de intenção melódica.

Identicamente verificou-se com o Homem. Por que e para que cantaria o Homem nas tardes do pleistoceno? Que impulso o forçou a elevar a voz, possível oitava acima do ritmo do normal, e dar-lhe acentuação musical, dividindo-a com o ritmo da respiração? Seria bem depois da era de Neandertal e já erecto e de mãos nobres, livres de auxiliar a marcha, começara a gravar globo do sol, círculo da lua, mamutes pesados e renas leves nas grutas abrigadoras de Espanha, só duzentos e cinqüenta séculos...

Mas um dia, talvez numa tarde em que a noite acorda os fantasmas dos deuses apavorantes, o Homem cantou. Pelo mecanismo funcional da voz o canto só pode ser ato voluntário, intencional, dirigido. Até hoje a atitude de cantar é uma afirmativa imediata, suprema, irrespondível, de elevação. É um *ludus* no nível divinizador do impulso sonoro, comunicação com as forças confusas, abstratas, envolvedoras da inspiração, irreduzível a esquema diagramático.

Por que o canário canta sem fome, sem amor, sem aparente motivo? Se digo que ele canta porque quer ouvir-se, que a clara e vibrante melodia, de impossível fixação no pentagrama, é um elemento complementar ou essencial ao segredo, ao equilíbrio de sua fisiologia, fisiologia sem dependência de órgãos, satisfação a um apelo cenestético, será uma opinião, ou melhor, um convencimento.

A origem do canto humano, se lhe arrancamos sua intenção inicial e divina, continuará no domínio físico-químico, tão escura e perdida quanto à justificação funcional para o canário, o meu pequeno canário, gorjeador e livre, no galho da goiabeira à sombra do canto de muro.

La raison ne peut que parler; c'est l'amour qui chante — afirmava Joseph de Maistre, e o Homem que não atrofiara seu órgão ascensional de louvor a Deus, libertou-se da tragédia dos limites e ergueu o canto intencional que era uma projeção, alada e musical, de toda sua personalidade."[333] Realmente, *corde, non voce cantandum.*

Naturalmente o canto começou sem palavras, sem conteúdo além da intenção imitativa de atrair um animal. Da base da imitação útil passaria ao plano da improvisação, um *ad libitum* fantasioso que a imaginação prevê reduzido e primário. Cantou antes de possuir instrumentos? Uma afirmativa é mera suposição. Mas o uso de um corno, búzio, canudo de caule denuncia observação prévia possível e logicamente prolongada. Também é crível no canto solitário antes do instintivo coral, nativo e próprio. Depois do que se vê no madaleniano não é possível admitir o homem sem cantar quando em tantas atividades se enobrecia.

Creio, pois, num canto inicial puro e simples como todos os animais audíveis sabem fazer. Apenas o *sapiens* perseverou, capitalizando as experiências que foram memórias de sucessos. Do simples berro, curto e bravio, nada provirá. Um berro mais demorado determinará uma ondulação sonora; obrigará a um compasso para respirar e se houvesse vontade de continuar, a linha melódica surgia pela seqüência do tema inicial. A imposição respiratória daria pausas, elevações e decréscimos, correspondentes a diminuição do fôlego.

Não cantariam os guerreiros desenhados no epipaleolítico? Homens emplumados, airosos elásticos, marchando num passo isocrono? Silenciosas as nove mulheres dançantes de Cogul? Pouco possível.

Não conhecemos um povo sem canções. Canta o esquimó no gelo e o beduíno no deserto. O canto não se condiciona, para existir e ser audível, a nem uma condição geográfica. É o elemento aproximador, irmanante, democrático. Cantar a mesma canção é participar da mesma alma.

O canto começou tendo uma direção prática. Depois cantou-se naturalmente sob o impulso irreprimível de uma projeção íntima. Expansão, mágoa, alegria, desafogo, esperança. Os templários, em março de 1314, subiram para a fogueira cantando. Raynouard (1761-1836) conta que a rainha de França conseguira de Philippe-le-Bel um adiamento do suplício: *Mais il n'était plus temps... Les chants avaient cessé...*

O padre José Maurício Nunes Garcia (1767-1830), o grande compositor sacro brasileiro, morreu cantando um hino a Nossa Senhora. O canto alivia o trabalho; *longum cantu solata laborem* (Virgílio, *Geórgica,* I).

> Quem canta
> Seus males espanta!

É uma forma integral de viver:

> Com canto e pão,
> Vive o cristão!

O instinto do canto, natural e vivo no solfejar incontido, no baixo assobio incomprimível, no próprio pensamento musical que nos ocorre sem forma exterior de manifestação, uma frase melódica ouvida apenas pela imaginação mas realmente autônoma e positiva em sua existência, constituem permanentes em nossa organização cultural.

Cada cultura tem seus cantos como cada espécie animal ostenta cores privativas. Pelo mesmo processo difusivo as melodias emigram e vão gravitar ao redor de assuntos estranhos que se lhes tornam conteúdos. Assim, uma técnica gregoriana do cantochão reaparece num aboio de conduzir gado ou num apelo pescador de chamar os companheiros. Trechos de operetas ficam nos autos populares. Há sempre um movimento incessante de osmose divulgando os motivos musicais cantados.

Uma das formas mais naturais, puras e comuns desse instinto de canto é o pregão das ruas, anunciador do pequeno vendedor ambulante, que os gregos e romanos possuíam. O recurso ao pregão instrumental, denunciando-lhe a presença por uma buzina, flauta, apito, sirinx, ferrinhos, já será fórmula posterior ao velho pregão sentimental, solto e vibrante, que todas as civilizações conheceram. A própria letra não é compreensível e nítida em sua enunciação. Fica confusa, escura, estranha. O que realmente fixa o vendedor é a linha musical do pregão.[334] Esse rápido período musical é um distintivo, propriedade, proclamação de posse valendo legítimo direito autoral. Sua mais notável tradução é ser documento legitimador do instinto de cantar, o canto em serviço da vida, na conquista das utilidades.

Existe ainda (facilmente verificável) a necessidade de cantar e a imposição poderosa de um mercado do canto. Precisamos ouvir cantar, indispensavelmente, e esse direito justifica a existência melodiosa ou gritante dos programas de rádio e teatro, com os regionais e orquestras langues, engasgadas ou espreguicentas. A serenata também existiu entre indígenas norte-americanos, justamente nos *pueblos* de Utah, Colorado, Arizona, Novo México, os moradores dos rochedos, *cliff-dwellers*. O namorado vai soar sua flauta à porta do desejado amor, algumas horas durante vários dias, cantando os sonhos sempre comuns e novos.[335]

É preciso ressaltar a importância documental da serenata, o passeio noturno e cantante, homenageando a namorada ou como satisfação de impulso natural do seresteiro.

> Não dispenso a serenata
> Pois temos belo luar!

cantava Lourival Açucena (1827-1907), o poeta boêmio da cidade de Natal antiga. Cantando, ora-se, pede-se, agradece-se, aclama-se. Bandos do Natal e de Reis em Portugal, Espanha, Itália, França, Bélgica, Alemanha, cantando o *noel,* pedindo presentes, festas, *aguinaldos.* Velho e doente, Martim Lutero recordava esses cantos, limpando as lágrimas saudosas.

Desde quando a voz seria acompanhada por um instrumento? Como os primeiros instrumentos conhecidos foram de sopro, quem cantava não tocava e não há documento do conjunto. Os desenhos tumulares egípcios demonstram os cantos acompanhados no Baixo Império. No século VIII, 500 a.C., o poeta e cantor Arquiloco reunira à música os versos cantados mas, ao que se lê em Fétis (III, 322), a descoberta consistia

à faire déclamer les vers pendant que la cithare et d'autres instruments, quelquefois réunis à elle, faisaient entendre des espèces d'intermèdes.

O intermédio, interlúdio, corresponde ao antigo baião que os violeiros executavam entre um verso e outro e jamais durante. Homero (*Odisséia,* IV, 18-19) cita um aedo cantando e acompanhando-se com a lira que seria cítara, provavelmente, na recepção do jovem Telêmaco no palácio de Menelau. Já na Era Cristã, Luciano de Samosata (*Os Retratos*) elogia o ajustamento perfeito do canto e da cítara num justo equilíbrio. Não creio que no tempo de Homero existisse acompanhamento como ouvimos presentemente e sim o interlúdio, *inter ludus,* entre as partes entoadas. A "descoberta" de Arquiloco não é outra coisa. E a sobrevivência sertaneja do Nordeste brasileiro, o baião e também rojão, seria naturalmente reminiscência de Portugal. Não havia instrumentos de corda na América précolombiana nem sei de registro de canto asteca, inca, maia, com acompanhamento de instrumentos de sopro ou percussão. Constaria de coro uníssono. Não ainda polifônico. As vozes na mesma altura no coral.

Contemporaneamente, a nossa impressão de ocidentais é que a música oriental, chinesa, hindu, árabe é a independência de cada instrumento, parecendo desarmônica, desequilibrada, irregular no ajustamento temático. O próprio Hugo Riemann (1840-1919) não podia fazer da "música antiga" senão conjecturas. Essa "distância" entre canto e música do Oriente e Ocidente é um elemento comprovador da antiguidade oriental e a persistência popular no processo "independente" de voz e acompanhamento e mesmo da elaboração musical.

O jesuíta Fernão Cardim, escrevendo em 1584 sobre os indígenas da Bahia, "dos seus bailos e cantos", descreve-os dançando em grande roda e cantando, sob a marcação rítmica do maracá:

> Tudo fazem por tal compasso, com tanta serenidade, ao som de um cascavel feito ao modo dos que usão os meninos em Espanha, com muitas pedrinhas dentro ou umas certas sementes de que também fazem muito boas contas, e assim bailão cantando juntamente, porque não fazem uma cousa sem outra, e têm tal compasso e ordem, que às vezes cem homens bailando e cantando em carreira, enfiados uns detraz dos outros, acabão todos juntamente uma pancada, como se estivessem todos em um lugar.

O cascavel — como Cardim chamava o maracá — era um unificador de ritmos, provocando a batida do pé na tônica. É a mesma marcação instintiva que a multidão entusiasmada encontra para um compasso comum animador, determinando a dinamogenia no fraseado verbal exaltado e sem solfa, como nas torcidas esportivas. A música é a voz, falada, entonadamente alta e coletiva. O velho Edward B. Tylor andava em pista insofismável.

O canto assim começou...

POESIA
· · · · · · · ·

Naturalmente a dança e o canto são pai e mãe da poesia. Os mesmos genitores do teatro. Para que o canto tenha comunicação e correspondência humana é indispensável um assunto, tema, motivo, elemento de conteúdo lógico. É preciso levar ao canto uma continuação do interesse humano. Esse interesse foi a poesia.

De início, não havia canto sem poesia e toda poesia antiga era cantada.

> *Aucune musique n'existait sans poésie, aucune poésie sans musique* [afirma Charles Nef (*Histoire de la Musique,* Paris, 1923)].

Começaria o poeta sendo historiador dos fatos memoráveis. Poesia narrativa é ainda a mais universal e velha e a única que possibilitou o profissionalismo poético. Aedos gregos, griotes e acpalos africanos, cuxilavas e vaitalicas do Hindustão, moganis e métris árabes, minnesänger germânico, gleman dos anglo-saxões, runoias finlandeses, bardos armoricanos, scaldos escandinavos, cantadores do Nordeste, todos são profissionais da poesia narrativa, registro da epopéia guerreira, memória das façanhas inesquecíveis, com a missão recordadora das cantigas improvisadas ou recebidas na quarta dimensão.

Ainda pelo Nordeste todo acontecimento sensacional determina um poema documentário. Dispensável lembrar que as histórias religiosas, lendas e mitos mais antigos, tradições sagradas, Mesopotâmia, Egito, Hindustão, China, oráculo dos deuses gregos, estavam em versos. A música seria apenas o conduto envolvedor da substância transmitida diretamente às memórias coletivas. A música conserva, fixa e reserva de certo desgaste no esquecimento. Mais fácil decorar cantando que decorar sem música. Estudantes árabes aprendem o *Alcorão* como as crianças brasileiras do século XIX memorizavam o alfabeto, impregnando-o numa cantilena.

O verso é naturalmente guardado na retentiva mental. Mesmo nas épocas letradas os grandes cantores eram analfabetos Também não sa-

609

biam ler música e eram compositores aclamados. O ouvido era tudo. Ou quase tudo.[336]

Decorrentemente, o cego era o cantor típico, cantor, poeta errante, semeador de lembranças heróicas, sob a égide clássica de Homero. A cegueira isolava, concentrava, dando à memória um miraculoso poder de conservação porque estava afastada dos mil motivos dispersivos que a visão provoca. *Dans tout l'Orient, l'aveugle se fait chanteur ou récitant d'hymnes religieux* — registra Arpag Mekhitarian. Ou músico, de que é modelo longínquo o harpista cego do túmulo de Nakht. O cantor cego do túmulo de Horemheb, sob Tutmés IV, 1422-1411 a.C. São figuras ainda contemporâneas pela África do Norte, vivas nos grupos de músicos e cantadores ambulantes de Marrocos, Argélia, Tânger, Tunísia, Egito. O cego cantor, esmolando ao som da cantiga dolente, é de qualquer país e tempo. Os cegos de Lisboa possuíam a irmandade do Menino Jesus dos Homens Cegos com o privilégio de vender folhetos populares (Provisão do rei Dom João V em 7 de janeiro de 1749) e os pregões eram cantos ou recitativos solfejados dos textos oferecidos.

O primeiro poeta era cantor. A separação verificar-se-ia milênios depois. Tradicional o poema ser musicado e constituir canto, alcançando áreas de divulgação que o verso, independente da música, não conquistaria. Os beduínos do Saara darão exemplo concreto. Também os da Arábia, e Síria, perpetuamente viajando pela orla do deserto; guerreiros e pastores, armando os *douar* por uma noite ou temporada de pastagem, frugais, impetuosos, ascéticos, intolerantes, mas com sua poesia encantadora de vivacidade, beleza simples, emocional, arrebatada e sincera. Toda cantada, declamada, salmodeada.

A serenata foi outra expressão legitimadora, canto noturno, grupo cantante visitando amigos ou homenageando namoradas. De menor influência nos países do Oriente, a serenata teve sua irradiação na Europa latina e trazida aos descendentes ameríndios onde teve reino e domínio literário e popular. Mas Bancroft afirma sua existência entre os *pueblos* americanos, onde o enamorado soava a flauta triste, dias e dias, olhando a casa do difícil amor.

A poesia nasce depois do canto e exigiria tempo longo para afirmar-se presencialmente. O canto é natural, orgânico, exteriorizando-se numa impulsão quase fisiológica. Cantamos sem querer, sem pensar, sem saber. A Poesia é vontade, deliberação, raciocínio, concatenação, mecanismo cerebral funcionando pelo ato inicial da volição. O poeta para os gregos, *poietês,* vinha do verbo *poiein,* fazer, compor, elaborar. Era preciso querer, decidir-se, trabalhar. Vontade criadora.

Edward B. Tylor adverte que entre a fala em prosa, a poesia e o canto, os limites são tão indecisos e confundíveis que parecem constituir três estados da linguagem humana.

A diferenciação é a música. *De la musique avant toute chose* — como pensava Verlaine. É a entonação, variedade dos tons consecutivos em várias alturas, o elemento distintivo. Os tons da voz humana, falando, dizendo versos, cantando, afirmam-se diferentes pela musicalidade prosodial que os fazem mais sensíveis à audição. A ênfase, grau de vibração musical com que acentuamos cada vocábulo e damos ao período uma seqüência melódica, estabelece a separação entre os "estados" de que falava Tylor. Apenas a intensidade musical não é a mesma na prosa, verso e canto. Mas *de la musique encore et toujours* — da conclusão verlainiana.

Cada pessoa possui o seu timbre, fisionomia do som, na lição de Riemann. Esses timbres dão as características de cada voz, fazendo-as possíveis à identificação inconfundível. A voz de um violino e a de um trombone. A voz materna. A voz de uma declamadora, cantor, tribuno. O ritmo, inicialmente pausas respiratórias, trouxe a divisão dos compassos, dos períodos de prosa e do verso. Cada vocábulo, possuindo um conteúdo vivo, significando, valendo elemento material ou abstrato, será pronunciado na relação de sua expressão íntima, a voz fazendo-o mais sonoro e próximo à entidade representada. Mar, Amor, Luar, Mãe, Ódio, Sol, Guerra, Melancolia, Serenidade são valores sensíveis quando a música vocal os faz vibrar na equivalência melódica evocadora. Ler mentalmente ou ler em voz alta, ler um discurso ou repeti-lo tentando reproduzir o orador, dizem as distâncias do mesmo trecho. Uma oração apaixonada, veemente, arrebatadora, dentro do clima da compreensão grupal repercutora, é uma sinfonia.

Sabemos como em todas as forças armadas do mundo os toques de clarim, transmitindo ordens regulamentares, têm equivalências cômicas, em versos, invenções humorísticas que se sucedem quase em cada quartel. É a criação espontânea para "humanizar" a música das cornetas e clarins. Como a produção anônima deve ajustar-se à extensão do toque militar, o verso nasce, legítimo e quase sempre com rimas. Uma frase repetida, compreendida, popularizada pelo solidarismo grupal que a entendera como tradutora de um pensamento coletivo, seria fórmula poética, tornada fixa pela reiteração funcional. A tendência natural pelo ritmo é uma condição humana e lógica. Para que todos memoralizem uma frase é indispensável que ela tenha ritmo. O ritmo provoca a criação poética e mantém canto e dança. Nada mais concludente, no plano da sobrevivência, que o canto, mesmo improvisado, com o único acompanhamento da percussão, sambas de batucada, cocos de ganzá, cantadores de pandeiros, maracás, armas entrechocadas, bambelôs com orquestra de caixotes de querosene. E esse instinto de acomodação rítmica demonstra sua potência criadora nas dinamogenias, formas espontâneas desse processo de unificação rítmica para a cadência de uma manifestação popular, como Mário de Andrade (1893-1945) estudou em São Paulo, em *Música, Doce Música,* "Dinamogenias Políticas" (São Paulo, 1933).

O verso inicial seria uma frase de prosa, curta, exaltada, declamada, atingindo a dimensão da linha musical que a sugerira, improvisada ou repetida. A música serviu, primeiramente, de fundo sonoro, acompanhando a dicção poética como os flautas cadenciavam e seguiam o recitativo ditirâmbico ou teatral na Grécia e Roma. Não se ajustavam às letras e sim cumpriam tarefa marcadora do ritmo. Batiam o compasso nas tônicas e dominantes. No milenário canto amebeu os pastores gregos desafiavam-se e o duelo poético, de improviso, não era acompanhado porque os instrumentos eram sirinx e os dois pastores estavam ocupados nos versos. Quando um deles terminava de cantar, soprava a flauta num interlúdio típico, dando espaço à elaboração mental do adversário respondente. Os antigos cantadores do sertão nordestino do Brasil igualmente só tocavam as violas ou soavam os pandeiros nos intervalos do canto. "Desafio" simultaneamente acompanhado é posterior a 1920. O modelo de Teócrito, 300 anos a.C. (*Idílio,* VIII), entre o boieiro Dafnis e Menalco, pastor de ovelhas.

Não sabemos se a melodia do acompanhante era idêntica ou havia um *ad libitum* para o melocomentário, como nos nossos dias. O canto amebeu deve constituir documento para esclarecer a espécie primitiva, já distanciada da função religiosa ritual. Os duelos de cantigas burlescas na Groenlândia ou das façanhas guerreiras dos americanos Crows são também sobrevivências desses amebeus. Na maioria absoluta dos casos não há intervenção instrumental. Também em Portugal as "desgarradas" e os "desafios", entre rapazes e raparigas lavradeiras, em plena improvisação de quadras (ABCB), não têm quase nunca a presença acompanhante. As duas vozes altercadoras são suficientes como centro de interesse. Identicamente nas cantigas de trabalho, "coretos",[337] cantos de saúdes nas refeições festivas, *drinking-songs;*[338] canções de caça e guerra. Assim cantaram os pusloyes de Teócrito e os normandos na batalha de Hasting. Lembremo-nos do canto gregoriano, uníssono e puro. Os salmistas das sinagogas judaicas. O canto oriental, despregado de subserviência material.

Uma razão dessa independência específica entre canto e acompanhamento, que julgo inicialmente autônomos, é que o apoio tonal no canto grego era no agudo e só podiam soar as notas acima da melodia entoada pelo cantor que a faria no apoio grave, como presentemente. Mas essa solução não compreendia o cantador sertanejo que não seguia o "tom" e dele se libertara. A lição técnica evidencia que o canto ou o recitativo eram "acompanhados" e não concordantes e esta é a forma velha que o sertão nordestino conheceu e manteve até, mais ou menos, 1915-1920. O canto, independente do conteúdo temático, seria uma exaltação humana à bondade divina. Uma súplica ou agradecimento das mercês alcançadas. Devia constar de notas soltas, intercortadas, como falamos na hora de alta emoção, e há vestígio nítido no cantochão, nas *Jubilationes* da Páscoa da Ressurreição e Aleluias, o *exultare laetitia* em que os cantores deixavam de cantar o texto e emitiam gritos inarticulados de júbilo, *eunt in sonum jubilationis* — como informa Santo Agostinho no século V. Canta o coração e não a voz: *Corde, non voce cantandum.*

Essas razões demonstram o mistério da criação poética. Criação pura que depois a música desenvolveu e ambientou. Criação autônoma sempre dependente do ritmo, um ritmo de início idêntico ao da voz comum mas tornado distinto pela entonação que a fazia soberana.

A poesia iniciar-se-ia por um recitativo. Espontâneo, irreprimível, projetado como uma *saeta* andaluza. Frases gritadas sob o impulso da vibração religiosa, entusiasmo, *en-theos,* em Deus, com Deus, arrebatamento, inspiração. O grego, entretanto, ao dar-se crédito na etimologia, traduz a Poesia como esforço intencional, deliberado, *poiesis, poiein,* fazer, compor, elaborar, e não resultado duma atuação inesperada e luminosa do espírito. Coincidia, um tanto, com a escultura.

A poesia começaria por uma espécie de refrão, fácil de reter e reproduzir por todo o grupo? Religiosa, certamente. Ficou personalizada pela valorização musical que a entonação determinava, exprimindo os vários sentidos íntimos e emocionais da criação. Essa solução interpreta racionalmente o *poiein* grego. A inspiração, exaltação, possessão poética, é a vinda do Espírito, mas a vontade, deliberação, intencionalidade regem a intensidade da acentuação enfática, dando calor, volume e coloração musical à imagem que a voz materializa.

A explicação da métrica, medida, está condicionada aos debates da erudição. Indiscutivelmente o pé, marcha, cadência determinaram a primeira medição, poética e topográfica. A respiração influiu para a cesura, o hemistíquio, a marcação do compasso, compassar, medir com o passo, a passada. Inspiração, *inspiratio,* insuflação, forma respiratória. Mas o problema do estilo, harmonia das características pessoais na produção artística, está em sua inexplicabilidade.

Da métrica — informa Roger Bastide — "já se foi mesmo mais longe, a ponto de pretender encontrar em certos gestos a gênese das mais antigas formas de métrica. É assim que a ação de pisar teria dado origem ao jambo e ao trocheu, com uma sílaba longa e uma breve, a ação de esfregar ao espondeu, que tem dois tempos fortes iguais, correspondendo às mãos que batem a medida, enfim a ação de bater, como o ferreiro sobre a bigorna, ao dátilo e ao anapesto, tempos longos seguidos ou precedidos de dois tempos breves" (*Arte e Sociedade,* São Paulo, 1945).

A rima (mesma raiz do ritmo) é uma altitude letrada, praticamente ocorrendo na Idade Média européia, séculos XII-XIII em diante. Já se acusara, fortuitamente, em épocas romanas e Tylor menciona versos que não pode precisar se de Estácio, com esses elementos intencionais. Mas os versos leoninos (do cônego Leon, de Saint-Victor em Paris, século XIII) traziam consonâncias nos hexâmetros ou pentâmetros, sendo exemplo velho. O poeta Comodiano (século III a.C.) na sua *Instructiones Adversus Contium Deo* traz rimas consonantais nos hexâmetros bárbaros, os primeiros em que a rima aparece na extremidade do verso. A vulgarização da rima é realmente no hinário cristão,[339] e canções latinas e populares sobre fatos regionais que despertaram o interesse coletivo, guerras internas da França, como o poema que comemora a vitória de Lotário II (826-869) sobre os saxões e citado por Laveleye, mostrando a expansão comunicante no plano da imitação. Os clássicos do mundo antigo e os indígenas, em sua poesia incontida, desconheceram o artifício da rima. Fundamento que se tornou ornamento, a rima, escrava *et ne doit qu'obéir,* ficou senhora exigente, imperiosa e ciumenta. A batalha em verso e rima veio até finais do século XIX quando Olavo Bilac (1865-1918), fiel ao dogma parnasiano do *Emaux et Camées* (1852), afirmava em setembro de 1886:

> Torce, aprimora, alteia, lima
> A frase; enfim,
> No verso de ouro engasta a rima,
> Como um rubim.

Esquecia a tradição letrada que Filinto Elísio (1734-1819) defendera em Portugal, resistindo ao encantamento das rimas, devoto do ritmo infalível:

A rima é um cascavel, que os trovadores
Punham na cauda a certa prosa insulsa.
Ignorantes do verso harmonioso
E pés cadentes dos poemas nossos.

Na primeira década do século XX é que houve a libertação, direito de não rimar, com as novas, sucessivas e sedutoras técnicas sem rima e ritmo.

TEATRO

·········

As mais antigas notícias da manhã intelectual grega são muitíssimo posteriores ao que sabemos da Assíria, de Babilônia, dos hititas e do Egito. A viagem da deusa Istar aos infernos, as aventuras de Gilgamesh, datarão de Assurbanípal, no VII século. A estória dos dois irmãos, Anepu e Batau, data de 1200 a.C. A jornada de Sinué egípcio tem vinte séculos a.C., ou, mais precisamente, 1.995 anos. Mas o tempo não determina prestígio e devemos à Grécia a modelação inicial de nossa cultura no Ocidente. Muito antes do século VII a.C. o culto de Dionísio (Baco, para Roma) ia dominando as simpatias coletivas gregas como fizera n'Ásia Menor e nas ilhas. Era entidade dedicada às alegrias e pesares do povo, justificando as expansões humanas ao paroxismo delirante. Os sofrimentos e as vitórias do deus encontravam a repercussão mais sonora e completa em sua popularidade trepidante. Era deus dos pastores e dos lavradores. Até meados do século V a.C. não conquistara o âmbito das cidades e vilas maiores da Grécia. Constituía a devoção ardente e fiel dos camponeses. O bode era o animal dedicado a Dionísio. Sacrificavam-lhe um bode nas suas festas e um bode era o prêmio ambicionado pelos vencedores dos concursos poéticos do culto báquico. Pelo inverno e primavera, grupos de homens fantasiados de bodes, *tragôs,* percorriam as aldeias dançando, cantando, recordando a vida dionisíaca. Envergando o couro do bode, repetiam a imagem dos gênios teriomorfos (com forma animal), protetores dos vegetais e dos rebanhos, símbolos dos primeiros habitantes da Terra, tradicionais nos festejos do Peloponeso. Nas comemorações báquicas os grupos corriam para os lugares privilegiados e constituíam o maior centro de atração popular. Era um rudimento de teatro porque toda a dança é representação rítmica de um assunto. Rodeavam os simples altares dionisíacos, gritando, cantando, saudando o grande deus sonoro, *bromius,* barulhento. Esse canto entoado a plenos pulmões era o Ditirambo,[340] — forma iniciante do culto dionisíaco, canto individual, uníssono e contagiante, que o poeta Píndaro dizia "interminável", no rude acento dos dórios.

Nos finais do século VII ou princípios do subseqüente, o poeta Arquiloco fez os *tragôs* cantarem versos tetramétricos, cadenciados e expondo de maneira mais clara os motivos da biografia báquica. Arion de Metina transformou esse grupo desordenado e desvairado (como as (mênades) num coro ritmado. No século VI outro poeta, Téspio, destacou do coro um homem para solista, o corifeu (*koryphé,* cabeça, vértice), narrando em trímetros jâmbicos a história de Dionísio e o coro respondia, em cantos jubilosos ou lamentações, de acordo com as peripécias báquicas. Téspio incluiu as máscaras. Cada máscara era um personagem. O mesmo e único ator representava vários papéis, mudando a face imóvel das máscaras.[341] Estava criada a Tragédia, *tragôs-odé,* canto dos bodes.[342] Segue-se o desenvolvimento natural. Ésquilo criou o segundo ator. Fez ressaltar o enredo diminuindo a intensidade clamorosa do coro. Ainda no século V, Sófocles trouxe o terceiro ator e dispôs cenário, precedências, disciplinando a gesticulação. Era a *mise-en-scène.* No século VII fundou-se o Dionysiaci Artífices, reunindo todos quantos trabalhavam no Ditirambo. Essa sociedade, uma das mais antigas na espécie trabalhista, veio ao século VI d.C. Durou quase mil anos. Agora, a Tragédia segue seu destino nas mãos de Ésquilo, Sófocles e do jovem Eurípedes. Efigênio de Sicione ou Lasus libertam-na do monopólio dionisíaco, escrevendo sobre motivos contemporâneos. Em 536 eram aplaudidos em toda a parte da Grécia. Dispensa-se o coro. Reduz-se o tempo da representação. A Tragédia, entidade independente, não podia morrer. E está vivendo... Do culto dionisíaco vem a Comédia. Nas festas báquicas, terminadas as vindimas, formava-se a *tiase,* cortejo de Dionísio, com os vindimeiros e amigos vestindo como silenos, sátiros, bacantes, ninfas, canéforas, exibindo os falótofos suas obscenas insígnias, bebendo, berrando, insultando quem encontrava, o *totasmos,* ainda ouvido nos dias de carnaval onde há uma incontida propensão para o vitupério irresponsável.[343] Batalha de pilhérias, ironias, sarcasmos, bom humor, gargalhadas. Depois a lauta refeição ao ar livre onde todos os apetites tinham satisfação. Comédia virá dessa festa, banquete, *komos,* e *odé,* canto. Prefiro a opinião de um coevo, Aristóteles, na *Poética* (III, II) quando informa que os do Peloponeso reivindicaram a origem da Comédia, pretendida pelos atenienses, argumentando que *aldeia* no Peloponeso era *komá, komé,* e em Atenas *dème.* A Comédia seria, pois, *komé-odé,* canto festivo da aldeia, visão das folganças báquicas no campo. Susarion (570 a.C.) escreveu a primeira comédia em versos. Em 458 permitiram seu ingresso nas cidades. Atenas consagrou o gênero que Aristófanes imortalizou. Antes dele, Epicarno de Cós, Formis, Quiónides (introduziu as máscaras), Crátinus, Eupolis (que levou à cena os assuntos contemporâneos e não mais sátiras aos deuses) elevaram a espécie, tão de agrado coletivo. Nenhum, como Aristófanes, chegou até nós com sua força expressiva de originalidade criadora. Menores, Terêncio e Plauto.

Nenhum erudito conseguiu seguir o diagrama de percurso teatral no tempo. O verdadeiro teatro indiano e chinês é da Era Cristã mas antes, sem discussão, as danças teatralizavam tradições e cenas da vida comum de homens e deuses, assim também na Mesopotâmia, Anatólia, Pérsia. O teatro egípcio teve a mesma norma e o drama hierárquico pertence a época imprevisível.

O elemento que originou o teatro, a coreografia representativa, manteve-se vivo através de todos os séculos. Qualquer etnógrafo indicará o que viu nas três Américas, Polinésia, Melanésia, Ásia, África, Austrália. Uma anedota bem contada, com mímica expressiva e mais de um personagem, é teatro rudimentar mas celularmente legítimo.

ESPORTES

Certo, a dança, o canto, o teatro são divertimentos, além da intenção sagrada e da valorização no plano político ou educação patriótica. Mas o instinto lúdico terá sua expressão mais livre, pessoal, no impulso autêntico da expansão, no jogo, brinquedo, esportes.

Considero essa projeção lúdica em sua legitimidade quando desinteressada no terreno utilitário. Caçadas para obter víveres não são depoimentos claramente lúdicos. Danças rogativas para chuva, bom tempo, fecundação, colheitas são antes pautas religiosas que recreação pura. O esporte profissional é uma atividade econômica em que se aproveitou a força lúdica. Como Benjamim Franklin brincava com papagaios de papel estudando a eletricidade atmosférica. É a andorinha que contratou o vôo e leão alugando a bravura. Compreende-se a oportunidade, urgência, realismo financeiro, urgência material, mas não se sente a existência da beleza, finalidade educacional, integração estética. Por isso, os práticos cidadãos de Roma não tiveram os jogos olímpicos e jamais um gladiador, um auriga do circo romano ou bizantino, "azul" ou "verde", satisfar-se-ia recebendo uma coroa de louros ou de folhas da oliveira plantada por Hércules, detrás do templo do Zeus Olímpico, perto do altar das ninfas. Um grupo de gladiadores do circo romano não podia compreender um desfile de atletas gregos na noite de lua cheia em Olímpia, na Élide. O dinheiro justifica mas não legitima. As atividades gratuitas recebem compensações ideais que a remuneram jubilosamente.

O espírito lúdico está palpitante nas multidões que aplaudem o *rugby*[344] na Inglaterra, *base-ball* nos Estados Unidos, futebol no Brasil, e é natural que o jogador, na intensidade da peleja, não esteja pensando nas recompensas monetárias de sua vitória. Mas o profissionalismo é a mecânica da vocação. Carecerá, permanentemente, da verdadeira alegria esportiva, da lúdica espontânea e natural. É uma lúdica condicionada...

A identidade vocacional explica a simpatia popular, especialmente para o esporte de grupos, como a persistência milenar consagrando uma atividade que exterioriza sentimento individual de participação em potencial.

Os povos caçadores tiveram, provavelmente desde o neolítico, as demonstrações de tiro de flecha, pontaria e distância. Muito desenho do ciclo levantino-espanhol sugere mais uma expressão recreativa que um ato de guerra.

Perseguir a caça ou acompanhar os rebanhos explicam as disputas de carreiras em extensão e velocidade. Pertenceriam aos agricultores as lutas, quedas de corpo, derrubar o antagonista, fazendo-o encostar no solo as espáduas. Os jogos de agilidade, arrojo, destreza decorriam do exercício da caça e pastorícia. Os lavradores, ainda presentemente, exibem os esportes de competição individual, dentro de áreas limitadas, possibilitando a imediata e cômoda assistência dos companheiros. Caçadores e pastores teriam nas equipes uma manifestação lógica do trabalho grupal. Dos agricultores nasce a idéia da feira, mercado, quermesse, lugar fixo, fazendo convergir a movimentação dos interessados. Os folguedos de feira, em todo mundo, são típicos do ciclo rural. Disputas dentro de limitação topográfica que denuncia o sedentarismo funcional.

O plantador tem mais tempo, disponibilidades e vagares, que o pastor e o caçador. Os jogos de paciência, de habilidade, de raciocínio não podiam surgir da intensidade móbil da caça e pastoreio. Xadrez, dados, pião, papagaios de folhas, seda, papel, vêm de lavradores, Hindustão, China, amplidões asiáticas. Os ciclos de caça e pastoril trazem saltos, obstáculos, lutas de mão, de empurrões com o tórax, ombro, quadril, ventre, todos ainda populares e contemporâneos n'África, América, Ásia, Melanésia.

A bola, feita de todos os materiais, madeira, borracha, couro, ervas, capim, palha, é o mais universal dos esportes. Impelida com a mão, o pé, jogada com a cabeça, batida por pás, bastões, raquetes, derrama-se pelo mundo, milenar e atual. Os astecas construíam parques retangulares, *tlachtli,* para seu uso. No Peru havia uma forma rudimentar do hóquei, como para os Crows do oeste americano, os indígenas do Chaco, a *lacrosse* dos iroqueses, os hopis do Arizona. Do esquimó ao argentino a bola é senhora. Pimas e maricopas empurram-na com o pé. Chanés argentinos e parecis do Mato Grosso com a cabeça. Durante o império romano jogavam a pila, esfera, por toda Europa. Os euahlaíis da Austrália, choctaws americanos, botocudos da Bahia lançam e aparam com a mão certeira, como viu o principe de Wied-Neuwied. Está por toda a parte na diferenciação das regras. É um dos primeiros esportes infantis. Não preciso indicar a bola nos esportes internacionais. Todo esporte de conjunto tem a esfera como elemento indispensável. De pé, a cavalo, com patins de rodas ou para gelo, com bastões e varas, correndo, deslizando, galopando, nadando, perseguem uma bola.

Naturalmente, as situações locais condicionam as práticas esportivas. Os desafios de trenós, tobogãs, bobsleighs, esquiagens, patins de lâmina dependem de superfícies geladas e lisas em declive. As populações das ilhas oceânicas, ribeirinhas de lagos e de rios perenes são dadas aos exercícios aquáticos, natação de distância e resistência, mergulho, regatas, campeonatos de pesca. As pradarias e terrenos horizontais provocam aos pastores as disputas de cavalo, com ginástica e escaramuças, as "fantasias" árabes. Na terra seca e reta ao derredor de Tróia, Homero faz correr os heróis a pé e guiando as bigas velozes mas (*Odisséia*, VI) nas águas do rio feaciano a princesa Nausicaa joga uma espécie de *water-polo*, enquanto o náufrago Ulisses a espreita.

A intervenção de novos fatores determina esportes imprevistos. O cavalo, levado pelos espanhóis para a América, modificou economia e organização de muitos povos, com exibições inesperadas na velha disposição tribal de outrora. Os guaicurus dos pantanais de Mato Grosso abandonaram a pequena agricultura e fizeram-se "cavaleiros", com a indústria arrebatadora dos saqueios. Tiveram, com a sedução eqüina, as competições aristocráticas da Idade Média, corridas de manilhas ou de argolinhas, feitas com ruidosa alegria, como — em março de 1845 — Castelnau assistiu. Os hidatsa da Dakota do Norte, apaixonados pela equitação, largaram as aldeias e plantios e voltaram à caça, e nesta outros esportes apareceram.

Os divertimentos velhíssimos da dança guerreira, propiciatória, animadora, com o agitar ou entrechoque das armas, pode conservar-se em linhas essenciais ou simplificar-se, como fazem os boras da Amazônia peruana, num mero percutir no solo com o pé e grandes paus roliços.

Homero (*Ilíada*, XXIII) descreve os jogos dedicados por Aquiles à memória de Pátroclo e que deviam ser os mais tradicionais do mundo grego. Não sei se referentes à data da guerra final de Tróia (1180 a.C.) ou ao tempo em que vivia o poeta, 1012-930 a.C., mais ou menos. Foram: corridas de carros (bigas); luta de mão defendida por tiras de couro de boi;[345] pugilato, luta com as mãos nuas, para derrubar o adversário; carreira a pé; luta armada, duelo; lançamento de peso (um bloco de ferro); tiro ao alvo móvel (uma pomba viva); lançamento de dardo ou javelina.

Fácil é deduzir que esses jogos constituiriam as disputas olímpicas, de 776 a.C. até 393 d.C. num total de 293 competições gerais na Élide.

Figuravam jogos de força e de agilidade. Corridas de carros puxados por mulas, 496 a 448 a.C. Corridas de cavalos, 648 a.C. Corrida dupla a pé (duas voltas ao estádio), 724 a.C. Corrida de extensão, 720 a.C. Corrida com armadura, 520 a.C., depois apenas com o escudo. O famoso Pentátlon, cinco provas, incluiu-se na 18ª olimpíada, 708 a.C., constando de salto (distância), corrida a pé (simples ou dupla), lançamento do disco de bronze, lançamento do dardo ou javelina; luta, de mãos nuas, conseguindo o adversário tocar com as costas no solo, uma ou três vezes. Corridas de bigas (dois cavalos) desde 776 a.C. e de quadrigas (quatro cavalos) em 680 a.C. Deviam correr doze voltas no estádio, num percurso de 13.843,62 m. Concurso de trombetas e arautos, desde a 96ª olimpíada, 396. Em Olímpia não havia concurso de dramas e poesias. O imperador Nero, em 67, irregularmente convocou jogos olímpicos, incluindo poesias e cantos, para "obter" a coroa de *olimpioniké,* vencedor olímpico. Na 33ª, 648 a.C., foi aprovado o *pancrácio,* luta livre, *pan,* toda, *kratus,* força, permitindo-se todos os recursos (exceto morder) e dando origem ao *catch as catch can.* Na 142ª, 212 a.C., o brutal pancrácio substituiu o pugilato, de *pugnus,* punhos, a luta clássica que ainda denominamos *greco-romana. O* lutador pancrácio reforçava as mãos, até o antebraço, com faixas de couro de boi, revestidas de boças metálicas. Um golpe bem ou mal aplicado podia matar o antagonista. O imperador Tibério oficializou o pancrácio em Roma, possibilitando o profissionalismo. Do pancrácio veio o boxe, adoçado pelas luvas de couro.

As crianças lutavam também nos jogos olímpicos desde a 37ª, 632 a.C. Duravam cinco dias, começando de fins de julho ou inícios de setembro, sempre com luar. As mulheres casadas não podiam assistir. Os prêmios eram coroas vegetais e para os espartanos o supremo direito de combater ao lado do rei. Com menor esplendor ocorriam os jogos píticos, nemesianos e istímicos, com os mesmos preceitos e rigores de imparcialidade. Em 393 d.C. o imperador Teodósio proibiu os jogos olímpicos. Teodósio II, em 423, mandou incendiar o templo de Zeus Olímpico e arrasar os vestígios, como focos de paganismo.

De um modo geral, os esportes conhecidos datam mais ou menos de dois mil anos. Os "modernos" são modificações, decorrências, adaptações. Corrida de automóvel ou círculo aviatório são modalidades da corrida a pé. Invenção mesmo, não existe.

A briga de galos é tradicional desde a Grécia clássica. Dizia-se *Alektryonon agones* e o governo ateniense financiava um espetáculo público e anual de uma rinha de galos. Comemoravam, por ordem de Temístocles, a batalha naval de Salamina (480 a.C.) com uma luta de galos. No túmulo das Harpias, de Xantos, um dos mais lindos monumentos funerários da Lícia, esculpiu-se um par de galos duelando. Os espanhóis levaram o divertimento para suas colônias, que estavam nas sete partidas do mundo. Tem seus devotos fiéis no Brasil. Mas Pigafeta viu briga de galos na futura Filipinas. Na Tailândia há brigas entre peixes.

Não há povo sem divertimento ou passatempo, vencendo as horas noturnas ou escuridão fria do inverno. A literatura oral é um patrimônio universal e de meados do século XIX em diante a bibliografia cresce anualmente. Africanos, asiáticos, europeus, oceânicos, do esquimó ao patagão, onde quer que viva um grupo humano, aí se erguerá uma voz narrando maravilhas ou propondo enigmas, fazendo rir ou sonhar.

Desde quando começou a estória? Há nos desenhos do alto paleolítico e mesolítico cenas que devem ser representações de atos vividos e, decorrentemente, transmitidos oralmente aos companheiros antes de merecer as honras da eternidade fixadora. Enquanto arde a fogueira, na gruta aurinhacense, um homem narra aos outros a caçada difícil, vencida com seu arrojo. Ouvem e talvez outro tome a palavra para confidenciar suas andanças com ursos pesados e renas ágeis. Era o serão.

A estória[346] estava nascendo. Não se poderá provar ou negar. Quem pinta, grava, esculpe descreverá também...

O jogo-do-cordão, paciência-do-cordão, *jeux de ficelle, cat's cradle, string figure,* teve-o América Latina e saxônica dos europeus colonizadores, ou já o conhecia antes de 1492? Certamente não havia clima psicológico para o ameríndio praticar essa delicada e silenciosa atividade. Está, entretanto, em todo continente americano, tanto nas populações indígenas como entre os habitantes das cidades. É um cordel amarrado pelas extremidades que vai sendo colocado e disposto caprichosamente entre os dedos de ambas as mãos e termina constituindo um desenho figurativo, quando as mãos se afastam, e que tem um nome. O jogo consiste em retirar a combinação inteira das mãos do companheiro sem desfazer a teia. Está na Austrália, na Polinésia, nos Kazars d'Ásia Central e nos esquimós. Para um difusionista vale uma flecha indicando o percurso.

A briga-de-braço, *indian wrestling* para ingleses e americanos que a viam vulgar na indiada, também conhecida em Portugal, Espanha, França, Itália, originou-se possivelmente em Roma, entre os soldados das legiões. Divulgou-se no Novo Mundo mas não tenho notícia de sua presença entre os contendores amerabas. *Jouer à bras de fer, braccio di ferro,* queda-de-braço.

623

MEDICINA
•••••••••••

Juro por Apolo médico, por Esculápio, por Higéia e
Panacéia, por todos os deuses e todas as deusas...
passarei minha vida e exercerei minha Arte
na inocência e pureza.

Juramento de HIPÓCRATES (460-370 a.C.)

Je te pansay, Dieu le guarist.

AMBROISE PARÉ (1517-1590)

0s documentos da prática ortopédica datam do neolítico. Caçador, o homem do paleolítico seria vítima comum dos acidentes na perseguição da caça, contusões e fraturas de todos os ossos. A caverna doméstica causar-lhe-ia escorregões, quedas fatais e o lume trazia as primeiras queimaduras. E nem sempre sairia incólume do encontro decisivo com felídeos, ursos e bisontes esfaimados. Fraturando os ossos longos estaria impossibilitado de prover sua subsistência na base essencialíssima da carne animal. Ficaria abandonado para morrer de fome e conseqüências traumáticas?

Acresce que esse Homem da Natureza sofreu enfermidades dolorosas e diminuidoras de sua capacidade aquisitiva. O grande mal era o reumatismo. A osteoartrite crônica é *le véritable maladie spécifique de l'homme de la pierre taillé* — informa Henri H. Vallois. Aparecia a osteopatia deformante progressiva (Mal de Paget). A mastigação desgastava-lhe a dentadura até o colo sem que a cárie existisse, mas havia casos de artrite-alvéolodentária exasperadores. Decorrentemente, surgiam as reações hiperclorídricas, gastralgias, enteropatias, com o cortejo cefalálgico. Não é possível notícia senão das reduções ortopédicas, imobilizando os membros inutilizados, o solidarismo humano expresso na improvisação da prótese.

Dizer-se que a Medicina começou no neolítico é afirmar a existência humana apenas nesse período. Não sabemos, antes do neolítico, como o Homem do Aurinhacense, do Solutrense, do Madaleniano, de todo epipaleolítico, atendia aos reclamos imperiosos do organismo ferido ou molesto.

Indiscutivelmente não ficariam imóveis as mãos que desenhavam, esculpiam, gravavam, manejando armas bem acabadas e instrumentos musicais. Uma ausência documental não invalida a presença da Medicina incipiente e lógica, tão obrigatoriamente natural quando irrompia do próprio instinto defensivo do homem.

Hofschlaeger deduz excelentemente que

todas as formas de autodefesa se tornam também formas de auxílio mútuo e consciente.

Durante o neolítico, com a agricultura, o relativo sedentarismo, o pastoreio, seguem as osteoartrites, Mal de Pott, fraturas de todo gênero; a cárie faz sua entrada; debate-se a existência do raquitismo, da sífilis óssea, da tuberculose, verificáveis unicamente nos depósitos osteológicos. N'América pré-colombiana Ales Hrdlicka nega o raquitismo, tuberculose, microcefalia, peste, cólera, tifo, varíola, sarampo, lepra, raro o câncer e discutível a sífilis. O grande antropologista do Smithsonian Institution devia ter lido sem atenção maior a informação seiscentista do peruano Poma de Ayala. As lesões traumáticas seriam as mesmas por toda a parte do mundo caçador.

Há uma entidade nova ou de recente apresentação: a guerra, iniciada naturalmente pelas lutas pessoais que se estenderam aos grupos. Vallois cita uma flecha de ponta de pedra que se implantou na face anterior da quinta vértebra dorsal, atravessando todo o tórax, num esqueleto encontrado em Téviec, Bretanha. "É a mais antiga e autêntica ferida de guerra conhecida" — conclui o antropologista francês. Num dólmen de Font-Rial, Aveyron, deparou-se uma tíbia humana penetrada por uma ponta de pederneira, produzindo um calo. Outra conseqüência de encontros guerreiros.

A vida humana no paleolítico e neolítico tinha uma média bem inferior à contemporânea. Morriam os homens entre vinte e quarenta anos. Na América, entre 37 e quarenta. Raríssimos, no Velho e Novo Mundo préhistóricos, os "sobreviventes" qüinquagenários. As mulheres sucumbiam com mais freqüência. A mortalidade infantil seria catastrófica.

Intervinha-se arrancando flechas e dardos, fazendo repousar o membro ferido, reduzindo-se pela imobilidade a luxação. Nas rochas são visíveis as impressões de mãos faltando dedos. Surgem na caverna de Gargas, nos altos Pireneus, no aurinhacense e o professor Menghín encontrou-as na Patagônia, correspondentes ao tardio madaleniano europeu. Como processo de sacrifício religioso é contemporâneo n'Ásia e n'África. Na pré-

História representariam amputações de cirurgia indispensável ou oferenda sangrenta? Creio na primeira hipótese. Seriam posteriores as deformações cranianas por continuidade compressora e as mutilações dentárias. Hofschlaeger supõe anterior às ataduras o processo cicatrizante de cobrir a ferida com barro, como ainda fazem os antropóides. A fixação da fratura ou luxação pelas entaladuras, técnica protética de atar tiras de madeira ao longo da perna ou braço, deixou sinais inconfundíveis no mesolítico. E a flora circunjacente já não estaria utilizada se o homem conhecia frutos, caules, bulbos, medulas, raízes, sementes comestíveis? Não haveria aplicação de vegetais mastigados e postos como emplastros e mesmo cataplasmas? O próximo aparecimento de operações cirúrgicas mais atrevidas autoriza supor o emprego de sangrias, escarificações, punções, removendo pus, aliviando dores, resolvendo tumores.

As formas universais e persistentes da sucção, sopro, lambedura, cuja popularidade prestigiosa em todos os recantos do mundo denuncia sua espantosa velhice, não datariam do neolítico? Era o momento exato do maior contato humano com a natureza livre e as faculdades de observação estariam voltadas para as fórmulas imediatas do uso, indispensáveis e urgentes na vida áspera e primitiva. Com os animais domésticos ou em marcha de amansamento, não via o homem o uso terapêutico da saliva, a procura e escolha de espécies vegetais curativas, o jejum defensivo, eliminador das toxinas do bolo alimentar indigestão?

Espostejando animais para assá-los[347] ou abrindo cadáveres humanos para os repastos antropofágicos, teve a revelação sumária da anatomia interna, vendo onde eram situados os órgãos essenciais que sentia possuir no próprio corpo.

É no neolítico que surge a espantosa técnica cirúrgica da trepanação. As cenas de encantamento sedutor dos cervos de Trois Frères por dois feiticeiros bailarinos, imitando os animais que perseguem, têm sua réplica na longínqua Patagônia, no mesmo madaleniano, onde o professor Menghín vê os dançarinos vestidos de guanacos, a caça preferida. Não é crível que esses homens, distintos dos demais pela habilidade e destreza simuladora, já não tivessem uma ação de curandeiros, projetando no ambiente tribal as artes capciosas empregadas sobre os animais. Não temos idéia de outra criatura, no plano da saliência funcional, como essas figuras mascaradas e bailantes. Um velho ditado português diz que o médico é o Pai da Crença.[348] Podíamos inverter os termos: as crenças são o Pai do médico. Ele nasce da confiança, da fé, da esperança na eficácia das manobras terapêuticas. A trepanação, aparecendo nos finais do neolítico para a Idade do Bronze, permite induzir que os legítimos sucessores do Trois Frères na França, barranca La Gasulla na Espanha e Patagônia n'Argentina, tivessem acumulado farto patrimônio experimental no exercício de uma medicina legal *in anima nobile,* para ousar a craniotomia com o rudimentarismo da aparelhagem cirúrgica. E retirar uma rodela da calota craniana com um instrumento de pedra, sem assepsia, sem narcose, e com alta percentagem de êxito...

Os crânios trepanados foram encontrados na França (a maior parte européia), Espanha, Portugal, Tchecoslováquia, Inglaterra, Bélgica, Suécia, Dinamarca, Alemanha, Polônia, URSS, Itália, Suíça, Argélia, Canárias, Polinésia, Melanésia, América do Sul e do Norte (peruanos incásicos, bolivianos, Arizona, Geórgia, costa americana do noroeste), apaixonando antropologistas e etnógrafos. Complicou o problema deparar-se rodelas ósseas, visivelmente partes da caveira, acompanhando a peça de onde tinham sido retiradas ou perfuradas para uso como pendentes. O sábio Broca sentenciou a divisão, clássica até poucos anos: trepanação cirúrgica, nos vivos, e trepanação póstuma, nos mortos. Exemplos de mais de uma operação, até cinco, tanto na França como no Peru. Destinava-se a intervenção a facilitar a saída de um espírito opressor que determinava distúrbios nervosos, dores de cabeça, epilepsia, loucura. Até recentemente na loucura furiosa extirpavam os centros motores corticais. Presentemente o conceito adotado é que a trepanação tanto aliviava os males acima mencionados como era específica no tratamento para reduzir a pressão proveniente de fraturas, fraturas recebidas em combates pelas clavas de pedra. Wölfel afirma a perfeita concordância entre as áreas da clava de pedra com as do emprego da trepanação. Não apreciou as rodelas, existentes e populares. Certo é que a trepanação tinha a finalidade cirúrgica e, quando póstuma, não seria a genérica utilização de fabricar amuletos. Mas esses foram usados na Rússia (D. N. Anoutchine) e na Itália (Giuseppe Bellucci, entre os camponeses da Umbria). Lehmann-Nitsche lembra que certas farmácias na Baviera, em fins do século XIX, vendiam ossos vórmicos, justamente os mesmos encontrados nos túmulos neolíticos de Boujassac. Essa persistência identificadora justificaria o emprego das rodelas cranianas como amuletos. O professor Wölfel, de Viena, argumenta que a trepanação taumatológica (como dizia Mac Gee) para libertar o espírito perturbador não mais existia em parte alguma com esse propósito. Sugiro que podia ter existido e desaparecido no passar dos milênios. A rodela seria usada para evitar a trepanação, isto é, os motivos que levariam à dolorosa intervenção cirúrgica.

Abrir um furo no crânio para dar saída a um demônio atormentador não é absurdo etnográfico ou folclórico. Urnas mortuárias e incontáveis túmulos neolíticos possuem orifícios para essa finalidade. Nos dólmens do Dekan contam 1.100 entre 2.129, segundo Lehmann-Nitsche. J. Leite de Vasconcelos (1858-1941) explicava a seu modo a origem da rodela, na dupla trepanação, cirúrgica e taumatológica.[349] E tinha opinião pessoal sobre o assunto. Pensava que a trepanação era destinada a facilitar o regresso da alma do doente, alma viajante cuja ausência provocava a doença, e não para que algum espírito saísse. A situação patológica era explicada pela falta da alma e não pela presença do mau espírito. A trepanação póstuma tinha o mesmo intuito: atrair a volta da alma cuja distância ocasionara a morte do enfermo. Era justamente o que dizia o peruano no império do inca e havia toda a sorte de remédios e cerimônias para conseguir o regresso da alma, prejudicando a criatura com sua viagem ou prisão, por algum *llulla umu,* mago embusteiro e tenebroso. Um historiador de religiões, Alberto Réville (1826-1906), muito famoso naquele tempo, tinha raciocínio idêntico.

Justamente nesse período neolítico, palafitas, megalitos, orla da Idade do Cobre e do Bronze, há um dilúvio de pequeninos ídolos portáteis e de amuletos. Não havia, como raramente existe, culto desinteressado no terreno oblacional. Ídolos e amuletos eram formas devotas da defesa humana. Eram também "medicinas", agindo contra moléstias, acidentes, cataclismos, meteoros. Mas todos esses elementos governados por forças imponderáveis e superiores só podiam ser obstados pela barreira apotropaica. É a grande época valorizadora dos cultos e a consagração do feiticeiro, pajem, xámam,[350] *medicine-man,* contra cuja limitação etimológica se insurge, muito razoavelmente, o professor Martim Gusinde.

Como as feridas contusas e fraturas só pudessem ocorrer por choques externos e o sentimento doloroso encontrava causa imediata no impacto material, o homem estendeu a explicação etiológica de todos os males a um processo exterior de contatos. No neolítico e fases posteriores da História, com a discriminação e evolução dos grupos humanos na economia ascendente, a rivalidade dos concorrentes distantes justificava o aparecimento de males enviados magicamente pelos competidores. Ainda hoje a gripe, *influenza* dos italianos, vem de "influência", irradiação de força afastada mas operante e sensível. Não há, para o povo, moléstia de origem interna mas uma manifestação invejosa de inimigos espontâneos, adversidade de seres invisíveis ou castigo divino aos pecados cometidos.[351] Na mentalidade universal e coletiva ninguém morre: é morto. Há uma endosmose letal. Ação maléfica de fora para dentro. A personificação da Morte, o esqueleto armado de foice, é índice claro dessa mentalidade obstinada e milenar. A Morte vem até nós, procurando-nos para sua dança macabra infindável, a todos arrastando, como Holbein pintou. Tentamos distraí-la, evitá-la, enganá-la. Milhares de contos populares guardam esse motivo em todas as línguas do mundo. Fazemo-la amiga, comadre adulada, *Godfather Death,* a Morte Madrinha dos bretões, *ann Ankon.* Ninguém a ilude jamais. Na hora exata comparece, cobrando a intransferível dívida.

Só poderá ofender ao corpo um poder dominador dos elementos físicos. O homem que, entre todos, exercia a técnica de tratar seus semelhantes, era possuidor, inquestionável, de uma convivência secreta com esses seres informes e soberanos. A terapêutica confundia-se com a liturgia. Era preciso conhecer a causa, ou o causador, para atender ao efeito. Assistia-se o doente com orações e remédios, fórmulas imprecativas, suplicantes, conciliatórias, sugerindo tréguas, envio de ofertas, humilhações compensadoras. O veículo era o médico, feiticeiro, curador, sacerdote daqueles ritos da imprecisa Medicina.

Os mais antigos formulários médicos dos acadianos, caldeus, egípcios são relações de orações requerendo aos adeuses ou aos demônios saúde para os doentes fraternos e doença para os inimigos sadios. As séries de Oppert, Rawlinson, Lenormant ameaçam e suplicam aos demônios dos pântanos, dos ventos maus, dos desertos ardentes, *innin, uruku, ala, gigim, talal, maskim,* que concedam as graças de não mandar úlceras, febres, dores de cabeça, podridão no ventre. Ao mesmo tempo quem declama fórmula faz o remédio, aplica e espera, confiando na força ambivalente do amor e medo. Quinhentos séculos depois continua existindo na Polinésia, Melanésia, África Central, Austral e Ocidental, no mundo muçulmano, hindu e chinês, na América, Austrália, Europa um homem que enfrenta e resolve as doenças tocando pandeiro ou maracá, cantando, dançando ou murmurando rezas imperceptíveis, empregando recursos alheios aos doutores que saem das universidades. Esse homem é o pajé amazônico, o xámam da Sibéria Oriental, o bailán polinésio, qualquer que seja o nome mas sempre atual e prestável nos mares do Sul, florestas tropicais e confins do mundo. Também as cidades tentaculares, com arranha-céus e faculdades modernas, possuem infindável corpo de feiticeiros na diuturnidade prestigiosa de uma clientela confiante e teimosa.[352]

629

Volto a lembrar a contemporaneidade do milênio porque esses curandeiros combatidos por todos os meios urbanos resistem e vivem num clima generoso de aceitação e valimento. Citando o Dr. L. Davidson, da Universidade de Edimburgo, o doutor A. da Silva Melo lembra uma viagem de 1953, do Cabo ao Cairo pelo professor inglês, resultando o depoimento de que 80% ou 90% dos doentes africanos nessa imensa região

são tratados por curandeiros das tribos nativas, inclusive mulheres. Médicos, que trabalham nessas regiões, informaram-lhe que, às vezes, eles próprios recomendam ao doente chamar o curandeiro ou o feiticeiro, sobretudo em casos de graves perturbações psíquicas, que não conseguem resolver, embora não seja raro o nativo obter curas decisivas.[353]

Não é outra a visão polinésia, melanésia, povos do hinterland asiático, os hindus, chineses e os nossos ameríndios. Quem poderá calcular a massa desses *medicine-man* nas cidades dos Estados Unidos, deduzindo-se pelos 25.000 astrólogos que Bergen Evans afirmava existir em pleno funcionamento em 1946?[354] Essa permanente denúncia, no ponto de vista etnográfico, uma continuidade psicológica que ainda não pôde ser substituída ou atenuada pelas soluções do raciocínio científico.[355]

Já se tem notado que há certa abundância documental sobre a prótese pré-histórica e há referências à farmácia neolítica.

Não é possível que a atividade única do "doutor" pré-histórico fosse entalar fraturas, espremer abscessos e retirar pontas de pedras das articulações feridas. A Medicina começa, pelos seus "heróis civilizadores", colhendo folhas, frutos, sementes, raízes, fazendo sumos, essências vegetais, aplicando-as por via oral, com ignorados dissolventes e condutos, ou pondo-as nos pontos sensíveis ou afetados. Asclépio (Esculápio) estuda com o centauro Quíron ("a mão", o hábil), ampliando com genialidade o curso eqüinamente peripatético. Quíron era caçador, músico, amigo da flora e das estrelas. Sua farmacopéia repousava na base dos símplices vegetais. Esculápio foi um farmacópolo, elaborando sua medicamenta, e um rizótomo, cortador de raízes. Ainda presentemente nos mercados públicos encontramos os herbanários, vendedores de raízes, fornecendo remédios às populações pobres e ricas, idênticas na fé.

Não há menção de Asclépio-Esculápio haver feito uma intervenção cirúrgica. No tempo de Homero seu culto não se divulgara por toda a Grécia e a morte seria recente porque dois filhos seus, Macáon e Podáleiros, ambos médicos, eram profissionais na guerra contra Tróia. No templo de Epidauro Esculápio respondia às consultas oniricamente, por meio de sonhos, oráculos que precisavam interpretação sacerdotal. Milhares de anos antes, nos finais do neolítico, a mão rude do homem já ousara uma trepanação em criatura viva e berrante.

Essa predileção popular e universal pela Botânica, pelo remédio do mato, invencível e teimosa ante a maré-montante da química industrial e padronizadora, é uma sobrevivência miraculosa do magistral ante o oficinal. Da fórmula individual, destinada a um doente, para a seriação generalizadora e igualitária para todos os consulentes.

A distância do neolítico, da assistência posterior dos Asclepíades, para nossos dias, é marcada pelo gradual desaparecimento da arte de formular.

Quíron e Esculápio estudavam as estrelas, olhando suas conjunções aproximativas para dedução médica. Moléstias e remédios dependiam das posições astrais. Quando a Medicina conseguiu libertar-se da alquimia, da matemática sideral, da ciência iátrica? A crença veio aos finais do século XVIII. Lavoisier ainda participou dela. Cada órgão, cada função fisiológica, cada uso de remédio, cada tempo para tomar o perigoso banho, estava indissoluvelmente ligado aos signos do Zodíaco. Tudo se dissolveu? Ainda restam reminiscências que se valorizam. A meteorologia médica, o campo elétrico, as influências da temperatura, pressão, clima, os tempos para purgantes e tratamentos demorados constituem patrimônio popular e motivo de curiosidade científica. Ainda o povo de Portugal e Brasil aceita a presença tenebrosa das horas abertas, em que a moléstia é mais traiçoeira e a Morte mais freqüente. Horas dos crepúsculos matutino e vespertino, hora em que se morre, coincidente com os abaixamentos de temperatura, descompressão, desequilíbrio climático. E a influência da Lua? Essa tradição não é apenas ibérica e sul-americana. Estende-se pelo mundo.

O determinismo que as ciências iátricas pretendiam impor ao organismo humano é irmão da ditadura endocrínica ou do fatalismo biotipológico.

A Medicina iniciou-se pelo medicamento vegetal e pela cirurgia de urgência em época que não é possível precisar. Os animais tratam-se e não é crível a exceção do *Homo sapiens,* pelo argumento simplista de não ter deixado vestígios materiais no paleolítico superior. Teve a impressão de realizar ato mágico porque a intervenção no organismo vivo não podia ser explicada de outra forma. *En el hombre todo es milagro* — dizia Pio Baroja.

Sem que o exercício "médico" deixasse de pertencer a uma minoria selecionada pela prática, ousadia e fama, a Medicina tornou-se sagrada e privativa dos templos, com cerimonial consultivo e respostas das égides divinas ou divinizadas. Essa terapêutica taumatológica coligiu normas que eram, antes de tudo, rituais de oblações. Não se divulgava o arquivo das respostas divinas às consultas dos doentes e sim, unicamente, a do interessado. Mais de dez séculos a.C. funcionavam médicos que não eram sacerdotes, como Homero registra na *Ilíada* e na *Odisséia*. Mas perduravam os processos medicamentosos incluindo fórmulas sagradas, orações e cantos especiais. Todos os católicos conhecem os santos terapeutas e a infinidade de orações para curar-se de doenças.[356]

Já nas eras históricas as escolas gregas de Cnide e de Cós enfrentavam o problema da sintomatologia e dos prognósticos. Especialmente o mestre de Cós, Hipócrates, eleva e amplia as técnicas perscrutadoras das causas. Ensina, no clássico juramento, a missão semidivina do médico, na inflexível conduta moral, tendo os deuses por testemunhas. Serão os mais próximos de Apolo Médico, Esculápio, Higiéia, Panaquéia, "todos os deuses e todas as deusas" invocados na promessa de uma vida limpa e sã em serviço da saúde humana.

A tradição letrada ensina que a Medicina veio das Índias para o Egito e deste para a Grécia. Na China fala-se de um tratado médico ao redor de 2700 a.C. Delícias da erudição especulativa e não explicativa. A pergunta inocente é indagar-se quanto tempo os egípcios esperaram, morrendo sem assistência, que os hindus exportassem a sabedoria nativa. E quantos séculos os gregos sucumbiram ao abandono de cuidados antes que os egípcios mandassem os saldos do ensino hindu.

Nenhum povo neste mundo aprendeu com outro os processos de atender suas necessidades naturais e erguer abrigos, defender-se da fome, do frio e das feras, construir uma jangada, subir às árvores, procurar raízes, abater animais. Certas técnicas é que foram transmitidas, melhorando as normas existentes localmente. Já em época histórica o intercâmbio, fortuito ou regular, determinou modificações na arte de tratar e tentar curar.

Nenhum povo da Terra inventou a Medicina ou iniciou a terapêutica antes de outro. É o resultado natural e lógico da autodefesa humana.

Deus é a origem da vida e tudo decorre de sua permissão, nas causas segundas, ou diretamente na intervenção sobrenatural (*Mateus,* X, 30). Saúde, moléstia e morte são atos da volição divina. Os fundamentos racionais do livre-arbítrio, tão valorizador da consciência humana na escolha do Bem e do Mal, nunca foram entendidos e menos aceitos pelo povo de qualquer recanto do mundo. Essa mentalidade é que mantém o *medicineman* no domínio todo poderoso porque sua Medicina reveste-se infalivelmente de uma fórmula aliciatória da sagrada proteção ou concessão. O feiticeiro não trata mas retira, pela lambedura, sopro, sucção, orações, cantos, danças, disfarces, a moléstia do corpo humano, materializada num objeto concreto, pedrinha, caco de louça, concha, lasca de pau, espinhos, folha seca, ou explica a causa remota pelo ódio irradiante de um inimigo. Para qualquer intervenção é mister o conhecimento dos mistérios que escapam aos mortais comuns. Assim continuam 80% ou 90% da humanidade derramada na Terra.

De todas as profissões, o médico representa a continuidade de uma missão sagrada, enfrentando, combatendo, vencendo a Morte. Sendo a Morte uma enviada extraterrena, deduz-se que o curandeiro participa do prestígio de atenuar, corrigir e afastar manifestações divinas, visíveis na doença-castigo ou anular forças adversas na moléstia-inveja.

Na história da Medicina importa muito o traje do médico que, através dos tempos, foi uma expressão imediata de sua competência e da altitude dos encargos aos olhos consulentes. Para a população letrada o médico é um técnico que reconstrói a saúde como quem restaura esteticamente uma obra-prima da arte antiga. Para o povo, para o geral, há dezenas de princípios poderosos e mágicos que o médico não aprende no curso universitário mas os recebe pela simples colação simbólica do grau, como num cerimonial de unção. Nenhuma profissão se exerce mais próxima de Deus.

O *royal touch* curador de escrófulas, alporcas, parótidas é uma denúncia positiva desse princípio divino da Medicina. O rei, sagrado, ungido, inviolável, devia possuir poderes sobre moléstias. Os Stuarts na Inglaterra foram grandes curadores. Naturalmente, quando o rei era católico a missão se impunha. Guilherme II, de Orange, protestante, ainda obedeceu de má vontade à tradição, mas abandonou-a. Não acreditava no seu poder como os reis de França, especialmente os Bourbons que acreditavam piamente.[357] Mas era lógico que o rei estivesse em estado de graça, tendo comungado, ostentando os signos da realeza *par droit de naissance,* o grande colar da Ordem do Espírito Santo ao pescoço e revestido com o pesado manto de veludo negro, semeado de línguas de ouro, as *linguae tanquam ignis,* do Pentecostes (*Atos,* II, 3). E havia, para cada toque, a frase reveladora do cumprimento de um direito sagrado:

> *Dieu te guérisse! Le Roi te touche!* [assim dizia, compenetradamente, o *Roi Soleil* Luís XIV, como fizera Ambroise Paré, cem anos antes]: *Je te pansay, Dieu te guarist.*

Uma impressão letrada e branca do feiticeiro oceânico, africano, europeu, ameraba ser genericamente um burlador, aproveitando a credu-

633

lidade para viver, não é justa nem exata. No comum os pajés, *medicine-men*, jamais alcançam mediania econômica, dada a modicidade dos pagamentos percebidos. Deve haver entre eles muita simulação e fingimento mas também crença absolutamente firme na eficácia e veracidade dos ritos executados. Durante anos estudei o catimbó[358] e encontrei entre os *mestres* tanto o cinismo zombeteiro, dissimulação mentirosa e cúpida, quanto absoluta confiança nos métodos e mostras de uma indiscutível fé nos processos empregados para atender aos consulentes. Alguns *mestres* compõem "linhas" (cantos privativos dos Mestres do Além e que servem de identificações) para que fossem facilmente reconhecidos quando, depois de mortos, acostassem nas sessões do catimbó.

Há, sem dúvida alguma, a vocação indiscutível, atraído o psicologicamente predisposto a uma missão especial, difícil, exigindo atuação de prodigioso desgaste individual e sujeição às exaustivas provas da iniciação e aprendizagem, como Martin Gusinde registrou entre os iamanas da Terra do Fogo, Henry Callaway (*Bishop of St. John, Kaffraria*) ouviu a um velho feiticeiro zulu d'África do Sul e Nils M. Holmer e S. Henry Wassén recolheram entre os indígenas Cuna do Panamá, o longo cântico mágico *Mu-igala* e o *Nia-ikala,* para curar a loucura, o espantoso esforço mental para vencer as doenças.

Dedica-se a profissão o homem mais inteligente, o mais sensível, o mais vibrante e apto para receber as manifestações dedicadas e sutis dos motivos misteriosos, sabendo-os traduzir e transmitir, multiplicados pela técnica coreográfica e mímica. Esses elementos comunicados fazem repercutir no espírito dos consulentes e devotos os obscuros valores inconscientes que tomam movimento e forma para a expansão libertadora. Assim agem música, psicoterapia, sugestão, magnetismo.

Apenas o conhecimento dos segredos curandeiros não fazia o pajé. O curso médico ensina todas as técnicas da pintura mas não pode criar o pintor...

NOTAS

267. Ainda sob o imperador Trajano, no segundo século d.C., Marcus Régulus, cavaleiro romano, sacrificou junto à pira do filho os animais favoritos do morto, cavalos, cães, rouxinóis, melros e papagaios. Plínio, o Moço, contemporâneo, dizia não ser testemunho de dor mas exibição dela; *nec dolor erat ille, sed ostentatio doloris* (IV, II).

268. Para América: Alfred L. Kroeber, *Disposal of the Dead,* American Anthropologist, 1927; Alfred Métraux, *Mourning Rites and Burial Forms of the South American Indians,* América Indígena, vol VII, n° 1, México, 1947.

269. Métraux, *Mourning Rites and Burial Forms.* O endocanibalismo ainda ocorre entre ameríndios: Padauari e Paquidari, do Rio Negro (Bastos de Ávila e Sousa Campos, cit.); Panos (Juruá-Purus); Purukotó (caribes da Guiana brasileira), Eduardo Galvão, "Áreas Culturais Indígenas do Brasil" (1900-1959), Boletim do Museu Paraense Emílio Goeldi, n° 8, janeiro de 1960.

270 Os camaiurás, tupi das cabeceiras do Xingu, sepultam seus chefes em túmulos losangulares (José Mauro de Vasconcelos, *Arraia de Fogo,* São Paulo, 1955).

271. Luis da Camara Cascudo, *Cinco Livros do Povo,* Rio de Janeiro, 1953, para onde envio o leitor: Eduardo de Hinojosa, *Estudios sobre la Historia del Derecho Español,* Madri, 1903; Esmeín, *Mélanges d'Histoire de Droit et de Critique,* Paris, 1886. O supremo castigo ao devedor insolvente era a privação do sepulcro.

272. A tradição popular ameríndia repele a cremação que não foi uso no continente e sim o embalsamamento e enterro. Era mesmo um dogma na alta civilização incaica. William H. Prescott, *Historia de la Conquista del Peru,* registrou documento típico, resumindo depoimentos de testemunhas do suplício do inca Ataualpa em 1535. *Este Atabalipa habia hecho entender a sus mujeres e Indios que si no le quemaban el cuerpo, aunque le matasen avia de bater a ellos; que el Sol su padre le resucitaria. Pues sacandole a dar garrote a la plaza, el Padre Fray Vicente de Balverde ya dicho le predicó diziendole se tornase Cristiano: y el dixo que si el se tornava Cristiano, si le quemarian; y dixeronle que no: y dixe que pues no le avian de quemar que queria ser baptizado, y ansi Fray Vicente le baptizo y le dieron garrote.* Com o corpo tornado cinza o inca não podia reencarnar-se.

273. Gordon Hall Gerould: *The Grateful Dead.* The History of a Folk Story. Londres, 1908.

274. Luis da Câmara Cascudo: *Cinco Livros do Povo,* "O Morto Agradecido", Rio de Janeiro, 1953. É o motivo central da novela *Jean de Calais.*

275. Heródoto, *Terpsícore,* XCII, conta o episódio de Periandro, tirano de Corinto. Evocando o espírito de Melissa, sua mulher, esta disse estar sofrendo muito frio porque as túnicas depositadas no seu túmulo não haviam sido incineradas e de nada lhe serviam. Periandro mandou queimar adornos e vestidos das mulheres de Corinto e Melissa reapareceu dizendo-se aquecida e confortada, respondendo a consulta que o marido lhe fizera e que deixara sem solução.

276. Para informação contemporânea sul-americana, A. Métraux, *Mourning Rites and Burial Forms in South-America Indians, The Ghosts of the Dead,* cit.: J. O. Frazer, *Le*

Folklore dans l'Ancient Testament, "La Veuve Silencieuse"; Risley, *Tribes of Bengal,* mostra no Nepal, entre os Mangar, o uso de espalhar espinhos para que o morto não volte à aldeia. No aurinhacense há esqueletos amarrados ou com pés e mãos sob grandes pedras.

277. Oscar Ribas, *Hundo,* "Divindades e Ritos Angolanos", Museu de Angola, Luanda, 1958, registra a contemporaneidade da representação. No simulado enterro dos bisavós, Pedra de Quibala-Muiji, os serviçais são figurados por pedras, amontoadas em forma sepulcral, formando a Mesa de Diculundundo.

278. C. L. Woolley: *Ur Excavations,* vol II. "The Royal Cemetery", I, Londres, 1934. Alarico, rei dos visigodos, falecido em 410 d.C., foi sepultado, com suas riquezas, cavalos, escravos, no leito do Rio Busento, Cosenza, desviado propositadamente do curso normal. Marco Pólo, em fins do século XIII, assistiu em Chen-si, na China, ao enterro de um Kan, com seus escravos, quatro cavalos e seis favoritas.

279. William H. Prescott, *Historia de la Conquista del Perú,* Madri, s.d.

280. Idem, transcrevendo documento coevo: *y ansi se fueron a sus aposentos, y se ahorcaron todos ellos y ellas.*

281. Inca Garcilaso de la Vega, *Páginas de los Comentarios Reales,* Col. Estrada. Buenos Aires, s.d. 172-173: *Cuando moria el Inca o algún curaca de los principales, se mataban y se dejaban enterrar vivos los criados más favorecidos y las mujeres más queridas, diciendo que querían ir a servir a sus reys y señores a la otra vida; porque, como ya lo hemos dicho, tuvieron en su gentilidad que después desta vida había otra semejante a ella corporal y no espiritual. Ofrecíanse ellos mismos a la muerte, o se la tomaban con sus manos por el amor que a sus señores tenían. Y lo que dicen algunos historiadores que los mataban para enterrarlos con sus amos o maridos, es falso; porque fuera gran inhumanidad, tirania y escándalo que dijeran que en achaque de enviarlos con sus señores mataban a los que tenían por odiosos. Lo cierto es que ellos mismos se ofrecían a la muerte, y muchas veces eran tantos, que los atajaban los superiores, diciéndoles que de presente bastaban los que iban, que adelante poco a poco como fuesen muriendo irian a servir a sus señores.*

282. Marcelino Menéndez y Pelayo, *Historia de los Heterodoxos Españoles,* Buenos Aires, 1945.

283. Marc R. Sauter: *Préhistoire de la Méditerranée,* Paris, 1948.

284. Vignati: *Resultados de una excursion por la margen sud del Rio Santa Cruz,* "Nota Preliminar del Museu de La Plata", II, Buenos Aires, 1934.

285. *El Hombre Prehistorico y los Orígenes de la Humanidad,* 6ª ed. Madri, 1957.

286. Oscar Paret: *La Riqueza de Oro en el Sudoeste de Alemania Durante el Periodo Hallstattico,* "Corona de Estudios", Madri, 1941.

287. N. M. Penzer, *The Ocean of Story* being C. H. Tawney's translation of *Somadeva's Katha Sarit Sagara,* "or ocean of streams of story", IV, apêndice I, *Widow-Burning,* Londres, 1925.

288. Antônio Nobre, poema "Antônio", 1891, *Só,* Lisboa, 1913:
Morria o mais velho dos nossos criados,
Que pena! que dó!
Pedi-lhe, tremendo, fizesse recados
À alminha da Avó...

Georges d'Esparbés, *La Grogne,* Paris, 1907. No conto "L'Ordennance", o soldado Massonier suicida-se para levar ao seu general Corbineau, morto em Eylau, um recado do imperador Napoleão. George Peter Murdock, *Our Primitive Contemporaries,* Nova Iorque, 1957: *Even in ordinary times he sacrifices a criminal or two whenever he wishes to convey* a *message to his royal ancestors* (Daomé, 589). *Then, after changing the corpse with messages to those who have gone before* (Ainos, 183).

289. O prof. Mariano Aramburo, da Universidade de Havana, *La Capacidad Civil,* proclama a alma "sujeito de Direito". O acatamento, o respeito minucioso, a obediência aos desejos do testador demonstram un *influyo eminentemente religioso, del cual proviene el reconocimiento del alma como sujeto de Derecho.* Era a consciência romana, respeitando o testamento como a presença viva de uma vontade legítima, além da morte (N. Alcalá-Zamora y Torres, *La Potestad Jurídica Sobre el mas Allá de la Vida,* Buenos Aires, 1959).

290. Para os muçulmanos, Alá pode arrebatar-lhes a alma durante o sono. *Allâh prend auprès de Lui les âmes au moment de leur mort. Et quant à ceux qui ne meurent pas (Il les prend) pendant leur sommeil; Alcorão,* Surata XXXIX, v-43.

291. "Kerepiyua, Kerpiyua, Kerpimanha, a mãe, a origem do sonho. Para os tupis é uma velha que desce do céu, mandada por Tupana, e que entra no coração da gente, enquanto a alma foi por este mundo afora, para voltar quando a gente acorda. Então a alma, de volta, encontra no coração o recado de Tupana e que a velha deixou, esquecendo tudo quanto viu durante a vadiação. Como porém nem sempre Tupana manda recados, e a alma quando volta relembra muitas vezes, senão sempre, o que viu no tempo em que estava fora, temos duas espécies de sonhos: uns que representam a vontade de Tupana e que o tapuio acata e cumpre, procurando conformar-se com a vontade neles expressa, como avisos divinos; e outros que nada são, e nada valem. A dificuldade está em distinguir uns dos outros, ofício que pertence aos pajés, embora eles também nem sempre acertem. As tribos baniuas, manaos, tarianas, barés etc., dizem que a que desce do céu não é uma velha, mas é uma moça sem pernas, que os baniuas chamam Anabanéri e que desce de preferência nos raios das estrelas, pelo caminho do arco-íris, pelo que os sonhos mandados por Tupana são os que se fazem de dia. Para os tupis pelo contrário eram os da madrugada, quando a velha descia nos últimos raios das estrelas" (Stradelli, *Vocabulários*).

292. Carl W. von Sydow (1878-1952), *Rite,* Särtryck ur Folkkultur, Meddalanden frän Lunds Universitets Folkminnesarkiv, 1942: *That rites also must claim an equally important place in the study of magic and religion, is quite clear, since rites are everywhere a vital component of magic and religion, but it absolutely necessary at the outset to decide clearly what a rite is, and what a rite is not.*

293. Luis da Camara Cascudo: *Superstições e Costumes,* "Posições para Orar", Rio de Janeiro, 1958.

294. James H. Leuba: *Psychological Study of Religion.* "Its Origin, Function and Future", Nova Iorque, 1912.

295. Em Basílio de Magalhães (1874-1957), que escreveu um breve e nítido resumo onde ninguém atina que esteja, *O Folclore no Brasil,* Rio de Janeiro, 1928; 2ª ed., Rio de Janeiro, 1939, separata da revista do Instituto Histórico e Geográfico Brasileiro.

296. R. F. A. Hoerlé, B. A.: *The Expression of the Social Value of Wagner Among the*

Naman of South-West Africa, South African Journal of Science, vol. XX, Johannesburgo, 1923.

297. Um episódio recente evidencia a força supersticiosa desse conceito. Os náufragos italianos do transatlântico *Andrea Doria,* abalroado pelo *Stockholm* em julho de 1956, a cinqüenta milhas ao sul da Ilha de Nantucket, lançaram ao mar todos os objetos pertencentes ao navio naufragado, interrompendo a ligação perigosa e mágica (Alvin Moscow, *Collision Course*), Nova Iorque, 1959.

298. Figuras simbolizando vítimas, amarradas, traspassadas, sem membros, degoladas, presas uma sobre a outra, já eram comuns 1100 a.C. no Egito de Ramsés III. Nos depósitos neolíticos há encontro de objetos simulando pessoas, com feição martirizante, denunciando a magia simpática. Luciano de Samosata, *Diálogos das Cortesãs,* IV, Teócrito, *Idílio II,* Horácio, *Épodos XVII,* Virgílio, *Écloga VIII,* Ovídio, *Heróicas VI, Amores III, Elegia VII* são documentos literários expressivos. Processo contemporâneo e comum na feitiçaria. Luis da Camara Cascudo, "Envultamento"; *Dicionário do Folclore Brasileiro, Meleagro,* com documentário, inclusive a *Oração do Sol,* para aproximação amorosa, Rio de Janeiro, 1951.

299. Wilhelm Schmidt, *Der Ursprung der Gottesidee.* "Eine Historisch-Kritisch und Positive Studie", 1912-1955, doze volumes (o primeiro reimpresso e aumentado em 1926). Münster in Westfalen, Verlag Aschendorff. A *Origem da Idéia de Deus* sofre de uma discreta e teimosa campanha de silêncio, de falsa ignorância para a citação. É a fórmula fácil e cômoda para a reiteração de afirmativas e divulgação de informes amplamente respondidos na obra monumental. A verdade às vezes é uma mentira incessantemente afirmada, dizia o padre Antônio Vieira.

300. Durante o assédio de Jerusalém pelo rei Nabucodonosor, da Caldéia, as sitiados recorreram à antropofagia, terminada com a posse da cidade em 587 a.C. O profeta Jeremias (*Lamentações,* 4, 10) informa: "As mãos das mulheres compassivas cozeram seus filhos, os quais lhes serviram de mantimento". Da mesma época é a notícia de Baruc (2, 2-3): — "...traria o Senhor sobre nós grandes males, quais nunca se tinham visto debaixo do céu, como os que vieram sobre Jerusalém, segundo o que está escrito na lei de Moisés, que o homem comeria as carnes de seu próprio filho, e as carnes de sua própria filha". Curtius, *Literatura Européia e Idade Média Latina,* cita um poema anônimo do século XII, citando atos de antropofagia esclava pela imposição da fome:

> *Nec genitor nato, nec fratri parcere frater*
> *Novit, et elixa recreatur filia mater.*

"O pai não poupava o filho, o irmão ao irmão; a mãe nutria-se da filha, a quem acabava de dar à luz". Era uma glosa viva ao clamor do profeta Baruc. No cerco de Tito a Jerusalém, 69 d.C., Maria, filha de Eleasar, mulher rica, foi surpreendida pelos acontecimentos e não pôde deixar a cidade condenada. Roubaram-lhe os víveres e Maria, desvairada pela fome, matou o filho criança, assou-o, comendo-o. Flávio Josefo narra o episódio, *De Bello Judaico,* I, VI, 21, tendo grande aproveitamento literário na Idade Média. Dante Alighieri colocou a pobre Maria entre os glutões; *Purgatorio,* XXIII, 28-30:

*Io dicea fra me stesso pensando: "Ecco
la gente che perdé Jerusalemme,
quando Maria nel figlio dié di becco!"*

Há uma tradução brasileira da obra de Flávio Josefo, *História dos Hebreus,* versão do padre Vicente Pedroso, em nove volumes, São Paulo, 1956. O episódio consta do cap. XXI no 8° vol.: "Espantosa história de uma mãe que matou e comeu em Jerusalém seu próprio filho. Horror que com isso Tito veio a sentir".

301. Gilles de Laval, barão de Retz, 1404-1440, amigo, companheiro inseparável de Jeanne d'Arc, marechal de França aos 25 anos, foi enterrado por estuprador, feiticeiro, satânico, bebedor de sangue humano. Dizem que o duque da Bretanha e o bispo de Nantes, Jean de Malestroit, invejosos da fortuna e poclerio do marechal, foram grandes complicadores do processo. O próprio deus Vasichtha foi acusado de ter devorado cem crianças e obrigado a prestar um juramento negativo diante do rei Soudana (*Código de Manu,* art. 90). São aspectos da repressão legal contra a tradição que se tornara heterodoxa.

302. Kund e Tappenbeck, *Exploración del Ikatta, Nuevo Grande Afluente del Kassai,* em 1885: *"Encontraron en seguida las numerosas tribus de la nación de los pamballas, cuyos poblados se extienden desde la orilla izquierda del Uambu hasta el Kuilu, tribus pacíficas aunque antropófagas. Al ver à los blancos no hicieron ninguna demonstración hostil, limitándose à decir: — "Verdad que nos comemos à los hombres cuando podemos apoderarnos de alguno; pero esa carne no abunda". Entre el Kuilu y el Kassai, por el contrario, los indígenas apostrofaron à los viajeros con insolencia: — "Por qué, preguntaban, no nos entregáis uno de vuestros hombres, ya que sois tantos, para comérnoslo? No sois amigos nuestros. Cuando los majaccas vienen aqui, siempre nos traen algún hombre para que nos regalemos. Ellos si son buenos amigos".* Enrique M. Stanley, *El Congo,* apêndices, Barcelona, s.d.

303. Os pigmeus, na sua desesperada avidez por carne, ansiavam sempre em nos ajudar nas caçadas. Esta apaixonada necessidade é peculiar a inúmeras tribos, e leva às vezes ao canibalismo. Muitos nativos africanos praticam a antropofagia em certa medida, mas trata-se, em geral, de canibalismo religioso. A carne humana exerce uma função ritual e não alimentícia. Cantaram-me que há cinqüenta anos via-se com freqüência um escravo exposto numa aldeia, enquanto os compradores apalpavam e beliscavam o homem como as donas-de-casa examinam um pedaço de filé. Se ninguém quisesse toda a mercadoria o dono vendia as várias partes a diversos pretendentes. Cada comprador delimitava e marcava a sua porção com giz de ossos. Às vezes o infeliz escravo permanecia exposto durante semanas, até a venda das partes menos desejáveis. Então, era degolado e cortado em postas. No Congo vi uma coluna de nativos conduzida por uma escolta branca. Seguiam presos em grilhetas, separados um do outro por uma corrente de um metro de comprimento. Um dos guardas disse-me que eram acusados de canibalismo; J. A. Hunter, *O Caçador,* 226, São Paulo, 1960.

304. Raffaele Corso: *"...considerando, poi, le quattro classi o categorie, possiamo ricondarle per il loro fondamento, alla forma rituale, che dovette essere la prima e la più remota, come espressione dell'animismo ancestrale, che di epoca in epoca e sotto l'influsso di condizioni differenti assunse manifestazioni varie e diverse, di cui oggi attestano i riti inziatici e quelli funebri, i riti d'immolazione e sacrificali, nei quali si intuiscono*

i germi fondamentali delle credenze nell'identificazione dei vivi coi morti, della purificazione degli spiriti mediante la consumazione degli organismo che li ricettano, e simili". Problemi di Etnografia, *Nápoles,* 1956.

305. J. G. Frazer: *Le Rameau d'Or,* II, Paris, 1908.

306. Levy Bruhl, *L'Ame Primitive,* ch. V, Paris, 1927: Serra Frazão, "Associações Secretas Entre os Indígenas de Angola", Lisboa, 1946; P. E. Joset, *Les Sociétés Sécrètes des Hommes-Liopards en Afrique Noir.* Paris, 1955, com longa bibliografia. Birger Lindskog, *African Leopard Men,* Uppsala, 1954.

307. Luis da Camara Cascudo, *Geografia dos Mitos Brasileiros,* 195-215, Rio de Janeiro, 1947; Raimundo Nonato, *Estórias de Lobisomem,* Rio de Janeiro, 1959.

308. H. H. Bancroft, *Natives Races of the Pacific States of the North America,* III, Nova Iorque, 1876.

309. Brasseur de Bourbourg, *Histoire des Nations Civilisées du Mexique et de Amerique Central,* III; George C. Vaillant, *La Civilización Azteca;* George Peter Murdock, *Our Primitive Contemporaries.*

310. A Lemurália teria sido instituída pelo fratricida Rômulo para aplacar as manes de Remo. Dias 9, 11 e 13 de maio. Os templos estavam fechados; era vedado o casamento. *Malum esse nubere mense Maio* — diziam as romanas, e na França (Poitou) resiste a interdição. Solenidade privada, costumava ser cumprida nos lares, afastando e satisfazendo a presença incômoda dos mortos familiares. Ovídio, *Os Fastos,* V, descreve (tradução de Antônio Feliciano de Castilho):

> Meia-noite. Silêncio profundíssimo;
> Nem um latido, nem um canto d'ave;
> Tudo jaz; dorme tudo.
> O homem piedoso,
> Temente aos deuses, dedicado às crenças,
> Aos ritos que dos pais herdou co'o leite,
> Levanta-se descalço, mudo; solta,
> Co'o polegar e dedo médio unidos,
> Estalos, que os fantasmas vãos lhe arredam.
> Vai-se à fonte, perlava as mãos três vezes;
> Retrocede; as sabidas favas pretas
> Meteu na boca; ao longo do caminho
> Uma a uma trás si as vem lançando,
> E ao lançá-las profere: — "Isto que esparzo
> Favas são, com que a mim, aos meus redimo".
> Vezes nove repete a mesma loa,
> Sem nunca se voltar; o espectro, crê-se
> Que vem aquelas favas apanhando,
> E a segui-la invisível. Novamente
> Lava as mãos, faz soar aéneo vaso,
> Implora à sombra que lhe largue a estância;
> E tanto que a novena vez há dito,
> – "Paternos manes! Fora!" — volta o rosto;
> Já olha para trás; e dá por certo
> Haver cumprido à risca a cerimônia.

A Parentália, Geniália, Ferária, realizava-se de 13 a 21 de fevereiro, e fora criada por Enéias em homenagem ao seu pai Anquises. *Feralia diis manibus sacrara Festa.* Era pública, correspondendo ao nosso Dia de Finados, 2 de novembro. Também suspendia os cultos e celebração do matrimônio. Ovídio, *Os Fastos,* II, registra:

> Basta aos finados a singela telha,
> Onde os seus vão lançar-lhe as flóreas c'roas,
> Uns grãos de farro esparso, uma pedrinha
> De alvo sal, uma sopa em vinho puro,
> Com seu punhado de violetas soltas;
> Tudo isto no seu férculo de barro
> Se deixe em meio da trilhada via.
> Mais preciosos dons não vos proíbo;
> Mas já com estes aplacais as sombras,
> Uma vez que acendendo-lhes seus lumes,
> Lhes deis as orações, e as frases próprias;
> Ritos piedosos, que o piedoso Enéias
> As terras de Latino há trasladado."

311. *Qui manducat mean carnem, et bibit meun sanguinem, habet vitam aeternam; et ego resuscitabo in novissimo die... Caro enim mea vere est cibus; et sanguis meam, vere est potus... Qui manducat meam carnem et bibit meum sanguinem, in me manet, et ego in illo* (João, VI, 54, 55, 56).
Ver padre Antônio Vieira, *Sermões,* VI, 115-117, Porto, 1947. "Sermão do Santíssimo Sacramento", pregado em Santa Engrácia, Lisboa, 1645.

312. Mais abundantes e mais bem acabadas. No ciclo levantino, gravados ou pintados nos paredões e rochas, internas ou ao ar livre, os desenhos na Espanha e África documentam a figura humana com insistência que não se verificava no ciclo franco-cantábrico. Do ciclo levantino-espanhol há notáveis exemplos pela movimentação, naturalidade, verismo, como o grupo de guerreiros em Cingle de la Mola Remigia, o combate de arqueiros de Morella de Vela, a caçada de Valltorta, o caçador fugindo do touro da Cueva Remigio, os homens de Alpera, Sacans, Valltorta. Na documentação africana: as figuras correndo (Bassutos), indígenas conduzindo o gado de Tel Issaghen (Fezzan), os avestruzes de El Hagandisch, deserto da Núbia, as girafas de Hebeter, os bubales de Tel Issaghen. A técnica, disposição das massas, cor, linha de representação distanciam-se imensamente das obras-primas européias do aurinhacense e madaleniano: a rena de Lorthet, o cavalo relinchante de Mas d' Azil, a rena pastando de Thaingen e de Kasslesloch, a manada de cavalos de Vienne (França), o bando de cervos de Limeuil, os bisontes de Altamira, o rinoceronte lanhudo de Fort-de-Gaume, a fileira avançante de renas de Teyjat, o cavalo correndo de Lascaux e de La Paloma, Astúrias, e outros modelos que nunca puderam ser imitados pelos "primitivos contemporâneos" em nenhuma paragem do mundo.

313. Luis da Camara Cascudo, *Anúbis e Outros Ensaios,* XIV, "Nascissus ou o Tabu do Reflexo", Rio de Janeiro, 1951. Jesús Carballo, *Cuevas Prehistoricas. Altamira. Santander,* Santander, 1956, é o primeiro a aplicar o tabu do reflexo para explicar a evitação da fisionomia humana na arte pré-histórica.

314. A arte plumária alcança n'América o seu esplendor, especialmente entre os indígenas do México mas, em variadas técnicas, a atividade se estende por todo continente. As penas vistosas, de cores vivas e rutilantes, entram em delicada e surpreendente combinação, de maravilhoso conjunto cromático. Há certas aves fornecedoras de penas para chefes, privativas as tonalidades das altas funções. Montezuma usava as do quetzal e Ataualpa as do coraquenque. Há tribos com suas preferências clânicas. Apenas os homens podem ostentar as obras plumárias e as mulheres empregam as penas coladas à pele com colas, resinas, leites viscosos. Apesar da improvisação e gosto individual, os trabalhos plumários refletem o estilo grupal, não apenas pela disposição como pela escolha dos espécimens da ornitofauna centro e sul-americana. (Darcy Ribeiro e Berta G. Ribeiro, *Arte Plumária dos Índios Kaapor,* Rio de Janeiro, 1957; Gastão Cruls, "Arte Indígena", em *As Artes Plásticas no Brasil,* Rio de Janeiro, 1952; idem, *Hiléia Amazônica,* "Arte plumária", Rio de Janeiro, 3ª ed. 1958. Como lembrança de colapso ergológico as aves lindas da Austrália e de certas ilhas polinésias não determinaram a plumária. Para sistemática brasileira: Berta G. Ribeiro, *Bases para uma Classificação dos Adornos Plumários dos Índios do Brasil,* Rio de Janeiro, 1957.)

315. Pode-se argumentar com a coexistência de uma arte destinada aos efeitos mágicos e outra simplesmente narrativa, lúdica, vocacional e recreativa. Há desenhos que dificilmente se ajustarão a um ato religioso, mas não sabemos ritos e intenções dos homens pré-históricos, raciocinando dentro da nossa mentalidade do século XX. No ciclo levantino há muito desenho ao ar livre ou em lugares semi-expostos e estes terão feição documental. Mas as cenas de caça, dança e guerra estão distantes de significações religiosas? Os vestígios canhestros, mãos, dedos, riscos inexpressivos, deparados nas pedras, poderão testificar o amanhecer artístico. O homem, limpando a mão suja de argila numa parede, descobriu a fixação pictórica. O contorno das rochas, estalactites, saliências calcárias sugeriam figuras que foram completadas, adaptadas, atualizadas. Mas a vocação poderosa, e eternamente sem explicação, explica essa colaboração humana aos modelos naturais.

316. Menéndez Fidal, *Los Godos y el Origen de la Epopeya Española,* Barcelona, 1955.

317. Melville J. Herskovitz, *El Hombre y sus Obras,* México, 1952.

318. Herbert Kühn, *On the Track of Prehistoric Man,* Nova Iorque, 1955.

319. Melville J. Herskovitz, idem.

320. José Camón Anzar, *Um Prólogo con Teorías de los Estilos,* Enc. Labor, VIII, Barcelona, 1955.

321. Não há realmente vocábulo específico fixando o que dizemos jogo, brincadeira, brinquedo, e sim simultaneidades sinonímicas. Em português, francês, italiano, espanhol, jogo vem do latim *jocus,* entretenimento, diversão, recreio, jogo de cartas, jogo de futebol e ainda galanteria, graça, zombaria. O brinquedo, de *brinco,* tanto divertimento, saltos, folguedos, como obra caprichada, cuidada, adornada. Brinco de orelhas. Um brinco! elogiamos coisa bonita. "Casa cheia de brincos da China, de Veneza, e outras peças muy curiosas, e de preço", escreve Dom Antônio Gouveia na *Jornada do Arcebispo de Goa* (Coimbra, 1606). Brinquedo é o objeto com que se brinca. Brincar tem versão sexual ainda usada e que o cancioneiro português registra no século XVI. No Brasil, o jogo como sinônimo de brincadeira é uma imposição

pedagógica recente, ao redor de 1925. Ainda não se popularizou. Resta o *ludus,* do latim *ludi,* jogos, espetáculo público, *ludina nox,* noite de jogo, e também vale mofa, irrisão, escárnio. *Ludi* deu ludíbrio, engano, burla, pilhéria. O inglês *play* passa a *fairplay* e a frase *to play one a trick* mostra a ampliação semântica. Identicamente o alemão *spiel.*

É que nunca se apreciou o brinquedo como uma atividade útil e sim apenas tolerada na infância. A impressão obstinada e milenar é que a brincadeira é tempo perdido. O primeiro Kindergarten é de 1840 e Froebel (1782-1852) não conseguiu valorizá-lo inteiramente aos olhos práticos dos pais das crianças que brincavam no jardim de infância. No momento presente ainda o brinquedo infantil, para milhões de crianças no mundo, é uma clandestinidade castigável. "Menino é para ajudar!", afirmavam os sertanejos do meu tempo (1910). Daí essa vaguidade nominativa. Não há nome que fixe, determine, exprima a atividade lúdica normal nas crianças e nos homens e sua indispensabilidade decorrente. Um verdadeiro *jus ludi...*

322. Luis da Camara Cascudo: *Superstições e Costumes,* Ed. Antunes, Rio de Janeiro, 1958: "Alguns Jogos Infantis no Brasil"; "Influência Africana na Lúdica Infantil Brasileira"; "O Indígena no Brinquedo do Menino Brasileiro".

323. Luis da Camara Cascudo, *Superstições e Costumes,* "Andar de Roda", Rio de Janeiro, 1958; *Dicionário do Folclore Brasileiro,* "Roda".

324. O nosso *Dicionário do Folclore Brasileiro* registra a origem das principais danças populares.

325. Eduardo Hernández-Pacheco, *La vida de nuestros antecesores paleolíticos (según los resultados de las excavaciones en la caverna de La Paloma)* (Astúrias), Madri, 1923.

326. O tom das flautas examinadas na Melanésia e Brasil era o mesmo e as vibrações aproximavam-se, dando intervalos do possível quarto de tom, identificado ou pressentido na música indígena brasileira (Mário de Andrade, Luís Heitor, Otávio Beviláqua). O mesmo acabamento material das *pan's pipes,* dimensões dos orifícios e tamanho do corpo, intensidade do sopro, produzem necessariamente o mesmo som e suas distâncias intervalares coincidem. O instrumento é clássico e sua denominação recorda a paixão infecunda de Pã pela ninfa Sirinx, transformada nos juncos do Ladon, tema grego popularíssimo como a flauta de três a sete orifícios. Com ela o frígio Marsias enfrentou a lira de Apolo, e o rei Midas, no pleno direito de escolha, votou pelo sátiro contra o deus, ganhando as injustificadas orelhas asininas. Curioso apenas que o melanésio tenha projetado sua técnica no noroeste do Brasil e não mais nas áreas geográficas anteriores e subseqüentes onde a semelhança não se repete, mas o melanésio teria atingido em sua hipotética penetração. Tudo é possível àquele que crê, dizia Jesus Cristo.

327. No Museu de Nampula, Moçambique, vi um grande tambor para festas de iniciação feminina. Com sexo e seias salientes.

328. Montaigne cita o episódio: *Jean Zischa, qui troubla la Boême pour la deffense des erreurs de Wiclef, voulut qu'on l'escorchast aprez sa mort, et de sa peau qu'on feist un tabourin à porter à la guerre contre ses ennemis; estimant que cela ayderoit à continuer les advantages qu'il avoit eus aux guerres par luy conduictes contre eulx* (*Essais,* I, III).

329. A. P. Merriam, "assisted by R. J. Benford": *A Bibliography of Jazz,* Filadélfia, 1954; Barry Ulanov, *A História do Jazz,* trad. de Lia Monteiro, Rio de Janeiro, 1957.

330. Victor-Charles Mahillon (1841-1924), conservador do museu instrumental do Conservatório Real de Música de Bruxelas, no catálogo *descriptif et analytique* (1893-1900) dividiu o material estudado em quatro seções, sob o critério tradicional da produção sonora: *Idiofonos*, instrumentos de percussão; *membranofonos*, soando pela vibração de membrana estendida; *cordofonos*, instrumentos de cordas; *aerofonos*, instrumentos de sopro. A classificação de Mahillon é a mais usada e conhecida. Continuo fiel à velha divisão: instrumentos de *corda*, de *sopro*, de *percussão*. Para que havemos de complicar as coisas simples sob a superstição nominativa dispensável? Chamar a um chocalho de *instrumento idiofono* é o mesmo que pedir um copo com protóxido de hidrogênio...

331. Osa Johnson, *Casei-me com a Aventura*, trad. de Geraldo Cavalcanti, Rio de Janeiro, 1940.

332. José Osório de Oliveira, *Literatura Africana*, XXI, Lisboa, 1944.

333. Luis da Camara Cascudo, *Canto de Muro*, "Canário da Goiabeira", Rio de Janeiro, 1959.

334. Da indistinção auditiva dos pregões há um episódio clássico que Cícero registrou. Quando o cônsul Marcus Licinius Crassus embarcava em Brindisi para a campanha contra os Partas, ouviu-se uma voz gritando: *Cave, ne eas!* Cuidado! Não vás! A todos pareceu um agouro inevitável da fatalidade. Crassus efetivamente sucumbiu no ano 53 a.C. num combate contra os Partas. Curioso é que o presságio de desgraça era apenas o pregão de um vendedor de figos secos, *cauneas*, apregoando sua mercancia espaçadamente (*De Divinatione*, II, 84).

335. Bancroft: *When a young man sees a girl whom he desires for a wife, he first endeavors to gain the good will of the parents; this acompanished he proceeds to serenade his lady-love, and will often sit for hours, day after day, near her house, playing on his flute* (*Natives Races of the Pacific States of the North America*, I, Nova Iorque, 1876).

336. Combarieu, *Histoire de la Musique*, Paris, 1920: *L'education des chanteurs (plus artistique en cela que la nôtre) se faisait par la mémoire, par l'oreille et intelligence, non par les yeux.* O analfabetismo dos mais famosos cantores do Oriente e Ocidente foi registrado por F. J. Fétis, *Histoire Generale de la Musique*, V, Paris, 1876; S. Ruckert, *Siete Libros de Leyendas y Historias Orientales*, 136, Stuttgart, 1837, citado por Augusto Muller, *El Islamismo*, vol. XIII, 341, da *História Universal* dirigida por Guilhermo Oncken, Barcelona, 1929; Luis da Camara Cascudo, *Vaqueiros e Cantadores*, 88, Porto Alegre, 1939.

337. "Creto" vale dizer pequeno coro. O nome, no Brasil, parece reduzir-se em uso a Minas Gerais.

338. *L'invention des hymnes sacrés fut attribuées a Licius; et celle des chansons à boire à Anacreon* (M. Barré, *Herculanum et Pompei*, IV, Paris, 1840). Os fundamentos foram Pausanias, IX, 27, para o primeiro, e Ateneu, IV, 175, Barnes, V, 12, XXIV, 8, para o segundo. Tempo feliz em que era possível afirmar-se origem de atos como esses.

339. *Tantum Ergo*, várias *Stabat Mater*, "speciosa", dolorosa, uma em italiano e atribuída ao papa Bonifácio VIII (1294-1303), *stava la Virgen sotto della cruce;* um hino tido como de São Bernardo; os *Dies Irae, Dies Illa* e *Dies Illa, Dies Vitae* etc.

340. O Ditirambo tem várias traduções, escolhíveis pela simpatia: Ditirambo, nome de pastor do séquito dionisíaco e que inventara a representação. *Thriambos*, hino triun-

fal, nome de Dionísio quando voltou vitorioso das Índias. *Dis-thun-ambainein,* passar duas vezes a porta, alusão ao deus haver sido retirado das entranhas de Semelé morta, primeiro nascimento, e guardado na coxa de Zeus, até que, chegando a época, fora dali extraído, num segundo nascimento.

341. A máscara era personificação da entidade representada, divina ou humana. A máscara animal fixava a espécie e era o totem bestial quem vivia na criatura que usava sua máscara. A origem báquica parece indiscutível, poucas teatrais. Quando um ator vivia mal o seu papel o público (informa Festus) podia obrigá-lo a retirar a máscara do rosto e retomar a fisionomia legítima, recebendo o desagrado da assistência. Ficava "desmascarado". A frase ainda corrente de "arrancar a máscara", implicando humilhação e ridículo, provira, no plano do deliberado castigo, desse direito teatral grego e romano, anterior ao nascimento de Cristo.

342. O comum é dizer-se, citando Aristóteles, que a Tragédia saiu do Ditirambo e a Comédia dos Cantos fálicos. Leio o contrário na mesma fonte. Aristóteles, *La Poétique,* trad. de Ch-Émile Ruelle, IV, XII, ed. Garnier, Paris, s.d.: *Ainsi donc, improvisatrice à sa naissance, la tragédie, comme la comédie, celle-ci tirant son origine des poèmes dithyrambique, celle-là des poèmes phalliques, qui conservent, encore aujourd'hui, une existence légale dans un grand nombre de cités...*

343. Essa sedução natural para a zombaria anônima que sempre ocorre quando o grupo se torna mais numeroso era como uma constante nas tradições religiosas da Grécia. Heródoto, *Euterpe,* LX, descreve a viagem para a festa de Ísis em Bubástis, no Nilo, acompanhada pelos gritos de escárnio e galhofa nos grupos que se encontravam durante o percurso. O cortejo dos "iniciados" nos mistérios, voltando de Eleusis, era recebido, na Via Sacra em Atenas, pela cerimônia do *Gefirismoi,* constando de cantos motejadores, alusões cômicas e toda espécie de mangação. Travava-se um verdadeiro combate de mofas e ironias mesmo injuriosas. Nas ovações e cortejos imperiais em Roma figurava um ator, palhaço, bobo, fazendo sátiras ao homenageado.

344. Pierre Drieu La Rochelle (1893-1945) assistindo a uma partida de *rugby* tivera a impressão de ver a guerra pela primeira vez.

345. É este o tipo de luta popular no Egito, gravado minuciosamente nos desenhos de Beni-Hassan e num ostracon de Tebas. Foi o primeiro modelo de luta subordinada às convenções atléticas.

346. Em abril de 1941 comecei a usar "estória", convenção gráfica diferencial de "história". A Sociedade Brasileira de Folclore aceitou. O assunto era velho, aludido por João Ribeiro e Gustavo Barroso, ambos aprovando mas não empregando a grafia. Mereci discordâncias eruditas e reparos zombeteiros. "Estória" entrou para o uso normal em jornais, revistas, livros. Apareceram, conseqüentemente, outros progenitores...

347. A. Castillo de Lucas, *Folkmedicina,* Madri, 1958: *Ejemplo tenemos en el seguiente:* Si quieres ver tu cuerpo, mata a un puerco, *que era muy razonable hasta mediados del siglo XVI, porque la anatomia no se estudiaba en cadáveres humanos, sino en los cerdos.* Lembro-me de uma gravura representando o Dr. Brand, professor de Obstetrícia na Universidade de Edimburgo, de frack, dissecando um porco, para explicar anatomia aos seus alunos em 1825.

348. Pedro Chaves, *Rifoneiro Português,* Porto, 1945.

349. J. Leite de Vasconcelos, *Religiões da Lusitânia,* I, Lisboa, 1897: "Muitos povos crêem

que o cadáver continua vivendo no sepulcro, e por isso querem evitar-lhe toda causa de mal. Era perfeitamente lógico que se fizesse uma operação póstuma com o mesmo fim com que se fazia a operação em vida. O fato de existir às vezes uma perfuração no crânio, feita em vida, não era obstáculo para que se fizesse outra, pois se o indivíduo havia morrido, era porque ali havia entrado outro espírito, a quem era preciso dar saída especial e conveniente... O fragmento craniano que resultara da operação se aproveitaria logo como amuleto profilático da moléstia causada por esse espírito". O autor era médico.

350. Presentemente o *shamam, xámam,* é denominação genérica para o feiticeiro, bruxo, *medicine-man,* babalorixá, pajé etc. Prestígio da língua inglesa que espalhou e soube impor aos estudiosos de todos os idiomas um vocábulo originariamente reduzido ao uso de um grupo insignificante na Sibéria oriental, ao redor do Behring. O próprio esquimó chama ao seu médico-feiticeiro *angakok.* Derramaram-se xámam e xamanismo pelo mundo letrado, apagando da comunicação os sinônimos locais dos mestres digníssimos de uma divulgação impressa. É nome que não se popularizou em nenhum vocabulário do mundo e unicamente empregado pelos técnicos. Com melhores e razões o pajé deveria merecer o decorrente pajeísmo com todos os elementos funcionais e típicos do xámam topograficamente minoritário. O tupi-guarani, vindo do istmo do Panamá às vertentes orientais dos Andes bolivianos, e mesmo ao derredor do Titicaca, do Amazonas para as Guianas e todo litoral atlântico até o Uruguai, com projeções demográficas suficientes na Argentina, Paraguai, interior do Brasil, não conseguiu sugerir a escolha do pajé. É que a língua inglesa levou o xámam para as memórias cultas, numa irresistível expansão agora irrefreável.

351. *Levítico,* XXVI, 16, 25.

352. Marcelle Bouteiller, *Chamanisme et Guérison Magique,* Paris, 1950. Estuda também os *panseurs de secret* na França atual, Deux-Sèvres, Vendée, Bretagne, Berry.

353. A. da Silva Melo, *Estados Unidos. Prós e Contras.* Rio de Janeiro, 1958.

354. Pergen Evans, *The Natural History of Nonsense,* Nova Iorque, 1946. O autor comenta a influência desses astrólogos e a normalidade das consultas por todas as classes sociais.

355. Ch'en Hsiang-Ch'un, *Examples of Charmes Against Epidemics.* Modern Chinese Folklore Investigation, I. Pequim, 1942.

356. A. Castillo de Lucas, *Folklore Medico-Religioso.* Hagiografias Paramédicas, Madri, 1943.

357. André Du Laurens, 1558-1609, da Universidade de Montpellier, médico do rei Henrique IV, publicou um estudo sobre o *touche royal,* considerando-o concessão divina e de efeito terapêutico indiscutível; *De mirabili strumas sanadi vi, solis galliae regibus christianis divinitus concessa,* Paris, 1609.

358. Luis da Camara Cascudo, *Meleagro.* Depoimento e Pesquisa Sobre a Magia Branca no Brasil. Rio de Janeiro, 1951.

Homem Falando! Homem escrevendo!

O homem começou realmente a falar há uns 72.000 anos. O dom da linguagem é encanto da raça de Cro-Magnon no aurinhacense. Não vou dizer que o negróide de Grimaldi, contemporâneo do Mediterrâneo, fosse *homo alalus,* porque homem mudo nunca existiu. A diferença para os tipos anteriores é que teriam uma fórmula, um meio de comunicação, alheio à voz. Ou tartamudeante. Mas, mesmo assim, não é possível decidir-se que o Homem de Neandertal fosse silencioso como certos deputados cautelosos. Nos tempos presentes atina-se pela intercomunicabilidade de todas as espécies organizadas. Já se provou, experimentalmente, a burla de dizer-se "mudo como um peixe". As formigas,[359] com alguma figura retórica, podiam fazer discursos. Certas aves e pássaros estão na classe dos conferencistas, mesmo sem auditório.

O professor Antônio Tovar, que foi reitor da Universidade de Salamanca, afirma que 50% das nossas palavras são funcionais, recheio, reforço mais ou menos dispensável, redundâncias. As restantes 50% é que são significativas, expressivas, transmissoras da mensagem essencial.

Para que o Homem de Cro-Magnon, utilizando vocalmente o essencial-expressivo, o real-útil, chegasse ao esplendor diluvial da parolagem em 720 séculos, foi indispensável uso e abuso da faculdade que ainda se discute ter sido:

a) Oferta dos deuses.

b) Função fisiológica natural.

c) Conquista, origem artificialista.

d) Adaptação orgânica para a produção intencional sonora pelo exercio da vontade.

Esses assuntos têm a característica da sedução e a vantagem da inesgotabilidade demonstrativa e plástica. Como não é possível a verificação e contraprova no musteriano e aurinhacense, há uma disponibilidade para suposições, hipóteses e deduções que a Glotologia Comparada aceita e abriga no amável bojo de sua Arca de Noé ilimitada. Toda a constelação de mestres ilumina, cada um deles, o seu mundo, criado à imagem e semelhança da mentalidade própria e, não aparecendo nenhum Homem de Neandertal ou de Cro-Magnon para o debate opinativo, proclama-se o dogma sereno do *qui tacet, consentire videtur.*

Qualquer elogio ao dom da linguagem é dispensável pela evidência. A legitimidade soberana está na sua presença miraculosa. "O animal-humano é o único que pode comunicar idéias abstratas e conversar sobre condições contrárias aos fatos" — lembra Kluckhohn. Efetivamente, o homem é o único animal que pode "mentir", consciente ou inconscientemente, pelo mecanismo do *quod volumus, facile credimus.* Os "outros" enganam aos companheiros da espécie. Mentir, convencendo, empregando processo de aparente lógica formal, só o Homem, *sapiens et loquens,* tem o segredo sapiente e comum.

Depois de dois séculos de pesquisas, quando estávamos habituados a indicar, displicentes, os centros da palavra articulada na terceira circunvolução frontal esquerda (Broca), voltamos à inciência, vagueação, ao devaneio localizador.[360]

Também como começou o Homem a falar é mistério como todos os começos. Realmente não há começo e sim a percepção existencial do que já se formou imperceptivelmente e apenas sentimos, naquele momento, a presença. O Homem gritou interjeições, criou onomatopéias e articulou vocábulos subseqüentes. Creio que as interjeições foram as iniciais como reações iniludíveis à provocação dolorosa, como ocorre em nossos dias, ainda empregando, todos nós, esses fósseis da linguagem. Escrevo "provocação dolorosa" porque não é provável, e sim altamente improvável, ter nascido uma interjeição como reflexo condicionado à visão do azul do mar, prata da lua, ouro do sol.

O período da imitação instintiva ou intencional dos rumores da natureza ou das vozes animais para indicar o motivo do interesse ou centro da atenção utilitária não é dispensável. Ainda o mantemos no mundo.

Não me parece clara a predisposição cerebral e sim sua criação ou assinalação, posterior ao ato instintivo, imprevisto, fatalmente realizado: pisar numa brasa, fugir aos marimbondos, berrar pela dentada do tigre, unhada do leão, chifrada do bisonte. Ninguém vai convencer-se que o Homem do Paleolítico Superior ficasse calado ou procurando a concatenação da frase no mais espantoso e antilógico dos *paideumas.*

Complica a conclusão a simpatia obstinada de cada mestre pela generalização, aquilo que ele denomina "doutrina" e que, em última análise, é a sua opinião com os alicerces documentais agenciados.

Anatomicamente é improvado o uso da linguagem no Homem de Neandertal e apenas sedução dedutiva para o de Heidelberg. Indiscutível que fosse *faber,* problemático que fosse *loquens.*

Lógica a afirmativa de Alfredo Childe:

> *Le langage a débuté par une imitation et toute imitation suppose une réceptivité préalable.*

Esses centros de receptividade existem nos animais que não são dotados da palavra mas, ainda Childe, compreendem e distinguem os ruídos, rumores, barulhos. E vou adiante, distingue-os dos naturais, espontâneos, próprios, daqueles que são intencionais e provocados. É verdade que nem sempre ocorre essa seleção defensiva. Os animais atendem aos falsos apelos das companheiras inexistentes, substituídas pelos aparelhos de som, "chamas", apitos, sibilos, roncos e até a foca, coitada, aproxima-se candidamente do esquimó que esfrega no gelo uma pata armada de unhas, fingimento que semelha a marcha da fêmea amorosa. Isto apenas prova o condicionamento de certos sons como expressões ou sugestões de imagens, nítidas e compreensíveis, traduzidas pelos animais. Baseado nesse "entendimento" é que o feiticeiro de Les Trois Frères soprava sua flauta, no final paleolítico.

Acredito ainda que a reiteração, assiduidade, repetição insistente desses sons tornados figuras indispensáveis à conduta humana, no plano da comunicação instintiva, determinassem a mobilização, a convergência sinérgica de órgãos que se fizeram harmônicos e funcionais na produção da linguagem.

Essa predisposição já era ciência clássica greco-romana, compendiada por Titus Lucretius Carus no *De Natura Rerum,* comum e aceita.[361] Do ano de 57 a.C., quando Lucrécio endoidou e morreu, para 1961, passou muito tempo, os sábios mudaram de rumos e visadas, e nós com eles. Uma pergunta fatal de velho pesquisador será o "e antes?", o *vor* que Dörpfeld esqueceu na sua tríade.

Para não perder o costume de citar poeta, aí diz Longfellow:

> *Our to-days and yesterdays*
> *Are the blocks with which we build...*

Antes era o Gesto.

Anterior, milênios, à palavra, mais concludente e comunicante na sobriedade esquemática e definitiva, traduzindo imagens, símbolos, figuras sugestivas quando no estado compreensivo de sua função, o gesto alcança áreas geográficas muito mais extensas que a linguagem. É muito mais universal.

Sua já longa bibliografia,[362] os exageros e restrições de devotos e céticos revelam a importância capital como índice do desenvolvimento cerebral, depoimento claro de mentalidade, espelho de temperamento. Libertando o homem das angústias do pensamento-preso, a exteriorização pela linguagem gesticulada evidencia antiguidade e potência intelectual da mímica como documento milenar, contemporâneo e vivo, individual e coletivo. Há gestos-fontes de sistemas comunicantes e gestos típicos e privativos. Não havendo a obrigatoriedade do ensino mas sua indispensabilidade no ajustamento da conduta social, todos nós aprendemos o gesto na infância e não abandonamos seu uso pela existência inteira. Vinte mil vezes mais variado e móbil que a língua — diz Critchley.

O gesto, inicialmente limitado às necessidades grupais, aceito pela mentalidade ambiente, fixado pelo exercício, ampliou-se no tempo e, na quase mundial estória da "disputa por acenos", cada antagonista entendia a frase muda segundo seu interesse e feição psicológica.[363] Baixar a cabeça ou balançá-la na horizontal, afirmativa e negativa, têm sentido inverso entre chineses e ocidentais.[364]

As fronteiras da mímica, incapaz de formular abstrações, generalizações e dar imagem cronológica, foram suficientes durante o longo período de sua atuação entre infra-homens e os de Cro-Magnon. A vagarosa e linda aquisição da linguagem, através de gerações e gerações, não afastou a colaboração mímica, antes integrando-a na participação esclarecedora e supletiva. Ninguém fala com os braços amarrados, diz o povo. N'África ocidental não é possível conversar-se de noite, às escuras, informa Kingsley. O "primitivo", de ontem e de hoje, não fala sem a indicação complementar do aceno, aduz Giuseppe Cocchiaia. A sua pesquisa, identificação, confronto e sobrevivência têm o mesmo valor probante de um elemento etnográfico ou de uma permanente antropológica. Andrea de Jorio mostrou a contemporaneidade dos gestos milenários na mímica de Nápoles,[365] Karl Sittl de gregos e romanos,[366] Hermann Urtel para os portugueses,[367] Ludwig Flachskampf para os espanhóis, fontes para uma sistemática brasileira.[368]

Discute-se se esse idioma mudo, tão anterior à comunicação vocal articulada, possibilitava o pensamento emergente, a dedução, abstração, raciocínio sem linguagem oral. Um mestre de quem raramente discordo, Edward Sapir (1884-1939), afirmou negativamente. Não é possível. Os surdos-mudos, entretanto, transmitem o pensamento e raciocinam sem a linguagem sonora. Não podem ter a mais longínqua impressão do seu valimento expressional senão pela vibração, forma táctil do som. Os livros de Helena Keller, surda-muda e cega, respondem nitidamente pela existência legítima. Já não parece possível recusar faculdades generalizadoras e a fórmula de abstrações em Helena Keller e Laura Bridgman, sem vista, sem ouvido e sem olfato. *Au moral, le sourd-muet ne diffère guère des autres hommes* — dizia um velho professor francês, o Dr. André Castex, da Faculdade de Medicina de Paris. Nem a surdez, fisiologicamente, constitui sinal de degenerescência ou incapacidade criadora.[369]

Um cantador sertanejo, Cláudino Roseira, afirmava que "língua de surdo é aceno", e Leonardo da Vinci mandava que observassem neles a precisão dos gestos expressivos.[370]

Não se trata, como ensina Sapir, de uma "transferência lingüística" a mímica convencional mas linguagem insonora, fórmula suficiente de emissão e recepção, independente dos recursos da técnica gramatical, útil e precisa nos misteres da comunicabilidade humana. E sem os auxílios fonéticos do sistema Braille-Foucault, em que os pontos em relevo são identificados e lidos com voz natural. O apóstolo São Paulo ensinava que a Fé entrava pelo ouvido, e assim a cultura, mas, com os surdos-mudos, semelhantes aos mortos (*mortuis similis sunt* — declarava a lei romana), o órgão é dispensado sem prejuízo do entendimento. *Memor esto,* lê-se num ex-voto latino referente ao pavilhão auricular. Memoriza-se o som pela percepção auditiva, mas o "silencioso" articula ao gesto a compreensão da imagem simbólica, memorizando pela visão, sem a voz. Mas Sapir lembra que "os meros sons vocais não são o fato essencial da linguagem", valorizando sem querer o idioma dos sinais e não mais fazendo-o objeto de "transferência" mas criação, adaptação do gesto a um plano sistemático de conteúdo significativo, dando enfim o "contorno do pensamento" — como dizia o mestre da Universidade de Yale.

A Société de Linguistique de Paris fez inserir nos seus estatutos de 1866:

La Société n'admet aucune communication concernant, soit l'origine du langage, soit la création d'une langue universelle.[371]

De pleno acordo, com a primeira proposição.

A sugestão de que o Homem de Neandertal tivesse linguagem articulada ainda acresceu valimento pela afirmativa de Marcellin Boule e Henri V. Vallois, avançando a doação vocal ao *Homo Heidelbergensis:*

Bien qu'il ne soit, par rapport à l'Homme de Néandertal, qu'un très lointain précurseur, parlait déjà sans doute un langage articulé; il devait savoir allumer du feu et tailler des pierres; il réalisait déjà l'Homo Faber de *Bergson* [Les Hommes Fossiles, Paris, 1952].

Um salto de cinco mil séculos, meio milhão de anos, para um infrahomem articular, com voz audível, o pensamento de um cérebro espesso, mastigando sons que se escapavam dentre dentes humanos numa mandíbula de macaco. Mas é o homem do musteriano o detentor da curiosidade maior e o possibilista feliz na aproximação da voz, amanhecendo e dominando o mundo.

O período imediato é o aurinhacense e o problema permite debates e acolhe risonhas perspectivas para os balbucios do Cro-Magnon, material que concede esperanças e atrevimentos.

> *Le ciel défend, de vrai, certains contentements;*
> *Mais on trouve avec lui des accommodements.*

É uma fase com deduções alucinantes. Trombetti convencera-se da coincidência de fatos separados pelo infinito cronológico: *Io credo percio che l'invenzione del fuoco sia coeva alla formazione del linguaggio o di poco posteriore.* Sir Richard Paget revive hipótese de Cratylus de Platão, numa força dimensional sedutora. Durante caça e pesca, o homem tivera as mãos ocupadas e era impossível adiantamento na ciência da expressão, e daí ter recorrido à pantomima fisionômica e aos movimentos mais insistentes e vivos de lábios e língua, obrigando-se a expelir o ar através das cavidades nasal e bucal, emitindo sons. Teria nascido a linguagem por esses sons intencionalmente produzidos.[372] Quando? Na época em que o homem deixou de ser nômade e se agrupou em tribos, reunião de famílias. Os antropóides não falam porque continuam com as mãos desocupadas e vadias, sem a pressão necessária da expressão comunicante. Ficaram fiéis à gesticulação e perderam a oportunidade do ingresso à eloqüência. Mas H. Obermaier, A. García y Bellido e L. Pericot (*El Hombre Prehistorico y los Origenes de la Humanidad,* Madri, 1957) decidem sobre o musteriano na pessoa do Homem de Neandertal:

No sería científico negarles la faculdad de un lenguaje articulado.

Lembro que o homem no musteriano não estava isolado e o nomadismo pré-histórico é um mito e como todos os mitos invencível pela projeção simpática na credulidade assimiladora. A fixação humana, indiscutida, é no madaleniano, e não é crível que o homem fosse *alalus* até esse período, sendo caçador e pescador e ainda pintor, gravador, escultor, decorador, miniaturista, joalheiro, bailarino, músico e feiticeiro...

> Os egípcios foram os primeiros a representar o pensamento com figuras de animais.
>
> Tácito, *Anais,* XI, XIV.

Pelo neolítico as raças tomavam características específicas ou essenciais. As línguas estariam divididas, determinadas e expansivas pelo mundo. Os processos diferenciadores, pela complexidade e extensão, permanência ou intermitência poderosa de fatores que não podemos prever e fixar, trabalhavam, silenciosa e teimosamente, para a diversificação plástica, amoldável e pronta às necessidades do ambiente ecológico, na interação natural.

Que línguas seriam essas, galhos floridos da monogênese idiomática ou raízes profundas de árvores distintas, sabem os sábios da Escritura, sinônimo bem claro da Glotologia Comparada.

Mas o homem falante, *loquens,* não escreve ainda. Não é o *scribens.* A língua por si só não traria à memória atual a história espantosa dos milênios ágrafos. Tudo quanto existiu, viveu e lutou dentro do nevoeiro da explicação conjectural. A história desses homens é uma marcha nas trevas, sensível mas sem os poderes da personificação, da fixação legítima, da compreensão íntima e realística. Os contemporâneos são os seus "procuradores" *in lide,* "curadores" de seus interesses misteriosos porque eles não tiveram o dom da transmissão testemunhal e direta, a voz do depoimento autêntico, a decisão irrespondível de *autor,* falando em "causa própria".

E falaram quando a mão gravou o primeiro sinal, fixador do pensamento, da imagem, do símbolo, vencedor do tempo e da morte.

É presença do *homo scribens,* revelador da fisionomia pessoal.

Os desenhos do aurinhacense e do madaleniano em diante são motivos mágicos de atração cinegética, sem negativas para a demonstração artística evidente pelo acabamento, proporção, verismo e movimento. A superposição de figuras, indicação dos lugares vulneráveis, as armadilhas, armas demonstram a fonte indiscutível da sugestão maravilhosa.

Depois aparecem desenhos sem tradução fácil, linhas, esquemas, verdadeiras notas para evitar o esquecimento e, bem possível, imobilizar o tema para a projeção indispensável na memória grupal. Pode não ser coisa alguma nesse sentido mas é de prever o senso utilitário do homem primitivo, não dando seu tempo, trabalho e cuidado a uma operação dispensável. Os desenhos têm conteúdo e não sabemos qual seja. Esse é o problema.

Bem cedo surgiu quem interpretasse uma aurora de alfabeto nos dias pré-históricos. Quando desenterraram em Mas d'Azil, Ariège, as *galets coloriés* — seixos com desenhos vermelhos, indecifráveis quanto a finalidade — Obermaier aproximou o achado das churingas da Austrália, representando a alma dos mortos, pedras dos antepassados, guardadas ciumenta e escondidamente. Perto de Basiléia, na gruta de Birserk-Arlesheim, foram deparados 133 desses pequenos seixos, intencionalmente quebrados, denunciando uma depredação inimiga para prejudicar a defesa mágica do adversário. Mas Piette, o grande estudioso da pré-História, viu nas pedras desenhadas do epipaleolítico uma insofismável manifestação alfabetiforme, uma tendência notável para sistematizar signos de fixação simbólica. E bem antes, em pleno madaleniano, num desenho num chifre de veado, representando um veado — aliás dois, mas um deles pela metade, tendo salmões entre as patas, obra-prima deparada na caverna de Lorthet, Hautes-Pyrinées, e que está no Museu de Saint-Germain, em Paris — há, num ângulo, dois losangos sobrepostos. Piette identificou como a assinatura do autor:

Au dessus du dernier cerf, il a gravé deux losanges pointés où M. Pielte a cru voir une signature, informa Salomon Reinach [Apollo].

Mas os desenhos intraduzíveis, aparentemente dispensáveis, seriam índices memorizadores ou registros de fatos para a lembrança vindoura. A imagem, reconhecível e nítida, prescindia da interpretação. Mas havia a impossibilidade de indicar o tempo ou a menção pessoal. A língua podia expressar essas modalidades com os verbos e pronomes mas o desenho seria incapaz de sugeri-las.

Uma época de atividade intensa, guerreira, conquistadora, religiosa, comercial, com sua ressonância de préstitos, festas, solenidades sacras propiciatórias, impunha a defesa dos acontecimentos contra o esquecimento das gerações, numa presença vibrante na reminiscência dos que não haviam sido testemunhas nos dias gloriosos. Surgiram inscrições nas pedras, com a fisionomia dos soberanos vitoriosos, e o relatório dos feitos cruéis que eram depoimentos de força irresistível.

Mas, no cotidiano, aparecia o fausto do rei, a relação econômica dos templos na enumeração das dádivas, o pagamento tributário, as fórmulas rogatórias às entidades divinas, a proclamação da autoria construtora de palácios e aquedutos, barragens e pontes, monumentos aos heróis e aos deuses protetores.

Só um povo que tivesse o culto da Morte, vivesse para glorificá-la, preparando durante toda existência as residências para os cadáveres, amando muito mais o conforto ao morto que a subsistência ao vivo, ousaria enfrentar o Tempo, narrando para a eternidade a história breve dos breves homens contingentes. Um povo cuja arquitetura monumental é tumular, a ciência é hermética, a técnica é de conservar defuntos, anuncia-se para gravar em pedras, papiros e peles a crônica dos sucessos efêmeros mas julgados dignos de imortalidade.

Seria o Egito, o negro Egito, hierárquico, severo, misterioso. A técnica era a pictografia, a imagem simplificada mas evidente. O conjunto de imagens traria a idéia da frase sugerida, na fórmula do *rébus,* como dizia Lenormant,[373] desenho indicando a própria figura e as demais que tivessem semelhança ou identidade fonética ou morfológica. Teria ocorrido essa sistematização à roda de uns trinta séculos a.C., no período antidinástico egípcio, marcando sua unidade administrativa.

Mas... teria sido mesmo o Egito? As dinastias sumérias que dominaram a Mesopotâmia, 3200 a.C., possuíam 1.500 figuras num plano metódico de comunicação, provado nas tabletes de argila de Uruk. De quando datará a escrita ideográfica de Cnossos, a inicial para a Linear-A, 1650-1450 a.C., e a Linear-B, 1200, em língua grega com caracteres convencionais, também empregados no continente, traduzidos por Michael Ventris e John Chadwick? Kroeber informa, prudente:

> Só se sabe que pelo 1000 a.C. ou pouco antes, algum povo semita do oeste da Ásia, na região dos hebreus e fenícios, provavelmente esses últimos, começaram a usar um grupo de 22 caracteres não pictóricos, representando sons.

Os fenícios não inventaram alfabeto algum. Modificaram e espalharam o egípcio recebido. A Linear-B, de Creta, trazia em cada sinal uma sílaba vocálica, consoante e vogal, denúncia de desenvolvimento notável porque o alfabeto fenício tinha unicamente consoantes e as vogais deviam-se aos gregos. A cronologia dispersa-se, confusa, ante esses fatos.

A arqueologia do Mediterrâneo ainda não disse toda sua missão reveladora. Em data discutida e dificilmente eleita, 4000, 3500, 3000 a.C., os sumérios de Babilônia e os egípcios possuíam uma escrita pictográfica. Os primeiros afastavam-se das representações literais da imagem e iam pela convenção, que todos entendiam, sob ensino sacerdotal, naturalmente. Os egípcios fixaram os sons mais familiares da língua em 22 consoantes, partindo de objetos populares, repetindo um sinal de convenção ao lado da figura, compreendida pelo leitor que a completava, dizendo as vogais. Os fenícios criaram o seu alfabeto, 22 letras com quinze egípcias. Trouxeram apenas os sinais das consoantes. Esse alfabeto, velocidade inicial irresistível para a divulgação mediterrânea, já existia, regular e normal, no século XIII a.C. Passou aos gregos, que incluíram as vogais. O alfabeto fenício, na edição grega, originou o latino.

Se os pictográficos e ideográficos fixam imagens com as suas idéias correspondentes, o fenício e, depois, o grego tinham o segredo do vocábulo, a disponibilidade plástica para a constante mutação do registro, libertado da imobilidade figurativa. Não mais havia a mecânica associativa das imagens mas das sílabas, formadoras das palavras. Milênios depois, as letras fundidas em chumbo e antimônio, independentes e autárquicas, afastavam a limitação asfixiante da composição na prancha, gravada para a impressão indesmontável de uma folha. Cada letra solta, cada tipo de Gutemberg, passou a ter personalidade, com direito de unir-se, combinar-se, com as demais letras companheiras. Agora, no remoto século XIII a.C. o alfabeto concedia uma manumissão perpétua às entidades silábicas do vocábulo. Escrevia-se. Não se desenhava mais no mundo mediterrâneo.

Chineses, japoneses, astecas, maias, incas, o mundo insular da influência chinesa e indiana, mantiveram desenhos, evoluídos para a fixação de sílabas ou meros nomes de coisas que, reunidas, davam outros nomes ou períodos. Calpetec, México, virá de *calli, cal,* casa, e *tepetl, tepec,* montanha. Desenha-se uma casa sobre uma montanha. É o nosso desenho figurado, para a leitura divertida das "cartas figurativas" dos almanaques populares. Assim, ainda para os gregos, alfa vem do fenício *alef,* boi, beta, de *bet,* casa, gama, de *gimel,* jugo (para camelos). Idêntico para os hebreus, *aleph, beth, ghimel.* Boi, casa e jugo foram as representações primitivas das três primeiras letras fenícias, gregas e hebraicas. As letras são sínteses nominativas de coisas, objetos, seres. É o que lhes resta da antiga visualização pictográfica. Da figura literal, vieram ao símbolo e daí para a assinalação fonética.[374]

De sua feitura inicial ainda sentimos em "escrita" o latino *scribere,* pintar, desenhar, da mesma raiz de *scrobes,* cavar, covas, lembrando o trabalho de pintar, desenhar, cavar, gravar os signos representativos.

A missão fenícia foi a divulgação incessante daquele meio simples de anotação comercial. Onde rumavam as naus, o alfabeto acompanhava, irradiante, espalhando-se nos mercados consumidores como as mercadorias transportadas no bojo oscilante. Uma geografia do alfabeto terá a base natural de suposições porque não sabemos os limiles do ecúmeno, do mundo útil na traficância fenícia. O alfabeto fenício dissipou-se na unidade mas continuou na projeção do seu manuseio habitual, na influência de sua prática determinante de tantos outros alfabetos.

Povo econômico, prático, despido de idealismos e sonhos dispensáveis de cultura sentimental, com a firme concepção de que o homem-farto era o homem-feliz e não podia haver problemas acima do estômago e abaixo do sexo, ávidos, inesgotáveis de esforço, saúvas na tenacidade, moscas na teimosia, devotos da *economie d'abord,* desapareceu como fumo, folha seca, poeira..

Tácito resume o que se sabia há 1.846 anos passados:

Os egípcios foram os primeiros a representar o pensamento com figuras de animais e os mais antigos monumentos do espírito humano foram gravados nas pedras. A invenção das letras é atribuída aos egípcios. Os fenícios — diziam eles — poderosos no mar, levaram para a Grécia e tiveram a fama de haver inventado o que haviam recebido. A tradição afirma que Cadmus, vindo numa frota fenícia, comunicou aos gregos, ainda bárbaros, o alfabeto. Outros pretendem que Cécrops, o ateniense, ou Linus, o tebano, e ainda no tempo da guerra de Tróia, Palámedes, de Argos, criaram dezesseis letras e depois seguiram-se outros, completando, principalmente Simônide. Na Itália, os etruscos tiveram o alfabeto através do corinto Démarata, e os aborígines, do arcadiano Evandro. Ainda vemos que as nossas letras conservam a forma dos velhos caracteres gregos. No princípio eram poucas mas o número foi aumentado mais tarde. Seguindo esse exemplo, o imperador Cláudio reuniu três novas, empregadas durante seu reino e caídas posteriormente em desuso mas ainda vistas hoje nas placas de bronze colocadas nos templos e nas praças para dar a todos o conhecimento dos atos públicos (*Anais,* XI, XIV).

O alfabeto nascera e cumprira sua mensagem.

O homem aprendera a escrever, fixando para o futuro quanto pensava no presente. Por isso, a História começou...

O NOME TEM PODER

Le premier signe du clan, c'est le nom.

M. MAUSS

O nome individualizando a coisa deu-lhe personalidade, substância, destino. Destacando-a da espécie, criou-lhe uma fisionomia, estabelecendo uma força mágica, inseparável e perpétua nos dois elementos indestrutíveis, nome e massa nominada.

Todos os seres vivos foram levados por Iavé diante de Adão para que tivessem nomes. "E tudo o que Adão chamou a toda a alma vivente, isso foi o seu nome. E Adão pôs os nomes a todo o gado, e às aves dos céus, e a todo o animal do campo" (*Gênesis,* 2, 19-20).

Pelo exposto, Adão era difusionista mas Lucrécio (*De Natura Rerum,* V. 1040-1044) afirmou-se partidário do paralelismo: "Pensar que um só homem impôs os nomes aos objetos, e que os demais aprenderam dele as primeiras denominações, é o cúmulo da loucura; porque se ele pudera designar cada coisa pelos nomes e produzir os diversos sons da linguagem, os outros não poderiam fazer semelhantemente e ao mesmo tempo que ele?" Lucrécio, 57 a.C., era índice da ciência racionalista da sua época.

Mas, segundo o *Gênesis,* 2, 19, o batismo dirigia-se para a alma, motora da sensibilidade e movimento, e não apenas para a massa material:

Omne enim quod vocavit Adam animae viventis, ipsum est nomen ejus.

Será que "alma vivente" seja a vida, a respiração, o fôlego, sinônimo clássico, mas também Iavé dera nome a todas as estrelas: "Conta o número das estrelas, chamando-as a todas pelos seus nomes" (*Salmos,* 147, 4). Não pode existir coisa sem nome que é próprio título e personalização, indissolúveis para sempre.

O nome é a essência da coisa, da entidade denominada. Sua exclusão extingue o que se denominou. No plano utilitário as coisas existem pelo nome. Inicia a existência religiosa e civil da criatura. O pagão é uma perspectiva de direitos até que lhe imponham o nome. Mesmo antes da oficialização, registro civil e batismo, há necessidade de um nome convencional para que as bruxas não o matem, sugando-lhe o sangue no escuro da noite. Em Portugal, as crianças não batizadas são chamadas Custódio ou Inácio.

Conhecer o nome de alguém, usá-lo, é dispor da pessoa, participando-lhe da vida íntima, do conteúdo mágico e vital. Não há tabu mais antigo e universal que o tabu do nome. Não dizem o nome pessoal para que a magia inimiga não se apodere desse elemento e possa escravizar o denominado. Na Austrália, em Madagascar, o nome individual é *fady,* tabu, para tribos inteiras. Diz-se nome arbitrário, combinado, apelido, empréstimo que pode ser substituído depressa e sem conseqüência danosa.

Cada vez que pronunciamos nosso nome perdemos uma parte de sua energia interior. O apelido, diminutivos são formas defensivas para poupar o abuso do nome. Frazer enumera dezenas de povos que guardam ciumentamente o segredo do próprio nome, indígenas da Colômbia Britânica, apaches norte-americanos, abípones do Chaco paraguaio, Motos e Moto-Motos da Nova Guiné, Waruas que Cameron visitou n'África. Há uma bibliografia extensa. O *Apocalipse* do apóstolo João, XIX, 12, descrevendo a presença de Deus na sua glória, informa:

> E tinha um nome escrito, que ninguém sabia senão ele próprio.

Quando Manué, pai de Sansão, perguntou ao Anjo do Senhor pelo seu nome, ouviu resposta sibilina: "Por que perguntas assim pelo meu nome, que é maravilhoso?" *Quod est mirabile? (Juízes,* XIII, 18). Maomé ensinava que Alá possuía 99 nomes fulgurantes, dispersos no *Alcorão* e nos hádices, recitados ao tocar as contas do rosário muçulmano, e um nome final, o centésimo, inefável e misterioso, ignorado perpetuamente pelos homens mortais.

O nome é nosso tabu imediato. Frazer (*Le Rameau d'Or,* I, Paris, 1903) explica: "Incapaz de distinguir claramente as palavras das coisas, o selvagem crê geralmente que o liame criado entre um nome e a pessoa ou a coisa que ele designa não é um fio puramente imaterial e convencional mas um verdadeiro fio, no sentido material, e por conseqüência pode ser exercida sobre um homem uma influência mágica por intermédio do seu nome como por intermédio dos seus cabelos, de suas unhas etc. Os arianos acreditavam que o nome era uma parte do indivíduo que o usava e parece mesmo que o haviam identificado com a alma ou com o sopro vital".

Apenas Frazer enganava-se indicando o *selvagem* como a única entidade reverenciadora do tabu do nome. Não amamos ouvir a menção do nome, pura e simples, sem títulos, cumprimentos, antelóquios sociais, aristocráticos, funcionais, nobiliárquicos, todos reduzíveis à fórmula escusativa para distanciar o nome da pronúncia inteira e clara. Devemos, obrigatoriamente, dizer senhor, senhora, doutor (de "douto"), patentes nas várias graduações, adido, secretário, ministro, embaixador, de cabo a marechal, brigadeiro, almirante. É dogma social oferecer, como ritos naturais, os tratamentos e processos metonímicos para evitar a profanação do nome: *the Honorable, his Honor, His Gracious Magesty, the Royal Highness, his Grace, Right Reverend, Very Reverend, Vossa Eminência, Vossa Alteza, Alteza Sereníssima, Alteza Eminentíssima, Durchlauch, Hoch-und-Wohlgeboren, Vossa Excelência,* e os orientais protocolares *Vossa Beatitude, Vossa Sublimidade, Vossa Potestade,* o católico *Vossa Santidade,* o Santo Padre, além dos superlativos e títulos, infelizmente mortos, que ressoavam em Bizâncio, *Protonobilissimohipertatos, Panhiperprotosebastohipertatos, Logothétedodromo, Spatharocandiatus, Protospathairo,* e vinte outros, rutilantes, ao derredor da onipotência do Basileus. São tratamentos que os séculos capitalizaram em nossa compreensão e há sobre qualquer um deles uma longa história e as necessárias legislações, regulamentos, instruções, normais e "reservadas", referentes ao uso e como e quando devem ser empregados. De real, íntimo, secreto, é o horror à violação do tabu. Ninguém deseja ouvir o nome gritado sem um halo cerimonial que é uma satisfação tabuística e que devemos à vaidade da nobreza de sangue e às funções políticas e administrativas.

Quando uma criança ou um popular pronuncia nome de homem poderoso sem antecedê-lo pelos títulos rituais que o defendem do contato verbal, dizemos: você o trata pelo nome? Falta de respeito! O nome é sagrado, imponente, com o perigo das coisas imateriais e captáveis pela magia adversária. Sentimos que o nome é a pessoa, inteira e total. Escrevê-lo nos lugares repugnantes é uma injúria. Em Roma imperial não se pronunciava o nome do imperador nas latrinas públicas. Crime de lesa-majestade. Lucano, ainda moço, estando num desses locais, gritou o nome imperial e os romanos, interrompendo o ato fisiológico, fugiram, evitando a cumplicidade no sacrilégio. As mulheres desprezadas pelos rufiões fazem tatuar o nome do ingrato no calcanhar, sofrendo o peso do corpo, exposto à poeira e à humilhação. Esse costume, ainda vivo no baixo meretrício, diz o poder do nome. No calcanhar, oprimido, machucado, violentado, está o homem odiado e não apenas as letras do nome.

As rogatórias à Divindade revestem-se dos cuidados vocabulares, arautos e passavantes que cercam o nome divino. Onipotente, Altíssimo, Santíssimo, proclamam funções, atos, gestos, predicados mas, na essência, ignoramos o nome real. O *jus pontificum* proibia dar aos deuses romanos seus verdadeiros nomes. Ignorava-se quem era o legítimo e oficial defensor divino da cidade de Roma. Guardava-se o segredo para que as forças inimigas não trabalhassem para seduzir e obter a proteção do supremo guardião urbano. A própria Roma tinha outro nome, nome secreto que somente os altos sacerdotes conheciam. Tanto os romanos como os outros povos faziam promessas aos deuses protetores do inimigo, tentando obter-lhes a simpatia e a adesão prestigiosa. Todos os sumos sacerdotes gregos e romanos tinham nomes sagrados que era defeso saber. Sabiam os companheiros do culto mas não podiam divulgar. Quando alguém o pronunciava, era severamente castigado. A mudança do nome dos soberanos, supremos sacerdotes e pontífices, tem muitas explicações históricas e políticas. Se olharmos pelo ângulo da defesa do tabu do nome, teremos uma interpretação pelo menos tão poderosa quanto as demais e um pouco adiante na lógica. Apenas perdeu-se o sentido obscuro e milenar e citamos os contemporâneos e comuns. A mudança do nome era a divisão simbólica dos dois planos da vida. O anterior devia desaparecer. O nome novo presidirá a segunda fase, nome oficial, proclamado, aceito. Ninguém deve, protocolarmente, chamar o Papa pelo seu nome de cardeal, que é o do batismo. Nem a um rei por algum dos seus nomes. Nos parlamentos, senadores e deputados fixam dois nomes que ficam sendo os habituais para a imprensa, relações e toda vida política nos registros da casa legislativa.[375]

Pronunciando palavras que julgam desrespeitosas, os sertanejos de todo Brasil escusam a menção com os "licença da palavra", "com perdão da palavra", "desculpe a má palavra", "falando com pouco ensino", como o francês e o italiano dizem o *sauf votre respect, parlando con rispetto,* e o cidadão romano o *ignoscet mihi genius tuus.* Curioso é lembrar que, descrevendo ferimentos, úlceras, o homem do interior brasileiro localizando a ferida, chaga, golpe num determinado lugar no seu próprio corpo, não esquece de dizer o "lá nele", afastando o poder do nome, capacíssimo de conduzir o ferimento para o mesmo local indicado na evocação. Em

Roma, o gesto era acompanhado da frase: *Salvum cit, quod tango,* com idêntica finalidade de afastar o malefício, tocando o corpo do narrador.

Frazer cita longamente as populações indígenas do mundo que evitam pronunciar ou não pronunciam o nome dos mortos. Uns obedecem a prazos. Outros perpetuamente. Tribos australianas, albaneses do Cáucaso, homens da Patagônia, Califórnia, Oregon, goajiros da Colômbia, samoiedas da Sibéria, mongóis da Tartária, ainos do Japão, wakambas d'África Central, gente de Bornéu. Nicobar, Tasmânia, tuaregues do Saara, cinqüenta outros, conservam a tradição. Mudam o nome de todas as coisas que o morto conheceu, das coisas usadas por ele, ou dos homens da família ou da aldeia. Há muitas formas de ludibriar a perversidade ou a saudade do morto que, atraído pelo seu nome pronunciado, voltará, cheio de força malévola. Voltando, mesmo sem ser chamado, não poderia identificar ninguém. Tudo estava de nome novo, desconhecido para ele. Certo é que a razão maior é o pavor do espírito do morto. O nome o faria regressar, infalivelmente.

Um vestígio no Brasil urbano e rural é a notória dispensa inconsciente de citar-se pelo nome uma pessoa morta, tal e qual em Portugal. Diz-se "o morto", "o falecido", "o defunto". As viúvas falam no "meu finado", o "meu defunto", o "meu falecido". Na simples menção, ajunta-se: "que Deus tem", "está com Deus", "que Deus o tenha em bom lugar". Afonso Arinos de Melo Franco (1868-1916) contou a João Luso (1875-1950) a estória de umas velhas mineiras que lamentavam sempre a morte do irmão, chamado por elas "o falecido". E tão habituadas estavam que iam narrando: "O falecido era muito extravagante. O falecido comia de tudo, saía com qualquer tempo, não se tratava. Quantas vezes nós lhe dissemos: Olhe, falecido, você um dia se arrepende"... (*Orações e Palestras,* Rio de Janeiro, 1941).

O nome atrai, infalivelmente, a coisa que lhe pertence. *Les choses vendues ont encore une âme, elles sont encore, suivies par leur ancien propriétaire et elles le suivent* — escreve Marcel Mauss (*Sociologie et Anthropologie,* Paris, 1950). Essa *âme* é dirigida pelo nome que lhe dá orientação e movimento. Auguste de Saint-Hilaire, visitando os garimpos de Goiás em 1819, notava que as jóias de ouro eram vendidas aos pedaços. Não sabia por quê. A explicação é justamente interromper a continuidade entre coisa e dono. E é o nome o agente ligador.

Repetir nomes de moléstias é conservá-las, multiplicá-las ou simplesmente trazê-las para o corpo. Quem muito fala em doença, vive doente. A doença segue o nome.

Chamar pelo Demônio ou pela Morte, especialmente nas "horas abertas", é um apelo de singular eficácia.

Ao passar o torvelinho, remoinho, redemoinho, grita-se: "aqui tem Maria!" E a presença de alguém com o nome de Nossa Senhora dissipa ou distancia o vento rodador. As reses sofrendo de verrugas curam-se mudando-lhes o nome para "figueira". A vaca-figueira, o touro-figueira, o boi-figueira saram em menos de sete dias. A figueira atrai a doença pela semelhança das protuberâncias.

As mães de muita prole suspendem a continuação batizando o caçula com o nome de Geraldo, Teófilo, Nonato. O sétimo filho homem será lobisomem no Brasil e hirã em Portugal se o irmão mais velho ou a irmã primogênita não levar o último gênito à pia batismal, "dando-lhe nome". O nome de Manuel, Luís de França, ou dos Doze Apóstolos (que viram a Cristo) são padrinhos das crianças nas famílias que perdem muitos filhos. Esses santos fazem "engrossar o pescoço", resistindo e vivendo.

Há homenagem ao nome. Cidade do Nome de Deus é Macau em Portugal asiático, desde fins do século XVI. Há dias votivos ao Santíssimo Nome de Jesus, em 2 de janeiro, Doce Nome de Maria, 31 de agosto, Santíssimo Nome de Maria, 12 de setembro.

O nome fez deuses. Provocou a necessidade da personificação das virtudes e vícios. A Boa Fé, Inveja, Fama, Calúnia, Justiça, Prudência, Fome, Sabedoria, Gratidão, Amizade, Saúde, Volúpia, Pobreza, Virtude, Persuasão, Piedade foram nomes materializados em ídolos.

Os atributos e funções divinas são também personalizados comumente nas evocações, especialmente a Mãe de Deus, e as inumeráveis formas de Jesus Cristo, Senhor da Boa Morte, do Bom-Fim, do Monte, da Pedra, Bom Pastor. Na Grécia, Roma, Egito havia interminável sinonímia de seus oragos defuntos. Amon-Ra tinha 75 nomes, Dionísio 96, Osíris 100, Astarté 300, Siva 1008, Ísis era *myrionyme* por ter dez mil nomes. As invocações de Júpiter, Apolo, Vênus, Diana, o Sol, a Lua eram incontáveis.

O nome, o poder do vocativo, levou Max Muller a criar a teoria mitológica como uma deturpação da linguagem. O vocábulo determinava a idéia de um ser caracterizado e decorrentemente iam surgindo efeitos e atributos.

La mythologie est simplement une phase, et une phase inévitable dans le développement du langage, le langage étant pris dans son véritable sens, non seulement comme symbole extérieur de la pensée, mais comme le seul moyen de lui donner un corps. Tandis que le langage traverse cette phase particulière, toute autre chose peut devenir de la mythologie [Essais sur la Mythologie Comparée, Paris, 1874].

O nome seria fórmula inicial da própria delegação de poderes. "Eu falo em nome de fulano! Venho em nome de sicrano! Em nome da Lei!"

Jurar pelo nome terá a mais remota antiguidade. A *jurata voce*, juramento pelo nome do rei ou do imperador, comum pelo Oriente, Grécia e Roma, Egito faraônico, Idade Média cristã, envolvia o sentido mágico do nominativo e a representação jurídica da entidade que o usava. O professor Fúlvio Crosara estudou excelentemente o assunto.[376]

Cada homem teve o seu nome e depois o segundo que o ligava ao pai, denúncia autenticadora da origem comum, João, filho de Henrique. As velhas genealogias registravam a seqüência pela filiação que proclamava a continuidade, a legitimidade do apelido através do tempo. Assim Lucas fixou a ascendência de Jesus Cristo (3, 23-38), Jesus filho de José e José de Heli e Heli de Matat e Matat de Levi até Deus, por intermédio de Adão. Em Mateus (I, 1-16) a fonte é Davi filho de Abraão. O exemplo divino era modelo oriental e assim Átila era filho de Mundzuk, filho de Turda, filho de Scemen, filho de Eté, filho de Opos até Cham, fonte da raça.

Depois a posse da terra, domínio hereditário, imprime ao nome uma alusão ao patrimônio indiscutível, imóvel, assinalando o local da morada; João de Borgonha, Pedro de Bragança, Henrique de Sussex, ainda resistindo na individualização sertaneja do Brasil, Vicente da Cachoeira e Vicente da Serra Azul, Macário da Gameleira e Macário da Quixaba. O nome do pai torna-se, posteriormente, genérico para os descendentes, Henriques, Gonçalves, ou da propriedade orgulhadora, Albuquerque, Chaves, Camara.

A família existe pelo nome. A nobreza de sangue vive pelo Nome. *Homme de Nom*. Nome limpo. Grande Nome!...

O nome é o indivíduo e sofrerá este quanto se opere sobre aquele. Escrever o nome é fórmula encantatória na mão do feiticeiro.

A morte procura sua vítima guiada pelo nome. Ambrósio Richshoffer, viajando para o Brasil em 1629, conta a desesperada tentativa de um soldado, seu companheiro a bordo do "De Salamander", para afastar a visita da morte. No seu *Diário*, anotou: "Na madrugada de 9 (agosto) morreu no nosso navio um soldado de nome Hans Linckhosz, o qual tinha gritado toda a noite: 'Hans Linckhosz não está aqui! Hans Linckhosz não está aqui!', mas a morte não se deixou despedir, e assim teve ele que ser o primeiro, em nosso navio, cujo enterro se fez, segundo o costume marítimo."[377]

O poder do nome tem sua força mágica mais universal, específica e assombrosa, nas pragas. Meyer-Lubke fazia provir praguejar de jurar pelas chagas de Cristo. O latim, *plaga-plagae,* do grego *prêge,* é mais informador nas fontes literárias romanas. Plaga, golpe, a pancada que fere, a ferida, a chaga, para Cícero e também o genérico, desgraça, flagelo, calamidade. Nesse sentido possuem o italiano *piaga,* o francês *plaie,* o inglês *plague,* o alemão *plage,* o espanhol *plaga (abundância de cosa nociva),* o português "praga". Praga, a imprecação, praga epidemia, Pragas do Egito, praga de mosquitos, vivem no vocabulário comum desses países. Rogar — como sinônimo de pedir e de dizer — pragas, ainda conserva o aspecto sinistro de um ato pagão, rito cerimonial reprovado, milenar e contemporâneo, com uma projeção miraculosa na memória e respeito coletivos.

Quem não recorda a imprecação terrível da abandonada Dido ao fugitivo Enéias (*Eneida,* IV, 620):

Sed cadat ante diem, mediâque inhumatus arenâ.

Praga realmente tremenda para gregos e romanos, desejando-lhe a privação da sepultura, transformando-lhe a alma no espectro ameaçador, faminto e eternamente vagante. Todas as rogatórias de Dido, nessa altura, são pragas legitimíssimas. Apenas, ainda nos países latinos, reúne a força da praga a certas horas do dia ou da noite, "horas abertas", no crepúsculo matutino e vespertino, meio-dia (quando os anjos estão cantando e dizem amém) e à meia-noite, momento em que a sombria Hécate perambulava pelas ruas desertas, com o cortejo dos cães uivantes, espavorindo até os fantasmas viajantes e sem sepulcro.

A praga, pelo poder do nome, atinge a entidade visada pelo castigo, através do tempo e do espaço. O processo espantoso reduz-se a palavras, nas horas propícias, exaltação de justiça negada ou dignidade ferida. Apenas uma frase veemente e o nome do criminoso. Praga "entre a Hóstia e o Cálice", no momento da elevação do corpo e sangue de Jesus Cristo, pão e vinho consagrados na missa, já mencionada em processos da Inquisição de Toledo e Valência em 1538, é fórmula popular e de impressionante eficácia.

Iavé ameaçava "apagar o nome" de quem esquecesse suas leis: "O Senhor apagará o seu nome de debaixo do céu!" (*Deuteronômio,* 29, 20). Era o mesmo rito no Egito em que o nome do faraó criminoso (e quase sempre o era para o sucessor) desaparecia nos cartuchos que o continha, assinalando monumentos construídos, terminados ou iniciados sob sua administração.

Os efésios proibiram, sob pena de morte, pronunciar o nome de

Eróstrato, conterrâneo obscuro que incendiara em 356 o templo de Diana, para tornar-se célebre. Ninguém pôde esquecer o nome e este veio aos nossos dias.

No ano de 508 a.C. ocorreu o episódio da órfã Edissa, em Susa, tornar-se a rainha Ester ao lado de Assueros, rei dos persas (Artaxerxes Longa-Mão, filho do rei Dario), livrando do suplício todos os hebreus exilados. O favorito Haman, amalecita imponente, ministro do rei, condenara-os à morte, mas o único enforcado foi justamente o ilustre acusador. No dia 14 de Adar, o março judaico, realiza-se a "Taanit Esther", festa de Ester, celebrando-se o Purim, onde o *Megillah,* Livro de Ester, é lido pelo rabino na sinagoga. As crianças estão armadas com uma espécie de matracas, reco-recos, e todas as vezes que o nome de Haman é pronunciado os meninos fazem soar os barulhentos brinquedos, apagando, dissipando no ar o som do amaldiçoado apelido: *to drown out his name.* E a cerimônia está vivendo há 2479 anos...

É realmente o nomen-numen, nome-encanto, nome-força, nome-magia. O nome tem realmente poder!

NOTAS

359. Dante Alighieri, *Purgatório,* XXVI, 34-36, 37.
360. Pierre Marie, *Existe-t-il Chez L'Homme des Centres Préformés ou Innés du Langage?* 20e conférence. Questions neurologiques d'actualité. Marion, 1922 (cit in Childe); *Il n'existe pas plus de centres innés dans le cerveau humain pour le langage parlé que pour le langage écrit... Ce sont les blessures de la région temporo-pariétale gauche, en arrière du sillon de Rolando qui s'accompagnent d'aphasie. Les enfants qui ont eu une hémiplégie droit (cerveau gauche) dès les premières années, n'ont jamais d'aphasie, donc il n'y a pas de centre inné de la parole.*
361. *De Natura Rerum,* V, 1027-39, na versão de Lagrange (1738-1775): *"La nature apprit ensuite aur hommes a varier les inflexions de leurs voix, et le besoin assigne des noms à chaque chose: ainsi l'impuissance de se faire entendre par des bégayements inarticulés force lest enfants à recourir aux gestes, en indiquant du doigt les objets présents. Car chacun a la conscience des facultés dont il peut faire usage: le taureau furieux menace et frappe déjà de la corne avant qu'elles commencent à poindre sur son front; les nourrissons de la panthère et de la lione se défendent avec leurs griffes, leurs pieds et leurs dents avant même d'en avoir: enfin nous voyons tous les petits des oiseaux se confier à leurs ailes naissantes et s'aider dans les aires d'un vol chancelant".*

362. Francis C. Hayes, *Gesture: a Working Bibliography*, Southern Folklore Quarterly, XXI, Gainesville, Flórida, dezembro de 1957.

363. Luis da Camara Cascudo, *Trinta Estórias Brasileiras*, "A Disputa por Acenos", Porto, Portugal, 1955.

364. Há, naturalmente, a mímica, a mão nua, e o aceno que pode ser ajudado por objetos, imagens sugeridas pela indicação ou disposição dos objetos exibidos na gesticulação. É outra linguagem simbólica decorrente da primeira.

365. Andrea de Jorio, *La Mimica Degli Antichi Investigata nel Gestire Napoletano*, Nápoles, 1832.

366. Karl Sittl, *Die Gerbärden der Greichen und Römer*, Leipzig, 1890.

367. Hermann Urtel, *Beiträge Zur Portugiesischen Volkskunde*, Zur Gebärdensprache, Hamburgo, 1928.

368. Ludwig Flachskampf, *Spanische Gebärdensprache*, Erlangen, 1938.

369. J. Alves Garcia, *Transtornos del Lenguaje*, caps. I, Psicogénesis del Lenguaje; IV, Formas de la Expresión: La Mimica y el Lenguaje; V, El Lenguaje de los Surdomudos. Buenos Aires, 1958.

370. *Non aspettar mio dir più nè mio cenno* — diz Virgílio a Dante (*Purgatório*, XXVII, 139).

371. Jorge Bertolaso Stella, *A Glottologia e a Pré-História*, separata da Revista do Instituto Histórico e Geográfico de São Paulo, vol. XXXI, 1936. A citação de Trombetti é da mesma fonte.

372. Não conheço diretamente o *Human Speech*, Londres, 1910, de Sir Richard Paget, e sim o resumo feito pelo professor J. Alves García, *Transtorno del Lenguaje*, Buenos Aires, 1958.

373. François Lenormant (1837-83): *Essai sur la Propagation de l'Alphabet Phénicien dans l'Ancien Monde*, Paris, 1872-73. É fonte não citada de muita novidade no assunto: Fabre d'Olivet, 1768-1825. *La Langue Hébraïque Restituée*, Paris, 1816, erudição e sabor imaginativo, com hipóteses curiosas sobre a origem da posição da escrita, dependendo da posição do sol; Hernani Donato, *A Palavra Escrita e sua História*, São Paulo, s.d.; Frederick Bodmer, *O Homem e as Línguas* (versão brasileira do *The Loom of Language*), *A História do Alfabeto*, Porto Alegre, 1960.

374. Nas "Notas e Dissertações" do *Divã*, sob a rubrica "Elementos Primitivos da Poesia Oriental", lê-se: "Na língua árabe encontram-se poucas palavras-raízes, que, diretamente ou por meio de pequenas modificações, não se refiram ao camelo, ao cavalo e ao carneiro. Não devemos chamar de figuradas essas primitivas expressões da Natureza e da vida. Tudo que o homem expressa livremente são relações vitais; ora, o árabe está tão intimamente ligado ao camelo e ao cavalo como a alma ao corpo; nada lhe pode acontecer que, ao mesmo tempo, não interesse também a essas criaturas e não ligue sua existência e atividade com a sua vida (Ernest Robert Curtius, *Literatura Européia e Idade Média Latina*. A observação de Goethe evidencia a identificação oriental com a linguagem poética figurada, viva no seu alfabeto que resume os motivos-índices do seu trabalho e do seu interesse).

375. Luis da Camara Cascudo, *Anúbis e Outros Ensaios*, Mitologia e Folclore, XV, "Nomen, Numen", Rio de Janeiro, 1951.

376. Fúlvio Crosara: *Jurata Voce. Saggi sul giuramento nel nome dei Re e degli Imperatori dall'antichità pagana al medio evo cristiano*. Nápoles, 1959.

377. Ambrósio Richshoffer, *Diário de um Soldado da Companhia das Índias Ocidentais*, 1629-1632, trad. Alfredo de Carvalho, Recife, 1897.

FAMÍLIA

Où peut-on être mieux qu'au sein de sa famille?

MARMONTEL (1723-1799)

O latim "familia" manteve-se no *famille, familie, family,* neolatinos e germânicos, provindo de *famulus, farnel,* criado, servo, fâmulo, serviçal, doméstico, com a raiz de *faama,* do sânscrito *d'bâman,* casa, morada, residência, do radical *dhã,* pôr, pousar, assentar. Seria, visivelmente, o conjunto das pessoas sob o mesmo teto, obedientes e dependentes da mesma autoridade e proteção. Assim viveram os romanos entre cognatos, agnatos e clientes. O vínculo da subsistência subentendia a subalternidade correlata:

> Quem come do meu pirão, leva do meu cinturão.
> Quem dá o pão, dá o ensino.[378]

Max Muller ensinou-me que Pai, *pitár, patar, pater, fadar* vinha da raiz *PA que* não é engendrar, fecundar mas proteger, sustentar, nutrir. O pai, como gerador, fecundador, dizia-se em sânscrito *ganitár,* e como protetor e defensor, *pitár.* Entre os antigos arianos, *mâtar, matár, méter, mater, mati,* será "criador", de *MA,* formar. Antes da dispersão ariana (um motivo lindo!). Pai e mãe eram justamente, no plano social, o que hoje são. O pai é o mantenedor, protetor, guerreiro que caça e guarda a prole. A mãe gera, acolhe, aquece, alimenta a ninhada. O velho mestre de Oxford declarava, no francês de George Perrot:

> *La formation du nom de père à cette période reculée prouve que le père reconnaissait le fruit de sa femme comme sien.*

Reunindo os dois atributos é que se lia, compreensivelmente, o verso do Rig-Véda: *Dyaús me pitá ganitá* ou *Jo(vi)s mei pater genitor.*

A comunidade pelo sangue, a presença do chefe, a convivência no mesmo abrigo faziam nascer o grupo com seu comando natural.

Durante alguns anos, tenho a impressão, foi aplicada no plano do social a lei que Alexander Vassiliev formulara no campo biológico: "A reprodutibilidade da matéria, em agregado normal, é tanto maior quanto mais em estado inferior ela estiver". Para o paleolítico superior dirigiu-se toda aparelhagem delirante e fora aquele o período escolhido para origem e potência inicial de um estado "selvagem", de violência e bestialidade inacreditáveis. Como dizia George Grote da mitologia, era um passado que jamais tivera presente. O recente meio século de Etnografia, Antropologia Cultural, Psicologia, com os fundamentos arqueológicos, clarearam o inferno de sangue e sexo, domínio bruto de instintos soltos e sem razões fisiológicas, em que o quase inocente paleolítico se afigurara às deduções assombrosas vindas nos livros didáticos, derramando nas universidades um clima vermelho e fumegante de tragédia e desespero.

Certamente o Homem de Neandertal, e mesmo o macacal de Heidelberg, há quinhentos mil anos, não vivera, como nenhuma fera vive, na liberdade das janglas. O instinto associativo, a necessidade do esforço grupal para resistir, o maravilhoso solidarismo irreprimível na espécie humana, tudo concordava com o que se vê nos depósitos e escavações préhistóricas: trabalho ordenado, método normal de subsistência, aparelhagem de aperfeiçoamento racional crescente nas armas, armadilhas, enfeites, tratamento de peles, relativo conforto e defesa aos animais de presa, concorrentes às mesmas peças de caça. Por toda a parte, a mulher companheira, colaborante, decorada, esculpida, dançante, e sem provas quanto a promiscuidade *primitiva,* uso de todas por todos, indistintamente, como ainda não ocorre nos animais "em estado inferior do agregado normal", aplicando-se-lhe a tese do professor da universidade do então Petrogrado.

O critério evolucionista só poderia partir do simples-anterior para o composto-subseqüente. A cota-zero social devia ser o informe, o vago e confuso, *rudis indisgestaque moles* ovidiana, a promiscuidade, *Hetärismus* de Bachofen, as fêmeas comuns e assim obrigadas pela vontade dos machos. Depois, as mulheres reagiram (explicação ideal para as Amazonas belicosas, num pantoso anacronismo para erudito), e foram inventar, na acepção latina do vocábulo, a agricultura. A promiscuidade é o estado emergente e a vitória masculina é o patriarcado que, em boa verdade, antecedeu e sucedeu ao matriarcado. A promiscuidade estabelecida por

Bachofen (1815-87) ainda encontra repercussão deduziva em Lewis Henry Morgan (1818-81), com a suposição dos casamentos ou junções promiscuitárias nas hordas, crente desse estado numa expressão legítima mas improvada. A existência do homem não decorreu sem vestígios e estes afastam, positivamente, uma fase inicial de posse sexual indistinta. A seqüência da caça, pesca, agricultura, pastorícia, metais, está provada, se não em linha idêntica e contínua para toda a parte, mas sensível e viva nos elementos constantes do desenvolvimento econômico. O doutrinador acaba fanático pela própria doutrina criada, excluindo as divergências como heresias e mutilando as provas evidentes para que caibam nas caixinhas classificadoras.

Habitualmente, a organização social humana, em suas épocas primitivas, é tratada, para exposição e explicação, como ácidos, bases e sais num laboratório químico. As reações serão fiéis a uma tabela de resultados infalíveis em cor, peso e substância. Há pouco mais de três décadas é que o homem pré-histórico tem sido defendido em sua constituição orgânica e psíquica, comprovando-se-lhe a contemporaneidade dentro dos quadros da função psicológica.

Um dos sentimentos orgânicos e naturais do Homem é o ciúme, e este tem sido fixado desproporcionalmente. Henry James Sumner Maine (1822-88) foi o primeiro (*On Early Law and Custom,* 1883) e recentemente Margaret Mead (*Woman's Coming Age,* 1931) com maior extensão, além de outros, notadamente Edward Westermach (*Historia del Matrimonio,* 1946, *princeps* em 1894) em precisar-lhe a influência inegável.

Ciúme, de *cio, cieo,* mover, comover, excitar, incitar, perturbar, chamar, é o "desejo das fêmeas pelo macho" e vice-versa; *cio-ume,* "zelo de amor". É a época da recepção fecundadora, do apelo ao sexo, da busca, batalha, disputa de todos os animais pela conservação da espécie no estímulo incomparável do espasmo. É a berra, brama, cio, alvoroço, vício, reinação, calor, cavalgação...

No gênero humano não há, como nos animais, a excitação periódica, mas o desejo, pelo menos em potencial, é vitalício. Mesmo que desapareça a possibilidade geradora, o apetite, a ambição, a "vontade", permanece, inoperante e teimosa.

A realidade do ciúme, do zelo, do cuidado, não é unicamente a defesa sexual da fêmea mas da coisa possuída, pertencente à sua propriedade. Os homens que cedem mulheres e filhas aos hóspedes (só conhecemos esse requinte de agasalho em tempo histórico) o fazem exercendo direito de domínio, empréstimo do que possuem, dando, definitiva ou temporariamente, disponibilidade de posse indiscutida. Não há, para esse gentil anfitrião, a imagem da disputa e a presença do concorrente. Dá, obedecendo à tradição, o que lhe pertence e de maneira natural, como, nos nossos dias, um colecionador cede material precioso para o estudo alheio, porcelana, bronze, livro, marfim. Ou um cavalo de corrida, automóvel, casa de veraneio, barraca de piquenique, arma para caçada, aparelho de pesca submarina. A justificativa lógica, "dou porque quero; dou o que é meu", será a explicação íntima, suficiente para o sentimento senhorial. Nunca um costume é indefensável, inferior e bastardo, para quem o segue. Todos os costumes nascem com um fundamento útil e natural na mentalidade do grupo. Aceitação e continuidade são consagrações coletivas solidárias. A mulher cedida não é a mulher arrebatada, roubada pelas armas, arrancada no fragor do saque. "À força, não!" — diz o povo. É, juridicamente, uma doação em que não intervém o prejuízo do ciúme. A mulher não foi objeto disputado mas doado. O doador, para todos os povos primitivos e atuais, assume feição superior pela generosidade manifesta. Distinção psicológica, para os olhos do dono, da coisa dada por esmola ou furtada por quem não pediu.

Conhecemos todos os ciúmes, individual e o coletivo, sinônimo da violação de normas tradicionais, dignidade dos usos, continuidades consuetudinárias. O ciúme coletivo, zelo, é fórmula defensiva da incolumidade moral do grupo, tornado sociedade, civilização, mentalidade. O problema é a generalização do ciúme no plano de sua função. Naturalmente há centenas de modos exteriorizadores e número ainda maior de motivos de provocação. Não são, evidentemente, os mesmos para cada grupo e, às vezes, para o mesmo indivíduo nos nossos dias. O ciúme toma modalidades gerais quando é coletivo e pode ter feições típicas quando pessoal. O engano tem sido tentar reduzir o ciúme a uma constante inalterável e explicá-lo como proibição sexual exclusiva. Para o homem, em qualquer situação no tempo e no espaço, o que se permite é lícito e liberto do ciúme. Permissão inclui espontaneidade ou cumprimento de costume local. Nesse caso, o ciúme é que seria uma extravagância, um disparate, um capricho heterodoxo. O adultério é considerado crime capital e castigado com a morte bárbara ou mutilação hedionda e desfiguradora, ou fonte de rendimento, apenas punível quando inprodutivo. Entre os todas da Índia meridional não se tem o adultério por imoral e sim a negativa de ceder a mulher a outro homem: *immorality attaches rather to the man who grudges his wife to another* — informa Rivers. Os motivos são, logicamente, bem numerosos e substancialmente diversos. Nem todos os povos têm ciúmes das mesmas coisas e essas no mesmo ângulo de apreciação.

Os estados de Poligamia (*poli-gamôs,* muitas uniões ou casamentos) ou Poliandria (*poli-andrôs,* muitos homens, varões) não são etapas na marcha social mas formas regionais da união familiar. Jamais determinaram uma situação decisiva na sucessão social humana, mas aspectos, histórica e recentemente examinados, de soluções matrimoniais sob bases econômicas ou associativas, em dadas e consabidas zonas de povoamento e momentos de cultura.

Ter muitas mulheres, gineceu abastecido, harém numeroso, a multidão de filhos, a colaboração multiplicada para melhor rendimento no esforço familiar, é uma tradição no Oriente, especialmente entre semitas, e o Velho Testamento guardou a crônica dos grandes patriarcas. Os maometanos conservaram uso já anterior à revolução reformadora de Maomé. Polinésia, Malásia, os nômades dos desertos árabes setentrionais, os ainos do norte do Japão, bantos africanos, os ameríndios de quase todo continente e ilhas, foram e — sempre que é possível — são fiéis à poligamia que o cristianismo reprovou e os códigos modernos capitulam como crime nos âmbitos sob sua influência.

Não interessa, etnograficamente, que o homem nunca pudesse ser, em linha normal, monógamo, mas o casamento do par realiza ato social de melhor e mais fácil subsistência no mundo. O próprio esquimó, admitindo o poligamismo, prefere a mulher única como medida econômica.[379] E o poligamismo muçulmano está desaparecendo sob a pressão financeira, e mesmo vedado pela legislação moderna e local.

No mundo ocidental, o único local onde a poligamia mereceu ato de criação religiosa e legal, normalmente obedecido e elogiado pelos devotos, foi em Salt Lake City, Utah, USA, em 1852, entre os mórmons, *Church of Jesus Christ of Latter-Day Saints.* A poligamia mormônica foi proibida pela legislação norte-americana em 1896. O profeta Brigham Young, 1801-77, falecera ao lado das suas dezessete esposas legítimas e 56 filhos. Para ele, como para o fundador Joseph Smith, 1805-44, Jesus Cristo tivera três mulheres, o mesmo número que coubera a Brigham Henry Robert, deputado por Utah, e excluído do Congresso em 1899.

O fundamento religioso era a propagação da semente divina na multiplicação dos fiéis a Deus. Maomé instituíra no "Ramadam" a Noite da Força para essa finalidade específica. O patriarca (*pátria,* família, raça, pais, *archein,* comandar, governar, dirigir) tornava-se soberano de uma família imensa, ano a ano transformada em tribo, o acampamento em aldeia na variedade das tendas. Os filhos valiam pastores e soldados, uma propriedade viva, palpitante de energia e força, avolumada pelo fruto dos ventres apenas repudiados quando infecundos. Taine, estudando os mórmons, salientava no patriarca a mudança da

génération en oeuvre pie, les sentiments naturels en passions ambitieuses, les sentiments humains en passions religieuses.

O homem da grande família era um chefe nato, sacerdote legítimo, detentor de economia fundada e crescente.

No poliandrismo a explicação é mais ondulante, confusa e permissora de devaneios. Recorre-se a uma série hipotética de calamidades, assaltos devastadores de meninas, sacrifícios habituais delas,[380] livrando a tribo de um elemento débil, incapaz de resistência e facilmente raptável, indo aumentar as fontes vitais inimigas. Foi a razão de Mac Lennan (1827-81, *Studies in Ancient History,* 1886, Londres) assimilada e ampliada, nos mesmos horizontes, pelos sucessores doutrinários.

A relação dos povos poliândricos era fácil e vasta para Mac Lennan: Tibete, os habitantes dos vales baixos do Himalaia, Caxemira, os nairs da costa de Malabar, Ceilão, os todas do sul da Índia, coages, tribos da Nova Zelândia, arquipélago das Aleutas no Oceano Boreal, os coriacos do nordeste siberiano, amerabas do Rio Orenoco, cossacos saporoginos, os nativos da Ilha Lancerota, nas Canárias, tribos africanas centrais, e mesmo os velhos Bretons, Pictus, Getas e na Média. Uma revisão deixará poucas indicações provadas: Nairs e Todas, distritos montanheses próximos ao Himalaia, o Dan na Palestina, os Netsiliks, tribo esquimó do Canadá ártico, e o primeiro livro do *Mahabarata,* onde a princesa Krisná (Draupadi), filha do rei Drupada, casa com Arjuva e seus quatro irmãos, os heróis Pandavas, Iudistira, Bima, Nacula e Saadeva. Westermack restituiu o quadro assustador às suas proporções verídicas e mínimas.[381]

O primeiro grupo estável foi realmente a família, pai, mãe, filhos reunidos sob as leis inderrogáveis do instinto de unidade, fundidos os elementos dessemelhantes na função harmônica da criação, sustento, defesa e educação. Por todo Paleolítico o número de viventes não é tão grande para supor-se da existência de processos diferenciais e específicos na conquista da mulher e fundação do lar. Deviam unir-se no grupo, endogamicamente.

Nem seria possível a horda promíscua e menos a guerra feroz, sem vestígios. Para que nascesse o sentimento da captura, indispensável era a presença do objeto cobiçável. Sabemos que no regime da agricultura, e depois da pastorícia, os homens teriam motivos de querelas e de ambições aquisitivas. Eram indispensáveis o rebanho e a reserva de víveres para despertar o sonho da posse com o trabalho único do assalto violento. A exogamia indica estado psicológico mais nítido e uma concepção diversa do sentido do parentesco, no plano lícito ou ilícito da união. A imagem do incesto é ainda discutida nas névoas de sua formação e causa. Os estudos clássicos de Bachofen, Mac Lennan, Sumner Maine, Morgan, Tylor, Lang, e os mais recentes de Malinowski, Thurnwald, Schmidt, fixam o panorama de uma paisagem sem possibilidade de explicação harmônica e de justificação genérica.

Endogamia, exogamia, matriarcado, matrilinidade, matrilocalidade e a nomenclatura referente ao patriarcado, família, sip, clã, tribo, grupo começam sua dança desnorteadora. Nenhum processo na história da família humana teve o mesmo desenvolvimento ou mesmo existiu, simultaneamente, em todos os povos da Terra. Do grupo inicial — pai-mãe-filhos — descem as águas que cobrem de sedução e sugestão as bibliografias dedicadas à sua análise. A uniformidade nos ciclos ou identidade nas fases da viagem humana no tempo são fórmulas insustentáveis. No mesmo grupo havia endogamia e exogamia. Num regime patrilinear o tio materno continuava influente e poderoso. Nunca o rapto da mulher foi normalidade costumeira, como forma da posse feminina numa área geográfica apreciável, entretanto a moça furtada, raptar a noiva, é ato contemporâneo, universal e constatável como solução individual para o problema amoroso. Para qualquer dedução etnográfica e psicológica há incalculável documentação positiva de ações humanas. Para afirmar ou negar uma tese a história do homem encarrega-se de comprovações inesgotáveis. O mesmo fato material pode ser interpretado diversamente pelos observadores e ser literalmente diferente para quem o pratique. E um registro atual não afirma a continuidade inalterável do que se estudou. Mesmo simples, aparentemente primitivo, um dado etnográfico pode ter tido grande e complexa jornada transformadora através das idades.

Da conquista à posse da mulher, através da requesta, promessa e matrimônio, em nossos dias, com sua espantosa variedade cerimonial, fundada na tradição local e muitas de origem perdida, emergem reminiscências de costumes desaparecidos. As formas mais antigas e contemporâneas são: a compra, a troca de bens ou serviços; a permuta (irmã do pretendente casa na família da noiva); dádiva simples ou a preço simbólico. A primeira é e foi a mais geral (africanos, ameríndios, semitas, Jacó trabalhando sete anos a Labão para haver Lia e outros tantos para obter Raquel (*Gênesis,* 29, 19, 27-28).[382] Do segundo, Melanésia, e ainda comuns nos casamentos das casas soberanas da França, Espanha, Portugal (séculos XVII-XVIII). Do terceiro, pedido da mão, pedido em casamento, presentes simbólicos, jóias, amuletos, arras, lembranças e a valorização da noiva pelo dote, ofertas.

A noiva pelo rapto era, em sua maioria, combinado mas há os exemplos clássicos dos romanos e Sabinas e os homens da tribo de Benjamim, arrebatando nas mulheres em Silo, durante a festa (*Juízes,* 21, 19-23). Os vestígios ainda resistem na França, Itália, Espanha, Portugal, Inglaterra e, como uso lúdico e feição folclórica, n'América Latina.[383]

A nomenclatura do parentesco e sua tradução social e política, ou conteúdo obrigacional, é assunto especial de eruditos. Os descendentes dos colaterais fixam escalas de valores, correspondentes aos direitos e deveres religiosos, matrimoniais, econômicos, ritualísticos, defesas e permissões, com limites ainda debatidos e confusos.

O padre Wilhelm Schmidt (*Das Mutterrecht,* Viena-Mödling, 1955) expôs em livro póstumo seu depoimento sobre o matriarcado, resultado de pesquisas, deduções, resumos, conclusões agéis, esclarecendo uma fase dada como inicial na organização da família e com permanente projeção na origem do Estado, de Lei e do Costume. Não seria geral e obrigatória para todos os povos mas W. Schmidt mantém a claridade e decisão magistrais.

Situa o matriarcado no fim do paleolítico ou início do epipaleolítico, nos vales ubérrimos da Manchúria, Mongólia, Coréia, China do levante, na Ásia suleste, ambiente justificador da ascendência feminina pelo trabalho agrícola, tornando-se, pela especialização do labor, independente do homem. A união carnal verificar-se-ia durante a noite, nos chamados matrimônios-de-visita (*Besuchsehe*), ficando os filhos e a autoridade a cargo da esposa num lar que era dela. Assume a esposa a direção total da organização tribal, senhora da economia, orientadora do esforço coletivo, dispondo das vontades colaborantes e submissas. O marido, ou maridos, eram dependências, forças subsidiárias, serviçais sem influência e personalidade. Aparece, noutra fase, a figura do tio materno, espécie de conselheiro co-regente, masculinização local do matriarcado soberano, cabendo-lhe transmitir heranças, educar e, vagarosamente, ir substituindo a irmã ou sobrinha no exercício administrativo (avunculado). Marido da professora.

Os candidatos ao matrimônio terão a esposa pela prestação de serviços aos pais, ou melhor, à matrona, na sua casa e terras de cultivo, e esses trabalhos são agrícolas, plantio, conservação e colheita. Por esse meio o homem, decaído do seu domínio normativo, reabilita-se lentamente, possuindo bens, estabelecendo espécies de lavouras quase privativas de sua resistência física, notadamente o arroz. Funda sociedades secretas, mascaradas, agremiações misteriosas, com bailado, canto, instrumentos-tabus, fora das vistas femininas, cercando-se de ritos, iniciações decorativas, confidências aos rapazes, preparando-os para a reconquista do trono familiar. Creio que a tradição da caçada às cabeças, os mitos valorizadores do crânio, partindo da antropofagia ritual como fonte de energia útil do morto, foram ainda fórmulas ampliadoras do renome, da sugestão máscula vitoriosa, para a curiosidade e ambição inquieta das mulheres. Teria o sangue, já então, um sentido de grandeza mágica fecundante, exigido, com as cabeças dos inimigos vencidos, pelas mulheres mandonas? Ou a caça ao crânio seria um dos atributos de iniciativa masculina para sugerir a posse de patrimônio mágico e privativo do seu uso? Creio mais que o culto ao crânio, com o cerimonial de sua posse e confinação em templos, sedes de danças guerreiras propiciatórias, tenha constituído mais um meio de sedução, de apavoramento sistemático (dança e instrumentos de Jurupari no Rio Negro), de manejamento técnico do terror, ambivalente, para assombrar mulheres e atrair rapazes para o solidarismo desses ritos de passagem. As mulheres são excluídas, normalmente, das festas de iniciação. Daí a Casa de Homens, Casa de Rapazes, assembléias noturnas, exclusivamente para os iniciados, curso intenso de revalorização masculina. A onipotência feminina decresce ante o espetacular aparelhamento associativo do outro sexo, em face de uma economia fundada e mantida por ele, e também pela presença do tio materno, *Maire du Palais* da rainha *fainéante,* antecipação, discreta e visível, do patriarcado reiniciante.

Durante o matriarcado verificar-se-ia uma Ginecocracia, a mulher-rainha e, logicamente, determinando atributos e usos que depois permaneceram visíveis no patriarcalismo: ascendência pela linha materna, o tio materno ainda temido apesar do pai restituído ao pátrio poder, a sogra respeitada e detestada e mesmo a bilinearidade, as filhas contando a descendência pela matrilinidade e os filhos pela patrilinidade. A residência da mulher é determinada pelo marido na percentagem maior e atual mas há sobrevivência que é o esposo morar ao redor ou com a família feminina, numa subalternidade visível. Os de Dobu, na Nova Guiné oriental, dividem a exigência ritual, morando o casal, alternadamente, na aldeia do marido e na aldeia da mulher. Pela "doutrina", o homem, na fase recuperatória do seu domínio, conseguiu levar a esposa para sua companhia, deixando o aldeamento dos sogros. Um ditado recorda a precaução:

> Quem casa, quer casa, bem longe da casa em que casa.

Para o problema da *avoidance,* que Mendes Correia traduziu *evitação,* entre sogra e genro, o tão sabido tabu da sogra (australianos, polinésios, sudaneses, bantos, tradicional entre europeus e latino-americanos, documentado em longa literatura oral), a explicação comum é ainda o horror do incesto e, para Sir John Lübbock, reminiscência rancorosa da sogra recordando o rapto da filha na *marriage by capture. O* sentimento, tão provado, da rivalidade entre a mãe e o marido da filha, pelo domínio da mesma, além da defesa cautelosa do incesto, poderá conter a mágoa e antipatia masculina pela situação humilhante no matriarcado sob a opressão da sogra e, da parte desta, a lembrança do genro que se libertara do seu jugo, conduzindo a filha para sua residência, longe da jurisdição habitual.

Todas essas notícias pedem a fé preliminar porque as lacunas e zonas de vácuo existem em toda argumentação. Não é possível matriarcado sem agricultura e situá-la no paleolítico, ou época pós-glacial, é antecipar, milênios, a conquista da terra pelo cultivo. Como e por que o homem, caçador rude, manejador de clavas e dardos, permitiu ser despojado de suas atribuições dominadoras, é outro mistério, ou outra "convicção" que se tem pela vontade de crer. A presença do irmão da matriarca, o tio materno, explicável na própria função, é improvável na psicologia feminina de todos os tempos, como participante e sensível usurpador da soberanidade indiscutida.

O matriarcado é uma instituição que nunca teve presente e sempre viveu no passado, convencional e remoto. Não há prova do seu funcionamento completo, de sua organização íntegra, e sim o encontro de elementos dispersos que lhe eram característicos. Deduz-se a imponência do edifício pela vastidão confusa dos destroços, espalhados através do espaço e do tempo. A Ginecocracia, governo feminino, pode existir, inconfundível e legítimo, sem que ocorra o matriarcado. Ginga Nbandi, a rainha Ginga de Angola, falecida macróbia em 1663, foi um dos exemplos mais vivos da mulher autoritária, vibrante, mandando sem obstáculos eróticos, planejando, lutando, reatacando sem desfalecimentos, livre das limitações tradicionais que existiram para a grande Cleópatra, barreiras constitucionais para a rainha Vitória da Inglaterra, Maria Teresa d'Áustria e, até certo ponto, para Catarina da Rússia.

As palavras que resistem, antigas e atuais, sugerindo interpretação sonhadora, numa semântica um tanto lírica, é MATRIMÔNIO e é PATRIMÔNIO, revelando as duas faces poderosas do complexo pai e mãe.

O patriarcalismo é fase clara e sem possibilidade de negação. E o patriarca, pai de família, foi a primeira voz de mando e o primeiro gesto indicando rumo à mulher e aos filhos confiantes, na manhã dos séculos paleolíticos. Essa célula motora é a força aglutinante das funções subseqüentes e o movimento condensador dos grupos. A criação do totem, o antepassado mágico e comum, valorizava a ascendência, sagrando-o sacerdote do culto familiar, como o mais próximo à santidade da égide protetora.

Os nossos antigos mestres clássicos de Etnografia e Antropofagia Cultural têm atenção bem parcimoniosa, ou nenhuma, para os desenhos, gravações, pinturas, esculturas, do aurinhacense à franja do neolítico. Ali está, inquestionavelmente, documentação verídica, coeva, indiscutida, como depoimento, informação, registro.

Não há o mais distante vestígio desse predomínio total da mulher, ao deduzir-se pelo panorama geral pictórico. Vivem, em maioria, animais, mas as figuras e esculturas humanas existem abundantes. Vemos homens dançando em filas ou círculos, caçando, encantando animais, correndo, pulando, guerreando, fugindo das feras, atacados pelas abelhas quando furtavam mel. Mulheres, do aurinhacense em diante, gordas, Vênus adiposa, Vênus impudica, normais na vasta enxúndia, tidas como símbolos de fecundidade. Os homens já estão enfeitados, complicadamente vistosos, soltos e livres, ágeis, numa euforia comunicante. Não era possível que um sentido de autoridade, de mando, de hierarquia, estivesse ausente de toda essa comprovação plástica. O professor Hugo Obermaier, estudando os desenhos e pinturas do ciclo levantino, crê que algumas decorações na indumentária já seriam índices privativos de chefia. O bailado de Cogul (Catalunha) é de mulheres ao derredor de um rapaz. Por esse meio identificamos caça, batalha, trajes, decorações, instrumentos musicais, armas e sentimos a presença da chefia masculina. Semelhante n'África, setentrional e meridional. A única peça discutível, como motivo reverenciador, *testis unus, testis nullus,* é uma gravura incompleta num fragmento de osso, na caverna de Izturitz, no Baixo Pireneus, correspondente ao madaleniano. Mede 10 x 3 centímetros. Representa uma mulher desnuda, seios flácidos, gorda, jarreteiras, uma espécie de pequeno arpão na coxa, e seguida por um homem, de rosto disfarçado como é comum, colares estreitos que podem ser pintura, braceletes nos pulsos, e que os textos dão como tendo as mãos em atitude de súplica. O problema, para mim, é a posição da peça. Examinam na vertical quando deve ser vista na horizontal. A mulher não está de pé, no ar, tendo o homem às suas plantas. O casal está engatinhando, posição indiscutível pela situação dos cotovelos de ambas as figuras, braços dobrados quase em ângulo reto. A dama está fugindo de uma tentativa de captura amorosa. É documento erótico e não religioso.

O homem sempre possuiu família, como sempre empregou o fogo. Foi o chefe do primeiro grupo natural, como ainda hoje. Na sua humildade ou expressão poderosa, é o chefe de família, cabeça de casal, dono de casa. Esses títulos são imemoriais e eternos. Não haverá doutrina ou exaltação cultural capazes de apagá-los na memória. Inaplicados, num momento, voltam ao nível anterior, no impulso do elastério moral incomprimível, numa fatalidade milenar e maravilhosa.

Os fenômenos do matriarcado, casar dentro ou fora da família, da tribo ou do território; casar por grupos; comprar a mulher ou recebê-la com dote; substituir o irmão defunto, desposando-lhe a viúva ou seus irmãos participando de sua vida sexual (levirato); casar com as cunhadas (sororato); casar com mulher velha, numa instrução experimental ou moças com homens maduros; morar com a família da esposa ou trazê-la para sua cabana; ter uma ou várias mulheres e esta um ou muitos maridos; mandar o marido, a mulher ou o irmão desta; governar ou não sua casa, plantios, filhos; o nome, a herança, transmitir-se pelo lado feminino ou masculino ou ambos (patrilinidade, matrilinidade, bilinearidade); herdar os filhos ou sobrinhos; poder casar com uma irmã (Havaí, Peru, Egito ptolomaico, para os soberanos ou deuses, Júpiter irmão de Juno, sua esposa no Olimpo) são funções sociais que se tornaram indispensáveis como a aquisição da linguagem, típicos em determinados momentos da cultura e em áreas geográficas ajustadas. A família é que, orgânica como a respiração, veio com o homem antes que ele tivesse a noção do tempo e de sua medida. O idioma é particular e a respiração biológica, sinônimo da existência. A família é o sinônimo da vida. Para mantê-la nasceu o costume, a lei, o Estado, e a Civilização foi um desdobramento útil do poder assimilante do esforço, a prol do reino doméstico, primeiro e último, na emoção do homem.

Não havendo assunto pequeno mas pequeno investigador, cada aspecto da cultura, cada ângulo da atividade humana, permite percentagem analítica bem inferior ao seu volume real. Se os negros bantos e os árabes nômades são polígamos e certos esquimós canadenses e os todas da Índia poliândricos, as explicações de origem econômica, religiosa ou política independerão do critério único. Certamente não imitaram o figurino ignorado e as justificativas atuais podem não ser as mesmas, fundamentais para o costume. Se uma ascendência africana é matrilinear e o antepassado continua cultuado patrilinearmente, a solução negra escapa virtualmente ao exame interpretativo moderno porque a dedução se fundamenta nos ritos e ninguém poderá assegurá-los imutáveis e legítimos. E ainda menos de sua razão íntima, intrínseca, sagrada, do paideuma.

Na proporção que avançamos no conhecimento do Homem mais complexo o encontramos para reduzi-lo a um esquema total. Na fase inicial das pesquisas de campo ou de biblioteca, de viagem comparativa ou de confronto cíclico nos museus, a tentação tradutora arrastava para a generalização, para evidenciação de origens, diagramas de percurso, mapas coloridos, sínteses de culturas nas áreas irradiantes ou influenciadas. Voltamos, prudentemente agora, ao período inicial em que a narrativa, a descrição, o registro fiel e simples do objeto, do tema, do motivo, satisfaziam a missão do observador.

Quando examinamos um assunto capital na vida humana, o fundamento de sua força social, emocional e guerreira, o instituto da família, sentimos a mesma indecisão do químico, procurando identificar na foz rumorosa as águas formadoras, originais e legítimas, na verde confusão do oceano...

NOTAS

378. Assim, "criado" e "aluno", de *alimnus, alo,* sustentar, manter, criar, nascem da mesma estirpe.

379. *Though polygyny is permitted, it is exceedingly rare, for the economic union of one*

man and one woman seems best adapted to the conditions of life. George Peter Murdock, *Our Primitive Contemporaries,* Nova Iorque, 1957.

380. O sacrifício das crianças do sexo feminino era tradição poderosa entre os árabes pré-islâmicos (*Alcorão,* Surata 70, v-12, e 81, v-8). Maomé combateu vivamente essa barbaridade, proibindo-a aos fiéis. Não determinara, como era de prever, o poliandrismo, segundo a lógica de Mac Lennan.

381. E. Westermack (1862-1939): *Habiendo ahora examinado todos los grupos de fenomenos sociales invocados como pruebas en la hipótesis de la promiscuidad, hemos encontrado que, en el fondo, no son pruebas. Ni una de las alegadas como restos de un antiguo estado de cohabitación de los sexos o* matrimonio comunal, *presupone la existencia anterior de tal estado. Los numerosos hechos anticipados para sostener la hipótesis, no justifican en modo alguno la suposición de que jamás la promiscuidad haya sido la forma dominante de las relaciones sexuales en un solo pueblo, cuanto menos que haya constituído una etapa general en el desarollo social del hombre, ni, sobre todo, que esta etapa haya sido el punto de partida de toda la historia de la humanidad. Historia del Matrimonio,* Buenos Aires, 1946.

382. Wilhelm Giese, da Universidade de Hamburgo, numa conferência na Faculdade de Letras da Universidade de Coimbra, estudou excelentemente o *Roubar a Noiva* ("Douro-Litoral", V-VI da 6ª série, Porto, 1954). O assunto é tratado por todos os estudiosos da origem e desenvolvimento da família. No Brasil há a "corrida do anel" e a "corrida do chapéu" (Rio Grande do Norte e Ceará); Luis da Camara Cascudo, *Superstições e Costumes,* Vestígios Contemporâneos do Casamento por Captura, Rio de Janeiro, 1958.

383. Ainda em 1938 os negros do Gabão não podiam acreditar quando Albert Schweitzer lhes afirmava que na Europa a mulher não era comprada pelo futuro marido. *Histórias Africanas,* São Paulo, s.d.

GOVERNO. LEI. DELEGAÇÃO

*P*ossuímos comumente Estado e Governo como sinônimos. O segundo é, muitos milênios, anterior ao primeiro. Todos os nômades, grupos indígenas, presentemente, possuem Governo e ignoram Estado. Mas o uso popular universal confunde as duas figuras tão diversas, diariamente registradas na imprensa de todas as línguas do mundo. Naturalmente a origem desses irmãos xifópagos permite o debate, doutrina diversa, mestres conseqüentes. No *Fedro* de Platão há um diálogo entre o discípulo e Sócrates, no local onde diziam haver o vento Bóreas arrebatado a ninfa Orítia. Respondendo se acreditava na lenda, Sócrates disse que teria necessidade de explicar racionalmente todos os mitos gregos recusados pela razão. Em última análise seria substituir um mito por outro porque o mito anterior era a explicação real duma interpretação anterior, valorizada pela credulidade. A tradução mais recente tomaria o lugar da que fora conteúdo justificado e positivo. Outra geração noutro estado de curiosidade apagaria a versão por uma diferente. Assim, nós mesmos, diante do improvado, dizemos doutrinas as substituições interpretativas de um mito por outro. Quando a explicação não satisfaz, apeia-se para a autoridade científica como, antigamente, recorria-se à majestade sacerdotal. Pena de ignorância. Pena de sacrilégio. Em qualquer dos casos, intimidação, falhando o entendimento concordante.

O velho Augustin Jal (1795-1873) estudando o *branle-bas* no seu *Glossaire Nautique, répertoire polyglotte des termes de Marine anciens et modernes* (Paris, 1848), avisou que *on ne peut tout savoir,* moto irrecusável para o conhecimento erudito.[384]

O Estado é a estrutura, fundamento, organismo (governo, população, território), conjunto de órgãos. O Governo é o elemento dinâmico, administrador, regulador, com as potências de coação e repressão. Os alemães dizem *Regierung*. No Portugal velho o administrador era "regedor"; o regedor da justiça dirigia o Tribunal da Relação em Lisboa. O que dizemos Reinado, Governo, Administração do Estado era regimento (Viterbo, *Eluci-*

dário, II). Os idiomas nascidos do latim conservaram o *gubernare* e mesmo o anglo-saxão manteve o *governance, governesse, govern*. Governar é dirigir o navio com o *gubernaculum*, nome latino do leme. Governo, governar, governador, vêm daí. O leme dá o rumo, orientação, destino. Toda força de impulsão subordina-se ao leme diretor. As primeiras naus não tinham leme, durante milênios navegaram sem ele. Apenas a subordinação da equipagem ao ritmo da remada era condição indispensável para a regularidade da trajetória. O leme será, mais ou menos, contemporâneo ao uso das velas. Idade do Bronze. Evidente que o nome não coincide, cronologicamente, com a função. Não havia leme mas o Governo existia, no mínimo desde o alto paleolítico.

No banco de ré, sentado, um único homem conduz o navio inteiro, vidas e cargas, dentro dos roteiros por ele conhecidos. Nascia a mística do timoneiro. A figura do piloto passou ao vocabulário civil desde finais da república em Roma e seria Cícero um dos primeiros a empregá-la, ao lado do *praeses cum imperium*, anterior ao procônsul das províncias do Senado e do Legado das províncias imperiais. *Gubernatio, gubernator*, governo da nau, piloto, mestre da nau significam também governo, administração civil, direção dos negócios públicos, governador, durante o Império. O prestígio francês levaria o *gouverneur* para Escandinávia, Alemanha, URSS, como o latim fizera para o restante europeu. Fala-se da "nau do Estado" e o vocabulário dos acidentes marítimos constitui imaginário político.

Governar, dirigir homens, a primeira chefia, é anterior a qualquer imagem de Estado e de organização permanente, exceto a família. Podia um homem dirigir unicamente seus companheiros num dado momento, para uma finalidade em que se conhecesse sua destreza. Terminada a campanha, acabava-se a chefia que nascera para o implemento de uma função. Mas se as necessidades ressurgissem na mesma atividade, é lógico que o mesmo homem voltasse a levar os camaradas para a missão em que se fizera mestre.

Essa é a origem do governo, sinônimo de chefia, mando, direção, leme de nau. Em todos os grupos humanos um participante comandará, instintiva, espontaneamente, fatalmente. Um homem encaminhará os demais pela estrada, dará regime ao trabalho comum, iniciando, findando a tarefa.

Teríamos chefia no aurinhacense? O próprio Homem de Neandertal viveria entregue a si mesmo, caçando, comendo, morrendo, sepultando seus mortos, pintando de vermelho o esqueleto, arrumando as armas fúnebres, sem colaboração e fora de comando, decisivo ou fraternal? As caçadas de mamutes, bisontes e bandos de renas verificar-se-iam sem plano, numa improvisação cinegética, ou obedientes a um traçado prévio e lógico para acosso, morte ou captura? Aqueles cercos, assédios às feras, utilizando fogo e fumo, com um caçador em cada ponto estratégico, tão vivos e típicos no solutrense, independiam de orientação geral? Era crível que, no madaleniano, os pintores, gravadores e desenhistas trabalhassem sem alimentação, aquecimento e defesa ou o grupo respeitasse o labor daquela minoria indispensável, mantendo-a, e o fizesse numa deliberação tácita e coletiva, milagre de compreensão? E os bailados, com máscaras e instrumentos musicais, com rapazes e moças em círculo, ouvintes e colaborantes, danças com significação mágica, tudo sem preparação prévia e visão diretiva responsável?

Em nossos dias, auto-suficientes e democráticos, não é possível esse resultado, admirável em sinergia, seria possível há uns setecentos séculos?

Toda ação coletiva reiterada supõe uma transmissão regular de normas. Logo, um sistema de ensino hierárquico.

A reincidência das soluções, a repetição das ordens na identidade das tarefas, o mesmo gesto para a mesma finalidade que ressurgira estabelecem a norma, pautando a conduta, criando o hábito, consagrando o costume. Mesmo as tarefas longas, rotineiras e maquinais, determinam um chefe, uma graduação em simpatia, assinalando um companheiro para a direção silenciosa.

A memoralização das decisões, tomadas no esforço comum, fez nascer o direito baseado no costume, "o que se faz", consuetudinarismo consagrador. Óbvio que a aceitação das soluções pelo grupo, o consenso, fundamentou a aplicabilidade. Esse consenso, conformidade, acordo, explica na chefia a autoridade, potência espiritual defensiva das normas grupais. A autoridade só podia referir-se ao indivíduo portador do *munus* na duplicidade predical de obrigação e ação, e não ao grupo cuja concordância era a obediência compreensiva.

Impossível analisar-se se a autoridade é uma continuidade de êxitos ou se o chefe, fortalecido pela investidura, defende-a de suas falhas ou decessos ocasionais. Certo é que a autoridade ergueu o chefe a um nível superior e a explicação de dizê-lo portador de elementos sobrenaturais ou possuidor de resistência física, anuladora das divergências fortuitas, continua aberta para negativa ou aceitação, ambas prováveis.

Típico no seu simbolismo exaltador era a cerimônia comum entre os povos germânicos, *elever sur le pavoir,* levantar o novo chefe sobre o côncavo do pavês que os guerreiros sustinham aos ombros. Era dar-lhe estatura superior a todos os companheiros, pisando o escudo, podendo do alto olhar, contar e comandar os seus homens. Era a proclamação da autoridade manifesta.

Autoridade é a legitimação do poder. O sentido do *legítimo* é, psicológica e politicamente, o continente legal e jurídico em todo conteúdo da chefia. A chefia é natural legítima, quando todos consideram sua autoridade indiscutida. Autoridade é sempre legal. Poder é que pode independer da legitimidade.

Há mais de oitenta anos Edward Burnett Tylor informava: "Onde quer que o viajante, nas regiões silvestres, encontre algumas famílias errantes pelo deserto, ou nas selvas tropicais chegue a um grupo de cabanas junto a um riacho, encontrará, se observar, alguns rudimentos de governo; pois ali estão assuntos que são relativos a toda pequena comunidade, eleição de terreno para acampar, ajustes de pesca com uma tribo vizinha" (*Antropologia,* XVI). Expõe Tylor a chefia patriarcal e doméstica, hereditária, aclamada, a família-tribo-nação, as transformações do grupo familiar originário em Estado pela aglutinação das funções que o próprio desdobramento grupal determinou em sua expansão.

Em linha geral o esquema não mudou e não pode mudar, naturalmente. A família, iniciando o grupo, trouxe a figura paterna para a primeira chefia, *caput,* cabeça do grupamento, consagrado mais amplamente pela valentia na caça e guerra. A aliança de famílias pelo interesse imediato ou remoto manteve o domínio do mais apto, consolidando a autoridade do chefe patriarca. No clã seria o representante mais autêntico, descendente mais próximo do antepassado totêmico.

Autoridade é potência espiritual defensiva das normas grupais porque a ordem do chefe explica a violência do ato subalterno. Transfere a responsabilidade do mandatário para o mandante. Bandeira cobrindo a carga. Nas grandes batalhas jurídicas de Roma, republicana e imperial, o problema era apurar a culpa dos lugar-tenentes dos procônsules governadores provinciais; decidir entre a obediência militar e ação criminosa na indecisão da fronteira psicológica oscilando da disciplina executória, maquinal e cega, da determinação imperiosa para o arbítrio, dependente da vontade pessoal e livre. O Código Penal Brasileiro (art. 18) manda punir o autor da "ordem não manifestamente ilegal" ou "coação irresistível".

A chefia nasceu de duas fontes essenciais: projeção na família e aclamação pela autoria de solução decisiva em momento difícil no grupo. Chefia natural e chefia de origem emocional, acidental, sagrada pela continuidade do sucesso. Assim processou-se na Polinésia, no Egito prédinástico, na Roma arcaica, no Peru, no México, entre celtas e germânicos, verificado na época histórica. O mesmo entre tasmanianos e pigmeus africanos, considerados os "mais primitivos".

O Estado, *status, stare,* estar, manter-se, estar firme, estar de pé, denuncia a organização milenarmente posterior, quando a chefia inicial não mais podia exercer o comando na extensão e variedade dos atos requerentes de soluções imediatas, distantes, diferentes, específicas. O Estado é uma conquista da lógica social, da inteligência racional do homem e não, como alguns ensinam, um fato natural. Natural é o Governo, coevo ao grupo familiar, *ouvrage de raison et d'intelligence,* pregava Bossuet, melhor cabendo ao Estado. É possível um Estado na proto-História mas houve Governo no paleolítico. Para a formação do Estado, nos elementos primários, exigem-se população, território delimitado ou possuído nas áreas de percurso tradicional e uma administração responsável, organização jurídica que o etnógrafo reduz ao simplismo do governo suficiente. Para que tivéssemos terra própria e a população fixada sob governo "nacional" muito caminharam História e Lenda nas estradas da memória.

A origem da Lei seria a revelação divina da Ordem, imposição da Chefia ou regulamentação do uso, do costume, da norma tradicional? Malinowski, em livro póstumo (*Freedom and Civilization,* Londres, 1947) define-a como "uma regra socialmente estabelecida, um mandato ou norma de conduta sancionadas por coações organizadas". Mas Hartland, estudando-a nos pródromos, dizia-a *primitive law is in truth the totality of the customs of the tribe.* E para sua conservação, Kelsen apela para a intervenção do terror sobrenatural, *fear of the revenge of the spirits,* responsável pela defesa da ordem social.

Será que a Lei não haja sido, em sua criação, um fato natural, alheio à mecânica da pressão grupal, imposição de chefia ou castigo divino na desobediência? Não haveria na autolimitação volitiva um processo lógico de conservação e preservação das coisas comuns possuídas individualmente? Para fazê-las próprias e respeitadas não seria lógica formal respeitar as alheias? Houve alguma fase na existência histórica em que o Homem não conheceu regras, pautas, indicações de conduta? Examino no capítulo sobre Direito.

A Lei foi uma expressão inicialmente unitária de preservação social e sua diferenciação, civil e penal, é inacreditavelmente posterior. Coincidirá com a formação do Estado. Aplicação e entendimento compreensíveis quando as distinções de classes e regime de propriedade eram bem diversos. Antes era a Unidade. Todos os códigos sagrados, Hamurábi, Ur-Mammu, Moisés, tijolos, "tábuas", sumerianas, egípcias, assírias, tratam de preceitos morais como fórmulas de obrigatoriedade devocional. Quem cumpre a Lei Civil é o Deus, aplicando o recurso penal. Não havia crime. Havia pecado.[385] *Não farás...* era o Direito. O contrário seria violação ao culto, culto na vida pública, diária, visível, fiscalizada pela observação coletiva. Mas esse processo foi o mesmo para todos e assim começara o homem em toda a face da Terra habitada? Não creio. Parece-me mais "humano" a duplicidade legislativa da Lei divina e a obediência da Lei da diuturnidade costumeira, na caça, na pesca, na fabricação de armas, nos depósitos de instrumentos, depois nos plantios e currais de gado. A Lei de Deus incidia sobre as pessoas e a Lei do Costume sobre as coisas, criadas pelo homem, factíveis, renováveis. Só conheço idênticos os processos biológicos, o ato da gestação e nascimento do homem. No restante, a razão é de Goldenweiser: — *Man is one, and civilization are many.*

O costume, base física da Lei, não é indeformável e uno através do tempo. Em qualquer ponto da História deparamos a heterodoxia e a rebelião que, vitoriosas, modificam o uso coletivo, e, vencidas, condenadas como cismáticas, reprovadas e heréticas. Mas sua existência, mesmo efêmera, denuncia que o despotismo do costume não compreendia uma aceitação uniforme e permanente. O tempo muda e nós com ele... Insensível, inconscientemente, às vezes. Quem acompanha as próprias modificações fisionômicas?

Um velho e clássico mestre, Montesquieu, ensinava apenas que

les lois sont les rapports nécessaires qui derivent de la nature des choses.

Aqueles *rapports nécessaires* e essa *nature des choses* são muito mais significativos e profundos do que possa deduzir a nossa vã filosofia...

O Governo começa com um homem, chefe, capitão, cabeça, e a função é correlata à vida grupal, como o tubo cardíaco bate desde o 25º dia da vida uterina. Desaparecendo o chefe, o grupo se dispersa ou se reúne ao derredor de outro homem dominador ou herdeiro do mando.

Impossível dizer quando nasceram os Conselhos de Anciãos, de velhos, de veteranos, donos da memória e experiência, organização universal e milenar em todos os continentes e ilhas estudados: fogo do conselho dos indígenas norte-americanos, jamboree dos zulus africanos, carbeto antilhano, moacaretá brasileiro, synedrion grego, *consilium, consistorium*, que até os deuses olímpicos possuíam, *Consilium Deorum Immortalium*. Um *Ratsversammlung* germânico. Reuniam-se sob árvores, "árvores do conselho" chamam na Índia a *Ficus religiosa*, típica nos *palabres* da África Ocidental, carvalho de Vincennes de Luís IX, rei de França, o carvalho de Guérnica (Biscaia) onde Fernando e Isabel juraram manter as liberdades bascas; o rei Saul à sombra do tamarindo de Ramah; ou à volta do lume, mais habitual durante a noite, *la nuit porte conseil*, Eubúlia, mãe do bom conselho para os gregos, para debater, discutir, considerar, *cum sidus*, com os astros inspiradores.

No comum e tradicional, consta de velhos; Senado, de *senex*, o velho. O deus supremo dos iamanas da Terra do Fogo é Watinanauewa, o *velhíssimo*, correspondendo ao Temaukel dos onas. Velhice é sabedoria, prudência, conhecimento. "Muito sabe o Diabo por ser velho. O Conselho confirma atos da chefia. Escolhe chefes militares quando nas guerras. Na morte do chefe, elege o sucessor ou proclama o vitorioso competidor. Constitui-se dos chefes dos clãs, e o Conselho Geral ou Assembléia, pelos chefes de tribos. Assim, arandas do centro australiano, samoanos, todas da Índia, ainos do Japão, casacos da Ásia Central, haidas da Colômbia Britânica, hotentotes name, daomeanos apesar da onipotência do rei, gandas, todos os ameríndios continentares e insulares, onas e esquimós nas extremas do continente, apontados como sem chefia mas tendo no mais velho o guia natural; no Chaco, araucanos, no Peru pré-incaico (os chefes dos aillus) e no México (os chefes dos calpulli); identicamente entre os chefes femininos em Toatzacoalco, México, Piúra e Tumbes, no Peru, com os Conselhos masculinos, maias do Iucatão, chibchas, mesmo com o poder dos reis (Zaque em Tunga e Zipa em Bogotá, Muikita). Nenhum soberano podia dispensar o Conselho que era tradição e autodefesa legitimadora das sentenças. Assim, astecas, incas, maias, chibchas tiveram Conselhos influentes, como os soberanos divinizados da Polinésia e Melanésia. São os Egarefes, dezessete conselheiros do papa dos turubas, o Oni de ifé, na Nigéria. Em Roma, o senado em pleno decesso moral, sob Augusto, era fórmula prestigiosa aos olhos do povo. Daí o *Consilium principis*, um conselho consultivo permanente, transformado sob Diocleciano em *Consistorium principes* ou *Consistorium Sacrum*, sob o imperador Constantino.

Esses Conselhos não se formavam da mesma maneira. Eram de velhos chefes militares, de membros de famílias reais, de proprietários ricos, de chefes de grandescendências. Podiam ser vitalícios ou hereditários, conforme os feitos pessoais dos fundadores. E também nomeados, eleitos, herdados. Como na Câmara dos Lordes, na Inglaterra. Ou nomeados, com a participação dos filhos ou parentes do rei, como a Câmara dos Pares, sob Luís Filipe, na França. Ou, fechadamente, vindo das fámilias, como os aillus peruanos, calpulli asteca e república aristocrática de Roma, os *pater familias*.

Ao lado da figura do chefe, anterior, o Conselho é a primeira assembléia consultiva e depois deliberadora. Não uniformemente. Quando os chefes se tornaram reis, apoiados na força armada constante e ligada à sua pessoa, a contrariedade custaria a vida ao opositor. Mesmo sob o filósofo Marco Aurélio, ninguém ousava dissentir de quem comandava trinta legiões.

Esses Conselhos foram as origens remotas e legítimas das assembléias legislativas. A decisão, a princípio, seria ágrafa e o chefe acatava segundo sua conveniência ou sugestão.

Naturalmente houve luta, visível ou secreta, entre o sacerdócio e o chefe pela confusão do domínio. Rei e sacerdote disputaram séculos a supremacia administrativa, como no Egito e querelas dos Guelfos e Gibelinos. Vez por outra o Céu e a Terra unificavam-se na pessoa do rei ou do sacerdote. Ninguém, antes de Jesus Cristo, dissera, mostrando uma moeda romana: "A Deus o que é de Deus e a César o que é de César..."

Tão notável quanto a própria chefia e surpreendente conquista da irradiação pessoal, é a Delegação, o direito proclamado da Representação, a transferência funcional da potência política pessoal sem diminuição de sua essência simbólica. O chefe pode estar, ao mesmo tempo e com força igual, em vários pontos afastados e a ação é substancialmente a mesma. Não é o representante pessoa sagrada pela representação mas a própria entidade representada sofrerá os ultrajes ou receberá as honras no estipulado convênio. As figuras dos embaixadores, arautos, portadores de recados têm esse salvo-conduto desde antiguidade remotíssima. "Portador não merece pancada."[386] A História realmente política, vencendo a Geografia, começou quando alguém pôde afirmar, convicto: "Venho em nome de"...

Para que se chegasse a esse esplendor era indispensável um sentimento, uma autoconsciência psicológica que é a convicção da personalidade humana. O enviado conduz um anel, uma bandeira, um bastão, um espanta-moscas de rabo de cavalo, uma bengala, uma luva, um cetro, um chapéu decorado, uma trombeta dourada, uma espada que não sairá da bainha, um pergaminho, uma carta, um diploma. É a credencial, do latim *credere,* acreditar, aceitar, concordar. Esse "instrumento" bastará para que a potência representada assuma os direitos e deveres pactuados pelo embaixador. Um incalculável complexo de convenções, de compreensão nítida, de utilidades reais, de vantagens econômicas, de represálias cruéis, de satisfação individual, de orgulho coletivo, reside no poder da Delegação.

O servo (há quem faça provir "embaixada" do gótico *ambachts,* fâmulo, serviçal, através do baixo latim *ambactia,* missão) desaparece, substituindo integralmente o rei.

A Delegação humana é o mais alto e puro atributo da inteligência social, comunicativa, realizadora, efetiva, na distância e tempo. Nenhum outro elemento indica a evolução aquisitiva da cultura como essa convenção amplificadora da personalidade humana. Da unidade estreita, limitada e ciumenta do Indivíduo, alcança-se o desdobramento da expressão jurídica, cumprindo interesses, numa sucessão de atos em que participa sem que presencie, realizando cerimonial sem os órgãos volitivos e apenas afirmando-se responsável pelas conseqüências do gesto de alguém que lhe prolonga a figura física.

A Delegação criou o Estado, representação de Poderes, presença funcional de atribuições que se diversificaram e agem pela ficção simbólica. Para que o Estado possa existir é indispensável que acreditemos na legitimidade dos atos que o representam.

A Delegação, coroa real na mentalidade do *sapiens,* iniciar-se-ia pela transmissão de sua posse na convenção de sinais, marcas afirmativas de sua propriedade. Para isso seria preciso um Nome que o distinguisse entre toda a multidão dos semelhantes. Dizer o Nome próprio e esse representar a entidade, passa a ter significação mais durável quando o Nome é escrito e linhas, cunhas, figuras são traduzidas como a pessoa humana correspondente. São delegações visíveis da personalidade. Denunciam a presença do Homem naqueles desenhos. O Tempo guardará, imemorialmente, o Nome, recordador de uma existência, atos, História. Uma omissão dessas utilidades empurrá-lo-á para épocas imponderáveis de bestialidade incompreensível.

Todos os símbolos materiais teriam nascido dessa imagem maravilhosa de representação expressiva. Brasões, sinetes, signos de posse em gado, morada, escravos, punho de armas, bandeiras, toques de trombeta anunciando gradações hierárquicas, de sineta, tambores, esvoaçar de estandartes, agitar de espadas, de escudos, aclamações protocolares, continências regulamentares são conseqüências, continuidades, adaptações.

DIREITO

O rei julgue seus negócios se apoiando na Lei Eterna.
Código de Manu, art. 4.

Nada mais forte que o costume.
OVÍDIO, *Ars Amatoria*, II, 224.

O problema da origem do Direito tem sido sempre objeto especulativo de filósofos e juristas. Não de etnógrafos. O ângulo de apreciação não coincide embora o interesse pela pesquisa tenha a mesma importância máxima. Como o Direito é uma norma fixada para a conduta humana na continuidade cronológica, é óbvia a necessidade de sua elucidação, as raízes milenárias da formação, clareando a diversidade do comportamento na história do mundo.

Sabemos de sua bibliografia opulenta e das múltiplas interpretações dadas em cada aspecto de atuação conseqüente. Muitas dessas explicações dissipam-se nas linguagens mais abstratas, sutis ou intencionalmente obscuras. Mestres atendem a cortesia da intenção divulgativa, expondo para convencer. Outros, encarnando Minerva, decidem soberanamente das origens e desenvolvimentos como se possuíssem o Espírito Santo infalível.

De minha parte, começo pelo NOME. Este é um elemento vivo, significativo e poderoso, porque é continente essencial do motivo contido. Naturalmente, não podemos prognosticar um temperamento pelo nome que a criatura recebeu no registro civil ou batismal. O Napoleão, Göethe, Lavoisier, Shakespeare nominais não recebem a divina comunicação do gênio na simples coincidência do apelido. Mas o Direito, Justiça, Lei, Moral têm uma vida íntima no próprio vocábulo designador. Pelo menos eram no princípio, no nascimento, aqueles valores, querendo traduzir as entidades recém-criadas ou fixadas pela inteligência do homem de outrora. Não importa que posteriormente mudassem as cores simbólicas, tendo direções diversas. A semântica explicará essa metamorfose, que não implica anulação ao primeiro valor. Têm ainda a expressão documental da referência, dos pontos de partida naturais. O rio muda de álveo mas não muda de fonte.

Direito vem de *dirigere,* dirigir, orientar, guiar? Ou de *directus,* direito, reto, sem curvas, de um ponto ao outro sem intermédios? As imagens estariam ligadas à impressão do caminho retilíneo, claro, preciso, útil na evidência. Daí os nomes: *Diritto, Derecho, Droit, Right, Recht, Direito,* aplicáveis também às estradas, vias, caminhos. Não é uma imposição normativa mas a constatação materialmente insofismável. Dizemos "andar direito" e "andar errado" associando as idéias de caminho e direção, material e moral. Homem direito e homem errado não são relativos à maneira de andar numa estrada, sinuosa ou linheira ou à forma de escrever, mão direita ou esquerda, mas ao comportamento social. Pressupõe uma norma, uma direção anterior estabelecendo o que é direito e o que não é direito e, decorrentemente, é errado. Lembro que caminho direito e caminho errado levam às posições reais mais diversas. Não que o errado seja inútil, mas não se orienta para a situação desejada. Conduz a outra paragem, também existente.

O que faz nascer o Direito é o costume. Direito, capitalização do costume no plano da normalidade. O normal é o lícito, permitido, ajustado ao equilíbrio da economia e convivência grupais. A norma jurídica é a proibição ao estranho, ao anômalo, ao irregular, interrompendo o ritmo tranqüilo da diuturnidade tranqüila. Anormal é o contrário do normal, exceção, novidade rebelde. Tudo quanto incide diversamente a *la santa continuidad* — como dizia Eugênio D'Ors (1882-1954). A reiteração determina o costume sem o sentimento da coerção. *L'accoutumance ainsi nous rend tout familier* — afirmava La Fontaine.

O Direito é uma fórmula moral aplicada. Moral religiosa que lentamente assimila as colorações dos interesses humanos e materiais. Moral, *moralis, mores,* vale dizer "costumes", "hábitos", "usos". "Imoral", o adverso. "Amoral", aquele que a ignora. É a mesma fonte do Direito. Quando nós percebemos um costume ele já é antiquíssimo. Assim o *mores majorum* dos romanos, costume dos antigos, é infixável na quarta dimensão. Contém-se na breve sentença do jurisconsulto Paulus, século III depois de Cristo:

> *Mos est institutum patrium, id est memoria veterum pertinens maxime ad religiones caerimoniasque antiquorum.*

A metafísica do Direito e Moral, componentes iniciais, inseparáveis e lógicos, é uma especulação erudita, inteiramente alheia à simplicidade meridiana das origens. A dicotomia subseqüente é um índice da ampliação grupal e multiformidade das relações sociais que ultrapassavam o âmbito primitivo da simplicidade doméstica.

O Direito tem uma função objetiva e a Moral uma ação subjetiva, interior, abstrata. O Direito é sempre uma relação de interesses humanos e a Moral uma regra suprema de orientação espiritual. A pressão coerciva da Moral atende ao sentimento da culpa e merecimento da pena ideal. O Direito possui outros meios reprimidores da violação legal. Podem coincidir mas não se confundem. *Non omne quod licet honestum est* — afirmava Paulus. A finalidade moral é uma elevação interior, com as compensações superiores da aprovação divina. A condição jurídica é um ajustamento à conduta, à normalidade coletiva, a força da gravidade para conter, harmônicos, os corpos em movimento. Mas o Direito conserva, basilarmente, o fundamento moral, da Moral suficiente ao respeito da Lei Eterna de que fala o Código de Manu, 1.300 anos a.C. Respeito pelos atributos e posses alheias independente da potência que possibilitaria a conquista. A função pura e simples do interesse não justificaria a sobrevivência social dos mais fracos, incapazes na caça, pesca e guerra, a propriedade da mulher viúva e das crianças sem guardião. Os que justificam o fundamento do Direito no interesse coletivo esquecem de complementar, incluindo entre os fatores do aglutinamento social os valores morais que determinam a unificação grupal, solidarismo, admiração, piedade, modeladores da figura do Direito, paladino dos que não têm defesa pessoal. É preciso recordar que o aleijado, o velho inútil, o doente incurável, vivos no paleolítico, atravessaram os tempos até a contemporaneidade. Qual seria o interesse coletivo pela sua conservação, manutenção, defesa? Graças à Moral, o domínio do mais forte não eliminou a perpetuidade do mais fraco. Todo problema insolúvel no plano do Direito decorre de sua apresentação como uma fórmula rígida do mecanismo algébrico, antietnográfico. Podíamos reduzir o esquema a *intimidad de la Moral y exterioridad del Derecho* como sintetiza Recasens Siches.[385] Assinalo a impossibilidade da lei imoral ou amoral mas a vigência de uma Moral condenada pela legislação politicamente contrária aos fundamentos da moral religiosa. A poligamia muçulmana é legal mas contrária à moral cristã. Se déssemos a outra face para a segunda bofetada, o Direito Penal seria totalmente diverso. Moral acima do costume. Moral e Direito decorrem de uma única origem mas sua aplicação difere, *diversa sed non adversa*. Por isso, os códigos foram ofertas dos deuses, Shamash ao rei Hamurábi, Iavé a Moisés. Não havia crime e sim pecado, insulto às determinações divinas. Depois Deus foi posto fora de causa...

O homem isolado, se houve homem isolado, criaria o costume que era a reiteração do habitual para a mulher e os filhos. O grupo uniformizou a prática e as regras surgiram como limites naturais da instituição. Não podia haver incompreensão ao cotidiano como, presentemente, não o sentimos.

Por eso, ni siquiera experimenta ser objeto de una especial coacción, precisamente por lo muy fuerte que la coacción es. Efectivamente, la coacción que dimana del grupo es tan vigorosa, representa una inserción del individuo en el grupo, tan estrecha, tan fuerte, que al individuo de ordinario no se le ocurre que las cosas puedan ser de otro modo; apenas tiene margen para pensar que pueda rebelarse, que pueda ocurrir lo contrario de lo que usualmente sucede [escreve Recasens Siches].

Mas atualmente a coação como elemento essencial do Direito (Giorgio del Vecchio) tem seus nobres opositores no plano negativo (M. Aguilar Navarro, Messineo, Korowicz, Mircea Djuvara, Strupp, Hermann Jarrheis) justamente porque uma integração subentende assimilação no organismo social e a coação clássica funcionaria como a pressão atmosférica ou batimétrica, lei da gravidade, poderosa, insensível, natural. O que não é possível é a visão do conjunto pela observação das modalidades. Ruth Benedict escreveu:

Nor is there any way of reconstructing these origins from the study of their varieties.

É justamente o método de alguns mestres. Contam as folhas para a localização das raízes.

Entra aqui a pergunta. Existirá, inconsciente e decisiva, uma intuição normativa que se julgou provinda dos deuses? Um Direito natural anterior à inteligência humana e por ela recebido quando em estado de percepção aplicadora? Esse

Jus natura omnia animalia docuit [*Institutas*, 1, 2, pr.]

não era realmente um sentido vago do princípio irresistível da Justiça, um Direito puro, espontâneo, alheio aos modelos de referência, espécie de força em potencial que esperava os movimentos cósmicos para materializar-se em constelações? O *fas,* relativo aos deuses, originaria o *jus,* relativo aos homens. Da natureza racional do homem nasceria o julgamento do justo, injusto, bom e mau mas ninguém explica o processo para a fixação inicial dessa "norma básica", a *Grundnorm* de Hans Kelsen, o fundamento ontológico primeiro, possibilitador dos conceitos-regras, impulsionadores da avaliação e sentença. Quais seriam as "referências" comparativas para o ajuizamento dos padrões julgadores? O homem devia inferir, comparar, deduzir, para obter o conjunto. O mistério dessa escolha, dessa eleição dos tipos imóveis (a imutabilidade do Direito Natural é indiscutível) facilitando a decisão é que continua impenetrável.

Nenhum homem na antiguidade pôde explicar a criação do Direito independente da intervenção divina. O homem não limitaria sua expansão ou restringiria o domínio da avidez e ganância fisiológica se os deuses não velassem pela obra a um tempo eterna e perecível. Mas seria admissível fase da existência humana sem uma norma disciplinadora da Convivência? No domínio da morfologia biológica os imperativos dimensionais estabelecem as fronteiras inflexíveis no desenvolvimento físico e na ação motora. Há uma geografia intransponível no funcionamento orgânico. E o *sapiens* escaparia a esse complexo quando, bem antes dele, os pré-homens e infra-homens estão organizados e dirigidos pelo costume instintivo, legítima defesa da espécie?

Quatrocentos anos a.C., Sófocles fazia Antígona dizer ao rei Cleon: "Não creio que teus decretos tenham forças para fazer prevalecer a vontade de um homem sobre a dos deuses imortais; sobre essas leis que não foram escritas e não podem ser apagadas! Não datam de hoje e nem de ontem; são de todos os tempos e ninguém pode dizer quando elas nasceram! Por medo do pensamento de um homem, poderei recusar minha obediência aos deuses?".

Defendia, no momento, o direito de dar sepultura ao irmão Polinice.

Ao lado da lei escrita, *nómoi,* lei, *lex, lege,* gregos e romanos tinham o direito oral, transmitido pelo costume, *ágrafoi nómoi, optes majorum,* direito dos antigos *jus non scriptum,* cuja fonte mais distante seria a voz reveladora de um deus apiedado. Impositivo e único à população reverente, passa depois, com o desenvolvimento legislativo e ampliação das conquistas, a direito subsidiário, sempre probante e elucidador.

Para os etnógrafos o Direito é realmente uma padronização ritualística do costume.[388] Padrões fixam a coordenada para uso obrigatório sob as sanções repressoras. Sanções que impedem a descontinuidade social, violentadora da unidade comunitária indispensável à sobrevivência. Mas

695

nesse clima o homem sentir-se-ia natural e livre em sua atmosfera legíti-ma. Como os peixes da superfície e das profundezas pelágicas regulam-se, insensíveis pela relação batimétrica. Não há coerção mas condicionamen-to social dentro do acatamento de normas que podem, excepcionalmente, sofrer solução de continuidade, como numa linha evolutiva os normotipos pela imprevista modificação mutativa. Nenhum antagonismo entre o homem e sua civilização, sua *culture* como diz Ruth Benedict, porque esta é criação e amplificação consciente daquele. Em escala primária de con-frontação, formigas, termitas, abelhas, castores. Livres... dentro do ecú-meno. O que pode ocorrer numa interpretação capciosa e marginal é a falta de imaginação do observador, como deduzia Tylor. Os costumes não são superposições independentes, incomunicáveis, como estanques, mas sistemas de contatos e de ações harmônicas e compreensíveis. A pressão externa, vigilância, disciplina, repressão são processos de conservação dos corpos sociais como o princípio de coesão nos corpos físicos.

A tradição, *traditio,* trazer, entregar, transmitir, é a sucessão comum da cultura oral, a dinâmica fundamental do Direito Consuetudinário. É a primeira norma estável das regras obrigacionais. Usos e costumes, influin-do como uma fonte do Direito Internacional Público. Só apareceria quando o grupo alcançasse um nível de adiantamento funcional, estabelecendo *mores* para cada especialização social. Costumes para os chefes, o povo em geral, o corpo sacerdotal. Divisão do *fas* e do *jus* em Roma. Desses costumes, repetidos no tempo, tornados tradição, nascem os códigos, dis-ciplinas, exigências, punições. E também as primeiras interpretações ao sabor do interesse de cada grupamento, classe, casta, dinastia. Ainda no século XIV há uma anedota expressiva. Um arcediago de Sevilha matou um sapateiro e o juízo eclesiástico, com foro especial, condenou o assas-sino a não celebrar missas durante um ano. O filho do morto foi queixar-se ao rei Dom Pedro o Cruel, de Castela (1334-69, rei em 1350) que o orientou. O rapaz matou o arcediago. O bispo de Sevilha reclamou justiça. O rei condenou o moço a não fazer sapatos durante doze meses.[389]

O mais alto indício da inteligência é a compreensão desinteressada do fato alheio ao próprio complexo cultural, estranho à sua civilização. Axel Munthe (1857-1949) evoca seu amigo Henry James (1843-1916), em pijama, torcendo-se de riso quando da apresentação da banda de música de Torre Annunziata em Anacapri, na solene festa de Sant'Antonio. Mas rir por quê? Karl von den Steinen não ria nas festas caraíbas do Alto Xingu ou Livingstone no centro da África, com os bailados negros. Um daiaco de Bornéu não pode casar sem trazer a cabeça de um inimigo, tal e qual o antigo sioux obrigado a exibir o couro cabeludo de um antagonista; os negros caçadores da África Equatorial provando a morte de uma fera. Os indígenas brasileiros determinavam que o noivo demonstrasse idoneidade econômica caçando, pescando, trabalhando nas roças do futuro sogro, como os negros de Dobu na Nova Guiné. Jacó não serviu a Labão sete anos pela mão de Raquel, *serrana bela,* e Davi não conquistou Michol, filha do rei Saul, com trezentos prepúcios de filisteus? Nenhum negro do Congo acreditava que o homem branco obtivesse noiva gratuita e ainda recebesse um dote de sobejo. Quem conta é Albert Schweitzer. Esses costumes são leis legítimas pela aceitação usual. Por que rir?

A convivência humana determina um clima espiritual de julgamento pelos índices mais altos e permanentes da tradição. O primeiro juiz, invisível, modelador, sensível, é a Opinião Pública, feita da condensação imperceptível dos conceitos emanados do costume vivido. Para manter-se num nível de consideração apreciável entre os companheiros é que o homem ajusta o comportamento aos preceitos tradicionais. E também o insopitável desejo de projetar-se na admiração e estima do grupo reforça a contensão da vontade de expandir-se, dominar por qualquer meio, locupletar-se por qualquer forma, abandonando o ritmo inalterável do procedimento local. Compele-o à fidelidade e obediência às determinações da chefia e apreciações do público. O indivíduo é juiz e jurado nas horas de conversação sobre os acontecimentos, louvando e criticando as figuras litigantes, *based an gossip or hearsey.* Mesmo na problemática fase da *wild-animal-innocence,* o homem recebia dos circunstantes sentenças e prêmios orais.

Lowie ressalta que os motores poderosos, necessidade sexual, instinto de conservação e vontade aquisitiva, são mantidos em equilíbrio pelo desejo mais forte ainda de usufruir a estima coletiva. É a doutrina da *individualpsychologie* de Alfred Adler, em suas primícias fundamentais. Intuitivo é que o homem reprimiu o instinto natural de posse e violência conquistadora para adquirir o equilíbrio harmônico do convívio. Criar a sociedade, o elementar grupo social ampliação funcional da família. O Direito, em sua velocidade inicial, foi a sistemática desses princípios, vividos no exercício usual do grupo.

Antes de possuir plantio, gado, armadilhas de caça e pesca, o homem possuía sua própria existência e a do grupo familiar que lhe cumpria defender e conservar. E as armas, o recanto na caverna, o lume, indispensáveis. Em época alguma na história do mundo o homem viveu sem direitos e sem deveres recíprocos. Garantia a sua vida e a vida dos seus na posse dos meios de subsistência.

De princípio pelo esforço pessoal e depois pela convergência dos interesses do grupo que não podia desfalcar-se de um dos seus elementos da corporação, o homem valorizou sua presença, colaboração, auxílio. Esse estado convencional e tácito de respeito mútuo é o germe do Direito em sua essência natural. Em situação alguma na História a morte do homem deixou de ser vingada, compensada pelo sacrifício do matador ou pelo resgate em pagamento, o *wehrgeld,* dinheiro da defesa, que Tylor julgava provir de *wer-gild,* dinheiro ou moeda do homem. Foi inicialmente doação de gado, escravos, armas ou do próprio assassino que podia substituir o defunto no leito marital, como entre os esquimós. Os germanos no tempo de Tácito já respeitavam o resgate, a compensação pela dádiva de gado, como fórmula conciliadora, tradicional.[390]

De princípio a morte pagava-se unicamente com a morte. "O parente do morto matará o homicida; logo que o apanhar o matará" (*Números,* 35, 19). "O que ferir ou matar um homem, seja punido de morte" (*Levítico,* 24, 17). Ainda é a lei do deserto, das florestas e das montanhas. Era a lei mesopotâmica, egípcia, hebréia, instintiva, imediata, inapelável.

Saudoso da imortalidade, o homem acreditou que a Morte fosse uma agressão externa, personalizando-a, materializando-a, responsabilizando-a; Atropos, Azrael, Tanatos, Keres, o esqueleto armado de foice, a caveira risonha, implacável, sempre vindo de fora, procurando a vida para extingui-la. Exceto em flagrante, deduziu-se posteriormente que o morto fora vítima do ódio de inimigos rancorosos e sucumbira aos feitiços, à força mágica da bruxaria, próxima ou longínqua mas intencional e deliberada. Procurava-se identificar o responsável para puni-lo mortalmente. A expedição punitiva cabe ao grupo familiar mas sempre resguardada pela autoridade do costume, lei comum. Ainda presentemente o defunto é vingado na pessoa do feiticeiro, infeliz nos recursos médicos, e assim procedem siberianos, africanos, ocidentais, centrais, austrais, árabes do deserto e das montanhas, melanésios, polinésios, hindus, ameríndios em geral. Onde houver um cadáver existe um criminoso, oculto e responsável. O dever da tribo, clã, sib, irmandade, é procurá-lo para o castigo. Milagre da lei assumir o direito do vingador, afastando a represália privada e perturbadora. Essência da Religião vestir a Morte com o burel da penitência e dizê-la "salário do pecado", punição, justa pena, prêmio dos erros humanos, servidora, ancila, emissária dos deuses.

Na discriminação penal o aparecimento das frases injuriosas, blasfêmias, valendo agressões verbais, indica um estágio no adiantamento social quando a palavra alcançou o plano da capacidade vulneradora. Ia da injúria, atentado físico na Lei das Doze Tábuas, para o direito pretoriano *in bonum et aequum concepta,* fonte da Lei Cornelia de Injuriis, o dano moral, correspondendo ao primitivo conceito grego da blasfêmia *(blaptein-phemê,* lesar, ofender, ferir a reputação, renome, glória social); a injúria simples tornada desrespeito à dignidade dos deuses e que atravessou até finais do século XVIII na Europa, cruelmente punida com mutilação, e ainda resiste na cotidiana aplicação judiciária como violência às religiões oficiais ou reconhecidas (Código Penal Brasileiro, art. 208). Esse poder do Nome denuncia no Direito o costume confundido com a ritualística religiosa e o protocolo dos soberanos e não mais a relação simples dos interesses de homem a homem na diuturnidade convivial.

A figura humana era, outrora, com proporções bem maiores e onipresente, de duzentos anos para os nossos dias. O sentido mágico determinava legislação universal, não dependendo da ação sacerdotal, ligada à veneração defensiva dos cultos, mas Direito Penal repressor dos malefícios que eram atentados à propriedade legítima. Três séculos a.C. a Lei das Doze Tábuas incluía na seção das injúrias (delitos) as penas contra "quem por feitiçaria faz murchar a safra de outro", "atrair essa safra de um campo para outro, seja votado à Ceres e punido de morte" ou "aquele que prender alguém por palavras de feitiçaria, seja punido de morte" (Oitava Tábua, VIII, *a* e *b,* XXV). É ainda uma superstição dos povos lavradores, fazendo abençoar as searas, iniciando e terminando as colheitas com cerimonial litúrgico ou simplesmente de festa popular alusiva.

O elemento volitivo da intenção, fundamentos psicológicos do ato criminoso, razões anteriores da ação, arrebatamento, premeditação, os "antecedentes", não foram motivos de apreciação na manhã do Direito aplicado e sim expressão milenarmente posterior no avaliamento da penalidade. Lamech matou um homem que o ferira e um mancebo que o pisara (*Gênesis,* 4, 23). Não era, aos seus olhos patriarcais, crime e sim castigo aos agressores. Era o critério dos códigos sagrados. A situação da pessoa ofendida e não o ato ofensor media a culpabilidade. No Código de Hamurábi, o olho de um escravo era a metade do seu preço e o de um nobre uma *mina* de prata. Uma *mina* de prata satisfazia o dote da esposa repudiada. No Código de Manu a inviolabilidade religiosa é dogma total: "Que o rei se abstenha de matar um brâmane, ainda que ele haja cometido todos os crimes possíveis. Que ele o expulse do reino, deixando-lhe todos os bens e sem lhe fazer o menor mal" (art. 372). Para os demais, mutilação, confisco, morte tormentosa.

Ao lado do "olho por olho e dente por dente", Moisés, quatorze séculos a.C., estabelecia cidades-refúgios (três além-Jordão e três na terra de Canaã), homizios para "aquele que sem querer tiver morto o seu próximo, sem que tivesse sido seu inimigo" (*Deuteronômio, 4, 42*). Essa distinção não ocorria, no tempo, noutra paragem onde o "sangue chama o sangue", inevitavelmente.

O conceito de responsabilidade criminosa decorria do ato e os animais eram executados como réus de morte (*Êxodo, 21, 28-29*). O boi que matara ou ferira era apedrejado até sucumbir. A execução, evidência do fato delituoso, tudo provava. Os atenuantes eram, praticamente, inexistentes. Os animais continuaram, séculos e séculos, comparecendo a juízo e julgados como conscientes de seus atos. Iavé amaldiçoou a serpente (*Gênesis, 3, 14*). Os animais eram passivos de penas e excomunhões canônicas. Um magistrado de Basiléia, em 1474, condenou um galo a ser queimado vivo por ter posto um ovo![391] Em 1572 executava-se um porco em Moyenmoutier (St. Dié, França) e ainda a 22 de janeiro de 1846 a Cour d'Appel de Paris anulava uma sentença de morte cominada contra um cão. Em Sarasota, Flórida, USA, a 30 de janeiro de 1950, o elefante Dolly, por ter morto uma criança, foi executado com uma dose maciça de estriquinina. Os frades franciscanos de São Luís do Maranhão, no século XVII, intentaram um processo de despejo contra as formigas devastadoras do convento. Correram todos os trâmites, as formigas representadas por procurador-advogado e, ao final, fixou-se judicialmente local para residência delas, imediatamente cumprida a sentença. O padre Manuel Bernardes (1644-1710), *Nova Floresta,* I, tít. IV, narra o feito. Frazer conta outros episódios na França, contra ratos, insetos etc.

Criminoso o homem, a pena comunicava-se a toda a família, e todos eram punidos pela solidariedade do sangue. Acã, da tribo de Judá, ocultara despojos da batalha e confessara o delito. "Então Josué, e todo Israel com ele, pegando em Acã, filho de Zaré, e na prata e capa, e na barra de ouro, e em seus filhos e filhas, nos seus bois e jumentos e ovelhas, e na própria tenda, e em tudo quanto tinha, levaram-nos ao vale de Acor... e todo Israel o apedrejou; e tudo o que lhe pertencia foi consumido no fogo. E juntaram sobre ele um grande montão de pedras, o qual permanece até o dia de hoje. E apartou-se deles o furor do Senhor" (*Livro de*

Josué, 7, 24-26). A doutrina anterior fora diversa: "Não se farão morrer os pais pelos filhos, nem os filhos pelos pais, mas cada um morrerá pelo seu pecado" (*Deuteronômio,* 24, 16). O universal foi o mais primitivo e que resistiu milênios, contaminação da pena e esse conceito veio, na Europa, aos finais do século XVIII e politicamente a contemporaneidade. A pena de banimento inclui a família e a expulsão dos soberanos compreende toda a descendência real. Declarar "infames" os descendentes dos condenados era aparato assustador para certos crimes, notadamente os de lesa-majestade.[392]

Todo Velho Testamento é um depoimento de Direito consuetudinário no mundo em que nasceu e influiu. Refletia mentalidade, normas e preceitos quase universais. Naturalmente, para fazer-se entender pelos hebreus Iavé não se afastou demasiado dos usos e costumes contemporâneos. No Egito e na Mesopotâmia o crime atingia a todos e o suplício acompanhava a família inteira, além do confisco indispensável e rendoso. A condenação de uma cidade compreendia não somente seus habitantes, fosse qual fosse a idade, mas os irracionais igualmente. Contra os madianitas Moisés ordenou: "Matai, pois, todos os varões, mesmo os de tenra idade, e degolai as mulheres que tiveram comércio com homens, mas reservai para vós as donzelas e todas as mulheres virgens" (*Números,* 31, 17-18). Essas últimas foram duas mil. Mas a exclusão era excepcional e rara. No comum a pena de morte era global: "Matai homens e mulheres, crianças e meninos de leite, bois e ovelhas, camelos e jumentos" — manda o profeta Samuel ao rei Saul, exterminando os amalecitas (I. *Reis,* 13, 3). O rei Agag, vencido, humilhado, suplicante e poupado por Saul, foi feito em pedaços pelo profeta Samuel "diante do Senhor" em Galgala. Semelhantemente ocorrera na tomada de Jericó: "Mataram tudo o que nela havia, desde os homens até as mulheres, e desde as crianças até os velhos. Passaram ao fio da espada os bois, as ovelhas e os jumentos" (*Livro de Josué,* 6, 21).

Esses depoimentos podem abranger o *status* jurídico de uma grande região civilizada, laborada, fecunda, do Egito ao Golfo Pérsico, do Mar Vermelho ao Cáspio, da Núbia aos planaltos do Irã. As dessemelhanças da Lei não atingem fórmulas diametrais, como atualmente verificamos na Europa e na América: Direito Penal, Civil, Constitucional, dos Estados Unidos, da União Soviética, Inglaterra, Espanha, Portugal, Itália, Escandinávia, sobre pena de morte, propriedade, utilização pública, prova processual, liberdade religiosa, conceito de soberania, capacidade jurídica dos partidos políticos, imprensa, reunião, direito de petição, greve etc. De um modo geral poder-se-á dizer que a informação bíblica revela nitidamente a concepção jurídica da região mais povoada, culta e progressista do mundo, à roda de trinta séculos passados. Do Egito ao Fértil Crescente.

Um elemento constitutivo do Direito teve longa estrada para caminhar até aparecer aos nossos olhos com a iniludível expressão da certeza. Foi a prova. E outro a duração do processo apurador da responsabilidade.

Certamente à prisão, ser posto em custódia à disposição da lei denuncia uma vitória contra o açodamento primitivo. O prolongamento da dilação probatória abria o recurso da verificação pesquisadora que o imediato castigo não permitiria. O processo primitivo durava uma simples sessão julgadora e é crível que o depoimento, sempre negativo do acusado, pouco valimento colhesse para o ânimo julgador. O essencial das provas era a demonstração material da culpabilidade pela indicação indiscutível do sobrenatural. Julgamento de Deus. Eram os ordálios (ordal, julgamento); levar uma barra de ferro ardente, andar sobre brasas, atravessar chamas ("o fogo é a prova da culpabilidade e da inocência de todos os homens", Código de Manu, art. 96), bater-se em duelo, beber líquidos cáusticos, ser atirado ao rio, corrosivos nos olhos, mastigar ácidos etc. E o recurso aos deuses infalíveis, juramentos estabelecendo liame divino, promessas, quase desafios, rogatórias, imprecatórias. Para a produção das provas, confissão da verdade, recorria-se à tortura, *quaestio per tormenta,* cuja origem ninguém disputa mas antiguidade e localização correspondem a todos os povos milenários. Ao redor do Mediterrâneo, Mesopotâmia, Índia, China, centros irradiantes para culturas subseqüentes, conheceram e empregaram a tortura. Veio, oficialmente, às primeiras décadas do século XIX e será otimismo afirmar seu desaparecimento nas práticas da coerção policial. Ainda é, psicologicamente, uma sobrevivência da defesa instintiva ao sofrimento e a crença que, sob a opressão dolorosa, o homem diz a verdade num ímpeto irresistível e natural. A mentira é uma conquista da cultura adiantada.

Resta ainda pesquisar a figura do defensor, nascido provavelmente das próprias assembléias, dos debates para captação das provas. Não sendo crível num conselho a unanimidade, a exposição verbal de cada ponto de vista exigiria demonstração convincente. O simples caso de não ter como suficiente um elemento de prova criminal levaria o conselheiro a discorrer sobre os fundamentos do próprio voto. Era forma indireta de argumentar defensivamente.

O defensor não apareceu completo, armado de todas as peças funcionais. No tempo de Homero as acusações e defesas cabiam ao juiz e ao acusado. Assim em Manu, Hamurábi, *Lex Duodecim Tabularum* não surge o defensor nem está previsto. Era quase sempre arrazoado do acusado, como ocorreu a Sócrates.

Na organização administrativa de Sólon (640-558 a.C.) lança-se a semente da função do sinegoros, nascendo ulteriormente. Influência e não contemporaneidade de Sólon. O sinegoros defendia perante os nomoitetas a vigência de uma lei cuja supressão fosse pleiteada. Desses sinegoros surgiram os advogados. Mas não houve na Grécia a figura impressionante do advogado da Roma republicana e imperial. Esquines (389-314), Demóstenes (384-322), Hipérides (389-322) foram, até certo ponto, advogados, ou melhor, procuradores dos interesses jurídicos de povos diante dos tribunais. Hipérides parece-me o mais representativo, defensor de Frinéia no Areópago e autor das defesas de Licófron e Euxênipo. Mas um helenista como Émile Egger (1813-1885) não respondia pela afirmativa sua famosa pesquisa: *si les athèniens ont connu la profession d'avocat*.[393] Certo é que no século IV a.C. um acusado podia obter do tribunal ateniense um defensor. Ignoramos as condições do deferimento ou recusa.

Em Roma houve o *advocatus* e o *patronus,* confundidos durante o Império, mas vivos na batalha forense. O habitual era o interessado acusar ou defender-se pessoalmente, mas um alienígena, um *peregrini,* devia ser acompanhado por seu patrono e mesmo, nas causas cíveis, ser representado. A Lei Cintia, 205 a.C., interditava aos oradores a percepção de honorários, auxiliando a aristocracia patrícia porque essa, com independência econômica, estava em situação de prestar assistência gratuita. Não há vestígio probante na Roma dos reis mas o advogado devia ser muito antigo e já constituir, mais de dois séculos a.C., prestigiosa função, provocando a Lei Cintia. Sob o imperador Cláudio, 46-47 d.C., é que houve autorização do advogado ganhar o máximo de dez mil sestércios, multiplicados posteriormente (Nero, Trajano, os Antoninos). Cícero, Catão, Sêneca, Plínio o Moço, Tácito, grandes advogados, teriam vantagens e não apenas renome tribunício. Por falta da eloqüência ninguém deveria submeter-se aos arbítrios da força despótica (Tácito, *Anais,* XI, VII).

Para o Oriente, Ásia, África muçulmana, Índia, o advogado é expressão valente bem depois do Renascimento, depois do intercâmbio comercial. O julgamento era sumário, sem defesa constante na produção de provas, irresistíveis quando provindas de acusador potentado. Sultões e eunucos caíam sob o curvo alfange sem alegação e evidências. Seria opróbrio e diminuição à onipotência soberana a presença da voz contrariadora do libelo. O advogado não floresceu, realmente, em Bizâncio e seu mundo. Menos entre os árabes históricos. O instinto do Direito Natural é que fazia pôr na coroa dos reis a suprema valorizacão da Justiça. O rei justo era glória do povo e bênção de Deus, clemente e misericordioso...

O conceito do ato criminoso é que não era idêntico pelo tempo e mundo. O homicídio não podia competir em gravidade com o sacrilégio ou lesa-majestade. Fugir com uma mulher do harém califal era mais grave que saquear uma cidade. Para um esquimó, um kwakiutl, não será crime matar um homem. Pode matar-se por um pesqueiro, local preferido pelas focas, pista dos caribus no verão. Ou abater quem possua canções bonitas, danças complicadas, enfeites difíceis de obter e que conferem ascensão no grupo. Mas comer carne de várias espécies ao mesmo tempo, foca e caribu, peixe e caça, tropeçar no bailado de iniciação, engasgar-se ou esquecer trecho do canto, inicialmente entoado em ocasião solene, casar no próprio clã, tocar na cabeça do rei, em qualquer parte da rainha, nos ombros do Herdeiro, são crimes tão assustadores que levam ao suicídio ou à definitiva expulsão.

Para uma tribo caçadora um terreno de caça é recinto fechado e sua violação imporá pena de morte. Os australianos centrais reservam para os velhos da família o privilégio de caçar determinados animais. Os moços estão proibidos. Será que o velho, experimentado nos ardis do ofício, tem maior possibilidade de êxito que o alvoroço e arrebatamento juvenis. Um rapaz que caçar animal reservado aos velhos comete crime de expiação cruel. Pena de caçador furtivo em domínio feudal. Ou se invadir os lugares sagrados onde estão as pedras churingas, com os breves desenhos votivos, fixando símbolos dos antepassados. Espantar e dispersar a caça selvagem antes da estação destinada a captura, crime nas planícies ameríndias como nos sertões africanos, centrais e meridionais.

Um claro exemplo expõe o poeta Carlos Drummond de Andrade no seu "Anedota Búlgara":

> Era uma vez um czar naturalista
> que caçava homens.
> Quando lhe disseram que também se caçam borboletas e andorinhas,
> ficou muito espantado
> e achou uma barbaridade.

Na Espanha do século XVII e quase finais da centúria imediata, a etiqueta, regra inflexível do costume aristocrático, atingia a sublimidade incompreensível para os olhos não castelhanos. O rei Filipe III (1578-1621) morreu semi-asfixiado pelo calor do *brasero* por não encontrar-se, na multidão dos fidalgos presentes, o encarregado de manejar o aquecedor. Foram procurá-lo. O rei morreu de erisipela, provocada pelo calor. No tempo do rei Carlos II (1661-1700) a rainha de Espanha, Maria Luisa d'Orléans, sobrinha de Luís XIV, caiu do cavalo no pátio do Palácio Real, ficando com o pé enganchado no estribo. Ia morrer despedaçada nas pedras, mas nenhum fidalgo atrevia-se a tocar no pé da rainha, libertando-a. Dois gentil-homens, Dom Luis de Las Torres e Dom Jaime de Soto-Mayor, arrojaram-se contra o protocolo. Um deteve o animal e outro retirou o pé da rainha do estribo. E, saltando na sela dos cavalos, fugiram, tentando escapar da morte. Tinham ousado tocar no pé da rainha de Espanha, crime capital porque *las reynas de España no tienen piernas.* Pela intervenção calorosa da rainha, o rei Carlos II perdoou os dois atrevidos. Esse direito, implacável, não estava e nunca foi escrito. Era um *ágrafoi nómoi, um* consuetudinarismo onde a alma espanhola fazia ressaltar a sonoridade da exaltação. Como dizia La Fontaine:

> *Il est bien d'une âme espagnole,*
> *Et plus grande encore que folle.*

No Oriente Próximo, ao tempo do faustoso califado de Harum Al-Raschid em Bagdá, 765-809 (correspondendo ao reino de Carlos Magno na Europa, 743-814), o costume e a lei ordinária, praxe jurídica, atuavam numa unidade prática. Há um episódio típico de que existem variantes na mesma fonte tradicional.[394] O califa deseja uma escrava do seu visir Giafar ben Yahia e este negou-se a ceder, jurando não vender e não dar a escrava. A decisão foi encontrada pelo cádi (juiz) de Bagdá, Yacub Abu-Yussef. Giafar deu a metade da escrava e vendeu a outra porção. Satisfizera o juramento. Não vendera nem dera, totalmente, a mulher. Mas a escrava não podia entrar na posse do califa antes de esgotado o prazo previsto, denunciando a gravidez. O cádi faz a escrava ser liberta e as mulheres livres não estavam sujeitas ao prazo da lei.[395] O califa podia levá-la para seu harém. Noutra versão, o cádi faz a escrava casar-se com um mameluco e depois divorciar-se. Ficava livre para acompanhar o califa. Mas o mameluco, casado, recusou divorciar-se. O cádi pede o escravo para si e oferece-o à escrava. Esta, aceitando, anula o casamento porque não pode ser proprietária do esposo. Divorciada, seguirá o califa com quem casou. Harum Al-Raschid cobriu o cádi de dracmas. No século VIII, no Oriente, o costume e a legislação civil constituíam a lei. É ainda o conceito normal jurídico de forma normativa obrigatória em mais de uma terça parte da população do mundo. Digo terça parte com luxo de precaução. Representa muito maior percentagem real.

O ato delituoso era crime quando perpetrado dentro da família, do clã, da tribo e aldeia, e virtude se efetuado em pessoa estranha, inimiga, estrangeira. Apossar-se de coisas de uma cabana na aldeia, furto, roubo, crime. Saquear, com ou sem morte, a choupana alheia ao vínculo tribal, habilidade, valentia, destemor.

A situação jurídica do prisioneiro de guerra, fonte única inicial da escravidão, passou pelos elos intermediários, da peça de caça à mercadoria exportável. A história é simples e trágica porque o homem preso em combate era votado à morte, imediata ou depois de figurar nos desfiles, seguindo o carro ou o cavalo do triunfador. Hebreus, sumérios, indianos, ameríndios, persas não faziam prisioneiros, comumente. Construíam pirâmides de crânios ou deixavam os cadáveres para o bico dos abutres ou aves-da-morte. Letourneau, no velho volume clássico sobre a guerra, resumia no lema simples o impulso belicoso:

Le vol pour but; le meurtre pour moyen.

Os caçadores nômades não gostariam de prisioneiros sinônimos de bocas inúteis e eternas vocações de rebeldia, identicamente os povos pastores, ciumentos dos rebanhos e dispensando colaboração suspeita de fidelidade à fuga. A estabilidade social, o sedentarismo administrativo, é o mercado consumidor do braço escravo. Construções religiosas e civis, defesas militares, aparelhagem para fixar, desviar rios, irrigações, pirâmides, muralhas, aquedutos, barragens, palácios, empedramento de vias intermináveis, acomodariam as grandes massas escravas para a tarefa esgotante de vida e insaciável de esforço. A ferocidade egípcia, assíria, persa, suméria, caldaica, asteca e maia concedia o prêmio da vida, gemida e rendosa, que os imensos edifícios de pedra e de adobe solicitavam. Ou os cultos sangrentos, deficitários das oblações humanas. Assim decorreram milênios antes que o homem conservasse um prisioneiro, mesmo na simples solução da morte adiada pelo sacrifício interminável do trabalho sem recompensa. Os ritos jurídicos do *apagogê* grego e da *prensio* romana significam vitórias inapreciáveis sobre a crueldade truculenta inicial. O instinto humano contemporâneo, para a observação de um etnógrafo, denuncia essa aceitação difícil ante o prisioneiro. Parece que ainda a imagem do preso não se acomodou na relação obrigacional da conduta moderna. A condução de um prisioneiro, em qualquer paragem do mundo, fixa a distância visível e espontânea entre os soldados custodiantes e o homem obediente à força captora da Lei. "Homem preso não tem querer!" Ouçam a narrativa dos prisioneiros, de qualquer país, na guerra de 1939-1945. Não tortura, mas clima obstinado e negativo de que um prisioneiro seja portador de direitos e sim recebedor de benevolências, piedosas concessões caritativas.

A Lei, vagarosa e na proporção absorvente em que o Estado afirmava sua estatura, foi assumindo as prerrogativas de castigar, punir, corrigir, não mais permitindo a vingança pessoal ou coletiva, credenciada pela tradição. Instintivamente o povo defende os velhos direitos ferozes de todopoder, ação, volição, arrojo, arremeço da multidão, da massa, irresponsável e consciente de uma missão. Luta de camponeses norte-americanos, sulistas *rebels,* não compreendendo por que a polícia proíbe o enforcamento do negro matador na Lei do Linch. Como o sertanejo ou gaúcho não tem por legal a defesa de não castigar diretamente o incendiador das pastagens. Entretanto, a organização dos serviços especiais foi se apossando do que antes era privativo do grupo e antes da família, a justiça privada. O Direito é uma delegação expressa da soberania estatal e a pena é legítima quando dele emanada. O Estado assumiu a figura do agravado, ofendido, insultado na majestade de suas leis, e o castigo ao criminoso é defesa espontânea da incolumidade coletiva e não mais da potestade doméstica.

A justiça familiar, tão própria do *pater familia* romano, pareceu ao Estado crescente uma diminuição ao seu Poder e um limite arbitrário à sua jurisdição. A batalha entre o Estado e a Família, esta com as armas antiquíssimas da *patria potestas,* do que *is qui in domo dominium babet,* senhor das vidas, destinos e posses, feriu-se em Roma e menos na Grécia, durante séculos. E cada conquista do Estado, em detrimento do *in patria potestate,* era uma libertação ou uma transferência de servidão, do pai, natural, para o Estado, unidade da convenção coletiva. Assim os atributos do *pater familia* foram sendo funções do Estado e ao velho dominador restou a consolação moral do sacerdócio larário. Quem pesava, contava, media e aplicava as penalidades era o Estado e lentamente essas se tornaram padronizadas e não mais aferidas pelo costume familiar, na decisão soberana do *pater familia.* O ditado popular "o governo é pai" — nem sempre verídico — reflete a imagem do processo substitutivo.

Como encontramos os cultos desaparecidos nas superstições vivas e recordadoras de sua existência pretérita, o povo conserva fórmulas executórias de leis mortas, aparentemente esquecidas há séculos. Na manhã de 9 de agosto de 1951 o pedreiro Mariano dos Santos foi detido pela polícia por haver arrancado a porta da casa de um seu inquilino no Carrasco, bairro do Alecrim, em Natal, Rio Grande do Norte. Lembrei-me que em princípios de 1912, numa povoação do município de Augusto Severo, no mesmo Estado, Ubaeira ou Caiana, um credor, esgotados os pedidos de pagamento, veio à residência do devedor e arrancou-lhe a porta da casa, levando-a. Vivia eu na Fazenda Logradouro, vizinha, e recordo os comentários deliciados do meu tio e primos, não no sentido da anormalidade decisória mas no acordo que esse singular ato de cobrança pessoal significava. Não sabia eu tratar-se de um uso jurídico que os velhos forais do século XII autorizavam. No foral de Balneo, terra de Alafões, concedido em 1152 pelo rei Dom Afonso Henrique, lê-se: "Quando algum dos ditos moradores for chamado para fazer emenda e não quiser comparecer, tirem-lhe a porta da casa..." (Alexandre Herculano, *História de Portugal,* VII, 1916). Curioso é que esse direito consuetudinário tenha resistido na memória popular, não no imperativo legal mas expressão reivindicadora de posse, revivido num ato de homem brasileiro no alto sertão do Rio Grande do Norte e na capital do Estado, numa distância de oitocentos anos. Os usos e costumes sobrevivem no espírito popular indelevelmente. Vivem em ação ou reaparecem nas frases denunciadoras do velho conhecimento secular.[396]

Esse fator de persistência decorre do próprio fenômeno sociocultural quando, além de encarnar uma objetivação do espírito, vem a adquirir, no tempo, superposições culturais às suas propriedades físicas e biológicas, na síntese de Pitirim A. Sorokin. Configurando-se a mesma necessidade, surge a solução anterior, antiquíssima, não mais incluída na legislação contemporânea, mas consciente na memória popular, fundamento dos antepassados, *mores majorum,* costume dos antigos, inatuais mas inapagáveis.

Iavé (*Gênesis,* 4, 10) ouvia o sangue de Abel clamar por justiça: "A voz do sangue de teu irmão clama da terra por mim!" Sangue pedia sangue como equivalência única na compensação reparadora. Mas Iavé não puniu Caim senão com a pena do exílio errante.

Mas ainda hoje, subitamente deparamos a vingança exercida pessoalmente, como uma sobrevivência do direito de lavar o sangue com sangue. Vivem famílias inimigas há séculos e a tendência instintiva do homem é vingar-se, imediata e diretamente, dispensando o mecanismo vagaroso da punição legal. Ainda é vigente essa doutrina para os nômades orientais semitas, negros equatorianos da África, populações polinésias, melanésias, indígenas ameríndios. Não fogem os centros urbanos ao exemplo. Em Natal, os filhos da vítima, não podendo matar o autor, absolvido pelo júri (dezembro de 1956), abateram um irmão deste (fevereiro de 1957), inocente em tudo, numa transferência de responsabilidade penal que bem demonstrava a concepção imemorial do raciocínio primitivo, aplicado como solução compensadora e justa.

A Etnografia, estudando a origem das culturas ambientadoras no mundo, pesquisa no Direito uma origem de autodefesa que se tornou coletiva pela identidade do interesse grupal, expressa no costume. A história do Direito é a campanha milenar do grupo harmônico contra a unidade arbitrária e voluntariosa. Que a lição serena e normal da Natureza tenha dado a intuição do equilíbrio social e "o primeiro princípio" tivesse sido revelação divina, são irresistíveis imagens para a explicação sedutora sem possibilidade de fixação dogmática. Sentimos a distância dessa acomodação, as garantias crescentes do Direito, quando partimos do *sic volo, sic jubeo* e terminamos nos poderes de uma ação rescisória, num mandado de segurança, num habeas-corpus, milagrosos.

A história do Homem é o direito de viver.

CULTURA POPULAR

Tudo o que a gente faz melhor na vida
é aquilo que se faz sem aprender.
BELMIRO BRAGA (1872-1937)

Mas que los pueblos no pueden saber sino Dios.
CECILIO ACOSTA (1831-81)

Many times, man lives and dies
Between his two eternities,
That of the race and that of soul.

WILLIAM BUTLER YEATS (1865-1939)

O povo tem uma cultura que recebeu dos antepassados. Recebeu-a pelo exercício de atos práticos e audição de regras de conduta, religiosa e social. O primeiro leite da literatura oral alimentou as curiosidades meninas.

É uma camada terciária anteposta aos conhecimentos escolares, transmitidos como ciência indispensável e geral pelo livro e a voz do ensino magistral. Os dois extratos acompanham a vida normal do homem e são identificáveis pelo exame mais sumário, como distinguimos num corte geológico os dois depósitos subseqüentes.

Há uma intercomunicação viva porque estão no mesmo organismo. A instrução e a educação refreiam a intromissão às vezes indébita do espírito tradicional na solução ou apreciação de valores examinados. Os gêmeos divinos coexistem na mentalidade humana, disputando o domínio soberano da decisão psicológica. Castor humano e Pólux imortal irmanizam-se na mesma constelação rutilante do conhecimento. Esses dióscuros são a Cultura Popular e a Cultura Letrada, ministrada sob os auspícios das normas oficiais, hierárquicas, rituais. *Non adversa, sed diversa.*

A Cultura Popular é o saldo da sabedoria oral na memória coletiva. Difícil fixar as distinções específicas porque ambas exigem a retenção memorial, atendem a experiência, têm bases universais e há um instinto de conservação para manter o patrimônio sem modificações sensíveis, uma vez assimilado. Apenas, Castor é mais antigo que Pólux e guarda com maior ciúme a sua herança terrena. A valorização comum é dada ao imortal Pólux, das universidades, laboratórios, bibliotecas. Castor reina sobre o habitual, o comum, o consuetudinário. Quando o homem se divide em multidão, Castor é uma égide. Pólux mantém a soberania dos congressos, colóquios, simpósios, conferências. Mas são inseparáveis, íntimos e rivais. A Cultura Popular é ancila humilde sob o manto protetor da Etnografia, Antropologia Cultural e, ultimamente, da Sociologia, Psicologia Social, e mesmo constitui o pedestre e democrático Folclore. Não compreende Pólux que o mesmo sangue de Castor lhe corre sob a borla e capelo doutorais.

Cada ano, lenta e seguramente, os Dióscuros se confundem numa profunda interdependência. Já não é mais possível o estudo de um sem o outro, e mesmo o Popular alcança os valimentos da curiosidade no plano da explicação originária, sobre o Culto, posterior, heterogêneo, mutável. As pesquisas arqueológicas, lingüísticas, etnológicas revelam a surpreendente antiguidade de elementos que Castor defende e usa e Pólux ignora ou desdenha. Essas investigações estão nobilitando o Popular, que nunca concedeu doutoramento aos seus estudiosos fiéis.

O viajante mais displicente e o visitante mais distraído notam a continuidade, semelhança ou analogia de certos pormenores nos objetos recolhidos em distanciadíssimas regiões. E lendo ou ouvindo estórias, mitos, lendas, assistindo a danças, cerimônias, saboreando a culinária típica, vão encontrando parecenças, imitações, plágios. Uma coisa lembra a outra, tão longe e não rigorosamente igual mas da mesma família, inquestionavelmente. Nem todas possuirão esse ar doméstico. Milhares de coisas são originais, diferenciadas, nativas. Mas essa orgulhosa unidade tipológica desaparecerá porque surgirão outras provas materiais de sua projeção, influência, sugestão, em áreas insuspeitadas e geograficamente separadas.

Para que um hábito, conduta, técnica seja a mesma ou quase a mesma em territórios distantes e sem indicação de contato histórico, restam duas fórmulas doutrinárias explicativas. Representam criações locais, independentes, frutos da imaginação e esforços nativos; ou receberam o modelo, inspiração, traços, imagens de terra e gente alheias. A primeira diz-se Paralelismo ou Convergência. A segunda, Difusão. É a distinção simples entre o CRIADO e o RECEBIDO. Um grande problema embevecedor para os etnógrafos é estabelecer essa separação, fixando a geografia originária dos motivos determinantes.

Digamos que existe um sedimento inicial na cultura popular, feito pela divulgação, entendimento comum, pulverização da sabedoria sagrada, a informação reservada aos iniciantes ou aos que já atingiram certa idade ou maturidade moral, comunicada em sigilo e prudência sobre as origens, histórias de deuses, explicações de fenômenos meteorológicos, segredos de caça e pesca, peculiaridades de animais, ritual das festas, o porquê das pinturas individuais ou clânicas, cores, armas simbólicas, enfeites, instrumentos musicais, cantos, danças privativas e oblacionais, gestos propiciatórios, exigências do culto e das gradações guerreiras, orientações, enfim o sentido íntimo, paideuma, razão de ser das coisas e dos entes vizinhos, mesmo excluindo qualquer intuito de iniciação mágica. O complexo ritualístico, esotérico, chegaria aos ouvidos dos profanos em formas vagas, imprecisas mas sugestivas. As estórias de caça, as lutas com animais, colheitas de frutos, viagens ou expedições venatórias ou militares, as reminiscências dos grandes chefes ou feiticeiros desaparecidos, os episódios cômicos, todas as ocorrências temáticas forneceriam assuntos palpitantes de interesse e crescendo incessantemente nas horas de conversa e debate à luz da fogueira tribal.

Essa conversação daria o peneiramento, a seleção fixadora dos temas essenciais que se tornariam as raízes da palestra regular. Com o passar do tempo a memória reteria os elementos mais típicos e marcantes dos acontecimentos pretéritos e novidades davam coloração e movimento expansivos. Esse processo incluía todos os materiais da vida tribal, estórias de caça, das lutas, dos remédios, confidências religiosas, relatos de vitórias pessoais, resquícios dos protocolos, invenções de façanhas verídicas ou deformadas pela vaidade, mistérios da vida animal, inspiração da noite, do luar, das águas, das aves que cantam, enfim força disponível para que a inteligência recriasse a narrativa partindo de realidades positivas ou notícias ampliadas pelo medo, esperança e crença. Desta forma, nos grupos mais humildes e primitivos, duas eram as culturas naturais, impressionantes e influenciadoras: uma esotérica, interior, sagrada, ritualística, acessível aos iniciados; outra, exotérica, viva, apaixonante, dinâmica, assimilando a colaboração dos relatos diários, confundindo-os, amalgamando-os, fundindo-os num *corpus* que se constituiu a tradição oral da tribo. Foi essa Cultura Popular tão negada em sua dualidade paralela pelos clássicos do Folclore e tão real na existência indígena, o elemento comunicante, enviado às jornadas distantes na memória e voz de caçadores e guerreiros. Era essa Cultura que ia dentro das lembranças das moças que foram raptadas, casavam longe, eram vendidas ou iam, como a menina e moça de

Bernardim Ribeiro, para longes terras. As estórias viajavam com elas e foram contadas aos filhos, bem distantes das aldeias nativas, irrecuperáveis. Assim, as tradições orais dos aruacos passaram aos caraíbas antilhanos e as donzelas vindas para os haréns dos sultões e emires, samurais e mandarins, espalhavam nas recordações a saudade da gente que era sua. Era a porção patrimonial mais facilmente conduzida quando das mudanças cíclicas do nomadismo ou aventura emigratória.

Podia a ciência sacerdotal desaparecer com a fidelidade dos derradeiros ministros, morrendo sem a confidência que seria um opróbrio e uma concessão humilhante aos "bárbaros". Muito se sabe pela repercussão, pelo halo, a irradiação desses assuntos, conservados na retentiva popular, como os soldados, e não os marechais de Napoleão, eram mais comunicantes na ressurreição do *Petit Caporal* inesquecido. E a fama, renome, persistência de um nome, herói, instituição, povo, deve muito mais a essas formigas miúdas, infatigáveis e teimosas na transmissão contagiante da simpatia, que aos vôos sonoros das grandes penas registradoras. A humanização do heróico, feita pela coletividade, é a segurança de sua perenidade histórica. Toda a consagração humana começa e finda pelo anonimato da anedota, ampliando a popularidade na divulgação do Bem e do Mal, dentro do plano da exaltação.

Se, inicialmente, havia uma única cultura, primitiva e geral, *Urkultur,* e se dessa base comum um pequeno grupo destacou o material para torná-la esotérico, continuando o restante dentro do conhecimento tribal; ou se o assunto distinto e mantido à parte era diverso do saber coletivo e este apenas captava noções que escapavam a reserva oficial, são aspectos especiais que não afetam, em sua evidência, a nitidez do desenvolvimento temático. Aceito a formação original e única de uma *Urkultur* e posterior escolha de elementos básicos para a doutrina, autônoma e sagrada.

Esse corpo doutrinário correspondia ao conjunto de técnicas ergológicas, fabricação de armas, utensílios domésticos, canoas, trajes, decorações, alimentos, armadilhas, roteiros sinegéticos e náuticos, moradas, cerâmica. Todos esses implementos podiam ser obra local, imaginada sob a pressão da necessidade, herança melhorada pelo uso modificador. Mas não existe Civilização original e isenta de interdependência, distantes ou próximas, e já constitui dogma etnográfico ensinar-se a pobreza e raridade da imaginação humana e a prestigiosa ascendência da Imitação como processo inevitável e normal de ampliação técnica. A cultura é transmitida pelo replantio de galhos floridos e não pelas sementes unitárias. Tylor afirmava que ela mais se propagava que se desenvolvia. Nesse rumo da Imitação estará a força radicular do instinto aquisitivo, de impressionante persistência. É mais fácil aceitar o feito do que fazer, e o conservadorismo grupal inclui no patrimônio comum os elementos que lhe parecem emprestados ou conquistados, sem a idéia de que a aquisição mutile a unidade, ciosamente resguardada.

Naturalmente, todo formulário comunicador era verbal. Real e metaforicamente, *in principio erat Verbum, et Verbum erat apud Deum.* A ciência era a Palavra: *with words we govern men,* dizia Lorde Beaconsfield. As primeiras manifestações literárias, alheias a *littera* inexistente, seriam os Provérbios, *pro verbum,* pela palavra, reparos rápidos e simples de fatos naturais com sentido alegórico de aplicação moral: "todo rio seca"; "quem corre cansa"; "a chuva molha"; "o sol é para todos"; "a noite tudo esconde", pequeninas anotações cuja universalidade comprova a velhice veneranda. "Como diz o provérbio dos antigos", diz-se no *I; Reis,* XXIV, 14.

Se depois, ao calor do lume associativo, surgiram as sentenças já romanceadas, alargadas na ação subseqüente, os animais seriam os grandes motivos temáticos, mencionados na imitação dos vícios e virtudes humanas, impondo-se ao assunto pela própria importância da espécie de que tanto dependia a existência do grupo. Era a vez da Fábula, *fabula, fari,* falar, e esse conceito, na exposição verbal característica, permaneceu nos gregos que diziam MITOS ao que chamamos FÁBULAS, fábula de Esopo, *Aesópu Mythoi.* O *mythos* grego era a irrealidade, a inexistência, a utopia, não no sentido da possibilidade criadora mas da fixação mental da figura ou fato quimérico. Sua sinonímia com *fábula* é antiquíssima mas na adjetivação, *fabuloso, mítico,* a significação é diferente. Ainda no século XVI Giovanni Battista Giraldi Cinthio publicava sua coleção de contos, dispostos ao sabor prestigioso do *Decameron, Heptameron, Pentameron,* denominando-a *Hecatommiti,* cem, *hecaton,* e *mythoi,* na acepção de narrativas rápidas, estórias, e não Fábulas. O *HECATOMMITI* registra incontáveis motivos ainda correntes e populares na literatura oral do Brasil.

Arnold van Gennep (1872-1957) distinguia a Lenda, estória localizada, individualizada e objeto de crença, do Mito, lenda relativa ao mundo sobrenatural e traduzido pelos atos, através dos ritos. A Lenda, nome latino e convencional do Mito, inferia formas gráficas de *legenda,* para ler, o que se pode ler. A estória, de *computare,* com cálculo, enumeração metódica, denuncia elaboração intelectual posterior, explanação mais longa num encadeamento de episódios conexos, aproveitados para uma finalidade moral, a moral compatível com as exigências éticas da coletividade e depois ajustada às imposições da imagem ideal, aceita pelo mundo.

Resta lembrar o elemento moral nas fábulas. Franz Boas negava sua presença nas ameríndias:

> *The moralizing fable, which is so widely spread in Europa, Asia, and Africa, seems to be entirely absent in America.*[397]

A característica permanente da fábula é a *sua* moral. Uma moral prática, imediata, sedimentação de usos e costumes decorrente da observação cotidiana. Pode, naturalmente, não mais ajustar-se à moral religiosa que se formou posteriormente de outros padrões, doutrina de elite, de minoria culta, tentando elevar o nível do egoísmo instintivo do homem para o horizonte ideal do entendimento solidarista. Van Gennep salientou a constância dessa moral utilitária indispensável e típica em toda literatura oral do mundo.

> *C'est pourquoi il y a dans les fables une moralité réaliste qui garde sa valeur pédagogique quel que soit le système éthique qui, théoriquement, s'est superposé à la vie pratique* [*La Formation des Légendes*, Paris, 1920].

Essa finalidade moral, epimítio, *epi-mythos,* sobre, acima, fora, conseqüência da fábula, envolve a necessidade sentenciosa, divulgação de preceitos para o comportamento social da tribo. Ao contrário do *non bis in idem,* a técnica era a reiteracão, o *bis repetita placent,* para a facilidade da memorização. Uma estória, um conto popular, é ampliação do remoto provérbio, tornado centro de interesse psicológico pelo implemento sentimental.

As estórias de caça utilizaram os provérbios representados, vividos pelos animais circunvizinhos. A observação do caçador levou ao fabulista as proezas dos animais ágeis, matreiros, astutos, a força brutal inoperante, o artificialismo e simulação dos fracos para evitar o aniquilamento pelos fortes. A mata revelou às aldeias o fiel reflexo de suas lutas, escaramuças e dissimulações vitais. Os animais possuíam os direitos ao respeito porque eram vidas animadas de essência misteriosa, e suscetíveis de humanização e, às vezes, residências acidentais e corpóreas de deuses viajantes. Os toradjas de Celebes (entre Molucas e Bornéu, na Indonésia) consideram que o homem e o animal apenas diferem na aparência (Frazer, Adriani em Kruijt). Semelhantemente, informa Walter Krickberg entre ameríndios, caçadores e pescadores da América setentrional, de leste e oeste, onde "todos os animais não são senão seres humanos disfarçados e em qualquer momento podem deixar ou sair do invólucro externo, como se abandona um vestido, uma casa ou uma canoa". Conhecemos na literatura africana os tratamentos submissos de Senhor Elefante, Senhor Leão, Senhor Tigre, e a quase zoolatria no Hindustão, África Central, ocidental e meridional, e nas ilhas oceânicas. A eleição dos modelos animais para a crítica aos defeitos humanos é uma reverência à dignidade do *Homo sapiens,* sugerindo a similitude mas evitando a irmanação.

Os episódios eróticos não seriam primitivos quando em relação aos homens mortais e sim aos deuses, no fenômeno da fecundação, com animais e vegetais, criador da Humanidade, ou separação violenta do casal mítico, Céu e Terra, afastados para que vivessem as criaturas. O conto obsceno, licencioso, é sinal de requinte, de quando uma Civilização perde a noção sagrada da fusão sexual, ato divino da perpetuidade, e a banaliza e abastarda no nível do divertimento fescenino e sotádico. *L'amoralisme est un signe de haut développement intellectuel* — anota van Gennep. Nenhum "primitivo" contemporâneo possui o anedotário imoral ou realmente obsceno.[398] Semelhantemente, o conto humorístico é produto de adiantamento cultural, ou melhor, de dispersão e rebaixamento religioso, porque outrora nada poderia sugerir comicidade e riso no nível atual dos motivos. O respeito aos animais não consentiria em sua redução às formas da sugestão hilariante. Nem anedota concernente aos chefes, sacerdotes e classes de comando. Assim, o conto para rir entre nativos é visível constatação de contemporaneidade, atualização, aculturamento modificador da velha mentalidade inicial. Não implica essa conclusão afirmar a inexistência do elemento cômico entre indígenas mas o critério da comicidade partia de outros motivos provocadores e que podiam não causar o mesmo efeito no pesquisador de cultura diversa. Os desenhos, enfeites, decorações, trejeitos e momices indígenas, que nos parecem burlescos, têm fundamento perfeitamente oposto, ritualístico, sagrado, hierodramático.

A Arte Cômica jamais usufruiu o mesmo prestígio de suas companheiras e Tália era realmente musa dionisíaca e bem tardiamente ficou sendo a égide da Comédia. Épicos, trágicos, elegíacos ficaram em ponto superior aos poetas cômicos. A Comédia é gênero posterior à Tragédia e ao Drama e nunca Aristófanes nivelou-se a Ésquilo, Sófocles, Eurípedes e a Batrachomyomaquia desaparece quando exsurge o clamor da *Ilíada* ou as aventuras errantes da *Odisséia* perpassam. Os dramas, e não as grandes comédias, deram eternidade a Shakespeare.

O riso foi condenado por todos os reformadores religiosos. Jesus Cristo nunca riu. Proscreve-se terminantemente dos códigos da boa educação. Rir silenciosamente é o sinal da sabedoria para o rei Salomão. Alegria interior mas não o riso, é a lição cristã. Dom Bosco dizia ser um santo triste um triste santo, mas sorria sem rir. Santa Teresa de Jesus preferia *muchos demonios a una monja descontenta,* mas seu júbilo era beatífico, como o de São Francisco de Assis, com a alegria franciscana, mais da alma que dos lábios ou voz. Assim São Francisco de Sales, o santo gentilhomem. Defende-se como ideal a Serenidade, que *es un poquito triste.* Mas o poeta Amado Nervo perguntava: *No es así, por ventura, toda serenidad?*

Certo é que a proclamação do doutor Rabelais no *Gargantua; Rire est le propre de l'homme,* é mais instinto que ação permissiva na pragmática social. Não cabe aqui a tentadora análise dos "motivos" cômicos, uns vivos e outros defuntos, mas há o ensaio de Ernst Robert Curtius: *Gracejo e Seriedade na Literatura Medieval,*[399] onde o assunto é exposto com a meticulosidade alemã. Verificar-se-á que a comicidade, como expressão no comportamento humano e tema literário, mereceu sempre limites religiosos e sociais para contê-la e reduzi-la.

A mecânica aculturativa funciona como o impulso e variedade dos ventos para reanimação das coivaras. Vêm de longe e agitam as chamas que não mudam de lugar. A transmissão oral consagra a Cultura Popular porque a lembrança guarda realmente as permanentes da sabedoria tradicional. Algumas toneladas de notícias, cantos, anedotas, casos passam como simples ressonância pelo espírito do povo sem vestígios duradouros. No *Fedro,* de Platão, conta Sócrates que o deus egípcio Toth encarece ao rei Thamus o uso da escrita e o soberano recusa porque a fixação do acontecimento dispensará no povo o exercício da memória. A sabedoria vive mais ardente na consciência e não nos registros que a sepultam para uma consulta, que é uma breve ressurreição. O *Eclesiástico,* XX, 32, fala na inutilidade da sabedoria escondida e do tesouro enterrado. Entre o povo a inteligência aquisitiva e o conhecimento fazem um *en kai pan,* umtodo, perpetuamente ao alcance de todos, à luz do sol e das estrelas. A mobilidade da comunicação oral que, aparentemente, seria um processo dispersivo e tumultuoso de esquecimento, é uma forma plástica mas indeformável de conservação e continuidade. A evaporação e perda de certos motivos residem na fraca densidade do interesse e seu desaparecimento não prejudica o restante conteúdo residual, parcialmente renovado na dinâmica dos elementos convergentes e assimilados.

De um conjunto cultural alguns elementos vão influir noutros núcleos de atividade. Porque tais se destacam e a razão da jornada são debates. Não é preciso que a tribo emigre para irradiar sua cultura. Permanecerá na área de conforto e suas maneiras de vida viajam, numa sucessão direta ou em círculo concêntrico, para longe, tanto mais intenso e modelador quanto mais vizinho do foco impulsionador. Os mais distanciados serão menos resistentes aos fenômenos da interpenetração e se confundem com outras vibrações, de outros centros, mobilizados misteriosamente e convergentes para sítio idêntico.

Daí a presença desnorteante de traços diversos na mesma fisionomia. Águas de fontes imprecisas na convergência da foz. Sente-se a origem mas não o itinerário que o elemento percorreu para atingir o alvo.

O ameríndio (brasileiro, americano, mexicano) praticava a couvade,[400] ficando ele e não a parturiente de resguardo, quando do nascimento do filho. Semelhantemente na Europa, Ásia, África, Oceania. O zero vigorava entre os maias do Iucatão e nas Índias. A flauta nasal dos pareci do Mato Grosso é idêntica ao *basaree* hindu e das ilhas polinésias. A flauta de Pã, sirinx grega, soa no Brasil com os mesmos tons da Melanésia. Os camucins, potes, jarras brasileiras dos tupi, tinham a mesma conformação dos tipos egípcios das primeiras dinastias. A trepanação, comum na Europa neolítica, teve materialização abundante na América pré-colombiana. Os desenhos escalonados na cerâmica e trançado brasileiros são clássicos na Grécia. A cabana de solteiros dos bororos do Mato Grosso é tradicional na Indonésia, Melanésia e Micronésia. A jangada, *igapeba, paperi,* do Nordeste do Brasil, viajava nos mares polinésios. Todos os povos pescadores do Atlântico americano não conheceram a vela nas embarcações. Amarrar as extremidades dos mantos do noivo e da noiva era fórmula matrimonial no Hindustão e entre os astecas mexicanos. Os punhais de cabo em forma de anel vivem na Índia e na Nigéria.

Muito mais atendemos às semelhanças que às discordâncias, e a pesquisa é feita na pista do que se aproxima, nem sempre essencial, e não do que se distancia, talvez o mais característico.

A idéia do primitivo, rude, tosco, retardado está reduzida ao esquema nítido de que constituiu o ponto de partida e, relativamente, começara com uma base firme e clara para as conseqüências das investigações científicas, posteriores. Os polinésios do arquipélago Marshall faziam roteiros de navegação com varinhas e conchas. Os esquimós de Angmagssalik possuem mapas recortados em madeira, indicando o exato contorno do litoral. Os caraíbas do Alto Xingu desenharam indicações dos cursos fluviais para Karl von den Steinen, e estavam na idade neolítica. Os monolitos ornamentados pelos maias são apenas obras-primas, como os pilares totêmicos dos haidas da Colômbia Britânica. A literatura oral desses povos é de uma surpreendente riqueza documental e apresenta irresistível problema para a identificação das influências remotas e persistentes. Como localizar o arquétipo? Haverá fronteiras lógicas para a difusão, pensando-se na iniciativa indispensável à própria conservação física. Obter o fogo, armas de arremesso, a caverna e depois a choupana, assar a carne, escavar a canoa monoxila e antes as balsas de paus leves, juncos, embarcações redondas feitas de couro, os ornatos tribais, os bailados de roda, as estórias explicativas (contos etiológicos) não dependeram de modelos iniciadores. Serão realizações instintivas da inteligência humana, ocorrendo onde quer que se estabeleça o clima determinante da necessidade inadiável.

Conhecemos mais ou menos as estradas convencionais do estanho, da seda, do bronze; de alguns temas que se tornaram universais no desenvolvimento e encadeamento das estórias, mas a presença simultânea de objetos, isolados do seu conjunto cultural, atuando em pontos longínquos, ainda justifica o debate entre a difusão e a convergência.

A cultura popular é feita justamente de todos esses resultados, fundidos pelos processos mais inexplicáveis ou claros, viajando através do mundo, obedientes aos apelos misteriosos que não mais podemos precisar. Desde que a História se alia, inseparavelmente, ao Tempo, Clio e Cronos, há uma visão compreensiva para os fenômenos culturais. Mas a presença desse material já era constatada antes que o registro histórico surgisse. As pesquisas demonstram que uma antiguidade funcional não comprova originalidade de invenção. O mosquiteiro, o bodoque (*Pellet-bow*), o leme, a bolina (*moveable keel, sliding keel*), a vela latina, triangular, os instrumentos musicais de corda, a roda, o torno do oleiro vieram da Europa para América. As escavações no Baixo Sindh, em Amri, revelaram centros ergológicos anteriores a Mohenjodaro e Harapa, aproximando-se do derradeiro período da pré-história mesopotâmica, a fase Dschemet-Nasr, possibilitando, como já se supõe, que os sumérios tivessem ligações étnicas e culturais com os indianos. A China está mostrando ser árvore de muitas raízes fundamentais. A imagem da aparente unidade é, paradoxalmente, constituída pela miscigenação humana e aculturamento de técnicas, e a cultura popular é o vértice do ângulo comprovador de todos esses complexos, ainda mais notório e sensível pela facilidade de sua permanente verificação normal.

A impressão real da Cultura Popular é que ela não pode e não deve ser explicada pela enumeração dos seus elementos formadores. É um caso em que o *todo* não corresponde à soma das *partes*. É maior. Maior pela inteligência perceptiva que nunca deixa de ser modificadora. Essa modificação realiza a mecânica assimiladora, dividindo e recriando, às vezes, o que recebera compacto. Nunca um narrador africano aprovava a redação verbal com que Frobenius repetia o conto recém-ouvido. Essa transformação vocabular inconsciente na reexposição das estórias populares é uma forma de renovação instintiva. Ou o mesmo objeto é usado noutros destinos. Em 1884, Karl von den Steinen ofereceu anzóis aos caraíbas do Rio Batovi, um dos formadores do Xingu, e serviram eles de brincos para as orelhas. Na abertura dos portos do Brasil ao comércio europeu (1808) uma multidão de mercadorias, úteis e inúteis, invadiu as cidades litorâneas. Exportavam até patins de gelo, comprados para o sertão tropical como objetos decorativos. Na África Oriental os meus grampos para papel eram disputados como enfeites para cabelo. O *nome* é que estabelece confusão na falsa unidade. "O nome comum nos engana, fazendo supor uma unidade real" — dizia Lowie.

Compreende-se que uma influência teimosa e polifórmica exerça pressão diária na cultura popular, desde que as comunicações modernas determinaram um incessante contato. Navios, aviões, rádios, permutam os produtos do mundo ao mundo. A cultura popular fica sendo o último índice de resistência e de conservação do *nacional* ante o *universal* que lhe é, entretanto, participante e perturbador.

É do critério popular uma valorização de objetos acima do conceito econômico. A equivalência letrada articula o objeto à sua utilidade. O Povo encontra um sentido de utilidade alheio às regras do consumo e circulação das riquezas. É a apreciação estética e nesta

se reconnait à la présence d'une notion plus compliquée que la seule notion d'utilité [Mauss].

Essa sedução prestigiosa das coisas inúteis economicamente faz nascer uma outra perspectiva de Economia, baseada não mais na Utilidade mas numa estimativa de sua significação afetuosa, íntima, simbólica, com efeitos positivos para a representação social, alarde de prestígio, o *display* indispensável à celebridade.

Les choses ont encore une valeur de sentiment en plus de leur valeur vénale [anotou Marcel Mauss].

Foi essa tabela de valores emocionais que Malinowski encontrou em Trobriand e que ainda podemos comprovar nas populações do interior do Brasil... e até certo ponto, por todo mundo. É ainda o que denominamos no Brasil e em Portugal o valor estimativo não financeiro mas de estima, bem-querer, uma plus-valia sentimental, e que pode apresentar-se como detalhe de superioridade no grupo, pela raridade, exotismo ou inutilidade total, que seria deduzida como uma utilidade acima da percepção ambiental.

Os estudos investigadores da Música, constâncias rítmicas, soluções resolutivas, maneiras do aproveitamento da melodia e desenvolvimento dos motivos, recursos da produção sonora nos instrumentos acompanhantes ou solistas estão possibilitando um novo horizonte de conhecimento do espírito humano na geografia, ou melhor, na Etnografia Musical. Os dogmas da fácil identificação auditiva, "isto é música africana", "esta é polinésia", "aquela oriental", terão céticos para dizê-las tão amplas e complexas quanto a européia, pela multiformidade dos dados componentes.

A Literatura Oral é outro mundo envolvente e tendo o mesmo verismo probante de um depósito arqueológico. Constata-se a existência de estórias em uma região e suas variantes noutras, permanecendo grandes trechos de permeio sem o menor conhecimento provado.

A Lua, irmã do Sol, apaixonada por este, visitava-o à noite, secretamente. Querendo identificar o amor noturno, o moço tingiu as faces de fuligem, urucu, jenipapo e, pela manhã, a irmã vendo-se descoberta, apavorada com o incesto, voou para o céu onde, tornada Lua, é eternamente perseguida pelo desejo fraterno. Além da deslocação sideral, as manchas lunares são as nódoas da fuligem, jenipapo, urucu.

Esta lenda etiológica foi registrada no Amazonas brasileiro (*Tapera da Lua,* Melo Moraes Filho, Afonso Arinos, Otacílio de Azevedo) e entre os esquimós da Baffin Land e Hudson Bay por Franz Boas. Gurdon e Rafy fixaram-se na Índia, entre os Khasi, de Assam Hills.[401] Não aparece nos contos populares intermediários topograficamente. A estória do pescador que arpoou um tubarão e foi arrebatado para a aldeia deles, no fundo do mar, reconhecendo sua arma num doente que tratou e curou, consta da literatura oral da Melanésia, indígenas norte-americanos do noroeste, e é assunto de uma narrativa no Pará, onde a registrou José Carvalho (1872-1933). Não se trata de elementos mas do próprio motivo capital, o *baustein,* seguindo caminho que a difusão explicará e que Paul Rivet aceitaria, jubiloso.

A colaboração do Folclore afirma desta forma um auxílio indispensável e precioso à Etnografia, Etnologia, Sociologia, registrando temas que percorrem o mundo no tempo e no espaço. Leo Frobenius apaixonara-se por essa técnica e fizera vários mapas fixando a viagem temática de motivos universais. É um processo vitorioso: Frobenius, *Das Archiv Fur Folkloristik* com vinte mapas, *Paideuma,* Heft I, Juni, 1938, Frankfurt am Main; Kroeber, *Antropologia General,* VIII.

Alguns motivos populares são fósseis tão legítimos quanto possam ser os da espécie animal ou vegetal. E com a indiscutível marca da criação humana. *No todas las escuelas abarcan todo el asunto del folklore —* resumia Alfonso Reyes (1889-1959).

Essa Cultura Popular, ao lado da arqueologia, fornece à curiosidade moderna as espantosas sobrevivências. Não materialmente apenas um objeto mas um gesto, um ato com a significação simbólica milenar.

Cortar a cauda do cavalo de estimação, da montada ou animal favorito, é no sertão do Nordeste brasileiro e para tantos povos pastores um insulto, uma agressão, um sinal humilhante de posse bárbara. Há 34 séculos era a mesma intenção no Egito e naturalmente para os países da pastorícia asiática. O escriba Amenemheb, privado do faraó Tutmés III, evoca a batalha ocorrida no 39º ano do governo real, inscrevendo na pedra tumular o registro da façanha que o enchera de orgulho: "O rei de Kadesh fez sair para a frente e contra o rei (do Egito) uma égua. Ela correu para o meio de nossas tropas. Eu a segui a pé e armado. Atravessei-lhe o ventre, cortei-lhe a cauda, e a entreguei ao rei!". Os famosos cangaceiros nordestinos, Jesuíno Brilhante (1844-79), Antônio Silvino (1875-1944), Virgulino Ferreira da Silva (Lampião, 1898-1938), nunca deixaram de decepar a cauda dos cavalos de raça quando eram poupados da chacina comum. Muito mais significativo amputar a cauda que a pata do cavalo. Era assim há 1.400 anos a.C. Continua sendo...[402]

Não aprendemos nas escolas os deveres da cortesia ou mostras exteriores da devoção. Ajoelhar-se, prosternar-se, erguer os braços para o alto, apertar as mãos, bater no ombro, tocar na fronte, beijar a mão, os pés, a face, a boca, abraçar, agitar a mão, descobrir-se, deter-se quando um superior passa ou ocorre cerimônia, baixar a cabeça, gestos sabidamente imemoriais, ligados indissoluvelmente à submissão, respeito, adoração, cordialidade, carinho; conhecidos e usuais em amplíssima extensão do mundo. Centenas de outros gestos existem com a mesma finalidade mas, tipicamente, os mais antigos são os mais universais. Alguns não se derramaram nos costumes: o chinês aperta a própria mão, o tibetano põe a língua de fora, o maori roça o nariz, o esquimó aspira o olor da pessoa querida, a moça aino dá uma dentadinha amorosa, os romanos erguiam o braço em diagonal, mas esses ademanes não são os únicos no próprio país e não tiveram a repercussão geográfica dos anteriores. Os gestos são expressivamente simbólicos, mas quem os emprega pode ignorar a razão do uso e a extensão continente da intenção.

Já se tem mostrado a contemporaneidade da mímica greco-romana, viva no teatro clássico, pela Europa e América. As comédias de Aristófanes e Plauto são repositórios surpreendentes de como um gesto viaja na memória do homem e permanece igual na tradução do pensamento, da intenção polida, imutável no tempo.

Todos esses "deveres" foram impostos pelo costume e não pela legislação oficial. Quando o Estado legisla sobre as regras da etiqueta, correspondências hierárquicas, atende a fato anterior determinante, como outrora legislou-se sobre indumentária e culinária, com as leis suntuárias ou de previsão econômica. Apenas disciplina maneiras de ser da formalística social preexistente. Esses códigos de gestos e posições, indispensáveis à conduta pessoal, foram transmitidos pela Cultura Popular.

Era de notar a hostilidade de Pólux contra o preamar de Castor. Está visivelmente atenuada e presentemente as pesquisas populares constituem bases sociológicas e antropológicas quando, até poucos anos, indicavam unicamente curiosidade pelo exotismo e pelo rudimentarismo intelectual. Afirmava-se que *inclinant natura ad superstitionem barbari,* numa irrefreável sedução pelo inferior e primitivo, "a delícia das coisas imperfeitas", como dizia Eça de Queirós. Quando von Hahn pesquisava os contos populares da Albânia foi denunciado ao seu Governo como incapaz de manter a dignidade de um cônsul da Imperial Alemanha. Em 1924 um diretor de grupo escolar zangou-se comigo porque lhe perguntei sobre a existência do lobisomem. Era um atentado à sua autoridade pedagógica. Godefroid Kurth assinalava a mesma ojeriza na Bélgica. O modelo era multimilenar. Numa planície da Lídia, Pã, com sua flauta de bambu, enfrentou Apolo, com a lira de marfim. Tmolo concedeu o prêmio ao olímpico mas o rei Midas, da Frígia, decidiu-se pelo deus dos pastores, pela cultura do popular. Ganhou, por sua predileção, orelhas asininas. Debalde, William Crooke, Lehmann-Nitsche, Gruppe provaram que os frígios, de culto ctônico, tinham seus sacerdotes usando barretes com longas orelhas pendentes. Raros sabem dessa distinção erudita. O natural e comum é o rei Midas personalizar a ignorância no julgamento e a rudeza na sensibilidade.

Il y a des choses que tout le monde dit, parce qu'elles ont été dites une fois [afirmava o barão de Montesquieu].

E tinha toda razão.
Agora atina-se, como previa P. Saintyves, que

la notation de "survivance" va remplacer, dans la langue scientifique, celle de "superstition", éliminant ainsi toute préocupation théologique.

A pesquisa do "popular" é aquela que revela a contemporaneidade no milênio, o "presente" da antiguidade, as formas pretéritas vivas na diuturnidade do exemplo.

NOTAS

384. Nota que devo ao Almirante Levy Penna Arão Reis.
385. Uma reminiscência é o compromisso, juramento, no ato de posse ou depoimento, ante a Justiça. O delito começou sendo uma infração religiosa.
386. Duzentos anos a.C. os bargúsios espanhóis recusaram altivamente as propostas de Roma contra a aliança que tinham com os cartagineses mas deixaram os embaixadores romanos voltarem com todas as honras da missão (*Tito Lívio*, XXI, 19). No ano VI d.C., Augusto, *princeps* da república romana, Pontífice-Máximo, *praefectus morum et legum,* recebia nas Gálias os embaixadores dos Sicambros, enviados para tratar das pazes, e fazia-os prisioneiros; *Dion*, LV, 6. Ferrero, *Grandeur et Décadence de Roma,* VI, 176, registrando o último episódio, comenta: *Si les barbares sont féroces dans les guerres, les peuples cnilisés sont souvent menteurs et sans foi.*
387. Luis Recasens Siches, *Tratado General de Filosofía del Derecho.* México, 1959.
388. S. Hartland, *Primitive Law* (Londres, 1924), é decisivo: — *Primitive law is in truth, the totality of the customs of the tribe.* Georges Scelles, *Cours de Droit International,* Paris, 1948, afirma semelhantemente: *La coutume est la source intuitive et collective de la règle de Droit.* Com as distinções, mais de expressão que de substância, Malinowski é da mesma opinião. Não é do campo etnográfico a legislação mais ou menos recente, de previsão econômica e de assistência social sistemática, mas evidenciar que a origem do Direito e a divulgação de leis, orais e depois escritas, cons-

tituíam registro de costumes e a finalidade era conservá-los porque estavam julgados suficientes ou essenciais ao grupo.

389. A anedota, de anedota se trata, foi muito divulgada no século XVI, especialmente na Espanha e Itália. Contou-a frei Anselmo de Turmeda (1547) e Melchor da Santa Cruz (1574). Resumos em Menéndez y Pelayo, *Origenes de la Novela*, I, 185, V, 112, Buenos Aires, 1943; idem, *Tratado de los Romances Viejos*, II, 151, etc.; Federico Carlos Saínz de Robles, *Cuentos Viejos de la Vieja España*, 471, Madri, 1943. O episódio narrado por frei Anselmo teria ocorrido em Perugia, Itália. O conselho partira do Podestá Filippo de la Isla, e a vítima, distinguida com uma sova, era *rector de la parroquia de San Juan de Perusa*. O arcediago morto pelo filho do sapateiro é o registro em Menéndez y Pelayo.

390. *Luitur enim etiam homicidium certo armentorum ac pecorum numero, recipitroque satisfactionem universa domus* (Tácito, *Germânia*, XXI).

391. Warée, *Curiositées Judiciaires*, Paris, 1859; Docteur Cabanés, *Les Indescritions de L'Histoire*, "Les Animaux in Justice", V, Paris, sem data; J. G. Frazer, *Folklore dans l'Ancien Testament*, "Le Boeuf Homicide", Paris, 1924.

392. O "abominável" réu Joaquim José da Silva Xavier, em sentença de 18 de abril de 1792, teve "por infames seus filhos e netos", *Autos de Devassa da Inconfidência Mineira*, VII, Rio, 1938. O livro de Beccaria, *Dei Deliti e delle Pene*, é de 1764.

393. Émile Egger: *Memoires de Littérature Ancienne*, XIV, Paris, 1862.

394. *El Libro de las Mil Noches y una Noche*, IX, 227, XXIII, 157; col. J. C. Mardrus, edição de Valência, s.d.

395. O Alcorão não faz distinção entre mulheres livres e escravas. Todas devem esperar três períodos catameniais antes das novas núpcias (Surata II, da Bezerra, v-228).

396. Luis da Camara Cascudo: *Leges et Consuetudines nos Costumes do Brasil*, "Miscelánea de Estudios dedicados al Dr. Fernando Ortiz", I, 335, La Habana, Cuba, 1955.

397. Franz Boas, "Folk-Tales of the North-American Indians", *Race, Language and Culture*, Nova Iorque, 1940.

398. Decorre desta afirmativa o valor de uma coleção de contos, estórias, "na sua maioria escabrosas e obscenas mesmo, que Curt Nimuendaju recolheu entre várias tribos e que pretendia publicar num grosso volume sob o título de *Tresentas*, com as quais documentaria uma das mais preciosas pesquisas, no gênero, da literatura oral dos índios que estudou" (Nunes Pereira, *Curt Nimuendaju*, Belém, 1946). Conhecida a meticulosidade do pesquisador e a raridade do assunto entre os indígenas brasileiros (com raros exemplos em Koch-Grünberg) o livro seria utilíssimo. Tentei, várias vezes, animar sua publicação, sem resultado algum, apesar da interferência gentil do então deputado Pereira da Silva.

399. Ernst Robert Curtius, *Literatura Européia e Idade Média Latina*, "Gracejo e Seriedade na Literatura Medieval". Instituto Nacional do Livro, Rio de Janeiro, 1957. O ângulo estudado por Curtius é mostrar a coexistência fundamental dos domínios sacro e profano na Idade Média, separados, fundidos ou alternados mas permanentes.

400. Luis da Camara Cascudo, *Informação de História e Etnografia*, "Uma Interpretação da Couvade", Recife, 1940.
Frei José de Santa Rita Durão, em 1781, *Caramuru*, canto II, verso-LXII, fixava a Couvade:

Ali chegando a esposa fecundada
A termo já feliz, nunca se omite
De pôr na rede o Pai a prole amada,
Onde o parente e amigo o felicite;
E, como se a mulher sofresse nada
Tudo ao Pai reclinado então se admite,
Qual fora tendo sido em modo sério
Seu próprio, e não das Mães, o puerpério.

401. Mello Moraes Filho, *Mitos e Poemas,* "A Tapera da Lua", Rio de Janeiro, 1884; Afonso Arinos, *Lendas e Tradições Brasileiras,* "A Tapera da Lua", 2ª ed. Rio de Janeiro, 1937; Otacílio de Azevedo, *A Origem da Lua,* Lenda Amazônica, São Paulo, 1960; Franz Boas, *The Eskimo of Baffin Land and Hudson Bay,* Bulletin American Museum of the Natural History, vol. 15, 1901; Stith Thompson and Jonas Balys, *The Oral Tales of India,* Indian University Press, Bloomington, 1958, citando Gurdon e Rafy.
Há uma variante na estória do príncipe brâmane Putraka e da princesa Patali, fundadores da cidade de Pataliputra (Patna); Somadeva, *The Ocean of Story,* I, Londres, 1924. Richard Carnac Temple cita outra versão, tornada elemento cerimonial entre os nativos do arquipélago de Andaman, Golfo de Bengala, idem, Foreword, XIX.

402. Em fins de 1187, Saladino, vencido ante as muralhas de Tiro, cortou a cauda da própria montada, cravou-a na extremidade de uma haste, fazendo-a acompanhar seu séquito, excitando a vingança do exército. Sob o sultão Maomé II (1430-81) os turcos ostentavam os estandartes feitos de crinas de cavalo. Chineses e tártaros usaram as mesmas insígnias. Como ornamento, a *crinière* foi inseparável nos capacetes dos couraceiros e dragões em Espanha, Itália, França; contemporâneos os dois últimos.

Bibliografia de Luís da Câmara Cascudo*

1. *Alma Patrícia*. Natal, 1921.
2. *Histórias que o tempo leva...* São Paulo, 1924.
3. *Joio*. Natal, 1924.
4. *López do Paraguai*. Natal, 1927.
5. *O Conde D'Eu*. São Paulo, 1933.
6. *Viajando o Sertão*. Natal, 1934.
7. *O mais antigo marco colonial do Brasil,* 1934.
8. *Intencionalidade no descobrimento do Brasil*. Natal, 1935.
9. *O homem americano e seus temas*. Natal, 1935.
10. *Em memória de Stradelli*. Manaus, 1936.
11. *Uma interpretação da Couvade*. São Paulo, 1936.
12. *Conversas sobre a hipoteca*. São Paulo, 1936.
13. *Os índios conheciam a propriedade privada*. São Paulo, 1936.
14. *O brasão holandês do Rio Grande do Norte*, 1936.
15. *Notas para a história do Atheneu*. Natal, 1937.
16. *O Marquês de Olinda e o seu tempo*. São Paulo, 1938.
17. *O Doutor Barata*. Bahia, 1938.
18. *Peixes no idioma tupi*. Rio de Janeiro, 1938.
19. *Vaqueiros e cantadores*. Porto Alegre, 1939.
20. *Governo do Rio Grande do Norte*. Natal, 1939.
21. *Informação de história e etnografia*. Recife, 1940.
22. *O nome "Potiguar"*. Natal, 1940.
23. *O povo do Rio Grande do Norte*. Natal, 1940.
24. *As lendas de Estremoz*. Natal, 1940.
25. *Fanáticos da Serra de João do Vale*. Natal, 1941.
26. *O presidente parrudo*. Natal, 1941.
27. *Seis mitos gaúchos*. Porto Alegre, 1942.
28. *Sociedade brasileira de folclore*, 1942.
29. *Lições etnográficas das "Cartas Chilenas"*. São Paulo, 1943.

30. *Antologia do folclore brasileiro.* São Paulo, 1944.
31. *Os melhores contos populares de Portugal.* Rio de Janeiro, 1944.
32. *Lendas brasileiras.* Rio de Janeiro, 1945.
33. *Contos tradicionais do Brasil.* Rio de Janeiro, 1946.
34. *História da Cidade do Natal.* Natal, 1947.
35. *Geografia dos mitos brasileiros.* Rio de Janeiro, 1947.
36. *Simultaneidade de ciclos temáticos afro-brasileiros.* Porto, 1948.
37. *Tricentenário de Guararapes.* Recife, 1949.
38. *Gorgoncion – Estudo sobre amuletos.* Madrid, 1949.
39. *Consultando São João.* Natal, 1949.
40. *Ermete Mell'Acaia e la consulta degli oracoli.* Nápoles, 1949.
41. *Os holandeses no Rio Grande do Norte.* Natal, 1949.
42. *Geografia do Brasil holandês.* Rio de Janeiro, 1949.
43. *O folclore nos autos camponeanos.* Natal, 1950.
44. *Custódias com campainhas.* Porto, 1951.
45. *Conversa sobre Direito Internacional Público.* Natal, 1951.
46. *Os velhos estremezes circenses.* Porto, 1951.
47. *Atirei um limão verde.* Porto, 1951.
48. *Meleagro – Pesquisa sobre a magia branca no Brasil.* Rio de Janeiro, 1951.
49. *Anubis e outros ensaios.* Rio de Janeiro, 1951.
50. *Com D. Quixote no folclore brasileiro.* Rio de Janeiro, 1952.
51. *A mais antiga Igreja do Seridó.* Natal, 1952.
52. *O fogo de 40.* Natal, 1952.
53. *O poldrinho sertanejo e os filhos do Visir do Egipto.* Natal, 1952.
54. *Tradición de un cuento brasileño.* Caracas, 1952.
55. *Literatura oral.* Rio de Janeiro, 1952. (2ª edição 1978 com o título *Literatura oral no Brasil*)
56. *História da Imperatriz Porcina.* Lisboa, 1952.
57. *Em Sergipe D'El Rey.* Aracaju, 1953.
58. *Cinco livros do povo.* Rio de Janeiro, 1953.
59. *A origem da vaquejada do Nordeste brasileiro.* Porto, 1953.
60. *Alguns jogos infantis no Brasil.* Porto, 1953.
61. *Casa dos surdos.* Madrid, 1953.
62. *Contos de encantamento,* 1954.
63. *Contos exemplares,* 1954.
64. *No tempo em que os bichos falavam,* 1954.
65. *Dicionário do folclore brasileiro.* Rio de Janeiro, 1954.

66. *História de um homem.* Natal, 1954.
67. *Antologia de Pedro Velho.* Natal, 1954.
68. *Comendo formigas.* Rio de Janeiro, 1954.
69. *Os velhos caminhos do Nordeste.* Natal, 1954.
70. *Cinco temas do heptameron na literatura oral.* Porto, 1954.
71. *Pereira da Costa, folclorista.* Recife, 1954.
72. *Lembrando segundo Wanderley.* Natal, 1955.
73. *Notas sobre a Paróquia de Nova Cruz.* Natal, 1955.
74. *Leges et consuetudines nos costumes nordestinos.* La Habana, 1955.
75. *Paróquias do Rio Grande do Norte.* Natal, 1955.
76. *História do Rio Grande do Norte.* Rio de Janeiro, 1955.
77. *Notas e documentos para a história de Mossoró.* Natal, 1955.
78. *História do Município de Sant'Ana do Matos.* Natal, 1955.
79. *Trinta estórias brasileiras.* Porto, 1955.
80. *Função dos arquivos.* Recife, 1956.
81. *Vida de Pedro Velho.* Natal, 1956.
82. *Comadre e compadre.* Porto, 1956.
83. *Tradições populares da pecuária nordestina.* Rio de Janeiro, 1956.
84. *Jangada.* Rio de Janeiro, 1957.
85. *Jangadeiros.* Rio de Janeiro, 1957.
86. *Superstições e costumes.* Rio de Janeiro, 1958.
87. *Universidade e civilização.* Natal, 1959.
88. *Canto de muro.* Rio de Janeiro, 1959.
89. *Rede de dormir.* Rio de Janeiro, 1959.
90. *A família do padre Miguelinho.* Natal, 1960.
91. *A noiva de Arraiolos.* Madrid, 1960.
92. *Temas do Mireio no folclore de Portugal e Brasil.* Lisboa, 1960.
93. *Conceito sociológico do vizinho.* Porto, 1960.
94. *Breve notícia do Palácio da Esperança,* 1961.
95. *Ateneu norte-rio-grandense,* 1961.
96. *Etnografia e Direito.* Natal, 1961.
97. *Vida breve de Auta de Sousa.* Recife, 1961.
98. *Grande fabulário de Portugal e Brasil.* Lisboa, 1961.
99. *Dante Alighieri e a tradição popular no Brasil.* Porto Alegre, 1963.
100. *Cozinha africana no Brasil.* Luanda, 1964.
101. *Motivos da literatura oral da França no Brasil.* Recife, 1964.
102. *Made in África.* Rio de Janeiro, 1965.

103. *Dois ensaios de história* (A intencionalidade do descobrimento do Brasil. O mais antigo marco de posse). Natal, 1965.
104. *Nosso amigo Castriciano.* Recife, 1965.
105. *História da República no Rio Grande do Norte,* 1965.
106. *Prelúdio e fuga.* Natal.
107. *Voz de Nessus* (Inicial de um Dicionário Brasileiro de Superstições). Paraíba, 1966.
108. *A vaquejada nordestina e sua origem.* Recife, 1966.
109. *Flor de romances trágicos.* Rio de Janeiro, 1966.
110. *Mouros, franceses e judeus* (Três presenças no Brasil). Rio de Janeiro, 1967.
111. *Jerônimo Rosado (1861-1930):* Uma ação brasileira na província, 1967.
112. *Folclore no Brasil.* Natal, 1967.
113. *História da alimentação no Brasil* (Pesquisas e notas) – 2 vols. São Paulo, 1967 e 1968.
114. *Nomes da Terra* (História, Geografia e Toponímia do Rio Grande do Norte). Natal, 1968.
115. *O tempo e eu* (Confidências e proposições). Natal, 1968.
116. *Prelúdio da cachaça* (Etnografia, História e Sociologia da Aguardente do Brasil). Rio de Janeiro, 1968.
117. *Coisas que o povo diz.* Rio de Janeiro, 1968.
118. *Gente viva.* Recife, 1970.
119. *Locuções tradicionais no Brasil.* Recife, 1970.
120. *Sociologia do açúcar* (Pesquisa e dedução). Rio de Janeiro, 1971.
121. *Tradição, ciência do povo* (Pesquisa na Cultura popular do Brasil). São Paulo, 1971.
122. *Civilização e cultura.* Rio de Janeiro, 1972.
123. *Seleta* (Organização, estudos e notas do Professor Américo de Oliveira Costa). Rio de Janeiro, 1973.
124. *História dos nossos gestos* (Uma pesquisa mímica no Brasil). São Paulo, 1976.
125. *O príncipe Maximiliano no Brasil.* Rio de Janeiro, 1977.
126. *Mouros e judeus na tradição popular do Brasil.* Recife, 1978.
127. *Superstição no Brasil.* Belo Horizonte, 1985.

---

* Esta Bibliografia foi elaborada tendo por base a monumental obra da escritora Zila Mamede: *Luís da Câmara Cascudo:* 50 anos de vida intelectual – 1918-1968 – Bibliografia Anotada. Natal, 1970. A data é somente da 1ª edição (Nota da Editora).

OBRAS DE LUÍS DA CÂMARA CASCUDO
PUBLICADAS PELA GLOBAL EDITORA

Contos tradicionais do Brasil
Mouros, franceses e judeus – três presenças no Brasil
Made in Africa
Superstição no Brasil
Antologia do folclore brasileiro — v. 1
Antologia do folclore brasileiro — v. 2
Dicionário do folclore brasileiro
Lendas brasileiras
Geografia dos mitos brasileiros
Jangada – uma pesquisa etnográfica
Rede de dormir – uma pesquisa etnográfica
História da alimentação no Brasil
História dos nossos gestos
Locuções tradicionais no Brasil
Civilização e cultura
Vaqueiros e cantadores
Literatura oral no Brasil
Prelúdio da cachaça
Canto de muro
Antologia da alimentação no Brasil
Coisas que o povo diz
Câmara Cascudo e Mário de Andrade – Cartas 1924-1944
Prelúdio e fuga do real*
Religião no povo*
Viajando o sertão
* Prelo

Obras Juvenis

Contos tradicionais do Brasil para jovens
Lendas brasileiras para jovens
Vaqueiros e cantadores para jovens

Obras Infantis

Coleção Contos de Encantamento

A Princesa de Bambuluá

Couro de Piolho

Maria Gomes

O Marido da Mãe D'Água – A Princesa e o Gigante

O papagaio real

Coleção Contos Populares Divertidos

Facécias

Impresso na gráfica das Escolas Profissionais Salesianas